C0-AQI-520

Georg Braulik
Das Buch Deuteronomium

Beihefte zur Zeitschrift für die alttestamentliche Wissenschaft

Herausgegeben von
John Barton, Reinhard G. Kratz, Nathan MacDonald,
Sara Milstein und Markus Witte

Band 561

Georg Braulik

Das Buch Deuteronomium

Bibeltheologische Aufsätze

DE GRUYTER

BS
1110
Z37
v.561
GTU

ISBN 978-3-11-148426-6
e-ISBN (PDF) 978-3-11-148475-4
e-ISBN (EPUB) 978-3-11-148551-5
ISSN 0934-2575

Library of Congress Control Number: 2024943759

Bibliografische Information der Deutschen Nationalbibliothek
Die Deutsche Nationalbibliothek verzeichnet diese Publikation in der Deutschen Nationalbibliografie;
detaillierte bibliografische Daten sind im Internet über http://dnb.dnb.de abrufbar.

© 2025 Walter de Gruyter GmbH, Berlin/Boston
Druck und Bindung: CPI books GmbH, Leck

www.degruyter.com

MIX
Papier | Fördert
gute Waldnutzung
FSC
www.fsc.org FSC® C083411

b19237315

Vorwort

Dieser Band bildet meine siebte Aufsatzsammlung, die dem Deuteronomium gewidmet ist. Die zusammengestellten Beiträge stammen aus den Jahren 2019 bis 2024. Sie wurden in verschiedenen bibelwissenschaftlichen wie allgemein theologischen Zeitschriften, in Monographien über das Deuteronomium und in Festschriften veröffentlicht. Aufgenommen wurde auch ein bisher nicht publizierter Artikel, der die Länge eines Zeitschriftenaufsatzes überschreitet. Ein anderer Artikel bildet die ungedruckte deutsche Vorlage für einen in gekürzter Fassung ins Englische übersetzten Buchbeitrag.

Der Nachdruck vereint Studien zu zentralen Inhalten des Deuteronomiums. Trotz ihrer Vielfalt bilden sie eine kleine Summe deuteronomischer Theologie. Dabei werden neben Texten des Deuteronomiums auch Perikopen anderer alttestamentlicher Bücher herangezogen und exegetisch erforscht. Mehrere der behandelten Themen habe ich im Blick auf aktuelle Diskussionen gewählt und möchte mit ihrer Untersuchung auch einem vertieften Gespräch zwischen Exegese und systematischer wie pastoraler Theologie dienen. Wie in den früheren Aufsatzbänden sind auch in dieser Sammlung die einzelnen Beiträge nach ihrem Erscheinungsdatum gereiht. Der Text der Erstveröffentlichung ist zwar weitgehend unverändert geblieben. Doch habe ich sachliche Fehler korrigiert und an einigen Stellen auch kurze, wichtige Ergänzungen eingefügt.

Mein Dank gilt zunächst Norbert Lohfink SJ. Er hat alle Manuskripte vor ihrem Druck kritisch gelesen und mit mir besprochen. Zu Dank verpflichtet bin ich aber auch den Herausgebern, die den Sammelband in ihre Reihe aufgenommen haben, insbesondere Markus Witte.

Georg Braulik OSB
Wien, im März 2024

https://doi.org/10.1515/9783111484754-001

Inhalt

Wenn Gott versucht

Zur „Theodizee der Erprobung" im Alten Testament

1 Die sechste „Vaterunser"-Bitte und das Ärgernis der Versuchung Gottes

Kann Gott in Versuchung führen, wie es die sechste Bitte des „Vaterunsers" vorauszusetzen scheint, zumindest nach der üblichen deutschen Übersetzung? Nach gängigem Sprachempfinden meint das doch: jemanden dazu zu bringen, Unrechtes zu tun, ihn zum Bösen anzustiften, zu verlocken, zu verführen. Verzerrt also die Wiedergabe „und führe uns nicht in Versuchung" das biblische Gottesbild?[1] Diese

---

Für Hanneke und Alfred Friedl in Dankbarkeit für Vieles.

[1] Zur theologischen Einführung in das Vaterunser und seine sechste Bitte s. z.B. *J. Knop*, Vater, führe uns nicht in Versuchung! Dogmatische Implikationen einer schwierigen Vaterunser-Bitte: ThPh 87 (2012), 376–395. Die Problematik beschreibt zusammenfassend *N. Lohfink*, Die Bitte um Bewahrung und Erlösung. Sinndimensionen der letzten Vaterunser-Bitten im Licht biblischer Sprache: *G. Braulik – N. Lohfink* (Hg.), Liturgie und Bibel. Gesammelte Aufsätze, ÖBS 28 (Frankfurt am Main 2005), 339–342. *M. Gielen*, „Und führe uns nicht in Versuchung". Die 6. Vater-Unser-Bitte – eine Anfechtung für das biblische Gottesbild?: ZNW 89 (1998), 201–216, behandelt vor allem den philologischen Befund, die motivgeschichtliche Einbettung und den Kontext der Versuchungsbitte sowie ihren Hintergrund in der Versuchung Jesu. Ein aramäisches, also in der Muttersprache Jesu rekonstruiertes Vaterunser oder frühchristliche Rückübersetzungen ins Aramäische können den Aspekt des Zulassens ausdrücken. Ähnliches gilt fürs Hebräische, das Jesus kannte. Die Negation bezieht sich dann entweder auf Gott als den Verursacher der Versuchung („bewirke nicht, dass wir versucht werden") oder auf die Versuchung selbst („bewirke, dass wir nicht versucht werden"). Der älteste zugängliche Wortlaut zum Herrengebet ist allerdings griechisch. Dieser Text spricht wie die Nachbarsätze der Versuchungsbitte klar von einem Handeln Gottes. Er gebraucht nicht das Verb „versuchen", sagt also nicht: „Versuche uns nicht!", sondern umschreibt die Handlung durch ein (negiertes) Funktionsverb und ein mit Präposition angeschlossenes Verbalnomen: *eisphérein eis peirasmón*, „in Versuchung führen". *E. Jenni*, Kausativ und Funktionsverbgefüge. Sprachliche Bemerkungen zur Bitte „Führe uns nicht in Versuchung": ThZBas 48 (1992), 77–88, hier 81, zeigt, dass aufgrund des Funktionsverbgefüges dem Text „über die Frage der Verantwortlichkeit oder gar Alleinverantwortlichkeit für eine vollendete Versuchung zum Bösen nichts zu entnehmen ist." Derjenige, der in die Versuchung führt, braucht mit dem, der sie ausübt, nicht identisch zu sein. Anders gesagt: Die Bitte lässt offen, wer der Versucher ist. Es könnte zum Beispiel die Welt, die Umgebung, ein Unglück, der Satan sein. Nach der Markusfassung der Versuchung Jesu treibt ihn der Heilige Geist, der bei der Taufe auf ihn herabgekommen ist, in die Wüste. Dort soll er die Wüstenerfahrungen Israels machen, zu denen auch – wie dieser Artikel zeigen wird – verschiedene

https://doi.org/10.1515/9783111484754-002

Problematik der Versuchungsbitte machte im Dezember 2017 sogar Schlagzeilen. Denn die französische Bischofskonferenz änderte die offizielle Übersetzung, sodass seit Adventbeginn dieses Jahres in den katholischen Kirchen Frankreichs, Belgiens und anderswo gebetet wird: *„Et ne nous laisse pas entrer en tentation"* –, dem Sinn nach also: „Lass uns nicht in Versuchung geraten". Ebenso lautet auch die spanische (*„ne nos dejes caer en la tentación"*) und portugiesische Übersetzung (*„nao nos deixes cair em tentaçao"*). Das heißt mit anderen Worten: Gott bewirkt nicht aktiv die Versuchung, sondern bleibt passiv und lässt sie durch jemand anderen an die Menschen herantreten – eine Sicht, deren Tradition bis in die frühe Kirche zurückreicht.[2] Gott lässt also die Versuchung nur zu. Allerdings bleibt auch die Zulassung ein Akt des Willens, beseitigt also nicht die Letztverantwortung Gottes. In einer Fernsehsendung zum Vaterunser begrüßte Papst Franziskus die zitierte französische Neufassung und bemerkte:

> Es ist nicht Gott, der mich in die Versuchung stößt, um zu sehen, wie ich ihr verfalle. Ein Vater tut so etwas nicht. Ein Vater eilt sofort herbei, um seinem gestolperten Kind aufzuhelfen. Satan ist es, der uns in Versuchung führt. Das ist sein Metier. Und der Sinn dieses Gebetes ist: ‚Wenn Satan mich in Versuchung führt, dann reiche Du mir bitte die Hand.'[3]

Rund ein Jahr später hat auch die italienische Bischofskonferenz – aufgrund ihrer Bibelübersetzung von 2008 – eine analoge Änderung für das neue Messbuch beschlossen.

Das Plädoyer des Papstes löste eine breite öffentliche Diskussion aus, auch in unseren Landen. Denn die Kritik betraf ja auch die deutsche Übersetzung der Versuchungsbitte. Unter den vielen Stimmen, die sich dazu äußerten, wähle ich nur

---

„Versuchungen, Erprobungen" gehörten. Doch ist es bei Jesus der Satan, der ihn während der 40 Tage in der Wüste versucht (Mk 1,12–13). Aus dem Beispiel der Versuchung Jesu folgt, dass man zwischen dem, der in die Versuchung führt (der Geist Gottes), und dem, der die Versuchung selbst durchführt (der Satan), deutlich unterscheiden muss. Vgl. *A. Herrmann*, Versuchung im Markusevangelium. Eine biblisch-hermeneutische Studie, BWANT 197 (Stuttgart 2011).

2 Vgl. z. B. *Cyprian von Karthago*, De oratione Dominica 25: *„ne patiaris non induci in temptationem"*. Ausführlich zu den Belegen *J. A. Fitzmyer*, And Lead Us not into Temptation: Bib 84 (2003), 259–273, hier 265–267.

3 *Papst Franziskus*, Vater unser. Das Gebet Jesu neu gelesen (München 2018), 96. Zum Verständnis dieser Äußerung des Papstes müssen die sechste und (sogenannte) siebte Bitte (Mt 6,13a und b) zusammengenommen werden – s. dazu S. 34–35. Schon in alttestamentlichen Texten wird, wenn es um die Versuchung,– wörtlich: ein „Reizen" zum Bösen -, geht, die Rolle des eigentlichen Versuchers dem Satan übergeben (Weiteres dazu S. 33–35). Zur sechsten Vaterunser-Bitte als „Anfrage an unsere Rede vom Teufel" s. *H. Hoping*, „Und führe uns nicht in Versuchung". Das Vaterunser als Anfrage an unser Gottesbild und die Rede vom Teufel: IKaZ 47 (2019), 28–36, hier 31–33.

die gewichtige Wortmeldung der Deutschen Bischofskonferenz aus.[4] In einer Pressemitteilung charakterisierte sie die französische Wiedergabe, die auch der im Spanischen und Portugiesischen gebräuchlichen Formulierung, entspricht, als „freiere Umschreibung des griechischen Textes". Papst Franziskus habe zwar darauf hingewiesen, dass die wörtliche Übersetzung für viele Menschen eine Quelle des Missverständnisses sei. Doch sprächen gewichtige philologische, exegetische, liturgische und ökumenische Gründe gegen eine Änderung der im gesamten deutschen Sprachraum verwendeten Übersetzung. Deshalb gelte es jetzt, die Chance zu nutzen, und „die Bedeutung der Vaterunser-Bitte im Zusammenhang des christlichen Gottesbildes und des christlichen Verständnisses von der Beziehung zwischen Mensch und Gott vertiefend zu erläutern." Die daran anschließende Theologie des Bittgebets und die Erläuterung der Versuchungsbitte als eines Gebetes der Freiheit und des Vertrauens werden ausschließlich vom Neuen Testament her behandelt. Zusammenfassend stellt die Schlusspassage fest:

> Das Vaterunser beantwortet nicht die Frage der Theodizee: Warum gibt es Leiden, Böses und Versuchung? Warum lässt Gott das alles zu? Aber es öffnet den Raum des Betens […] Die Bitte ‚Und führe uns nicht in Versuchung' zielt gerade nicht darauf ab, Gott zu überreden, er möge sich dafür entscheiden, den Beter nicht in Versuchung zu führen. Vielmehr vereint die Bitte die Erkenntnis eigener Schwäche, das Vertrauen auf Gottes Führung und die feste Zuversicht, dass Gottes Geleit nicht in den Abgrund führt.

Was in diesem wie in vielen anderen, durchaus bedenkenswerten Diskussionsbeiträgen fehlt, ist allerdings ein Rückbezug der Versuchungsbitte auf das Alte Testament. Es fehlt also die Bibel Jesu, aus der er lebte und betete.[5] Im Folgenden möchte ich diesen „weißen Fleck" beseitigen. Mein Artikel macht deshalb auf die weithin unbekannte, uns jedenfalls fremd gewordene Rede vom Versuchen Gottes im Alten Testament aufmerksam und bringt sie ins theologische Gespräch. Übersetzungsänderungen allein können nicht das Dunkle und Anstößige des biblischen Zeugnisses beseitigen, das darin besteht, dass Gott überhaupt Menschen einer „Versuchung" aussetzt und dass sie daran scheitern können. Von der aktuellen Auseinandersetzung mit der Va-

---

4 Zur aktuellen Diskussion über die Vaterunser-Bitte „Und führe uns nicht in Versuchung". Stellungnahme der *Glaubenskommission der Deutschen Bischofskonferenz*, veröffentlicht am 25.1.2018, Nr. 10a.
5 *Gielen*, Versuchung, 205, beschränkt sich bei der Untersuchung des Wortfeldes von „Versuchung" im Alten Testament auf einige wenige Hinweise. Erst der Artikel von *C. Frevel*, Der Reiz der Versuchung. Anmerkungen eines Alttestamentlers zur Versuchungsbitte im Vaterunser: *Th. Söding* (Hg.), Führe uns nicht in Versuchung. Das Vaterunser in der Diskussion, Theologie kontrovers (Freiburg im Breisgau 2018), 29 – 47, bringt etwas ausführlichere philologische und bibeltheologische Informationen über die Versuchung Gottes im Alten Testament.

terunser-Bitte abgesehen, spielt das Thema auch in Darstellungen der alttestamentlichen Theologie bisher kaum eine Rolle.

Nach ein paar philologischen Bemerkungen und einigen Beobachtungen an drei deutschen Übersetzungen (2) stelle ich die „Versuchungstexte" des Alten Testaments vor. Im Folgenden beschränke ich mich dann auf die Belege einer „Erprobung" von Menschen durch Gott, berücksichtige also nicht die Versuchung Gottes, zum Beispiel durch sein Volk. Die Texte stehen innerhalb verschiedener literarischer Werke und gelten zum Großteil als relativ späte Zusätze und Erweiterungen. Wahrscheinlich sind sie im ungefähr gleichen Zeitraum zu datieren. Sie behandeln alle eine ähnliche Problematik. Zwischen ihnen besteht sogar ein lockeres Beziehungsgefüge, das eine Art „Theologie", also Systematik, „der Erprobung" entwickelt.[6] Ich bespreche die Texte deshalb im Lesegefälle unserer Bibel. Am Anfang steht die Erprobung Abrahams als „Gründungsgestalt"[7] (3). Sie wird zum Prototyp dessen, was Israel auf der Wüstenwanderung (4) und im Land (5) durch Gott widerfährt. Ich fasse die grundlegenden Gemeinsamkeiten aller Stellen in einer kurzen „Hermeneutik der Erprobung" zusammen (6). Abschließend beschreibe ich, wie es wohl zur Angst vor der Versuchung im „Vaterunser" gekommen ist und wie das Matthäusevangelium mit einer entsprechenden Ergänzung darauf reagierte (7).

2 „Auf die Probe stellen, erproben", „prüfen", „versuchen" in modernen Übersetzungen

Mit diesen Ausdrücken geben die neue *Zürcher Bibel* (2007), die revidierte *Einheitsübersetzung* (2016) und die revidierte *Lutherbibel* (2017) das hier in Frage kommende hebräische Verb *nsh* im D-Stamm (*nissāh*) wieder. Es dient wie die bedeutungsverwandten Verben dazu, etwas bisher Verborgenes erkennen zu lassen[8] und ist nicht notwendig negativ qualifiziert. Die Septuaginta und auch das Neue Testament übersetzen *nissāh* durchgehend mit dem griechischen *peirázein*. Die Vaterunser-Bitte verwendet für „Versuchung" das dazugehörige, im Profan-Grie-

---

6 N. Lohfink, „Ich bin Jahwe, dein Arzt" (Ex 15,26). Gott, Gesellschaft und menschliche Gesundheit in einer nachexilischen Pentateuchbearbeitung (Ex 15,25b.26): Studien zum Pentateuch, SBAB 4 (Stuttgart 1988), 91–155, hier 150. Obwohl die Texte keiner Großredaktion zugeschrieben werden können, bestehen zwischen ihnen doch subtile Bezüge – s. 147 Anm. 144.

7 G. Steins, Die Versuchung Abrahams (Gen 22,1–19). Ein neuer Versuch: A. Wenin (Ed.), Studies in the Book of Genesis. Literature, Redaction and History, BEThL CLV (Leuven 2001), 509–519, hier 518 (im Anschluss an J. D. Levenson). Die Bezeichnung ist auch durch die intertextuellen Bezüge zum Gründungsdokument Israels, der Sinaiperikope, gerechtfertigt.

8 F. J. Helfmeyer, nissāh: ThWAT V, 483–487, hier 475.

chischen allerdings seltene Nomen *peirasmós*. An 12 von insgesamt 34 Belegen der Hebräischen Bibel bezeichnet *nissāh* ein Tun Gottes, der einen Menschen, vor allem aber sein Volk Israel „auf die Probe stellt, prüft, versucht" (Gen 22,1; Ex 15,25; 16,4; 20,20; Dtn 8,2.16; 13,4; 33,8; Ri 2,22; 3,1.4; 2 Chr 32,31).[9] Dieser Sprachgebrauch findet sich vor allem im Pentateuch, insbesondere im Deuteronomium und in den daran anknüpfenden Texten. Das Interesse meines Artikels gilt dieser Redeweise, denn mit ihr hängen die Versuchungsaussagen des Neuen Testaments zusammen. Fast ebenso viele Stellen – nämlich 11 im Alten Testament – verwenden das Verb, wenn Israel oder auch ein einzelner Mensch Gott „versucht" (Ex 17,2.7; Num 14,22; Dtn 6,16 [2-mal]; Ps 78,18.41.56; 95,9; 106,14; Jes 7,12). Dieses „Gott versuchen' heißt, wie aus den Kontexten sehr klar hervorgeht, soviel wie ein Wunder erwarten oder begehren".[10] Eine „Versuchung" kann also gleichermaßen von Gott wie von Menschen ausgehen. In den restlichen 11 Verbbelegen von *nissāh* liegt unterschiedlicher, gewöhnlich profansprachlicher Gebrauch, etwa im Sinn von „einen Versuch machen, probieren", vor. Er wird hier zur Gänze ausgeklammert. Wie die zwei Drittel aller Vorkommen mit Gott als Subjekt oder Objekt beweisen, bezieht sich das hebräische Verb vor allem auf das Gottesverhältnis. Sowohl die „Versuchung" des Menschen wie die „Versuchung" Gottes dienen der Vergewisserung dieser Beziehung.[11]

„Versuchen", „prüfen" und „erproben" im Sinn von „die Eignung feststellen", „Möglichkeit zur Bewährung geben" hängen auch im Deutschen zusammen. Die drei modernen Übersetzungen setzen deshalb diese Verben an den 23 Stellen, an denen Gott das Subjekt oder Objekt von *nissāh* ist, wechselweise intermittierend ein. Allerdings unterscheiden sich die Übersetzungen in ihrer Wiedergabe. Die *Zürcher Bibel* übersetzt das Verb (mit Ausnahme von 2 Chr 32,31) immer durch „auf die Probe stellen, erproben". Nur im Psalter (Ps 78,18.41.56; 95,9; 106,14) und an der einzigen Prophetenstelle (Jes 7,12) gibt sie es mit „versuchen" wieder. Auch die *Einheitsübersetzung* verwendet dafür am häufigsten „auf die Probe stellen". Nur an 4 der 11 Stellen, an denen Israel (Ps 78,18.56; 106,14) oder König Ahas (Jes 7,12) Subjekt von *nissāh* sind, wird das Verb mit „versuchen" wiedergegeben. Wie die *Zürcher Bibel* vermeidet sie es aber, Gott als den „Versuchenden" erscheinen zu lassen. Das genaue Gegenteil trifft auf die *Lutherbibel* zu. Sie übersetzt niemals mit „auf die Probe stellen, erproben" und bevorzugt „versuchen". Damit bleibt die Treue zur Übersetzung *Martin Luthers* (Wittenberg 1545) gewahrt. Allerdings schreibt Luther

---

9 Von dieser beachtlichen Textreihe zu unterscheiden sind die seltenen Fälle, in denen JHWH jemanden „aufreizt", hebräisch *sût*. Zum Beispiel reizt Gott nach 2 Sam 24,1, weil sein Zorn gegen Israel entbrannt ist, David zu einer Volkszählung, einer vermessenen Handlung, auf. Die Parallele 1 Chr 21,1 interpretiert diese Verführung Davids als Werk Satans.

10 *G. Gerlemann*, nsh pi. versuchen: ThHAT II, 69–71, hier 70.

11 Vgl. *Frevel*, Versuchung, 42–43.

auch an den 4 Stellen „versuchen", wo seine spätere Revision (2017) mit Bezug auf Gott als dem Subjekt „prüfen" verwendet (Ex 16,4 und Ri 2,22; 3,1.4). Weil sowohl die *Einheitsübersetzung* als auch die *Zürcher Bibel* an keiner Stelle erkennen lassen, dass Gott jemanden „versucht", bieten sie ihren Lesern keinen Ansatzpunkt, der die Irritation der Versuchungsbitte im Vaterunser beseitigen könnte. Die *Lutherbibel* vermeidet zwar diese Defizite, weil sie weitgehend beim eingespielten biblischen Sondergebrauch von „versuchen" bleibt. Aber als eine fast konkordante Übersetzung nivelliert sie die Bedeutungsnuancen, die das Verb im konkreten alttestamentlichen Zusammenhang jeweils entfaltet.

Das von der Wurzel *nsh* abgeleitete Nomen *massāh*, griechisch *peirasmós*, ist in der Hebräischen Heiligen Schrift auf drei Stellen im Deuteronomium beschränkt. Die „Prüfungen" (Dtn 4,34) bzw. „großen Prüfungen" (Dtn 7,19; 29,2) charakterisieren das gesamte Gotteshandeln von Ägypten an in der Wüste. Sie reicht dem Deuteronomium zufolge bis Moab im Ostjordanland, wo Mose vor dem versammelten Volk seine Abschiedsrede hält.[12]

3 Das Opfer des Sohnes – die Erprobung Abrahams (Genesis 22)

Die abgründige Erzählung von der „Bindung Isaaks" (Genesis 22)[13] will weder im moralischen Sinn noch in psychologisierender Hinsicht erklärt werden. Vor allem

---

12 *I. Schulmeister*, Israels Befreiung aus Ägypten. Eine Formeluntersuchung zur Theologie des Deuteronomiums, ÖBS 36 (Frankfurt am Main 2010), 37, zu 4,34. Ähnlich 59 zu 7,19 und 29,2.
13 Nach der gut begründeten These von *G. Steins*, Die „Bindung Isaaks" im Kanon (Gen 22). Grundlagen und Programm einer kanonisch-intertextuellen Lektüre. Mit einer Spezialbibliographie zu Gen 22, HBS 20 (Freiburg im Breisgau 1999), insbesondere 216–224, wurde Gen 22,1–19 als einer der jüngsten Texte im Pentateuch als „theologische Summe" in die Kapitel 12–25 eingetragen und verbindet zentrale Perikopen aus dem Kontext der Tora, vor allem Genesis 21, Exodus 3–4; 19–24; Levitikus 8–9; 16; Deuteronomium 8, mit der Gestalt Abrahams (217). Schon die Intertextualität zwischen Genesis 12; 21 und 22 wird oft vernachlässigt, obwohl Genesis 22 ständig im Rückgriff auf die beiden vorausgegangenen Erzählungen entfaltet wird. Im Blick auf Gen 21,9–21, dem Übergangstext von der Erzählung über die wunderbare Geburt Isaaks zu seiner Opferung, liegt aber in Gen 22 „die Initiative allein bei Gott, was auch die ‚Überschrift' 22,1aβ ausdrücklich festhält. Der Fokussierung auf Gott (und Abraham) und der Aussage, dass ‚Gott prüft', gleich zu Beginn von Gen 22 entspricht in Gen 22,14 Abrahams ‚Resümee', dass, Gott sieht." (159). Trotz der durchgehenden Parallelisierung fehlen in Genesis 21 vergleichbare Aussagen. Gleiches gilt auch vom Opfer als dem in Genesis 22 beherrschenden und detailliert entwickelten Thema (160). Dagegen sind nach *H.-Chr. Schmitt*, „Versuchung durch Gott" und „Gottesfurcht" in Gen 22,1.12 und Ex 20,20, in: ZAW 126 (2014) 15–30, die beiden Stellen Gen 22,1–14*.19 und 20,20, in denen *nsh* D-Stamm und *jr'* miteinander

darf man sie nicht von ihren großräumigen Kontextbezügen isolieren. Wir kommen auf sie später zu sprechen. Den Interpretationsschlüssel für die narrative Theologie des Kapitels bildet seine Themaangabe zu Beginn. Sie fasst anhand der „Versuchung" durch Gott die ganze Geschichte deutend zusammen[14] und lenkt das Interesse auf das Verhalten Abrahams in der Entscheidungssituation: „Nach diesen Ereignissen stellte Gott Abraham auf die Probe. [...] Er sprach: ‚Nimm deinen Sohn, deinen einzigen, den du liebst, Isaak, geh in das Land Morija und bring ihn dort auf einem der Berge, den ich dir nenne, als Brandopfer dar.'" (Gen 22,1a.2). Gott verlangt also die Ganzhingabe Isaaks. Er ist mehr als der leibliche Sohn. Er ist die „Fleisch gewordene" Erfüllung der Verheißung Gottes und verbürgt, was Gott dem Abraham an Zukünftigem zugesagt hatte. Eine solche für uns ungeheuerliche Forderung war allerdings zu der Zeit, als der Text verfasst wurde, im Alten Orient als denkbar härtestes Opfer vorstellbar (vgl. Mi 6,6–8). Durch die Bereitschaft, dem göttlichen Befehl zu gehorchen und Gott nicht einmal den einzigen, geliebten Sohn und Träger aller Verheißungen zu verweigern, besteht Abraham die Glaubensprobe. Weil es ihr von Anfang an nicht um ein Abschlachten Isaaks ging – das stellt schon die Überschrift klar –, ruft der „Engel JHWHs" am dramatischen Höhepunkt der Bewährungsprobe Abraham vom Himmel her zu: „Streck deine Hand nicht gegen den Knaben aus und tu ihm nichts zuleide! Denn jetzt weiß ich, dass du Gott fürchtest; du hast mir deinen Sohn, deinen einzigen, nicht vorenthalten." (Gen 22,12). In thematisch strenger Entsprechung zur Einleitung fasst diese Rede des Himmelsboten das zuvor Erzählte zusammen und teilt das Resultat der Erprobung Abrahams mit. Sie macht offenbar, warum ihm Gott diese radikale Erprobung zugemutet hat: Die Preisgabe Isaaks lässt Gott konkret und aktuell erkennen,[15] dass Abraham ihn

---

verbunden werden, nicht nachexilisch zu datieren, sondern gehen auf Tradentenkreise der nordisraelitischen Gerichtsprophetie zurück.

14 *C. Westermann*, Genesis 12–26, BKAT I/2 (Neukirchen-Vluyn ²1989), 434, bezeichnet sie als „eine aus einer Deutung entstandenen Erzählung". Sie handelt „in allen ihren Teilen von einer Prüfung" (ebd.). Nach *R. Brandscheidt*, Abraham. Glaubenswanderschaft und Opfergang des von Gott Erwählten (Würzburg 2009), 260, signalisiert *nsh* im D-Stamm als Faktitiv-Resultativform, „dass nicht der Vorgang als solcher, sondern dessen Ergebnis im Vordergrund steht: Abraham soll zu einem Erprobten werden, zu einem, der sich in der Anfechtung bewährt." Aufgrund ihrer Kontext-Einbettung geht es der Erzählung „nicht nur um Abraham in seiner Beziehung zu Isaak, sondern auch und vor allem in seiner Beziehung zu Gott: Das Thema von Genesis 22 ist, genau genommen, das Opfer Abrahams, und nicht so sehr die Opferung Isaaks" und damit „die Frage, ob Gott seine Verheißung auch zurücknehmen und ob umgekehrt Abraham sie auch zurückgeben kann." (*K. Schmid*, Weshalb versuchte Gott Abraham? Genesis 22 „von unten" her gelesen: IKaZ 47 (2019), 5–14, hier 10 und 9).

15 Zur Deutung dieses schwierigen Motivs in der Forschungsgeschichte s. *J. L. Ska*, „And Now I Know" (Gen 22:12), in: The Exegesis of the Pentateuch. Exegetical Studies and Basic Questions, FAT 66

„fürchtet" und ihm deshalb den Sohn „nicht vorenthalten hat". Das Attribut „Gottesfürchtiger" trägt im Alten Testament noch der gerechte Ijob (Ijob 1,1.8; 2,3).[16] In Gen 22,12 meint „Gott fürchten" „nicht die konkrete Gehorsamstat, sondern die innere Haltung; Abraham hat unter Beweis gestellt, was er schon immer war."[17] Noch genauer: „‚Gottesfurcht' ist nach Gen 22 ein Vertrauen auf Gott, das auch dort noch mit seinem heilvollen Willen rechnet, wo sein Handeln scheinbar sinnlos, ja gottwidrig geworden ist."[18] Denn Erprobung, „Versuchung durch Gott ereignet sich da, wo der Mensch angesichts der Erfahrung des verborgenen Gottes das Vertrauen auf die Leben schenkende Macht Gottes zu verlieren droht."[19] In seiner zweiten Rede (Gen 22,15–18) kommentiert der Engel JHWHs den bedingungslosen Gehorsam Abrahams als „Hören auf meine [JHWHs] Stimme" (Gen 22,18). Die Wendung wird vor allem im Deuteronomium für den Tora-Gehorsam und insbesondere in Segens- und Fluchtexten gebraucht.[20] Deshalb werden die vorausgegangenen Zusagen, zu einem großen Volk und zum Segen für alle Völker zu werden (Gen 12,1–3), jetzt für die künftige Geschichte bekräftigt, ja sogar noch erweitert. Gott bleibt also, trotz gegenteiliger Erfahrungen, seinen Verheißungen treu.[21]

(Tübingen 2009), 111–138. Der Grund dafür, dass Gott anthropomorph gesprochen am Ende der Erprobungsgeschichte etwas über Abrahams innere Veranlagung lernt, sei: „To give full play to this freedom and to show its grandeur the story shows that God himself can only know afterwards what the patriarch's final decision will be." (137).

16 Zu den beiden „exemplarisch Frommen" s. *T. Veijola*, Abraham und Hiob. Das literarische und theologische Verhältnis von Gen 22 und der Hiob-Novelle: *C. Bultmann – W. Dietrich – C. Levin* (Hg.), Vergegenwärtigung des Alten Testaments. Beiträge zur biblischen Hermeneutik (Göttingen 2002), 127–144.

17 *J. Becker*, Gottesfurcht im Alten Testament, AnBib 25 (Rom 1965), 194.

18 *J. Jeremias*, Theologie des Alten Testaments, GAT 6 (Göttingen 2015), 79.

19 *H.-Chr. Schmitt*, Die Erzählung von der Versuchung Abrahams Gen 22,1–19* und das Problem einer Theologie der elohistischen Pentateuchtexte, in: Theologie in Prophetie und Pentateuch. Gesammelte Schriften, BZAW 310 (Berlin – New York 2001), 108–130, 118.

20 Vgl. *Steins*, Bindung Isaaks, 190.

21 Nach *Schmid*, Abraham, 12–13, gehen das Neue Testament und seine Wirkungsgeschichte noch über die „Opferung Isaaks" hinaus – „der Glaube erkennt die Gegenwart Gottes auch im katastrophalen Ende" (12). Das Christentum habe „gewissermaßen die abgründige Versuchung zum Normalfall erklärt: Der Glaube wartet nicht auf das Bestehen einer vermeintlichen Versuchung durch Gott, sondern er versucht, die Versuchung selbst theologisch zu durchdringen: Wie und wo kann Gott in der Erfahrung der Gottesferne erkannt werden? Das menschliche Leben könnte aus christlicher Sicht ohne Weiteres als eine Sequenz von Versuchungen durch Gott selbst interpretiert werden, doch der christliche Glaube sucht und findet Gott nicht in der erfolgreichen Überwindung der Versuchung, sondern in allen Niederungen und Widrigkeiten, in denen ihn sonst niemand sucht und findet." (12f). Diese These braucht hier nicht diskutiert zu werden. Soweit sie sich aber auf Genesis 22 und die Aufnahme seiner Opfertheologie im Neuen Testament („Gott selbst opfert seinen Sohn" – ebd., 12) bezieht, hat bereits *S. Brandt*, Opfer als Gedächtnis. Auf dem Weg zu einer be-

„Auf die Probe stellen" (*nsh* D-Stamm) und „wissen" (*jd'*) mit Gott als Subjekt, JHWH „fürchten" (*jr'*) sowie „auf seine Stimme hören" als Ausdruck für Gebotsbeobachtung bilden ein Verbalgerüst, dessen Glieder alle „Versuchungstexte" kennzeichnen. Sie verbinden nämlich „auf die Probe stellen, prüfen" stets mit einem oder zweien dieser Elemente, wobei der Gehorsam gegenüber Gottes Geboten unterschiedlich formuliert wird.[22]

4 Durst, Hunger, Schrecken Gottes und Gutes am Ende – die Erprobung Israels in der Wüste (Ex 15,22 – 26; 16,1 – 5; 20,18 – 21; Dtn 8,2 – 6.15 – 16)

Die beiden folgenden Erprobungen (Ex 15,25 und 16,4) knüpfen an typische Wüstenerlebnisse, den Durst und Hunger Israels, an. Doch Gott schafft der elementaren Not durch süßes Wasser bzw. durch Manna Abhilfe.[23] Theologisch-programmatisch ereignet sich die erste Episode[24] unmittelbar nach der Rettung aus Ägypten und seinen „Krankheiten", den Plagen, und am Anfang der Wüstenwanderung in der Oase Mara (= Bitter), deren Wasser Krankheit, ja Tod bringen konnte. Nach dem Aufbegehren und der Frage des Volkes „Was sollen wir trinken?" schreit Mose zu

---

freienden theologischen Rede vom Opfer, Altes Testament und Moderne 2 (München 2001), 146 – 173 („Jesu Kreuzigung – Die ‚neue Akeda'? Kritische Überlegungen zu einer weitverbreiteten Vorstellung") dem skizzierten Verständnis Schmids widersprochen.

22 Außerdem lassen 1 Makk 2,52; Jdt 8,25 – 27 und Sir 44,20 eine Art Wirkungsgeschichte der Erprobung Abrahams erkennen (*Helfmeyer*, nissâh, 482).

23 Für *E. Blum*, Studien zur Komposition des Pentateuch, BZAW 189 (Berlin 1990), 144 – 148, liegen beide „Murr-Geschichten" auf einer kompositionellen Linie (148). Die folgende Erzählung über das Quellwunder in Massa-Meriba (Ex 17,1 – 7) behandelt paradigmatisch die andere Möglichkeit der Beziehung zwischen Gott und Volk. Anlässlich des fehlenden Wassers spricht sie erstmals im Pentateuch von der Versuchung JHWHs durch Israel (Ex 17,2), das ihn mit der zweifelnden Frage „auf die Probe stellte": „Ist JHWH in unserer Mitte oder nicht?" (Ex 17,7). Dass Israel durch sein fehlendes Vertrauen auf die Führung und Fürsorge Gottes ihn „versucht, auf die Probe stellt", ist in der Geschichtstradition Israels auch sonst eng mit den Ereignissen von Massa verbunden (Dtn 6,16; Ps 95,9; 106,14). Nur in Dtn 33,8 wurde Levi als treuer Gefolgsmann von Gott in Massa auf die Probe gestellt und bewährte sich; zum Wechsel der Versuchenden vgl. Ps 81,8. Im unmittelbaren Kontext spricht Dtn 33,9 vom Bewahren des Wortes und Wachen über den Bund JHWHs. Als das Volk nach dem angsteinflößenden Bericht der Kundschafter die Landnahme verweigert, verweist Gott in seiner Strafankündigung Num 14,22 darauf, dass ihn diese Generation nun schon „zum zehnten Mal auf die Probe gestellt und nicht auf seine Stimme gehört hat".

24 Zum Folgenden vgl. *Lohfink*, Arzt, 93 – 108.

JHWH und der „belehrt" ihn – ein Verb, das im Hebräischen an das Nomen „Tora" anklingt und deren spätere Mitteilung bereits andeutet. Als Mose daraufhin ein Stück Holz ins Wasser wirft, wird das Wasser süß. Dieser Geschichte geht es allerdings um mehr als nur um Rettung vor dem Verdursten. Denn auf das Wunder folgt unvermittelt eine Unterweisung: „Dort legte er [Mose] dem Volk Gesetz und Rechtsentscheid auf und dort stellte er [JHWH] es auf die Probe." (Ex 15,25b). Mit dem Eingreifen Gottes ist also eine Lebensordnung verbunden. Gewöhnlich steht der Doppelausdruck „Gesetz und Rechtsentscheid" im Plural und bezeichnet dann im Deuteronomium die Sammlung von Einzelgesetzen (Kapitel 12–26). Im Singular spielt er dagegen auf die ein paar Kapitel später erzählte Gesetzgebung am Sinai an, nimmt sie also in gewissem Sinn vorweg. Zugleich bezieht sich der Ausdruck in Verbindung mit der Erprobung auf Genesis 22 zurück. Von der Bereitschaft, Gottes Gebote anzunehmen und zu beachten, hängt der Segen Gottes ab. Was dabei mit dem Wort „auf die Probe stellen" gemeint ist, wird sofort ausgeführt:

> Und er [Mose] sagte: Wenn du auf die Stimme JHWHs, deines Gottes hörst und tust, was in seinen Augen recht ist, und (wenn du) auf seine Gebote horchst und alle seine Gesetze bewahrst – keine Krankheit, die ich in Ägypten auferlegt habe, werde ich dir auferlegen. Denn ich bin JHWH, dein Arzt. (Ex 15,26)

Die Bewahrung Israels vor Krankheit durch JHWH als den Heilenden stellt den Zusammenhang zum trinkbar gemachten Wasser und der Auferlegung von Gesetz und Rechtsentscheid sowie der Erprobung Israels her. „Gott testet in der Notsituation, ob Israel sich an sein Gesetz hält, und wenn es das tut, hilft er der Not durch Segen ab."[25] Das lebensbedrohliche Ereignis, durch das Israel von Gott in eine Erprobung hineingeführt wurde, verdeutlicht somit eine Lehre, einen allgemein gültigen Zusammenhang zwischen der von JHWH gegebenen Lebensordnung und dem leiblichen Heil, das er Israel verleiht.

Auch das anschließend geschilderte Manna-Wunder wird als „Murr-Geschichte" eingeführt. Sie betrifft die andere elementare Seite der Lebenserhaltung, die Nahrung. Angesichts des drohenden Hungertodes in der Wüste wünschen sich die Israeliten zurück nach Ägypten, wo sie an Fleischtöpfen saßen und genug Brot zu essen hatten. Wiederum reagiert Gott sofort, indem er Mose ankündigt, Brot vom Himmel regnen zu lassen. Wenn das Volk dann hinausgeht, um täglich seinen Tagesbedarf zu sammeln, will JHWH es „prüfen: Geht es nach meiner Tora [Belehrung] oder nicht" (Ex 16,4). Denn am sechsten Tag wird die zusammengebrachte Menge doppelt so viel wie die sonst täglich aufgelesene ausmachen (Ex 16,5). Die Prüfung hängt also davon ab, ob sich die Israeliten in ihrer Vorsorge auf das be-

---

25 Ebd., 100.

schränken, was für einen Tag reicht, und am siebten Tag auf jede Vorsorge verzichten. Als dann einige aus dem Volk trotz des doppelten Tagesbedarfs am sechsten Tag auch am siebten Tag hinausgehen, um Manna zu sammeln, aber keines finden, trifft sie der göttliche Vorwurf: „Wie lange wollt ihr euch noch weigern, meine Gebote und Belehrungen zu bewahren?" (Ex 16,28). Damit wird angedeutet: Das Wunder, dass sie jeden Tag genug zum Überleben haben, hängt an ihrer Treue zur „Tora", vor allem zu deren Sabbatgebot.[26]

Nach der bestürzenden Gotteserscheinung und Proklamation des Dekalogs am Sinai fürchtet sich das Volk und bittet Mose, künftig als Vermittler der göttlichen Offenbarung zu amtieren. Es werde auf ihn hören (Ex 20,18–19, vgl. 19,9 und 24,7). Gott solle nicht mehr mit ihm, dem Volk, reden, sonst müsste es sterben. Mose beruhigt die Israeliten – wie bei der Rettung am Roten Meer (Ex 14,13) – mit den Worten „Fürchtet euch nicht!" Womit er diesen Zuspruch begründet, erschließt ihnen zugleich den Sinn der Theophanie-Erfahrung: „Denn um euch auf die Probe zu stellen, ist Gott gekommen und damit die Furcht vor ihm euch vor Augen ist, sodass ihr nicht sündigt." (20,20). Das Volk hat also durch seine Gottesfurcht die Probe bestanden (ausdrücklich festgestellt in Dtn 5,28–29). Die Zweckangabe „damit ihr nicht sündigt" bezieht sich zurück auf die Präambel der Sinaiperikope mit ihren Grundsatzaussagen über das Gottesverhältnis Israels (Ex 19,5–6). Sünde meint in diesem Zusammenhang: nicht „auf die Stimme Gottes hören und seinen Bund halten"; oder konkreter: den unmittelbar zuvor gehörten Dekalog ablehnen. Wie „die Erprobung Abrahams, von der Gen 22,1 spricht, in der Durchführung eines göttlichen Auftrags besteht," so ist die Erprobung Israels „eng mit dem normalerweise im ‚Gesetz' gegebenen Gotteswillen und dessen Beobachtung verbunden."[27] Die Abrahamserzählung und die Sinaiperikope beleuchten einander also gegenseitig, sodass „Abraham ›als Typos oder Modell für Israel‹ bezeichnet werden" kann.[28] Wenn Gott den urbildlichen Israeliten Abraham und das Volk Israel in kritischen Situationen auf die Probe stellt, dann jeweils, um „den Erprobten als Gottesfürchtigen zu enthüllen."[29] Zugleich leuchtet hinter der Erprobung Israels „die Lebens- und Rettungszusage des ‚Arztes JHWH' (Ex 15,26) als Folge einer konsequenten Hör-Haltung des Volkes auf".[30]

---

26 „Auch wenn die hier erwähnte ‚Tora' zuerst und vor allem das ‚Reglement' für das Sammeln und die Verteilung des Manna betrifft, schließt sie eine Art Schabbat-Reglement mit ein, sodass die Tora vor ihrer Übergabe am Sinai in den Blick kommt." (*C. Dohmen*, Exodus 1–18, HThKAT [Freiburg im Breisgau 2015], 384).

27 *Lohfink*, Arzt, 100, Anm. 23.

28 *Steins*, Bindung Isaaks, 175 f , Zitat 176 mit Verweis auf *R. W. L. Moberly.*

29 *Lohfink*, Arzt, 140.

30 *C. Dohmen*, Exodus 19–40, HThKAT (Freiburg im Breisgau 2004), 130 f.

Die weiteren Belege von *nissāh*, „auf die Probe stellen, prüfen", finden sich alle in deuteronomisch-deuteronomistischer Literatur.[31] Von ihnen lässt Dtn 8,2–6 (und sein Resümee in Dtn 8,15–16) in der Abschiedsrede Moses am Ende des Pentateuchs vielleicht am deutlichsten erkennen, was Erprobung durch Gott meint. Die Perikope bietet eine theologische Gesamtinterpretation des „ganzen Weges", den Gott Israel durch die Wüste geleitet hat, (Dtn 8,2), und durch den das Volk gelernt haben sollte, „auf den Wegen Gottes zu gehen" (Dtn 8,6):

> 8.2 Du sollst an den ganzen Weg denken, den JHWH, dein Gott, dich während dieser vierzig Jahre in der Wüste hat gehen lassen, um dich niederzubeugen und dich zu prüfen. Er wollte erkennen, was in deinem Herzen ist: ob du seine Gebote bewahrst oder nicht. ³ Durch Hunger hat er dich niedergebeugt und hat dich dann mit dem Manna gespeist, das du nicht kanntest und das auch deine Väter nicht kannten. Er wollte dich erkennen lassen, dass der Mensch nicht nur vom Brot lebt, sondern dass der Mensch von allem lebt, was der Mund JHWHs spricht. ⁴ Deine Kleider sind dir nicht in Lumpen vom Leib gefallen und dein Fuß ist nicht geschwollen, diese vierzig Jahre lang. ⁵ Daraus sollst du die Erkenntnis gewinnen, dass JHWH, dein Gott, dich erzieht, wie ein Mann seinen Sohn erzieht. ⁶ Du sollst die Gebote JHWHs, deines Gottes, bewahren, indem du auf seinen Wegen gehst und ihn fürchtest.

Die vierzigjährige Durchquerung der Wüste ist „in ein heilsgeschichtliches Licht getaucht"[32]. Gott verfolgte, als er Israel durch die Wüste führte, einen Plan. Dazu brachte er das Volk in Elend und Not. Seine Absicht dabei war, „Israel auf die Probe zu stellen, also eine Art Experiment durchzuführen." Er wollte Israel dazu verlocken, sich frei zu entscheiden und zu zeigen, wie es zu seinen Geboten stand.[33] Deshalb beugte er das Volk durch Hunger. Ob Gott damals im Herzen Israels Treue oder Untreue seinen Geboten gegenüber vorfand und wie die Prüfung schließlich ausging, wird nicht erwähnt. Vielmehr wird sofort von der Speisung durch das Manna berichtet. Das Manna war aber keine Belohnung, sondern hatte einen anderen Sinn. Mit ihm wollte Gott eine Erkenntnis vermitteln: Israel sollte aus der Gabe des Manna lernen, dass es nicht nur vom Brot, sondern auch von den aus Gottes Mund kommenden Geboten lebte. Über die wunderbare Ernährung hinaus, sorgte Gott auch für Kleidung und Schuhwerk, und zwar auf dem ganzen langen

---

31 Auch in der Erzählung über die Versuchung Jesu liegt der Nachdruck auf Zitaten aus dem Deuteronomium, vor allem auf 8,3; 6,16; 5,9; 6,13 – s. *A. Michel*, Die Versuchung bzw. Erprobung Jesu in Mt 4,1–11. Anmerkungen zum Thema Christologie und Deuteronomium: *U. Busse – M. Reichart – M. Theobald* (Hg.), Erinnerung an Jesus. Kontinuität und Diskontinuität in der neutestamentlichen Überlieferung [FS R. Hoppe], BBB 166 (Bonn 2011), 73–85. Dtn 8,3 eröffnet in Mt 4,4 die Antworten Jesu (77–80).
32 *R. Gomes de Araújo*, Theologie der Wüste im Deuteronomium, ÖBS 17 (Frankfurt am Main 1998), 142; zur „Semantik der Wüstenpassagen", 142–149.
33 Ebd., 143–144.

Marsch während der vierzig Jahre. Diese Erfahrungen eines sorgenfreien Lebens, trotz fehlender Voraussetzungen (Dtn 8,2–4), sollten das Volk im Rückblick auf die Wüstenzeit zur Erkenntnis bringen,[34] dass Gott es durch die Erprobung in kritischen Situationen so heranbildete, wie in Israel ein Vater seinen Sohn erzog (Dtn 8,5): Er gab ihm die Möglichkeit, sich anhand harter Widerstände zu bewähren, indem es sich an die vorher gegebene Weisung hielt, und ließ dann die Bewährung in je größere väterliche Zuneigung einmünden.[35] Zusammenfassend:

> Ziel dieser von Gott herbeigeführten Erprobung ist eine beiderseitige Erkenntnis. Gott erkennt, wie Israel sich entscheidet gegenüber der von ihm dem Volk gegebenen Lebensordnung. Israel erkennt, dass es aus dem Wunder existiert. Dieser ganze Zusammenhang wird dann noch durch die Kategorie der Erziehung gedeutet.[36]

Die Erkenntnis der göttlichen Pädagogik mündet abschließend in die Aufforderung, die Gebote Gottes zu bewahren, das heißt: auf seinen Wegen zu gehen und ihn zu fürchten (Dtn 8,6). Sie verlangt also für das Leben im gelobten Land eine ähnliche Entscheidung, wie sie schon in der Wüste von Israel erwartet worden war. Im Verlauf des kunstvoll strukturierten Kapitels, inmitten einer Schilderung von Reichtum und Gefahren des Verheißungslandes (Dtn 7,7–18), findet sich noch eine kurze und variierende Reprise der Wüstenpassage. Sie ergänzt in Dtn 8,15 die Erzählung von den Schrecken in der Wüste und – damit kontrastierend – vom Wunder des Wassers aus der Felswand. Und Dtn 8,16 rekapituliert Dtn 8,2–5: [„ … dass du JHWH, deinen Gott, nicht vergisst …], der dich in der Wüste mit dem Manna speiste, das deine Väter noch nicht kannten, um, nachdem er dich niedergebeugt und dich geprüft hat, dir zuletzt Gutes zu tun". So steht auch hier am Ende von Durst und Hunger, durch die Gott Israel erproben wollte, das Gute, das er ihm erwiesen hat, nämlich Wasser und Manna. Im Übrigen wird auch die Darstellung der göttlichen Prüfung in Dtn 8,2–6 wie die bisher skizzierten Wüstenereignisse an die Erzählung über Abraham zurückgebunden. Es gibt in der hebräischen Bibel keinen Text, der in ebensolcher Dichte sowohl in den Schlüsselthemen Erprobung, Erkenntnis des Partners durch Gott, Gebotsgehorsam und Gottesfurcht als auch in der

---

34 Dtn 8,2–6 folgt im Aufbau einer dreigliedrigen Kleinform, dem Schema „Faktum – Erkenntnis – Appell". In ihm sollen aus dem Rückblick auf das Handeln Gottes in der Geschichte Israels (8,2–4) eine theologische Einsicht in das Wesen JHWHs (8,5) und die praktische Folgerung für den Gebotsgehorsam Israels (8,6) gezogen werden. Die Aufforderung der Erkenntnisformel in 8,5 blickt also schon auf die frühere Erkenntnis Gottes wie Israels in 8,2–3 zurück. Vgl. *G. Braulik*, Geschichtserinnerung und Gotteserkenntnis. Zu zwei Kleinformen im Buch Deuteronomium: Studien zu den Methoden der Deuteronomiumsexegese, SBAB 42 (Stuttgart 2006), 165–183, hier 175–176.
35 *Lohfink*, Arzt, 150.
36 Ebd., 142–143.

Terminologie mit Genesis 22 übereinstimmt.[37] Abraham nimmt also die Wüstenerfahrungen Israels gewissermaßen vorweg und besteht die Probe. Er erscheint „als
Ideal Israels und als Exempel der Paränese".[38]

Abschließend: Die Hälfte der Texte über die Erprobung Israels spielt in der
Wüste. Als das Volk sie durchwanderte, geriet es immer wieder in lebensbedrohliche Situationen. Warum werden sie gerade als Prüfung durch Gott gedeutet? Man
kann vermuten, dass sich deren eigentlichen Adressaten in einer mit der Wüste
vergleichbaren Lage befanden. Die nur schwer verständlichen Zeitverhältnisse
würden dann als Erprobung Gottes bestimmt, in der sie sich bewähren sollten. Sie
konnten diese Probe dadurch bestehen, dass sie ihr ganzes Leben seinen Geboten,
nämlich dem Dekalog und den Bestimmungen der deuteronomischen Sozialordnung, unterwarfen. Dann würde Gott sie wie einst Israel in der Wüste wunderbar
erhalten. „In einem gewissen Sinne wäre das Wort von der Erprobung dann eine Art
Theodizee, die einem im Elend lebenden Israel gegeben wird, damit es an seinem
Gott nicht verzweifelt und weiß, woran es sich zu halten hat. Ihr Israeliten steht
jetzt in der Situation der Erprobung, und was Jahwe durch sie will, ist, dass er euch
mit dem Wunder beschenken kann!"[39]

5 Die Anstiftung zum Abfall, die Fremdvölker – die Erprobung Israels im Land (Dtn 13,2 – 6; Ri 2,20 – 3,6)

Die eben erwähnte Theodizee-Absicht zeigt sich besonders deutlich in den Rechtssätzen über einen Propheten oder Traumseher, der inmitten des Volkes dazu verführt, JHWH die Gefolgschaft aufzukündigen und anderen – bisher unbekannten –
Göttern zu dienen. Insbesondere dann, wenn der Prophet seine religiöse Kompetenz für diese Aufforderung durch das Eintreffen zuvor angekündigter Wunderzeichen bestätigt (Dtn 13,2 – 3). Ließ sich ein solch öffentlicher „Affront gegen das
Erste Gebot"[40] dann noch theologisch hinterfragen? Trotz der charismatischen
Autorität dieses Propheten oder Traumsehers verlangt das deuteronomische Gesetz, nicht auf seine Worte zu hören, denn

---

37 *Steins*, Bindung Isaaks, 186 – 191, bes. 187 – 188.
38 Ebd., 190.
39 *Lohfink*, Arzt, 143 – 144. Zur Interpretation der einzelnen Belege als „Theodizee der Erprobung",
138 – 151.
40 *T. Veijola*, Das 5. Buch Mose Deuteronomium. Kapitel 1,1 – 16,17, ATD 8,1 (Göttingen 2004), 286.

> JHWH, euer Gott prüft euch, um zu erkennen, ob ihr das Volk seid, das JHWH, seinen Gott, mit
> ganzem Herzen und mit ganzer Seele liebt. Ihr sollt JHWH, eurem Gott, nachfolgen, ihn sollt ihr
> fürchten, seine Gebote sollt ihr bewahren, auf seine Stimme sollt ihr hören, ihm sollt ihr
> dienen, an ihm sollt ihr euch festhalten. (Dtn 13,4b-5)

Hinter dieser Paränese dürften konkrete Erfahrungen stehen.[41] Vor allem Jeremia
warnte seine Zeitgenossen: „Hört nicht auf eure Propheten, Wahrsager, Träumer,
Zeichendeuter und Zauberer … Denn Lüge prophezeien sie euch, damit sie euch
vertreiben von eurem Ackerboden und ich euch verstoße und ihr zugrunde geht."
(Jer 27,9 – 10). Als der Prophet Hananja vor dem ganzen Volk im Tempel gegen
Jeremia auftrat, hielt dieser ihm entgegen: „An der Erfüllung des prophetischen
Wortes erkennt man den Propheten, den JHWH wirklich gesandt hat." (Jer 28,9).
Wie sollte man dann aber eine Situation verstehen, in der ein Prophet aus Israel
zum Abfall von JHWH aufrief und die eigene Botschaft mit dem Eintreffen vor-
ausgesagter Wunder legitimierte? Erfüllte sie doch anhand dieses Weissagungsbe-
weises jenes Kriterium, das wahre Prophetie von der falschen unterscheiden ließ
(vgl. auch Dtn 18,21 – 22). Weil also JHWH selbst das Zeichen und Wunder gewirkt
haben musste, konnte eine solche Verführung zur Apostasie nur bewältigt werden,
wenn man sie als seine Prüfung auslegte. Diese Deutung war dann „Theodizee
zugunsten Jahwes".[42] Israel besteht diese Glaubensprobe, wenn es trotz der Auf-
wiegelei durch falsche Propheten JHWH allein mit ganzem Herzen und ganzer Seele
liebt (Dtn 13,4), wie es das Hauptgebot des Gottesbundes verlangt (Dtn 6,4 – 5). Die
weitere, an Länge kaum zu überbietende Kette von sechs Ausdrücken – darunter die
im Deuteronomium einzigartige Wendung „hinter JHWH, seinem Gott, hergehen"
(Dtn 13,5), und andere Formulierungen, die teilweise im Kontrast zu den Worten des
Verführers stehen, – fordert ausschließliche JHWH-Loyalität und Gebotsgehorsam.
Die folgende Begründung für dieses Verhalten expliziert, mit welchem Gott zu
brechen der Prophet aufgefordert hatte: Es war JHWH, der „euer Gott" ist und der
das Volk „aus Ägypten geführt und aus dem Sklavenhaus freigekauft" sowie „auf *den*
Weg", nämlich den Dekalog, „verpflichtet" hatte (Dtn 13,6).[43]
    Ursprünglich galt die Inbesitznahme des verheißenen Landes unter Josua als
abgeschlossen (Jos 21,43 – 45). Als die nächste Generation nach seinem Tod von

---

41 Das gilt, auch wenn Dtn 13,2 – 6 Formulierungen der neuassyrischen Loyalitätseide König Asarhaddons aufgreift – *E. Otto*, Deuteronomium 12 – 34. Erster Teilband: 12,1 – 23,15, HThKAT (Freiburg
im Breisgau 2016), 1239 – 1241.
42 *Lohfink*, Arzt, 145.
43 Der Hinweis auf JHWH als den „aus Ägypten Herausführenden" verbindet Dtn 13,6 mit 8,14. Die
hebräische Verbform des Herausführens aus Ägypten, nämlich ein Partizip, findet sich im Deuteronomium nur noch in 13,11 im anschließenden zweiten Apostasie-Gesetz.

JHWH abfällt, verschiebt sich die Perspektive. Jetzt beschließt Gott: „Weil dieses Volk meinen Bund übertreten hat, zu dem ich ihre Väter verpflichtet habe, und weil es nicht auf meine Stimme gehört hat, werde auch ich kein einziges der Völker mehr bei ihrem Ansturm vernichten, die Josua noch übrig gelassen hat, als er starb." (Ri 2,20–21).

> Eine so negative Sicht einer vielhundertjährigen Geschichte Israels mit seinem Gott musste zur Ratlosigkeit gegenüber diesem Gott führen. So ist es verständlich, dass auch an dieser Schlüsselstelle – am Anfang der Darstellung der Richterzeit – nochmals eine kommentierende Hand (wenn nicht sogar deren mehrere) den Text erweiterte und eine intellektuelle Verdeutlichung versuchte. Sie geschah wieder durch den Begriff der Erprobung Israels durch Jahwe.[44]

Die Israeliten sollen also mittels der verbliebenen Völker „auf die Probe gestellt werden, [um zu erkennen,] ob sie den Weg JHWHs bewahren, um darauf zu gehen, wie es ihre Väter taten, oder nicht." (Ri 2,22). Dann kündigt der Text eine Liste mit fremden und feindlichen Völkern im Wohngebiet Israels an, die Gott dort gelassen hatte, „um durch sie Israel auf die Probe zu stellen" (Ri 3,1). Nachdem die Völker aufgezählt sind, heißt es nochmals zusammenfassend: „Sie waren dazu da, um Israel durch sie auf die Probe zu stellen, damit er [JHWH] erkenne, ob sie [die Israeliten] auf die Gebote JHWHs hören würden, auf die er ihre Väter durch Mose verpflichtet hatte." (Ri 3,4). Die unvollendete Landnahme, die hier in die historische Frühzeit projiziert wird, dürfte mit Blick auf Israeliten beschrieben worden sein, die nach dem babylonischen Exil im eigenen Verheißungsland mit anderen Völkerschaften zusammen leben mussten.[45] Sie sollten wie die Väter „den Weg Gottes", das heißt wohl: den Dekalog, und seine Gebote, die Tora Moses, halten. Dann würde ihnen Gott das längst zugesprochene Siedlungsgebiet geben.[46]

---

44 *Lohfink*, Arzt, 146.

45 Vgl. *W. Groß*, Richter, HThKAT (Freiburg im Breisgau 2009), 209–211.

46 Den letzten Beleg von *nissāh* in 2 Chr 32,31 erwähne ich nur kurz, denn im Gegensatz zu den vorausgegangenen Texten, in denen Gott immer das Volk „auf die Probe stellt", wird hier ein Einzelner, nämlich der fromme König Hiskija, auf die Probe gestellt. Auch erfüllt seine Prüfung – anders als bei Abraham – keine typologische Funktion. Der Vers betrachtet den Besuch einer babylonischen Gesandtschaft als Ursache einer göttlichen Erprobung: „Da überließ ihn Gott sich selbst, um zu erproben und zu erkennen, was alles in seinem Herzen war" (vgl. Dtn 8,2). In dieser Prüfung hat sich Hiskija durch sein Gottvertrauen (vgl. 2 Kön 20,19) bewährt – vgl. *S. Japhet*, 2 Chronik, HThKAT (Freiburg im Breisgau 2003), 437–438.

In der hellenistischen Epoche erprobt Gott stets Einzelne: Sir 2,1–5; 4,17–18; 33,1; 44,20; Weish 3,5–6; 11,9–10. Diese Texte gehören zu deuterokanonischen Schriften, stehen also außerhalb der Hebräischen Bibel. In der Erprobung dominiert der Gesichtspunkt der Erziehung. So heißt es zum Beispiel Sir 4,17–18 (nach der griechischen Übersetzung) über die Weisheit, die personifizierte

6 Eine Hermeneutik der „Versuchung durch Gott"

Die kurz bedachten alttestamentlichen Belege zeigen, dass eine Übersetzung von *nsh* im D-Stamm durch „versuchen" mit seiner negativen Konnotation diesen Texten nicht gerecht wird. Sie schildern nämlich die „Erprobungen durch Gott", trotz des Risikos der Entscheidungsfreiheit und der Möglichkeit des Scheiterns, als durchaus positive und vielleicht sogar notwendige Vorgänge, in denen sich Abraham wie Israel als gottesfürchtig und gottgehorsam erweisen können und, wenn sie die Prüfung bestehen, von Gott reich gesegnet werden. Die Zürcher Bibel wie die Einheitsübersetzung geben das hebräische Verb *nissāh* deshalb an allen Stellen, an denen Gott sein Subjekt ist, durch „auf die Probe stellen, prüfen" wieder. Es wird vor allem in der Tora verwendet, also im Grunddokument des JHWH-Glaubens. Außerdem sind es durchaus Schlüsseltexte der Väterzeit und der Wüstenwanderung Israels, die im Verlauf des Pentateuchs eine Hermeneutik der Erfahrungen Israels als eine Art von „Theologie der Erprobung" entwickeln. Wie ist sie zu verstehen, wenn man die „Versuchungstexte" gemeinsam erwägt?

Zunächst etwas verallgemeinernd gesprochen: Sie hilft, Notsituationen zu bewältigen, in denen – trotz der vorausgegangenen heilvollen Gotteserfahrungen – der Glaube, das Vertrauen auf Gott, in Zweifel gezogen wird. Konkret: Ob es sich um das Opfer des Sohnes samt der in ihm verkörperten Hoffnung auf zahlreiche Nachkommen und den Segen für die Sippen der Erde handelt oder um die Gefahr des Verdurstens angesichts des ungenießbaren, krankheitserregenden Wassers bzw. um die fehlende Nahrung, ob um die Überlebensängste aufgrund der Begleitumstände der Sinai-Theophanie oder um das Zusammenleben mit fremden, ja feindlichen Völkern im eigenen Land – immer sind es Anfechtungen, die mit einer tödlichen Gefährdung Israels einhergehen. Letztlich gilt das auch für die Sünde, die Israel begeht, wenn es Gott nicht fürchtet. Was in diesen Geschichten erzählt wird, dürfte, als man sie niederschrieb, einen aktuellen Anlass gehabt haben, auch wenn sich die konkreten Erlebnisse nur mehr hypothetisch rekonstruieren lassen. Sie provozierten jedenfalls eine Krise des Glaubens an Gott, eine Erfahrung von Gottverlassenheit, die sich literarisch im Murren des Volkes wiederspiegelt. Hier findet

---

göttliche Schöpfungs- und Geschichtsordnung: „Auf gewundenen Wegen wird sie [die Weisheit] zunächst mit ihm [dem Geprüften] gehen, Furcht und Bangen wird sie über ihn bringen und sie wird ihn erziehen und hart erproben, bis sie seiner Seele vertraut; sie wird ihn mit ihren Anordnungen auf die Probe stellen. Dann wird sie wieder geradewegs zu ihm zurückkehren und ihn erfreuen und sie wird ihm ihre Geheimnisse enthüllen."

die „Theodizee der Erprobung" ihren Ort.[47] Auf die Probe gestellt wird das Gottesverhältnis sowohl Abrahams als auch Israels. Diese Beziehung wird vor allem mit „JHWH fürchten" und synonym dazu auch mit „ihn lieben", „ihm nachfolgen", „sich an ihm festhalten" umschrieben. Die Prüfung dient einem Erkenntnisprozess vonseiten Gottes wie auch vonseiten Israels. Gott möchte schon bei Abraham wissen, ob er wirklich bereit ist, ihm nichts vorzuenthalten. Im Lauf des Zuges durch die Wüste möchte er dann dem Volk ins Herz schauen, wie es sich entscheidet – ob es seine Gebote bewahrt oder nicht. Und im Land möchte er sich vergewissern, ob ihn die Israeliten als ihren Gott mit ganzem Herzen und ganzer Seele lieben, ihm die Treue halten. Ablesen lässt sich diese freie Entscheidung für Gott bzw. die innere Haltung der Loyalität am Gehorsam gegenüber seinem „Gesetz und Rechtsentscheid", „seiner Lehre" oder „Weisung", seinen „Geboten". Israel aber sollte schon in der Wüste durch die eigene Erfahrung von Leben und Tod erkennen, dass es nicht nur durch Brot vom Himmel, Wasser aus dem Felsen und nicht verschlissener Kleidung lebte, sondern auch vom „Wort" Gottes, das heißt: aufgrund seiner Willensäußerungen. Letztlich also dadurch, dass es seine Existenz reiner Gnade verdankte. Später soll Israel dann im Rückblick auf diesen Erprobungsprozess die Erkenntnis gewinnen, dass Gott es wie ein Vater „erzog". Seine Schulung durch Entbehrungen wie Wunder sollte es auf das Leben als Volk – das heißt als Gesellschaft dieses Gottes – im Land vorbereiten. Dort droht ihm wegen des Aufruhrs der eigenen Propheten gegen JHWH und ihrer Verführung zum Abfall die radikalste Erprobung seiner Glaubenstreue. Die verschiedenen „Erniedrigungen" aber, durch die Gott sein Volk in der Geschichte „prüfte", führten – wann immer Israel sich bewährte – Gott dazu, ihm „zuletzt Gutes zu tun".

7 Die Angst vor der Versuchung und die „Erlösung vom Bösen"

Nach dem Alten Testament haben sich weder das Volk noch einzelne Israeliten vor einer „Versuchung" – im Sinn von „Erprobung" – durch Gott gefürchtet. Seine Prüfung nahm den Bundespartner ernst, diente dem Reifen der Gottesbeziehung

---

47 Dagegen entspringt die Versuchung nach *Frevel*, Versuchung, 44–45, „der Spannung zwischen Gerechtigkeit und Barmherzigkeit im Gottesbild ... Die in der Versuchung erkennbare unaufhebbare Ambivalenz Gottes ist notwendiger Bestandteil des Gottesbildes." Wie der Durchgang durch die „Versuchungstexte" gezeigt hat, liegt ihnen jedoch eine derartige „Ambiguität im Gottesbild" (ebd.) fern. Die Erprobungen dienen durchwegs einer Rechtfertigung Gottes, ohne auf seine Gerechtigkeit oder Barmherzigkeit zu rekurrieren.

Israels und erklärte ein sonst unbegreifliches göttliches Verhalten. Deshalb kann Judit die Bewohner von Betulia gerade in ihrer Notlage wie folgt auffordern: „Bei alledem lasst uns dem Herrn, unserem Gott, danken, dass er uns ebenso prüft wie schon unsere Väter." (Jdt 8,25). Woher kommt dann die Angst, die als sechste Vaterunser-Bitte am liebsten formulieren möchte: „Verhindere Situationen der Prüfung" oder „Lass keine Versuchung an uns herankommen"? Die Tendenz, eine Erprobung durch Gott zu einer Versuchung im Sinn einer „Verführung zum Unrecht" umzudeuten, ist jedenfalls schon für die Zeit vor Jesus bezeugt. Vor allem das Buch der Jubiläen, dessen Abfassung meist in die vorhasmonäische Zeit datiert wird, spricht in seinem zehnten Kapitel von dämonischer Verführung. In einem griechischen Fragment dieses Textes heißt es: „Und der Teufel bat, einen Teil der Dämonen für die Erprobung (*peirasmós*) der Menschen zu erhalten. Und ihm wurde der zehnte Teil gegeben, nach dem Befehl Gottes, um die Menschen auf die Probe zu stellen (*peirázein*) und um sich der Absichten eines jeden Gott gegenüber zu versichern".[48] Zu den Belegen zählt ferner ein vorchristliches palästinisch-jüdisches Gebet, das zunächst als dritter von fünf Psalmen Davids nur in syrischer Übersetzung bekannt war, dann aber auch auf Hebräisch in Qumran gefunden wurde. Seine Bitte lautet: „Bring mich nicht in Situationen, die zu hart für mich sind!" (11QPs[a] 24,10 = Syrischer Psalm III, Zeile 11).[49] Bleibt hier noch offen, wer eventuell neben Gott handelt, so sind es im Jubiläenbuch ausdrücklich der Teufel bzw. seine Dämonen, die mit Gottes Erlaubnis die Menschen prüfen. Ihre Erprobung dient zwar – wie in den besprochenen Belegen der Hebräischen Bibel von *nsh* D-Stamm – dazu, „die Absichten eines jeden Gott gegenüber" zu bekräftigen. Im Übrigen aber folgt das Jubiläenbuch der Rahmenerzählung von Ijob 1–2. Allerdings wird Ijob in ihr nicht „auf die Probe gestellt", weil das Verb *nsh* D-Stamm fehlt und stattdessen *sût*, „aufreizen", verwendet wird. Vor allem aber stürzt nicht Gott seinen untadeligen und gottesfürchtigen Knecht in eine Anfechtung, sondern der Satan. Er ist im Ijobbuch jedoch keine widergöttliche Macht, sondern der „Widersacher", der nur mit Gottes Erlaubnis handeln kann. Und in der Tat wird ihm gestattet, Ijob „gegen Gott aufzureizen und ohne Grund zu verderben" (Ijob 2,3).[50] Nach dem Jubiläen-

---

48 Die Verse wurden durch den byzantinischen Chronisten Georgius Syncellus erhalten – A.-M. *Denis, Fragmenta Pseudepigraphorum quae supersunt graeca* (Leyden 1970), 87, in der Übersetzung von M. Philonenko, Das Vaterunser. Vom Gebet Jesu zum Gebet der Jünger. Mit einem Geleitwort von M. Hengel, UTB 2312 (Tübingen 2002), 96. Zur äthiopischen Überlieferung von Jubiläen 10,8 s. ebd.
49 *Philonenko*, Vaterunser, 101. Er zitiert auch ein von G. Dalman der sechsten Vaterunser-Bitte zugeordnetes, unterschiedlich datiertes Gebet aus dem babylonischen Talmud (Berakhot 60b): „Bring mich nicht in die Gewalt der Sünde, nicht in die Gewalt der Schuld, und nicht in die Gewalt der Versuchung und nicht in die Gewalt von Schändlichen."
50 Vgl. *Frevel*, Versuchung, 34–35.

buch bedarf es, um sich vor der Einwirkung Satans und seiner Geister zu schützen, des ständigen Gebets der Glaubenden – Noachs (10,3), Abrahams (12,20) und Moses (1,20). Und Abraham segnet: „Nicht sollen Macht haben über dich und deinen Samen die Geister Mastemas [des Prinzen der Dämonen (10,8)]" (19,28).[51] Nach einem Psalm aus Qumran lautet die Bitte: „Nicht lass über mich herrschen einen Satan oder unreinen Geist!" (11QPs[a] 19,15).

Vor diesem Horizont ist der Satz zu verstehen, den nur das Matthäus-Evangelium zur Erklärung an die (pointiert übersetzte) Bitte „schlepp uns nicht hinein (*kaì mè eisenégnkēs*)[52] in die Erprobung" angefügt hat: „sondern reiß uns heraus aus dem Bösen (*allà rhŷsai hēmãs apò toũ ponēroũ*)!" Zwar spricht man bei dieser Ergänzung der lukanischen Fassung wegen der geheiligten Siebenzahl von einer siebenten Vaterunser-Bitte. Doch handelt es sich dabei nur um eine Gegenaussage („sondern"), die die Versuchungsbitte im Gegenbild verdeutlicht. Beide Sätze bilden zusammen einen antithetischen Parallelismus, der die Aussage wiederholt, indem er ihr Gegenteil negiert. Seine Elemente sind in der gleichen Reihenfolge angeordnet:

	Mt 6,13a	Mt 6,13b
Göttliches Handeln:	schlepp nicht hinein	reiß
Objekt des göttlichen Handelns:	uns	uns
wovor dieses Handeln bewahrt:	in Erprobung	aus dem Bösen

Diskutiert ist das Wort *ponēroũ*, das philologisch sowohl Neutrum „das Böse" als auch Maskulinum „der Böse" sein kann. „Das Böse", eine Bedrängnis oder Sünde, wäre dann wie ein Raum[53], in den man hineingeschlittert[54] ist oder hineingedrängt wurde, aus dem man aber durch eigene Kraft nicht mehr herauskommt. Es geht also gar nicht um das Versuchtwerden, sondern um das Unterliegen in jener Situation,

---

51 *Philonenko*, Vaterunser, 101.

52 Im Neuen Testament verwendet Lk das Verb *eisphérein* von insgesamt 8 Belegen am häufigsten, nämlich 5–mal – neben der Vaterunser-Bitte (Lk 11,4 wie auch Mt 6,13) noch in Lk 5,18.19; 12,11; Apg 17,20. An jeder dieser Stellen hat das Verb die Konnotation „jemanden / etwas gegen den Willen bzw. unter Widerstand (hinein-)bringen". Diese Nuance klingt in der Vaterunser-Bitte sicher mit.

53 Zum ungewohnten Bild des Raums s. *N. Lohfink*, Das Vaterunser, intertextuell gebetet: *Braulik – Lohfink* (Hg.), Liturgie und Bibel, 343–365, hier 355–357. *K. Weiß, eisphérō:* ThWNT IX, 66 f, macht auf die übertragene Bedeutung des Verbs *eisphérein* in der Vaterunser-Bitte aufmerksam, bei der „jedoch die Vorstellung einer räumlichen Bewegung und der aktive Sinn des Wortes beibehalten ist." (Ebd.).

54 Vgl. *Jenni*, Funktionsverbgefüge, 81 Anm. 16.

die wir „Versuchung" nennen.[55] Das bedeutet im Sinn der alttestamentlichen Erprobungsaussagen: dass wir gegen Gottes Weisung und seine Gebote handeln (vgl. Ex 16,4; Dtn 8,2). Wenn uns Gott dann vom Bösen wegreißen, aus ihm erlösen soll, kann das so viel heißen wie: Er soll die Versuchung nicht so stark werden lassen, dass wir in unserer Entscheidung der Macht des Bösen verfallen; oder er soll uns befreien, wenn wir uns schon entschieden haben und ihm schon erlegen sind. Beides erscheint möglich und muss offen bleiben. Die lateinische Liturgie des Missale Romanum setzt das Neutrum voraus, wenn sie die letzte Vaterunser-Bitte mit dem Embolismus, dem Gebetseinschub vor der Doxologie, weiterführt: „Erlöse uns, Herr, allmächtiger Vater, von *allem* Bösen (*ab omnibus malis*, wörtlich also: „von allen bösen Wirklichkeiten") …„[56] Sie denkt dabei an jede Art von Widrigkeit und Unrecht, in die wir in dieser Welt geraten können. Das Maskulinum, also die personale Interpretation von *ponēroũ*, legt sich angesichts der oben zitierten vorchristlichen Texte nahe: Satan, „der Böse", ist das Instrument der von Gott gewollten bzw. zugelassenen Erprobung. Im Übrigen spricht die Versuchungsbitte bewusst von „uns", also von denen, die zusammen Gott als „unseren Vater" anrufen, die somit als Kirche, als Volk Gottes, zu ihm beten.

Was trägt die zentrale alttestamentliche Theologie einer Erprobung durch Gott zum Verständnis der anstößigen Versuchungsbitte bei? Vor allem bewahrt sie uns vor einer Verfinsterung des biblischen Gottesbildes, sodass man nicht apologetisch „die dunklen Seiten Gottes" beschwören muss[57]. Zunächst korrigiert sie die negative Konnotation von „Versuchung", denn das Bedeutungsspektrum von *nsh* D-Stamm wie von *perázein* ist breiter als im Deutschen. Dann aber zeigt sie anhand der Geschichte Israels: Wenn Gott sein Volk immer wieder misslichen Umständen und Anfechtungen ausliefert, stellt er es damit auf die Probe. Natürlich will er nicht, dass es sündigt, sondern dass es sich bewährt. Es soll inmitten der Härte der Situationen das erziehende Wirken Gottes erkennen. Seine „Gottesfurcht", das heißt sein Glaube, soll durch diese Prüfungen wachsen. Es soll sich entscheiden, dem Willen

---

55 Vgl. *J. Cassian*, Collatio 9,23: „‚Und führe uns nicht in Versuchung'. Daraus ergibt sich nun nicht gerade die leichteste Frage. Denn wenn wir bitten, dass keine Versuchung über uns kommt, wie wird sich dann in uns die Tugend der Standhaftigkeit bewähren können? Schließlich heißt es: ‚Jeder Mensch, der nicht versucht wurde, ist nicht bewährt.' (Sir 34,11). Und außerdem: ‚Selig der Mensch, der die Versuchung aushält' (Jak 1,12). Diese (Bitte): ‚Führe uns nicht in eine Versuchung', bedeutet also nicht: Lass überhaupt niemals zu, dass wir versucht werden. Sondern: Lass nicht zu, dass wir, in Versuchung geraten, besiegt werden. […] Versucht wurde Abraham, versucht wurde auch Josef, aber keiner von ihnen wurde in der Versuchung verführt, weil keiner dem Versucher seine Zustimmung gab." (Unterredungen mit den Vätern Collationes Patrum. Teil 1: Collatio 1–10, übersetzt und erläutert von *G. Ziegler*, Quellen der Spiritualität 5 (Münsterschwarzach 2011), 288. Vgl. dazu 1 Kor 10,13.
56 *G. Lohfink*, Das Vaterunser neu ausgelegt, Urfelder Reihe 7 (Bad Tölz 2007), 90–92.
57 Zuletzt *Hoping*, Versuchung, 33.

Gottes zu gehorchen. Dann wird es von Gott auch mit dem Glück des Gottesvolkes gesegnet werden.[58]

Angesichts der aktuellen Diskussion über die Formulierung der Versuchungs- oder besser Erprobungsbitte schließe ich deshalb mit dem – vielleicht utopischen – Vorschlag: Bei einer Textänderung sollte das inzwischen so vorbelastete Wort „Versuchung", das offenbar ein rechtes Verständnis des Abschlusses des Vaterun-

---

58 *Knop*, Vater, 383–384, spricht von drei Paradigmen, die von der exegetischen Literatur „zur Deutung einer Anfechtungserfahrung" unterschieden würden. Allerdings werden dazu keine Belege angegeben. Gemeinsam sei ihnen, dass die Anfechtung nicht den Sünder, sondern den Gerechten treffe. Beim *ersten* Paradigma „Erprobung", dem traditionsgeschichtlich ältesten, messe man Gott selbst die Initiative zur Versuchung Israels oder des Gerechten zu – Beispiel: die Prüfung Abrahams Genesis 22. Jünger seien die Versuchungserzählungen des *zweiten* Paradigmas „Anfechtung", die Gott zulasse, während „der eigentliche Akteur der Versuchung der Teufel" sei – Beispiel: Ijob. Die frühjüdische Weisheitsliteratur habe das *dritte* Paradigma „Reifung" entwickelt, die „positiv als Auszeichnung des Gerechten und darum als erstrebenswertes Mittel der göttlichen Heilspädagogik gewertet" werde – Beispiel: die Bitte des Psalmisten um Prüfung Ps 25,2. Diese bibeltheologische Systematisierung scheitert – ganz abgesehen von ihrer überholten literarhistorischen Einordnung – an den Texten. Der Hinweis auf den „Gerechten" als Erprobten verfehlt die Absicht der oben dargestellten „Theodizee der Erprobung". Gegenbeispiele zum *ersten* Paradigma: In Genesis 22 trifft die Versuchung den Verheißungsträger, der auf menschlicher Ebene stets versagt hat: „alle Menschen, die ihm nahestanden, hat er preisgegeben" (*I. Fischer*, Möglichkeiten und Grenzen historisch-kritischer Exegese: Die ‚Opferung' der beiden Söhne Abrahams. Gen 21 und 22 im Kontext: *A. Franz* [Hg.], Streit am Tisch des Wortes? Zur Deutung und Bedeutung des Alten Testaments und seiner Verwendung in der Liturgie, PiLi 8 [St. Ottilien 1997], 17–36, hier 32). In Ex 15,25 stellt Gott das murrende Volk auf die Probe. Auch in Ex 16,4 erfolgt die Erprobung auf das Murren der Israeliten hin. Dem *zweiten* Paradigma, der von Gott nur zugelassenen und vom Satan verursachten „Anfechtung", widerspricht z. B. 2 Sam 24,1. Hier „reizt" JHWH David gegen das Volk „auf", über das sein Zorn entbrannt ist; er plant damit Unheil (vgl. 1 Sam 26,19). Offenbar wegen der Anstößigkeit dieser Vorstellung ersetzte später 1 Chr 21,1 JHWH durch den Satan. Beide Stellen verwenden das gleiche Verb „aufreizen" (nicht: „erproben, prüfen, versuchen") wie das Ijob-Buch. Von „Reifung spricht nicht erst das *dritte* Paradigma der frühjüdischen Schriften. Schon in Dtn 8,2 und 5 dient die Erprobung ausdrücklich der ‚Erziehung' Israels." Außerdem wird übersehen, dass auch die Erprobungserzählungen des ersten Paradigmas ein positives Ziel haben und in den Segen Gottes münden (ausdrücklich z. B. Gen 22,17). Der erwähnte Psalmist (Ps 25,2) schließlich kann den im Tempel gegenwärtigen Gott nur deshalb bitten, ihn zu „prüfen", zu „erproben" und „Nieren und Herz zu erforschen", weil er sich und sein Tun von der Güte und Treue Gottes umfangen weiß (vgl. *F.-L. Hossfeld – E. Zenger*, Die Psalmen. Psalm 1–50, NEB 29 [Würzburg 1993], 169).

Natürlich hat *Hoping*, Versuchung, 34, mit seiner Bemerkung recht: „Das Vaterunser erklärt nicht, warum es das Böse, die Versuchung und die Anfechtung im Glauben gibt [...]. Das Vaterunser ist keine rationale Theodizee, sondern Gebet." Doch sollte man ergänzend dazu auch auf den alttestamentlichen Hintergrund verweisen, der eine solche Erklärung bzw. Theodizee unnötig macht. Die Bibel Jesu bietet doch die entscheidende Voraussetzung dafür, dass wir das Vaterunser in der Hoffnung sprechen können, „Gott werde uns, wenn wir erprobt [sic!] und in Versuchung geführt werden, nicht mehr zumuten als wir tragen können." (Ebd.)

ser-Gebets blockiert, durch „Erprobung" ersetzt werden.[59] Diese Übersetzung wäre leichter zu begreifen und auch vom Alten Testament her stimmiger.

---

59 Vgl. die Wiedergabe der Bitte „und stelle uns nicht auf die Probe" in einigen deutschsprachigen modernen Übersetzungen wie der Basis-Bibel. Das Neue Testament und Psalmen (2012) und der Guten Nachricht (2018). Vgl. im Englischen The New English Bible (1970): „and do not bring us to the test"; The New American Bible (1970): „subject us not to the trial"; The New American Bible Revised Edition (2001): „and do not bring us to the final test". Dagegen lautet die offizielle liturgische Übersetzung: „and lead us not into temptation".

Der blinde Fleck – das Gebot, den Fremden zu lieben

Zur sozialethischen Forderung von Deuteronomium 10,19

Jonathan Sacks, früher britischer Oberrabbiner, erzählt in seinem Buch „Not in God's Name"[1] von Csanad Szegedi, einem der führenden Funktionäre der ultra-nationalistischen ungarischen Jobbik-Partei. Szegedi entdeckte 2012, dass er Jude war, dass zwar seine Großeltern Auschwitz überlebt hatten, aber die Hälfte seiner Familie dort umgebracht worden war. Parteigenossen verlangten deshalb von ihm, sich öffentlich zu entschuldigen. Denn seine orthodox-jüdischen Vorfahren passten nicht zur rassistisch antijüdischen Ideologie der Partei. Szegedi trat daraufhin aus der Partei aus, ließ sich beschneiden, lernte Hebräisch, ging am Sabbat in die Synagoge und nannte sich fortan David. Heute sehe er seine wichtigste Aufgabe als Politiker in der Verteidigung der Menschenrechte für alle. Sacks meint dazu: „To be cured of potential violence towards the Other, I must be able to imagine myself as the Other."[2] Der Antisemit musste sich erst als Jude finden, um geheilt zu werden. Die Hebräische Bibel, so weiter Sacks, gehe deshalb über das Gebot „liebe deinen Nächsten wie dich selbst" hinaus, das heißt über ein wechselseitig altruistisches Verhalten innerhalb der eigenen Gruppe des Glaubens, der Kultur, der Schicksals-gemeinschaft, des gleichen politischen Systems. Sie verlange Schwierigeres, näm-lich: den Fremden zu lieben. Als Belege dieser Forderung zitiert er: „Einen Fremden sollst du nicht ausnützen oder ausbeuten, denn ihr selbst seid im Land Ägypten Fremde gewesen." (Ex 22,20). Und: „Einen Fremden sollst du nicht ausbeuten. Ihr wisst doch, wie einem Fremden zumute ist; denn ihr selbst seid im Land Ägypten Fremde gewesen." (Ex 23,9). Wichtig ist:

Memory in this sense is role reversal: do not harm the stranger because you were once where he is now. See the world from his perspective because it is where

Eine modifizierte Kurzfassung ist unter dem Titel „Den Fremden lieben" in Geist und Leben 94/2021, S. 240–249, erschienen.

1 Jonathan Sacks, Not in God's Name. Confronting Religious Violence, London 2016, S.177–188 („The Stranger"). Ich verdanke die Kenntnis dieses Buches der Jubilarin, die es mir bei einem unserer Gespräche über biblische Theologie schenkte. Prof. Ingeborg Gabriel ist ja promovierte Alttesta-mentlerin und hat auch als Sozialethikerin die Heilige Schrift stets in ihre Diskurse eingebracht. Dafür und insbesondere für die jahrzehntelange menschliche wie geistliche Freundschaft möchte ich ihr mit diesem kleinen Beitrag danken.
2 Sacks, Not in God's Name, S. 179.

https://doi.org/10.1515/9783111484754-003

your ancestors stood, and you never ceased to recall and re-enact their stories. Biblical ethics is a prolonged tutorial in role reversal.[3]

Der Rabbiner schreibt von der Liebe zum Nächsten und zum Fremden. Angesichts seiner exzellenten Schriftkenntnis verwundert es deshalb, dass er nicht das dem Gebot der Nächstenliebe (Lev 19,18) benachbarte Gebot der Fremdenliebe (19,34) im Buch Levitikus erwähnt oder die Fassung des Deuteronomiums (Dtn 10,19). Diesen Texten möchte ich im Folgenden nachgehen.

1 Den Fremden lieben heißt: (wie) Gott lieben (Dtn 10,19)

Im Deuteronomium schließt Mose an seinen Rückblick auf den beinahe gescheiterten Bundesschluss am Gottesberg Horeb (Dtn 9,8 – 10,11) eine Gebotsparänese an. In ihr werden gewissermaßen die Folgerungen aus der Auflehnung Israels während der Wüstenzeit, seiner Ursünde, dem Abfall zum Goldenen Kalb, und der Vergebung Gottes gezogen. Eine rhetorische Frage (10,12 – 13) gibt zu Beginn den Ton für alles an, was dann bis zum Ende von Kapitel 11 folgt. Der Sache nach führt sie in die beiden wichtigsten Themen deuteronomischer Paränese ein: Zunächst in das *eine* Hauptgebot des Gottesbundes, und zwar in mehreren synonymen bzw. komplementären[4] Formulierungen. Man kann es aber nur erfüllen, wenn man die Gebote Gottes verwirklicht. Deshalb folgt – mit dem Hauptgebot verwoben – die Mahnung zur Gesetzesobservanz. Letztlich dient dann alles dem Glück Israels:

> Und nun, Israel, was erbittet JHWH, dein Gott, von dir außer dem einen: dass du JHWH, deinen Gott, fürchtest, indem du auf all seinen Wegen gehst, und dass du ihn liebst und JHWH, deinem Gott, mit ganzem Herzen und mit ganzer Seele dienst; (und das,) indem du die Gebote JHWHs und seine Gesetze bewahrst, auf die ich dich heute verpflichte. Dann wird es dir gut gehen. (Dtn 10,12 – 13).

An diese Loyalitätsforderung in allen Dimensionen des gesellschaftlichen Lebens, wie sie die Kult- und Sozialordnung der deuteronomischen Tora konkretisiert, schließt ein Lobpreis der universalen Herrschaft Gottes, seiner Hoheit über den Kosmos an (Vers 14). Trotz seiner allumfassenden Überlegenheit wendet sich JHWH

---

3 Sacks, Not in God's Name, S.184. Zu weiteren jüdischen Interpretationen der Stellen s. Shani Tzoref, Knowing the Heart of the Stranger: Empathy, Remembrance, and Narrative in Jewish Reception of Exodus 22:21, Deuteronomy 10:9 and Parallels, in: Interpretation 72/2018, S. 119–131.
4 Vgl. Bill T. Arnold, The Love-Fear-Antinomy in Deuteronomy 5 – 11, in: Vetus Testamentum 61/2011, S. 551–569.

nur den Patriarchen zu, die er „ins Herz geschlossen", geliebt und deren Nachkommen er unter allen Völkern ausgewählt hat (Vers 15). Doch lassen sich Liebe und
Erwählung nicht als zwei getrennte Handlungen Gottes auf die beiden Gruppen
aufteilen, als gelte nur den Vätern die Liebe Gottes und Israel bloß die Erwählung.
Der Wortgebrauch ist im Deuteronomium vielmehr systematisiert, 10,15 fasst 4,37
und 7,7–8 zusammen. Demnach gehört auch die Erwählung zum Mysterium der
Liebe Gottes, ist wie die Liebe voraussetzungslos und affektgeladen, allerdings mit
ihr nicht identisch. Israel soll darauf – vermutlich wegen des Beschneidungsbundes
Abrahams, an den man bei den Vätern denkt – mit der Beschneidung seines Herzens antworten; es soll seine Halsstarrigkeit, das heißt: seine widerspenstige und
trotzige Gesinnung, aufgeben (Vers 16). Danach wird JHWH, der Gott Israels,
nochmals mit hymnischen Superlativen gepriesen, jetzt als gewaltiger Kriegsheld
voll numinosen Schreckens und als unbestechlicher Richter (Vers 17). Die meisten
dieser Formulierungen haben ihre Vorbilder in der altorientalischen, insbesondere
der neuassyrischen Königstitulatur.[5] „Gottes vorrangige Option"[6] aber gilt den gesellschaftlichen Randgruppen in Israel. Als idealer König verhilft er ihnen unbestechlich zu ihrem Recht bzw. versorgt sie mit den zum Leben notwendigen Gütern[7]:

Er [JHWH, euer Gott,] verschafft Waisen und Witwen[8] Recht
und liebt den[9] Fremden (*gēr*), sodass[10] er ihm Nahrung und Kleidung gibt. (Vers 18).

---

5 Moshe Weinfeld, Deuteronomy 1–11. A New Translation with Introduction and Commentary, The
Anchor Yale Bible Commentaries 5, New York 1991, S. 438. Vgl. auch Ps 24,8; 47,3; 136,2–3.
6 Timo Veijola, Das fünfte Buch Mose (Deuteronomium): Kapitel 1,1–16,17, Das Alte Testament
Deutsch 8,1, Göttingen 2004, S. 257.
7 Vgl. z. B. die hymnischen Prädikationen JHWHs als König in Ps 146,7–9, die u. a. in Anlehnung an
die deuteronomische Trias der „Fremden, Waisen und Witwen" formulieren: „JHWH liebt die Gerechten (8b), JHWH beschützt die Fremden, er hilft auf den Waisen und Witwen (9a)". Vgl. José E.
Ramírez Kidd, Alterity and Identity in Israel. The *gr* in the Old Testament, Beihefte zur Zeitschrift für
die alttestamentliche Wissenschaft 283, Berlin 1999, S. 78–79.
8 Als *lectio difficilior* des Masoretentextes gegen die Septuaginta, die den Fremden in Anpassung an
die übliche dreigliedrige Formel einbezieht. Im Unterschied zu dieser Trias fehlt in 10,18 außerdem
bei Witwe und Waise wie beim Fremden der Artikel.
9 Im Hebräischen fehlt auch an dieser Stelle wie bei „Waise" und „Witwe" der Artikel, weil es sich
bei allen drei Bezeichnungen um einen Kollektivsingular handelt. Er lässt sich im Deutschen nicht
durch den unbestimmten Artikel wiedergeben, weil dadurch der falsche Eindruck entstehen könnte,
es handle sich jeweils um eine einzige Person. Deshalb muss die deutsche Übersetzung an dieser
Stelle den Artikel verwenden.
10 Die Infinitivgruppe (*lātæt*) drückt semantisch eine praktische Konsequenz aus, die sich aus der
Haltung der Liebe Gottes zum Fremden ergibt – Oskar Dangl, Methoden im Widerstreit. Sprachwissenschaftliche Zugänge zur deuteronomischen Rede von der Liebe Gottes, Textwissenschaft –
Theologie – Hermeneutik – Linguistik –Literaturanalyse – Informatik 6, Tübingen 1993, S. 214.

Aus diesem Handeln Gottes ergibt sich als assoziativ angeschlossene Forderung an Israel, die an keine bestimmten Umstände gebunden ist und mit seiner Erfahrung motiviert wird:

> Auch ihr sollt den Fremden (*hāggēr*)[11] lieben,
>   denn ihr (selbst) seid Fremde (*gērîm*) im Land Ägypten gewesen. (Vers 19).

Wer ist mit „dem Fremden" gemeint?[12] Ist er ein nicht-israelitischer und nicht-judäischer Immigrant,[13] wie es nach der kollektiven Geschichtserinnerung im „Credo" einst Israel in Ägypten war (Dtn 26,5)[14]? Oder ist er ein israelitischer Flüchtling aus dem untergegangenen Nordreich, der nun in Juda lebt[15]? Oder geht es um jemanden, der keinem fremden Volk zugehört, sondern als Volksgenosse nur ge-

---

11 „Die in den Gesetzen des Deuteronomiums angesprochenen oder dargestellten Personen sind großteilig im Singular genannt. So geht es um *den* Fremden, der in das Land kommt, oder das ‚Du‛ als Adressat der Gesetze. Hierbei gilt jedoch, dass trotz der singularischen Formulierungen nicht von Identitätsfigurationen, die auf das Individuum zielen, gesprochen werden kann. Indem jeder Israelit als ‚Du‛ angesprochen wird und jeder Fremdling *der* Fremdling ist, entfällt jegliche individuelle Differenzierung zwischen den Vertreterinnen und Vertretern dieser Gruppen. Es handelt sich vielmehr um ein Konzept der ‚*corporate personality*‛ oder ‚*corporate identity*‛." (Ruth Ebach, Das Fremde und das Eigene. Die Fremdendarstellungen des Deuteronomiums im Kontext israelitischer Identitätskonstruktionen, Beihefte zur Zeitschrift für die alttestamentliche Wissenschaft 471, Berlin-Boston 2014, S. 10). Der Plural „Fremde" in Vers 19b (im Unterschied zum Singular in Vers 19a) ist durch seine grammatikalische Funktion als Prädikatsteil bedingt, der sich nach dem Subjekt „ihr" richten muss.
12 Zur Forschungsgeschichte s. Mark A. Awabdy, Immigrants and Innovative Law. Deuteronomy's Theological and Social Vision for the *gr*, Forschungen zum Alten Testament II, 67, Tübingen 2014, S. 15 – 35. Einen Überblick über die wichtigsten Studien zu den Fremden im Alten Testament bietet Ebach, Fremde, S. 2 – 8.
13 So Awabdi, Immigrants, S. 110 – 116. Er bestätigt damit die Überlegungen von Siegbert Riecker, Ein Priestervolk für alle Völker. Der Segensauftrag Israels für alle Nationen in der Tora und den Vorderen Propheten, Stuttgarter Biblische Beiträge 59, Stuttgart 2007, S. 309.
14 Israel wird „in diesem zentralen Bekenntnistext durch eine doppelte Fremdheit gekennzeichnet. Ethnisch führt es sich auf jemanden außerhalb des eigenen Volkes, einen ‚Aramäer‛ zurück; lokal auf ein Land außerhalb des eignen, auf Ägypten, in dem es zu einem großen Volk geworden war." (Ilse Müllner, „Du selbst bist fremd in Ägypten gewesen!" [Dtn 10,19]. Das Erste Testament als Migrationsliteratur, in: Annegret Reese-Schnitker / Daniel Bertram / Marcel Franzmann (Hg.), Migration, Flucht und Vertreibung. Theologische Analyse und religionsunterrichtliche Praxis, Religionspädagogik innovativ 23, Stuttgart 2018, S. 39 – 50, hier: S. 43.
15 Zu dieser Bevölkerungsschicht s. Israel Finkelstein, Migration of Israelites into Judah after 720 BCE: An Answer and an Update, in: Zeitschrift für die alttestamentliche Wissenschaft 127/2015, S. 188 – 206.

genüber seinem Aufenthaltsort fremd ist?[16] Die Antworten divergieren, unter anderem auch deshalb, weil der soziologische Begriff *gēr* einen Bedeutungswandel durchgemacht hat[17] und die Texte unterschiedlich (literar-)historisch verortet werden.[18] Vielleicht kann man den Fremden (*gēr*) als „resident outsider" bezeichnen, wobei seine Abkunft offen bleibt und er außerhalb der Gastgesellschaft steht.[19] Oder noch präziser: „a vulnerable person who is from outside the core family. Separated from land and from kindred, this person no longer receives the protection that kinship and patrimony afford and is therefore vulnerable to exploitation and abuse."[20]

Das Begriffsfeld *gr/gwr* (Fremder / als Fremder wohnen) ist in keinem anderen Buch der Hebräischen Bibel absolut wie prozentual so häufig wie im Deuteronomium belegt.[21] Der Ausdruck *gēr* findet sich fast ausschließlich in Gesetzestexten. Das könnte darauf deuten, dass es sich um einen „sozialen Typenbegriff" handelt.[22] Dabei bleiben aber Herkunft und Geschlecht des Fremden immer unbestimmt, ebenso seine kulturellen Bezüge. Moderne Fragen nach der eigenen Sprache und

---

16 Dafür plädiert Christoph Bultmann, Der Fremde im antiken Juda. Eine Untersuchung zum sozialen Typenbegriff ‚ger' und seinem Bedeutungswandel in der alttestamentlichen Gesetzgebung, Forschungen zur Religion und Literatur des Alten und Neuen Testament 153, Göttingen 1992, S. 22. Zu Dtn 10,18 – 19 s. S. 126 – 130. Bultmann versteht den *gēr* als einen „sozialen Typenbegriff". Seine Fremdheit werde durch sein notwendiges Umherwandern aufgrund von Arbeitssuche und seine wirtschaftliche Abhängigkeit von selbständigen Grundbesitzern verursacht. Ihn charakterisiere also sein minderer sozialer Rang, nicht seine nationale Fremdheit. Gegen Bultmann argumentiert Markus Zehnder, Umgang mit Fremden in Israel und Assyrien. Ein Beitrag zur Anthropologie des „Fremden" im Licht antiker Quellen, Beiträge zur Wissenschaft vom Alten und Neuen Testament 168, Stuttgart 2005, S. 285 – 86, für die Annahme, „dass sowohl ethnische wie auch religiöse Fremdheit in aller Regel zu den Bedeutungselementen des Nomens *gēr* gehören." (S. 286).
17 Vgl. Christiana van Houten, The Alien in Israelite Law, The Library of Hebrew Bible/Old Testament Studies 107, Sheffield 1991, S. 164.
18 So untersucht z. B. Ebach, Fremde, S. 31, getrennt „die Darstellungen des Fremden in vorexilischer, exilischer und nachexilischer Zeit", weil „die Veränderung der Gesellschaftsstruktur von der vorexilischen Mehrheitsgesellschaft über die exilische Minderheitsgesellschaft bis hin zum nachexilischen Kampf um die ‚Leitkultur' entscheidend" sei. Sie orientiert sich dabei an verschiedenen redaktionsgeschichtlichen Modellen der modernen Deuteronomiumsforschung (S. 26 – 31).Vgl. aber z. B. Awabdy, Immigrants, S. 110: „We cannot reconstruct from D [Deuteronomy] the precise historical referents of the *gēr*, but we can identify within D the distinct social and religious statuses of the *gēr*."
19 Vgl. Saul M. Olyan, Rites and Rank. Hierarchy in Biblical Representations of Cult, Princeton, NJ 2000, S. 74 – 81.
20 Mark R. Glanville, The *Gēr* (Stranger) in Deuteronomy: Family for the Displaced, in: Journal of Biblical Literatur 137/2018, S. 599 – 623, hier: S. 604.
21 Ebach, Fremde, S. 41.
22 Bultmann, Fremde, S. 94 u. ö.

Kultur wie die nach Legalität und Dauer des Aufenthalts spielen keine Rolle. „Über seine [des Fremden] eigene Gefühlslage, Mentalität, politische oder religiöse Gesinnung wird an keiner Stelle des Deuteronomiums gesprochen."[23]

Einzelne seiner Texte lassen ein gewisses Profil „des Fremden" aus der Sicht derer, die Mose in seinen Abschiedsreden anspricht, erkennen. Dazu gehört zunächst, dass er außerhalb seines Verwandtschaftssystems lebt und kein Bürgerrecht besitzt. Obwohl er in 1,16 als Prozesspartner und in 24,14 als Arbeitskollege auftritt, gehört der Fremde nicht zu den „Brüdern". Doch wird er nirgends als „Fremder in Israel" bezeichnet, sondern steht in einem gewissen Naheverhältnis. Er ist – und zwar nur im Deuteronomium (von Ex 20,10, der Parallele zu Dtn 5,14 im Sabbatgebot, abgesehen) – „dein Fremder" (5,14; 24,14; 29,10; 31,12). Er gilt als Schutzbürger oder Schutzbefohlener[24] „in deinem Land innerhalb deiner Stadtbereiche[25]" (24,14), „hat in deinen/euren Stadtbereichen Wohnrecht" (5,14; 14,21; 31,12), „ist inmitten deines Lagers" (29,19) oder „in deiner Mitte" (26,11; 28,43), also im Inneren eines menschlichen Raumes[26]. Dieses Beziehungsgefüge ist insofern auffällig, als der Fremde weder wie sonst im Alten Orient dem Schutz des Königs unterstellt noch der Versorgung eines einzelnen Patrons zugeordnet wird. Vielmehr erscheint er in das Miteinander der Gesellschaft, des kollektiven „Du" Israels bzw. das „Ihr" der einzelnen Israeliten, eingebunden. Er wird sogar Partner des Moab-Bundes (29,10) und soll im Sabbatjahr wie ganz Israel an der erwählten Stätte, dem Tempel von Jerusalem, die Verlesung der Tora mitverfolgen (31,12). Diese Solidarität ist lebensnotwendig. Denn der Fremde verfügt über keinen Bodenbesitz und ist daher in einer Agrarwirtschaft ökonomisch abhängig. Das findet sogar einen festsymbolischen Ausdruck. Nach 26,11 ist nämlich der Fremde anlässlich der Darbringung der Erstlingsfrüchte zusammen mit den ebenfalls grundbesitzlosen Leviten zur Freude über die Güter des Verheißungslandes geladen, und zwar „in deiner", Israels, „Mitte", wobei aber, offenbar bewusst, kein geographischer Raum wie Land oder Stadtbereich genannt wird.

---

23 Ebach, Fremde, S. 47 Anm. 157.

24 Während „Schutz*bürger*" stärker die Zugehörigkeit zur israelitischen Gesellschaft betont, obwohl sich ihre Struktur nicht adäquat als „Bürgertum" beschreiben lässt, verdeutlicht „Schutz*befohlener*" die Aufgabe der Israeliten, wobei dem Begriff aber die Konnotation des Fremden fehlt (Ebach, Fremde, S. 47 Anm. 156).

25 S. dazu Daniel A. Frese, A Land of Gates: Covenant Communities in the Book of Deuteronomy, in: Vetus Testamentum 65/2015, S. 33–52.

26 Ebach, Fremde, S. 144.

Im Zusammenhang der Speisevorschriften wird der Fremde in 14,21a sowohl vom „heiligen Volk" als vom „Ausländer" (*nokrî*)[27] geschieden: „Ihr dürft keinerlei Aas essen. Du sollst es dem Fremden, der in euren Stadtbereichen Wohnrecht hat, zum Essen überlassen oder einem Ausländer verkaufen. Denn du bist ein Volk, das JHWH, deinem Gott, heilig ist." Einerseits sind also für den Fremden wie für den Ausländer die Speiseverbote außer Kraft gesetzt. Andererseits erscheint gerade beim Umgang mit unreinem Fleisch der Fremde als in gewissem Umfang zur Gesellschaft Israels gehörend, wobei wohl seine finanzielle Bedürftigkeit das Geschenk veranlasst. Dagegen ist der Ausländer „nicht in das eigene Wertesystem integriert" und es braucht auf seine soziale Lage keine Rücksicht genommen zu werden – man darf ihm das Aas verkaufen, das man selbst nicht essen darf.[28] Im Übrigen wird „der Bruder", also der israelitische Vollbürger, wesentlich deutlicher als der Fremde vom „Ausländer, der aus einem fernen Land kommt" (29,21) abgegrenzt: politisch bei der Inthronisation eines Königs (17,15), ökonomisch beim Schuldenerlass (15,3) und beim Zinsnehmen (23,21), wo die international üblichen Handelsbedingungen gelten. Diese Differenzen bedeuten keinen Konflikt, es herrscht keinerlei Ausländerfeindlichkeit.[29]

Nach dieser Skizze des deuteronomischen Sprachgebrauchs kehren wir zurück zu unserem Text. In 10,18 fällt auf, dass der Fremde zwar in unmittelbarer Nachbarschaft zu Waise und Witwe genannt, mit ihnen aber nicht zur Trias der klassischen marginalen Gesellschaftsgruppen zusammengeschlossen wird.[30] Weil der Fremde erst an letzter Stelle angeführt wird, handelt es sich noch nicht um die deuteronomische Formel „Fremde, Waise und Witwe".[31] Sie findet sich beim Informationsaufbau im Lesegefälle des Buches erst in der Sammlung der Einzelgesetze (14,29; 16,11.14; 24,[17].19.20.21; 26,12.13; ferner 27,19).[32] Den Hintergrund von 10,18

---

27 Sowohl der in den Büchern Exodus bis Numeri belegte Gegenbegriff zum Fremden, der „Einheimische" (*ʾɛzrāḥ*), als auch der vor allem in Levitikus 25 gängige Begriff des „Beisassen" (*tôšāb*) fehlen im Deuteronomium.

28 Ebach, Fremde, S. 49–40, Zitat 67.

29 „Der *nokrî* ist der ganz andere, der sich vom ‚Du' unterscheidet. Seine Stellung unterliegt deshalb nicht den positiven Privilegien innerhalb der solidarischen Brüdergemeinschaft, sie ist aber auch nicht negativ konnotiert." (Ebach, Fremde, S. 66).

30 Vgl. Ramírez Kidd, Alterity, S. 82.

31 Der Doppelausdruck „Waise und Witwe" steht im Deuteronomium niemals allein, sondern fordert vor sich den „Fremden". Dagegen ist das Wort „Fremder" nicht notwendig an „Waise und Witwe" gebunden.

32 Die Belege variieren allerdings, weil z. B. in 16,14 und 26,12 die Leviten mit dem Fremden, der Waise und der Witwe zu einer Tetrade zusammengeschlossen werden. Eine Übersicht bietet Awabdi, Immigrants, S. 117–119. Durch die Konstruktion einer Gesellschaft ohne Arme hat das Deuteronomium dem Fremden, der Waise und der Witwe einen Versorgungsanspruch gesichert – s.

bildet eine für den Alten Orient typische Krisensituation. Frauen, die ihren Mann verloren hatten und allein auf sich selbst gestellt waren, hatten keinen Rechtsbeistand. Waren ihre Kinder noch versorgungsbedürftig, dann waren auch diese in der Gesellschaft besonders gefährdet – ihre Rechte wurden oft nicht respektiert (vgl. 24,17 und 27,19). Anders als Witwen und Waisen wird der Fremde in 10,18 nicht in den Blick genommen, weil er nicht rechtsfähig, sondern weil er mittellos ist.[33] Denn „Brot" und „Mantel", die Gott ihm gewährt, stellen das Lebensnotwendige dar (vgl. Jes 3,7; 4,1). Diese Unterscheidung innerhalb der sozialen Randgestalten bedeutet zugleich: Die Liebe JHWHs bezieht sich in Dtn 10,18 nur auf den Fremden. Sie ist im Alten Testament einzigartig. Ebenso einmalig ist es, dass der Fremde in 10,19 das ausschließliche Objekt eines positiven Befehls bildet, nämlich ihn zu lieben. Den altorientalischen Zivilisationen fehlt überhaupt jede Aufmerksamkeit für den Fremden.[34]

Anders als bei den zwei Stellen Lev 19,18 und 34, auf die ich später eingehe, gibt es im Deuteronomium keine Entsprechung zu einem Gebot, den „Nächsten" bzw. ein hilfsbedürftiges Mitglied der eigenen Gesellschaft zu lieben.[35] „Offensichtlich soll hier [in Dtn 10,19] durch die Nennung des *gēr* der Höhepunkt dessen bezeichnet werden, was an Liebe auf der zwischenmenschlichen Ebene anzustreben ist, bzw. diejenige Beziehung hervorgehoben werden, in der diese Liebe nichts Selbstver-

---

Norbert Lohfink, Das deuteronomische Gesetz in der Endgestalt – Entwurf einer Gesellschaft ohne marginale Gruppen, in: Studien zum Deuteronomium und zur deuteronomistischen Literatur III, Stuttgarter Biblische Aufsatzbände 20, Stuttgart 1995, S. 205–218, hier: S. 209–216. Für einen grundlegenden Unterschied zwischen dem altorientalischen und dem biblischen Ethos plädiert zuletzt Georg Braulik, Eine Gesellschaft ohne Arme. Das altorientalische Armenethos und die biblische Vision, in: Tora und Fest. Aufsätze zum Deuteronomium und zur Liturgie, Stuttgarter Biblische Aufsatzbände 69, Stuttgart 2019, S. 13–30.

[33] Dagegen ist nach Glanville, *Gēr*, Dtn 10,17–19 „primarily judicial law, a point that is generally unrecognized in both scholarly and popular studies. ‚Loving the gēr' (v. 18) must include ensuring that that person's rights are protected at the gates. The text depicts the ongoing activity of YHWH as a just judge ‚who is impartial in judgment.' YHWH models for Israel's officials a refusal to be swayed by persons of means and association." (S. 611). Aufgrund des Kontextes handelt JHWH aber als König, der auch richterliche Funktionen ausübt. Hans-Peter Mathys, Liebe deinen Nächsten wie dich selbst. Untersuchungen zum alttestamentlichen Gebot der Nächstenliebe (Lev 19,18), Orbis Biblicus et Orientalis 71, Freiburg Schweiz – Göttingen 1986, S. 13, verweist darauf, dass 10,16–19 außer *'āhēb* nur Termini der Rechtssprache enthalte. Das lasse sich so deuten, „daß der Fremdling ein Recht auf Nahrung und Kleidung hat, die Liebe zu ihm sich also darin äußert, daß man seine grundlegenden Rechte respektiert."

[34] Vgl. Ingomar Weiler, Fremde als stigmatisierte Randgruppe in Gesellschaftssystemen der alten Welt, in: Klio 71/1989, S. 51–59.

[35] Ramiréz Kidd, Alterity, S. 81.

ständliches mehr an sich hat."[36] Im Unterschied zu Levitikus 19 ist für die in Dtn 10,19 Israel befohlenen Liebe zunächst entscheidend, was der Kontext 10,12–11,1 betont, der das Verb „lieben" 5-mal verwendet (10,12.15.18.19; 11,1)[37]: die „Gegenseitigkeit" der Liebe Israels und der Liebe Gottes. „Lieben" durchzieht (ʾāhēb) als Leitverb auch die ganze Perikope 10,12–19, und zwar in den rahmenden Versen 12 und 19 als Forderung an Israel, in den Versen 15 und 18 aber als Erfahrung Gottes.[38] Somit soll Israel die als unergründliches Geschenk empfangene göttliche Liebe mit seiner Liebe zu Gott und mit der zwischenmenschlichen Liebe zum Fremden beantworten. Angesichts des erst im Neuen Testament zusammengefügten Doppelgebots greift der Text zumindest in der Formulierung weiter aus. An die Stelle des „Nachbarn" tritt der „Fremde".

Weil in unserer Kultur Liebe als ein spontanes Gefühl angesehen wird, erscheint es widersinnig, sie zu gebieten. Nach unserem Verständnis gehört sie zum Privat- und Intimbereich und existiert getrennt von jeder Verpflichtung. Gefühle gelten außerdem als ethisch irrelevant.[39] Trotzdem wird die von Dtn 10,19 gebrauchte sprachliche Form der Aufforderung zu „lieben"[40] – nur hier übrigens in Pluralgestalt – in der Hebräischen Bibel nur noch in Lev 19,18 und 34 sowie in Dtn 6,5 und 11,1 verwendet. Das sind Spitzentexte alttestamentlicher Gottesverehrung und Sozialethik. Subjekt all dieser Stellen ist Israel, an das sie als Du des Volksganzen oder als Ihr seiner einzelnen Mitglieder appellieren. Lieben soll Israel entweder Gott (Dtn 6,5; 11,1) oder den Nächsten (Lev 19,18) oder den Fremden (Lev 19,34; Dtn 10,19). Im altorientalischen wie biblischen soziokulturellen Milieu widerspricht ein ethisches Verhalten, das als Liebe gefordert wird, nicht ihrem affektiven Gehalt:

---

36 Zehnder, Umgang, S. 366.

37 In der gesamten Perikope 10,12–11,25 wird „lieben" (ʾāhēb) zusätzlich noch in 11,13 und 22, also insgesamt 7-mal, verwendet und dadurch stilistisch als Leitverb unterstrichen. Seine Belege stehen betont jeweils zu Beginn oder am Ende eines Abschnitts.

38 Vgl. Georg Braulik, Die Liebe zwischen Gott und Israel. Zur theologischen Mitte des Buches Deuteronomium, in: Studien zu Buch und Sprache des Deuteronomiums, Stuttgarter Biblische Aufsatzbände 63, Stuttgart 2017, S. 241–259, insbesondere S. 254–256. Ferner Dorothea Erbele-Küster, The Concept of Love as „Ethical Emotion" in Deuteronomy, in: The Concept of Love as „Ethical Emotion" in Deuteronomy, in: Markus Zehnder – Peter Wick (Ed.), Biblical Ethics. Tensions Between Justice and Mercy, Law and Love (Gorgias Biblical Studies 70), Piscataway / NJ 2019, 105–120

39 Vgl. Jacqueline E. Lapsley, Feeling Our Way: Love for God in Deuteronomy, in: The Catholic Biblical Quarterly 65/2003, S. 350–369, besonders S. 365–369. Zur moralischen Bedeutung von Gefühlen aufgrund der modernen Tugendethik sowie der Neurobiologie und Psychologie S. 368–369. Ferner Martha C. Nussbaum, Politische Emotionen. Warum Liebe für Gerechtigkeit wichtig ist, Berlin 2014.

40 Vgl. Jan Joosten, The Verbal System of Biblical Hebrew. A New Synthesis elaborated on the Basis of Classical Prose, Jerusalem Biblical Studies 10, Jerusalem 2012, S. 298: „The use of WEQATAL expressing obligation is very typical of legal discourse". Zu Dtn 10,19 s. S. 297.

„an ongoing personal and emotional relationship undergirds formalized legal expressions of that relationship".[41] Das Deuteronomium hat man sogar als „a program of sensory reform" bezeichnet, „that seeks to reshape how the self relates to the world by teaching the senses that mediate between them – the eyes, the ears, and the tongue – to act in new ways".[42] Ohne hier zwischen Emotionen und Gefühlen zu unterscheiden, lässt sich die deuteronomische Konzeption von „Lieben" als eine „Handlungsemotion" verstehen.[43]

Wie gefühlsbetont schon Gott liebt, illustriert seine Liebe zu Vätern des Volkes: Er hatte sie „ins Herz geschlossen / sich an sie gehängt (ḥāšaq), um sie zu lieben (lᵉ'aḥᵃbāh 'ôtām)".[44] Anders gesagt: Was Gott sie lieben ließ, war keine Augenblicksempfindung, sondern seine zärtliche Zuneigung und Anhänglichkeit. Diese emotionelle und tatkräftige Liebe galt nach 7,7–8 auch seinem erwählten Volk:

---

41 Lapsley, Feeling, S. 356. Dagegen spricht Katrin Müller, Lieben ist nicht gleich lieben. Zur kognitiven Konzeption von Liebe im Hebräischen, in: Andreas Wagner (Hg.), Göttliche Körper – göttliche Gefühle. Was leisten anthropomorphe und anthropopathische Götterkonzeptionen im Alten Orient und im Alten Testament, Orbis Biblicus Et Orientalis 270, Fribourg-Göttingen 2014, S. 219–237, hier: S. 229, von einer „Rationalität der Liebe" im Deuteronomium, bei der es sich im Licht altorientalischer Staatsverträge um „keine emotionale Liebe", sondern „um eine Loyalitäts- bzw. Dienstverpflichtung" handle. Zum juristischen Traditionshintergrund der Liebe s. z.B. William L. Moran, The Ancient Near Eastern Background of the Love of God in Deuteronomy, in: Ders., The Most Magic World. Essays on Babylonian and Biblical Literature (ed. by R. S. Hendel; CBQ.MS 35), Washington 2002, S. 170–181. Weiterführend Susan Ackerman, The Personal is Political. Convenantal and Affectionate Love ('ĀHĒB, 'AHĂBÂ) in the Hebrew Bible, in: Vetus Testamentum 52/2002, S. 437–458. Die jüngste Forschung betont auch die kognitiven Aspekte der Gefühle.
42 Steven Weizmann, Sensory Reform in Deuteronomy, in: David Brakke / Michael L. Satlow / Steven Weizmann (Ed.), Religion and the Self in Antiquity, Bloomington/IN 2005, S. 123–139, hier: S. 135 und S. 125.
43 Dorothea Erbele-Küster, Gebotene Liebe. Zur Ethik einer Handlungsemotion im Deuteronomium, in: Manfred Oeming (Hg.), Ahavah. Die Liebe Gottes im Alten Testament, Arbeiten zur Bibel und ihrer Geschichte 55, Leipzig 2018, S. 143–156.
44 Veijola, Deuteronomium, S. 242, übersetzt „in Liebe angehangen"; Eckart Otto, Deuteronomium 1–11. Zweiter Teilband: 4,44–11,32, Herders Theologischer Kommentar zum AT, Freiburg im Breisgau 2012, S. 1011, gibt ḥāšaq mit „sein Herz geschenkt" wieder.
Dangl, Methoden, weist darauf hin, dass zwischen dem Substantiv und dem *Infinitivus constructus* 'aḥᵃbāh weder morphologisch noch semantisch ein Unterschied besteht (S. 88 Anm. 459). Die semantische Nominalisierung betone auch die Dauerhaftigkeit der Liebe Gottes. Ferner könne lᵉ'aḥᵃbāh als Apposition mit JHWH verbunden und semantisch mit ihm identifiziert werden, ohne den finalen Bezug („um zu") zum Prädikat zu verlieren. Außerdem seien die beiden Appositionsverbindungen „Jahwe, dein Gott" (10,14) und „Jahwe, lieben" semantisch gleichwertig und zu einer Isotopie zusammengeschlossen: „Sie beschreiben beide funktional gleichbleibend Jahwe [...]. ‚Gottsein für …' und ‚Lieben' ist für Jahwe dasselbe." (S. 91).

> „Nicht weil ihr zahlreicher als die anderen Völker wäret, hat euch JHWH ins Herz geschlossen (*ḥāšaq*) und ausgewählt; [...]. Weil JHWH euch liebt und weil er auf den Eid achtet, den er euren Väter geschworen hat, deshalb hat euch JHWH mit starker Hand herausgeführt und dich aus dem Sklavenhaus freigekauft, aus der Hand des Pharao, des Königs von Ägypten."

Wenn Gott dann den Fremden liebt, drückt sich das wie bei seiner Liebe zu Israel in praktischen Handlungen aus: er gibt ihm Nahrung und Kleidung (10,18). Eine solch affektive wie effektive Liebe also ist gemeint, wenn Mose im Anschluss an das Verhalten Gottes verlangt, den Fremden zu lieben (10,19). Das heißt zusammenfassend: Trotz der Herkunft der deuteronomischen Liebessprache aus der juristischen Rhetorik altorientalischer Vasallenverträge und ihres rechtlich verbindlichen Charakters ist bei der Erfüllung des Gebots Emotionalität gewünscht und ethisch relevant. Zugleich lässt das vorbildliche Handeln Gottes erkennen, wie Israel den besonders hilfsbedürftigen Fremden praktisch lieben soll: durch Versorgung mit allem, was zum Leben gehört.

Auch die anschließende Begründung von Israels „Bringschuld der Liebe"[45] wendet sich an seine Empathie. Sie ist ein Appell an das kollektive Gedächtnis Israels.[46] Die Formel „denn ihr (selbst) seid Fremde (*gērîm*) im Land Ägypten gewesen" findet sich in der Hebräischen Bibel 4-mal: Ex 22,20; 23,9; Lev 19,34 und Dtn 10,19. Sie ist auf den Pentateuch – genauer: auf seine drei Rechtssammlungen Bundesbuch, Heiligkeitsgesetz und deuteronomische Tora – beschränkt. Das Deuteronomium enthält neben 10,19 noch eine Ägypten-Fremde-Motivation in 23,8: „Einen Ägypter sollst du nicht verabscheuen, denn du bist Fremder (*gēr*) in seinem Land gewesen." Dennoch dominiert beim Blick auf Ägypten im Deuteronomium nicht die Erinnerung an die Fremdlingschaft, sondern an die Sklavenexistenz Israels.[47] Fünfmal findet sich nämlich auch der Hinweis „dass du in Ägypten Sklave (*ʿæbæd*) warst" (5,15; 15,15; 16,12; 24,18.22). Diese Formel ist für das „Erinnerungsschema" des Deuteronomiums charakteristisch.[48] Es wird durch „Denk daran" eingeleitet. In drei Fällen folgt auf die Reminiszenz „dass du in Ägypten Sklave warst" eine Bemerkung über die Befreiung aus der Knechtschaft (5,15; 15,15; 24,18).

---

45 Vgl. Hermann Spieckermann, Mit der Liebe im Wort. Ein Beitrag zur Theologie des Deuteronomiums, in: Gottes Liebe zu Israel. Studien zur Theologie des Alten Testaments, Forschungen zum Alten Testament 33, Tübingen 2001, S. 157–172, hier: S. 165.

46 Ramiréz Kidd, Alterity, S. 83.

47 Zum Folgenden vgl. Norbert Lohfink, Gibt es eine deuteronomistische Bearbeitung im Bundesbuch, in: Studien zum Deuteronomium und zur deuteronomistischen Literatur III, Stuttgarter Biblische Aufsatzbände 20, Stuttgart 1995, S. 39–64, hier: S. 50–55.

48 Zu diesem Schema s. Georg Braulik, Geschichtserinnerung und Gotteserkenntnis. Zu zwei Kleinformen im Buch Deuteronomium, in: Studien zu den Methoden der Deuteronomiumsexegese, Stuttgarter Biblische Aufsatzbände 42, Stuttgart 2006, S.165–183, hier: S. 167–175.

Aus dieser persönlichen Erfahrung der impliziten Adressaten der Mosereden in Ägypten ergibt sich die Gehorsamsforderung, bestimmte Sozialgebote zu beobachten.[49] So lautet zum Beispiel 15,15 im Gesetz über die Freilassung eines hebräischen Sklaven oder einer hebräischen Sklavin: „Denk daran: Als du in Ägypten Sklave warst, hat JHWH, dein Gott, dich freigekauft. Darum verpflichte ich dich heute auf dieses Gebot." Die Logik dieser Ägypten-Sklave-Motivation entspricht der Grundgestalt des Dekalogs, nämlich dem Sachzusammenhang, der zwischen seinem Prolog und den folgenden Geboten besteht. Sie spiegelt sich in den beiden Teilen der Kleinform: „Jahwe kann fordern, weil er selbst zuvor befreiend gehandelt hat. Ja noch mehr: Jahwes Forderung ist nichts anderes als die Weisung, wie die geschenkte Freiheit bewahrt werden kann, ohne dass wieder Unterdrückung aus ihr wird."[50] Immer ist es die Leidensgeschichte, die durch „Freikauf" oder „Herausführung" in eine Befreiungs-" bzw. „Erlösungsgeschichte" aufgehoben wird. Dieses Verhalten seines Gottes soll Israel im jeweils konkret Geforderten nachahmen. Insgesamt sind die beiden Formen der Ägypten-Motivationen im Deuteronomium sieben Mal belegt, was gewiss nicht zufällig ist. Denn die deuteronomische Rhetorik unterstreicht durch Siebenergruppen von Ausdrücken oder Formeln, was theologisch wichtig ist. Wenn aber das Deuteronomium die zwei Ägypten-Motivationen zusammensieht, warum differenziert es dann beim Aufenthalt Israels zwischen dem „Fremden" und dem „Sklaven"?[51]

Offenbar stehen die beiden soziologischen Kategorien für zwei völlig unterschiedliche Erfahrungen. Beide finden sich im Credo von 26,5 – 9. Nachdem der Pharao Jakob und seiner Familie ermöglicht hatte, sich als „Fremde" (gērîm) in Ägypten aufzuhalten (Gen 47,4), „wohnte er dort als Fremder (gwr) mit wenigen Leuten und wurde dort zu einem großen, mächtigen und zahlreichen Volk" (Dtn 26,5). Dieses für die Ägypter nun furchterregende Israel wurde in der anschließenden Periode unterdrückt: „Die Ägypter behandelten uns schlecht, machten uns rechtlos und legten uns harte Fronarbeit (ʿbōdāh) auf." (26,6). Mit Hilfe der beiden hebräischen Wurzeln gwr und ʿbd, die sich auch schon in den älteren Er-

---

49 Im Zusammenhang von 5,15; 15,15; 16,12 ist von Sklaven (und Sklavinnen) die Rede, in 5,15 und 16,12 auch vom Fremden. In 24,18.22 wird sogar nur vom Fremden und nicht vom Sklaven gesprochen. Die Ägypten-Motivation steht somit in Spannung zum Vokabular des Kontexts. Schon diese Beobachtung lässt fragen, warum das Deuteronomium in 10,19 und 23,8 Israel als Fremde(n) bezeichnet (Lohfink, Bearbeitung, S. 51).

50 Lohfink, Bearbeitung, S. 52.

51 Diese Frage, die erstmal von Lohfink, Bearbeitung, S. 50 – 55, befriedigend beantwortet wurde, hat jetzt Awabdy, Immigrants, S. 142 – 152, ausführlich behandelt. Obwohl er den Artikel von Lohfink kennt, bezieht er ihn aber nicht in seine Diskussion ein. Dennoch kommt er wie Lohfink zu einer semantischen Unterscheidung zwischen dem Fremden-Ägypten und dem Sklaven-Ägypten im Deuteronomium (vgl. S. 162 – 164).

zählungen finden, werden also verschiedene Phasen charakterisiert. Deshalb gilt für die zwei Ägypten-Motivationen im Deuteronomium: „Wenn das Wort *ʿæbæd* steht, ist die leidvolle, wenn das Wort *gēr* steht, die davor gelegene glückliche Periode in Ägypten im Blick.“[52] Die Ägypten-*ʿæbæd*-Motivation durfte deshalb nicht in 10,19[53] verwendet werden: „Wenn es um Liebe zum *gēr*, das heißt um Aufnahme des *gēr* in ein Verhältnis, wie nach Dt 6,5 Israel es zu seinem Gott hat, geht, sollte da in der Motivation an das ägyptische Leid erinnert sein?“[54] Anders im Bundesbuch (Ex 20,22 – 23,33). Es kennt keine Ägypten-Sklaven-Motivation. Deshalb nehmen in Ex 22,20 und 23,9 die beiden Sätze über Israels Fremdlingschaft diese Funktion ein, die sich am Anfang bzw. Schluss der beiden humanitären Gesetzessammlungen Ex 22,20 – 26 und Ex 23,1 – 9 finden. Deshalb kann es in Ex 23,9 heißen: „Ihr wisst doch, wie es einem Fremden (*gēr*) zumute ist“. Dabei sind nicht Gemeinschaft und Glück, sondern Elend und Bedrängnis gemeint. Unter diesem Gesichtspunkt sieht Dtn 10,19 jedoch den Aufenthalt Israels als „Fremde“ in Ägypten gerade nicht. Er soll vielmehr als ein erfreuliches Erlebnis zur Liebe motivieren. Man darf sich also vom gemeinsamen Wortlaut der Formel „denn ihr (selbst) seid Fremde (*gērîm*) im Land Ägypten gewesen“ in Bundesbuch und Deuteronomium nicht täuschen lassen – der Begriff „Fremde“ ist unterschiedlich festgelegt und gehört jeweils zu einem anderen Aussagensystem.[55] Das deuteronomische System beurteilt den Ägyptenaufenthalt Israels differenzierter und ist breiter ausgebaut als das des Bundesbuchs.[56] Literargeschichtlich hat es wahrscheinlich die Ägypten-Fremde-Motivation des Bundesbuchs in Anlehnung an den Dekalog durch die Ägypten-Sklave-Motivation ersetzt und dem heilsgeschichtlichen Periodendenken des Credo (Dtn 26,5 – 6) entsprechend die Ägypten-Fremden-Motivation in Dtn 10,19 und 23,8 neu positiv festgelegt.[57] Zusammenfassend:

---

52 Lohfink, Bearbeitung, S. 54.

53 Analoges gilt für 23,8: Ein Ägypter kann deshalb so leicht in die Gemeinde JHWHs aufgenommen werden, weil Israel, als es sich in seinem Land aufhielt, von den Ägyptern als „Fremder“ (*gēr*) zugelassen und in ihre Gemeinschaft aufgenommen worden war (S. 53).

54 Lohfink, Bearbeitung, S. 54.

55 Z.B. gegen Dominik Markl – Alexander Ezechukwu, „For you know the soul of a stranger“ (Exod 23:9): The Role of the Joseph Story in the Legal Hermeneutics of the Pentateuch, in: Zeitschrift für altorientalische und biblische Rechtsgeschichte 21/2015, S. 215 – 232, hier: S. 225.

56 Vgl. Veijola, Deuteronomium, S. 257 – 258: „Während die Anspielung auf das ägyptische Sklavendasein auf die aus ihm erfahrene Rettung durch Jahwe zielt und damit an die *Dankbarkeit* appelliert, beruft sich das Argument des eigenen Fremdenschicksals in Ägypten auf die gegenseitige *Solidarität* der Menschen, die Ähnliches erfahren haben“.

57 So mit Lohfink, Bearbeitung, S. 54 – 55; vgl. Awabdy, Immigrants, S. 153 – 156, und Alexander Kraljic, Deuteronomium 10,12 – 11,32: Gottes Hauptgebot, der Gehorsam Israels und sein Land. Eine Neuuntersuchung, Österreichische Biblische Studien 49, Frankfurt am Main 2018, S. 368 – 369.

In the *gēr*-Egypt formula ... the operative principle is a compound reciprocity: Egypt's kindness to Jacob's family (*gēr*) and Jacob's family's status as allochthonous dependents was to be reciprocated by Israel's kindness *and* empathy toward the *gēr* residing in Israel (Deut 10:19; 23:8). The *'æbæd*-Egypt formula with YHWH's redemption of Israel indicates an *imitatio dei* principle: YHWH redeemed Israel from exploitation in Egypt; therefore Israel must redeem its vulnerable classes from exploitation in Israel (5:15; 15:15; 24:18). Finally, the *'æbæd*-Egypt formula without mention of YHWH's redemption signals an inversion principle: toilsome labor to build store cities for Pharaoh to hoard food was to be *inverted* by Israel's landowners when they give away their food surplus to those who have not earned it (16:12; 24:22).[58]

Abschließend: Wie schon erwähnt folgen in Dtn 10,12–19 Gottes Liebesgeschichte und die Israel gebotene Liebe dicht aufeinander. Israel soll seinen Gott JHWH lieben (Vers 12), der schon zuvor seine Väter geliebt und deren Nachkommen aus freier Liebe erwählt hat (Vers 15). Und es soll den Fremden lieben (Vers 19), letztlich weil und wie Gott ihn liebt (Vers 18). Der Liebeswille Gottes, das Motiv seines Handelns, ist ebenso unergründlich wie unverfügbar. Auch geht er dem Verhalten Israels und seiner Vorfahren stets voraus. Wenn also „Gott Israel im Blick auf die Fremdlinge mit dem hohen Gebot der Nachfolge in seiner eigenen Liebe konfrontiert, fordert er nichts Menschenunmögliches, sondern Widerhall und Widerschein der Liebe, die Israel zuallererst von ihm empfangen hat".[59] Dabei gilt: „Wenn Israel den von Jahwe geliebten Fremden liebt, liebt es zugleich seinen Gott. Enger können Gottes- und Fremdenliebe kaum mehr zusammenrücken."[60]

Das Gebot der Fremdenliebe steht in einem anderen Rechtskodex des Pentateuchs, dem sogenannten Heiligkeitsgesetz (Levitikus 17–26), auch mit dem Gebot der Nächstenliebe in einem literarischen wie theologischen Naheverhältnis, nämlich im sogenannten „Gemeindekatechismus"[61]. Die beiden Texte Lev 19,18 und 19,34 dürften Dtn 10,19 bereits vorgegeben gewesen sein, als dieser Vers an Dtn 10,17–18 angefügt wurde.[62] Im Folgenden vergleiche ich die drei Liebesgebote miteinander.[63]

---

58 Awabdy, Immigrants, S. 162.

59 Hermann Spieckermann, Die Stimme des Fremden im Alten Testament, in: Gottes Liebe, S.84–99, hier: S. 88.

60 Braulik, Liebe, S. 256.

61 Erhard S. Gerstenberger, Das 3. Buch Mose Leviticus, Das Alte Testament Deutsch 6, Göttingen 1993, S.240. Es geht um eine Gemeindebelehrung im Glauben. Der schriftliche „Katechismus" wurde in der Gottesdienstgemeinschaft verlesen. Sein Grundsatz, die „Heiligkeit im Alltag", lässt sich nahezu überall verwirklichen (Thomas Hieke, Levitikus. Zweiter Teilband: 16–27, Herders Theologischer Kommentar zum AT, Freiburg im Breisgau 2014, S. 709).

62 Ausführlich nachgewiesen durch Kraljic, Deuteronomium, S. 366–371. Weitere Belege für die Annahme einer nachträglichen Ergänzung finden sich auf S. 366 Anm. 259. Mit der spezifischen Argumentation durch Ramiréz Kidd, Alterity, S. 79–81, setzt sich Kraljic, Deuteronomium, S.366–367,

2 Den Nächsten und den Fremden lieben heißt: heilig werden (Lev 19,18 und 34)

Nächstenliebe und Fremdenliebe stehen in Levitikus 19[64] unter dem Programmwort: „Heilig sollt ihr sein/werden,[65] denn [*kî*, nicht „wie"!] heilig (bin) ich, JHWH, euer Gott!" Diese beiden „Spitzensätze" formulieren „pointiert und prägnant die zentrale Begründungsfigur des ethischen Konzeptes im Heiligkeitsgesetz".[66] Ihre direkte Anrede des „Ihr" der ganzen israelitischen Gemeinde verdeutlicht, „dass Recht und Ethos im Heiligkeitsgesetz als ein Beziehungsgeschehen verstanden werden".[67] Doch wird die Heiligkeit Israels nicht nur durch die Heiligkeit Gottes, sondern abschließend auch durch sein Handeln begründet: „Ich (bin) JHWH, euer Gott, der ich euch aus dem Land Ägypten herausgeführt habe, damit ihr alle meine Satzungen und Rechtsentscheide bewahrt und haltet. Ich (bin) JHWH." (Verse 36–37; vgl. 18,3–5). Die vielfältigen religiösen und sozialen Regelungen innerhalb dieses Rahmens von Heiligungs- und Herausführungsformel, die sie begründen und

---

kritisch auseinander. Zu vermuteten sozialen Ursachen, die eine Einfügung von Dtn 10,19 erforderlich erscheinen ließen, s. S. 410.

63 Zu Lev 19,34 und Dtn 10,18 f vgl. auch Markus Zehnder, Literary and Other Observations on Passages Dealing with Foreigners in the Book of Deuteronomy: The Command of to Love the *Gēr* Read in Context, in: Daniel I. Block – Richard Schulz (Ed.), Sepher Torath Mosheh. Studies in the Composition and Interpretation of Deuteronomy, Peabody / MA 2017, S. 192–231, hier insbesondere S. 194–200. Vgl. ferner unten Anm. 86.

64 Die jüngste Exegese von Lev 19,17–18 und 33–34 mit Schwerpunkt auf der Erklärung der Termini „Nächster" (*rēˁā*), „Mitbürger" (*ˁāmît*), „Fremder" (*gēr*) und „Einheimischer" (*ˀæzrāḥ*), aber auch von „lieben" (*ˀāhēb*) und der Präpositionalverbindung „wie dir" (*kāmôkā*) hat Kengo Akiyama, The Love of Neighbour in Ancient Judaism. The Reception of Leviticus 19:18 in the Hebrew Bible, the Septuagint, The Book of Jubilees, the Dead Sea Scrolls and the New Testament, Ancient Judaism and Early Christianity 105, Leiden – Boston 2018, S. 19–66, vorgelegt.

65 Zu Syntax und Übersetzung s. Erasmus Gaß, „Heilige sollt ihr werden. Denn heilig bin ich, JHWH, euer Gott." Gott, Mensch und Nächster in Lev 19,11–18, in: Menschliches Handeln und Sprechen im Horizont Gottes. Aufsätze zur biblischen Theologie, Forschungen zum Alten Testament 100, Tübingen 2015, S. 288–323, S. 294. Dabei sorgt Gott selbst bei entsprechendem Verhalten für die Heiligung Israels – „Ich bin JHWH, der euch heiligt" (20,8; 22,32). Die Heiligkeit Israels ist also nicht mit der Heiligkeit Gottes gleichzusetzen. (Ebd.).

66 Matthias Hopf, Zwischen Sollen und Sein. Einige rechtsanthropologische Überlegungen zum Menschenbild in Lev 19, in: Andreas Wagner / Jürgen van Oorschot (Hg.), Individualität und Selbstreflexion in den Literaturen des Alten Testaments, Veröffentlichungen der Wissenschaftlichen Gesellschaft für Theologie 48, Leipzig 2017, S. 355–372, hier: S. 359. S. ferner Hendrik L. Bosman, Loving the Neighbour and the Resident Alien in Leviticus 19 as Ethical Redefinition of Holiness, in: Old Testament Essays 31/2018, S. 571–590.

67 Hopf, Zwischen Sollen und Sein, S. 360.

motivieren, bilden beispielhaft eine „Anleitung zu einem heiligmäßigen Leben" im Alltag, das „als *imitatio dei* die Heiligkeit Gottes auf Erden im Verhalten des Volkes repräsentiert".[68] Nächsten- und Fremdenliebe stehen dabei gegen Ende der beiden Hauptstücke der Gebote und Verbote aus Kult und Gesellschaft (19,3–18 und 20–36); genauer: sie beschließen die apodiktisch formulierten Teilkomplexe dieses Diptychons (Verse 11–18 und 26–32). Die Selbstvorstellungsformel „Ich bin JHWH" bzw. „Ich bin JHWH, euer Gott" gliedert die gesamte Komposition in Abschnitte und verleiht ihren Rechtssätzen göttliche Autorität. Durch diesen Satz, der in abgekürzter Form die programmatische Überschrift von Vers 2 wiederholt, „werden alle Vorschriften, die mit dieser Formel abgeschlossen werden, an das Grundprinzip der *imitatio Dei*, der Repräsentanz und Abbildung der Heiligkeit Gottes in der Welt, zurückgebunden."[69] Die klar abgegrenzten Abschnitte machen deutlich: Nächsten- wie Fremdenliebe dürfen nicht von ihrem Kontext 19,17–18a bzw. 19,33 gelöst werden, obwohl er – wie die Auslegungsgeschichte zeigt – meist ausgeblendet wurde.[70] Diese Isolierung förderte seine Entwicklung zu einem absoluten ethischen Satz.

Die apodiktischen Rechtssätze 19,11–18 definieren ein „erwartbares Solidarverhalten gegenüber dem Nächsten".[71] Verboten werden Betrug, Gewalt gegen sozial Schwache, Parteinahme gegen das Recht im Gericht und Hass wie Rache. Die Anweisungen gipfeln in den ethischen Verhaltensregeln und Grundeinstellungen der Verse 17–18, die jede Art von Konflikten zwischen dem „Bruder", „Mitbürger" und „Nächsten" betreffen.[72] Die beiden Verse sind parallel aufgebaut, zweimal werden „Verbot" – „Abhilfe" – „Begründung, Motivation" durchlaufen[73]:

> [17] Du sollst deinen Bruder nicht in deinem Herzen hassen.
> Du sollst deinen Mitbürger nachdrücklich zurechtweisen,
> so dass du seinetwegen keine Schuld auf dich lädst.

---

68 Hieke, Levitikus, S. 709 und S. 703.

69 Thomas Hieke, Die Heiligkeit Gottes als Beweggrund für ethisches Verhalten. Das ethische Konzept des Heiligkeitsgesetzes nach Leviticus 19, in: Christian Frevel (Hg.), Mehr als Zehn Worte? Zur Bedeutung des Alten Testaments in ethischen Fragen (Quaestiones disputatae 273), Freiburg im Breisgau 2015, S. 187–206, hier: S. 190–191.

70 Das betont Adrian Schenker, Das Gebot der Nächstenliebe in seinem Kontext (Lev 19,17–18): Lieben ohne Falschheit, in: Zeitschrift für die alttestamentliche Wissenschaft 124/2012, S.244–248, hier: S. 244–245.

71 Andreas Ruwe, „Heiligkeitsgesetz" und „Priesterschrift". Literaturgeschichtliche und rechtssystematische Untersuchungen zu Leviticus 17,1–26,2, Forschungen zum Alten Testament 26, Tübingen 1999, S. 206.

72 Zum Folgenden s. vor allem Gaß, Heilige, S. 300–314, der die exegetisch unterschiedlich gelösten Probleme des „Liebesgebotes" in Vers 18 ausführlich und mit überzeugenden Argumenten diskutiert.

73 Jacob Milgrom, Leviticus 17–22, Anchor Bible 3a, New York 2000, S. 1646.

[18] Du sollst dich nicht rächen

und den Angehörigen deines Volkes nichts nachtragen,

sodass[74] du deinem Nächsten Liebe erweist (*wᵉʾāhabtā lᵉrēᵃ̄kā*) wie (man) dir (Liebe erweist) (*kāmôkā*).[75]

Ich (bin) JHWH.

---

74 Der Satzanschluss ist schwierig zu bestimmen. Die Konjunktion „*w*" wird z. B. in der Vulgata, der revidierten Einheitsübersetzung (2016) und der revidierten Lutherbibel (2017) nicht wiedergegeben. Bleibt sie unübersetzt, erscheint das Liebesgebot als von den vorausgehenden Verboten unabhängige Bestimmung oder als deren Zusammenfassung bzw. Begründung. „*w*" ist polyvalent und wurde bisher verschieden verstanden. Fasst man die Konjunktion wie z. B. die Septuaginta koordinierend („und") auf, dann bildet das Gebot der Nächstenliebe eine weitere Anweisung in der Reihe von Verhaltensforderungen beim Umgang mit dem Nächsten. Sie kann die vorausgegangenen Verbote aber auch wie in der Zürcher Bibel (2007) adversativ („sondern") weiterführen und formuliert dann mit dem Liebesgebot ein positives Verhalten. Gibt man die Konjunktion modal („auf diese Weise") wieder, besteht die Erfüllung der Nächstenliebe im Einhalten der vorausgehenden Verbote. Am meisten spricht für einen konsekutiven Satzanschluss („sodass"). Dann ist die Nächstenliebe die allgemeine Folge des Verzichts auf Hass und Rache – s. dazu Gaß, Heilige, S. 303–304.

75 Nach Gaß, Heilige, S. 314, liegt in 19,18.34 mit *kāmôkā* – wörtlich „wie du" – „vermutlich ein verkürzter Vergleichssatz vor, der das Objekt beider Sätze miteinander vergleicht". Der Objektvergleich beschreibt das Vorbild mit „man" als (gewöhnlich zu ergänzendes) unbestimmtes Subjekt und die Nachahmung durch das „Du". „Es geht folglich nicht um eine Selbstliebe, sondern um die bereits erfahrene oder in Zukunft erhoffte Liebe, mit der die Aussage des Hauptsatzes verglichen werden soll." (Ebd.). Dabei wird auch der Handlungsaspekt der Wendung *ʾāhēb lᵉ* berücksichtigt. Zur Auseinandersetzung mit anderen Auslegungen s. S. 309–314. Kurz zu den beiden in der christlichen und jüdischen Auslegungsgeschichte entwickelten Interpretationen – zu der von der Septuaginta vorgegebenen und uns geläufigen Übersetzung „Liebe deinen Nächsten *wie dich selbst!*" und der Wiedergabe „Liebe deinen Nächsten, *denn er ist wie du!*" Die Deutung des *kāmôkā* als reflexives Adverbiale „wie dich selbst" und damit die Selbstliebe als Maß der Nächstenliebe scheidet heute definitiv aus – die Präpositionalverbindung kann kein Reflexivverhältnis ausdrücken (S. 309–310). Auch die griechische Wiedergabe der Septuaginta mit einem Reflexivpronomen übersetzt den hebräischen Text nicht exakt. Gegen das Verständnis von *kāmôkā* als Attribut zu *rēᵃ̄* – der Nächste „der dir gleich ist", also eine universale Ausweitung der Nächstenliebe wegen der Gleichheit bzw. Gleichbedürftigkeit aller Menschen – spricht inhaltlich, dass der Fremde nicht mit dem Mitbürger gleichgesetzt wird, vor allem aber die zu Vers 18 parallele Aussage in Vers 34, bei der *kāmôkā* noch das enklitische Personalpronomen in *lô* „ihm" (d. h. dem Fremden) bestimmen müsste (S. 311–312). Ohne den Artikel von Gaß zu kennen, hat sich Dorothea Erbele-Küster, Zur Anthropologie der Ethik der (Liebes)Gebote, in: Andreas Wagner / Jürgen van Oorschot (Hg.), Individualität und Selbstreflexion in den Literaturen des Alten Testaments, Veröffentlichungen der Wissenschaftlichen Gesellschaft für Theologie 48, Leipzig 2017, S. 341–354, hier S. 348–349, zu den beiden Hauptübersetzungen geäußert, ohne sich auf eine von ihnen festzulegen. Es gehe „um eine doppelte Reflexivität: Selbst- und Fremdwahrnehmung, wobei der Zielpunkt in Lev 19 nicht die Selbstreflexivität, sondern die Fremdwahrnehmung in der Liebesrelation ist, die das Selbst konstituiert." (S. 349). Zuletzt hat Akiyama, Love, S. 55–62, für den „adjectival sense (‚who is like yourself')" plädiert. Auch ihm dürfte der Artikel von Gaß und dessen Widerlegung dieser Lösung unbekannt sein.

Der schuldig gewordene Bruder muss unbedingt auf sein Vergehen angesprochen werden. Stellt man ihn nicht zur Rede, übernimmt man die Verantwortung für sein Verhalten. Nur eine offene Aussprache kann, wenn verborgener Hass aufgestaut ist und sich in einer unangemessenen Reaktion zu entladen droht, eigene Schuld vermeiden. Bleibt die klärende Zurechtweisung aber ergebnislos, darf dies weder zu Rachegelüsten noch zu nachtragendem Groll führen. Wenn die anschließende Konjunktion (w) wie oben konsekutiv („sodass") übersetzt wird, dann ist die Liebe, die man jetzt „dem (l^e) Nächsten (rē'ā)" erweist, die Folge des Gehorsams gegenüber den vorausgehenden Weisungen. Dieser Liebe geht es nicht nur um Emotion, sondern auch um Taten, „um Solidarität, Loyalität und praktische Zuwendung".[76] Sie erscheint im Zusammenhang als Erfolg des Verzichts auf Hass, Rache und Zorn und ist daher kein weiteres Gebot, sondern die Zusammenfassung des in den Versen 17–18a* geforderten Verhaltens.[77] Es ist die liebende Zuwendung, die man entweder schon selbst erfahren hat oder die man vom anderen erhofft, die dem Nächsten ebenfalls gewährt werden soll.[78] Die vergleichende Präpositionalverbindung (kā-môkā) beabsichtigt eine wechselseitige Praxis der Liebe und somit eine besondere Form der Goldenen Regel, die zum Maßstab des eigenen Verhaltens nimmt, was man selbst vom anderen erfahren möchte.[79] Angesichts des nahezu synonymen „Bruders", „Mitbürgers" und Volksgenossen und der ausschließlich an die Gemeinde gerichteten apodiktischen Verbote (Verse 11–18) meint der „Nächste" nicht irgendwelche Mitmenschen, sondern die Mitglieder des Gottesvolkes. „Die ‚Bruder'-Metapher schafft … das Idealbild einer nach dem Vorbild der Familiensolidarität strukturierten Gesellschaft".[80] Dabei spricht nichts dafür, den schuldig gewordenen Mitisraeliten als persönlichen Feind und die gebotene Liebe dann als Feindesliebe zu verstehen.[81] Entscheidend ist, dass die Liebe, die sonst innerhalb einer Großfa-

---

76 Gaß, Heilige, S. 307.

77 Gaß, Heilige, S. 304. „In der Rezeption wird sich zeigen, dass im Judentum wie im Christentum das Gebot der Nächstenliebe tatsächlich die ‚Summe', Zusammenfassung oder innerer Kern der Gebote Gottes angesehen wird." (Hieke, Levitikus, S. 728). Damit erübrigt sich die Diskussion von Kengo Akiyama, How Can Love Be Commanded? On Not Reading Lev 19,17–18 as Law, in: Biblica 98/2017, S. 1–9.

78 Gaß, Heilige, S. 314.

79 Gaß, Heilige, S. 317–318. „In Lev 19.18.34 geht es um einen Vergleich der Nächstenliebe nicht mit der Selbst- bzw. Eigenliebe, sondern mit der von anderen Menschen erwarteten Liebe. Was man an tätiger Liebe selbst erhofft, sollte man dem anderen genauso zukommen lassen. Diese Art von Nächstenliebe zeigt sich besonders in der Einhaltung der zuvor genannten Weisungen." (S. 318).

80 Hieke, Levitikus, S. 729.

81 Vgl. Christoph Nihan, From Priestly Torah to Pentateuch. A Study in the Composition of the Book of Leviticus, Forschungen zum Alten Testament 25, Tübingen 2007, S. 474 Anm. 304. Anders z.B. Gianni Barbiero, L'asino del nemico. Rinucia alla vendetta e amore del nemico nella legislazione

milie gilt, auf alle im Volk Gottes ausgeweitet wird. Obwohl also „der Nächste" nur den nicht-verwandten Israeliten, die Israelitin, nicht aber den „Fremden" bezeichnet, wird die selbe tätige Solidarität beim Weiterlesen auch für den Fremden gefordert, der im Gottesvolk wohnt. Das Gebot der Fremdenliebe zitiert in 19,34a inmitten eines pluralischen Kontextes das fast gleichlautende, im Singular formulierte Liebesgebot aus Vers 18:

> [33] Und wenn bei dir ein Fremder (*gēr*) in eurem Land als Fremder wohnt (*jāgûr*), sollt ihr ihn nicht unterdrücken.
> [34] Wie ein Einheimischer (*'æzrāḥ*) unter euch soll euch der Fremde (*haggēr*) sein, der bei euch als Fremder wohnt (*haggār*).
> Und du sollst ihm Liebe (*wᵉ'āhabtā lô*) erweisen wie (man) dir (Liebe erweist) (*kāmôkā*).
> Denn ihr seid Fremde (*gērîm*) im Land Ägypten gewesen.
> Ich bin JHWH, euer Gott.

Der im Land Israel wohnende Fremde[82] und die Israeliten, die Fremde im Land Ägypten waren, unterstreichen die Gemeinsamkeit von Fremden und Einheimischem. Zugleich rahmen sie auch das Herzstück des Gesetzes – das Verbot, den Fremden zu unterdrücken, und das damit kontrastierende Gebot, ihn zu lieben. Im Einzelnen: Der im Land ansässige „Fremde" verfügt über keinen Bodenbesitz und ist deshalb im Blick auf Arbeit und Lebensunterhalt von „einem bei euch Geborenen" abhängig. Wie schon im Bundesbuch (Ex 22,20) erwähnt, besteht für die Israeliten die Versuchung, seine wirtschaftliche Bedürftigkeit auszunützen. Die von Lev 19,34 beanspruchte grundlegende „Gleichwertigkeit"[83] verlangt aber mehr als den Verzicht auf Übervorteilung und Ausbeutung von Abhängigen mit Migrationshintergrund. Der gerechte Umgang wird von der liebenden Zuwendung überholt, die der Fremde mit dem Einheimischen teilen soll.[84] Das Gesetz erweitert

---

dell'Antico Testamento (Es 23,4 – 5; Dt 22,1 – 4; Lv 19,17 – 18), Analecta Biblica 128, Roma 1991, S. 265 – 296, der seine eingehende Exegese von Lev 19,17 – 18 überschreibt: „L'amore del nemico". Nach Ruwe, Heiligkeitsgesetz, S. 205, fungiert das Liebesgebot im Kontext von 19,17 – 18 „als ein *Feindes*liebegebot".

82 Mathys, Liebe, S. 45, hält es für wahrscheinlich, dass es sich beim Fremden um einen Proselyten handelt, begründet aber nicht, warum „die Übersetzung von ger mit ‚Fremder' hier ausscheidet". Gegen diese Proselyten-Hypothese argumentiert Matthias Köckert, Nächstenliebe – Fremdenliebe – Feindesliebe, in: Markus Witte / Tanja Pilger (Hg.), Mazel Tov. Interdisziplinäre Beiträge zum Verhältnis von Christentum und Judentum. Festschrift anlässlich des 50. Geburtstages des Instituts Kirche und Judentum, Studien zu Kirche und Israel. Neue Folge 1, Leipzig 2012, S. 31 – 53, hier: S. 44 – 45, und deutet den in 19,34 „als volksfremden Nichtjuden" (S. 45).

83 Zehnder, Umgang, S. 344.

84 Zu konkreten Auswirkungen dieser Aufhebung des Unterschieds zwischen „im Land Geborenen und Fremden" bei der Neuverteilung des Landes vgl. Ez 47,22 – 23, sodass der Fremde auch Land

deshalb den Geltungsbereich der Liebe vom Nächsten auf den Fremden, der sich dauerhaft im Land aufhält (Vers 34). Mit der Forderung der Fremdenliebe gewinnt das „alte Familienethos", nämlich „die Zusammengehörigkeit und gegenseitige Verantwortung von Menschen, die in einer Glaubensgemeinschaft leben", eine „neue Dimension".[85] Sie wird damit, wie Israel seinen Aufenthalt in Ägypten erlebt hat, anthropologisch und heilsgeschichtlich begründet. Nach dem Heiligkeitsgesetz (wie dem Bundesbuch – vgl. Ex 22,20b; 23,9b) kennen die Israeliten das Fremdsein mit all seinen rechtlichen, politischen und wirtschaftlichen Diskriminierungen aus ihrer eigenen Geschichte. Sie können sich also nicht nur in die Situation der Fremden in Israel versetzen (vgl. Ex 23,9b), sondern sollen in ihnen auch ihr *alter ego* erkennen. Darüber hinaus erfüllt die dem Fremden erwiesene Liebe, was Lev 19,2 verlangt: „Heilig sollt ihr sein/werden"! Die abschließende Selbstvorstellungsformel „Ich bin JHWH, euer Gott" ruft diese Heiligkeitsforderung in Erinnerung.

Dtn 10,19 ist ausschließlich positiv formuliert. Von Ausbeutung und Unterdrückung des Fremden wie in Ex 22,20; 23,9 und Lev 19,33 wird nicht mehr gesprochen.[86] Argumentiert Lev 19,34 bei der Fremdenliebe mit der Goldenen Regel, die zu befolgen Zeichen der Heiligkeit Israels ist, so wird sie in Dtn 10,19 durch die vorgängige Liebe JHWHs zum Fremden (Vers 18) theologisch motiviert. Dadurch „wird die Anthropologie und Ethik der Fremdenliebe so stark untermauert, wie es im Alten Testament nur geht".[87] Dazu kommt, „dass der Vers mit dem Verweis auf Israels eigene Erfahrung [als Fremde] einen Appell an das kollektive Gedächtnis darstellt. [...] Indem Israel die nach innen gelebte Solidarität auch auf die Fremden ausdehnt, überwindet es seine nationalen Schranken und wird zu einer humanen und geschwisterlichen Gesellschaft."[88]

---

besitzen darf. Diese Tendenz wird jedoch, worauf z. B. Gianni Barbiero, Der Fremde im Bundesbuch und im Heiligkeitsgesetz, in: Studien zu alttestamentlichen Texten, Stuttgarter Biblische Aufsatzbände 34, Stuttgart 2002, S. 221–254, hier: S. 248–249, aufmerksam macht, von der Gesetzgebung des Heiligkeitsgesetzes nicht durchgehalten (s. Lev 25,35–55). Vgl. Zehnder, Umgang, S. 345–348.

85 Gerstenberger, Leviticus, S. 248–249.

86 Literargeschichtlich folgert Benjamin Kilchör, Mosetora und Jahwetora. Das Verhältnis von Deuteronomium 12–26 zu Exodus, Levitikus und Numeri, Beihefte zur Zeitschrift für Altorientalische und Biblische Rechtsgeschichte 21, Wiesbaden 2015, dass „Lev 19,33 f in vollem Umfang von Ex 22,20 und Lev 19,17 f. her erklärt" und „im Programm von Lev 19,2 gelesen werden kann, ohne dass irgendein Rückgriff auf das Deuteronomium anzunehmen ist" (S. 291 und S. 290). Eine analoge Abfolge, in der Bundesbuch und Heiligkeitsgesetz dem Deuteronomium vorausgehen, vertritt Zehnder, Literary and Other Observations.

87 Thomas Söding, Nächstenliebe. Gottes Gebot als Verheißung und Anspruch, Freiburg im Breisgau 2015, S. 70.

88 Kraljic, Deuteronomium, S. 410.

3 Ein blinder Fleck?

Ein Gebot der Fremdenliebe fehlt im Neuen Testament. Das heißt aber nicht, seine Liebesethik würde den Fremden ausklammern. Das gilt nicht einmal für Texte, die weder von Liebe noch vom Fremden ausdrücklich sprechen. Die Agapeethik der synoptischen Jesustradition orientiert sich trotz aller Unterschiede an der Rezeption des alttestamentlichen Liebesgebots. Das Lukasevangelium zitiert nicht nur das Gebot der Nächstenliebe im Rahmen des Doppelgebots, sondern lässt Jesus auf die Frage eines Gesetzeslehrers „Wer ist mein Nächster?" mit der Beispielerzählung vom barmherzigen Samariter antworten. Dieser Samariter ist „das Urbild der Nächstenliebe"[89]. Was aber kaum bedacht wird: Der Samariter weiß sich der Tora Israels und mit ihr auch dem Gebot der Fremdenliebe verpflichtet.[90] Er erfüllt es an dem unter die Räuber gefallenen Juden, der für ihn ein von Lev 19,34 gemeinter „Fremder", nicht aber ein „Ausländer" ist. Denn nach Lk 17,16 und 18 gilt ja umgekehrt der Samariter als „Fremder". Im Übrigen erinnert sein Handeln am „nächststehenden Anderen" an die Solidarität der Israeliten aus Samaria gegenüber den besiegten Judäern, die 2 Chr 28,15 schildert:

> Männer, die namentlich dazu bestimmt waren, gingen hin und nahmen sich der Gefangenen
> [Judäer] an. Sie bekleideten alle, die nackt waren, aus der Beute und versahen sie mit Gewändern und Schuhen. Sie gaben ihnen zu essen und zu trinken, salbten sie und führten alle
> Schwachen auf Eseln weiter. So brachten sie die Gefangenen in die Palmenstadt Jericho in die
> Nähe ihrer Stammesbrüder. Sie selbst kehrten nach Samaria zurück.

Die Anwendung des Gleichnisses liegt dann nicht darin, dass grundsätzlich jeder Mensch der Nächste sein kann, sondern in dem unbedingten Anspruch, dem jeweils Hilfsbedürftigen zum Nächsten zu werden (Lk 10,36–37). Denn es sagt nicht, der Verwundete sei für den Samariter der Nächste gewesen. Vielmehr wurde der von Mitleid ergriffene Samariter durch sein fürsorgliches Tun, in dem sich seine Liebe ausdrückte, dem Beraubten zum Nächsten. Das Nächstenverhältnis ist erst durch die Liebe entstanden. Im Übrigen spricht der Gesetzeskundige beim „Nächsten" gar nicht von Liebe, sondern von Barmherzigkeit – er ist derjenige, „der barmherzig an ihm gehandelt hat" (10,37). Denn „den Samariter kennzeichnet ein Hinsehen, das

---

[89] Söding, Nächstenliebe, S. 129, in der Überschrift des Kapitels über den barmherzigen Samariter (S. 129–144).

[90] Im Hintergrund von Lk 10,25–37 steht die jüdische Konstruktion der Samariter als der ethnisch Anderen – vgl. dazu Gary N. Knoppers, How It Began and Did Not End: The History of Samari(t)an and Judean Relations in Antiquity, in: Conversations with the Biblical World 35/2015, S. 189–211; G. Anthony Keddie, „Who Is My Neighbor?" Ethnic Boundaries and the Samaritan Other in Luke 10:25–37, in: Biblical Interpretation 28/2020, S. 246–271.

sich vom Leiden des anderen anrühren lässt und aus Empathie heraus zur konkreten barmherzigen Zuwendung führt."[91]

Bezeichnend für Jesu Gesprächsführung ist, dass der Schriftgelehrte selbst die Antworten auf die Fragen gibt: er zitiert das Doppelgebot der Liebe (Vers 27) und bestimmt die Identität des Nächsten (Vers 37a). Jesus braucht ihn in beiden Fällen nur mehr zum Handeln aufzufordern (Verse 28 bzw. 37b). Die Liebe ist das Schlüsselwort. Sie ist aber im Samaritergleichnis eigentlich der Not zugeordnet. Weder für Lukas noch für Markus und Matthäus ist die Nächstenliebe eine „universale Liebe". „In der Sache lässt sich – von dem, was durch die veränderte Zeit und Situation bedingt ist, abgesehen – praktisch kein Unterschied zwischen Altem und Neuem Testament feststellen. So werden auch die leitenden Prinzipien die gleichen sein. Ein Unterschied liegt nur im Sprachgebrauch. Der Gebrauch des Wortes ‚Liebe' nimmt zu, auch für Fälle, die man im Alten Testament nicht unter dem Stichwort ‚Liebe' behandelt hat."[92] Versteht man jedoch unter dem „Nächsten" – anders als das Alte (und Neue) Testament – jeden Menschen, ja sieht man diese Nivellierung sogar als für das Christentum charakteristisch an, dann droht dem von Gott besonders geliebten und von der Tora privilegierten Fremden nur allzu leicht die Gefahr, nicht mehr gesehen zu werden.[93] Sogar die Kurzformel von

---

91 Matthias Konradt, Liebesgebot und Christusmimesis. Eine Skizze zur Pluralität neutestamentlicher Agapeethik, in: Gabrielle Oberhänsli-Widmer / Michael Welker (Hg.), Liebe, Jahrbuch für Biblische Theologie 29, Neukirchen-Vluyn 2014, S. 65–98, hier: S. 70–71. Vgl. Shimon Gesundheit, Die „Erfindung" der Barmherzigkeit im Alten Israel. Biblische und nachbiblische Perspektiven, in: Biblische Zeitschrift 63/2019, S. 289–306.

92 Norbert Lohfink, Liebe. Das Ethos des Neuen Testaments – erhabener als das des Alten?, in: Unsere großen Wörter. Das Alte Testament zu Themen dieser Jahre, 3. Aufl., Freiburg im Breisgau 1985, S. 225–240, hier: S. 236 und S. 237. Vgl. Thomas Söding, Wie weit reicht die Nächstenliebe. Das biblische Konzept in der Diskussion über den Altruismus, in. Evangelische Theologie 77/2017, S. 258–267, hier: S. 267: „Die Nächstenliebe ist eine Ethik auf Sichtweise."

93 Vgl. z. B. Katharina Westerhorstmann, Das Liebesgebot als Gabe und Auftrag. Moraltheologie im Licht des jüdisch-christlichen Dialogs, Studien zu Judentum und Christentum 29, Paderborn 2014, im Kapitel über „Nächstenliebe ist Menschenliebe" (S. 387–408). Nur der Abschnitt über „Die Liebe zum Fremden als ‚Glaubensgebot' in der Beziehung zwischen Gott und Mensch" (S. 338–340) behandelt – vor allem aus der Sicht Martin Bubers – das Gebot der Fremdenliebe, insbesondere in Dtn 10,17–19. Dabei übersetzt Westerhorstmann Vers 19 mit „Liebet den Gast" (S. 338), obwohl das Deuteronomium den Fremden klar vom Gast unterscheidet. Der jüdische Philosoph Michael Walzer knüpft in Mitgliedschaft und Zugehörigkeit, in: Frank Dietrich (Hg.), Ethik der Migration. Philosophische Schlüsseltexte, stw 2215, Berlin 2017, S. 29–47, hier: S. 32, zwar an die Geschichte vom Samariter an, bleibt aber bei der Diskussion über das Prinzip der gegenseitigen Hilfe bei der Unterscheidung zwischen Mitgliedern einer Gesellschaft und Fremden. Dagegen wird zurzeit von staatlicher Migrationspolitik oft mit dem „guten Samariter" die Aufnahme von Fremden begründet – Karin Berber Neutel, Neigbours Near and Far: How a Biblical Figure is Used in Recent European Anti-Migration Politics, in: Biblical Interpretation 29/2021, S. 358–380.

Gottes- und Nächstenliebe kann dazu verleiten. Deshalb stellt sich für Theologie und Kirche die Frage: Hindert sie ein blinder Fleck daran, unter den Liebesgeboten das Gebot der Fremdenliebe sozialethisch wahrzunehmen?

Die ekklesiologischen Begriffe des Deuteronomiums

Ein Beitrag zur biblischen Theologie des Gottesvolks

1 Das „Volk Gottes" des Zweiten Vatikanischen Konzils und das Buch Deuteronomium

Das Zweite Vatikanische Konzil hat die Kirche als ein Volk, das Gott zugehört, wiederentdeckt.[1] Lange Zeit bestimmte ein abstrakt theologisches Reflexionsdenken die Ekklesiologie. Jetzt läutete der biblische Begriff des Gottesvolks mit seiner historischen und kulturellen, politischen und gesellschaftlichen Konkretion einen Paradigmenwechsel im Selbstverständnis der katholischen Kirche ein. „Volk Gottes" wurde zur Leitbegriff oder zum Topos[2] in 14 der 16 Konzilsdokumente. Das bis dahin vorherrschende Bild von der Kirche als mystischem Leib Christi trat in den Hintergrund.[3] Leider muss man aber bei diesem Wandel präzisieren[4]: „Volk Gottes"

---

1 *G. Bergner*, Volk Gottes. Entstehung, Rezeption und Aktualität einer ekklesiologischen Leitmetapher (BDS 58), Würzburg 2018, beschreibt die komplexe Entstehungsgeschichte von „Volk Gottes" als zentralem Begriff im Kirchenverständnis des Zweiten Vatikanischen Konzils, seine kontroverse Rezeptionsgeschichte in der Nachkonzilszeit und seine Bedeutung im Kontext der „Communio"-Ekklesiologie sowie der aktuellen kirchlichen Umbrüche.

2 Vgl. dazu *R. Dausner*, Das Volk Gottes als Topos des Zweiten Vatikanischen Konzils, in: StdZ 140 (2015) 291–301, 292 zu „Topos" im Gegensatz zu Bild, Metapher oder Symbol.

3 Zum Wandel der Blickrichtung im Lauf der Geschichte und im Konzil s. z.B. den programmatischen Artikel von *Y. M. J. Congar*, Die Kirche als Volk Gottes, in: Conc(D) 1 (1965) 5–16, der auch Nutzen wie Vorteile des Volk-Gottes-Gedankens für die Darstellung des Geheimnisses der Kirche darstellt, zugleich aber auch seine notwendige Ergänzung durch den Begriff des Leibes Christi. Allerdings habe sich das zweite Kapitel *„De Populo Dei in genere"* „nur teilweise die Wiedererarbeitung des biblischen Begriffs ‚Volk Gottes' zu eigen gemacht, die unter anderem die katholische Ekklesiologie in den Jahren 1937–1957 prägte." (6). *O. Semmelroth*, Die Kirche als das neue Gottesvolk, in: *G. Baraúna* (Hg.), De Ecclesia. Beiträge zur Konstitution „Über die Kirche" des zweiten Vatikanischen Konzils. Erster Band, Freiburg 1966, 365–379, sieht die Bedeutung, dass die Kirche als Volk bezeichnet wird, vor allem in zwei Zügen: „Zunächst die Einheit und Gemeinsamkeit, ja wesentliche Gleichheit innerhalb der hierarchisch strukturierten Kirche, und zweitens das Bestimmtsein der Kirche durch die Geschichte, der sie von Christus als sein Volk eingestiftet worden ist." (372 f.)

4 Zum Wortgebrauch s. *T. Czopf*, Neues Volk Gottes? Zur Geschichte und Problematik eines Begriffs (MThS 78), Sankt Ottilien 2016, 271–275. Die Studie zeigt die Missverständlichkeit, ja Gefährlichkeit

https://doi.org/10.1515/9783111484754-004

beschreibt in den Texten des Konzils ausschließlich die Kirche, während Israel nie Gottesvolk genannt wird. Diente es doch nur „zur Vorbereitung und zum Vorausbild".[5] Vor allem die Dogmatische Konstitution *Lumen Gentium*[6] spricht vom „neuen Gottesvolk", „neuen Israel" und „neuem Volk". Auch „das eine Volk Gottes", das „ganze Gottesvolk" und das „eine auserwählte Gottesvolk" meinen nicht die Kirche aus „Juden und Heiden". Der Akzent liegt bei all diesen Bezeichnungen auf der Diskontinuität gegenüber Israel.[7] „,Gottesvolk' wird faktisch als ‚Christusvolk' verstanden und es wird nur von einer besonderen Hinordnung des jüdischen Volkes auf das Gottesvolk geredet (LG 16)".[8] Einen klaren Gegenakzent setzt die Erklärung *Nostra aetate* 4, obwohl auch sie von der „Kirche als dem neuen Volk Gottes" spricht, mit „einer nicht nur menschlichen, sondern auch theologischen Solidarisierung mit dem Judentum."[9] Die Konzilsformulierungen verschärften jedenfalls die Problematik der Einzigkeit wie Universalität des Gottesvolkes (*Lumen Gentium* 13) und der

---

des Syntagmas „neues Volk Gottes", das, was jesuanisch neu ist, nicht angemessen erfassen kann (467). Als beste Bezeichnung für das eine, aus Juden und Christen bestehende Volk erscheint *Czopf*, 480, der Titel „endzeitliches Gottesvolk", obwohl auch er erklärungsbedürftig sei.

5 So meint z. B. *A. Seigfried*, Volk Gottes als ekklesiale Gestalt der Gnade, in: *G. Schmuttermayr* u. a. (Hg.), Im Spannungsfeld von Tradition und Innovation. Festschrift für Josef Kardinal Ratzinger, Regensburg 1997, 249–268, 255: „Die Übertragung der *laós*-Würde von Israel auf die christliche Gemeinde, auf die *ekklēsía* ist zwar nur eine, aber wichtige Form, woran sich die urchristliche Gewissheit offenbart, die Erfüllung der atl. Gnadenzusagen, die wahre Verwirklichung schattenhafter atl. Vorausbilder der Gnade zu sein. Wie Christus selbst die Erfüllung von Gesetz und Propheten ist, so ist die Gemeinde der wahre *laós theoû*, das wahre Israel (Gal 6,16; 1 Kor 10,18; Röm 9,6), der wirkliche Same Abrahams (Gal 3,19), die echte Beschneidung (Phil 3,3), der wahre Tempel (1 Kor 3,16), der wahre kahal-Jahwe, die *ekklēsía*. Sie ist durch Christus und seinen Geist der *laós*, dem der dreifaltige Gott sich gnädig zuneigt und in dessen Mitte er selbst Wohnung nimmt." (255). Vor kurzem plädierte *Chr. Bruns*, Zur Kernproblematik des Reformdiskurses in der katholischen Kirche, in: ThPh 95 (2020) 224–244, 239–241, aus dogmatischen Gründen (!) für das Beibehalten der ekklesiologischen Substitutionstheologie als einer „bis ins Neue Testament zurückreichenden Urgewissheit der christlichen Tradition" (239).

6 S. dazu *J. Wohlmuth*, Das Heil der Juden in der Kirchenkonstitution des Zweiten Vatikanischen Konzils Lumen Gentium, in: *H. Frankemölle/J. Wohlmuth* (Hg.), Das Heil der Anderen. Problemfeld: „Judenmission" (QD 238), Freiburg im Breisgau 2010, 460–485; *Czopf*, 275–299.

7 Nach *R. Schnackenburg – J. Dupont*, Die Kirche als Volk Gottes, in: Conc(D) 1 (1965) 47–50, 49, bestehe die Schwierigkeit in der schon im Neuen Testament erkennbaren Spannung: „Einerseits ist das neutestamentliche Gottesvolk die legitime Fortsetzung und heilsgeschichtliche Erfüllung des alttestamentlichen Gottesvolkes und steht es in der Kontinuität des göttlichen Handelns (das ‚wahre Israel'); andererseits ist es eine Neuschöpfung auf Grund des Heilswerkes Christi (das ‚neue Israel') und es besteht eine Diskontinuität, insofern das alte Israel zum großen Teil auf Grund seines Unglaubens gegenüber dem Messias Jesus nicht mehr dazu gehört."

8 *H. Irsigler*, Ein Gottesvolk aus allen Völkern? Zur Spannung zwischen universalen und partikularen Heilsvorstellungen in der Zeit des Zweiten Tempels, in: BZ 56 (2012) 210–246, 211.

9 *Czopf*, 275.

bleibenden wie unwiderruflichen Erwählung des jüdischen Volkes (*Lumen Gentium* 16). Inzwischen hat sich der Sprachgebrauch nachkonziliarer Dokumente bezüglich des „Gottesvolks des nie gekündigten Alten Bundes" (Röm 11,1.29) geändert.[10] Angesichts dieser Texte und weiterer biblisch-theologischer Überlegungen wird man trotz der historisch vorhandenen Zweiheit von Judentum und Christentum nicht von zwei Gottesvölkern sprechen können.[11] Rechnet man aber nur mit einem einzigen Gottesvolk, dann „bilden Juden und Christen im Anschluss an das Ölbaumgleichnis Röm 11 eine auseinandergebrochene komplementäre Einheit".[12] Dieses „Schisma" aufzuheben hat sich Gott selbst vorbehalten (vgl. 11,25–32). Zwar erweist sich der Gottesvolk-Begriff alttestamentlich als „ein ‚Israel'-zentrierter Begriff", doch „ist ‚Volk Gottes' eine Vorstellung, die aus christlicher Ekklesiologie und Soteriologie kaum wegzudenken ist." Er ist in der christlichen Theologie „immer ein Verweisbegriff" auf die „jüdische Existenz als bleibend erwähltes Volk Gottes". Deshalb impliziert „jede Aussage über die Kirche als ‚Gottesvolk des neuen (und erneuerten) Bundes in und durch Christus' immer eine Aussage über das Judentum als Volk Gottes".[13]

Eigentlich beginnt der Theologenstreit über das biblische Gottesvolk-Konzept bereits mit der Vielfalt der alttestamentlichen Auffassungen „vom Einbezug der Völker in eine von JHWH gewährte Heilszukunft" und der dadurch bedingten „se-

---

10 Vgl. *R. Rendtorff/H. H. Henrix* (Hg.), Die Kirchen und das Judentum. Bd. 1: Dokumente von 1945– 1985, Paderborn – Gütersloh [3]2001; Bd. 2: Dokumente von 1986–2000, Paderborn – Gütersloh 2001. Ferner: *W. Kardinal Kasper*, Juden und Christen – Das eine Volk Gottes, in: Juden und Christen – das eine Volk Gottes, Freiburg im Breisgau 2020, 143–157 (Nachdruck aus: IKaZ 39 [2010] 418–427).
11 Die Diskussion hat *Czopf*, 427–447, kritisch nachgezeichnet und Alternativen zum Syntagma „neues Volk Gottes" entwickelt (467–482). Auch *Bergner*, Volk Gottes, 295–344, beschreibt ausführlich die Debatte über das Verhältnis von Judentum und Kirche mit ihren Folgen für den „Volk-Gottes"-Begriff. Er plädiert für ein Modell, „das die heilsgeschichtlichen und eschatologischen Aspekte gleichermaßen berücksichtigt. Das Wort ‚Weggemeinschaft' bringt dies in besonderer Weise zum Ausdruck. Israel und die Kirche teilen die gleiche geschichtliche Herkunft und die gleiche Zukunftshoffnung. Das unterscheidend Neue der Kirche hat nicht nur seinen Ursprung in Israel (Bundesschlüsse), sondern empfängt seine Realität aus der Zukunftshoffnung Israels (neuer Bund, Messiaserwartung, universelle Erweiterung Israels auf die Völker), die sich in christlicher Deutung in Inkarnation und Erlösungswerk Christi vollzieht." (342).
12 *Chr. Frevel*, Die gespaltene Einheit des Gottesvolkes. Volk Gottes als biblische Kategorie im Kontext des christlich-jüdischen Gesprächs, in: *Ders.*, Gottesbilder und Menschenbilder. Studien zur Anthropologie und Theologie im Alten Testament (Neukirchener Theologie), Neukirchen-Vluyn 2016, 117–141, 119.
13 *Frevel*, 137 und 138. Vgl. *D. Böhler*, Durften die Christen Israel gegen die Kirche austauschen?, in: *J. Arnold* (Hg.), Sind Religionen austauschbar? Philosophisch-theologische Positionen aus christlicher Sicht (FTS 67), Münster 2011, 1–25.

mantischen Offenheit und Flexibilität des Begriffs JHWH-Volk".[14] Sie eröffnet Wege, „eine Einheit im jeweiligen vollgültigen Volk-Gottes-Sein in nicht aufgehobener Verschiedenheit von Kirche und Israel bzw. Judentum einerseits wie der christlichen Konfessionen der Kirche andererseits zu denken und zu bezeugen, aber eben doch als eine Einheit. Letzten Endes kann es nur ein Gottesvolk geben." Denn die „Formen von Israels Öffnung hin zur Völkerwelt" zielen „überwiegend der Sache nach doch auf eine umfassende Einheit und auf eine Zugehörigkeit aller Völker zu dem einen Gott".[15]

Mein Artikel möchte angesichts der Rezeption der Volk-Gottes-Ekklesiologie des Zweiten Vatikanischen Konzils in neueren pastoralen Ansätzen, aber auch in den Schriften von Papst Franziskus,[16] und gegen eine israelvergessene Ekklesiologie die vielleicht wichtigste alttestamentliche Theologie des Gottesvolkes ausführlicher ins Gespräch bringen, als dies bisher geschehen ist.[17] Es handelt sich um die locker systematisierte „Ekklesiologie" des Deuteronomiums.[18] Schon 1929 hat Gerhard von

---

14 *Irsigler*, 244 f, Zitat 245.

15 *Irsigler*, 246.

16 S. dazu *Bergner*, 430–505.

17 Schon zu Beginn des Zweiten Vatikanischen Konzils erschien der Beitrag von *K. Thieme*, Das Mysterium der Kirche in der christlichen Sicht des Alten Bundes, in: *F. Holböck/Th. Sartory* (Hg.), Mysterium Kirche in der Sicht der theologischen Disziplinen I, Salzburg 1962, 37–88, der auch das rabbinische Schrifttum und das damalige christlich-jüdische Gespräch berücksichtigte. In engem Zusammenhang mit dem Zweiten Vatikanischen Konzil legte *N. Füglister* im Rahmen der ersten heilsgeschichtlich konzipierten Dogmatik einen umfangreichen Artikel vor: Strukturen der alttestamentlichen Ekklesiologie, in: *J. Feiner/M. Löhrer* (Hg.), Mysterium Salutis IV/I: Das Heilsgeschehen in der Gemeinde, Einsiedeln 1972, 23–99 (hier auch ältere Literatur). *D. Wiederkehr*, Das Interesse der Kirche am Israel des Alten Testaments, in: Mysterium Salutis. Ergänzungsband. Arbeitshilfe und Weiterführungen, Zürich 1981,253–255, 254, betonte später angesichts des wachsenden Dialogs zwischen jüdischer und christlicher Theologie: Die „atl. Ekklesiologie" könne „nicht nur als weiter zurückreichende Herkunftsgeschichte ekklesiologischer Motive gelesen werden", sondern sei „die eigentliche Geschichte der christlichen Kirche selber. […] Die Erfahrungen, Interpretationskategorien, einzelne Strukturen und Tendenzen des israelitischen Bundesvolkes behalten für die Kirche über die genealogische Ableitung hinaus eine gegenwärtige kritische und inspirierende Geltung." Umso mehr fällt auf, dass sich im erst danach erschienenen „Neuen Handbuch theologischer Grundbegriffe" Band 2 (Hg. *P. Eicher*), München 1984, in den Artikeln über „Gemeinde", „Gesellschaft/Kirche" und „Kirche/Ekklesiologie" (ausgenommen nur die Wendung „Israel als ‚Kirche Gottes' im AT" 296) kein Hinweis auf das Alte Testament findet. Ebenso fehlt im „Traktat Kirche" des Handbuchs der Fundamentaltheologie 3 (Hg. *W. Kern* u.a.), Freiburg im Breisgau 1986, ein Kapitel über das Volk Gottes bzw. die Kirche im Alten Testament. Jetzt bietet *Frevel*, Gespaltene Einheit, 121–136, eine gute und exegetisch moderne Zusammenfassung der alttestamentlichen Aussagen und Begriffsinhalte von „Volk YHWHs".

18 „Von Kirchenmodellen im strikten Sinne als den nahen Verwandten zur ntl. Kirche kann man erst von Dtr und P^g an sprechen. Beide betreiben in der Bibel zum ersten Mal ‚Ekklesiologie'." (F.-L.

Rad den Volksgedanken als neues Gestaltungsprinzip dieses Buches erkannt[19]: Im Deuteronomium ist „die Reflexion über das Volk, und zwar als Gottesvolk, wach geworden"[20]. Die Theologie des Volkes prägt Opfer und Fest, Institutionen, Rechtsorganisationen und Wohlfahrt. „Eine der auffallendsten Leistungen ist aber die fast völlige Vereinheitlichung des ganzen kultisch-religiösen Lebens mit der sittlich-sozialen Verpflichtung des Volkes."[21]

Ich selbst habe bereits in mehreren Artikeln verschiedene Elemente dieser deuteronomischen Theologie des Volkes, einer „Zivilisation der Liebe" (vgl. Dtn 6,5 u. ö.), bearbeitet.[22] Deshalb soll es im Folgenden um die „ekklesiologischen" Begriffe

Hossfeld, Volk Gottes als „Versammlung", in: *J. Schreiner* (Hg.), Unterwegs zur Kirche. Alttestamentliche Konzeptionen (QD 110), Freiburg im Breisgau 1987, 123–142, 142. Die ebenfalls profilierte priesterliche Theologie des Gottesvolkes, insbesondere im sogenannten Heiligkeitsgesetz Lev 17–26, untersucht z. B. *J. Joosten*, People and land in the holiness code. An exegetical study of the ideational framework of the law in Leviticus 17–26 (VTS LXVII), Leiden 1996, 29–136. Zum Vergleich der „Ekklesiologie" von Heiligkeitsgesetz und Deuteronomium vgl. 200–203.

19 Das Gottesvolk im Deuteronomium", in: *Ders.*, Gesammelte Studien zum Alten Testament II (ThB 48), München ²1973, 9–108, zur Formulierung z. B. 22. Zur Beschäftigung v. Rads mit dem Gottesvolk-Begriff und zu seinem Einfluss auf die Kirchenkonstitution s. *S. Kirschner*, Ein Volk aus göttlicher Erwählung. Die Gottesvolk-Theologie Gerhard von Rads in ihrer Zeit und in ihrer Bedeutung für die Ekklesiologie des 2. Vatikanischen Konzils (BThSt 158), Neukirchen-Vluyn 2016. Das Thema hat *D. Markl*, Gottes Volk im Deuteronomium (BZARB 18), Wiesbaden 2012, auf der Endtextebene des Buches mit einer Fülle von Beobachtungen und hohem Methodenbewusstsein fortgeschrieben. Er sieht in der Endgestalt des Deuteronomiums das Programm einer Rekonstruktion der kollektiven Identität „Israels" in persischer Zeit (291–295).

20 *V. Rad*, 27.

21 *V. Rad*, 63. Rund zwei Jahrzehnte später schreibt *O. Eissfeldt*, Volk und „Kirche" im Alten Testament, in: Geschichtliches und Übergeschichtliches im Alten Testament (ThStKr 109/2), Berlin 1947, 15 f: „Den großartigsten Versuch, ein heiliges Volk, ein Volk, das zugleich Kirche sei, zu schaffen, stellt das Deuteronomium dar. Das Volk als ganzes (sic) soll wieder zu Jahwes Eigentum gemacht werden so, dass alle Lebensäußerungen Israels in derselben Weise Gott geweiht wären und also das Volk als ganzes (sic) einen religiösen Organismus darstellen sollte und damit die Bildung einer neben dem Volk stehenden Kirche unnötig und unmöglich würde."

22 Dazu zählen u. a.: Gesetz als Evangelium. Rechtfertigung und Begnadigung nach der deuteronomischen Tora, in: *Ders.*, Studien zur Theologie des Deuteronomiums (SBAB 2), Stuttgart 1988, 123–160; Das Deuteronomium und die Gedächtniskultur Israels. Redaktionsgeschichtliche Beobachtungen zur Verwendung von *lmd*, in: *Ders.*, Studien zum Buch Deuteronomium (SBAB 24), Stuttgart 1997, 119–146; Von der Lust Israels vor seinem Gott. Warum Kirche aus dem Fest lebt, in: *Ders.*, Studien zum Deuteronomium und seiner Nachgeschichte (SBAB 33), 91–112; Geschichtserinnerung und Gotteserkenntnis. Zu zwei Kleinformen im Buch Deuteronomium, in: *Ders.*, Studien zu den Methoden, 165–183; Die Liebe zwischen Gott und Israel. Zur theologischen Mitte des Buches Deuteronomium, in: *Ders.*, Studien zu Buch und Sprache des Deuteronomiums (SBAB 63), Stuttgart 2017, 241–259; Eine Gesellschaft ohne Arme, in: *Ders.*, Tora und Fest. Aufsätze zum Deuteronomium und zur Liturgie (SBAB 69), Stuttgart 2019, 13–30; Alltägliche Ernährung und festliches Mahl im Buch

gehen, die das Deuteronomium verwendet. Denn sie wurden bisher noch nicht systematisch untersucht.

2 Die deuteronomische Terminologie

Der Begriff „Volk" wird von der Ethnologie heute vor allem als Konstruktion einer ethnischen Identität durch Selbst- und Fremdzuschreibungen einer Gruppe betrachtet. So sind für Israel aufgrund seines Selbstverständnisses als „Gottesvolk" seines sozialen Unterscheidens bestimmte Besonderheiten kennzeichnend, die in seine gemeinsame Geschichte und sein kollektives Gedächtnis eingegangen sind.[23]

> Ganz deutlich muss festgestellt werden, daß Israel laut atl. Überlieferung zwar als ein Volk neben anderen Völkern betrachtet werden kann, jedoch niemals wie die übrigen Völker ihnen gleich sein darf. [...] Israel ist von Anfang an mehr [...] als ‚Volk' im neutralen Sinn des Wortes, mehr eine Glaubensgemeinschaft. Von daher wird auch verständlich, dass Blutsverwandtschaft und gemeinsamer Besitz eines Landes und Territoriums, wie wichtig sie unter Umständen auch sein mögen, schlechthin nicht von konstitutiver Bedeutung sind. Vor allem ein eigenes Territorium als eigenes Besitztum nicht, weil Israel auch ohne dies ‚Volk Gottes' ist. Es hat seine Existenz nicht dem Boden, sondern dem geschichtlichen Handeln Jahwes zu verdanken.[24]

Der Bucherzähler des Deuteronomiums zitiert weithin die Reden, die Mose als sein Vermächtnis vor „ganz Israel" hält. Dabei geht es immer um das Volk in seiner Gesamtheit und in seiner Beziehung zu YHWH, seinem Gott. Die im Deuteronomium verwendete „Gottesvolk"-Terminologie[25] bringt das Besondere Israels, das es von den anderen Völkern unterscheidet, unter verschiedenen Gesichtspunkten auf den Begriff.[26] Daneben gibt es auch Bezeichnungen, die das, was Israel als „Volk",

---

Deuteronomium. Vom Essen Israels in der Wüste, im Verheißungsland und im Tempel, in: Tora und Fest, 100–141. Weitere Beiträge zum Thema finden sich in den Aufsatzbänden von *N. Lohfink*, Studien zum Deuteronomium und zur deuteronomistischen Literatur I bis V (SBAB 8, 12, 20, 31, 38), Stuttgart 1990 bis 2005.

23 Vgl. z. B. *K. L. Sparks*, Ethnicity and Identity in Ancient Israel: Prolegomena to the Study of Ethnic Sentiments and Their Expression in the Hebrew Bible, Winona Lake / IN 1998; zum Deuteronomium 225–284.

24 *A. R. Hulst*, 'am / gōj Volk, in: THAT II, 290–325, 315.

25 Einen Überblick, der nach „Volk Jahwes" und „Israel vor Jahwe versammelt" gegliedert ist und auf die Verbindung von alttestamentlichem Gottesvolk und Kirche hinweist, bietet *J. Schreiner*, Volk Gottes als Gemeinde des Herrn in deuteronomischer Theologie, in: *Ders.*, Segen für die Völker. Gesammelte Schriften zur Entstehung und Theologie des Alten Testaments. Hg. v. *E. Zenger* zum 65. Geburtstag des Autors, Würzburg 1987, 244–262.

26 Im Alten Orient außerhalb Israels fehlt die Konzeption „Volk" völlig. Hier werden die Menschen nach Wohnsitzen, Landeszugehörigkeit und sozialen Klassen unterschieden, ferner nach ver-

'am oder *gôy*, mit den anderen Völkern bzw. Nationen verbindet, benennen. Dazu gehören zunächst die Ausdrücke „ein weises und gebildetes Volk", *'am ḥākām wᵉnābôn* (Dtn 4,6; 32,6),[27] bzw. „ein dummes und unweises Volk", *'am nābāl wᵉloʾ ḥākām* (32,6), die auf das Deuteronomium beschränkt sind. Auch als „große Nation", *gôy gādôl* (4,6.7.8, unter Aufnahme der Verheißungsterminologie Gen 12,2 u. ö.), bzw. als „große, mächtige und zahlreiche Nation", *gôy gādôl ʿāṣûm wārāb* (Dtn 9,14; 26,5), lässt sich Israel mit anderen Nationen vergleichen (z. B. Dtn 7,1; 9,1; Jer 6,22; 50,41).[28] Einen Grenzfall bildet der Ausdruck „hartnäckiges Volk", *'am qᵉšēh ʿoræp* (Ex 32,9; 33,3.5; 34,9; Dtn 9,6.13; vgl. ohne *'am* Dtn 10,16; 31,27). Sein Bild vom steifen, verkrampften Nacken ist mit der Tradition vom goldenen Kalb und dem Abfall am Sinai / Horeb verbunden, stellt aber keine für das Deuteronomium typische Formulierung dar. Alle genannten Bezeichnungen bleiben im Folgenden unberücksichtigt.

---

schiedenen Sprachen, die dann teilweise zu anderen Abgrenzungen führen (*H. v. Soden*, *'am*, in: ThWAT VI, 180–189, 189.

27 Zu diesen Termini s. *G. Braulik*, Weisheit, Gottesnähe und Gesetz. Zum Kerygma von Deuteronomium 4,5–8, in: Studien zur Theologie, 53–93, 64–74. Das Prädikat „weise und gebildet" wird nur noch Josef (Gen 41,[33].39) und Salomo (1 Kön 3,12) verliehen. Dabei handelt es sich um Beamten- und Regierungsweisheit, die von kompetenten Augenzeugen auf internationaler Ebene als unvergleichlich, weil gottgegeben, anerkannt wird. In Dtn 4,6 wird „weise und gebildet" auf das Volk übertragen, also „demokratisiert", betont aber hier die religiös-ethische Größe des Volkes. In Jer 4,22 finden sich die Eigenschaften im Plural, negativ gewendet und literarisch auf zwei Stichen verteilt.

28 In Dtn 4,1–40 werden *gôy* und *'am* für Israel wie die anderen Völker verwendet. Sie sollen offenbar zusammen in den Blick genommen werden. Die theologische Bedeutung des Volks- und Völkergedankens wird durch jeweils eine Siebenerreihe markiert – *G. Braulik*, Die sieben Säulen der Weisheit im Buch Deuteronomium, in: Studien zu den Methoden, 77–109, 93. Wenn die Hebräische Bibel Israel anderen Völkern gegenüberstellt oder es mit ihnen bezüglich einer Gemeinsamkeit vergleicht, wird es auch als *gôy* bezeichnet. Dabei gilt: „while *'am* throughout the Old Testament refers to a people or nation in its aspect of centripetal unity and cohesiveness, *gôy* is linked inseparably with territory and government and what we would today call foreign relations" (*A. Cody*, When is the Chosen People called a GÔY?, in: VT 14 [1964] 1–6, 5). Die Besonderheit Israels zeigt sich in Dtn 4 in der zitierten Bewunderung der Völker (V.6: „Diese große Nation ist ein weises und gebildetes Volk", *'am ḥākām wᵉnābôn haggôy haggādôl hazzæh*), an der Unvergleichlichkeit der Gottesbeziehung Israels (V.7: „Welche große Nation hätte einen Gott ...", *mî gôy gādôl*; V.20: *'am naḥᵃlāh*, „Volk seines Erbeigentums") wie seiner Gotteserfahrung (V.33: *'am*; V.34: *gôy*) und an seiner Tora, die verdeutlicht, wie anders die Gesellschaft des wahren Gottes ist (V.8: „Welche große Nation besäße Gesetze und Rechtsentscheide ...", *mî gôy gādôl*).

2.1 „Volk YHWHs" (ʿam YHWH)

Diese „wichtigste Selbstbezeichnung Israels"[29] steht sachlich hinter dem deutschen Wort „Gottesvolk".[30] Allerdings enthält er im Hebräischen nicht das Appellativ „Gott", sondern den Namen YHWH.[31] Durch ihn identifiziert Israel seinen Gott, denn religionsgeschichtlich hatten die übrigen Völker andere Götter. Aber auch die Bezeichnung „Volk" enthält eine besondere Nuance. Sie zeigt sich zum Beispiel an den parallel zu „Volk" gebrauchten Ausdrücken „Kinder" oder „Söhne". An ihnen lässt sich noch erkennen, dass ʿam ursprünglich ein Verwandtschaftsverhältnis, etwa der Familie oder Sippe, meinte. Eigentlich sollte man deshalb statt vom „Volk" besser von der „Familie YHWHs" sprechen. Das „Volk" wird jedenfalls als eine Art überdimensionaler Familie gesehen. Doch gibt es auch bei der „Familie" oft noch eine Einschränkung. Denn die eigentlichen Verwandten YHWHs sind die Armen und Notleidenden, die durch ihre Lage abgehoben von den anderen Israeliten leben müssen, darunter vielleicht jene Volksgenossen, die das Elend verursacht hatten. Im Übrigen stand ʿam YHWH nicht für jede Sprechsituation zur Verfügung. Der Ausdruck wird vor allem verwendet, wenn YHWH selbst sprechend eingeführt wird, zum Beispiel durch einen Propheten, der in seinem Namen verkündet, oder wenn Gott angeredet wird, etwa in Klageliedern oder Bittgebeten. Dementsprechend heißt es dann „mein Volk", „dein Volk" oder „sein Volk". Ein prominentes Beispiel für diese Redeweise bildet die sogenannte „Bundesformel". Sie lautet in ihrer zweigliedrigen Form: „Ich will ihr Gott sein und sie sollen mein Volk sein"[32].

Im Deuteronomium wird ʿam YHWH so häufig wie kein anderer Gottesvolk-Begriff verwendet. Die Bezeichnung findet sich hier in zweierlei Zusammenhang. Erstens gehört sie in der Form von suffigiertem ʿam (also mit einem auf YHWH bezogenen enklitischen Personalpronomen) in die Gebetsanrede an YHWH (9,26.29; 21,8 [zweimal]; 26,15) und in den Dialog zwischen YHWH und Israel im Moselied (32,9.36.43 [zweimal]). Zweitens dient sie als Aussage über Israel in der Bundesformel. Von den 34 Belegen der Bundesformel in der Hebräischen Bibel stehen 12 im

---

29 E. Zenger, Israel und Kirche in einem Gottesbund? Auf der Suche nach einer für beide akzeptablen Verhältnisbestimmung, in: KuI 6 (1991) 99–114, 104.

30 Zum Folgenden vgl. N. Lohfink, Beobachtungen zur Geschichte des Ausdrucks ʿm YHWH, in: Studien zur biblischen Theologie (SBAB 16), Stuttgart 1993, 99–132, zum Gebrauch des Ausdrucks vgl. 100–106. Zum Zeitansatz des Begriffs bemerkt z. B. Frevel, 129 Anm. 59: „Trotz aller Datierungsunsicherheiten und der Problematik der Literaturtheorien zum Pentateuch ist die Rede vom ‚Volk YHWHs' literarisch sicher nicht spät, sondern schon in frühen Überlieferungen, etwa der Exoduserzählung oder dem Deboralied, verankert."

31 „Volk Gottes" (ʿam ʾᵉlohîm) ist in der Hebräischen Bibel nur zweimal belegt (Ri 20,2; 2 Sam 14,13).

32 Zur Übersetzung s. Lohfink, Beobachtungen, 123 Anm. 79.

Pentateuch und 7 davon im Deuteronomium: 4,20; 7,6; 14,2; 26,18; 27,9; 28,9; 29,12. Nur im Jeremia-Buch ist die absolute Zahl größer, allerdings nicht, wenn man seine 8 Belege ins Verhältnis zur wesentlich höheren Wortmenge dieser Prophetenschrift setzt. Durch die siebenfache Verwendung von Wörtern oder Wendungen betont das Deuteronomium ihre theologische Wichtigkeit und signalisiert Vollständigkeit. Oft gebraucht es Siebenergruppen auch als rhetorisches Ordnungsprinzip.[33] An allen genannten sieben Stellen der Bundesformel (bzw. in ihrer engster Nähe) findet sich ein für das Deuteronomium typischer „ekklesiologischer" Terminus: „das Volk, das (für YHWH) Erbeigentum ist" (ʿam naḥᵃlāh in 4,20); „das Volk, das (für YHWH) Sondergut ist" (ʿam sᵉgullāh in 7,6; 14,2; 26,18); in Verbindung damit „das (für YHWH) heilige Volk" (ʿam qādôš in 7,6; 14,2; 26,19; 28,9); schließlich „ganz Israel" (kål yiśrāʾēl in 29,11, das in 29,12 zum ʿam YHWH wird) bzw. vokativisches „Israel" (27,9). Allerdings gilt nicht umgekehrt, dass alle Gottesvolk-Begriffe mit der Bundesformel verbunden werden. Während „Versammlung" bzw. „versammeln" mit dem Bundesschluss am Horeb und in Moab zusammenhängen, fehlt bei der „Versammlung YHWHs" dieser Bezug. Davon abgesehen kann man aber sagen, dass das „Volk YHWHs", wie immer es auch begrifflich näher bestimmt wird, stets das Bundesvolk YHWHs ist.

Theologisch-juristisch wird das am deutlichsten an den performativen Sprechakten von YHWH und Israel als Partnern des Bundes, also Vertrags, im Land Moab. Die Äußerungen beider sind in 26,17–19 juristisch „protokolliert" und kommentiert. Zwar erklärt dieser Text „die ‚Bundesformel' nicht als ‚Bundesschlussformel', doch steht sie trotzdem an keiner anderen Stelle so deutlich wie hier in einem Zusammenhang, der auf eine Bundesschlußzeremonie zurückverweist."[34] In der Proklamation der gegenseitigen Bindung aneinander heißt es nach der Erklärung YHWHs (V. 17) in der anschließend von Israel abgegebenen Erklärung:

> [26,18] Und YHWH stimmt hiermit heute deiner Erklärung zu. Du erklärst ihm: Du möchtest das Volk werden, das ihm persönlich gehört (lô ʿam sᵉgullāh), wie er es dir zugesagt hat. Du willst alle seine Gebote bewahren; [19] er soll dich über alle Völker, die er geschaffen hat, erheben – zum Lob, zum Ruhm, zur Zierde –; und du möchtest ein Volk werden, das ihm, YHWH, deinem Gott, heilig ist (ʿam qādôš lYHWH ᵓᵉlohækā), wie er es dir zugesagt hat.[35]

Solch feierliche Erklärungen finden sich in der Hebräischen Bibel nur an dieser Stelle. Sie deuten das Verhältnis zwischen JHWH und Israel in Analogie zu altori-

---

33 *G. Braulik*, Die Funktion von Siebenergruppierungen im Endtext des Deuteronomiums, in: Studien zum Buch Deuteronomium, 63–79, 77. Zur Siebenergruppe der „Bundesformel" vgl. 75.

34 Vgl. *N. Lohfink*, Dt 26,17–19 und die „Bundesformel", in: Studien zum Deuteronomium und zur deuteronomistischen Literatur I (SBAB 8), Stuttgart 1990, 211–261, 252.

35 Zur Übersetzung vgl. *G. Braulik*, „Heute" im Buch Deuteronomium, in: Tora und Fest, 61–81, 74.

entalischen paritätischen Staatsverträgen. Obwohl YHWH und Israel einander als scheinbar gleichberechtigte Partner gegenüber stehen, ist entscheidend, dass Gott immer schon im Voraus Israel versprochen hat, was es jetzt von ihm erwarten darf: nicht bloß „Volk YHWHs" zu werden, sondern „ein Volk, das ihm persönlich gehört" (V. 18) und „ein Volk, das für ihn heilig ist" (V. 19). Beide Elemente der Volksaussage sind außerhalb des Deuteronomiums nur mehr in Ex 19,5–6[36], der hermeneutischen Einleitung in die Sinaioffenbarung, belegt.

Über den rituellen Vollzug des Moab-Bundesschlusses berichtet erst Dtn 29,11–14. Dabei wird Israel im Sinn eines jeweils kultischen „Heute" neuerlich zum „Volk YHWHs". Denn der „Ursprungsmythos" des Deuteronomiums setzt voraus, dass die in Moab Versammelten bereits am Horeb Bundespartner YHWHs geworden sind (5,3). Der Horebbund wird also in Moab nicht erneuert, sondern durch den Moabbund anlässlich der Führungsübergabe von Mose an Josua nur`bestätigt.

---

36 Allerdings spricht Ex 19,6 von *gôy qādôš*, einer „heiligen Nation". Der Ausdruck ist nur hier belegt. *gôy* wird durch das komplementäre *mamlākāh*, „Königreich", erforderlich. Denn *gôy* ist nur ein Teil von Israel, der andere Teil ist die regierende Priesterschaft, und erst beide zusammen bilden Israel – vgl. z. B. *Cody*, 5: „*Gôy* is used of the Chosen People by semantic necessity as a complement of a word expressing ruling power, with land tenure as a foundation, constituting a political unity capable as such of entering into relations with other *goyim* („horizontal" socio- political relations). „ Nach A. *Graupner*, „Ihr sollt mir ein Königreich von Priestern und ein heiliges Volk sein". Erwägungen zur Funktion von Ex 19,3b-8, in: A. *Graupner/M. Wolter* (Hg), Moses in Biblical and Extra-Biblical Traditions (BZAW 372), Berlin/New York 2007, 33–49, 43, ist „*mamlækæt kohānîm* als genitivus subjectivus zu verstehen und bedeutet ‚ein Königreich, das von Priestern regiert wird'. Zusammen mit der Bestimmung Israels zu einem *gôj qādôš* ‚heiligen Volk' bildet er ein Verfassungsprogramm, das die Israel verheißene Sonderstellung innerhalb der Völkerwelt als JHWHs ‚Eigentum' konstitutionell konkretisiert." Vgl. N. *Lohfink*, Der Begriff des Gottesreichs vom Alten Testament her gesehen, in: *Ders.*, Studien zum Pentateuch (SBAB 4), Stuttgart 1988, 152–205, 192 Anm. 102, wird in Ex 19,3b-8 entweder „Israels priesterlich-königlich-heilige Position gegenüber den anderen Völkern (*mamleket kōhᵃnîm* und *gôj qādôš* in synonymen Parallelismus, der Gesamtheit der Völker von *kol hāʾāreṣ* gegenübergestellt) oder die Struktur der nachexilischen Gesellschaft definiert (sie besteht aus einer priesterlichen Führungselite und einem Volk heiliger Untertanen, ist also erstens strukturiert, zweitens dennoch königlos, drittens anderen Völkern gegenüber insgesamt in sakraler Position)." Während Lohfink im Anschluss an W. L. Moran für die zweite Möglichkeit eintritt, argumentiert z. B. G. *Barbiero*, *mamlækæt kohānîm* (Ex 19,6a). Die Priester an die Macht?, in: *Ders.*, Studien zu alttestamentlichen Texten (SBAB 34), Stuttgart 2002, 11–27, zugunsten der ersten Möglichkeit. Nach G. *Steins*, Priesterherrschaft, Volk von Priestern oder was sonst? Zur Interpretation von Ex 19,6, in: Kanonisch-intertextuelle Studien zum Alten Testament (SBAB 48), Stuttgart 2009, 191–207, 207, besteht das „Priesterliche" „in der Realisierung der Nähe Gottes, wie es auch Ex 24,3–11 in einmalig dichten Vorstellungen zum Ausdruck bringt. Israel ist ein ‚Königreich von Priestern' im Hören auf die Stimme Gottes. Von Israel eigentlich gefordert ist das ‚Hören', das zu neuem Tun führt [...] Ex 19,6 ‚demokratisiert' die Vorstellung, die ursprünglich mit dem professionellen Priestertum verbunden ist: die Vermittlung der Tora. Als Täter der Tora – dank der gnädigen Initiative Gottes – wird Israel zum Exempel für die Völker."

Deshalb wird nirgendwo gesagt, Israel sei bis zum Zeitpunkt der Zeremonie noch nicht ʿam YHWH gewesen.[37] Nach 4,20 (vgl. 2 Sam 7,23 und 1 Kön 8,53) hat YHWH Israel ja aus Ägypten geführt, um es zu seinem Volk zu machen. Indirekt gilt das auch für die den Gottesvolksbegriff spezifizierenden Termini ʿam sᵉgullāh und ʿam qādôš, zumal die Erwählung Israels zum „Volk des Sonderguts" ja allem Gotteshandeln in der Geschichte vorausging (vgl. 7,6 – 8). Wichtig ist beim Moabbund nicht zuletzt, dass auch diejenigen, „die heute nicht hier bei uns sind" (V. 14), also die künftigen Generationen, im „Volk YHWHs" eingeschlossen sind.

Im Folgenden bespreche ich drei für das Deuteronomium typische Wortverbindungen mit ʿam, die das Gottesverhältnis Israels auf jeweils verschiedene Weise qualifizieren. Wahrscheinlich wurden sie erst im Zusammenhang mit der deuteronomischen Theologie des Volkes Gottes geschaffen. Sie hängen durch ihr Wortfeld zusammen, sind aber auch voneinander abgegrenzt. Ihr Sprachgebrauch ist innerdeuteronomisch geregelt.

2.1.1 „Volk des Erbeigentums" (ʿam naḥᵃlāh)

Der Ausdruck samt seinen Varianten findet sich am häufigsten im Deuteronomium, nämlich drei bzw. vier Mal: 4,20; 9,26.29 und in gewissem Sinn 32,9 im Moselied. Die beiden Substantive ʿam, „Volk", und naḥᵃlāh, „Erbeigentum", aus denen er gebildet ist, stehen in 4,20 im Genitivverhältnis. Dagegen werden sie in 9,26.29 mit auf YHWH bezogenen Suffixen im Parallelismus gebraucht.[38] 32,9 setzt zwei Nominalsätze in Parallele: „Der Anteil YHWHs ist sein Volk (ʿammô), / Jakob sein zugemessenes" – wörtlich „mit der Messschnur abgegrenztes" – „Erbeigentum" oder „Gebiet[39] seines Erbeigentums" (ḥœbœl naḥᵃlātô). Ein Erbe erhielt beides – neben dem uralten unübertragbaren Landbesitz vor allem die Großfamilie samt dem Gesinde. Bei der Bildung des Ausdrucks ʿam naḥᵃlāh dürfte wahrscheinlich mitgespielt haben, dass vor allem das Deuteronomium (und Josua) vom verheißenen Land als „Erbeigen-

---

37 *Lohfink*, Beobachtungen, 129 – 131.

38 In der Form „dein Volk und dein Erbeigentum" ist der Terminus auch 1 Kön 8,51 im Gebet Salomos belegt, das um Verzeihung der Sünden Israels fleht (V.50). In V.53 steht nur „Erbeigentum", weil sich der Vers wahrscheinlich auf V.51 mit dem aufgebrochenen Doppelausdruck zurückbezieht. In 1 Kön 8,53 ist naḥᵃlāh auch mit einer Erwählungsaussage verbunden: YHWH hat sich „Israel als Erbeigentum aus allen Völkern der Erde ausgesondert" als er seine Väter aus Ägypten führte. Der in „Volk" und „Erbeigentum" aufgeteilte Ausdruck findet sich ferner in Joel 2,17; 4,2; Mi 7,14, Ps 28,9; 78,62.71; 94,5.14; 106,40. Im Unterschied zu den Deuteronomium-Stellen und 1 Kön 8,51 fehlt aber an diesen Stellen ein Hinweis auf die Herausführung. Das gilt auch dort, wo Israel nur als naḥᵃlāh bezeichnet wird: 1 Sam 10,1; 2 Sam 14,16; 2 Kön 21,14; Jes 19,25, Jer 12,8 – 9; Mi 7,18.

39 *H.-J. Fabry*, ḥbl I, in: ThWAT II, 699 – 706, 705.

tum" (naḥᵃlāh) Israels spricht.[40] Wichtig ist dabei aber, dass das Land in diesen Büchern nie als „Erbeigentum *YHWHs*" bezeichnet wird.

In 4,20 steht *ᶜam naḥᵃlāh* im Kontrast zu den anderen Völkern der Welt und zum Wirken YHWHs an ihnen[41]:

> [4,19] und dass du nicht die Augen zum Himmel erhebst
> und die Sonne, den Mond und die Sterne, das ganze Himmelsheer, (an)siehst
> und dich verführen lässt und dich vor ihnen niederwirfst und ihnen dienst,
> die YHWH, dein Gott, zugewiesen hat
> allen [anderen] Völkern unter dem ganzen Himmel.
> [20] Euch aber hat YHWH genommen
> und euch herausgeführt aus dem Schmelzofen, aus Ägypten,
> damit ihr ihm zum Volk des Erbeigentums werdet – wie (es) heute (der Fall ist).

Israel ist es verboten, die Himmelkörper – also Geschöpfe, die bewusst nicht „andere Götter" genannt werden (vgl. dagegen 29,25) – kultisch zu verehren. YHWH hat sie den übrigen Völkern zugewiesen, ohne dass diese Beziehung näher bestimmt würde. Israel aber hat er gesellschaftlich, als „Volk", an sich gebunden. Im Hintergrund von 4,19 steht eine in 32,8–9 beschriebene Himmelsszene. Sie bedient sich eines ugaritischen Ursprungsmythos, der die personalen wie territorialen Eigentumsrechte der Götter regelt. Er erzählt von El, dem Schöpfer der Götter und Vater der Menschen, dass er den „El-Söhnen" ihr Erbteil übergab. Im Moselied tritt YHWH als „der Höchste" an seine Stelle. Der Bildwelt entsprechend hat er in der mythischen Vorzeit die Menschheit in so viele Völker und Gebiete aufgeteilt, dass sie der Zahl der „Gottessöhne" – das sind die Mitglieder des himmlischen Hofstaats, später die „Engel" – entsprachen. Danach wies er jedem von ihnen ein Volk mit seinem Land als Erbe zu. Für YHWH als Weltengott aber ist Jakob, also Israel, das ihm vorbehaltene Erbeigentum V. 9 (s. dazu oben). Das impliziert einen entscheidenden Unterschied zu den anderen Völkern.[42] Die Stellung Israels als „Erbeigentum" hängt

---

40 So kommt Mose in Dtn 4,21–22 auf sein eigenes künftiges Schicksal zu sprechen: Er wird außerhalb des Verheißungslandes sterben müssen, das YHWH jetzt Israel zum „Erbeigentum" (naḥᵃlāh) gibt. Der Begriff naḥᵃlāh verklammert also Volk (V.20) und Land (V.21). YHWH selbst ist hingegen das „Erbeigentum" des Priesterstammes Levi, „wie er es ihm zugesagt hat" (10,9; 18,2). Außerdem sollen sich die levitischen Priester von den Opferanteilen YHWHs, „seinem Erbbesitz", ernähren (18,1).

41 Zum Folgenden vgl. *G. Braulik*, Hat Gott die Religionen der Völker gestiftet? Deuteronomium 4,19 im Kontext von Kultbilderverbot und Monotheismus, in: Tora und Fest, 142–251, 176–189.

42 Diese Besonderheit als naḥᵃlāh YHWHs bleibt Israel in der Heilsökonomie sogar dann noch erhalten, wenn der Gottesvolk-Titel ausdrücklich den Ägyptern und indirekt auch Assur (vgl. Jes 64,7–8 und 60,21) zugesprochen wird. Trotz des Heilsuniversalismus verliert Israel also nicht seine Identität. Nach der Spitzenaussage von Jes 19,23–25 werden nämlich die beiden Großmächte und

also nach dem Moselied mit der schon vorgeschichtlich durch YHWH etablierten Ordnung zusammen, der zufolge er Israel für sich selbst beanspruchte. In der Geschichte hat YHWH dann eingegriffen und dieses „Erbeigentum" Israel persönlich aus seinem Leiden im „Eisenschmelzofen Ägypten herausgeholt". Auch diese Rettung begründet in Dtn 4,20 und 9,26.29 die Bindung YHWHs an Israel. Ferner formuliert 4,20 die ausschließliche Zugehörigkeit Israels zu YHWH noch mit der zweiten Hälfte der traditionellen „Bundesformel": „für YHWH zum Volk sein". Im Hebräischen wird *hyh*, „sein", mit doppeltem *l^e* für YHWH und Israel, gebraucht. Die Bundesformel steht hier wie auch sonst oft in festem Zusammenhang mit dem Exodus. Das Spezifische von 4,20 liegt darin, dass Israel nicht nur als „Volk", sondern als „Volk des Erbeigentums" (*'am naḥ^alāh*) das Bundesvolk YHWHs ist. Es geht also um ein personal-rechtliches Verhältnis, das theologisch relevant ist. „Erbbesitz ist grundsätzlich unveräußerlich. Der Titel formuliert keinen Rechtsanspruch Jahwes, sondern ein Recht Israels auf Gnade."[43] Es wird vor allem im Fall von Schuld wichtig. Man konnte sich dann auf diese bleibende Beziehung im Gebet berufen.[44] Das geschieht in 9,26 und 29.

An beiden Stellen verweist Mose zugunsten des sündigen Israel auf seine Existenz als Gottes Erbeigentum. Zusammen mit dem auch in 4,20 belegten Exodusmotiv rahmen sie den Appell an YHWH am Gottesberg Horeb. Nach dem Abfall Israels und der Anfertigung des gegossenen Kalbs bittet Mose:

> [9,26] Herr YHWH, bring nicht Verderben über dein Volk (*'amm^ekā*) und dein Erbeigentum (*naḥ^ālāt^ekā*), das du in deiner Macht ausgelöst und mit starker Hand aus Ägypten geführt hast.

YHWH hat Israel, sein Erbeigentum, nicht nur aus der ägyptischen Sklaverei „herausgeführt", sondern auch – mit einem typisch deuteronomischen Terminus – „ausgelöst" (*pdh*). Dieser befreiende Rechtsakt unterstreicht die gegenwärtige Ver-

---

einstigen Erzfeinde Ägypten und Assur einmal YHWH dienen. Israel wird als Dritter im Bunde eine neue Einheit in der Gottesbeziehung bewirken und durch den empfangenen Segen selbst ein Segen inmitten der Erde sein (vgl. Gen 12,3). „Denn YHWH der Heerscharen hat es [Israel] gesegnet, indem er sprach: Gesegnet ist mein Volk (*'ammî*), Ägypten, und das Werk meiner Hände, Assur, und mein Erbeigentum (*naḥ^ālātî*), Israel." (V.25). Zur Auslegung vgl. z.B. *F. Sedlmeier*, Israel – „ein Segen inmitten der Erde". Das JHWH-Volk in der Spannung zwischen radikalem Dialog und Identitätsverlust nach Jes 19,16–25, in: *J. Frühwald-König/F. R. Prostmeier/R. Zwickl* (Hg.), Steht nicht geschrieben? Studien zur Bibel und ihrer Wirkungsgeschichte. Festschrift für Georg Schmuttermayr, Regensburg 2001, 89–108.

43 *G. Braulik*, Deuteronomium 1–16,17 (NEB 15), Würzburg 1986, 81.

44 Dagegen ist die Annahme Israels zum „Erbeigentum" (*nḥl* Hifil) in Ex 34,9 erst Ergebnis der Vergebung von Schuld und Sünde des „hartnäckigen Volks" und der Erneuerung des Sinaibundes.

antwortung für sein „Erbeigentum". Gleiches gilt für die abschließende Begründung Moses:

> [9,29] Sie sind doch dein Volk (*'amm^{e}kā*) und dein Erbeigentum (*naḥ^{a}lāt^{e}kā*), das du mit deiner großer Kraft und deinem hocherhobenem Arm herausgeführt hast.

Wiederum geht das Grundbekenntnis von der privilegierten Gottesbeziehung Israels aus.

2.1.2 „Volk des Sonderguts" ('am s^{e}gullāh)

Das Wort *s^{e}gullāh*[45] meint ursprünglich „Sacheigentum, und zwar offenbar oft mit der Nuance ‚Sondergut', ‚Vorbehaltsgut', ‚Privatschatulle'. Es muss aber auch früh übertragen verwendet worden sein, um eine Art Leibeigenschaft eines Königs oder anderer Menschen gegenüber einer Gottheit oder einem Großkönig zum Ausdruck zu bringen. Als Wort aus dem Bereich der Vasallitätsterminologie könnte es ähnlich wie andere Wörter dann zur Bezeichnung des Abhängigkeitsverhältnisses des Volkes Israel gegenüber seinem Gott Jahwe eingeführt worden sein."[46] *'am s^{e}gullāh*, „Volk des Sonderguts", findet sich nur in Dtn 7,6; 14,2 und 26,18 und ist typisch deuteronomische Diktion.[47] Das „seltene Wort *s^{e}gullāh* konzentriert in sich die gesamte dt Problematik: Israel verdankt sich und gehört daher – Jahwe."[48]

---

45 Zum akkadischen, ugaritischen und rabbinischen Gebrauch des Wortes s. *E. Lipiński, seḡullāh*, in: ThWAT V, 749–752, 749–751.

46 *Lohfink*, Dt 26,17–19, 249–251, mit ausführlichen Belegen zu den philologischen Problemen und altorientalischen Texten in den Anmerkungen. Vgl. *M. Weinfeld*, Deuteronomy 1–11. A New Translation with Introduction and Commentary (AB 5), New York 1991, 368, insbesondere zu *s^{e}gullāh* als Vertragsterminus „to distinguish a relationship of the sovereign with one of his especially privileged vassals". So erinnert der Hetiterkönig den König von Ugarit daran, dass er „sein Diener und sein Sondereigentum" (*'bdt.sglth*) ist (ebd.).

47 Außerhalb des Deuteronomiums wird Israel noch in Ex 19,5 und Ps 135,4 als *s^{e}gullāh* ohne *'am* bezeichnet; in Mal 3,17 steht *s^{e}gullāh* für die YHWH Fürchtenden. An den beiden restlichen Belegen in der hebräischen Bibel bildet *s^{e}gullāh* den persönlichen Besitz Davids aus Gold und Silber, den er für den Tempel spendet (1 Chr 29,3), bzw. sind Könige und Provinzen der persönliche Schatz, den sich Kohelet in der Travestie Salomos anhäufte (Koh 2,8). Diesem Wortgebrauch zufolge ist Israel dann „Kronbesitz, Kronjuwel" des Königs YHWH, also ein persönliches Eigentum von größter Kostbarkeit.

48 *L. Perlitt*, Bundestheologie im Alten Testament (WMANT 36), Neukirchen-Vluyn 1969, 57.

YHWH hat Israel, sein „Erbeigentum", aus Ägypten herausgeführt. Als persönliches „Sondergut" hat er es sich aus den Völkern „erwählt".[49] In Dtn 7,6 sagt Mose:

> [7,6a] Denn ein heiliges Volk (*'am qādôš*) bist du für YHWH, deinen Gott.
> [6b] Dich hat YHWH, dein Gott, ausgewählt (*bāḥar*), damit du unter allen Völkern, die auf der Erde sind, ihm zum Volk des Sonderguts wirst (*lihyôt lô lᵉ'am sᵉgullāh*).

Der Vers beschließt die Paränese von 7,1 – 6 über das Verhalten gegenüber den Völkern des Verheißungslandes. Sie mündet nach Bundesschluss- und Verschwägerungsverbot angesichts der Gefährdung ausschließlicher YHWH-Verehrung in V. 5 in das intolerante Gebot, die gesamte Ausstattung der Heiligtümer der Landesbewohner zu zerstören, um jeder synkretistischen Religionspraxis zuvorkommen. V. 6a begründet die Vernichtung der Kultgegenstände mit der Heiligkeit Israels, das heißt seiner kultischen Absonderung für YHWH. V. 6b folgt die Erwählung Israels zum Sondereigentum im Rahmen der traditionellen Bundesformel, also mit Infinitiv von *hyh* + doppeltem *lᵉ* für YHWH und das Volk. Obwohl *'am sᵉgullāh* in allen Belegen im Sinn einer gemeinsamen Aussonderungstheologie mit *'am qādôš* zusammengestellt wird, unterscheiden sich beide Termini klar in ihrer Bedeutung.[50] Ihre Abfolge ist davon bedingt, dass „heiliges Volk" in 7,6a und 14,2a jeweils die Ritualdifferenz Israels gegenüber den Völkern begründet. Dagegen ist die Bezeichnung als „Volk des Sonderguts" der außergeschichtlichen Erwählung zugeordnet.

Diese Erwählung Israels zum „Volk, das YHWH persönlich gehört," ist ebenso unbegründet wie unwiderruflich. Denn sie entspringt der Liebe Gottes zu den Vätern wie zu Israel (4,37; 7,8; 10,15) und ist Erwählung zur Gegenliebe (7,9; 10,12). Gott erwählt Israel vor seinem Handeln an diesem Volk (vgl. 7,6; 14,2).[51] Deshalb wird *'am sᵉgullāh* mit keinem heilsgeschichtlichen Ereignis verknüpft. Die Erwählung ist grundsätzlich auch jedem Gebotsgehorsam Israels vorgeordnet und wird niemals konditional formuliert. „Das Vorrecht der Erwählung setzt Israel in eine besondere Position unter den Völkern, verpflichtet es aber auch zur treuen Bewahrung seiner

---

[49] Die für *'am naḥᵃlāh* konstitutive Bindung an die Herausführung übersieht *Lipiński*, 752, wenn er die *sᵉgullāh* YHWHs von seiner *naḥᵃlāh* dadurch unterscheidet, dass *sᵉgullāh* „eine Initiative und einen persönlichen Einsatz von seiten (sic) YHWHs impliziert".

[50] Zu den beiden ekklesiologischen Termini in 7,1 – 6 vgl. *G. Braulik*, Die Erwählung Israels im Buch Deuteronomium, in: *G. Braulik/A. Siquans/J.-H. Tück* (Hg.), „Dein Wort ist meinem Fuß eine Leuchte". Festschrift für Ludger Schwienhorst-Schönberger, Freiburg im Breisgau 2022, 99 – 141, 120 – 122.

[51] Vgl. Ps 135,4, wo die Erwählung als Begründung des Lobes dem Bekenntnis der Allmacht YHWHs über die Götter, in der Schöpfung und bei Exodus wie Landnahme in der Ursprungsgeschichte Israels vorausgeht.

Sonderart als Kontrastgesellschaft in der weltlichen Gemeinschaft."[52] Eine Diskreditierung „aller Völker, die auf der Erde sind" (7,6b; 14,2), liegt dabei fern. Das von YHWH gestiftete Verhältnis wird stets durch die Bundesformel – sowohl in ihrer eingliedrigen (7,6b; 14,2) wie in ihrer zweigliedrigen Form (26,18 als Teil von 26,17–19) – erklärt. 26,18–19 verortet die Vorstellung vom Sondereigentum ohne das Verb „erwählen" im Moab-Bundesschluss. In ihm ist die Existenz Israels als 'am sₑgullāh allerdings nicht einfache Tatsache, sondern eine Zusage YHWHs. Sie wird durch den Wunsch ergänzt, er solle Israel über alle Völker, die er gemacht hat, erheben. Außerdem betont 26,18 die im „Bund", also vertraglich, von Israel übernommene ethische Verpflichtung: „Du willst alle seine Gebote bewahren". Gemeint sind die deuteronomischen Einzelsetze. Dieser Anspruch zeigt, dass der Titel 'am sₑgullāh aufgrund der Erwählung zwar keine Voraussetzungen, durchaus aber ethische Konsequenzen hat.[53]

2.1.3 „Heiliges Volk" ('am qādôš)

Im Deuteronomium sind nicht die Priester heilig, sondern das ganze Volk.[54]

> Heilig ist, was der profanen Sphäre entzogen ist und der Gottheit eignet. Auch daran wird also deutlich […]: Erlöst und erwählt als Jahves Eigentums- und Erbvolk ist Israel weder durch seine eigene Tat noch in dem Sinne, dass sich in seinem Stand als Volk Gottes eine in ihm schlummernde Anlage entfaltet hätte; heiliges Volk ist Israel allein durch Jahves schenkendes Handeln geworden. Jahve hat Israel in seine Gemeinschaft hineingezogen.[55]

Wenn deshalb die Heiligkeit des Volkes mit einem bestimmten Gebot verbunden wird (7,6; 14,2.21), bildet „nicht, wie eigentlich zu erwarten wäre, der Gehorsam

---

52 *T. Veijola*, Das 5. Buch Mose Deuteronomium. Kapitel 1,1–16,17 (ATD 8,1), Göttingen 2004, 199. Zum „biblischen Gottesvolk und der neutestamentlichen Gemeinde als ‚Kontrastgesellschaft'" samt einer Bewertung vgl. *Th. Ruckstuhl*, „Ecclesia universalis". Das sakramentale Universalitätsverständnis als hermeneutischer Schlüssel für die Kirche in der Moderne (FTS 65), Frankfurt am Main 2003, 262–267.

53 Zur Erwählung Israels und der Kirche vgl. z. B. *H. G. Ulrich*, Israels bleibende Erwählung und die christliche Gemeinde. Systematisch-theologische Perspektiven, in: *W. Kraus* (Hg.), Juden und Christen. Perspektiven einer Annäherung, Gütersloh 1997, 171–191.

54 Die zentrale Bedeutung seiner Heiligkeit kommt in einer mit „heilig" (qādôš) gebildeten Siebenerreihe zum Ausdruck (7,6; 14,2.21; 23,15; 26,19; 28,9; 33,3). Dabei stehen dem Würdetitel „heiliges Volk", das Israel in den göttlichen Bereich hineinzieht, nach 33,3 „alle Heiligen eines jeden von ihnen [der Völker, die YHWH liebt]" (kål qₑdošāw) gegenüber. 23,15, der mittlere, vierte Beleg, gebraucht das Adjektiv für das Kriegslager Israels. (*Braulik*, Sieben Säulen, 106).

55 *O. Bächli*, Israel und die Völker. Eine Studie zum Deuteronomium (AThANT 41), Zürich 1962, 141.

gegen das Gebot die Bedingung, von der die Heiligkeit des Volkes abhinge, nein, umgekehrt, die Heiligkeit Israels ist der Umstand, in Anbetracht dessen das betreffende Gesetz erst nötig wird".[56] Verweist „Volk des Sonderguts" auf die Zugehörigkeit Israels zu YHWH aufgrund seiner Erwählung aus den Völkern, so beschreibt „heiliges Volk" die kultisch-rituelle Zugehörigkeit Israels zu seinem Gott, betont also YHWHs ausschließlichen Verehrungsanspruch. Man darf deshalb die Heiligkeit Israels nicht von der Erwählung her erklären.[57] Doch sind beide Ausdrücke „abgrenzende Verhältnisbegriffe"[58]. Wahrscheinlich steht deshalb *'am qādôš* in 7,6a; 14,2 und 26,19 mit *'am s^egullāh* zusammen. In 14,21 bezieht sich „heiliges Volk" auf 14,2, in 28,9 auf die Bundesdeklaration 26,19 zurück. An allen Stellen aber ist Israel ausdrücklich „heiliges Volk für YHWH (*lYHWH*)".

Der Begriff „heiliges Volk" ist unmittelbarer als „Volk des Sonderguts" auf das Handeln Israels bezogen. Wie in 7,6 begründet er auch in 14,2 das Verhalten Israels gegenüber fremden Kultbräuchen, in diesem Fall das Unterlassen bestimmter Trauer- und Selbstminderungsriten.[59] Zunächst nennt 14,1 als abgrenzende Eigenart Israels: „Ihr seid Kinder YHWHs, eures Gottes". Im Anschluss an das Verbot der Trauerbräuche, die mit dem YHWH-Glauben unvereinbar erscheinen, heißt es dann:

> 14,2 Denn ein heiliges Volk (*'am qādôš*) bist du für YHWH, deinen Gott, und dich hat YHWH ausgewählt, damit du unter allen Völkern, die auf der Erde sind, das Volk wirst, das ihm persönlich gehört (*lihyôt lô l^e'am s^egullāh*).

Auch die Beobachtung der in V. 3–21a folgenden Speisevorschriften – eigentlich auf das ganze Volk übertragene priesterliche Reinheitsgebote – wird mit der Identität Israels als „heiliges Volk" motiviert.[60] Ebenso hat die Heiligkeit nach 28,9 Folgen für

---

56 *V. Rad*, 33 f. Nach *N. MacDonald*, Deuteronomy and the Meaning of „Monotheism" (FAT 2,1), Tübingen ²2012, 157, lege der Kontext von *'am qādôš* nahe, „that both cultic purity and obedience to YHWH's commandments are entailed in being a holy people. It implies, therefore, a distinctivness from other nations."

57 Z.B. gegen *H.-J. Kraus*, Das heilige Volk. Zur alttestamentlichen Bezeichnung ʿam qādōš, in: Biblisch-theologische Aufsätze, Neukirchen-Vluyn 1972, 37–49, 39 u. ö. Ebenso gegen *MacDonald*, 154.

58 *Perlitt*, 57.

59 Vgl. *E. Otto*, Deuteronomium 12–34. Erster Teilband: 12,1–23,15 (HThKAT), Freiburg im Breisgau 2016, 1297–1300.

60 Dagegen verweist die priesterliche Tradition, wie sie etwa im sogenannten Heiligkeitsgesetz (Lev 17–26) vorliegt, auf YHWH als den Heiligen, der das Halten der Gebote begründet und von Israel fordert: „Heilige (*q^edōšîm*) sollt ihr sein, denn heilig bin ich YHWH, euer Gott" (Lev 19,2). Dazu hat er die Israeliten ausgesondert: „Und ihr sollt mir Heilige (*q^edōšîm*) sein, denn heilig (bin) ich, YHWH. Und ich habe euch von den (anderen) Völkern unterschieden (*wā'abdil*), damit ihr mir gehört." (Lev 20,26).

das Leben. Der Vers nimmt die eidliche Zusage Gottes von 26,19 auf und führt sie weiter. Das heißt konkret: Was Israel in 26,18 als *'am s^{e}gullāh* wollte – „alle Gebote YHWHs bewahren" –, was aber in 26,19 bei *'am qādôš* nicht mehr erwähnt wird, verlangt 28,9 ausdrücklich[61]:

> [28,9] Und YHWH wird dich, wie er es dir geschworen hat, zum Volk einsetzen (*y^{e}qîmkā*), das ihm heilig ist (*lô l^e'am qādôš*), wenn [solange][62] du die Gebote YHWHs, deines Gottes bewahrst und auf seinen Wegen gehst.

Beschreibt 28,9 mit dem göttlichen Eid gewissermaßen die Innenperspektive des Gottesverhältnisses, so der anschließende V. 10 seine Außenperspektive[63]: „Dann sehen alle Völker der Erde, dass der Name YHWHs über dir ausgerufen ist". Diese juridische Formel wird bei Eigentumsübertragung und Inbesitznahme verwendet (vgl. Jes 63,19; Jer 14,9). Doch signalisiert der Rechtsakt hier „Segen und Privilegierung über alle anderen Völker [...] und proklamiert das Verhältnis JHWH-Israel als eine nahezu gleichberechtigte Partnerschaft".[64]

2.2 „Versammlung" (qāhāl)

Im deuteronomischen Sprachgebrauch bezeichnet *qāhāl* niemals die zufällig versammelte Menge, sondern dient als „ekklesiologischer" Terminus[65]. Die vergleichsweise hohe Belegzahl[66] und der deuteronomische Sprachgebrauch in zwei

---

61 Vgl. *N Lohfink*, Opferzentralisation, Säkularisierungsthese und mimetische Theorie, in: *Ders.*, Studien zum Deuteronomium und zur deuteronomistischen Literatur III (SBAB 29), Stuttgart 1995, 219–260, 244 Anm. 61: 28,9 macht die „von Jahwe ohne jede Vorleistung gesetzte und feierlich beschworene Wirklichkeit unter der Rücksicht der Dauer zugleich noch einmal zur Segenszusage, die unter der Bedingung des Gehorsams steht. Das widerspricht sich im deuteronomischen Denken nicht." Vgl. *Hulst*, Volk, 308 f.

62 „The word ‚if', here and in v. 13, may be translated ‚as long as', or even ‚because'; the point is to establish a correlation between blessing and covenant faithfulness, without a strict causal sequence." (*J. G. McConville*, Deuteronomy [AOTC 5], Leister 2002, 404).

63 *E. Otto*, Deuteronomium 12–34. Zweiter Teilband: 23,16–34,12 (HThKAT), Freiburg im Breisgau 2017, 2004.

64 *F.-L. Hossfeld/H. Lamberty-Zielinski*, qārā', in: ThWAT VII, 142–144, 143 f.

65 Die Septuaginta gibt im Deuteronomium *qāhāl* fast immer durch *ekklēsía* wieder, in 5,22 aber durch *synagōgē* (vgl. 33,4). Dieser Befund widerspricht einem Gegensatz zwischen den beiden Ausdrücken. Die drei Belege von *qhl* Hifil werden stets durch *ekklēsiázein* übersetzt.

66 Der absoluten Zahl nach folgt das Deuteronomium mit 11 Belegen des Substantivs *qāhāl* auf 2 Chronik und Ezechiel; von der Dichte seiner Belege her und gemessen an 10.000 Wörtern rangiert es nur hinter 2 Chronik.

bestimmten Zusammenhängen unterstreichen seine Bedeutung. Dazu nun im Einzelnen. Das Substantiv „Versammlung", *qāhāl*, wird in drei geprägten Wortverbindungen verwendet: Zunächst in der Wendung „eure vollzählige Versammlung" (*kål qᵉhalkæm*) bzw. die „ganze Versammlung Israels" (*kål qᵉhal yiśrāᵓēl*) bei der Mitteilung des Dekalogs durch YHWH (5,22) und beim Vortrag des Liedes durch Mose (31,30). Dann als „Tag der Versammlung" (*yôm haqqāhāl*), an dem sich YHWH am Gottesberg offenbarte (9,10; 10,4; 18,16). Schließlich bei der Regelung der Zutrittsbedingungen zur „Versammlung YHWHs" (*qᵉhal YHWH*) (23,2.3[2-mal].4[2-mal].9).

Auch das Verb *qhl* Hifil, „versammeln",[67] wird systematisch eingesetzt. Zunächst wird Israel am Gottesberg versammelt, weil ihm YHWH den Dekalog verkünden will (4,10). Später einmal im Land, um die Tora vorgelesen zu bekommen (31,12). Noch in Moab aber werden die Stammesältesten und Listenführer das Volk versammeln, damit ihnen Mose vor seinem Tod das Lied vortragen kann (31,28). An diesen drei Stellen wird das Verb nicht bloß in einem unspezifisch technischen Sinn, sondern juristisch-theologisch verwendet.

2.2.1 „Tag der Versammlung" (yôm haqqāhāl) und „Vollversammlung Israels" (kål qᵉhal yiśrāᵓēl); „versammeln" (qhl Hifil)

Als „Versammlung" wird das (längst existierende) Volk auf Anordnung Gottes durch Mose am Horeb, wie der Sinai im Deuteronomium heißt, konstituiert:

> [4,10a] Vergiss nicht den Tag, als du am Horeb vor YHWH, deinem Gott, standest! YHWH hatte zu mir [Mose] gesagt: Versammle (*haqhæl*) mir das Volk (*hāᶜām*) und ich will sie meine Worte hören lassen.

Bei dieser Theophanie am Gottesberg verkündet YHWH seinen „Bund", das heißt: er verpflichtet Israel auf „die zehn Worte", den Dekalog (V. 13). Zwar bedient sich Gott auch dabei Moses als Mittlers (5,5), dennoch bleibt er selbst der Offenbarende: „Diese Worte sagte YHWH zu eurer vollzähligen Versammlung (*ᵓæl kål qᵉhalkæm*)" (5,22).[68] Die Rückblenden auf Krise und Vollendung des Bundesschlusses am Horeb

---

67 Im Unterschied zu *qāhāl* kennt der für priesterliche Texte typische Versammlungsbegriff „Gemeinde", *ᶜēdāh*, kein Verb „versammeln".

68 Nach *H. Stoppel*, Von Angesicht zu Angesicht. Ouvertüre am Horeb. Deuteronomium 5 und 9 – 10 und die Textgestalt ihrer Folie (AThANT 109), Zürich 2018, 110, lasse die unmittelbare Begegnung mit JHWH „die Anwesenden zu einer kultischen Versammlung" werden oder anders: „als gegenüber sind sie eine kultische Größe".

in 9,10 und 10,4 sowie auf die Bitte um einen Gesetzesmittler in 18,16 beziehen sich auf diesen „Tag der Versammlung" (*yôm haqqāhāl*). Die Wendung bringt das Horebereignis auf Kurzformel. „Versammlung bzw. *qāhāl* wird damit zum theologisch gefüllten Begriff: Versammlung bedeutet nun die spezifische Gemeinde, die das Gesetz bzw. den Dekalog auf Dauer im Schrein der Lade bei sich hat. [...] Der Stiftungstag der Gemeinde ist zugleich der Gründungstag der Prophetie".[69] Sie sichert die Kontinuität der mosaischen Mittlerschaft. Gott wird deshalb je neu einen Propheten wie Mose „mitten unter seinen Brüdern" (18,15) erwecken:

> [18,16a] YHWH wird ihn als Erfüllung von allem erstehen lassen, worum du am Horeb, am Tag der Versammlung (*bᵉyôm haqqāhāl*), YHWH, deinen Gott, gebeten hast.

Das Prophetentum hat also den gleichen Ursprung wie die Tora, die in der mosaischen Urzeit von Gott ausging (5,23–31). Mit dieser Ätiologie erhält das prophetische Charisma einen rechtlich gesicherten Einfluss, ja wird im Rahmen eines gewaltenteiligen Verfassungsentwurfs (16,18–18,22) als Amt institutionalisiert.[70] Die Propheten sollen die schriftlich festgelegte Tora lebendig interpretieren und den Erfordernissen der Zeit entsprechend ergänzen.

Nach der Niederschrift der Tora wird gegen Ende des Deuteronomiums ihre regelmäßige Verlesung angeordnet (31,10–13).[71] Zusammen mit den Ältesten Israels sollen die Priester am Laubhüttenfest jedes siebten Jahres im Jerusalemer Tempel „diese Weisung (*hattôrāh hazzoʼt*) vor ganz Israel (*kål yiśrāʼēl*) laut vortragen" (V. 11; vgl. die feierliche Verkündigung 5,1 in Moab). Weil es um das ganze Volk geht, werden die Teilnehmer nicht wie beim Laubhüttenfest nach der sozialen Schichtung der Einzelfamilien (16,14), sondern nach Geschlecht, Alter und Zugehörigkeit zu Israel aufgezählt:

> [31,12] Versammle (*haqhēl*) das Volk – die Männer und Frauen, Kinder und Greise, dazu den Fremden, der in deinen Stadtbereichen Wohnrecht hat, – damit sie zuhören und auswendig lernen und YHWH, euren Gott, fürchten und darauf achten, dass sie die Bestimmungen dieser Weisung halten.

Der archetypische Ort dieser Volksversammlung ist zwar der Horeb, wo Gott „eurer [Israels] Versammlung" den Dekalog mitgeteilt (5,22) und sie ihn „gefürchtet" hatten (5,29). Wenn allerdings die Tora im Heiligtum vorgelesen wird, dann rein

69 *Hossfeld*, 131.
70 *N. Lohfink*, Die Sicherung der Wirksamkeit des Gotteswortes durch das Prinzip der Schriftlichkeit der Tora und durch das Prinzip der Gewaltenteilung nach den Ämtergesetzen des Buchs Deuteronomium (Dt 16,18–18,22), in: Studien zum Deuteronomium I, 305–323, 309 f.
71 Zum Folgenden vgl. z. B. *Braulik*, Gedächtniskultur Israels, 133–137.

szeniert diese Proklamation den Bundesschluss in Moab, bei dem Mose erstmals die Tora und in sie eingebunden die Erzählung über die Theophanie am Horeb vor „ganz Israel" vortrug. Was damals geschah, ist für das Leben im Land konstitutiv – die öffentliche Versammlung von ganz Israel, um seine Sozialordnung zu hören und zu lernen (31,11 – 12). „Wenn Israel dieses ,öffentliche Lernritual' vollzieht, steht es wieder an der Schwelle des Verheißungslandes, erhält seine Sozialordnung und wird ,als Gesellschaft Jahwes im kollektiven Bewusstsein neu geboren'."[72] Das letzte Ziel der periodischen Torarezitation vor der Versammlung ganz Israels ist wie bei der Offenbarung am Horeb die numinose Erfahrung der Furcht YHWHs. Sie ist gegenüber der Verkündigung der Tora in Moab (5,1) das Besondere des Lernvorgangs und wird in 31,12 in die Reihe der Verben von 5,1 eingefügt. Erst wenn diese Gottesfurcht gegeben ist, kann das, was die Tora als Weisung in Paränese und Einzelgesetzen verlangt, auch gelebt werden.[73]

Nachdem Mose den Leviten die verschriftete Tora zur Aufbewahrung bei der Bundeslade übergeben hat, lässt er die Notabeln des Volkes, die Stammesältesten und Listenführer, bei sich „versammeln" (*haqhîlû 'ēlay*, 31,28). Ihnen trägt er mündlich das Lied (32,1 – 43) als wirkmächtigen Zeugen der Fluchandrohung angesichts eines künftigen Abfalls von YHWH vor (31,28). Diese Versammlung dürfte auch mit dem im Deuteronomium nur an dieser Stelle belegten Ausdruck *kål qᵉhal yiśrā'ēl* (31,30) gemeint sein.[74]

2.2.2 „Versammlung YHWHs" (qᵉhal YHWH)

Die zweite Verwendungsweise von *qāhāl* ist in einem einzigen Gesetz, dem sogenannten „Gemeindegesetz" (23,2 – 9), konzentriert. Hier dient „Versammlung YHWHs", *qᵉhal YHWH*, als 6-mal gebrauchtes Leitwort für die sozial-religiöse Identität Israels. Die Genitivverbindung verweist auf YHWH, der die Versammlung charakterisiert, von dem sie abhängt oder durch den sie versammelt wird. Vielleicht

---

72 *Braulik*, Gedächtniskultur, 135. Die Zitate innerhalb des Textes stammen von *N. Lohfink*, Der Glaube und die nächste Generation. Das Gottesvolk der Bibel als Lerngemeinschaft, in: Das Jüdische am Christentum. Die verlorene Dimension, Freiburg im Breisgau 1987, 144 – 166.260 – 263, 159.

73 Der „Segen Moses" spricht in Dtn 33,4 von Verpflichtung auf die Tora, wodurch sie zum Besitz der „Versammlung Jakobs", *qᵉhillat yaᵃqob*, wurde.

74 Vgl. *N. Lohfink*, Zur Fabel in Dtn 31 – 32, in: *Ders.*, Studien zum Deuteronomium und zur deuteronomistischen Literatur IV (SBAB 31), Stuttgart 2000, 219 – 245, 228 – 231 und 235. Die Belege von *kål qᵉhal yiśrā'ēl*, „die ganze Versammlung Israels", in der Hebräischen Bibel beweisen, dass der Terminus nicht mit *kål yiśrā'ēl* identisch sein muss, sondern ein für „ganz Israel" repräsentatives Gremium darstellen kann – vgl. 240 – 244.

meint *q^ehal YHWH* „die aktuell zusammentretende Versammlung in den Ortschaften".[75] Das Deuteronomium nennt für sie keine spezielle Funktion. Herkunft, Alter und literarische Schichtung,[76] aber auch die Deutung des Gesetzes werden kontrovers diskutiert.[77] Es geht ihm jedenfalls nicht darum, wer sich im Land Israels aufhalten darf. Die Zulassungsbedingungen für die sieben Personengruppen konstituieren auch nicht die Versammlung, sondern sorgen aufgrund religiöser, historischer und ethnischer Merkmale für ihre Reinerhaltung. Der Kriterienkatalog grenzt ihre „genitale und genetische Integrität"[78] gegen diejenigen ab, die grundsätzlich oder auf eine bestimmte Zeit keinen Zugang zu ihr haben sollen. Das Zutrittsverbot betrifft – vermutlich aus kultisch-sexuellen Gründen – Entmannte und Verschnittene sowie „Bastarde" (vgl. 23,1) oder Personen illegitimer Abstammung bzw. ethnische Mischlinge mit einem nichtisraelitischen Vater sowie deren Nachfahren (V. 2–3). Für Angehörige der benachbarten Völker der Ammoniter, Moabiter, Edomitern und Ägypter (V. 4–9),[79] die im Land wohnen und in die „Versammlung YHWHs" eintreten möchten, gibt es keine allgemein vorgesehene Aufnahmeregelung.[80] Vielmehr gilt für Ammoniter und Moabiter ein „Niemals" der Zugehörigkeit wie für „Ausländer" (*nokrî*). Angesichts des Verbots von V. 3 steht hinter der Ablehnung (V. 4) vermutlich ihre Herkunft aus einem Inzest (Gen 19,30–38). Ausdrücklich angegeben werden nur historisch-ethische Gründe (V. 5–6). Die Folge: „Du

---

75 *Chr. Bultmann*, Der Fremde im antiken Juda. Eine Untersuchung zum sozialen Typenbegriff „*ger*" und seinem Bedeutungswandel in der alttestamentlichen Gesetzgebung (FRLANT 153), Göttingen 1992, 108. Dagegen gebe es nach *Stoppel*, 109, „keinen Hinweis darauf, dass damit eine ständige Einrichtung mit einem festen Kreis von Angehörigen gemeint ist. Der *qhl* wird zum Zweck des Kultes und aus Anlass kultischer Verrichtungen versammelt."
76 Verschiedene historische Rekonstruktionsversuche referiert *M. Zehnder*, Anstöße aus Dtn 23,2–9 zur Frage nach dem Umgang mit Fremden, in: FZThPh 52 (2005) 300–314, 302 f.
77 Vgl. z. B. *M. A. Awabdy*, Immigrants and Innovative Law. Deuteronomy's Theological and Social Vision for the *gr* (FAT 2,67), Tübingen 2014, 66–83. Zur Weiterführung der Diskussion über die Identität Israels durch spätere inneralttestamentliche Auslegung des Gemeindegesetzes s. z. B. *B. Schmitz*, „In die Versammlung JHWHs darf niemand kommen, der ..." (Dtn 23,2). Der Diskurs über die Zugehörigkeit zu Israel in Dtn 23,2–9, Neh 13,in den Büchern Rut, Judit und in Jes 56, in: *M. Graulich/M. Pulte/Th. Meckel* (Hg.), Ius canonicum in communione christifidelium. Festschrift zum 65. Geburtstag von H. Hallermann (Kirchen- und Staatskirchenrecht 53), Paderborn 2016, 519–530.
78 *H. P. Müller*, *qāhāl* Versammlung, in: ThHAT II, 609–619, 615.
79 Zum Folgenden vgl. *Awabdy*, 77–81.
80 „This selectivity strongly suggests that the descriptions of non-Israelites here share key features with stereotypes, of which accentuation by categorization is an integral part. Theoretical analyses of stereotyping also illuminate the hierarchy of the various elements that constitute a group's identity, something evident in the interplay between ethnic and moral-behavioral factors (with the apparent exception of Edomites)." (*D. C. Timmer*, When is a Moabite a Moabite? Selectivity, Stereotypes, and Identity in the Gemeindegesetz Deut. 23:2–9 [Eng 1–8], in: JBTh 43 [2021] 187–204, 189).

sollst dich nie und nimmer um einen Frieden- und Freundschaftsvertrag (*š*^{e}*lomām w*^{e}*ṭobām*)[81] mit ihnen bemühen." (V. 7). Davon abgesehen ordnen deuteronomische Einzelgesetze (14,21; 15,3; 17,15; 23,21) das Verhalten der Israeliten gegenüber einem „Ausländer". Edomiter und Ägypter sind nur befristet ausgeschlossen (V. 8–9):

> [23,8] Der Edomiter soll dir kein Gräuel sein; denn er ist dein Bruder. Der Ägypter soll dir kein Gräuel sein; denn du hast als Fremder in seinem Land gewohnt. [9] In der dritten Generation dürfen ihre leiblichen Nachkommen in die Versammlung YHWHs kommen.

Bei den Edomitern lassen sich die Schatten der Vergangenheit (vgl. z.B. Am 1,11; Ez 35; Obd) durch das Bruderverhältnis, also die nächste Blutsverwandtschaft (Dtn 2,4; vgl. Gen 36,6–8), überwinden. Bei den Ägyptern verpflichtet ihre einstige Gastfreundschaft (vgl. Gen 46–50) zur Dankbarkeit.[82] Sie dürfen nicht verabscheut und sozial deklassiert werden. „Die Aufnahme ihrer Urenkel in die Versammlung Jahwes zeigt wie V. 2–3, daß sie keine Bluts-, sondern eine Bekenntnisgemeinschaft ist."[83]

---

81 Der entsprechende Ausdruck *ṭūbtu u sulummû* findet sich in akkadischer Literatur im Zusammenhang von Friedensverträgen: „*sulummû* can be used for describing ,peace agreement between countries' and *ṭūbtu* as ,friendly relationship'. Therefore, I propose a reading of Deut 23:4–9 as an example for the basics of international treaty-relationships'. The unethical and inhuman behavior of the Ammonites and Moabites, who do not give water and bread to the needy Israelites, shows that they cannot be accepted as treaty-partners." (*R. Ebach*, „You Shall Walk Exactly on the Way which YHWH Your God has Commanded You": Characteristics of Deuteronomy's Concept of Leadership, in: *K. Pyschny/S. Schulz* (Ed.), Debating Authority: Concepts of Leadership in the Pentateuch and the Former Prophets (BZAW 507), Berlin – Boston 2018, 159–177, 168.

82 Das Deuteronomium unterscheidet beim Ägyptenaufenthalt Israels zwei Perioden. In der ersten, glücklichen, konnten Jakob und seine Familie als „Fremde" (*gērîm*) in Ägypten leben (10,19; 23,8; vgl. 26,5). In der zweiten, leidvollen Zeit waren sie „Sklaven" (*ᶜæbœd*), worauf mit Dekalog-Sprache zusammen mit der Befreiung aus dieser Sklavenexistenz zurückverwiesen wird (5,15; 15,15; 16,12; 24,18.22). (*N. Lohfink*, Gibt es eine deuteronomistische Bearbeitung im Bundesbuch?, in: Studien zum Deuteronomium und zur deuteronomistischen Literatur III [SBAB 20], Stuttgart 1995,39–64, 50–55).

83 *G. Braulik*, Deuteronomium II 16,18–34,12 (NEB 28), Würzburg ²2003, 171. Dass sie durch Beschneidung aufgenommen wurden, wie *Zehnder*, Anstöße, 305, behauptet, ist allerdings angesichts der Beschränkung des Deuteronomiums auf die Beschneidung der Vorhaut des Herzens (10,16; vgl. 30,6) unwahrscheinlich.

2.3 „Ganz Israel" (kål yiśrāʾēl)

Das Buch Deuteronomium wird in 1,1 und 34,12 von Relativsätzen gerahmt, deren Elemente nur an diesen beiden Stellen kombiniert werden. Sie stellen Mose und Israel einander gegenüber:

> [1,1a] Das sind die Worte, die Mose zu ganz Israel (*ʾæl kål yiśrāʾēl*) jenseits des Jordan gesprochen hat ...
> [34,12*] ... das Furchterregend-Große, das Mose vor den Augen von ganz Israel (*lᵉʿênê kål yiśrāʾēl*) getan hat.

Mose wird in diesen Versen vorausblickend charakterisiert durch „Worte", die dann im Deuteronomium anschließen, und zurückblickend durch Taten, die sich beim Auszug aus Ägypten ereigneten. Dem entspricht die Rolle Israels als Hörer dessen, was Mose sagt, und als Zeuge von dem, das er vollbrachte. Im Wirken Moses sind zwar die Bücher Exodus bis Deuteronomium zusammengefasst. Doch steht „ganz Israel" im Pentateuch vor dem Deuteronomium nur zweimal (Ex 18,25; Num 16,34). Die Normalbezeichnung lautet dort „die Israeliten", wörtlich: „die Kinder Israels" (*bᵉnê yiśrāʾēl*). Sie findet sich auch im Deuteronomium z. B. in 1,3 und in den drei anderen Hauptüberschriften des Buches (4,44.45; 28,69; 33,1). Wortmaterial von Dtn 1,1 wird allerdings in Ex 24,3, zu Beginn des Sinai-Bundesschlusses verwendet. Es wird im folgenden Zitat kursiv gesetzt:

> [Ex 24,3] Mose kam und berichtete dem Volk alle *Worte* YHWHs und alle Rechtsentscheide YHWHs und *das ganze Volk* (*kål hāʿām*) antwortete einstimmig: *Alle Worte, die* YHWH *gesprochen hat*, wollen wir tun.

Mose tritt hier nur als Vermittler auf und teilt die Worte Gottes mit, nicht wie im Deuteronomium seine eigenen. „Das ganze Volk", das ihm antwortet, dürfte „ganz Israel" meinen. Trifft diese Annahme zu, könnte *kål yiśrāʾēl* im Deuteronomium die Zuhörerschaft bei einer Versammlung bezeichnen.[84] Auffallend ist, dass der Bucherzähler des Deuteronomiums *kål yiśrāʾēl* sieben Mal gebraucht, wenn er eine Rede Moses an das versammelte Volk einführt (1,1; 5,1; 27,9; 29,1; 31,1.7; 32,45). Die Siebenzahl hebt die theologische Bedeutung des Ausdrucks hervor. Dennoch hat „ganz Israel" keine institutionelle Konnotation. Denn die Wendung wird auch ohne

---

84 Zum Ausdruck „ganz Israel" im Deuteronomium vgl. *J. W. Flanagan*, The deuteronomic meaning of the phrase ‚kol yiśrāʾēl', in: SR 6 (1976–77) 159–168. Er bezeichne eine theologisch idealisierte Einheit nach dem Vorbild der Doppelmonarchie von Nord- und Südreich, die in die Zeit Moses und Josuas zurückprojiziert werde.

Zusammenhang mit einer Versammlung benutzt.[85] Sie bildet also keine feste Bezeichnung für eine Volks- oder Bundesschluss-Vollversammlung. Dennoch betont sie an entscheidenden Stellen des Buches mit Nachdruck „die Ganzheit und innere Einheitlichkeit des Volkes",[86] an die sich das Deuteronomium wendet. Im Übrigen ist das Gesamtvolk auch dort gemeint, wo Mose es zu Beginn seiner Reden nur mit „Israel" im Vokativ anspricht. Das geschieht in 5,1 und 27,9 im Anschluss an die vorausgehende erzählende Redeeinleitung mit „ganz Israel" und in 4,1; 6,3.4; 9,1; 10,12; 20,3 ohne diese Wendung. Der Aufruf richtet sich an eine Versammlung, die auf einen Vortrag „hört", und wird in singularischer oder pluralischer Anrede fortgesetzt. Außerdem signalisiert das „Höre, Israel" in 4,1; 5,1; 6,4; 9,1; 10,12 die Hauptgliederung der Kapitel 1–4 und 5–11.[87] Was „Israel" zusammenschließt, ist also vor allem das gemeinsame Hören. Das bedeutet:

> Nicht in dem was von Menschen selbst gegeben werden kann, nicht in seinem Glauben und Bekenntnis, nicht in der Gleichgesinntheit vieler Individuen, liegt diese Einheit begründet, sondern im Worte Gottes, das von einem Mittler gesprochen wird und allen, die es hören, gleichermassen (sic) gilt und sie zusammenbindet.[88]

Die ausdrückliche Bindung an YHWH und damit die „ekklesiologische" Konnotation von *kål yiśrā'ēl* zeigt sich anlässlich der Bestätigung des Horebbundes beim Führungswechsel von Mose zu Josua. Während 26,17–19 die Verpflichtungen Israels und Gottes im Moabbund festhält, wird der Bundesschluss selbst durch die Erklärungen in 27,1 und 9 vollzogen. Nach der Verpflichtung des Volkes in V. 1 spricht V. 9 die Selbstverpflichtung Gottes aus:

> [27,9] Mose und die levitischen Priester sagten zu ganz Israel: Sei still, und höre, Israel: Heute, an diesem Tag, wirst du zum Volk YHWHs, deines Gottes.

Auf die drei performativen Äußerungen des Bundesschlusses (26,17–19; 27,1 und 9) folgen Ritualtexte des Bundeszeremoniells. Dazu begibt sich der Bucherzähler mit Mose, wenn er in 29,1 „ganz Israel" zusammenruft, praktisch zurück an den Beginn dieser gleichen Volksversammlung in 5,1. Nur wird sie jetzt für eine Bundesschlusszeremonie konstituiert. Mit der Versammlung zu diesem Ritual liegt also

---

85 In 11,6; 13,12; 18,6; 21,21; 34,12. Nur 31,11 (zweimal) spricht von der Zusammenkunft von „ganz Israel" beim Laubhüttenfest im Brachjahr. Insgesamt sind es wiederum sieben Belege.
86 *V. Rad*, 58.
87 *N. Lohfink*, Das Hauptgebot. Eine Untersuchung literarischer Einleitungsfragen zu Dtn 5–11 (AnBib 20), Rom 1963, 66.
88 *A. R. Hulst*, Der Name „Israel" im Deuteronomium, in: OTS 9 (1951) 65–106, 73.

29,9–14 in der zeitlichen Abfolge der Ereignisse noch vor 26,17–19.[89] Wie an keiner anderen Stelle spezifiziert 29,9–10 die am Moabbund Beteiligten nach ihren Ständen, Altersgruppen und Geschlechtern, Israeliten wie Fremden:

> [29,9] Ihr alle habt euch heute vor YHWH, eurem Gott, aufgestellt: eure Anführer, Oberhäupter, Ältesten und Listenführer, alle Männer Israels, [10] eure Kinder und Greise, eure Frauen und auch die Fremden in deinem Lager, vom Holzarbeiter bis zum Wasserträger.

Es sind also wirklich „alle", von der Leitung des Volkes bis zu den Dienstkräften, zur Vereidigung angetreten. Von ihnen wird die zuletzt genannte Gruppe auch kurz beschrieben. „Die Fremden" – wörtlich übersetzt „dein Fremder" (*gērkā*), ein kollektiver Singular – wohnen außerhalb ihrer Verwandtschaft dauerhaft in Israel bzw. Juda, besitzen aber kein Bürgerrecht. Sie sind als Schutzbürger in das Miteinander der Gesellschaft Israels eingebunden, nehmen an ihren Festen teil und werden ökonomisch abgesichert.[90] Hinter den „Holzarbeitern und Wasserträgern" stehen geschichtlich die Gibeoniter, also Bewohner Kanaans.[91] Ihnen gelang es nach Josua 9 durch eine List, vom Vernichtungsfeldzug Josuas verschont zu bleiben und mit ihm einen Friedensvertrag zu schließen. Später wurden sie vor allem Tempelsklaven (Jos 9,27). Im Deuteronomium rücken sie in die Stellung „deines Fremden" ein. Was ihn im Blick auf das Gottesvolk auszeichnet ist: Er wird in Moab Partner des Gottesbundes, der sonst ein ausschließliches Privileg Israels bildet, er gehört zum „Volk YHWHs" und verpflichtet sich dabei auf die deuteronomische Tora. Nach 31,12 soll er später im Land am Laubhüttenfest jedes siebten Jahres im Jerusalemer Tempel als „Fremder, der in deinen Stadtbereichen Wohnrecht hat," wie „ganz Israel" (V. 11) die Tora-Urkunde des Deuteronomiums vorgelesen bekommen, „YHWH fürchten" und die Bestimmungen der Weisung halten.

---

89 Zur Erzählordnung der performativen Äußerungen (26,17–19; 27,1.9) und der zeitlichen Abfolge der Teilelemente des Bundesschlusses (29,9–14) vgl. *Braulik*, „Heute", 75 f.

90 Vgl. z. B. *G. Braulik*, Der blinde Fleck – das Gebot, den Fremden zu lieben. Zur sozialethischen Forderung von Deuteronomium 10,19, in: *I. Klissenbauer* u. a. (Hg.), Menschenrechte und Gerechtigkeit als bleibende Aufgaben – Beiträge aus Religion, Theologie, Ethik, Recht und Wirtschaft. Festschrift für Ingeborg G. Gabriel, Göttingen 2020, 41–63. Hier wird auch die „Identität des Fremden" kurz besprochen.

91 Vgl. *G. Braulik*, Die Völkervernichtung und die Rückkehr Israels ins Verheißungsland. Hermeneutische Bemerkungen zum Buch Deuteronomium, in: Studien zum Deuteronomium, 113–150, 138–140. Mit den „Holzarbeitern und Wasserträgern" im Zusammenhang des Bundesschlusses unterläuft das Deuteronomium am Ende (29,10) selbst sein Gebot der Vernichtungsweihe (7,2bα; 20,17) und sein Vertragsverbot mit nichtisraelitischen Bevölkerungsgruppen (7,2bβ), die es im Vorausgehenden erlassen hatte.

3 Das Bundesvolk YHWHs – eine Zusammenschau der Gottesvolk-Terminologie

Nach dem Buch Exodus ist der Sinai der Ursprungsort der Befreiung Israels aus Ägypten (Kap. 3–4) wie der Gesetzgebung (Kap. 20; 21–23; 34), des Bundesschlusses (Kap. 24) und der Stiftung des Zeltheiligtums (Kap. 25–31 und 35–40). Kap. 19 entfaltet die Heiligkeit des Gottesberges (19,23) und verlangt die Heiligung des Volkes (19,10).

> Sinai, therefore, is a paradigmatic and symbolical starting point for the history of Israel as God's people. The mountain of God is a multi-layered symbol of the foundational experience of Israel as the people of God […] Sinai is the holy place at which God wishes to shape Israel's holiness according to his own holiness: ‚You shall be holy, for I, Yhwh your God, am holy‘ (Lev 19:2).[92]

Ganz anders das Konzept des Deuteronomium. Es deutet einen Unterschied zum Geschehen am Sinai bereits in dessen verändertem Namen, nämlich Horeb, an. Gewiss bleibt auch für das Deuteronomium der Gottesberg ein wichtiger Bezugsort – sowohl der Bucherzähler in zwei Überschriften (1,2; 28,69) als auch Mose in der Redeeinleitung zum Dekalog (5,2) beziehen sich auf ihn. Am Ende des Dekalogzitats stellt Mose fest: YHWH hat diese Worte zur „vollzähligen Versammlung Israels" gesprochen (5,22). Die Bezeichnung Israels als „Versammlung" (*qāhāl*) hängt also an der Horeboffenbarung. An diesem „Tag der Versammlung" ist auch die Autorität Moses als Gesetzgebers (9,10; 10,4) wie des künftigen Propheten in seiner Nachfolge (18,16) verankert. Allerdings wird von der Theophanie am Horeb nur im Rückblick erzählt. Der Bundesschluss, der im mosaischen „Heute" vollzogen wird, findet nach dem Deuteronomium nämlich in Moab, im Ostjordanland, statt, und zwar am Todestag Moses und unmittelbar vor dem Zug Israels über den Jordan ins Verheißungsland (28,69). Dabei wird auch die Tora, die Gesellschaftsordnung Israels, promulgiert. Wie einst Mose am Horeb das Volk „versammelte" (*qhl* Hifil, 4,10), sollen die Priester und Ältesten im Jerusalemer Tempel die Israeliten zur Verlesung der Tora „versammeln" (31,12). Der am Horeb gestiftete *qāhāl* ist deshalb seit Moab auf den Dekalog und die Tora, die ihn enthält und auslegt, gegründet. Kap. 4 und 31 betonen außerdem, was für die „Versammelten" und damit für den „ekklesiologischen" Begriff „Versammlung" entscheidend ist und was Gott bzw. Mose bei diesem

---

92 *D. Markl*, Sinai. The Origin of Holiness and Revelation in Exodus, Deuteronomy, the Temple Scroll, and Jubilees, in: *J. Flebbe* (Ed.), Holy Places in Biblical and Extrabiblical Traditions. Proceedings on the Bonn-Leiden-Oxford Colloquium on Biblical Studies (BBB 179), Bonn 2016, 23–43, 26.

„Aufgebot" von ihnen erwarten: dass sie „zuhören und auswendig lernen und YHWH, ihren Gott, fürchten und darauf achten, dass sie alle Bestimmungen dieser Tora / Weisung halten" (31,13; vgl. 4,10.13). Am Bundesschluss in Moab und nur indirekt am Bund vom Horeb, den er bestätigt (5,3), hängt nicht zuletzt die „Bundesformel". Neben Horeb- und Moabbund bildet sie das Bindeglied zu den „ekklesiologischen" Termini des Deuteronomiums. Ohne jeden Rückbezug bleibt nur die „Versammlung YHWHs" (*q^ehal YHWH*).[93] Im Blick auf den Gottesberg und die Heiligkeit gilt abschließend: Das Deuteronomium verbindet Heiligkeit nur mit dem Volk, das „heilige Volk" aber hat wie die anderen Gottesvolk-Termini seinen heilsgeschichtlichen „Ort" nicht auf dem Horeb.

„Volk des Erbeigentums" (*'am naḥ^alāh*), „Volk des Sonderguts" (*'am s^egullāh*) und „heiliges Volk" (*'am qādôš*) bezeichnen zwar Israel „in seiner Gesamtheit und Gottbezogenheit", auch liegt „hinter ihnen ein für das Dt. besonders bedeutsamer Gedankenkreis". Doch handelt es sich bei den drei Begriffen nicht um „Synonyma"[94]. Der juristisch geprägte Ausdruck „Volk des Erbeigentums" betont mit *naḥ^alāh* die Unauflöslichkeit der Beziehung Gottes zu Israel, auf die man sich angesichts von Schuld im Gebet berufen kann. Das „Volk des Sonderguts" verweist auf die Erwählung Israels aus allen Völkern. Sie gründet in keiner Qualität, sondern allein in der irrationalen Liebe Gottes. Die Bezeichnung „heiliges Volk" dient der kultischen Abgrenzung von den Landesbewohnern und betont gegenüber ihren Göttern den

---

93 Das Neue Testament spricht 9-mal von *ekklēsía tou theoū*, nur einmal von *ekklēsía toū Christoū*, niemals von *ekklēsía tou kyríou*, obwohl dieser Ausdruck in der Septuaginta 6-mal für *q^ehal YHWH* steht. Unbegreiflich ist der völlig oberflächliche Gebrauch alttestamentlicher „ekklesiologischer" Terminologie durch *Lumen Gentium* im zweiten Kapitel über das Volk Gottes, wo als einziger alttestamentlichen „Kirchenbegriff" für Israel der Ausdruck *„Dei Ecclesia"* verwendet wird: „Sicut Israel secundum carnem, qui in deserto peregrinabatur, Dei Ecclesia iam appelatur (cfr. 2 Esr. 13,1; cfr. Num 20,4; Deut. 23,1ss.), ita novus Israel, qui in praesenti saeculo incedens, ...etiam Ecclesia Christi nuncupatur" (*LG* 9,3). In der Hebräischen Bibel ist Neh 13,1 der einzige Beleg von *q^ehal [*]lōhîm* (sic). Num 20,4 spricht vom Murren der „Versammlung YHWHs" (*q^ehal YHWH*) in der Wüste und Dtn 23,2ff regelt die Zutrittsbedingungen zu ihr im Land. Die Bezeichnung der neutestamentlichen Kirche als „novus Israel" fehlt – wie auch „novus populus Dei" (*LG* 9,1) – in der Bibel. In der patristischen Auslegung wird Dtn 23 erst bei Clemens von Alexandrien und Origenes auf die Kirche bezogen (*K. Berger*, Volksversammlung und Gemeinde Gottes. Zu den Anfängen der christlichen Verwendung von „ecclesia", in: ZThK 73 (1976) 167–207, 190 Anm. 120 und 202 Anm. 161. Man darf sich von philologischen Überlegungen und den angegebenen alttestamentlichen Belegen zur „Ecclesia Dei" in *Lumen Gentium* beim „Volk Gottes" nicht zu Assoziationen etwa einer aus Ägypten herausgerufenen Schar verleiten lassen und sie mit dem *qāhāl* identifizieren, wie es z.B. in *J. Werbick*, Kirche. Ein ekklesiologischer Entwurf für Studium und Praxis, Freiburg im Breisgau 1994, geschieht: „Urbild der qahal Jahwe ist die Sinaiversammlung, bei der das herausgerufene Volk Jahwes Gesetz entgegennahm und sich um es als um seine Mitte sammelte." (45).

94 Gegen *v. Rad*, 18.

Ausschließlichkeitsanspruch YHWHs auf Israel. Alle drei Termini gehören in die Gnadentheologie und verdanken sich ausschließlich einem „vor-" bzw. „außerge-schichtlichen" Handeln YHWHs.

Eigentlicher Adressat des Buches Deuteronomium ist „ganz Israel", das vor allem Gottes und Moses Reden „hört". In ihm sammeln sich alle Prädikate des Gottesvolkes. Seine besondere Würde als „Volk YHWHs" bestätigt ihm der Bund,

> [29,11] den YHWH dein Gott, heute mit dir schließt, [12] um dich heute als sein Volk einzusetzen und dein Gott zu werden, wie er es dir versprochen und deinen Vätern Abraham, Isaak und Jakob geschworen hat. [13] Aber nicht mit euch allein schließe ich [Mose] diesen Bund und setze diese Verwünschung in Kraft, [14] sondern (ich schließe ihn) mit denen, die heute hier bei uns vor YHWH, unserem Gott, stehen, und mit denen, die heute nicht hier bei uns sind.

„Der Name Israel bezeichnet im Deut. also das Volk in seinem Verhältnis zu Jahwe. Nicht das Volk in seinem staatlichen Aspekt, nicht an erster Stelle als ethnische Gruppe, wird ins Auge gefasst, sondern das Volk als religiöse Einheit. Es handelt sich um die Reinheit des Lebens auf sozialem, religiösen und kultischem Gebiet."[95]

Um am Ende des Durchgangs durch die Gottesvolk-Terminologie des Deute-ronomiums nochmals auf die Wiederentdeckung des Volkes Gottes durch das Konzil und die damit verbundene Hoffnung für das kirchliche Bewusstsein zurückzu-kommen: „Vielleicht verändert es das Selbstbild der christlichen Kirchen, wenn sie sich wirklich aus der differenzierten Tradition der Volk-Gottes-Theologie heraus verstehen lernen"[96].

---

95 *Hulst*, Israel, 103 f.
96 *Werbick*, 50.

Die Beschneidung an Vorhaut und Herz

Zu Gebot und Gnade des Bundeszeichens im Alten Testament

Tua circumcisio / cordis sit praecisio / efficax cauterium

(aus Johannes Gerson, Sequenz für das Fest der Beschneidung des Herrn)

Kulturgeschichtlich liegen Ursprung, Entwicklung und Funktion der Beschneidung der Vorhaut am männlichen Glied bis heute weithin im Dunkel.[1] Sie erscheint je nach Volk und Zeit in verschiedenen Lebensdimensionen der Religion und Sexualität, des Sozialen wie Medizinischen beheimatet. In Israel gehörte sie zu den zivilisatorischen Vorgaben der JHWH-Religion. Ihr uraltes Ritual dürfte bereits in der Eisenzeit geübt worden sein. Das Gotteswort in Jer 9,24–25,[2] das wahrscheinlich aus der Zeit noch vor dem babylonischen Exil (587/86–538 v. Chr.) stammt, zählt Juda zusammen mit anderen Völkern seiner Umgebung als an der Vorhaut Beschnittene auf. Dennoch sollte es einen entscheidenden Unterschied geben:

> [9,24] Fürwahr, es werden Tage kommen – Spruch JHWHs [des Herrn] –, da suche ich alle heim, die an der Vorhaut beschnitten sind: [25] Ägypten und Juda und Edom und die Ammoniter und Moab und alle mit gestutztem Haar, die in der Wüste wohnen [die an den Schläfen geschorenen arabischen Völker], denn alle Nationen sind [ihrer körperlichen Befindlichkeit zum Trotz] unbeschnitten – und das ganze Haus Israel [das für JHWH beschnitten ist] hat ein unbeschnittenes Herz.

---

1 S. dazu den allgemeinen Überblick über das komplexe Phänomen der Beschneidung in Andreas Blaschke, *Beschneidung. Zeugnisse der Bibel und verwandter Texte* (TANZ 28), Tübingen – Basel 1998, 2–18. Der in der Eisenzeit im syrisch-palästinisch-arabischen Kulturraum geübte Brauch könnte ursprünglich ein *rite de passage*, ein apotropäischer Ritus, ein hygienischer Brauch, ein Mittel zur Steigerung der Fertilität, ein Reinigungsakt, vielleicht ein Ritual der Hingabe an eine Gottheit gewesen sein – so Andreas Ruwe, *Beschneidung als interkultureller Brauch und Friedenszeichen Israels. Religionsgeschichtliche Überlegungen zu Genesis 17, Genesis 34, Exodus 4 und Josua 5*, in: ThZ 64 (2008) 309–342, hier 311. Zur Verbreitung der Beschneidung im Umfeld Israels s. z.B. Thomas Römer, *Beschneidung in der Hebräischen Bibel und ihre literarische Begründung in Genesis 17*, in: Matthias Jung (Hg.), *Dem Körper eingeschrieben. Verkörperung zwischen Leiberleben und kulturellem Sinn*, Wiesbaden 2016, 227–241, hier 228–230.
2 Zur breiten Diskussion der Übersetzung und ihrer Auslegung s. Blaschke, *Beschneidung* (s. Anm. 1), 57–62.

https://doi.org/10.1515/9783111484754-005

Das Drohwort verurteilt Juda, das sich mit Nachbarvölkern im Zeichen der ihnen gemeinsamen Beschneidung verbündet. Das eigentlich angesprochene „Haus Israel" wird aus der Völkerallianz herausgenommen, die Beschneidung wird als Unbeschnittensein vor JHWH gebrandmarkt. Denn der bloß physische Vollzug des Ritus bewirkt noch keine Bindung „Israels" an Gott und garantiert auch nicht seinen Schutz. JHWH verlangt den ganzen Menschen, also auch sein Herz[3]. Gerade die politisch instrumentalisierte Beschneidung Judas aber beweist, dass sein Herz unbeschnitten, das heißt für den Willen Gottes unempfänglich ist. Dem Spruch Jeremias zufolge könnte der Beschneidungsbrauch im siebten Jahrhundert v.Chr. neben seiner anthropologisch-kulturellen Bedeutung auch ein Zeichen der Zugehörigkeit Israels zu JHWH und dadurch ein Identitätsmerkmal seines Volkes gewesen sein.[4] Hier „werden Körperritual und Herzensbeschneidung offenkundig als ein Zusammenhang von zwei Momenten verstanden"[5] (vgl. auch Ez 44,7.9). Mit alledem sind ein Bedeutungs- und Funktionszuwachs der Beschneidung sowie ihr neues Verständnis ab dem 6. Jahrhundert v.Chr.[6] nicht ausgeschlossen. Außerdem verdeutlicht Jer 9,24–25 religionsgeschichtlich: Die Genitalbeschneidung bleibt auch als transkulturelles Ritual für unterschiedliche Sinngebungen offen.[7] Denn in Ägypten zum Beispiel lag ihr ein ideell und auch ethisch anders motiviertes Konzept zugrunde als in Israel. Die aus der spätvorexilischen bis perserzeitlichen Periode

---

3 Der übertragene Gebrauch der Beschneidungsterminologie findet sich bei Jeremia noch in 4,4 und 6,19 und wird gewöhnlich dem Propheten selbst zugeschrieben – vgl. z.B. Werner E. Lemke, *Circumcision of the Heart. The Journey of a Biblical Metaphor*, in: Brent A. Strawn – Nancy R. Bowen (Ed.), *A God So Near. Essays on Old Testament Theology in Honor of Patrick D. Miller*, Winona Lake/IN 2003, 299–319, hier 303–307. Ruwe, *Beschneidung* (s. Anm. 1), datiert zwar die drei Jeremia-Stellen (zusammen mit Ez 44,7.9) – allerdings ohne Argumente – literaturgeschichtlich in die babylonisch-frühpersische Zeit (310), bewertet aber ihr metaphorisches Verständnis von Beschneidung bzw. Unbeschnittensein als indirekten Beleg der rituellen Praxis in (spät)vorexilischer Zeit (310 Anm. 7).
4 Vgl. z.B. Hans-Jürgen Hermisson, *Sprache und Ritus im altisraelitischen Kult. Zur Spiritualisierung der Kultbegriffe im Alten Testament* (WMANT 19), Neukirchen-Vluyn 1964, 65–78.
5 Andreas Ruwe, *Aspekte von Beschneidung im Alten Orient und das Motiv der „Herzensbeschneidung" im Alten Testament*, in: Martin Langanke – Andreas Ruwe – Henning Theißen (Hg.), *Rituelle Beschneidung von Jungen. Interdisziplinäre Perspektiven* (GThF 23), Leipzig 2014, 73–98, hier 94.
6 Vgl. Ruwe, *Aspekte* (s. Anm. 5), 88.
7 Gegen Ruwe, *Beschneidung* (s. Anm. 1), 311–315. Dagegen spricht Ruwe, *Aspekte* (s. Anm. 5), 87, nur mehr davon, dass die Beschneidung in Israel „anfänglich wohl keine ethnische oder spezifisch religiöse Dignität" besessen habe. Alexander Kraljic, *Deuteronomium 10,12–11,32: Gottes Hauptgebot, der Gehorsam Israels und sein Land. Eine Neuuntersuchung* (ÖBS 49), Frankfurt am Main 2018, 483 Anm. 275, betont gegen Ruwe die grundsätzliche Möglichkeit, dass ein Ritual in der gleichen Gesellschaft mit unterschiedlichen Funktionen vollzogen werden kann. Er verweist dazu auf die nebeneinander geübte und verschieden gedeutete Praxis des Tauchbades in Qumran, im rabbinischen Judentum und in der frühen Kirche.

stammenden Belege einer Beschneidung in der Hebräischen Bibel[8] sind allerdings weder an Einzelheiten der Prozedur[9] noch am Eigen-Sinn der Beschneidung des Fleisches interessiert. Sie überliefern keine unmittelbare Deutung des Ritus und binden ihn nirgends an religiöse Institutionen wie Priesterschaft oder Tempel. Aber sie rücken das rituelle Geschehen in einen theologischen und ethischen Zusammenhang. Trotz verschiedener Funktionen prägt die körperliche Beschneidung die Beziehung zwischen JHWH und Israel. Und ebenso bestimmt die symbolische Redeweise vom „unbeschnittenen Herz" bzw. vom „Beschneiden (der Vorhaut) des Herzens" die gegenseitige Zugehörigkeit von Gott und Volk.

Das Prophetenwort Jeremias verbindet bereits die im Titel angesprochenen Gesichtspunkte meines Beitrags – die physische und metaphorische Beschneidung. Ich beschreibe sie im Folgenden anhand von vier Beschneidungstexten des Pentateuchs, der Tora, also „Weisung" Moses. Von ihnen sind Genesis 17 und Deuteronomium 30 Schlüsselstellen der sogenannten „priesterschriftlichen" bzw. „deuteronomischen" Theologie. Sie eröffnen zu Beginn und am Ende des Pentateuchs eine neue Zukunft für Israel. Die vier Texte unterscheiden sich zwar ihrer Gattung nach als Erzählung, Gebot, Paränese (also Ermahnung) und Segenszusage und ebenso als Gottes- oder Moserede. Allen gemeinsam ist aber, dass die Beschneidung, von der sie sprechen, einen Teil des komplexen Gefüges von verschiedenen Bundestheologien bildet. Methodisch lege ich die Perikopen im Lesegefälle des Pentateuchs und auf der kanonischen, also vorliegenden gesamtbiblischen Textebene aus, erwähne aber trotz der synchronen Lektüre auch ihre moderne literaturgeschichtliche Einordnung.

Die Beschneidung der Vorhaut (Genesis 17)

Von der Beschneidung spricht das Alte Testament erstmals bei Abraham[10]. Was das Buch Genesis über ihn erzählt, gehört zum Ursprungsmythos Israels.[11] Viele der

---

8 Das Lexem für Beschneidung findet sich in Gen 17,10.12 – 13.23 – 27; 21,4; 34,15.17.22.24; Ex 4,26; 12,44.48; Dtn 10,16; 30,6; Jos 5,2 – 5.8; Jer 4,4; 9,24. Einen Überblick zum Wortfeld „Beschneidung" und ihren semantischen Gruppen gibt Ernst Ehrenreich, *Wähle das Leben! Deuteronomium 30 als hermeneutischer Schlüssel zur Tora* [BZABR 14], Wiesbaden 2010, 171 – 173.

9 Die einzige Ausnahme findet sich in Ex 4,24 – 26.

10 Genesis 17 enthält mehr als ein Drittel aller Belege des Verbs „beschneiden". „Diese einmalige Häufung, die Anfangsstellung im Kanon und sein ätiologischer Charakter machen das Kapitel auf der Ebene des Endtextes zum wichtigsten Interpretationsschlüssel für dieses Verb." (Ehrenreich, *Wähle das Leben* [s. Anm. 8], 173). Zum Abrahamszyklus der Genesis s. z.B. Jonathan Grossman, *Abram to Abraham. A Literary Analysis of the Abraham Narrative* (ATID 11), Bern 2016. Ich verwende

geschichtlichen und religiösen Erfahrungen des späteren Volkes haben in Abraham gewissermaßen vorweg Gestalt angenommen. Zugleich gilt Abraham auch als Stammvater von nichtisraelitischen Völkern.

Innerhalb seiner dramatischen Familiengeschichte bildet die Verheißung eines leiblichen Nachkommen in Genesis 15 den ersten theologischen Höhepunkt: „der aus deinem Leib hervorgeht, er wird dich beerben" (15,4). Diese Geburtsankündigung ist im Blick auf die Mutter offen, kann also nicht auf Isaak eingeschränkt werden – etwa mit der Begründung, dass es doch nur einen Sohn als Erben geben dürfe. Die Zusage wird sich im weiteren Erzählverlauf zunächst durch Ismael, den Sohn Abrahams mit der ägyptischen Sklavin Hagar (Kap. 16), erfüllen und erst später auch durch Isaak, den Abrahams Frau Sara trotz ihrer Unfruchtbarkeit gebären wird (Kap. 21). Angesichts des Sternenhimmels steigert Gott noch die Zusage eines Sohnes zur Verheißung einer unzählbaren Nachkommenschaft (15,5). Anschließend stellt der Erzähler alles zusammenfassend von Abraham fest: Bei diesen Verheißungen „glaubte er JHWH" und der „anerkannte ihm das als Gerechtigkeit" (15,6).[12] In einer weiteren nächtlichen Szene verpflichtet sich Gott in einem Bundesschlussritual eidlich, „seinem [Abrahams] Samen dieses Land vom Strom Ägyptens [dem Nil] bis zum großen Strom, dem Euphrat" zu geben (15,18). Diese Ausdehnung des gelobten Landes wird abschließend durch eine eigenständige Liste von zehn Völkern verdeutlicht (15,19–21). Sie umfasst neben dem westjordanischen Kanaan auch den Sinai und transjordanische Siedlungsgebiete, die von den Ismaelitern und den Söhnen Keturas, einer weiteren Nebenfrau Abrahams, bewohnt werden (Kap. 25). Entscheidend ist dabei: „Durch Gen 15,18 erhält auch Ismael Anteil am Verheißungsland."[13] Er gehört ja zum Samen Abrahams, dem in diesem Vers – also unmittelbar vor der in Kap. 16 erzählten Geburt Ismaels – der Landbesitz ohne jede Bedingung rechtsverbindlich zugeschworen wird. Wenn später in Kap. 17 das Land Kanaan der Isaak-Linie verheißen wird, bleibt der südliche Bereich vom Grenzbach Ägyptens bis zum Nil für die Nachkommenschaft Ismaels offen. Me-

---

im Folgenden vereinfachend immer den Namen Abraham, obwohl er dem Patriarchen erst Gen 17,5 als „Vater der Menge" von Gott zugesprochen wird.

11 Vgl. zum Folgenden Thomas Naumann, *Ismael. Israels Selbstwahrnehmung im Kreis der Völker aus der Nachkommenschaft Abrahams* (WMANT 151), Göttingen 2018, 29–35 und öfters.

12 Zum frequentativen Gebrauch des Verbs „glauben" angesichts dreier Verheißungen (Lohn [V.2], Leibeserbe und Nachkommenschaft) s. Norbert Lohfink, *Die Landverheißung als Eid. Eine Studie zu Gen 15* (SBS 28), Stuttgart 1967, 32 f. Von Gen 15,6 her ist Kap. 17 in das Licht des Glaubens Abrahams getaucht. Deshalb kann Paulus in Röm 4,11 die Beschneidung als „Besiegelung der Glaubensgerechtigkeit" bezeichnen.

13 Michael Konkel, *Vom Nil bis an den Euphrat. Noch einmal zu Gen 15*, in: Sebastian Grätz – Axel Graupner – Jörg Lanckau (Hg.), *Ein Freund des Wortes. Festschrift Udo Rüterswörden*, Göttingen 2019, 149–167, hier 165. Zur Begründung der These s. ebd., 165–167.

thodisch muss die Auslegung also beachten, dass die Kap. 15 und 16 in der kanonischen Abfolge der Abrahamgeschichten den Horizont für Kap. 17 bilden und damit für die Selbstverpflichtung Gottes samt der Beschneidung als ihrem Bestätigungszeichen. Genesis 17 enthält zwar „eine Art Gründungsurkunde des nachmaligen Volkes Israel".[14] Doch wird der Bund auch mit Abraham als Stammvater einer Menge von Völkern geschlossen und wird Israel im Rahmen der Völkerwelt als der Nachkommenschaft Abrahams wahrgenommen. Ob Ismael aufgrund der Mehrungsverheißung in diesen Bund einbezogen und seine Beschneidung als Zeichen seiner Zugehörigkeit zum Abrahamsbund zu werten ist, wurde in den letzten zwei Jahrzehnten unter dem Stichwort „abrahamitische Völkerökumene"[15] breiter diskutiert.[16] Ich werde deshalb auf die Frage nach der Teilhabe Ismaels am Bund etwas ausführlicher eingehen. Dabei schließe ich mich vor allem der eingehenden Untersuchung von Thomas Naumann „Ismael. Israels Selbstwahrnehmung im Kreis der Völker aus der Nachkommenschaft Abrahams" (2018) an.

Literarhistorisch gehört Genesis 17 zur sogenannten Priesterschrift, einem ursprünglich eigenständigen Werk mit charakteristischer Sprache und eigenem theologischen Programm, das später im Pentateuch aufgegangen ist.[17] Diese „Geschichtserzählung" stammt wahrscheinlich aus der Spätzeit des babylonischen Exils oder aus der Periode kurz danach (vor 520 v.Chr.).[18] Sie bildet redaktionell wie konzeptionell die Grundschrift des Pentateuchs.[19] Kap. 17 ist mit seinem Kontext –

---

14 Naumann, *Ismael* (s. Anm. 11), 140.

15 Vgl. Konrad Schmid, *Gibt es eine „abrahamitische Ökumene" im Alten Testament*, in: Anselm C. Hagedorn – Henrik Pfeiffer (Hg.), *Die Erzväter in der biblischen Tradition. Festschrift für Matthias Köckert* (BZAW 400), Berlin 2009, 67–92.

16 Die forschungsgeschichtlichen Perspektiven hat z.B. Naumann, *Ismael* (s. Anm. 11), 147–150, zusammenfasst. Zur „klassischen Sichtweise" „einer ausschließlichen Israelorientierung des Abrahambundes und der Marginalisierung seiner Völkerdimensionen" s. ebd., 148.

17 Erich Zenger, bearb. von Christian Frevel, *Das priester(schrift)liche Werk (P)*, in: Erich Zenger u.a., *Einleitung in das Alte Testament, 9. aktualisierte Auflage, herausgegeben von Christian Frevel* (KStTh 1), Stuttgart ⁹2015, 183–209. Hier werden auch andere Erklärungsversuche als die oben vertretene Auffassung besprochen. Nach Benjamin Ziemer, *Abram – Abraham. Kompositionsgeschichtliche Untersuchungen zu Genesis 14, 15 und 17* (BZAW 350), Berlin – New York 2005, gehört Genesis 17 zur um 400 v.Chr. verfassten Endkomposition des Pentateuchs, die terminologisch und theologisch die Genesis schichtenübergreifend systematisiert. Zur literarischen Integrität von Genesis 17 s. die Übersicht bei Schmid, *Abrahamitische Ökumene* (s. Anm. 15), 69–74. Dagegen isoliert Römer, *Beschneidung* (s. Anm. 1), 233–235, 17,1–8.11.12a.15–20.22.23a*.24.25.26(?) als ursprüngliche priesterliche Erzählung.

18 Suzanne Boorer, *The Vision of the Priestly Narrative. Its Genre and Hermeneutics of Time* (Ancient Israel and Its Literature 27), Atlanta/GA 2016, 100–103.

19 Konrad Schmid, *Literaturgeschichte des Alten Testaments. Eine Einführung. Studienausgabe*, Darmstadt ²2014, 146.

insbesondere den Kap. 15 und 18 – eng verflochten und fasst alle Abrahamsverheißungen zusammen. Es besteht aus einer fünfteiligen Gottesrede, deren dritte, also in der Mitte stehende Rede, die Beschneidung anordnet (V. 9–14). Die Erfüllung dieses Auftrags wird abschließend berichtet (V. 23–27). Zugleich werden die Aussagen der Verse 1–14 und 15–27 parallel entwickelt.[20] Im Folgenden konzentriere ich mich auf den ersten Teil des Kapitels. In ihm nehmen die beiden Gottesreden in 17,1b-3a und 3b-8 die Zusagen von Kap. 15 auf, wobei ihre Darstellung „fortschreitend näher bestimmt und präzisiert wird"[21].

Bundesschluss und Mehrungsverheißung (Gen 17,2–8)

In Genesis 17 kreisen die Verheißungen Gottes vor allem um eine reiche Nachkommenschaft. Die Mehrungszusage, die sonst Zeichen des göttlichen Segens ist, bildet hier den entscheidenden Inhalt des Bundes[22] mit Abraham und seinem „Samen"[23]. Sie wird nicht nur Abraham (V. 2.4.6), sondern auch Sara (V. 16), Isaak (V. 19) und Ismael (V. 20) zugesagt. Für das Verständnis des Kapitels ist dabei die Beobachtung entscheidend, dass sich der Umfang der Mehrungsverheißung von der ersten und zweiten (V. 2–8) zur vierten und fünften Gottesrede (V. 15–21) hin verengt. Zunächst bilden „eine Menge von Völkern" (V. 4.5) sowie „Völker" und „Könige"

---

20 Zu Themen und Struktur des Kapitels s. Sean E. McEvenue, *The Narrative Style of the Priestly Writer* (AnBib 50), Rom 1971, 145–160.

21 Erhard Blum, *Die Komposition der Vätergeschichte* (WMANT 57), Neukirchen-Vluyn 1985, 421. Die grundlegenden Beobachtungen dazu finden sich bereits bei McEvenue, *Narrative Style* (s. Anm. 20), 156, entfaltet in 157–178. Zur „fortschreitenden Präzisierung des Inhalts" von Genesis 17 vgl. zuletzt Matthias Köckert, *Gottes „Bund" mit Abraham und die „Erwählung" Israels in Genesis 17*, in: Nathan MacDonald (Ed.), *Covenant and Election in Exilic and Post-Exilic Judaism. Studies of the Sofja Kovalevskaja Research Group on Early Jewish Monotheism Vol. V* (FAT 2, 79), Tübingen 2015, 1–28, hier 6–10.

22 Vgl. Walter Groß, *Zukunft für Israel. Alttestamentliche Bundeskonzepte und die aktuelle Debatte um den Neuen Bund* (SBS 176), Stuttgart 1998, 55.

23 Zu diesem Kollektivbegriff vgl. Naumann, *Ismael* (s. Anm. 11), 184. Dagegen fasst Paulus in Gal 3,16 ihn als Singular auf und kann dadurch die Abrahamsverheißung über Isaak unmittelbar auf Christus beziehen (ebd., Anm. 152). Die für die Priesterschrift typische Formulierung „dein Same nach dir" (Gen 17,7.8.9.10.19 und 35,12; 48,4) lässt von den Gaben des Gottesverhältnisses und des Landes her zwar an das spätere Israel denken. Doch wird Isaak, von dem Israel abstammt, in der Erzählungsdramaturgie erst in 17,16 angekündigt und wurde bisher nur Ismael geboren. Obwohl er kein Israel-Erbe ist, ist er Abrahams Sohn und in „deinem Samen nach dir" zweifellos mitangesprochen. Deshalb bittet Abraham in V.18 auch aufgrund des ihm in V.7f zugesagten besonderen Gottesverhältnisses für Ismael: „möge er vor dir am Leben bleiben". Naumann spricht angesichts dieser Darstellung vom „Problem der genealogischen Undeutlichkeit der Abrahamfigur" (ebd.).

(V. 6) den „Samen" Abrahams. Er wird ihm durch die ungenannten Söhne seiner beiden Frauen zuteil.[24] Die beiden Gottesreden, die auf die Beschneidungsordnung (V. 9–14) folgen (V. 15–16 und 19–21), fokussieren die von der noch kinderlosen Sara stammenden Nachkommen. Deshalb muss jetzt neben „Völkern" und „Königen" (V. 16) der künftige Sohn, aus dem sie kommen, genannt (V. 19) und von Ismael eigens abgehoben werden (V. 20). Die universelle (V. 4 und 7) und die spezielle Zusage Gottes (V. 19), die Bundesverpflichtung zu übernehmen, sind weitgehend gleichlautend formuliert und verdeutlichen diese Gliederung[25]:

17,4 bezogen auf Abraham	Ich, siehe, mein Bund *mit dir*
17,7 bezogen auf Abraham und seinen Samen	Und ich werde meinen Bund errichten zwischen mir und dir und deinem Samen nach dir, Generation um Generation, als ewigen Bund
17,19 bezogen auf Isaak	Und ich werde meinen Bund errichten *mit ihm* als ewigen Bund für seinen Samen nach ihm

Die Konzentration des Interesses auf Abraham und Isaak zeigt sich auch im Rahmen der Gottesreden – in der Ankündigung des Gottesbundes mit Abraham zu Beginn (V. 2) und mit Isaak an ihrem Ende (V. 21). Im Übrigen werden die Unterschiede beim

---

24 Weil auch Isaak in den „Samen" Abrahams eingeschlossen ist, können sowohl die Mehrungsverheißung als die folgenden Zusagen des Gottesverhältnisses und des Landes (V.7–8) bei der Ankündigung des Bundes mit Isaak (V.19–21) fehlen. Dagegen dient die Wiederholung des Mehrungssegens bei Ismael (V.20) dem Dialog Gottes mit Abraham (V.18) – McEvenue, *Narrative Style* (s. Anm. 20), 159. Damit lassen sich auch die Einwände von Köckert, Gottes „Bund" (s. Anm. 21), 11 und Anm. 459, beantworten.

25 Köckert, Gottes „Bund" (s. Anm. 21), 6, meint angesichts der oben vertretenen inklusiven Deutung, der zufolge Gottes Bund in den V.7–8 allen Nachkommen Abrahams gilt: „Müsste aber dann nicht auch Isaak schon in den V.7–8 inbegriffen sein? Warum bedarf es dann noch einer ausdrücklichen Bundeszusage für Isaak, wie Gott sie in den V.19–21 gibt? Die komplexe Gedankenführung des Kapitels ist offenbar nur deshalb nötig, weil zwischen den Nachkommen Abrahams ohne Sara und den Nachkommen Abrahams in der Verbindung mit Sara differenziert werden soll." Deshalb kann Ismael in den V.19–21 nicht als Bundespartner genannt werden. Ihnen kann es nicht darum gehen, Ismael aus dem Bund auszuschließen, sondern nur darum, Isaak in ihn einzubeziehen, insbesondere weil er noch nicht geboren ist. Dennoch ist Ismael nicht in gleicher Weise Teilhaber am Gottesbund wie Isaak (vgl. z.B. Schmid, „Abrahamitische Ökumene" [s. Anm. 15], 81). Matthias Köckert hat seine Position in einem Nachtrag zum Wiederabdruck seines Artikels in seinem Sammelband *Von Jakob zu Abraham. Studien zum Buch Genesis* (FAT 147), Tübingen 2021, 193–220, hier 217–220, gegen Thomas Naumann (217–219) und mich (219 f) verteidigt. Eine differenzierte Auseinandersetzung mit seiner Argumentation ist in diesem Rahmen nicht möglich. Nur den Vorwurf, dass die „sog. kanonischen Lesung an der Literargeschichte der Abrahamsüberlieferung vorbeigeht", möchte ich hier zurückweisen, ebenso seinen Hintergrund: „Muss nicht eine kanonische Auslegung, die nicht literargeschichtlich kontrolliert wird, in Willkür enden?" (219).

Bundeshandeln Gottes (V. 2.4.7.19.21) im Hebräischen sprachlich sehr genau durch die Tempora der Verben markiert.[26]

Kap. 17 beginnt mit einer „göttlichen Selbstermutigung zum Bundesschluss"[27]:

> [17,2] Ich will meinen Bund zwischen mir und dir geben (des Inhalts): Ich werde dich sehr, sehr zahlreich machen.

Die folgenden Verse 4 – 6 und 7 – 8 entfalten diese Ansage im Rahmen eines bereits geschlossenen Bundes.[28] Dabei ergeht die Mehrungsverheißung zunächst an Abraham allein. Denn Fruchtbarkeit kann wie im Alten Testament auch sonst nur einer Einzelperson versprochen werden, die sie in ihren Nachkommen erfahren soll. Die Mehrungszusagen können sich zwar erst in der Zukunft erfüllen. Doch den Bundesschluss vollzieht Gott bereits im Sprechakt der Bundeszusage selbst. Er bildet die Grundlage von allem zukünftigen Geschehen[29]:

> [17,4] Ich – siehe, (dies ist) mein Bund mit dir (des Inhalts): Du wirst Vater einer Menge von Völkern werden (…) [6] Und ich werde dich sehr, sehr fruchtbar machen und dich zu Völkern geben [werden lassen] und Könige werden aus dir hervorgehen.

Unter der Voraussetzung dieser Mehrungsverheißung kann im Folgenden auch die Nachkommenschaft ausdrücklich in den Gottesbund mit Abraham einbezogen werden[30]:

---

26 In den Bundesankündigungen für Abraham (V.2) bzw. Isaak (V.21) steht das „Imperfekt" (V.2 Kohortativ). Der Bundesschluss selbst wird in einem Nominalsatz (Koinzidenz) festgestellt (V.4). Die Bundeszusagen aber sind stets im „Konsekutivperfekt" formuliert. Vgl. Naumann, *Ismael* (s. Anm. 11), 153.

27 Ebd.

28 Dazu entwickeln die V.4 – 6 und 7 – 8 ihre Bundesverheißungen jeweils aus dem Wortmaterial der Ankündigung in V.2 (vgl. Naumann, *Ismael* [s. Anm. 11], 156 f): Vom „Geben" (V.2) sprechen die V.5.6 (Objekt „Völker") und V.8 (Objekt „Land"). Die Verheißung „dich zahlreich machen" (V.2) wird in V.6 zu „dich fruchtbar machen" variiert, doch stehen beide Verben z. B. in V.20 in Parallele. Die Formel „zwischen mir und dir (und deinem Samen)" bestimmt den Wirkungsbereich des von Gott „gegebenen" (V.2) bzw. „errichteten Bundes" (V.7). Die beiden Verben dürften in der Priesterschrift im Zusammenhang des Bundesschlusses austauschbar sein bzw. parallel gebraucht werden – vgl. im Noachbund Gen 6,18; 9,9.11.17 („errichten, aufrichten") und 9,12.13 („geben"). Aus diesen Beobachtungen schließt Naumann: „Die feine sprachliche und sachliche Verankerung beider Redeteile in der Bundesankündigung (V.1d-2) zeigt ihre Zusammengehörigkeit als Entfaltung des einen Bundes. Das widerrät der Annahme, es handle sich in V.4 – 6 und V.7 – 8 um zwei verschiedene Bundesschlüsse, wobei erst dem zweiten mit der Gabe des Landes und dem besonderen Gottesverhältnis eigentliche Bedeutung für Israel zukommt." (Ebd., 156).

29 Vgl. ebd., 153.

30 Ebd., 157.

[17,7] Und ich werde meinen Bund errichten zwischen mir und dir und deinem Samen nach dir, Generation um Generation, als ewigen Bund (des Inhalts), dir Gott zu sein und deinem Samen nach dir. [8] Und ich werde dir und deinem Samen nach dir das Land deiner Fremdlingschaft, das ganze Land Kanaan, zu ewigem Besitz geben, und ich werde ihnen Gott sein.

Für den Bundesschluss Gottes mit den Nachkommen Abrahams wird ein neues Verb eingeführt, das auch Gen 9,9 für den Bund Gottes mit Noach und seinen Nachkommen verwendet: „errichten, aufrichten"[31]. Außerdem bezeichnet erst 17,7 im Zusammenhang mit dem Samen den Bund auch als „ewig" (ebenso V. 19 beim noch ungeborenen Sohn Isaak). In der anschließenden „Bundesformel" erklärt Gott einseitig seine immerwährende Bindung an Abraham und seinen Samen. Ihre Wiederholung in V. 8 zeigt, dass das Schwergewicht der Zusagen nun auf diesem besonderen Gottesverhältnis liegt, während das Land in den Hintergrund tritt.[32] In 15,18 hatte Gott das Land Abraham in einem Bund vertraglich zugesichert, in 17,8 steht es außerhalb der Bundeszusage[33]. Verglichen mit seiner ausführlichen Beschreibung in 15,18–21 bleiben die Grenzen „des ganzen Landes Kanaan"[34] in 17,8 unbestimmt.

Zusammenfassend: Aus der Sicht Abrahams und der Perspektive der Leser können sich die Verheißungen der V. 4–8 nur auf Abraham und Ismael als seinen

---

31 Ziemer, *Abram* (s. Anm. 17) 297 f, plädiert in Genesis 17 für die Übersetzung „aufrecht erhalten". Sie lege sich in V.19.21 als Rückverweis auf V.7 und den von Gott mit Abraham und seinen Nachkommen geschlossenen Bund nahe. Doch könne auch V.7 vom Aufrechterhalten und nicht Konstituieren des Bundes sprechen und damit auf den Bundesschluss in Gen 15,7–21 zurückverweisen.
32 Das traditionelle Verständnis, das nicht ausgeschlossen werden kann, sieht in Landgabe und Gottesverhältnis nur israelitische Spezifika, weil sie später in der Israellinie allein wieder aufgenommen werden; sie zählt den Mehrungssegen nicht zu den Gaben des Abrahambundes – vgl. Jakob Wöhrle, *Isaak und Ismael. Zum Verhältnis der beiden Abrahamssöhne nach Genesis 17 und Galater 4,21–31*, in: EvTh 71 (2011) 115–132; Köckert, *Gottes „Bund"* (s. Anm. 21), 18. Doch bedenkt „die Priesterschrift die Erwählung Israels vor dem Forum der Völker, indem sie die Sinaiereignisse in zwei vorausliegende Bundesschlüsse einbettet, die jeweils mehr umschließen als das nachmalige Volk Israel." So wird die Zusage des Noachbundes (Genesis 9), die alles Fleisch betrifft, im Abrahamsbund (Genesis 17) in spezifischer Weise für Israel aktualisiert. Vor allem aber wird der Mehrungssegen der Schöpfung (Gen 1,28), der allen Menschen gilt, für die Väter Israels neu aktualisiert – vgl. 17,2.6.20 „zahlreich machen" und „fruchtbar machen". „Niemand würde behaupten, in Gen 1 sei allein die Mehrung Israels zu einem großen Volk im Blick, weil die Mehrungsterminologie abschließend in Ex 1,7 begegnet." S. dazu ausführlicher Naumann, *Ismael* (s. Anm. 11) 187, Zitate 187 und 188 Anm. 162.
33 McEvenue, *Narrative Style* (s. Anm. 20), 166 f. Groß, *Zukunft* (s. Anm. 22), 55 Anm. 19, macht für Jakob darauf aufmerksam, dass Gen 28,4 „das Land, das traditionsgeschichtlich zu den *Berit*[Bundes]-Gaben gehört, als Segen Abrahams" bezeichnet.
34 Die Bezeichnung findet sich nur in Gen 17,8 und im Rückblick auf diesen Vers noch in Jos 24,3 – vgl. Schmid, „*Abrahamitische Ökumene*" (s. Anm. 15), 76.

„Samen" beziehen.[35] Die Textkomposition von Genesis 17 dürfte also darauf hinweisen, „dass sich der Abrahamsbund mit seinen Gaben der Mehrung, des Landes und des besonderen Gottesverhältnisses an alle Abrahamnachkommen richtet, weil sie Abrahams ‚Same' sind."[36] Erst die beiden letzten Gottesreden (V. 15–16 und 19–21) setzen sich mit der unterschiedlichen Bedeutung der zwei Abrahamsöhne angesichts der göttlichen Bundeszusage auseinander. Die gemeinsame Zugehörigkeit zum Bund schließt ja nicht aus, dass Ismael, der für die nichtisraelitischen Völker aus der Nachkommenschaft Abrahams steht, und Isaak, in dem das Erbe auf das Gottesvolk Israel übergeht, erzähldramatisch abgestuft gewichtet und die Verheißungen für sie unterschiedlich akzentuiert werden.[37]

Das Beschneidungsgebot (Gen 17,9–14)

Die Verbindung der Beschneidung mit dem Bundesgedanken bildet die theologische Besonderheit von Genesis 17. Sie hat in den älteren Abrahamerzählungen kein Gegenstück und steht im literarischen Zentrum seiner fünfteiligen Offenbarungsrede. Gott wendet sich dabei nicht nur an Abraham („du", „dein"), sondern auch an die Leser/Hörer („euch", „ihr"), also an die in der Verfassergegenwart und in der Zukunft Angesprochenen der Beschneidungstora. Sie sind ja der Same Abrahams durch ihre Generationen hindurch, denen der Bund gilt:

> [17,9] Und Gott sprach zu Abraham: Du aber, du sollst meinen Bund bewahren, du und dein Same nach dir, Generation um Generation. [10] Das ist mein Bund zwischen mir und euch [den Rezi-

---

35 Vgl. Köckert, *Gottes „Bund"* (s. Anm. 21), 10, der noch ergänzt: „Diese Deutung der Nachkommenschaft auf Ismael spricht noch aus Abrahams Reaktion in V.17–18." (Ebd.). Gott korrigiert sie aber in V.19 nicht als Missverständnis Abrahams – gegen ebd., 10 f; zu Syntax und Inhalt dieses Verses vgl. Naumann, *Ismael* (s. Anm. 11), 209–214.

36 Naumann, *Ismael* (s. Anm. 11), 188. Paulus bezieht sich in Gal 4,21–31 auf die Gegenüberstellung der beiden Abrahamsöhne Ismael und Isaak, die aber „allegorisch" zu verstehen ist (V.24). Mit ihr grenzt er sich, wie Wöhrle, *Isaak und Ismael* (s. Anm. 32), 128 f, betont, von seinen in den galatischen Gemeinden eingedrungenen Gegnern ab. In seiner Argumentation beschränkt sich Paulus auf die aus Genesis 16–21 aufgegriffenen Frauen Abrahams und deren Status als Sklavin bzw. Freie. Mit Hagar und Sara bringt er zwar den Bund vom Sinai und das gegenwärtige Jerusalem in Beziehung, identifiziert sie aber nicht damit (ebd., 129 f). „Sara steht für die Alternative der Freiheit, Hagar für die Alternative der Knechtschaft. Dabei entscheidet sich das jetzige Jerusalem für die Knechtschaft, die Adressaten des Paulus aber sollen sich für die Freiheit entscheiden." Deshalb geht es „hier nicht um die Verwerfung des Judentums an sich, sondern um die Verwerfung der von Hagar her beschriebenen Alternative der Knechtschaft." (Ebd., 130)

37 Vgl. Naumann, *Ismael* (s. Anm. 11), 221–225.

pienten] und deinem Samen nach dir [Abraham], den ihr bewahren sollt: Beschnitten werde unter euch alles Männliche!

Der Abrahamsbund, den Gott „aufgerichtet" hat (V. 7), muss von Abraham und seinen Nachkommen „bewahrt" (V. 9.10) werden. Dieses kategorische Gebot verlangt keine Gehorsamsleistung gegenüber irgendwelchen Bundesverpflichtungen.[38] Vielmehr dient der Vollzug der Beschneidung der persönlichen Aneignung des mit Abraham und seinem Samen geschlossenen Bundes; erst durch sie kann er „aktuell und wirksam" werden. „Der Primat der göttlichen Gnade bleibt damit gewahrt. Die Gültigkeit der ‚Bundeszusagen' ist nicht von menschlicher Gebotserfüllung abhängig, sondern einzig und allein von der Treue Gottes zu seinen einmal gegebenen Zusagen."[39] V. 10 nennt die Beschneidung metonymisch „meinen Bund", also den Bund Gottes, obwohl sie nur das von Gott befohlene Zeichen ist,[40] der vom Menschen vollzogene rituelle Akt. Damit die Beschneidung zum Bundeszeichen werden

---

38 Gegen z. B. David A. Bernat, *Sign of the Covenant. Circumcision in the Priestly Tradition* (Ancient Israel and Its Literature 3), Atlanta/GA 2009, 38 f. Er folgert aus Lev 26,15 und 41, „Bund" meine „the obligation to follow the aggregation of God's commands" (38), und muss deshalb in Genesis 17 mit unterschiedlichen Bedeutungen von „Bund" rechnen (ebd., 38 Anm. 44). Raik Heckl, *Die Beschneidung in Genesis 17 Gebot, Antwort auf das Geschenk des Bundes oder Zeichen? Über eine Präsupposition zur Revision der Thesen von der sogenannten abrahamitischen Ökumene*, in: Joachim Krause – Wolfgang Oswald – Kristin Weingart (Hg.), *Eigensinn und Entstehung der Hebräischen Bibel. Erhard Blum zum siebzigsten Geburtstag*, Tübingen 2019, 49 – 62, sieht (im Gefolge von E. Blums Konzept der priesterlichen Kompositionsschicht [54 Anm. 29]) in der Beschneidung ein „Erinnerungszeichen" daran, den Bund zu halten, der „letztlich erst mit der Einhaltung der Tora seine äußere Form erhält." (61).
39 Peter Weimar, *Studien zur Priesterschrift* (FAT 56), Tübingen 2008, 209. Köckert, *Gottes „Bund"* (s. Anm. 21), 15, verdeutlicht diesen Gnadencharakter durch ein modernes Bild: „Gott übergibt mit seinem Bund gewissermaßen einen Scheck ohne jede Vorbedingung. Der Scheck bleibt allerdings für den Empfänger wertlos, wenn er ihn nicht einlöst." Jakob Wöhrle, *Von Generation zu Generation. Zum Bund in den priesterlichen und spätpriesterlichen Texten des Pentateuchs*, in: Lars Maskow – Jonathan Robker (Hg.), *Kritische Schriftgelehrsamkeitz in priesterlichen und prophetischen Diskursen. Festschrift für Reinhard Achenbach zum 65. Geburtstag* (BZAR 27), Wiesbaden 2022, 25 – 45, 40 – 45, sieht in der spätpriesterlichen Bearbeitung durch die Beschneidungsordnung in 17,9 – 14 eine nachträgliche Konditionierung der individuellen Aneignung des Bundes. Mit ihr werde „im Rahmen des Abrahambundes eine Bedingung für die individuelle Aufnahme in diesen Bund vorgebracht. Die Beschneidung erscheint nun als Voraussetzung für die Zugehörigkeit des Einzelnen zu dem mit Abraham und seinen Nachkommen geschlossenen Bund." (43). Dagegen verweist Heckl, *Beschneidung* (s. Anm. 38), 52, darauf, dass die beiden Themen Bundesschluss und Bundeszeichen klar voneinander getrennt werden und an der Schnittstelle „eine Konjunktion oder Überleitung, die einen konditionalen Charakter von Gen 17,10b-14 belegen könnten", fehlen.
40 Walter Gross, *Bundeszeichen und Bundesschluß in der Priesterschrift*, in: TThZ 87 (1978) 98 – 115, 113.

kann (V. 11b.13b), präzisieren die Ausführungsbestimmungen die Stelle der Beschneidung (V. 11a), den Zeitpunkt (V. 12a) und den verpflichteten Personenkreis (V. 12b-13):

> [17,11] Und zwar sollt ihr euch an eurem Vorhautfleisch[41] beschneiden lassen! Das soll zum Zeichen des Bundes zwischen mir und euch geschehen. [12] Im Alter von acht Tagen soll alles Männliche bei euch beschnitten werden, Generation um Generation, der im Haus Geborene [Sklave] und der von irgendeinem Fremden um Silber Erworbene [Sklave], der nicht von deinem Samen ist. [13] Beschnitten werden muss der nicht in deinem Haus Geborene und der um dein Geld Erworbene. Mein Bund an eurem Fleisch soll ein ewiger Bund sein.

Im Zusammenhang der Bundeskonzeption von Genesis 17 gewinnt der schon von alters in den Familien gepflegte und auch religiöse Brauch der Kinderbeschneidung[42] einen neuen Sinn: „Als ein körperliches Merkmal ist sie irreversibel, nicht rückgängig zu machen, und daher geeignet, den Gottesbund als einen unverbrüchlich geltenden zu symbolisieren. Sie ist ferner ein Ritual, das im familiären Ablauf immer dann zur Anwendung kommen kann, wenn sich in der Geburt (eines Sohnes) die Segenskraft der im Abrahambund zentralen Mehrungsverheißung neu sichtbar bestätigt hat. Die Beschneidung bringt etwas von der Wirksamkeit des Abrahambundes in der Kontinuität der Generationen zum Ausdruck."[43]

Die Beschneidung ist kein von Genesis 17 eingeführtes Abgrenzungszeichen gegenüber nichtbeschnittenen Völkern. Sie ist überhaupt weniger Unterscheidungsmerkmal als „Bekenntniszeichen"[44]. Angesichts der Beschneidungspraktiken

---

41 Zu dieser Übersetzung und ihrer Begründung s. Blaschke, *Beschneidung* (s. Anm. 1), 83f.
42 Blaschke, *Beschneidung* (s. Anm. 1), 84f; zu verschiedenen Begründungen der Beschneidung von Kleinkindern s. ebd., 85–86. Welche Überlegung zu ihrer Einführung führte, lässt sich nicht mehr mit Sicherheit eruieren. (Ebd., 86).
43 Naumann, *Ismael* (s. Anm. 11), 192. Ruwe, *Beschneidung* (s. Anm. 1), 318f, setzt für die Beschneidung als Bundeszeichen eine semantische Nähe zu den Inhalten des Abrahambundes voraus. Sie sei „als semantische Analogie zum Komplex der Bundesinhalte von Gen 17" zu verstehen, die sich zusammenfassend folgendermaßen beschreiben ließen: „Zugesagt wird den Abrahamiten umfassende Prosperität bzw. Schalom, und zwar in fertiler (Mehrung der Nachkommen, V.6a), wirtschaftlicher (Landbesitz, V.8a), politischer (Könige als Nachkommen, V.6b) und religiöser (besondere Zuwendung Elohims [Gottes], V.7b.8b) Hinsicht. Zu diesem Bündel an Bundesinhalten passt die Beschneidung als interkulturell geübter Brauch genau, denn umfassende Prosperität und Schalom im Sinne jener Zusagen wird durch friedliches Zusammenleben und kulturelle Gemeinsamkeit der betreffenden Völker gespiegelt [...] Die Beschneidung nach Gen 17 ist somit ein *interethnisches Solidaritäts- bzw. Friedenszeichen*".
44 Joachim J. Krause, *Individualisierung des Bundesbruchs? Die neuere Deutung von Gen 17,14 im Licht der Vergleichsbelege*, in: ZAW 129 (2017) 194–204, 194. Dagegen wird nach Römer, *Beschneidung*, 227f, die Beschneidung durch die Verlegung auf den achten Tag zum ausschließenden Unterscheidungsmerkmal gegenüber den Völkern.

der Umwelt verweist sie über alles Naturhaft-Vitale hinaus auf die Erwählung und Zugehörigkeit zum Gott Abrahams, verweist auf seine geschichtliche Heilsoffenbarung und bezeugt deren Annahme. Rituell zeigt sich diese besondere religiöse Funktion im Beschneidungstermin, den die Ausführungsbestimmungen auf den achten Tag nach der Geburt festlegen (V. 12a; vgl. Lev 12,3). Die Säuglingsbeschneidung wird dadurch zum liturgischen Akt. Das ideelle Gewicht dieser neuen Ritualvorschrift ergibt sich schon aus ihrer Stellung in den Erscheinungsreden Gottes, und zwar in der dritten, der mittleren Rede.[45] Ihre Einführung dürfte ausschließlich theologisch begründet sein: Die Kinderbeschneidung als wirksames Zeichen eines reinen Gnadenbundes entspricht nämlich dem Umstand, dass derjenige, der beschnitten wird, um die Zusagen des Abrahambundes zu erlangen, die Beschneidungsverpflichtung nicht selber erfüllen kann. Ebenso wird die Ausweitung der Beschneidung auf die volksfremden Sklaven (vgl. Lev 25,44 f), die zum Haushalt gehören (Gen 17,12b), ins literarische Zentrum gerückt und damit als bedeutungsvoll markiert. Als Beschnittene können sie am Kult der Großfamilie teilnehmen.[46] In dieser familiären Denkform schafft die Beschneidung einen Binnenraum der Zugehörigkeit, der jedoch Unterschiede zulässt. „Verweisen also die beschnittenen Säuglinge auf die jeder menschlichen Leistung vorauslaufende Gnade, dann die beschnittenen Volksfremden vor allem auf die Gnade der Erwählung."[47] Entscheidend ist aber: Trotz der Beschneidung aller männlichen Personen des Hauses bleibt der Bund selbst auf Abraham und seine Nachkommen beschränkt. Die Beschnei-

---

45 McEvenue, *Narrative Style* (s. Anm. 20), 170 f.

46 Vgl. die Beschneidungsordnung für Sklaven und Fremde, die unter den Israeliten wohnen, als Voraussetzung zur gleichberechtigten Mitfeier des Pessachmahles in Ex 12,43–49, die an Gen 17,12 f anknüpft. Vielleicht ist es angesichts der sozialen Abhängigkeit von Sklaven aber zu idealistisch, zu behaupten: „Die Beschneidung adelt und macht jeden Menschen, von welcher Herkunft auch immer, bedingungslos zum Israeliten, Volksgenossen und Kind des Hauses." (Benno Jacob, *Das Buch Exodus, hg. im Auftrag des Leo Baeck Instituts von Shlomo Mayer*, Stuttgart 1997, 368 f). Auch Ex 31,13–17 spielt auf Genesis 17 an, wenn der Sabbat ein „Zeichen zwischen mir und euch, Generation um Generation" (V.13) ist und als „ewiger Bund" (Ex 31,16), als „ein Zeichen auf ewig" (V.17), funktioniert. Beide Texte gelten als nachpriesterschriftliche Bestimmungen. Beschneidung, Pessach und Sabbat können auch im fremden Land und ohne Tempel als grundlegende Glaubensäußerungen gelebt werden. Sie sind lebensgeschichtlich verankert: „die Beschneidung wird einmal im Leben vorgenommen [...]; das Passa wird einmal im Jahr gefeiert; der Sabbat wird jede Woche begangen. Woche um Woche, Jahr für Jahr und Generation um Generation begleiten die Institutionen das Leben der Exilierten. Auf diese Weise bekommt das Leben im Exil eine durch die Religion und ihre Rituale gestützte Struktur." (Klaus Grünwaldt, *Exil und Identität. Beschneidung Passa und Sabbat in der Priesterschrift* [BBB 85], Frankfurt am Main 1992, 222 f, Zitat 223).

47 Georg Braulik, *Gibt es „sacramenta veteris legis"? Am Beispiel der Beschneidung*, in: Georg Braulik – Norbert Lohfink, *Liturgie und Bibel. Gesammelte Aufsätze* (ÖBS 28), Frankfurt am Main 2005, 369–401, hier 385.

dung der Sklaven stellt somit keineswegs „exemplarisch die Aufnahme von Fremden in den Abrahamsbund" dar.[48] Sie sind ja, wie V. 12b ausdrücklich vermerkt, nicht von Abrahams Samen. Daraus ergibt sich: „Nicht die Beschneidung an sich ermöglicht die Teilhabe am Bund".[49] Zwischen dem Abrahamsbund und der Beschneidung als seinem Zeichen besteht deshalb eine „gewisse konzeptionelle Inkongruenz".[50] Nur für den Samen Abrahams gilt zusammenfassend: „Mein Bund an eurem Fleisch soll ein ewiger Bund sein." (V. 13b).[51] Im Übrigen wird die Beschneidung, obwohl sie Ismael als Stammvater arabischer Völker betrifft, nicht „als interkulturelles Phänomen profiliert".[52]

Das „Fleisch" ist bloß in dieser Stelle der eigentliche Ort des Bundes. Als anthropologischer Ausdruck bezeichnet es den Menschen als solchen, aber vornehmlich unter dem Aspekt des Leiblichen. Das heißt: Gott beansprucht die ganze Person mit ihrer seelisch geistigen wie ihrer leiblichen Komponente. „Somit ist das Zeichen seines Bundes nicht der abstrakte Akt der Beschneidung, sondern dessen Folge, der beschnittene Mensch. Genauer: der ganze Mensch inmitten des Volksganzen, eben ‚eurem' Fleisch. Er ist das Gnadensymbol des Abrahambundes."[53]

Gottes Bund, den er allein und ohne Bedingungen gesetzt hat, wäre nicht „ewig" (V. 7.13.19), hinge er von menschlichem Gehorsam ab. Zwar kann man sich ihm verweigern, ihn aber nicht zerstören. Erhielten Abraham und seine Nachkommen zu Beginn der Beschneidungsregelungen den Auftrag, „den Bund zu bewahren" (V. 9), um seiner teilhaftig zu werden, so verfügen die Bestimmungen am Ende einen strafweisen Ausschluss:

> [17,14] Ein männlicher Unbeschnittener aber, der nicht an seinem Vorhautfleisch beschnitten ist, dessen Leben soll aus seinem Volk herausgeschnitten [ausgemerzt] werden; er hat meinen Bund gebrochen.

---

48 Gegen Wöhrle, *Isaak und Ismael* (s. Anm. 32) 124 f, Zitat 124.

49 Köckert, *Gottes „Bund"* (s. Anm. 21), 17.

50 Ruwe, *Beschneidung* (s. Anm. 1), 315. „Die Ambivalenz der Beschneidung in Genesis 17 hängt damit zusammen, dass die Priesterschrift eine längst vorgegebene Praxis aufgreift, sie mit der Verlegung auf den achten Tag verändert und ihr damit die neue Bedeutung eines ‚Zeichens des Bundes' gibt." (Köckert, *Gottes „Bund"* [s. Anm. 21], 18). Vgl. Gross, *Bundeszeichen* (s. Anm. 40), 113 Anm. 36.

51 „In der jüdischen Auslegung war nie strittig, dass Ismaels Beschneidung als Bundeszeichen aufzufassen sei. [...] Das Alter von 13 Jahren befähigt Ismael zu einer von ihm religiös selbstverantworteten Entscheidung zur Beschneidung." (Naumann, *Ismael* [s. Anm. 11], 229).

52 Gegen Ruwe, *Beschneidung* (s. Anm. 1) 316.

53 Braulik, *„Sacramenta veteris legis"* (s. Anm. 47), 385.

Die Beschneidung wird der freien Entscheidung des Einzelnen zugemutet. Dennoch bleibt es nicht der Beliebigkeit überlassen, sie anzunehmen oder abzulehnen. Wer sie an seinen Hausgenossen nicht durchführt, versagt sich dem Bund und stellt sich außerhalb Israels. Die sakralrechtliche Formel „aus dem Volk herausschneiden" meint wahrscheinlich eine Exkommunikation. Der Abrahamsbund kann somit nur von der Person gebrochen werden, die eine Beschneidung zurückweist.[54] Weil er aber auf alle Generationen des Samens Abrahams hin angelegt und auf das ganze Volk bezogen ist, besteht er trotz eines individuellen menschlichen Scheiterns uneingeschränkt weiter. Solange Israel existiert, bleibt die Beschneidung heilswirksam (vgl. Röm 9,4 f.).

Im Anschluss an die Gottesreden erzählen Gen 17,23–27 detailliert, dass Abraham die Anordnungen der Beschneidungstora noch am selben Tag juristisch exakt ausführte: Er selbst wurde mit neunundneunzig Jahren beschnitten, Ismael als Dreizehnjähriger[55] und mit ihnen auch alle im Haus Abrahams geborenen und alle um Geld erworbenen Männer. Ismael gehört nicht zu ihnen, denn er ist ausdrücklich „Abrahams Sohn" (V. 23.25.26). Er wird als solcher, aber nicht bloß aufgrund der Beschneidung in den Abrahambund aufgenommen.[56]

---

54 „Empfänger der *berit* [des Bundes] als Zusage und Gebot sind alle Israeliten; Subjekt des Bundesbruches und Objekt seiner Folgen ist der einzelne israelitische Mann. [...] Damit verschiebt die Priesterschrift den Bundesbruch samt seinen Folgen in die individuelle Sphäre, während auf kollektiver Ebene keine Katastrophe des Gottesverhältnisses mehr ins Auge gefasst wird." (Hermann-Josef Stipp, *„Meinen Bund hat er gebrochen" [Gen 17,14]. Die Individualisierung des Bundesbruchs in der Priesterschrift*, in: *Alttestamentliche Studien. Arbeiten zu Priesterschrift, Deuteronomistischem Geschichtswerk und Prophetie* [BZAW 442], Berlin 2013, 117–136, hier 134). Zur späteren Gegenposition sowie einer konditionalen Konzeption des Abrahambundes, insbesondere aufgrund des Beschneidungsgebots, die Joachim J. Krause in mehreren Veröffentlichungen vertritt, und der Kritik durch Walter Groß s. zuletzt Georg Braulik, *Gottesbund und Gnade im Deuteronomium*, in: BZ 67 (2023) 1–42.

55 Das Beschneidungsalter ergibt sich aus der priesterschriftlichen Chronologie und der Geburt Isaaks als ihrem Orientierungspunkt. Als Abraham von Haran nach Kanaan zieht, ist er fünfundsiebzig Jahre alt (Gen 12,4), bei der Geburt Ismaels sechsundachtzig Jahre (Gen 16,15 f.). Den Bundesschluss erlebt er als Neunundneunzigjähriger (17,1). Unmittelbar nach der Offenbarungsrede Gottes werden Abraham und der dreizehnjährige Ismael beschnitten (17,24 f.). Isaak wird im hundertsten Lebensjahr Abrahams geboren (21,5). Vgl. Thomas Naumann, *The Common Basis of the Covenant and the Distinction between Isaac and Ismael in Gen 17. The Case of Ishmael and the Non-Israelite Descendants of Abraham in the Priestly Source*, in: Reinhard Achenbach – Rainer Albertz – Jakob Wöhrle (Ed.), *The Foreigner and the Law. Perspectives from the Hebrew Bible and the Ancient Near East* (BZABR 16), Wiesbaden 2011, 89–109, hier 96–99.

56 Gegen Wöhrle, *Isaak und Ismael* (s. Anm. 32) 125: „Ismael ist also doch in den Abrahamsbund integriert. Er ist das aber nicht per se, aufgrund seiner Herkunft von Abraham, sondern infolge seiner Beschneidung. Ja, Ismael ist im Kontext von Gen 17 gewissermaßen der exemplarische

Das unbeschnittene Herz muss sich demütigen (Lev 26,41)

Das priesterschriftliche Erzählwerk wurde durch ein (nach exegetischem Mehr-heitsvotum) ursprünglich eigenständiges Rechtskorpus, das sogenannte Heilig-keitsgesetz (Levitikus 17–26), weitergeführt. Mit seinem ethischen Anspruch und seinen kultischen Regelungen der Heiligkeit reflektiert es in exilischer/nachexili-scher Zeit die Dialektik von Sünde und Gnade.[57] Es schließt in Kap. 26 mit einer bedingten Segensverheißung für das Befolgen der Gebote, die es Gott ermöglicht, Israel fruchtbar und zahlreich zu machen und seinen Bund aufrechtzuerhalten (Lev 26,9 – vgl. Gen 17,4–7), und einer bedingten Androhung von Unheil für den Fall, dass die Verpflichtungen nicht gehalten und der Bund gebrochen wird (Lev 26,15). Der letzte Abschnitt des Kapitels (26,40–45) überlegt fiktiv, wie ein künftiges Scheitern aufgefangen und ein Neuanfang nach der Strafe möglich ist.[58] Im Hin-tergrund stehen die realen Erfahrungen des babylonischen Exils. Ihre Rückpro-jektion in die mosaische Gründungszeit schafft ein Paradigma, das an der Verant-wortlichkeit des Volkes für sein Tun mit den entsprechenden Konsequenzen festhält, zugleich aber einen endgültigen Bruch des Bundes nicht zulässt.[59] In die-sem Zusammenhang gebraucht das Alte Testament zum ersten Mal (in der Lesefolge von Genesis her) die Metapher vom „unbeschnittenen" – wörtlich: „vorhautigen" – Herzen" (vgl. Jer 9,25). Sie bezieht sich auf den Rest des Volkes. Dieses kollektive Herz soll aber nicht, wie es dem Bild der Vorhaut entspräche, „beschnitten" werden, sondern der Bußtheologie von Lev 26,41 zufolge „sich demütigen":

> [26,40] Aber wenn sie [die Übriggebliebenen] ihre Schuld bekennen werden und die Schuld ihrer Väter, das Sakrileg, das sie an mir begangen haben, [...] [41b] wenn sich dann ihr unbeschnittenes Herz demütigt und sie ihre Schuld abtragen,[60] [42] dann werde ich meines Bundes mit Jakob gedenken und auch meines Bundes mit Isaak und auch meines Bundes mit Abraham werde ich gedenken, und des Landes werde ich gedenken. [...] [45] Und ich werde zu ihren Gunsten des Bundes mit (den) Vorfahren gedenken, die ich vor den Augen der Nationen aus dem Land Ägypten herausgeführt habe, um ihr Gott zu sein. Ich bin JHWH.

Fremde, der aufgrund seiner Beschneidung von außen her in den mit Abraham geschlossenen und über die genealogische Linie Isaak und Jakob weitervererbten Bund integriert wird."

57 S. Zenger/Frevel, *Das priester(schrift)liche Werk* (s. Anm. 17), 205–208.
58 Zum Folgenden vgl. Thomas Hieke, *Levitikus. Zweiter Teilband: 16–27* (HThK.AT), Freiburg im Breisgau 2014, 1089–1098; Ders., *The Covenant in Levitikus 26. A Concept of Admonition and Re-demption*, in: Richard J. Bautch – Gary N. Knoppers (Ed.), *Covenant in the Persian Period. From Genesis to Chronicles*, Winona Lake / IN 2015, 75–89, hier 78–83 (mit weiterer Literatur).
59 Vgl. Hieke, *Levitikus*, 1096.
60 Zur schwierigen Syntax von Lev 26,40 f s. ebd., 1052.

Israel hat „den (einen) Bund" – den mit den Patriarchen wie den vom Sinai – gebrochen. Der Rest des Volkes muss die Strafe dafür im Land der Feinde durchleiden. Er kann der Katastrophe nur entrinnen, wenn er sein eigenes Fehlverhalten und das Sakrileg (vgl. Lev 5,20 – 26) seiner Vorfahren, nämlich den Meineid gegenüber dem Bund mit Gott (vgl. Ex 19,8), eingesteht. Dieses Bekenntnis entspricht dem liturgischen Ritual des Versöhnungstages (Lev 16,21), ist aber im Zusammenhang des Bundes neu. Die Gnade Gottes kann Israel nur zuteilwerden, wenn sich sein „unbeschnittenes Herz demütigt". „Herz" meint die Mitte der menschlichen Person, das Subjekt ihres Sinnens und Entscheidens, ihrer Vitalität und ihres Begehren, hier vor allem ihres religiös-ethischen Handelns. Es muss „sich demütigen", das heißt: sich Gott unterwerfen, die Sünden anerkennen und büßen.[61] Denn Gott nimmt die freie Entscheidung Israels für Gut und Böse mit all ihren Folgen ernst. Der übriggebliebene Rest muss – so die Parallelformulierung – die Schuld abtragen, „indem es das Gericht des Exils reuevoll über sich ergehen lässt" (vgl. Jes 40,2).[62] Dadurch erwirbt es zwar keinen Anspruch auf Gottes Barmherzigkeit, schafft aber die Voraussetzung für eine Wende zum Heil. In diesem Läuterungsprozess wird weder von einer Umkehr Israels noch von der Vergebung Gottes gesprochen (vgl. dagegen 2 Chr 7,14). Vielmehr will Gott seines Bundes „gedenken". Ähnliches hat er schon beim Bund mit Noach (Gen 9,15 f) und später anlässlich der Klage der in Ägypten versklavten Israeliten (Ex 2,24; 6,5) versprochen. Gemeint ist sein rettendes Eingreifen in Not und Hilfsbedürftigkeit. Der Bund mit den Vätern, der nicht an der Leistung Israels hängt und den es daher auch nicht brechen konnte, sein Gottesverhältnis (vgl. Lev 26,9.12), ist trotz der Aufzählung von Jakob, Isaak und Abraham nur ein einziger. Das einprägsam dreimal wiederholte „Gedenken" Gottes gilt insbesondere dem „Land" (V. 42) – wahrscheinlich auch „ein Nachhall der priesterschriftlichen Noach-*Berit*[Bundes], die auch mit der Erde geschlossen wurde"[63]. Wenn Gott also des Väterbundes gedenkt, bringt er Israel in sein Land zurück. Letztlich gedenkt Gott auch des Bundes mit den „Vorfahren", den aus Ägypten Herausgeführten, was heißt: des deuteronomisch/deuteronomistischen Sinaibundes (V. 45). Verhindert der Gnadenbund der Patriarchenzeit, dass Israel aus den Verheißungen Gottes im Blick auf Nachkommenschaft und Land herausfällt und verworfen wird, so ermöglicht der konditioniert partnerschaftliche Bund vom Sinai, der trotz allen Fehlverhaltens mit seinen Weisungen ebenfalls in Kraft bleibt, dass das Volk seine Schuld eingesteht und sie abträgt.[64] Das priesterliche und deuteronomistische Bundeskonzept er-

---

61 S. Bernat, *Sign* (s. Anm. 38) , 97–114.
62 Hieke, *Levitikus* (s. Anm. 58), 1094.
63 Groß, *Zukunft* (s. Anm. 22), 96.
64 Ebd., 99.

weisen sich hier als zwei im Grunde gleichermaßen gültige Ausprägungen ein und desselben Bundes.[65] In diesem Zusammenhang bildet das „unbeschnittene Herz" Israels die treibende Kraft allen Ungehorsams, das „sich" angesichts der eingetroffenen Sanktionen des Bundes unter der Sündenlast „beugen" muss, ehe Gott zu seinen Gunsten „des Bundes gedenkt".

Die Vorhaut des Herzens beschneiden als Hauptgebot (Dtn 10,16)

Nach dem erzählerischen Rückblick auf die Sünde am Gottesberg Horeb – so heißt der Sinai im Deuteronomium – und dem beinahe gescheiterten Bundesschluss stößt der Leser innerhalb der anschließenden Hauptgebotsparänese in Dtn 10,16 zum ersten Mal im Alten Testament auf das Gebot der Herzensbeschneidung:

> [10,16] Ihr sollt die Vorhaut eures Herzens[66] beschneiden
> und nicht länger halsstarrig sein.

Die beiden Forderungen knüpfen innerhalb der V. 14–19[67], ihres unmittelbaren Kontexts, an das Lob Gottes als Herrschers über Himmel und Erde (V. 14) an, ferner an seine deshalb umso erstaunlichere liebevolle Hinwendung zu den Vätern – „nur sie hat er ins Herz geschlossen" – sowie die ausschließliche Zugehörigkeit, die er Israel gewährt hat – „ihren Samen, euch, hat er erwählt aus allen Völkern" (V. 15). Dieser unverdienten Zuwendung JHWHs kann Israel nur entsprechen, wenn es sich seinem Gott wiederum öffnet und seine Widerspenstigkeit durch Gehorsam beendet (V. 16). Die Beschneidung der Herzensvorhaut erscheint in diesem Zusammenhang als Konsequenz der Erwählung. Sie ist dem ganzen Volk aufgetragen, obwohl sie nur jeder einzelne vollziehen kann. Anschließend wiederholt sich der eben vollzogene literarische Dreischritt, bei dem hymnische Hoheitsaussagen in ein Handeln Gottes und eine Aufforderung an Israel münden. Jetzt wird Gott als gewaltiger Kriegsheld und unbestechlicher Richter gepriesen, der gesellschaftlichen Randgruppen, Witwen und Waisen, zu ihrem Recht verhilft und Fremde mit lebensnotwendigen Gütern versorgt (V. 17–18). Das Beispiel Gottes führt zum Gebot für Israel, „den Fremden zu lieben" (V. 19). „Alle diese Momente sind eingebettet in

---

65 Hieke, *Levitikus* (s. Anm. 58), 1096.
66 Die Septuaginta, die griechische Übersetzung, hat die Metapher interpretierend mit „Herzenshärte" wiedergegeben (so auch Jer 4,4) und damit den Parallelismus mit dem „Verhärten des Nackens" unterstrichen. Sie bleibt aber beim übertragenen Gebrauch von „beschneiden".
67 Vgl. Kraljic, *Deuteronomium 10,12 – 11,32* (s. Anm. 7), 74–76.

die Kategorie des Bundes, der in der wiederholten Forderung des Hauptgebots nach ungeteilter Loyalität und Liebe gegenüber dem göttlichen Souverän zum Ausdruck kommt"[68] (V. 12–13). In der Nachahmung der Liebe Gottes zum Fremden kann die ethische Herzensöffnung konkret werden.[69]

Der Zusammenhang zwischen den Erzvätern und der Beschneidung, wie er sich aus der Abfolge der V. 15 und 16 ergibt, könnte von Genesis 17 veranlasst worden sein.[70] Dann wäre Dtn 10,14–19 erst während des Exils oder danach verfasst worden.[71] Wahrscheinlich aber war Jer 4,1–4 die Vorlage für Dtn 10,15–16. Denn unter der Voraussetzung, dass Israel von den Göttern zu JHWH umkehrt (Jer 4,1), spielt Jer 4,2 „mit dir werden sich alle Nationen segnen" auf die Verheißung Abrahams an (Gen 12,3; 18,18; 22,18) an, während Jer 4,4 als Bedingung für die Bekehrung fordert: „Beschneidet euch für JHWH, das heißt entfernt die Vorhäute eures Herzens!" Das bedeutet, sich ausschließlich auf JHWH einzulassen, und zwar mit seiner ganzen Person, meint jedoch nicht, „alten kultischen Bräuchen durch eine vergeistigte Umdeutung eine neue Bedeutung zu geben".[72] Weil diese Verse wahrscheinlich aus der frühen Verkündigung des Propheten Jeremia stammen, lässt sich auch Dtn 10,16 in vorexilischer Zeit datieren.[73]

Auch die motivgeschichtliche Entwicklung deutet vielleicht ein Gefälle von Jeremia zum Deuteronomium an. Denn Jer 4,4 leitet das metaphorische Verständnis unmittelbar aus der realen Beschneidungspraxis ab und spricht deshalb von der Entfernung der „Vorhaut" des Herzens, während diese Analogie im Bild der „Herzensbeschneidung" (Jer 9,25 und Dtn 30,6) ungenannt vorausgesetzt wird.[74] Dem-

---

68 Ebd., 13.

69 S. dazu Georg Braulik, *Der blinde Fleck – Das Gebot, den Fremden zu lieben. Zur sozialethischen Forderung von Deuteronomium 10,19*, in: Irene Kissenbauer u.a. (Hg.), *Menschenrechte und Gerechtigkeit als bleibende Aufgaben*, Göttingen 2020, 41–63.

70 Vgl. z.B. J. G. McConville, *Deuteronomy* (AOTC 5), Leicester 2002, 200. Dagegen deute nach Blaschke, *Beschneidung* (s. Anm. 1), 73, nichts auf einen Zusammenhang mit Gen 17: „Abraham wird nicht explizit genannt, von einem Bund ist nicht die Rede, Erwählung und Beschneidung sind in Dtn 10,15f nur lose verbunden [...]. Immerhin ist aber die Parallelität zwischen *Erwählung* und *Beschneidung des Herzens* auf der einen Seite (Dtn 10,15f) sowie *Bund* und *Beschneidung* auf der anderen (Gen 17,9–14) nicht zu übersehen. [...] Hier wie dort wird aufgrund der göttlichen actio (Erwählung wie Bund) die menschliche reactio (Gehorsam) gefordert."

71 Eckart Otto, *Deuteronomium 1–11. Zweiter Teilband: 4,44–11,32* (HThK.AT), Freiburg 2012, 1037, rechnet mit einer nachexilischen Fortschreibung. Lemke, *Circumcision* (s. Anm. 3), 301f, hält nur Dtn 10,16 für einen wahrscheinlich späteren Einschub. Doch erscheint ihm unter anderen Möglichkeiten auch eine Abhängigkeit von Jer 4,4 als denkbar (ebd., 304).

72 Gegen Gerhard von Rad, *Das fünfte Buch Mose Deuteronomium* (ATD 8), Göttingen ⁴1983, 60.

73 Kraljic, *Deuteronomium 10,12–11,32* (s. Anm. 7), 485 Anm. 281. Zu Gemeinsamkeiten und Unterschieden zwischen Jer 4,4 und Dtn 10,16 s. ebd., 483f.

74 Ebd., 484.

zufolge blockiert nach Dtn 10,16 die unbeschnittene Herzensvorhaut gewissermaßen physisch den Zugang zum innersten Ort der Gottesbeziehung. Dass sie beseitigt werden soll, meint hier: Die bereits Beschnittenen müssen sich den Verpflichtungen des Horebbundes öffnen (vgl. Röm 2,25–29), nämlich: „dass du JHWH, deinen Gott, fürchtest, indem du auf all seinen Wegen gehst, ihn liebst und JHWH, deinem Gott, mit ganzem Herzen und mit ganzer Seele dienst" (Dtn 10,12). Eine ähnliche Selbstverweigerung, wie die Vorhaut des Herzens sie symbolisiert, meint in V. 16 auch das parallele Bild der Halsstarrigkeit. „Der steife Nacken signalisiert in Körpersprache die Haltung der Unbeugsamkeit und des Widerstandes Israels gegen seinen Gott. Diese ‚Hartnäckigkeit' ist von der Revolte am Gottesberg Sinai her", also dem Anfertigen des goldenen Kalbes (Ex 32,9; 33,3; 34,9), „eine Art ‚Ursünde', in der alles spätere Sündige, speziell die sündenerfüllte Wüstenzeit Israels (Dtn 9,6.13), bereits vorweggenommen ist."[75] Doch lebt das Volk, das nach der Fiktion des Deuteronomiums in Moab angesprochen wird, trotz allen Starrsinns (9,27) aus der Begnadigung, die Moses Fürbitte ihm am Gottesberg erfleht hat (9,26–29). Wenn die Israeliten nach 10,16 ihre Herzensvorhaut entfernt und ihren Nacken gebeugt haben – ohne Bild: „alles Denken und Wollen, das seinen Sitz im Herzen hat, von Hindernissen befreit und im Gehorsam Gott geöffnet"[76] haben, – dann beantworten sie damit die Gnade ihrer Erwählung sowie die Vergebung all ihrer Widersetzlichkeit auf dem Wüstenzug.

Gott selbst beschneidet das Herz (Dtn 30,6)

Der Eingriff, den Dtn 10,16 verlangte, erwies sich im Lauf der Geschichte Israels als unerfüllte Forderung. Das Volk verlor wegen seiner „Widersetzlichkeit und Halsstarrigkeit" (vgl. 31,27) den eigenen Staat und mit ihm alle politischen wie religiösen Institutionen; große Teile der Bevölkerung mussten ins Exil nach Babylon ziehen. In einer prophetischen Voraussage zieht Mose in Dtn 30,1–10 (samt ihrer Coda in V. 11–14) fiktional aus dieser Katastrophe eine hoffnungsvolle Bilanz: Israel wird sich Gott wieder zuwenden und Gott wird es aus dem Exil heimkehren lassen. Das ist keine Bundeserneuerung – das Wort „Bund" wird bewusst vermieden.[77] Nur der Aufbau der Kap. 29–30 lehnt sich an einen alten hetitischen Vasallenvertrag an. In ihm entspricht der Abschnitt 30,1–10 dem Segenselement. Dieser Textblock entfaltet

---

75 Braulik, „*Sacramenta veteris legis*" (s. Anm. 47), 388.

76 Georg Braulik, *Deuteronomium 1–16,17* (NEB 15), Würzburg 1986, 85.

77 Gegen z.B. Ehrenreich, *Wähle das Leben* (s. Anm. 8), passim. S. dazu Norbert Lohfink, *Der Neue Bund im Buch Deuteronomium*, in: *Studien zum Deuteronomium und zur deuteronomistischen Literatur V* (SBAB 38), Stuttgart 2005, 9–36, hier 23–32, zu 30,1–14 insbesondere 31f.

die „Wende"-Theologie von 4,29 – 31.[78] Literargeschichtlich stammen die Verse wahrscheinlich aus spätexilischer Zeit, am ehesten aus der zweiten Hälfte des 6. Jahrhunderts v. Chr. Ihre Leitwörter sind „das Herz" (V. 1.2.6[3-mal].10 und 14) und „zurück-" bzw. „umkehren, wenden", wobei das Verb abwechselnd auf das Volk (V. 1.2.8.10) und auf Gott (V. 3[2-mal].9) bezogen ist. Beide Wörter werden wie sonst nirgends im Deuteronomium gehäuft verwendet, nämlich siebenmal, und dadurch rhetorisch unterstrichen. Der Gottesname JHWH wird 14-mal (2x7) gebraucht – 6-mal in den V. 1 – 5, 6-mal in den V. 7 – 10 und 2-mal in V. 6. Denn dieser Vers 6 bildet mit der Verheißung der Herzensbeschneidung durch Gott die literarische Mitte und theologische Zentralaussage der Perikope.[79] Im Übrigen schweigt 30,6 wie 10,16, seine Vorlage nach Entstehung und Abfolge im Buch, über eine physische Beschneidung.[80]

Die Perikope 30,1 – 14 setzt nach einem künftigen Bruch des in Moab im Ostjordanland geschlossenen Bundes und der Erfahrung des Scheiterns ein. Ich fasse sie zunächst inhaltlich zusammen und vergleiche dann ihre Verheißung von der Herzensbeschneidung durch Gott mit der Ermahnung der Israeliten von 10,16, selbst die Vorhaut ihres Herzens zu beschneiden und ihre Halsstarrigkeit aufzugeben.

Versprengt unter die Völker wird sich Israel die Vertragslogik von Segen und Fluch (Kap. 28) zu Herzen nehmen. Es wird zu JHWH, seinem Gott, zurückkehren und wieder mit ganzem Herzen und ganzer Seele auf seine Stimme hören. Das kann es, weil sich Gott den Verbannten zukehren und sich ihrer erbarmen wird. Er wird ihr Schicksal wenden, sie sammeln, aus der Zerstreuung heimführen, ihnen Gutes

---

78 Vgl. Kraljic, *Deuteronomium 10,12 – 11,32* (s. Anm. 7), 479 – 482. Dabei besteht zwischen 4,29 – 30 und 30,1 – 10 keine theologische Spannung, wie sie Groß, *Zukunft* (s. Anm. 22), 40, beschreibt: „Nach Art eines Ergänzers knüpft der Autor von 30,1 – 10 zunächst an den Passus 4,29 – 30 an und reproduziert dessen Sicht, indem er [...] Israels Initiative und Umkehr als Bedingung für (YHWHs Umkehr und) YHWHs Zuwendung darstellt; dann bringt er in V.6 – 8 [...] seine eigene Konzeption, die zugleich als Interpretationsanweisung für das Vorherige gilt: Nur falls die Herzensbeschneidung durch YHWH vorausgeht, ist Umkehr möglich." Zur Widerlegung dieser gnadentheologischen Fehlinterpretation von 4,29 – 30 s. Lohfink, *Neue Bund* (s. Anm. 77), 24 f.
79 Zu den Stichwortbezügen und ihren rhetorischen Figuren s. Georg Braulik, *Deuteronomium II, 16,18 – 34,12* (NEB 29), Würzburg 1992, 217 – 219, zur folgenden Auslegung 218.
80 Nach Ehrenreich, *Wähle das Leben* (s. Anm. 8), 176 f, werfe die Erzählung über die kollektive Beschneidung der Israeliten in Gilgal Jos 5,2 – 9 ein Licht auf Deuteronomium 30 zurück. Im Gegensatz zur beschnittenen Exodusgeneration fehle nämlich der Wüstengeneration dieses Merkmal. Zum Zeitpunkt der Reden des Deuteronomiums seien also nur Mose und Josua beschnitten gewesen. Diese historistische Rückprojektion übersieht, dass Mose im Deuteronomium – mit Ausnahme von Kap. 1 – 3 – die Differenz von Exodus/Horeb- und Moabgeneration vernachlässigt. Durch diese pragmatische Generationenverschmelzung stellt er die von ihm Angeredeten in ihre wahre Identität hinein, die sich vom Exodus und Horeb her definiert – Norbert Lohfink, *Die Väter Israels im Deuteronomium. Mit einer Stellungnahme von Thomas Römer* (OBO 111), Freiburg – Göttingen 1991, 20 f.

tun und sie glücklicher und zahlreicher als ihre Vorfahren machen. Vor allem aber wird Gott eine radikale innere Erneuerung der Heimkehrer und ihrer Nachkommen bewirken. Sie ist trotz der Aussagenabfolge und ihrer zentralen Stellung die theologische Voraussetzung für die geschilderte Bekehrung und den Umbruch der Lebensumstände:

> [30,6] JHWH, dein Gott, wird dein Herz und das Herz deines Samens beschneiden[81],
> sodass du JHWH, deinen Gott, mit ganzem Herzen und mit ganzer Seele liebst, damit du Leben hast.

Der kardiologische Eingriff Gottes gehörte zu den theologischen Erwartungen der Exilzeit und findet sich in verwandten Vorstellungen auch im Jeremia- und im Ezechielbuch.[82]

Vor allem aber spielt das Handeln Gottes in Dtn 30,6 auf die Forderung von 10,16a gegenüber den Israeliten an, die Vorhaut ihres Herzens zu beschneiden, also die Barriere durch eigene Anstrengung zu überwinden. Diese Aussage wird in dreifacher Hinsicht geändert. „Vor allem wird jetzt Gott die Verwandlung bewirken. Er wird sie, zweitens, am Herzen der Umkehrgeneration und aller kommenden Generationen Israels, vollziehen. [...] Drittens genügt es nicht mehr, bloß die ‚Vorhaut' zu entfernen, es muss schon das Herz selbst beschnitten werden. Ohne Bild: Es reicht nicht, einen Zugang zu schaffen, einen neuen Beginn zu setzen; vielmehr muss die Untauglichkeit und Unfähigkeit des Organs bzw. der Menschen beseitigt werden. Wozu das unbeschnittene Herz Israels ungeeignet war, lässt sich an der Wirkung der göttlichen Beschneidung ablesen: Durch sie kann Israel seinen Gott wieder ‚mit ganzem Herzen und mit ganzer Seele lieben'".[83] Der Zweck der Herzensbeschneidung besteht also ausdrücklich in der Befähigung, das Hauptgebot des

---

81 Die Septuaginta übersetzt das übertragen gebrauchte „Beschneiden" mit „reinigen". Sie versteht also die Herzensbeschneidung als ethischen Reinigungsprozess (Blaschke, *Beschneidung* [s. Anm. 1], 114). Umfassend Roger Le Déaut, *Le thème de la circoncision du coeur (Dt. XXX 6; Jér. IV 4) dans les versions anciennes (LXX et Targum) et à Qumran*, in: John A. Emerton (Ed.), *Congress Volume Vienna 1980* (VTS 32), Leiden 1981, 178–205.

82 Nach Thomas Krüger, *Das menschliche Herz und die Weisung Gottes. Elemente einer Diskussion über Möglichkeiten und Grenzen der Tora-Rezeption im Alten Testament*, in: *Das menschliche Herz und die Weisung Gottes. Studien zur alttestamentlichen Anthropologie und Ethik* (AThANT 96), Zürich 2009, 107–136, hier 127, „lassen sich mindestens zwei Perspektiven voneinander unterscheiden: Jer 31,33 und 32,40 kündigen eine Einpflanzung der Tora bzw. der Jahwefurcht in das vorhandene Personzentrum (‚Herz') der Israeliten an (‚Implantations'-Perspektive), während Ez 36,26 und 11,19 (sowie Jer 24,7) eine völlige Ersetzung des Personzentrums (‚Herz' und ‚Geist') der Israeliten erwarten (‚Transplantations'-Perspektive)." In Ez 18,31 fordert Gott allerdings die Israeliten auf: „Schafft euch ein neues Herz und einen neuen Geist!"

83 Braulik, „*Sacramenta veteris legis*" (s. Anm. 47), 390.

Bundes in der Form der Gottesliebe (6,5) in seinem vollen Umfang zu erfüllen, das heißt, auch die deuteronomische Sozial- und Gesellschaftsordnung als ihre Konkretisierung zu halten (vgl. 10,12–13 als Mahnung zum Gehorsam, in 30,8 als seine Voraussage). Ihr „Wort" ist nämlich jetzt „ganz nahe, ist in deinem [Israels] Mund und deinem Herzen" (30,14). Denn aufgrund der Herzensbeschneidung ist das „Gebot" (30,11) nicht mehr „Forderung von außen, sondern Teil des Innersten und seiner Beziehung zu Gott"[84], ist es „ein ,Wort' der Gnade und des sie annehmenden Glaubens"[85] (vgl. Röm 10,8). Im Gefolge seiner Liebe wird Israel die Fülle des Lebens finden, die Gott ihm zugedacht hat (Dtn 30,6) – Sammlung und gelingende Gesellschaft im Land der Väter, und zwar ohne Feindbedrängnis, Gutes im Überfluss bei der Arbeit, in Vieh- und Landwirtschaft, Mehrung der Nachkommen (V. 3–5 und 7–10).

Wichtig ist schließlich auch alles, was bei der Herzensbeschneidung in 30,6 aus 10,16 nicht aufgenommen wird. So fehlt zunächst im Blick auf den Kontext 10,15 jeder Hinweis auf die „Väter", nämlich die Patriarchen, und die Erwählung ihrer Nachkommenschaft, in die auch die künftigen Generationen eingebunden sind. Zwar bleiben Gottes liebevolle Zuwendung und seine Erwählung die Voraussetzung für sein Handeln am schuldig gewordenen Volk. Er kehrt sich Israel nach 30,3 aus freiem Erbarmen wieder zu. Doch schweigt auch dieser Vers wie die ganze Perikope 30,1–10 über die Väter. Das ist umso auffallender, weil die Zuwendung des „barmherzigen Gottes" in der Zukunftsschau Moses in 4,31 – dem Vers, an den 30,3 anknüpft – ausdrücklich auf den „Bund mit deinen Vätern" bezogen ist, den JHWH „nicht vergisst". Die Frage, warum nicht irgendwie auf die Patriarchen bzw. den Abrahamsbund angespielt wird, dessen „Zeichen" dann mit der Beschneidung der Herzen aufgenommen würde, bleibt unbeantwortet.[86] Die physisch nicht greifbare Herzensbeschneidung äußert sich in den realen Erfahrungen der Rückkehr ins Land der Väter und im Eintreffen des „Segens", den die wie ein Rahmen um die Beschneidung (V. 6) gelegten Verse 3–5 und 7–9 entfalten. Als existentiell wirksam

---

84 Georg Braulik, *Die „Glaubensgerechtigkeit" im Buch Deuteronomium. Ein Beitrag zu den alttestamentlichen Wurzeln der paulinischen Rechtfertigungslehre*, in: *Studien zu Buch und Sprache des Deuteronomiums* (SBAB 63), Stuttgart 2016, 241–259, hier 238.

85 Ebd., 235.

86 Vgl. Blaschke, *Beschneidung* (s. Anm. 1), 76. Anders z.B. Eckart Otto, *Deuteronomium 12–34. Zweiter Teilband: 23,16–34,12* (HThK.AT), Freiburg im Breisgau 2017, der meint, 30,6 werde „die Motivik der Beschneidung der Vorhaut als Bundeszeichen zur Beschneidung des Herzens durch JHWH [ge-]steigert, die in den Personenkern des Menschen eingreift. Damit wird Dtn 30,6 zum Höhe- und Angelpunkt der Bundestheologie des Pentateuch und die in Gen 17,11 verheißene *b[e]rit 'ōlām* [der ewige Bund] eingelöst, da das beschnittene Herz den Bund nicht mehr verlassen wird und die Ohren des Herzens auf die Gebote hören werden."(2070). Gleiches gilt für Ehrenreich, *Wähle das Leben* (s. Anm. 8), 185.

erweist sich die Herzensbeschneidung im „Hören auf die Stimme des Herrn und im Bewahren seiner Gebote und Satzungen", die in der deuteronomischen Tora als der Grundlage des Moabbundes aufgezeichnet sind (V. 10). Deshalb fehlt in diesem Zusammenhang auch die Mahnung von 10,16b, „nicht länger halsstarrig zu sein". Denn: „Die ganze sündenerfüllte ‚Wüstenzeit', die Israels Hartnäckigkeit evoziert und die inzwischen zum Typus seiner Geschichte vom Gottesberg Horeb bis zum babylonischen Exil geworden ist, erscheint durch die Leerstelle in 30,6 als annulliert. Damit ist nun die reine Liebe des Anfangs wieder da."[87]

Bibeltheologischer Ertrag – eine kurze Zusammenschau

Die Beschneidung der Vorhaut und des Herzens, der wir anhand von vier Texten der Tora bisher nachgegangen sind, lassen sich nicht einfach miteinander harmonisieren. Sie erfüllen im Rahmen priesterschriftlicher und deuteronomischer Bundestheologie unterschiedliche Funktionen, interpretieren sich aber auf der für uns entscheidenden kanonischen Endtextebene auch wechselseitig. Dabei erfährt die rituelle Handlung (Genesis 17) eine Entfaltung in ethischem Verhalten (Levitikus 26, Deuteronomium 10 und 30). Allerdings wird die physische Beschneidung an den Stellen über die Beschneidung (der Vorhaut) des Herzens nicht erwähnt. Wurde sie von den im Deuteronomium real angesprochenen Hörern/Lesern des Buches dennoch praktiziert,[88] dann haben sie den Anspruch der Körperbeschneidung, eine Loyalitätsbeziehung zu JHWH zu stiften, offenbar wie selbstverständlich vorausgesetzt, aber nicht entsprechend gelebt.[89]

---

87 Braulik, „*Sacramenta veteris legis*" (s. Anm. 47), 391. Otto, *Deuteronomium 23,16–34,12* (s. Anm. 86), 2070, beachtet das Lesegefälle von 10,16 zu 30,6 und die oben beschriebene Neudeutung nicht, weshalb er zum theologischen Fehlurteil kommt: „Das Nebeneinander von Dtn 10,16 und Dtn 30,6 steht im Dienste des dialektischen Ineinander von göttlichem und menschlichem Handeln, wobei dem göttlichen das letzte und entscheidende Wort gegeben wird. JHWHs Herzensbeschneidung ist nicht ein erstes Handeln Gottes, sondern ein eschatologisch abschließendes und endgültiges."

88 Vgl. Ehrenreich, *Wähle das Leben* (s. Anm. 8), 178 f: „Insgesamt zeigen die übertragen verstandenen Belege eine starke Kontinuität zum physischen Gebrauch. Sie führen die Beziehung zu JHWH als Hauptaspekt der Beschneidung weiter, funktionalisieren sie vorwiegend zur Bewältigung von Belastungen in dieser Beziehung und ermöglichen so die Teilhabe am Bund. […] Die Funktionen des Ritus an seiner Grundstelle Gen 17, beziehungsstiftendes Bundeszeichen zu sein, wird so unter zugespitzten Umständen erneut aktuell."

89 Vgl. Röm 2,25–27: „Die Beschneidung ist nämlich nützlich, wenn du das Gesetz befolgst; übertrittst du jedoch das Gesetz, so bist du trotz deiner Beschneidung zum Unbeschnittenen geworden.

Trotz des komplexen Zusammenspiels von göttlichem und menschlichem Handeln ist die Beschneidung vor allem ein gottgewirktes Zeichen des Heils, ein sakramentales Symbol, das den Beschnittenen an JHWH, den Herrn, bindet und mit seinem Volk zusammenschließt. Dabei verschiebt sich im Gesamtzusammenhang des Pentateuchs das soteriologische Schwergewicht von der in der körperlichen Beschneidung selbst angeeigneten Gnade zu einer in der Herzensbeschneidung durch Gott nur mehr empfangenen Begnadigung, die Israel befähigt, ihn zu lieben. Im Einzelnen: In Genesis 17 bindet sich Gott einseitig und deshalb unverbrüchlich an Abraham wie seinen Samen und beschenkt beide im Bund vor allem mit reicher Nachkommenschaft. Dieser Beschneidungsbund und seine Verheißungen stehen nach Gen 15,6 unter dem Vorzeichen des Glaubens Abrahams, der Gründungs- und Identifikationsgestalt Israels.[90] Nach Levitikus 26 wird JHWH zu Gunsten der schuldig gewordenen Israeliten, wenn sich ihr unbeschnittenes Herz demütigt, seines Bundes mit Abraham, Isaak und Jakob sowie mit den aus Ägypten geführten Vorfahren gedenken; dann wird er ihnen wieder Gott sein. Zwar ermahnt Deuteronomium 10, die Vorhaut des Herzens zu beschneiden, doch ist das nur möglich, weil JHWH zuvor das Volk trotz der Sünde des gegossenen Kalbes am Horeb nicht ausgelöscht, sondern aufgrund der Fürbitte Moses mit ihm den Bund am Gottesberg geschlossen hat; ihm sollen sich die Israeliten jetzt im Gehorsam öffnen. Deuteronomium 30 schließlich verheißt dem in ein fremdes Land verbannten Volk, JHWH werde sich seiner wieder erbarmen und deshalb selbst sein Herz wie das Herz seiner Nachkommen beschneiden; dann werde es ihn lieben und die Gebote der Tora halten.

Zugleich bleibt das Verhältnis von Beschneidung und Bund an den besprochenen Stellen in mehrfacher Hinsicht ambivalent. Denn nach Genesis 17 sind nicht alle physisch Beschnittenen auch Mitglieder des Gottesbundes. Die im Haus Abrahams geborenen, aber nicht von Abraham abstammenden, und die von Fremden um Geld erworbenen Männer müssen zwar beschnitten werden, gehören aber nicht

---

Wenn aber der Unbeschnittene die Forderungen des Gesetzes beachtet, wird dann nicht sein Unbeschnittensein als Beschneidung angesehen werden? Der leiblich Unbeschnittene, der das Gesetz erfüllt, wird dich richten, weil du trotz Buchstabe und Beschneidung ein Übertreter des Gesetzes bist."

90 Obwohl Paulus und die christliche Tradition das Konzept der Christen als geistiger Kinder Abrahams mit Abraham als dem Urbild und Vater aller Glaubenden aus Gen 15,6 begründeten, der „das Zeichen der Beschneidung zur Besiegelung der Glaubensgerechtigkeit empfing" (Röm 4,11), wurde „der Beschneidungsbund spiritualisiert und umgedeutet. So wurde das Zeichen der Beschneidung als falscher Gesetzesgehorsam denunziert, die leibliche Abrahamskindschaft entwertet, die Segenszusagen entweltlicht sowie ins Eschaton verlegt und die Verheißungen für Isaak als letztlich auf Christus und die Kirche hinzielend verstanden. Damit ließ sich der jüdische Abrahamsbund dann gegen die Juden selbst richten." (Naumann, *Ismael* [s. Anm. 11], 243).

zum Bund. Dagegen sind Ismael und seine Nachkommen, die ebenfalls beschnitten werden, als Same Abrahams Teilhaber am Abrahamsbund, auch wenn sich später am Sinai zeigt, dass Israel allein als Nachkomme des Abrahamsohnes Isaak ein besonderes Gottesverhältnis gewährt ist. „Für diese abrahamitische Völkerökumene ist nun zentral, dass sie nicht nur genealogisch etabliert, sondern auch theologisch tiefgreifend reflektiert und ausgestaltet wird. Der Gott Israels, der seinen Bund mit Abraham schließt, tritt in ein theologisch qualifiziertes Verhältnis der gnädigen Zuwendung zu den nichtisraelitischen Abrahamsnachkommen."[91] Die physische Beschneidung allein qualifiziert also nicht nur Israeliten als zum Abrahamsbund gehörend.[92] Dagegen ist die Beschneidung (der Vorhaut) des Herzens für Israel als Volk JHWHs kennzeichnend. Sie zeigt vor allem an der Liebe zu Gott, die sich im Gehorsam gegenüber seiner Sozialordnung verwirklicht, dass Israel mit ihm im Bund lebt.

Bei der Auslegung der Beschneidungstexte des Alten Testaments ist etwas aufgetaucht, das dem christlichen Bewusstsein weithin unbekannt ist: Dass die für Israel so zentrale Beschneidung von der Bibel her auch zu einer positiven Bewertung anderer Völker führt. Sie ist deshalb für bestimmte, heute geführte Diskussionen über die theologische Bewertung anderer Religionen von höchster Bedeutung. Diese Feststellung ist allerdings nur ein unerwartetes Nebenergebnis der vorausgegangenen Überlegungen, wenn auch ein sehr wichtiges. Entscheidend ist, was diese Untersuchung verdeutlicht: Wenn wir in der römisch-katholischen Liturgie nach dem Zweiten Vatikanischen Konzil das alte Fest der Beschneidung Jesu unterdrücken, berauben wir uns selbst eines wesentlichen Anknüpfungspunktes in

---

91 Naumann, *Ismael* (s. Anm. 11), 237. Dieses theologisch qualifizierte Verhältnis Gottes zu Ismael und den Völkern aus seiner Nachkommenschaft ist nach Naumann (237 f) in Segen und Mehrung auch dann gegeben, wenn Ismael nicht zum Abrahamsbund gehörte. Die inklusive Interpretation der Ismael-Erzählung ist im frühen Judentum belegt (443 – 459). „Das Jubiläenbuch [aus dem zweiten Jahrhundert v.Chr.] zeigt, dass sehr gesetzestreue Juden in Judäa eine Perspektive auf die biblische Ismaelgeschichte kennen, die … das theologische Konzept der durch Ismael und alle Abrahamnachkommen repräsentierten Abrahamökumene übernimmt, weiter ausgestaltet, und dennoch keine Schwierigkeiten hat, an der Besonderheit der Erwählung Israels festzuhalten." (444). So werden Ismael und seine Nachkommen in Jub 20,3 ausdrücklich in den Abrahamsbund eingeschlossen. Wenn Jub 15,30 die Zugehörigkeit verneint, entspricht diese Feststellung nicht dem stets positiven Bild Ismaels im Jubiläenbuch und liegt an der sehr negativ beurteilten Person Esaus, des Bruders Jakobs. Er ist ja kein Träger von Väterverheißungen und ist außerdem unbeschnitten. Er wird an dieser Stelle zusammen mit Ismael genannt (458 f).

92 „Read in the context of the Persian period, Genesis seems to undermine any exclusivist tendency in the construction of Jewish identity." (Mark G. Brett, *Reading the Bible in the Context of Methodological Pluralism: The Undermining of Ethnic Exclusivism in Genesis*, in: R. Carroll – Marc Daniel (Ed.), *Rethinking Contexts, Rereading Texts. Contributions From the Social Sciences to Biblical Interpretation* [JSOT.Sup 299], Sheffield 2000, 48 – 74, hier 74).

unserer Beziehung zum Judentum. „Die Beschneidung Jesu am achten Tag nach seiner Geburt (vgl. Lk 2,21) ist Zeichen dafür, daß er in die Nachkommenschaft Abrahams, in das Bundesvolk eingegliedert, dem Gesetz unterworfen (vgl. Gal 4,4) und zum Kult Israels bestellt ist, an dem er während seines ganzen Lebens teilnehmen wird. Sie ist ein Vorzeichen der „Beschneidung, die Christus gegeben hat: der Taufe (Kol 2,11 – 12).“ (KKK 527). Letztlich ist Jesus der einzige Mensch, in dem die Einheit der doppelten Form der Beschneidung voll und ganz verwirklicht ist. Auch wenn wir keine körperliche Beschneidung mehr durchführen – im Glauben an ihn, den wahren, auch körperlich Beschnittenen, können wir in die Sache der Beschneidung hineingeraten. Um diesen Teil des Heilswerks Jesu ins Bewusstsein zu bekommen, ja feiernd zu vergegenwärtigen, ist es dringend notwendig, dass die liturgische Beseitigung des Festes der Beschneidung des Herrn wieder rückgängig gemacht wird.

Horebbund und Moabbund

Ihre Einheit und Verschiedenheit nach Dtn 5,1 – 5 und 29,1 – 8

Mose blickt in seiner Eröffnungsrede zu Beginn des Buches Deuteronomium auf den gemeinsamen Weg vom Horeb bis nach Moab, dem gegenwärtigen Aufenthaltsort, zurück.[1] Er erzählt, wie Gott befahl, ins Bergland der Amoriter aufzubrechen und das zugeschworene und nun ausgelieferte Land in Besitz zu nehmen. An seiner Schwelle in Kadesch-Barnea angekommen forderte Mose deshalb das Volk auf, mit der Eroberung des Landes, das Gott ihm übereignet hatte, zu beginnen. Doch die Israeliten wollten zunächst Kundschafter ausschicken. Mose billigte diesen Vorschlag, obwohl Gott dazu keinen Auftrag gegeben hatte. Dieses Einverständnis Moses mit der Verzögerung der Landnahme durch eine Spähtruppaktion ersetzte also den göttlichen Plan der Landschenkung durch eine menschliche Kriegstechnik. Aufgrund dieser Eigenmächtigkeit wurde Mose mitverantwortlich für die anschließende Sünde des Volkes. Der Bericht der zurückgekehrten Kundschafter war zwar ermutigend. Aber die Reaktion der Israeliten entlarvte ihren bisher versteckten Ungehorsam. Sie ideologisierten ihr Murren durch ein Anti-Credo, das Gott verleumdete und zur Apologie ihres Unglaubens wurde. Mose erinnerte sie zwar daran, dass Gott gegen die Ägypter gekämpft und in der Wüste stets väterlich für sie gesorgt hatte. Dennoch weigerten sie sich, ihre Geschichte als von der Treue Gottes gewirkt zu begreifen. Zur Strafe mussten die wehrfähigen Männer der Exodus-Horeb-Generation deshalb in den folgenden achtunddreißig Jahren Wüstenwanderung aussterben. Auch Mose, der nicht gegen Gott gesündigt, sich aber auf das Verhalten des Volkes eingelassen und dadurch mitschuldig gemacht hatte, darf das Verheißungsland nicht betreten. Zwar führte er nach dem Tod der Sündergeneration die nächste Generation noch durch das Ostjordanland und eroberte die Königreiche Sihons und Ogs. Jetzt aber muss er seine beiden wichtigsten, noch unerledigten Aufgaben, die Eroberung des Westjordanlandes und dessen Verteilung auf die Stämme, Josua übergeben.

Der eben skizzierte Rückblick Moses in Kap. 1 – 3 bildet die Exposition für das, was nun am Deuteronomiumstag in Moab (vgl. 1,3) geschehen soll. Mit seiner Erzählung möchte Mose seinen Zuhörern letztlich verständlich machen, warum er „heute", das heißt an seinem Lebensende, Josua einsetzen wird. Seine Beauftragung

---

Für Ludger Schwienhorst-Schönberger.

1 Vgl. zum Folgenden Norbert Lohfink, „Narrative Analyse von Dtn 1,6 – 3,29", *Studien zum Deuteronomium und zur deuteronomistischen Literatur V* (SBAB 38; Stuttgart 2005) 57 – 110.

https://doi.org/10.1515/9783111484754-006

mit der Leitung des Volkes muss, auch wenn das zunächst nicht ausdrücklich gesagt wird, in Verbindung mit einer neuen Bundesschlusszeremonie geschehen, die den Gottesbund vom Horeb bestätigt, ja übertrifft.[2] Ab Kap. 4 schließt Mose die Exodus-Horeb-Generation mit der nächsten, „heute" (4,4.8) in Moab versammelten Generation zusammen (4,9 – 10.20). Auch gibt er in diesem Text bereits eine Art interpretierender Einführung in die Urkunde des Bundes und leitet seinen Neuvollzug formell ein (vgl. 4,5.26). Nach 5,2 – 3 geht es trotz des zeitlichen und räumlichen Abstands zum Gründungsakt im Horebbund um eine Identität mit dem Moabbund. Dagegen betont 28,69 einen Unterschied zwischen beiden Bundesschlüssen. Die Kap. 5 – 28 enthalten in einem nicht weiter differenzierten Sinn die deuteronomische Tora, die beansprucht, auf den Horebbund vor 40 Jahren zurückzugehen. Sie verbindet den Dekalog mit seiner Auslegung für das Leben im Land und dient dem Moabbund als niedergeschriebenes Bundesdokument. Die Kap. 29 – 32 bringen Ergänzungen im Wortlaut der zeremoniellen Durchführung des Vereidigungsverfahrens in Moab.

Mein Artikel möchte einen Beitrag zur Verhältnisbestimmung von Horeb- und Moabbund leisten. Dabei beschränke ich mich auf die Texteröffnungen der Tora (5,1 – 5) und der „Bundesworte" (29,1 – 8). Ihre Stellung am Anfang des zweiten (Kap. 5 – 28) bzw. dritten Buchteils (Kap. 29 – 32) spricht dafür, dass sie – wie schon zuvor 1,6 – 8 zu Beginn des ersten Buchteils (Kap. 1 – 4)[3] – jeweils das Ganze, das ihnen folgt, charakterisieren. Dabei beantworten sie zwei Fragen: Weshalb kann Mose das „heute" in Moab versammelte Israel bei der Verlesung des Vertragsdokuments als die Generation betrachten, mit der YHWH bereits am Horeb einen Bund schloss? Und warum kann YHWH trotz der Empörungen Israels, die vom Auszug in Ägypten und vor allem vom Abfall am Horeb an die gesamte Wüstenzeit (9,7 – 24) bis Bet-Pegor (4,3 – 4) durchzogen, seine Zusage, der Gott dieses Volkes zu

2 D. Markl, *Gottes Volk im Deuteronomium* (BZABR 18; Wiesbaden 2012) 123 – 125, führt verschiedene Gründe für den „Moabbund als überbietende Transformation des Horebbundes" an, die „sich indirekt erschließen" lassen. Unerwähnt bleibt allerdings der entscheidende Auslöser, nämlich die Schuld Moses, derentwegen er außerhalb des verheißenen Landes sterben und die Führung des Volkes Josua übertragen muss – ein Prozess, den Kap. 1 – 3 und 31 darstellen – s. dazu G. Braulik – N. Lohfink, *Sprache und literarische Gestalt des Buches Deuteronomium*. Beobachtungen und Studien (ÖBS 53; Berlin 2021) 439 – 456. Zur Bundesbestätigung im Zusammenhang mit dem Führungswechsel s. N. Lohfink, „Der Neue Bund im Deuteronomium?", *Studien zum Deuteronomium und zur deuteronomistischen Literatur V* (SBAB 38; Stuttgart 2005) 9 – 36, hier 18 – 23.
3 Zur Funktion dieser Perikope unmittelbar nach der Überschrift des ersten Buchteils in 1,1 – 5 vgl. B.T. Arnold, „Reexamining the ‚Fathers' in Deuteronomy's Framework", *Torah and Tradition*. Papers Read at the Sixteenth Joint Meeting of the Society for Old Testament Study and the Oudtestamentisch Werkgezelschap (ed. K. Spronk – H. Barstad) (OTS 70; Leiden 2017) 10 – 41, hier 33 – 38.

sein, im Bundesschluss von Moab bestätigen, der wiederum Ort und Zeit über-
schreitend auch die in Moab „heute" nicht anwesenden Generationen einschließt?

I Was die beiden Texteröffnungen verbindet

Die Perikopen 5,1 – 5 und 29,1 – 8 nehmen im Aufbau des Deuteronomiums einen
analogen Platz ein. Der Bucherzähler lässt Ihnen mit 4,44 – 49 bzw. 28,69 die Überschriften des zweiten bzw. dritten Buchteils vorausgehen.[4] Im Anschluss daran leitet
er jeweils eine Moserede ein, an deren Beginn dann die beiden Texteröffnungen
stehen. Dazu nun im Einzelnen.

In 4,44 – 49 kündet der Bucherzähler zunächst ein Dokument an, das Mose vorgetragen habe – die Tora, insbesondere ihre Hauptelemente „Eidesbestimmungen,
Gesetze und Rechtsentscheide" (vv. 44 – 45). Erst im späteren Verlauf des Deutero-
miums wird klar werden, dass Mose bereits in seiner Rede eine Niederschrift vorlas,
auf die er verweisen konnte (vgl. z. B. 28,58.61)[5]. Die weiteren Angaben der Überschrift
wirken wie ein Konglomerat divergierender Aussagen, die sich inhaltlich vor allem auf
die Kap. 1 – 4 zurückbeziehen. In Moab also, „in der Talschlucht gegenüber Bet-Pegor"
(4,46), und unmittelbar vor dem Betreten des Verheißungslandes lässt der Bucherzähler schließlich in 5,1a Mose eine formell rechtsgültige Vollversammlung von „ganz
Israel" einberufen (*wayyiqrā' 'æl kål yiśrā'ēl*)[6]. Damit beginnt ein Lernvorgang (5,1b),
dessen idealtypische Schritte sich im folgenden Verbalgerüst spiegeln (vgl. 31,11 – 12):
Mose fordert zum Hören auf, nennt das Thema und charakterisiert die rechtliche
Situation, nämlich „heute" (*hayyôm*), das heißt am Tag des Moabbundesschlusses, den
Israeliten „die Gesetze und Rechtsentscheide" offiziell zur Annahme vorzulegen (*dobēr*

---

4 Vgl. N. Lohfink, „Die An- und Absageformel in der hebräischen Bibel. Zum Hintergrund des
deuteronomischen Vierüberschriftensystems", *Biblical and Oriental Essays in Memory of William L.
Moran* (ed. A. Gianto) (BibOr 48; Rom 2005) 49 – 77. Zur Auseinandersetzung mit anderen Auffassungen s. Braulik – Lohfink, *Sprache und literarische Gestalt*, 362 – 378.
5 Vgl. z. B. B.T. Arnold, „Deuteronomy's Book and Hammurapi's Stela. The Referent of ‚This Sēper' in
Deuteronomy 28:58", *VT* 70 (2020) 1 – 18.
6 Zu *qr' 'æl* im Sinn von „einberufen, beordern" vgl. z. B. Gen 49,1; Ex 34,31; 36,2; Jos 10,24. Wo Mose in
4,10 – 14 die Theophanie am Horeb resümiert, nimmt er mit dem Zitat eines Gotteswortes in 4,10
bereits 5,1 vorweg: den Befehl nämlich, eine Volksversammlung einzuberufen und so das Geschehen
in Gang zu bringen. Vgl. N. Lohfink, „Deuteronomium 5 als Erzählung", *Studien zum Deuteronomium
und zur deuteronomistischen Literatur V* (SBAB 38; Stuttgart 2005) 111 – 130, hier 117. Nach 5,22 sprach
Gott den Dekalog zu „eurer vollzähligen Versammlung". Später beziehen sich die Rückblenden auf
Krise und Vollendung des Bundesschlusses in 9,10 und 10,4 auf „den Tag der Versammlung" am
Horeb.

beʾåznêkæm hayyôm).[7] Sie werden im Folgenden an den Horeb als den Ort ihres Ursprungs und der Autorisierung Moses zu ihrer „belehrend-verpflichtenden" Vermittlung zurückgebunden, die mehr als ein wörtliches Wiederholen des von Gott „Gesagten" (5,31; 6,1) ist.[8] Die Ortsangabe von 5,2 „am Horeb" verdeutlicht, dass die Worte jetzt an einem anderen Ort gesprochen werden. Ziel ihrer verbindlichen Mitteilung ist nach 5,1b, dass Israel sie auswendig lernt, sich also einprägt, und dadurch bewahrt, um sie später im Land zu verwirklichen (5,31). Vor der Paränese von 5,32 liegen dann 40 Jahre erzählte Zeit. 5,32a greift die Mahnung, zu „bewahren und halten" von 5,1b auf. Zusammen mit 5,32b-33, der Aufforderung, vom „Weg" des Dekalogs nicht abzuweichen,[9] rahmen diese Verse das Kap. 5. Innerhalb dieses Rahmens bilden 5,2–5 strukturell wie inhaltlich den ersten, auf den Dekalog in 5,6–22 ausgerichteten Abschnitt.

28,69 hat keine „Überleitungsfunktion"[10], sondern überschreibt den dritten Buchteil, die Kap. 29–32[11]: „Das sind die Worte des Bundes" [verdeutlichend: „Das sind die Worte, durch die der Bund geschlossen wurde"], den mit den Israeliten im Land Moab zu schließen YHWH Mose verpflichtet hat, zusätzlich zu dem Bund, den er (selbst) mit ihnen am Horeb geschlossen hatte." „Die Wortes des Bundes" (*dibrê habbᵉrît*) unterscheiden sich von der in 4,44 genannten Textgattung „Tora". Sie gehören nicht zur Urkunde des Gottesbundes, die in Kap. 5–28 vorliegt, sondern beziehen sich auf rituelle, aber auch andere Worte und Handlungen[12], die beim

---

7 Lohfink, „Deuteronomium 5", 117. „Die Wendung, ,in die Ohren von jemandem hinein sprechen' bedeutet: ,jemandem etwas offiziell zur Annahme vorlegen'" – ebd., 118 Anm. 21. Die Wendung *dbr* Piel *bᵉʾáznayîm* ist von *qrʾ bᵉʾáznayîm* zu unterscheiden, die das Verlesen einer schriftlichen Urkunde bezeichnet, vgl. z.B. Ex 24,7; Dtn 31,11; 2 Kön 23,2; Jer 36,6.10.13.14.15.20.21 und Neh 13,1.
8 Vgl. J.-P. Sonnet, „The Fifth Book of the Pentateuch. Deuteronomy in Its Narrative Dynamic", *JAJ* 3 (2012) 197–234, hier 206–207.
9 G. Braulik, „Die allgemeine Gesetzesparänese und das ,paränetische Schema' im Buch Deuteronomium", *Studien zu Buch und Sprache des Deuteronomiums* (SBAB 63; Stuttgart 2017) 271–299, hier 284.
10 Gegen Eckart Otto, *Das Deuteronomium in Pentateuch und Hexateuch.* Studien zur Literaturgeschichte von Pentateuch und Hexateuch im Lichte des Deuteronomiumrahmens (FAT 30; Tübingen 2000) 139–141. Vgl. Braulik – Lohfink, *Sprache und literarische Gestalt*, 303 Anm. 4.
11 N. Lohfink, „Dtn 28,69 – Überschrift oder Kolophon", *Studien zum Deuteronomium und zur deuteronomistischen Literatur III* (SBAB 20; Stuttgart1995) 279–291; ferner Braulik – Lohfink, *Sprache und literarische Gestalt*, 372–378.
12 *dābār* kann nicht nur „Wort", sondern auch „Sache", „Angelegenheit" bedeuten – gegen J.H. Tigay, *Deuteronomy Devarim* (JPS Torah Commentary; Philadelphia – Jerusalem 1996) 274, der die Wendung „terms of the covenant" auf die Gesetze, den Segen und Fluch der vorausgehenden Kapitel bezieht, die durch 5,2 und 28,69 gerahmt würden. Dagegen gehe es nach H. Stoppel, *Von Angesicht zu Angesicht. Ouvertüre am Horeb. Deuteronomium 5 und 9–10 und die Textgestalt ihrer Folie* (AThANT 109; Zürich 2018), 282f, bei den *dibrê habbᵉrît* um die Inhalte, die dieses Verhältnis entfalte. Sie finden sich aber nur vor 28,69. In diesen „Worten" sei dann auch der performative Vollzug des durch

Moabbundesschluss neu zum Horebbundesschluss hinzukommen. Innerhalb des dritten Buchteils bilden die Kap. 29 – 30 eine Redeeinheit und bringen Ergänzungen zur Tora vom Horeb. Sie werden durch 31,1 – 2a von 31,1 – 32,47 abgegrenzt, die weitere Vorgänge hinzufügen, die sich am Todestag Moses in Moab abspielten und die erst die volle Gestalt des Moabbundes schufen. Die Überschrift 28,69 betont bei den zwei Bundesschlüssen die Verschiedenheit ihrer Orte, nämlich Moab und Horeb, und der Personen, die jeweils die Israeliten verpflichten, nämlich Mose, der in Moab im Auftrag YHWHs handelt, und YHWH allein am Horeb. Sie lässt jedoch in keiner Weise darauf schließen, dass der Horebbund und seine Forderungen weniger bedeutend wären als der Moabbund mit seinen Verpflichtungen.[13]

Nun zu den beiden Texteröffnungsperikopen selbst. In 5,1 wie in 29,1 wendet sich Mose mit seinem Aufruf an „ganz Israel"[14]. Doch handelt es sich bei der jeweils einberufenen offiziellen Volksversammlung nicht um zwei Veranstaltungen, die hintereinander stattgefunden hätten, sondern um ein und dieselbe Vollversammlung Israels am Todestag Moses. Sie wird nur unter verschiedenen Gesichtspunkten dargestellt. 29,1 ist als ein mit 5,1 wörtlich gleichlautender *wayyiqtol*-Satz formuliert. Als solcher lenkt er textsyntaktisch zum älteren Erzählpunkt zurück und nimmt ihn wieder auf.[15] Und weil der Aufruf von 29,1 zur folgenden Rede führt, die nicht zur Bundesurkunde gehört, werden im Anschluss daran die Höraufforderung und Lernparänese von 5,1 nicht wiederholt. Der Bucherzähler bietet keine erzählerische Auskunft über den Ablauf des Tages, an dem Mose starb. Man darf also nicht einfach von der referierten Abfolge „Verlesung der Bundesurkunde" und „bei der Bun-

---

diese Inhalte gefüllten Gottesverhältnisses in Moab in 26,16 – 19 enthalten. „28,69 ist also in diesem Sinne ‚Kolophon'" (283).

13 Nach M.Z. Brettler, „‚Fire, Cloud, and Deep Darkness' (Deuteronomy 5:22): Deuteronomy's Recasting of Revelation", *The Significance of Sinai.* Traditions about Sinai and Divine Revelation in Judaism and Christianity (ed. G. J. Brook – H. Najman – L. T. Stuckenbruck) (Themes in Biblical Narrative Jewish and Christians Traditions 12; Leiden – Boston 2008) 15 – 27, hier 26, spiegle Dtn 28,69 „Deuteronomy's ambivalent attitude toward Horeb". Während Kap. 5 am Ende die Offenbarung Gottes am Horeb als schlechte Idee darstelle, sei die Offenbarung durch einen Propheten wie Mose eine bessere; „what Moses is commanding ‚today', namely at the end of the period of wandering, is much more important than what was commanded then, at Horeb."

14 Diese Adressatenangabe dient im Deuteronomium als makrostrukturelles Signal (vgl. noch 1,1; 27,9; 31,1; 32,45; 34,12).

15 Zu diesem Phänomen vgl. W. Groß, „*Wa=yiqtol* für Anknüpfung/Wiederaufnahme: Stilmittel und redaktionelles Verfahren," Εν παση γραμματικη και σοφια. Saggi di linguistica ebraica in onore di Alviero Niccacci ofm (hg. G. Geiger) (SBF.Analecta 78; Milano – Gerusalemme 2011) 153 – 172. Auch diese Beobachtung spricht gegen Stoppel, *Angesicht*, 275, der „keinen Anhaltspunkt für die chronologische Relation der beiden Wiedergaben einer einzigen Versammlung" erkennt. Konfrontiert mit dem Problem einer zweiten Versammlung mit einem weiteren Bundesschluss betrachtet er 29,9 – 14 als etwas, „was sich am ehesten mit *Nachvollzug* bezeichnen ließe."

deszeremonie erstmals geäußerte Worte und mit ihnen verbundene Aktionen" auf die Reihenfolge ihrer faktischen Durchführung schließen. Auch altorientalische Vertragsurkunden hielten sich in ihrem Aufbau, selbst wenn sie die wesentlichen Vorgänge der Zeremonie erwähnten oder auf sie anspielten, keineswegs stets genau an den Ablauf der Ereignisse beim Vertragsabschluss. Was am Todestag Moses der Verlesung der Horeburkunde vorausging oder folgte, überhaupt der ganze Handlungsverlauf der feierlichen Eideszeremonie in Moab, ist aus dem Deuteronomium nicht ersichtlich. Die performativen Texte des Bundesschlusses finden sich sowohl im zweiten (26,17–19; 27,1.9–10) als auch im dritten Buchteil (29,9–14; 30,15–20). Wie sie von Mose vorgetragen werden, können sie von ihrem Inhalt her nicht nacheinander rituell vollzogen werden. Doch braucht die Fabel des Deuteronomiums hier nicht weiter diskutiert zu werden.[16] Festzuhalten ist nur: Der Ablauf der erzählten Ereignisse ist mit der Abfolge der Texte nicht identisch.

In 5,1 setzt nach der Einberufung von ganz Israel eine auf die Horebtheophanie zurückblickende Erzählung ein („und sagte zu ihnen"). Sie mündet in 5,5 in die Redeeinleitung („indem er sagte") des anschließenden Dekalog. In 29,1 folgt dem gleichen Aufruf mit der Redeeinleitung („und sagte zu ihnen") der Hinweis auf „alles, was YHWH getan hat". Der anschließende Geschichtsrückblick läuft in 29,8 in eine knappe, auf den Moabbund vorausblickende Paränese aus: „Bewahrt die Worte dieses Bundes und tut sie, damit euch alles, was ihr tun werdet, gelingt." Beide Perikopen werden somit gerahmt: In 5,1 und 5 durch die Redeeinleitung mit ʾmr, in 29,1b und 8 durch das (mit verschiedenen Referenzen gebrauchte) Objekt ʾēt kål ᵃšær ʿśh. Obwohl bei ihm die Aktivitäten Gottes in der Vergangenheit (v. 1b) und diejenigen Israels in der Zukunft (v. 8) liegen, beeinträchtigen diese Unterschiede nicht die formale Rahmungsfunktion.[17] 5,1–5 und 29,1–8 sind damit auf ähnliche Weise als selbständige Einheiten abgegrenzt. Die zwei Abschnitte unterscheiden sich durch Inhalt und Gattung, außerdem divergiert ihre Paränese zwischen der Mahnung zur Gesetzestreue und der zur Bundestreue. Dennoch sind sie aufeinander bezogen. Sie werden durch das wichtige Stichwort „Bund" miteinander verklammert (5,2.3 und 29,8, vgl. 28,69), wobei als „dieser Bund" (habbᵉrît hazzoʾt) im Deuteronomium überhaupt nur der Horeb- (5,3) und der Moabbund (29,8.13) bezeichnet werden. Ferner spricht Mose im Deuteronomium, wenn er vergangene Ereignisse nacherzählt, von Kap. 1–3 abgesehen nur in 5,2–3 und 29,6–7.15 im „Wir" der zusammen gemachten Erfahrungen.[18] Außerdem gibt es zwischen 5,2–5 wie 29,1–8 und 29,9–14 noch eine Reihe sachlicher wie formulierungsmäßiger Ge-

---

16 S. dazu Braulik – Lohfink, *Sprache und literarische Gestalt*, 391–439.

17 Vgl. T.A. Lenchak, „*Choose Life!*" A Rhetorical-Critical Investigation of Deuteronomy 28,69–30,20 (AnBib 129; Rom 1993) 174.

18 Vgl. Markl, *Gottes Volk*, 49–50.

meinsamkeiten.[19] Am wichtigsten im Blick auf unser Thema ist schließlich: Beide Perikopen eröffnen den unmittelbar anschließenden Bundestext.

Trotz des geschichtlichen „Nacheinanders" der Bundesschlüsse am Horeb und in Moab konvergieren 5,2–5 und 29,1–8 im „Heute" des Bundes.[20] Von diesem „Heute" (hayyôm) sprechen 5,3 und 29,3 ('ad hayyôm hazzæh „bis zum heutigen Tag").[21] Während Mose in 5,2–3 den Bundesschluss YHWHs am Horeb mit den hier und heute versammelten Israeliten einfach feststellt, begründet 29,1–7, weshalb YHWH diesen Horebbund mit dem in Moab zu schließenden identifizieren kann. Diese Vorgeschichte ist entscheidend. Deshalb geht es im Folgenden um die Funktion der beiden Anfänge 5,2–5 und 29,1–8 innerhalb der erzählten Welt des letzten Tages Moses und im Blick auf den Bundesschluss in Moab. Ob 5,2–5 und 29,1–8 jeweils eine ursprüngliche Einheit darstellen, ist literarkritisch zwar diskutiert. Uneinigkeit herrscht ebenso bei ihrer redaktionsgeschichtlichen Einordnung ins Deuteronomium. Ich möchte jedoch auf diese diachronen Fragestellungen nicht eingehen. Vielmehr untersuche ich die beiden Perikopen auf der Endtextebene und im Lesegefälle des Buches. Dieser lineare Leseprozess empfiehlt sich nicht zuletzt wegen der „dramatischen Präsentation" des Deuteronomiums, die den Leser an den dargestellten Ereignissen teilnehmen lässt.[22]

---

19 Zu weiteren literarischen und motivischen Verbindungen zwischen „Horebbund und Moabbund als Eckpfeilern des Dtn" s. D. Markl, *Der Dekalog als Verfassung des Gottesvolkes.* Die Brennpunkte einer Rechtshermeneutik des Pentateuch in Exodus 19–24 und Deuteronomium 5 (HBS 49; Freiburg im Breisgau 2007) 198–200.

20 G. Braulik, „‚Heute' im Buch Deuteronomium. Tora und Bundesschluss", *Tora und Fest.* Aufsätze zum Deuteronomium und zur Liturgie (SBAB 69; Stuttgart 2019) 61–81, hier 74–76. Ferner J.-P. Sonnet, „‚Today' in Deuteronomy: A Narrative Metalepsis", *Bib* 101 (2020) 498–518.

21 Gehäuft findet sich „heute" (hayyôm) ferner in der durch 29,1–8 eingeleiteten Ritualbeschreibung 29,9–14, nämlich in den vv. 9.11.12.14 (2-mal), ferner in v. 17.

22 „It is the exegete's temptation to skip the linearity of the reading process (the reader's progressive hermeneutics), and to determine from without, in panoramic view, what is patiently built from within." (J.-P. Sonnet, *The Book within the Book.* Writing in Deuteronomy [BIS 14; Leiden – New York – Köln 1997] 15). Narratologisch ist es günstig, zwischen „textinternen" Bezügen zu Stellen auf der Kommunikationsebene der Moserede, und „textexternen" Bezügen auf der Kommunikationsebene des Buches, auf der die Intertextualität mit anderen biblischen Schriften in den Blick genommen wird, zu unterscheiden. Dementsprechend verschieden ist auch das Gewicht intra- bzw. intertextueller Bezüge für den Informationsaufbau im Leseprozess.

II Das „Protokoll" vom Bundesschluss am Horeb (Dtn 5,2–5)

„Insgesamt ist Dtn 5,1–5 als literarisches Kleinod gestaltet, das in geradezu akribisch-architektonischer Vernetzung innerhalb des Dtn zugleich Schlüsselmotive aus der Sinaitheophanie in typisch dtn Transformation aufnimmt und eine höchst verdichtete Funktion erfüllt, die dem eingeleiteten Dekalog dient."[23] Unmittelbar nach der Überschrift des ersten Buchteils referierte Mose ein Gotteswort an das ganze Volk. Er leitete es in 1,6 ein: „YHWH, unser Gott, hat am Horeb zu uns gesagt". Darauf spielt die Parallele in 5,2, dem Neueinsatz nach der Überschrift zum zweiten Buchteil, an: „YHWH, unser Gott, hat am Horeb einen Bund mit uns geschlossen."[24] Jetzt handelt es sich nicht mehr um den Aufbruch in die Wüste. Vielmehr wird „erzählt", was ihm vorausging, und was Mose über die Offenbarung am Horeb bereits in 4,10–14 vorentworfen hatte. In 5,2–5 läuft die Szene auf das Dekalogzitat (vv. 6–21) zu. Weil es in Kap. 5 um „eine Zusammenstellung von rechtswirksamen offiziellen Äußerungen" geht, kann man bei den vv. 2–5 von einem „Protokoll" sprechen.[25] Thema der in Wir-Rede gehaltenen vv. 2–3 ist der Bund, dessen Partner definiert werden. Im Anschluss daran bestimmen die vv. 4–5 die gegenseitigen Beziehungsverhältnisse zwischen YHWH, Volk und Mose beim Bundesschluss am Horeb. Dabei tritt das Ich Moses dem Ihr der Israeliten gegenüber.[26]

Neben den bereits skizzierten Verbindungen zwischen 5,2–5 und 29,1–8 bestehen auch Gemeinsamkeiten mit dem Text des Moabbundesschlusses in 29,9–14. Wie 5,2–5 ist auch 29,9–14 „ein fast juristisch gemeinter, präzis formulierter Text,

---

23 Markl, *Dekalog*, 208. Er belegt sein Urteil durch eine stilistisch-sprachlich und traditionsgeschichtlich detaillierte Analyse der Perikope ebd., 197–208. Sie nimmt vor allem Untersuchungen von N. Lohfink, *Das Hauptgebot*. Eine Untersuchung literarischer Einleitungsfragen zu Dtn 5–11 (AnBib 20; Rom 1963) 145–150, auf.

24 Außerdem ist wichtig, worauf ich später noch näher eingehe: Wenn Mose in 1,6 vor dem in Moab versammelten Volk die gemeinsame Vergangenheit zu rekapitulieren beginnt, schließt er sich mit ihm nicht nur im „Wir" zusammen, sondern identifiziert er auch die jetzt angeredeten Menschen mit der vorangegangenen Generation: „This rhetorical blending of the generations is characteristic of the Discourse, and the narrative important of 1:6–8 is paradigmatic as it establishes for the rest of Deuteronomy this intentional ambiguity, or better, the deliberate solidarity created among Israel's generations" (Arnold, „Reexamining", 18–19).

25 Lohfink, „Deuteronomium 5", 143 und 118.

26 Vgl. Lohfink, *Hauptgebot*, 145–146.

eine Art Protokoll".[27] Auch hier werden die menschlichen Bundespartner auf Seiten des Volks bestimmt, wird das Bundesverhältnis definiert und die Wendung *krt b^{e}rît* für den Vollzug des Bundesschlusses gebraucht. Am Horeb (5,5) wie in Moab (29,13–14) ist Mose Mittler des Bundes, wenn auch auf verschiedene Weise. Doch wird der Horebbund ausschließlich von YHWH geschlossen. Nicht zuletzt betonen beide Texte das „Heute" (*hayyôm*) des Deuteronomiumtags. An ihm wird die Szene des Bundesschlusses öffentlich und damit rechtsgültig in Gang gesetzt. Sobald 5,2–3 ausgesprochen ist, ist der einst geschlossene Horebbund schon in das „Heute" der Moabsituation hineingenommen.[28] Geht es um den Moabbund, muss also beim Horebbund begonnen werden, der in den Moabbund integriert werden wird.

Das „proleptische Summarium"[29] 5,2 fasst das Geschehen am Horeb zunächst knapp zusammen und leitet die rechtlichen Feststellungen der vv. 3–5 ein: „YHWH, unser Gott, hat am Horeb mit uns einen Bund geschlossen." Diese Aussage wird von v. 3 problematisiert, wobei die Ortsangabe des Bundesschlusses „am Horeb" und die darin eingeschlossene Zeitangabe „unmittelbar nach dem Auszug aus Ägypten" fehlt: „Nicht mit unseren Vätern hat YHWH diesen Bund geschlossen, sondern mit uns, uns diesen hier, heute, (uns) allen, den Lebenden." Die „rhapsodische" Übersetzung von v. 3b gibt die „stakkatohafte hebräische Syntax" wieder, die jedes einzelne Wort gewissermaßen mit einem Ausrufezeichen versieht.[30]. Nirgendwo in der Hebräischen Bibel wird die zeitliche und räumliche Anwesenheit stärker betont. Zugleich wird dabei der übliche Umgang mit der Zeit in Frage gestellt. Die feierliche Formulierung des „mit uns" (*'immānû*) kontrastiert die Angeredeten mit ihren Vorfahren, also früheren Generationen, und lehnt „unsere Väter" (*^{a}botênû*)[31] als

---

27 N. Lohfink, „Der Bundesschluß im Land Moab. Redaktionsgeschichtliches zu Dt 28,69 – 32,47", *Studien zum Deuteronomium und zur deuteronomistischen Literatur I* (SBAB 8; Stuttgart 1990) 53–82, hier 61.

28 Vgl. Reginaldo Gomes de Araújo, *Theologie der Wüste im Deuteronomium* (ÖBS 17; Frankfurt am Main 1999) 310.

29 Lohfink, „Deuteronomium 5", 119.

30 E. Ballhorn, „Hören, um zu leben. Vom Wort, das satt macht", *BiLi* 89 (2016) 168–176, hier 172.

31 N. Lohfink, *Die Väter Israels im Deuteronomium*. Mit einer Stellungnahme von Thomas Römer (OBO; Freiburg/Schweiz – Göttingen 1991), diskutiert drei Deutungen. Am plausibelsten erscheint ihm, dass mit den Vätern „alle Vorfahren aller denkbaren Generationen" gemeint sind. „Denn das ganze folgende Kapitel arbeitet mit der narrativen Identität der Angeredeten mit dem Israel am Horeb." (23). Bezieht man – zweite Möglichkeit – „Väter" auf die Patriarchen, steht ihnen die angesprochene Exodus-Horeb-Moab-Generation gegenüber. Diese Konkretisierung ließe sich vielleicht in Analogie zum „Bund mit euch" am Horeb in 4,23 und dem Bund „mit deinen Vätern" in 4,31 vorstellen. Unwahrscheinlich sei – dritte Möglichkeit – die Deutung der Väter als der Exodus-Horeb-Generation in Unterscheidung von der angeredeten Moabgeneration. Sie wäre zwar von Dtn 1–3 bekannt, zwingt aber syntaktisch dazu, die Suffixkonjugation *kārat* als Koinzidenz zu verstehen: „Nicht mit unseren Vätern *schließt* YHWH *hiermit* diesen Bund, sondern mit uns ..." (23–24). Doch

Partner des Horebbundes ab.[32] Zwar könnte die Suffixkonjugation „hat geschlossen" (*kārat*) eine performative, also im Jetzt der Moserede anzusetzende Handlung bezeichnen, und auch das „Wir" und „heute" ließen sich dafür anführen. Dennoch ist hier nicht gesagt, der Horebbund werde erst jetzt geschlossen.[33] Das geschah in der Vergangenheit, die Aussage „uns hier, heute, den Lebenden"[34] aber verweist auf die Gegenwart der Moserede und die in Moab versammelte Generation. Der Text bleibt somit „vergangenheitliche Erzählung, obwohl durch den sprachlichen und außersprachlichen Kontext zugleich Koinzidenz insinuiert ist".[35] Sowohl der Bundesschluss als auch das Phänomen „Zeit" müssen im Folgenden noch genauer reflektiert werden.

Die vv. 4–5 explizieren *einen* Akt des Bundschließens, nämlich die Mitteilung Gottes: „Von Angesicht zu Angesicht hat YHWH auf dem Berg mitten aus dem Feuer mit euch geredet. Ich stand damals zwischen YHWH und euch, um euch das Wort YHWHs (*dᵉbar YHWH*)[36] zu verkünden; denn ihr habt euch vor dem Feuer ge-

---

bemüht sich Mose außerhalb von Kap. 1–3, selbst wenn er auf die Wüstenzeit zu sprechen kommt, „die Exodus- und die Moabgeneration als eine einzige zu zeichnen". Nirgendwo bezeichnet er die Exodusgeneration als „die Väter" der angeredeten Moabgeneration. (24).

32 Im Unterschied zu 29,13–14, wo Mose „nicht allein" (*lo' lᵉbad*) mit den Anwesenden, sondern auch den Abwesenden den Moabbund schließt, fehlt in 5,3 *lᵉbad*. Man darf also in v. 3a nicht „sinngemäß ergänzen: ‚nicht [nur] mit unseren Eltern'" – gegen Markl, *Dekalog*, 204. Er stellt den „Vätern" (= „Eltern") – das wäre die Exodus-Horeb-Generation – die Moabgeneration gegenüber.

33 Nach C. Hardmeier, „Das *Schᵉma' Jisra'el* in Dtn 6,4 im Rahmen der Beziehungstheologie der deuteronomistischen Tora", *Erzähldiskurs und Redepragmatik im Alten Testament*. Unterwegs zu einer performativen Theologie der Bibel (FAT 47; Tübingen 2005), 123–154, hier 136, sei dabei klarzustellen, „daß Dtn 5,2f noch nicht den performativen Vollzug einer Bundesschließung zum Ausdruck bringe". Dieser Akt „wird erst in 27,9 ‚an diesem heutigen Tag' vollzogen und in 29,9–14 rituell begangen" (137). Aber wie wird etwas Vergangenes rund 40 Jahre später erstmalig vollzogen? Die beiden Stellen beziehen sich jedenfalls nicht auf den Horeb-, sondern den Moabbund. Dass Horeb- und Moabbund geschichtlich identisch sind, wird durch 28,69 ausgeschlossen.

34 Die „Lebenden" meinen die nicht zum Baal-Pegor (4,4) Abgefallenen, die deshalb nicht umgekommen und jetzt in Moab von Mose angesprochen sind.

35 Lohfink, *Väter*, 24. Stoppel, *Angesicht*, 105 Anm. 208, plädiert für eine Identifizierung der „Väter" mit der Exodusgeneration, die Lohfink, *Väter*, 24, für unwahrscheinlich, wenn auch nicht für unmöglich hält: „Der Bundesschluss wird in 5,2 abschließend erzählt, danach folgt sein *Inhalt* und seine *Auswirkung*, die aber nicht mit dem Bundesschluss identisch sind. Aber auch 5,3 muss nicht als ‚Koinzidenzfall' verstanden werden. Der Bund am Horeb wird nicht nach Moab geholt, so dass er aktualisiert erneut geschlossen würde, sondern die Moabgeneration wird *zurück* an den Horeb versetzt, die Geschichte dort als ihre eigene Geschichte benannt, aber dennoch in der Perspektive als *vergangene* Geschichte."

36 So zunächst mit M als *lectio difficilior* gegenüber einer Harmonisierung mit dem Kontext, den Zehn „Worten". Dagegen lesen 4QDeut^n und Sam den Plural „Worte" (*dibrê*), ebenso G, S und V. Nur

fürchtet und seid nicht auf den Berg gestiegen." Beide Verse präzisieren das „mit uns" (v. 3) des Bundesschlusses: Gott sprach gewissermaßen auf Augenhöhe „mit euch" (v. 4)[37] – *dbr* Piel *ʾim* wird im Deuteronomium nur vom Sprechen Gottes mit dem Volk und im Zusammenhang der Dekalogmitteilung gebraucht (5,4; 9,10; vgl. rückblickend Ex 20,19.22). Die Mittlerstellung, die Mose dabei nach 5,5 einnimmt, unterscheidet sich von der Vermittlung, in die er 5,28 – 31 eingesetzt wird. Sie kann sich in 5,5 nicht auf die spätere Gesetzesverkündigung Moses beziehen,[38] und das gilt auch für den Hinweis „damals" (*bāʿēt hahî*).[39] Denn Moses Funktion als Gesetzesmittler ergibt sich nach den vv. 28 – 31 aus der Theophanieerfahrung Israels und ist sachlich-juristisch anderer Art.[40] Mose zitiert die Anweisung Gottes, sich zu ihm zu stellen, um „das ganze Gebot, die Gesetze und Rechtsentscheide" zu hören (vv. 30 – 31), um die es seit v. 1 geht, und sie die Israeliten zu lehren. Danach springt er sofort in die paränetische Anrede an das 40 Jahre später ihm zuhörende Israel (v.

---

wenn man zwischen *dᵉbar* und *YHWH* mit einer Haplographie des „y" rechnete, wäre der Plural die ursprüngliche Lesart.

37 Es geht also nicht um ein „visuelles Gegenüber von Gott und Mensch", sondern „um die Beschreibung der Kommunikation Gottes mit dem Volk als unvermittelt, hörbar und unmittelbar verständlich" (Stoppel, *Angesicht*, 79).

38 Gegen F.-L. Hossfeld, *Der Dekalog. Seine späten Fassungen, die originale Komposition und seine Vorstufen* (OBO 45; Freiburg / Schweiz – Göttingen 1982) 226, für den „der prophetische Terminus *dᵉbar YHWH* die gesamte mosaische Horebverkündigung" bezeichnet. Sie „heißt sonst aber niemals *dᵉbar YHWH*." (L. Perlitt, *Deuteronomium*. 1. Teilband Deuteronomium 1 – 6* [BKAT V/1; Neukirchen-Vluyn 2013] 421). Ebenso gegen Stoppel, *Angesicht*, 80 – 82, der in 5,5 „einen allgemeinen Vorgriff auf die Bestimmung Moses zum Mittler in V.24 – 31" sieht (82).

39 Gegen Markl, *Dekalog*, 206, der die Formel mit der Vermittlungsfunktion Moses vor und nach der Dekalogsoffenbarung verbindet. J.-P. Sonnet, „,It was at that time that …' The rhetorical use of the fomula *bāʿēt hahî* in Deuteronomy", *ZABR* 26 (2020) 265 – 281, hier 272 – 274, erklärt die Formel in 4,14 und 5,5 vor dem Hintergrund der Sinai-Perikope in Exodus. Zu Ex 20,18 – 21 füge Dtn 4,14 den Lehrauftrag Moses hinzu. Er ergehe auch in 5,31. Nach Ex 24,3 übermittle Mose „alle Worte YHWHs" (*kål dibrê YHWH*), das sei der Dekalog von Ex 20, und „alle Rechtssatzungen" (*kål hammišpāṭîm*), das sei das Bundesbuch Ex 21 – 23. „In my view, this is precisely what Moses' disclosure in Deut 5:5 is summarizing: there was no divine communication at Horeb that went without Moses' mediation, and this mediation started with the imparting of the Ten Words. […] Now, the mediating role of Moses in the declaration of the divine word (,to declare to you the word of Yhwh' [5:5]) warrants his mediating role in the teaching of the Horeb revelation." (273).

40 Lohfink, *Hauptgebot*, 145 – 146. Das gilt auch für die Formulierungen: „In 5,27 verlangt man vielmehr von Moses, er solle sich nähern (*qrb*), solle hören (*šmʿ*) und solle dann reden (*dbr* – das Wort wird vorher von Jahwe gebraucht); Jahwe sagt in 5,31, Moses solle ,bei ihm stehen', er werde mit ihm reden, und Moses solle dann das Volk lehren (*lmd* Piel)." (145). „With the exception of the ,ten words,' Moses does not formulate the legacy he received at Horeb by quoting God (no stipulation is prefaced with ,YHWH said: …'); Moses, rather, liberally conveys and enforces what Got has revealed to him. This conveying has the specific modality of a ,teaching,' as enjoined upon Moses by God himself" (Sonnet, *Book*, 47).

32 – 33). Dabei bleibt offen, ob Mose die Gesetze, die Gott ihm mitgeteilt hat, in Moab zum ersten Mal vorträgt.[41]

1 „einen Bund schließen mit"

Mit der Wendung „einen Bund schließen mit" (*krt b^erît 'im / 'æt*) benennt 5,2 das Programm des ersten Teils von Kap. 5. V. 3 wiederholt sie und präzisiert die menschlichen Partner des Horebbundes.[42] Die Semantik von *b^erît* und *krt b^erît* ist diskutiert. Die Grundbedeutung geht auf einen Eid oder Vertragsschluss, also einen stiftenden Akt zurück. Entscheidend ist die Handlung, durch die ein „Bund" zustande kommt. In metonymischem Verständnis kann *b^erît* den Gesamtvorgang einer Vertragsschließung, aber auch noch umfassender das aus einem Vertragsschluss resultierende Rechtsverhältnis oder die implizierte Verpflichtung auf ein Rechtsdokument bezeichnen.[43] Rituelle Vorgänge, die im Hintergrund des Bund-„schneidens" gestanden sein mögen und zur Metapher wurden, spielen hier keine Rolle. Entscheidend ist der sprachliche Prozess, der mit *krt b^erît* ausgedrückt wird. Den hermeneutischen Schlüssel zu 5,2 – 3 liefern die Darstellung der Horebtheophanie und ihre paränetische Auswertung in Kap. 4.[44]

Nachdem 4,11 die von der Theophanie ausgelösten Naturerscheinungen breit geschildert hat, erklären die vv. 12 – 13 die Offenbarung präzis juristisch: „YHWH sprach (*wayy^edabbēr*) zu euch mitten aus dem Feuer. Eine Stimme, Worte (*d^ebārîm*) habt ihr gehört, doch eine Gestalt habt ihr nicht gesehen, nur eine Donnerstimme (gehört). Er verkündete (*wayyaggēd*) euch seinen Bund (*b^erîtô*) [das heißt][45]: Er

---

41 N. Lohfink, „Prolegomena zu einer Rechtshermeneutik des Pentateuch", *Studien V*, 181 – 231, hier 196 – 197. Vermutlich ist an ihren Vortrag in der Vertragsschließungszeremonie selbst zu denken, weil die eigentlichen Kerntexte des Bundesschlusses in ihr zu finden sind.

42 *krt b^erît* ist im Deuteronomium mit 'im (4,23; 9,9; 29,11.24) und mit 'æt (5,3; 28,69 [2-mal]; 29,13; 31,16) belegt. Zwischen den beiden Präpositionen besteht kein wesentlicher Bedeutungsunterschied. Das zeigt sich auch daran, dass sie in 5,2.3 und 29,11.13 in Parallele verwendet werden. Dieser parallele Gebrauch verbindet dann auch Horeb- und Moabbund.

43 N. Lohfink, „Ein Bund oder zwei Bünde in der Heiligen Schrift," *L'interpretazione della Bibbia nella chiesa*. Atti del Simposio promosso dalla Congregazione per la Dottrina della Fede, Roma, settembre 1999 (Città del Vaticano 2001) 272 – 297. Dagegen versteht Stoppel, *Angesicht*, 284f, die Wendung *krt b^erît* als „Erlass der Bundesverpflichtungen".

44 Vgl. G. Braulik, „Hat Gott die Religionen der Völker gestiftet? Dtn 4,19 im Kontext von Kultbilderverbot und Monotheismus", *Tora und Fest*, 142 – 251, hier 154 – 161.

45 Die Partikel *^ašær* ist hier appositionell-explikativ eingesetzt. Man gibt sie am besten durch „das heißt" oder einfach durch einen Doppelpunkt wieder. „Der von der Partikel eingeleitete Text entfaltet und erläutert, worin der von Gott verkündete ‚Bund' besteht: zunächst einmal darin, dass Gott

verpflichtete (*ṣiwwāh* Piel) euch darauf, die Zehn Worte (*ʿᵃśærœt haddᵉbārîm*) zu verwirklichen (*laʿᵃśôt*), und er schrieb sie (*wayyiqtᵉbēm*) auf zwei steinerne Tafeln." Die vier finiten Verben der vv. 12–13 bezeichnen Handlungen YHWHs[46]: die Mitteilung artikulierter Worte, die verstanden werden konnten; die feierlich-öffentliche Proklamation des Gottesbundes; worin diese Verkündigung besteht und worauf der Nachdruck liegt: die Verpflichtung Israels auf das Halten der Zehn Worte; schließlich ihre Niederschrift auf den Steintafeln, die den juristischen Charakter der Gesamtvorstellung unterstreicht. Eine Übergabe oder Deponierung der Bundesurkunde wird nicht erwähnt. Zu diesen Elementen nun im Einzelnen.

Dass Gott „mitten aus dem Feuer" redete (v. 12), bedeutet nicht, dass er nicht unmittelbar zum Volk gesprochen hätte, sondern besagt, dass er „mitten im Feuer" präsent ist. Keine andere Theophaniebeschreibung betont aber bei der Präsenz YHWHs so deutlich die Transzendenz seiner Gestalt. Gott manifestiert sich nur akustisch, und zwar „mit Donnerstimme", sodass er von Vielen und auch auf Entfernung gehört werden kann. Das ist auch die Voraussetzung dafür, dass Israel den Dekalog beobachten kann, wie Gott es in „seinem Bund" verlangt. Denn in v. 13 geht es nicht um den Inhalt des Bundes, sondern um den Akt des Bundesschlusses. „Gott hat nicht einfach den Dekalog ausgesprochen, sondern hat kundgetan, worauf der von ihm auferlegte Schwur verpflichten solle: auf die Beobachtung des Dekalogs."[47] „Bund" ist also hier nicht die technische Bezeichnung für die Zehn Worte als Dokument – die *ʿᵃśærœt haddᵉbārîm* bilden keine Apposition zu *bᵉrîtô*, sondern sind Objekt von *laʿᵃśôt*. Der Bundesschluss beinhaltet vielmehr beides: die Mitteilung wie Dokumentation des Bundestextes und die Verpflichtung zu einem bundestextgemäßen Handeln.[48]

Im Folgenden greift 4,15 die Gotteserfahrungen, die v. 12 beschrieben hat, als theologischen Traditionsbeweis für die Bilderverbotsparänese auf, schweigt aber über die akustischen Phänomene: „Nehmt euch um eures Lebens willen gut in Acht! Denn ihr habt keinerlei Gestalt gesehen an dem Tag, als YHWH am Horeb mitten aus dem Feuer zu euch sprach". Im Anschluss an v. 15 leitet schließlich die paränetische Zuwendung in v. 23 das Kultbilderverbot aus der Horeboffenbarung ab: „Nehmt euch in Acht, dass ihr nicht den Bund (*bᵉrît*) vergesst, den YHWH, euer Gott, mit euch geschlossen hat (*kārat ʿimmākœm*), und euch kein Kultbild macht, das irgendetwas darstellt, das YHWH, dein Gott, dir verboten hat." Hier fasst die gebräuchliche Kurzformel „den Bund schließen" (*krt bᵉrît*) den ganzen in den

---

Israel gebietet, die Zehn Worte zu halten." (G. Braulik, „Deuteronomium 4,13 und der Horebbund", *Studien zu Buch und Sprache des Deuteronomiums* [SBAB 63; Stuttgart 2017] 51–59, hier 55).

46 Vgl. Braulik, „Deuteronomium 4,13", 57.

47 Lohfink, „Prolegomena", 193 Anm. 45.

48 Braulik, „Deuteronomium 4,13", 56.

vv. 12 – 13 narrativ entfalteten Handlungskomplex zusammen – vom auslösenden Akt bis zu seinem Ergebnis, dem verschrifteten Dekalog, den v. 23 auf das Kultbilderverbot fokussiert.

Mit diesem nach seinen einzelnen Aktionen differenzierten Verständnis vom „Bund" Gottes liefert Kap. 4 eine Leseanleitung für 5,2 – 5, wo die Erfahrungen der Horebtheophanie reflektiert werden. Die vv. 5,2 und 3 bezeichnen wie 4,23 mit *krt bᵉrît* den Gesamtvorgang des Bundesschlusses. Er steht programmatisch am Anfang der Horeberzählung. Die vv. 5,4 und 5 nehmen aus dem Kurzresümee 4,12 – 13 die Verben *dbr* Piel und *ngd* Hifil auf, verändern aber ihre Einbindung in den Kontext und ihre Syntax. Während Gott nämlich nach 4,12 distanziert autoritativ „zu euch [Israel] sprach (*wayyᵉdabbēr*)", „sprach er" (*dibbær*) 5,4 zufolge „mit euch [Israel] von Angesicht zu Angesicht". Und während er nach 4,13 „seinen Bund verkündete" (*wayyaggēd bᵉrîtô*), stand Mose nach 5,5 zwischen Gott und Volk, um ihm „das Wort YHWHs zu verkünden" (*lᵉhaggîd ʾæt dᵉbar YHWH*), weil es aus Furcht vor dem Feuer den Berg nicht bestiegen hatte (vgl. 4,11). Die Verkündigung des „Wortes YHWHs" steht somit an der Stelle, wo 4,13 von der Proklamation des Bundes spricht, das heißt: von der Verpflichtung auf die Zehn Worte, nicht aber von der Verkündigung des Dekalogs selbst. Man sollte deshalb *dābār* an dieser Stelle durch „Anspruch" wiedergeben. Vermutlich wurde *dᵉbar YHWH* in 5,5 gewählt, weil der Ausdruck *bᵉrît* schon durch die Wendung *krt bᵉrît* und seine Semantik in den Versen 5,2 und 3 besetzt ist. Dass in 5,5 Mose und nicht wie in 4,13 Gott selbst diesen Verpflichtungsakt, „den Anspruch YHWHs", Israel verkündet, wird gewöhnlich als Indiz für die spätere Einfügung des Verses aufgefasst.[49] Liest man den Text allerdings synchron, hängt diese Aktion Moses wahrscheinlich damit zusammen, dass er anschließend den Dekalog zitiert. Außerdem bildet die Gottunmittelbarkeit, die nach 5,4 dem Volk gewährt ist, sonst ein Privileg Moses (*pānîm ʾæl pānîm*: Ex 33,11; Dtn 34,10; *dbr* Piel *îm*: Ex 20,9). Es kommt hier in seiner Stellung zwischen YHWH und Israel zur Geltung.

2 „mit uns hier heute"

Dtn 5,3 stellt die Vorfahren den jetzt vor Mose versammelten Israeliten gegenüber: Nur mit dem gegenwärtigen Israel und Mose hat YHWH den Bund am Horeb ge-

---

49 Vgl. allerdings Perlitt, *Deuteronomium*, 420: „Daß V. 5 ein Zusatz von anderer Hand sei, erscheint naheliegend, ist aber doch nicht sicher, denn im Zusammenhang von Dtn 5 ist V. 5 auch ein Vorgriff auf die Gedanken zum Verhältnis Jahwe – Mose – Volk im Anschluß an das Dekalogzitat. […] Wer V. 5 für einen Nachtrag hält, traut dem Interpolator zu, was er ein und demselben Verf. nicht zutraut: das Aushalten einer gewissen Spannung zwischen V. 4 und 5."

schlossen.[50] Damit wird die in Kap. 1–3 getroffene Unterscheidung zwischen der Generation des Auszugs und der Horebtheophanie, die in der Wüste ausgestorben ist, und der Generation der Zuhörer Moses in Moab[51] ausdrücklich in Abrede gestellt. Als Bundespartner gilt vielmehr trotz des Generationenwechsels die im Deuteronomium außerhalb der Kap. 1–3 angesprochene „Exodus-Horeb-Moab-Generation"[52]. Das ist „unter ‚geschichtlicher' Rücksicht offenkundig eine falsche Aussage"[53]. Diese „Gleichzeitigkeit der Generationen"[54] wird bereits in Kap. 4 eingeführt.[55] Nach den vv. 9–10 soll das von Mose angesprochene Israel die Ereignisse, die es mit eigenen Augen gesehen, und die Worte, die es gehört hat, nicht vergessen, nämlich den Tag, als es am Horeb vor YHWH stand.[56] Wie soll man sich also diese ausdrückliche Gleichsetzung der Volksversammlung in Moab mit den am Horeb von YHWH „in Anspruch Genommenen" erklären? Geht es um ein „kulturelles Gedächtnis", insbesondere die rhetorische Technik einer „Generationskompression"?[57] Oder handelt es sich „um kultische Identifizierung der Generationen"[58]?

---

50 Lohfink, *Väter*, 23.

51 Nach J. Stackert, „The Wilderness Period without Generation Change: The Deuteronomic Portrait of Israel's Forty-Year Journey", *VT* 70 (2020) 696–721, kannte das ursprüngliche Deuteronomium kein strafweises Aussterben der Exodusgeneration. Vielmehr seien 1,35.39 und 2,14–16, die von einem Generationenwechsel berichten, erst später eingefügt worden, um den Wüstenzug mit anderen Pentateuchdarstellungen zu harmonisieren. Diese literarkritische These muss in unserer synchronen Endtextuntersuchung nicht diskutiert werden.

52 Vgl. Lohfink, *Väter*, 23–24. Zum Sinn der Generationenverschmelzung ebd., 20.

53 Markl, *Dekalog*, 204.

54 Perlitt, *Deuteronomium*, 318. Sie sei eigentlich ein literarkritisches Problem der Zusammengehörigkeit von Kap. 2–3 mit 4, kein theologisches.

55 Zur „Identifizierung von Moab mit Horeb" in 4,1–40 vgl. J.G. Millar, „Living at the Place of Decision: Time and Place in the Framework of Deuteronomy", in: J.G. McConville – J.G. Millar, *Time and Place in Deuteronomy* (JSOT.SS 179; Sheffield 1994) 15–88, hier 32–49. Zur „rhetoric of generational compression" in diesem Kapitel jüngstens St.D. Campbell, *Remembering the Unexperienced. Cultural Memory, Canon Consciousness, and the Book of Deuteronomy* (BBB 191; Göttingen 2021) 155–197.

56 „The nation and all of its generations are conceived here as one personality. Moses is here addressing the people as if all of them would have been present at Mount Sinai, though most of them were born after the event there" (M. Weinfeld, *Deuteronomy 1–11*. A New Translation with Introduction and Commentary [AB 5; New York 1991] 203). Gleiches gelte für 5,3; 11,2.7; 29,13–14 und 15 – „Israel throughout its generations is thus presented in Deuteronomy as one body, a corporate personality." (238).

57 „… although the generation that stands on the plains of Moab has no direct, personal memory of the Horeb theophany, that event nonetheless become a central event in the life of each generation of Israel precisely because Israel is able to understand that event through mediated, transmitted cultural memory." (Campbell, *Remembering*, 149. Dabei habe die „rhetoric of generational compression" die wichtige theologische Funktion, den Bund als bleibende Wirklichkeit für spätere Mitglieder der Gemeinschaft zu ermöglichen – als „trans-generational covenant" (197).

Welche Funktion soll diese Vorstellung dann erfüllen? Wird durch eine so stark wie sonst nie im Deuteronomium betonte „Aktualisierung" die gesamte folgende Nacherzählung der Horeboffenbarung für die Moab-Generation als Partner des Horebbundes rechtsrelevant[59]? Geht es „um rechtshermeneutische Differenzierungen", was nur mittels „einer diachronen Rückfrage in das literaturgeschichtlich zu beschreibende Werden des ‚Endtextes' erkennbar" wird[60]? Vielleicht lassen sich diese Fragen am ehesten durch einen Vergleich der Gründungserzählung in 5,2–5 mit anderen Texten des Deuteronomiums beantworten, in denen sich Adressaten des Buches lange nach dem Moab-Heute mit der Exodusgeneration identifizieren. Um das Phänomen solch persönlicher Aneignung der kanonischen Geschichte Israels zu klären, ziehe ich im Folgenden die zwei credoartigen Texte 6,21–25 und 26,5–9 heran. Inhaltlich sprechen sie über ein zeitlos gültig bleibendes Ursprungsgeschehen.

Exkurs

Beide „Kurzformeln des Glaubens" stehen als Redezitate auf der – nach dem Erzähler und den von ihm zitierten Mosereden – dritten Kommunikationsebene des Buches. Sie sind nach Zeit und Ort vom Deuteronomiumstag unterschieden. Gegenüber dem Moab-Heute (5,1.3) liegt ihr „Heute" (6,24 k^ehayyôm hazzæh; 26,3 hayyôm) erst in der Zukunft. Die zitierten „Identifikations- und Bekenntnistexte"[61] sollen „morgen, künftig" (māḥār 6,20) im Land bzw. „in jenen Tagen" (bayyāmîm hāhēm 26,3) im Zentralheiligtum gesprochen werden. In beiden Summarien läuft die Geschichte jeweils auf den ausdrücklich genannten „Sitz im Leben" zu, an dem sich Israel seiner Gründungsereignisse bewusst werden soll, aus denen es lebt – der „Gesetze, damit es uns alle Tage gut geht", bzw. der Führung ins Land mit seinen Früchten.[62]

Die „Familienkatechese" 6,21–25 muss erfolgen, wenn die Kinder spontan nach dem Verpflichtungscharakter der „Eidesbestimmungen, Gesetze und Rechtsentscheide" fragen, nach der Bedeutung dessen, was in Israel als Gesellschaftsordnung

---

58 Lohfink, „Deuteronomium 5", 116 Anm. 16. Vgl. dazu die eingehende Diskussion durch J. M. Schmidt, „Vergegenwärtigung und Überlieferung. Bemerkungen zu ihrem Verhältnis im dtn.-dtr. Überlieferungsbereich", *EvT* 30 (1970) 169–200. S. auch den Hinweis von Campbell, *Remembering*, 230–236, auf das „Wiedererleben" des Sinaibundes in der Feier des jüdischen Wochenfestes.

59 Markl, *Dekalog* 205.

60 E. Otto, *Deuteronomium 1–11.* Zweiter Teilband: 4,44–11,32 (HThKAT; Freiburg im Breisgau 2012) 681.

61 Markl, *Gottes Volk*, 51.

62 Vgl. J. Taschner, *Die Mosereden im Deuteronomium.* Eine kanonorientierte Untersuchung (FAT 59; Tübingen 2008) 96–97.

gilt (v. 20). Für eine solche Situation hat das Deuteronomium ein „katechetisches Credo" vorformuliert. Es lässt die Eltern trotz des Abstands vieler Generationen nicht bloß aus dem Glaubenswissen Israels heraus, sondern als Bürgen mit dem Wir selbst erfahrener Rettungs- und Offenbarungsgeschichte und damit als Repräsentanten des YHWH-Volkes bekennen[63]: „Wir waren Sklaven des Pharao in Ägypten, aber YHWH hat uns mit starker Hand aus Ägypten geführt. YHWH hat vor unseren Augen gewaltige, unheilvolle Zeichen und Wunder an Ägypten, am Pharao und an seinem ganzen Haus getan, uns aber hat er dort herausgeführt, um uns in das Land, das er unseren Vätern mit einem Schwur versprochen hatte, hineinzuführen und es uns zu geben." (vv. 21–23). Hier identifizieren sich also künftige Israeliten mit der Generation des Auszugs. Dann wird neu angesetzt: „Und YHWH hat uns verpflichtet, alle diese Gesetze zu halten und YHWH, unseren Gott, zu fürchten" (v. 24a). Das setzt voraus, dass Gott diese Gesetze unterwegs, am Horeb, erlassen und dass Israel – so darf man ebenfalls voraussetzen – sie akzeptiert hat. Aus der Befreiungstat Gottes erschließt sich der Sinn des Gesetzesgehorsams: anthropologisch als „Heil" und „Leben" im Verheißungsland, juristisch-theologisch als „YHWH-Furcht" und „Gerechtigkeit", als „Im-Recht-Sein" vor Gott (vv. 24–25).[64] Diese Kinderbelehrung verlangt angesichts eines – zeitgeschichtlich wahrscheinlich „tiefen Traditionsabrisses und eines folgenreichen Generationsabbruchs" – ein persönlich verantwortetes Zeugnis und den „Verzicht auf eine auch nur innere Distanzierung"[65]. Sie erzählt deshalb die Ursprungsgeschichte Israels als Bekenntnis von Beteiligten – „wir waren", „vor unseren Augen" und „uns" –, das die Generationen zusammenbindet. Trotzdem ist die vom Zugehörigkeitswissen geprägte Antwort formelhaft. Wird also die „Gleichzeitigkeit der Zeugen mit der Exodus- und Sinaigeneration" bloß als „verblüffendes Stilmittel" gebraucht und ist sie „aus einer quasi liturgischen Gleichzeitigkeit erwachsen"[66]? Im Unterschied zum „Vater-Sohn-Gespräch" im Tetrateuch, das ausschließlich im kultischen Zusammenhang auftaucht (Ex 12,27; 13,8.14–15), hat dieses in Dtn 6,20–25 eine didaktische Funktion[67] (vgl. Jos 4,21–24).

---

63 Zu diesem „transhistorischen Gebrauch" des „Wir" vgl. K. Finsterbusch, „Die kollektive Identität und die Kinder. Bemerkungen zu einem Programm im Buch Deuteronomium", in: *Gottes Kinder* (JBTh 17; Neukirchen-Vluyn 2002) 99–120, hier 108–111.

64 Vgl. G. Braulik, „Gesetz als Evangelium. Rechtfertigung und Begnadigung nach der deuteronomischen Tora", *Studien zur Theologie des Deuteronomiums* (SBAB 2; Stuttgart 1988) 123–160, hier 134–138.

65 L. Perlitt, „Deuteronomium 6,20–25: eine Ermutigung zu Bekenntnis und Lehre", *Deuteronomium-Studien* (FAT 8; Tübingen 1994) 144–156, hier 147 und 149.

66 So Perlitt, „Deuteronomium 6,20–25", 150.

67 Vgl. M. Weinfeld, *Deuteronomy and Deuteronomic School*, Oxford ²1990, 34–35.

Das deuteronomische Gesetz sieht in 26,1–11 vor, dass der Familienvater bei der jährlichen Wallfahrt nach Jerusalem, wahrscheinlich am Laubhüttenfest, in einem Korb die ersten Ernteerträge des Ackers ins Heiligtum vor den Priester bringt und zu ihm sagt: „Ich bezeuge heute (*higgadtî hayyôm*) YHWH, deinem Gott, dass ich in das Land gekommen bin, das uns zu geben YHWH unseren Vätern geschworen hat." (v. 4). Nachdem der Priester den Korb vor den Altar gestellt hat, spricht der Familienvater ein Bekenntnis, das den Erntesegen öffentlich deutet. Mit ihm stellt er sich in die Geschichte Israels mit seinem Gott. Sein Kurzaufriss der Geschichte greift bis in die Zeit des Urahns – gemeint ist der Patriarch Jakob – zurück. Sobald er in Ägypten zu einem „großen, mächtigen und zahlreichen Volk" geworden ist, das von den Ägyptern bedrückt wurde, wechselt das „Ich" des einzelnen Familienvaters ins generationsübergreifende „Wir" Israels[68]: „Die Ägypter behandelten uns schlecht, machten uns rechtlos und legten uns harte Fronarbeit auf. Wir schrien zu YHWH, dem Gott unserer Väter, und YHWH hörte unser Schreien und sah unsere Rechtlosigkeit, unsere Arbeitslast und unsere Bedrängnis. Und YHWH führte uns aus Ägypten ... und brachte uns an diese Stätte und gab uns dieses Land, ein Land, wo Milch und Honig fließen." (vv. 6–9). An dieses Bekenntnis, das von YHWH in dritter Person redet, schließt noch ein Darbringungsgebet für die Erstlingsfrüchte an, in dem der opfernde Israelit Gott wieder direkt anredet (v. 10). Das Geschichtshandeln YHWHs umfasst also Jahrhunderte: die Volksgeschichte Israels von Ägypten bis zur salomonischen Ära, als der Jerusalemer Tempel[69] – „diese Stätte" (*hammāqôm*, vgl. 12,5 u. ö.) – gebaut wurde, ja bis in die jeweilige Gegenwart. Zugleich bewirkt Gott die Fruchtbarkeit des Landes, die immer wieder einen Erntedank ermöglicht. Was auch dieses Bekenntnis wie das katechetische Credo grundsätzlich von der Aufzählung der Großtaten Gottes in verschiedenen Geschichtssummarien unterscheidet, ist die persönliche Betroffenheit im „Uns" und „Wir", in 26,6–9 sowohl vor als auch nach dem göttlichen Eingreifen. Dass sich der Sprecher mit der Exodusgeneration identifiziert, ist zwar in den jährlich wiederkehrenden Darbringungsritus der Erstlingsfrüchte eingebettet. Dennoch hängt die Vergegenwärtigung der einmaligen Geschichte nicht grundsätzlich am liturgischen Rahmen. Das beweist das gesamtisraelitische Bekenntnis in der Botschaft Moses an den König von Edom

---

68 Zum Numeruswechsel vgl. N. Lohfink, „Zum ‚kleinen geschichtlichen Credo' Dtn 26,5–9", *Studien I*, 263–290, hier 267–269.

69 In den beiden Geschichtsabrissen Dtn 6,21–23 und 26,5–9 fehlen die Führung durch die Wüste und die Sinaioffenbarung, weil dem Geschehensbogen die Rechtskategorie „Versklavung – Sklavenbefreiung" (mit den juristischen Termini „herausführen" – „hineinführen") bzw. das Erfahrungsmodells eines Helfers in Bedrängnis (Not – Klage – Erhörung – Eingreifen), in das der Rechtsvorgang „Befreiung eines Sklaven" eingebaut ist, zugrunde liegt.

in Num 20,15 – 16, der vermutlichen Vorlage von Dtn 26,5 – 9.[70] Der Adressat des Bekenntnisses im „Modelltext" Numeri 20 ist weder der einzelne Israelit wie in der „Katecheteninstruktion" (Dtn 6,21 – 25) noch Gott wie im Rahmen des „geschichtlichen Credo" (26,4.10), sondern ein fremdländischer König bzw. Edom. Dass ein bekenntnisartiges Geschichtsresümee auch mit einem Bundesschluss verbunden werden kann, beweist Josua 24.[71]

Wie lässt sich also angesichts der skizzierten Vergleichstexte die Gleichsetzung der Partner des Moabbundes mit jenen des Horebbundes in 5,3 begreifen? Zunächst: Religiöses Bekennen ermöglicht eine Identifizierung mit der Vergangenheit der Glaubensgemeinschaft, die sie in späteren Zeiten zu ihrer eigenen Geschichte macht. Die Beispiele lassen ferner erkennen, dass dieser Sprechakt[72] auf unterschiedlichen Kommunikationsebenen stattfindet, und zwar innerhalb wie außerhalb des Kultes. Dabei kann Bekennen erstens verschiedene Sprachfunktionen erfüllen; es kann sich zweitens an mehrere Adressaten wenden; und es kann drittens Handlungs- wie Lehrcharakter haben. Diese drei Klassifizierungen können noch weiter differenziert werden. Das Bekenntnis erfüllt eine „kognitive" Funktion, wenn es sich auf Kerngehalte des Glaubens besinnt. Sie ist praktisch immer mitgegeben, wo ein Bekenntnis ausgesprochen wird. Eine spezifisch „repräsentative" Funktion hat Bekennen, wenn damit ein Glaubensinhalt ausdrücklich festgestellt wird. Das gilt besonders, wenn er anderen Menschen vermittelt wird. Wird das Bekenntnis aber wie in 26,5 – 10 Gott gegenüber abgelegt, ist es ein „deklarativer Akt", der ein Glaubensverhältnis ausdrückt und stärkt. Außerdem hat das Bekenntnis Sprachhandlungscharakter, weil es gegenüber einer Öffentlichkeit ausgesprochen wird und rechtlich relevant ist. In 6,21 – 25 handelt es sich dagegen um

---

70 Vgl. dazu Lohfink, „Credo", 271 – 274.

71 Die Abschiedsrede Josuas vor den in Sichem versammelten Stämmen zitiert in 24,2 – 13 eine YHWH-Rede, in der Gott fast durchgehend in erster Person über sein Handelns zugunsten Israels spricht. Diese Erwählungsgeschichte identifiziert die jetzt zusammengerufene Landnahmegeneration mit denen, die YHWH aus Ägypten herausführte (v. 5b), die sich lange in der Wüste aufhielt (v. 7b), die er ins Ostjordanland der Amoriter brachte (v. 8) und der er schließlich das Westjordanland gab (v. 13). Doch werden Herausführung und Rettung am Meer auch von der Generation der „Väter" erzählt (vv. 6 – 7 und 17). Der mehrmalige Wechsel zwischen den Objekten des Gotteshandelns unterstreicht stilistische ihre Identifizierung. Zu Jos 24 vgl. Ph. Graf, „,Nicht ihr habt mich erwählt, sondern ich habe euch erwählt.' Die Erwählung Israels und deren Missverständnis in Josua 24", *Übergänge. Das Buch Josua in seinen Kontexten* (hg. E. Ballhorn) (SBB 76; Stuttgart 2020) 355 – 372. Ferner Campbell, *Remembering*, 211 – 218, z.B. 214: „... Josh 24:5 – 7, the clear compression of generations points up the fact that the blurring of such boundaries lies within the intention of the authors and editors."

72 Vgl. zum Folgenden A. Wagner, „Bekennen. Zur Analyse eines religiösen Sprechakts", *Beten und Bekennen. Über Psalmen*, Neukirchen-Vluyn 2008, 89 – 95.

ein tradierfähiges Lehr-Bekenntnis gegenüber der jungen Generation. Zugleich ist es ein „kommissiver“, das heißt ein „selbst-verpflichtender“, Sprechakt, der auch für die Folgen, nämlich die Beobachtung des „ganzen Gebots“, Verantwortung übernimmt. Diese kurze Beschreibung der Funktionen zeigt: Bekennen ist ein mehrdeutiger und multifunktionaler Sprechakt. Was jeweils dominiert, entscheiden Sprecherintention und Kommunikationsebene.

Ende des Exkurses

Zurück zu 5,2 – 3 und den oben gestellten Fragen. In diesen Versen dürfte das Bekenntnis Moses gegenüber der Vollversammlung Israels vor allem als repräsentativer Sprechakt zu verstehen sein – als Feststellung und Erklärung einer gemeinsamen Ursprungs- und Glaubensgeschichte, die für die Moab-Gegenwart Konsequenzen hat. Zugleich hat das Bekenntnis den Charakter einer rechtsverbindlichen Sprachhandlung. Das schließt wie in den beiden Credo-Texten hermeneutische Feststellungen keineswegs aus. Im Übrigen ist das Bekenntnis weder an den Kult gebunden noch ist es eine Aktualisierung[73]. Um seine Funktion im Moab-Heute zu verstehen, benötigt man auch keine diachrone Rekonstruktion des Geschehens.

III Die Deutung der Volksgeschichte bis zum Bundesschluss in Moab (29,1 – 7)

Die dritte Buchteilüberschrift 28,69 greift mit dem Wort „Bund“ (*bᵉrît*) das Stichwort auf, das sofort den nächsten Textabschnitt 29,1 – 14 in den vv. 8.11.13 prägen wird. Sie differenziert aber zwischen dem Moab- und dem Horebbund. 29,1b – 7 fasst „die Geschichte der Beziehungen zwischen den beiden Bundespartnern“[74] zusammen und beschließt sie in v. 8 mit einer Paränese:

> [29,1b] Ihr habt selber alles gesehen (*'attæm rᵉ'îtæm*), was YHWH in Ägypten vor euren Augen dem Pharao, allen seinen Dienern und seinem ganzen Land angetan hat: [2] Die schweren Prüfungen, die deine Augen gesehen haben, die großen Zeichen und Wunder. [3] Aber ein Herz, das (wirklich) erkennt, Augen, die (wirklich) sehen, und Ohren die (wirklich) hören, hat YHWH euch bis zum heutigen Tag nicht gegeben.

---

73 Z.B. gegen Millar, *Time and Place*, 58: „The current generation is not to think of the covenant at Horeb as a mere memory, but as *a memory which is actualized in the present at Moab.*“
74 Gomes de Araújo, *Theologie der Wüste*, 281.

[4] Ich habe euch vierzig Jahre lang durch die Wüste geführt[75]. Eure Kleider sind nicht zerschlissen und deine Sandalen nicht an deinen Füßen zerrissen. [5] Ihr habt kein Brot gegessen und keinen Wein und kein Bier getrunken, damit ihr erkennt (*tēdᵉ'û*), dass (*kî*) ich YHWH bin, euer Gott. [6a] Und so kamt ihr bis an diesen Ort.

[6b] Sihon, der König von Heschbon, und Og, der König des Baschan, sind gegen uns zum Kampf ausgerückt und wir haben sie geschlagen. [7] Wir haben ihnen ihr Land weggenommen und es den Rubenitern, den Gaditern und der Hälfte des Stammes der Manassiter als Erbbesitz gegeben.

[8] Darum bewahrt (*ûšᵉmartæm*) die Bestimmungen dieses Bundes und haltet (*waᵃśîtæm*) sie, damit euch alles, was ihr tut, gelingt.

Der Rückblick beginnt mit dem Aufenthalt in Ägypten.[76] Er setzt wie 5,3 die Identifizierung der Exodus-Horeb- mit der Moabgeneration voraus. Vom Inhalt her ist die Erzählung dreiteilig: 29,1–3 und 4–6a handeln von den Großtaten Gottes in Ägypten und den Wundern auf dem vierzigjährigen Wüstenzug Israels. Dagegen referieren die vv. 6 b–7 rein innergeschichtlich den Sieg Moses und der Israeliten über die beiden Könige Sihon und Og sowie die Verteilung ihres Landes. Dabei redet Mose nicht mehr zu den versammelten Israeliten, sondern schließt sich mit ihnen im „Wir" zusammen. „Die beiden ersten Teile sind parallel gebaut. Sie enthalten am Anfang eine Ortsangabe (‚Ägypten' – ‚Wüste'), am Ende" – allerdings mit zwei verschiedenen Syntagmen – „eine Bezugnahme auf die jetzige Situation (‚bis zu diesem Tag' – ‚bis zu diesem Ort'). [...] Die Aussagen werden in Reihungen entfaltet. Den berichteten Begebenheiten folgt eine theologische Deutung (vv. 3.5b)",[77] die das

---

75 G liest hier statt der 1. Person die 3. Person Singular „und er hat geführt" und ersetzt entsprechend auch das Personalpronomen „ich" am Ende von v. 5 durch „Er (YHWH, euer Gott)". Sie schließt damit aus, dass der ganze zweite Teil (vv. 4–6a) YHWH-Rede ist, wie sich das in M aufgrund des „Ich bin YHWH, euer Gott" nahelegen kann. Deshalb ist M als *lectio difficilior* vorzuziehen. S. dazu auch unten.

76 Zum Folgenden vgl. vor allem die detaillierte Untersuchung von Gomes de Araújo, *Theologie der Wüste*, 273–324. Dort findet sich auch eine umfassende Widerlegung der in verschiedenen Publikationen vertretenen These von E. Otto über das Verhältnis von Horebbund und Moabbund bzw. die damit verbundenen Redaktionen des Deuteronomiums (307–324). Ferner G. Papola, *L'alleanza di Moab*. Studio esegetico teologico di Dt 28,69 – 30,20 (AnBib 174; Rom 2008) 55–96.

77 Lohfink, „Bundesschluß", 59–60. Dagegen entwickelt Gomes de Araújo, *Theologie der Wüste*, 284–285, eine Struktur der Perikope, die den zweiten Teil auf die vv. 4–5 begrenzt. Sie enthielten als einzige eine Zeitangabe – „vierzig Jahre lang" – und würden vom ersten und dritten Teil (vv. 1b-3 und 6–7) mit geographischen Angaben „im Land Ägypten" (v. 1b) und „bis an diesen Ort" (v. 6a) gerahmt. Auch dass sich nur im zweiten Teil negierte Aussagen finden – die einzig positive Aussage lautet „ich habe euch geführt" (v. 4a) – spreche für die vv. 4–5 „als umrahmte Zentralaussage" (285). Diese Gliederung übersieht jedoch, dass „bis zum heutigen Tag" in v. 3 eine Zeitangabe macht und dass die Wendung „bis zu diesem Ort" in v. 6a auch über die Versabgrenzung hinweg eine Abschlussfunktion hat. Gomes de Araújo verweist 287–288 und 302–304 selbst auf die Formulierungsparallelen in 1,31;

Verhalten Israels betrifft. Während aber v. 3 die mangelnde Einsicht konstatiert, nennt v. 5b die Erkenntnis YHWHs als Ziel seines Handelns und der Wunder.

Der Eröffnung der „Bundesworte" 29,1–8 liegt eine ausschließlich im Deuteronomium belegte Redeform zugrunde – das Schema „Faktum – Erkenntnis – Appell".[78] Gegenüber der vorgeschlagenen Gliederung gruppiert es die Aussagen der Perikope anders und setzt auch die Akzente unterschiedlich. Jeder Teil dieser dreigliedrigen Kleinform wird durch ein Signalverb eingeführt, dessen Subjekt immer Israel ist. Seine hebräische Form ist in der Übersetzung oben in Klammern eingefügt. Zunächst wird auf selbst „geschaute" (r'h) Taten Gottes in der Geschichte Israels zurückgeblickt (I). Aus ihnen soll eine Einsicht (yd') über YHWH erschlossen werden, die mit einem durch „dass" (kî) eingeleiteten Objektsatz formuliert ist (II). Abschließend ermahnt eine Paränese zu einer Folgerung für das Handeln (šmr [+ 'śh]) Israels (III). Dadurch werden die vv. 1b-5a als Erinnerung an Ägypten und die Wüste zusammengefasst, aus der in v. 5b die theologische Erkenntnis und in v. 8 die praktische Konsequenz für den folgenden Bundesschluss gezogen werden soll. Der „rein profane" Rückblick auf die Kämpfe mit den beiden Amoriterkönigen und die Aufteilung ihres Landes wird also nicht der YHWH-Erkenntnis zugeordnet und nimmt eine Sonderstellung ein. Das Schema ist noch in 4,32–40; 7,7–11; 8,2–6 und 11,2–7 belegt. Deshalb gibt es neben der spezifischen Form auch inhaltliche und formulierungsmäßige Gemeinsamkeiten dieser Perikopen mit 29,1b-8, auf die ich im Folgenden aufmerksam mache.

1 Die gottgewirkte Geschichte (vv. 1b-2 und 4 – 5a)

Der erste Teil (vv. 1b-2) spricht weder vom Auszug noch vom Zug durch das Meer, sondern nur vom Handeln Gottes am Pharao, seinem Hof und seinem Land

---

9,7; 11,5, die den Wüstenzug stets auf den geographischen Punkt beziehen, an dem man angekommen ist und sich jetzt befindet. Daraus folgert er: „So ist 29,6a doppelgesichtig." (288). Die beiden Umstandsbestimmungen „über das Hier und Jetzt der Angeredeten" (285) in den vv. 3b und 6a werden also besser nicht als Rahmen der vv. 4–5 bestimmt (gegen 285). Insgesamt ergibt die Dreiteilung keine Hierarchisierung der Wüstenzeit (gegen 285–286). Wie Gomez de Araújo gliedert auch Papola, *L'alleanza*, 60–61, die Perikope in die vv. 1–3, 4–5 und 6–8.

78 Lohfink, *Hauptgebot*, 125–128, spricht vom „Schema der Beweisführung". Zum Folgenden vgl. G. Braulik, „Geschichtserinnerung und Gotteserkenntnis. Zu zwei Kleinformen im Buch Deuteronomium", *Studien zu den Methoden der Deuteronomiumsexegese* (SBAB 42; Stuttgart 2006) 165–183, hier 175–180. Diese Kleinform ist R. S. Salo, „Gott erkennen nach Deuteronomium 29", *Kritische Schriftgelehrsamkeit in priesterlichen und prophetischen Diskursen*. Festschrift für Reinhard Achenbach zum 65. Geburtstag (hg. L. Mascow – A. Bruhn) (BZAR 27; Wiesbaden 2022), 263–272, unbekannt.

Ägypten. Allerdings unterstreichen schon die Hinweise auf die Augenzeugenschaft Israels bei dem Begebnis – „ihr habt alles gesehen … vor euren Augen" (v. 1) und „deine Augen haben gesehen" (v. 2) – den Kontrast zu den für die innere Wahrnehmung, das „Einsehen" und „Verstehen", fehlenden Organen (v. 3). Dass YHWH in Ägypten „am Pharao, allen seinen Dienern und seinem ganzen Land" handelt, ist mit der Aussagenfolge in 34,11 identisch. Doch schreibt 29,1 die „Zeichen und Wunder" Gott zu, 34,11 dagegen Mose. Liest man das Deuteronomium auf der Endtextebene und seiner literarischen Abfolge, dann folgt diese Parallele allerdings erst am Ende des Buches, im „Epitaph Moses". Auf wichtigere Zusammenhänge verweist die Wendung „schwere Prüfungen" (*hammassôt hagg^edolot*), die im Deuteronomium neben 29,2 nur noch 7,19 und 4,34 (*massôt*) verwenden. In 29,2 dient der vorausgestellte Ausdruck als „Leseanweisung" für die Ereignisse in Ägypten, die „Zeichen und Wunder", er qualifiziert und deutet sie.[79] 29,1b-2 knüpft trotz mancher Formulierungsunterschiede an diese beiden Passagen an. Außerdem markiert der Codewechsel[80] zur singularischen Anrede Israels im Relativsatz „die deine Augen gesehen haben" 29,2 als Zitat, weist also den Leser ausdrücklich darauf hin, dass Gedanken und Wendungen aus einem anderen Text aufgegriffen werden. Die in der folgenden Übersetzung von 7,18–19 kursiv gesetzten Gemeinsamkeiten mit dem Wortmaterial von 29,2 zeigen aber, dass 29,2 vor den Formeln, die in 7,19 für die Herausführung und Rettung am Meer stehen, abbricht: „Du sollst an das denken, *was YHWH*, dein Gott, *mit dem Pharao und mit ganz Ägypten gemacht hat: an die schweren Prüfungen, die du mit deinen Augen gesehen hast, an die Zeichen und Wunder*, an die starke Hand und den hocherhobenen Arm, mit denen YHWH, dein Gott, dich herausgeführt hat." 29,2 beschränkt sich also auf die Ereignisse in Ägypten. Seine Elemente „Pharao – alle Diener – Ägypten" finden sich nur noch in Ex 12,30 im Zusammenhang mit der Tötung der Erstgeburt, mit der die Plagenerzählungen ihr Ziel, die Entlassung der Israeliten aus Ägypten, erreichen.[81] Nach dem Buch Exodus sollten die Plagen vor allem bei den Ägyptern zur Erkenntnis YHWHs führen. Das dürfte auch der Grund dafür sein, dass Dtn 29,2 alle weiteren Anspielungen auf den Auszug ausklammert: Denn auf eine Erkenntnis YHWHs läuft ja auch die in 29,1b-5 skizzierte Geschichte Israels hinaus. Auch 4,34, die noch breitere nächstverwandte Parallele zu 29,2, zeigt, dass der Exodus und alles Folgende in diesem Vers bewusst ausgelassen werden. Allerdings beschreibt 4,34–35a die Befreiung aus Ägypten als ein gewaltsames Herausreißen: „… eine Nation mitten aus einer anderen herauszuholen (*lāqaḥat*), *unter Prüfungen, unter Zeichen und*

---

79 I. Schulmeister, *Israels Befreiung aus Ägypten.* Eine Formeluntersuchung zur Theologie des Deuteronomiums (ÖBS 36; Frankfurt am Main 2010) z. B. 29.
80 Vgl. Gomes de Araújo, *Theologie der Wüste*, 292.
81 Schulmeister, *Israels Befreiung.* 138–139.

Wundern und Krieg, mit starker Hand und hocherhobenem Arm und unter großem Schrecken wie alles, *was YHWH, euer Gott, in Ägypten* für euch *gemacht hat, vor deinen Augen?* Du hast (das) sehen dürfen, damit du erkennst (*lāda'at*) ..." Auch hier wechselt der Numerus in „(vor) deinen Augen" und „du hast sehen dürfen" wie in 29,2 und 7,19 in den Singular. Vor allem aber zielt die Augenzeugenschaft (4,34, vgl. 7,19)[82] auf eine einzigartige YHWH-Erkenntnis (4,35, vgl. 7,9). Der Rückbezug auf 7,18 – 19 bzw. 4,34 – 35 beweist, dass die Aussagen von 29,1b-2 auf die nach 29,3 fehlende „Einsicht" hinauslaufen.[83] Auffallend ist außerdem, dass 29,1b-2 die Geschehnisse am Horeb nicht erwähnt. Die Zeugenschaft Israels beschränkt sich ja auf das „Sehen", das v. 1b der syntaktisch zusammenhängenden Periode prononciert vorausstellt (*'attœm rᵉ'îtœm*) und das v. 2 wiederholt. Vom „Hören" bzw. einer Ohrenzeugenschaft wird nicht gesprochen. Es fehlt jede Anspielung auf die aus dem Feuer vernommene Gottesstimme, obwohl sich dafür zum Beispiel 4,33 im Zusammenhang mit 4,34 als Referenztext angeboten hätte. Deshalb lässt sich schon an dieser Stelle vermuten, dass die Horebereignisse wegen des Abfalls Israels mit Schweigen übergangen werden soll.

Auch 29,4 – 5 knüpft an einen im Deuteronomium vorausgegangenen Text, nämlich an 8,2 – 5, an. Wiederum wird der Rückbezug auf diese singularischen Verse durch einen doppelten Numerusumsprung vom Plural der Verse 29,4a.5 in den Singular 29,4b kenntlich gemacht. In 8,2 verweist Mose auf die vierzig Jahre, in denen YHWH das Volk in der Wüste geführt hat (*hlk* Hifil). Von den vier Hifil-Belegen dieses Verbs im Deuteronomium stehen zwei in 8,2 und 15, die weiteren beiden in 28,36 und 29,4. Gemeinsam ist allen Stellen, dass YHWH führt. Zwar findet sich nur in 29,4 die erste Person Singular (vgl. Jos 24,3), doch legt sich YHWH als Subjekt durch 29,5b nahe, wo unvermittelt die Selbstvorstellungsformel „Ich bin YHWH, euer Gott" steht.[84] Ist YHWH in 29,4a das Subjekt, sprechen 29,4b.5a von seinen Wundern. Dann wurde Israel statt mit „Brot" wie in 8,3.16 mit Manna gespeist und erhielt es statt alkoholischer Getränke wie in 8,15 „im ausgedörrten Land, wo es kein Wasser gab, ... Wasser aus dem Felsen".[85] Wie in 8,4 fielen ihm auf dem

---

82 Zum „Element der Augenzeugenschaft" vgl. Schulmeister, *Israels Befreiung*, 22 – 24 und 154 – 155.
83 Zur Verstockungsüberlieferung in Jes 6,9 – 10, auf die Dtn 29,3 anspielt, vgl. Gomes de Araújo, *Theologie der Wüste*, 293 – 294.
84 Für 29,4 als YHWH-Rede ließe sich auch anführen, dass die Stelle Am 2,10 aufnimmt, wo YHWH spricht – vgl. Gomes de Araújo, *Theologie der Wüste*, 295 – 296.
85 Vgl. Chr. Begg, „,Bread, Wine and strong Drink' in Deut 29,5a", *Bijdr.* 41 (1980) 266 – 275, hier 266 – 267. Begg versteht den Entzug von Brot, Wein und Bier als ein weiteres Wunder auf dem Wüstenzug: „so he [YHWH] denied to Israel those potential hindrances to ,spiritual perception' bread, wine and strong drink, supplying their need for physical nourishment rather by a miraculous food and drink which would facilitate their discerning him as ,the Lord their God'." (274). Vgl. Papola, *L'alleanza*, 80 – 83. Dtn 8,3.(15 – 16) und 29,5 gehören zu einem siebengliedrigen Aussagesystem über „Speise

Weg durch die Wüste auch nach 29,4b seine Kleider nicht in Lumpen vom Leib. Während nach 8,4 seine Füße nicht anschwollen, sind nach 29,4b seine Sandalen nicht zerrissen – ein verdeckter Vorverweis auf die „Fremden" beim Bundesschluss in Moab, denen (angeblich) Gleiches widerfahren war.[86] Dennoch wird man es wohl dabei belassen müssen, dass die Ich-Rede in 29,4–5 wie öfters im Deuteronomium zwischen Gott und Mose bewusst oszilliert und dass ihre Stimmen ineinander übergehen.[87] Doch führt am Höhepunkt der beiden Texte und entsprechend dem zugrundliegenden „Schema der Beweisführung" in 8,5 und 29,5 „die Wunderexistenz in der Wüste zu Jahweerkenntnis."[88] In 8,5 ist es sogar eine Erkenntnis „mit dem Herzen" (*weyādaʿtā ʿim lebābœkā*), wie sie nach 29,3 (*lēb lādaʿat*) Israel angesichts der Ägyptenereignisse noch nicht gegeben worden war.

2 Die gottgeschenkte Erkenntnis YHWHs als des Bundespartners Israels (vv. 3 und 5b)

Zwischen dem „bis heute" fehlenden Begreifen der göttlichen Großtaten in Ägypten (v. 3) und der Einsicht, zu der die Wunderexistenz auf dem Wüstenzug führen will (v. 5b), schlägt das Verb „erkennen" (*ydʿ*) eine Stichwortbrücke. Zwar hat sich Gott in Ägypten kundgetan, doch hat er Israel bisher nicht die Organe gegeben, um seine Offenbarung wirklich zu verstehen – vor allem kein „Herz zum Erkennen" (*lēb lādaʿat*)[89], aber auch nicht seine Voraussetzungen, „Augen zum Sehen und Ohren

---

und Trank zwischen Exodus und Moabbund". Dabei sind einander zugeordnet: das Fasten Moses 40 Tage vor der Übernahme der Bundestafeln am Horeb (9,9) bzw. wegen der Sünde Israels (9,18) und Israels Nichtgenuss von Speisen 40 Jahre lang in der Wüste (29,5). In beiden Fällen diente die Enthaltung der Vorbereitung auf die Gottesbegegnung beim Horeb- bzw. Moabbund. (G. Braulik, „Alltägliche Ernährung und festliches Mahl im Buch Deuteronomium. Vom Essen Israels in der Wüste, im Verheißungsland und im Tempel", *Tora und Fest*, 100–141, hier 104–112).

86 Der Unterschied hängt mit der intertextuellen Beziehung zu Jos 9,4–5.12–13 und den Gibeonitern zusammen, die nach 29,10 als „Fremde in deinem Lager" Partner des Moabbundes werden – vgl. G. Braulik, „Die Völkervernichtung und die Rückkehr Israels ins Verheißungsland. Hermeneutische Bemerkungen zum Buch Deuteronomium", *Studien zum Deuteronomium und seiner Nachgeschichte* (SBAB 33; Stuttgart 2001) 113–150, hier 137–140. Vgl. Gomes de Araújo, *Theologie der Wüste*, 298–299.

87 Vgl. Lenchak, *Choose Life*, 11 und Anm. 50 (mit 7,4; 11,13–15; 17,3; 28,20 als Beispielen) sowie 183 und Anm. 32. Jedenfalls sind es keine „stilistische[n] Entgleisungen", wie G. v. Rad, „Deuteronomium-Studien", *Gesammelte Studien zum Alten Testament Band II* (ThB 48; München 1973) 109–153, hier 110, meint.

88 Gomes de Araújo, *Theologie der Wüste*, 298.

89 Zum Gebrauch von „Herz" (*lēb, lēbāb*) in Dtn 29–30 vgl. E. Ehrenreich, *Wähle das Leben!* Deuteronomium 30 als hermeneutischer Schlüssel zur Tora (BZABR 14; Wiesbaden 2010) 165–169.

zum Hören" (v. 3).[90] Diesen drei Infinitiven fehlt ein Objekt.[91] Das wird erst in v. 5b am Ende des Zugs nach Moab als Absicht Gottes genannt, nämlich die Erkenntnis der Israeliten (*l^{e}ma'an tēd^e'û*): „Ich bin YHWH, euer Gott".[92]

Diese theologische Einsicht, auf die tendenziell die ganze Zeit des Noch-Nicht-Erkennens in 29,3.5a ausgerichtet war, hat in den Texten des bereits erwähnten Schemas, das Geschichtserinnerung, Gotteserkenntnis und Paränese in einem festen Verbalgerüst miteinander verbindet, ihre engste Entsprechung. Von ihnen kommen insbesondere 8,1–6 oder 4,32–40 in Frage. Die Übereinstimmungen von 29,4–5 mit 8,2–5 wurden eben genannt. In 4,39 heißt es: „So sollst du heute erkennen (*w^{e}yāda'tā*) und dir zu Herzen nehmen (*wah^{a}šēbotā 'œl l^{e}bābœkā*): YHWH – er ist der Gott ..." Wie in 29,1b-6a geht es um die Wahrnehmung YHWHs in seinem Handeln in der Vergangenheit – in 4,39 als des einzigen Gottes, in 29,5b als des Gottes Israels: „Ich (*^{a}nî*) bin YHWH, euer Gott".[93] Die undeuteronomische Sprachgestalt –

---

90 Vgl. Gomes de Araújo, *Theologie der Wüste*, 312–313. Die Reaktion Israels ist zwar der Offenbarung nicht angemessen, aber sie ist nicht schuldhaft. 29,3 muss im Kontext der vv. 1b-6a ausgelegt werden, umfassende Konkordanzuntersuchungen helfen hier nicht weiter – z. B. gegen P.A. Barker, *The Triumph of Grace in Deuteronomy.* Faithless Israel, Faithful Yahweh in Deuteronomy (PBM 8; Waynesboro, GA 2004) 129: „29:3 draws together many important motifs of Deuteronomy concerning Israel's response to Yahweh. Its tripartite statement is thus an entirely appropriate summary of Yahweh's demands in Deuteronomy. [...] In drawing these threads together, v3 highlights Israel's failure to meet Yahweh's demands." Analoges gilt für M.A. Grisanti, „Was Israel Unable to Respond to God? A Study of Deuteronomy 29:2–4", *BS* 163 (2006) 176–196, der fünf in der Forschungsgeschichte vertretene Erklärungen präsentiert und schließlich feststellt: „The reason God had not given this ability to perceive spiritually His activities for Israel's benefit is that most of them did not enjoy a faith relationship with Him. This divine verdict about their lack of genuine perception should have led the Israelites to commit themselves wholeheartedly to this covenant relationship with Yahweh." (196).
91 Darauf macht Papola, *L'alleanza*, 71, aufmerksam und interpretiert diese Beobachtung wie folgt: Beziehe man die Verben zurück auf die Wunder und Zeichen, sei das „Hören" schwer zu erklären. Berücksichtige man noch die folgenden Verse, sei ein Gotteswort zu hören, das die Israeliten zur Erkenntnis bringe, dass YHWH ihr Gott ist.
92 Nach Lohfink, *Hauptgebot*, 128 Anm. 5, spiegelt 29,3–5 „eine Theorie des Vortrags der Heilsgeschichte: zuerst wurde die Geschichte in ihrer reinen Faktizität erlebt, und erst jetzt, beim (kultischen) Vortrag, gibt Jahwe die Gnade, wirklich zu sehen, zu hören und zu begreifen, was eigentlich geschah."
93 Ein intratextueller Bezug – entweder auf 8,5 oder noch wahrscheinlicher auf 4,39 (s. u.), jedenfalls auf einen Deuteronomiumstext – dürfte näher liegen, als die beiden von Gomes de Araújo, *Theologie der Wüste*, 293–295, für 29,3 intertextuell herangezogenen exakten Formulierungsparallelen Jes 6,10 und Jer 24,7, die aber durchaus auch im Hintergrund gestanden sein können. Doch geht es bei der Verstockungsaussage Jes 6,10 um eine andere geschichtliche Situation und fehlt in Dtn 29,3 jede Konnotation von Sünde (295). Jer 24,7 dürfte trotz seiner übereinstimmenden Formulierungen und deren Abfolge in Dtn 29–30 eher ein Kurzresümee der beiden Kapitel sein als dass die Jer 24,7

ᵉnî statt des üblichen *'ānokî* – dürfte signalisieren, dass 29,5 mit dieser Formel auch auf die Erkenntnisaussage der Erzählung über die Speisung in der Wüste, nämlich auf Ex 16,12, anspielt: Israel darf aus diesem Wunder leben, obwohl es murrt; doch wird von Schuld und Strafe nicht gesprochen.[94] Die gleiche Formel – allerdings mit *'ānokî* und dem Singular des enklitischen Personalpronomens in *ᵉlohêkā* – eröffnet in 5,6 den Horebbundestext, den Dekalog.Vor allem aber verweist sie voraus auf den Bundesschluss in Moab, dessen Inhalt sie bildet: „dich heute als sein Volk einzusetzen und dein Gott zu werden" (29,12). Im Moabbund findet also das Sehen, Hören und Erkennen statt, das Israel bisher noch nicht geschenkt worden war. Dazu ist es „bis zu diesem Tag" (v. 3)[95] und „bis zu diesem Ort" (v. 6a) gekommen. Durch diesen Unterschied übertrifft der Moabbund auf Seiten des menschlichen Partners den Horebbund.

3 Kriegszüge und Landverteilung östlich des Jordan (vv. 6b–7)

In 29,6b–7, dem Resümee der Eroberungen im Ostjordanland, deckt sich fast der gesamte Wortbestand, sogar die „Wir"-Form der Verben, mit Formulierungen der Kap. 2 – 3. Die Kongruenzen beginnen in 29,6b bei 2,32 und enden in 29,7b mit 3,13.[96] Zugleich verdeutlichen die Übereinstimmungen, dass 29,6b–7 bestimmte charakteristische Wendungen der ersten Moserede vermeidet. So fehlt der göttlich gebotene Vernichtungskrieg (*ḥēræm*) gegen die beiden Amoriterkönige. Auch kämpft Israel ohne ausdrücklichen Befehl und ohne Mitwirkung YHWHs. Und nur hier im Deuteronomium wird das weggenommene Land nicht von YHWH übereignet, sondern „gibt" es Mose zusammen mit Israel den zweieinhalb Stämmen. Die einseitige Darstellung und völlig untheologische Sprache der vv. 6b–7 steht also in hartem Gegensatz zur vorausgegangenen Beschreibung der Ereignisse in Ägypten und in der Wüste. Der Kurzbericht betrifft nur die beiden letzten Jahre des Wüstenaufenthalts und die Eroberungen im Ostjordanland (2,24 – 3,17). Diese Beschränkung provoziert die Frage: Wird von 29,1b–7 die davor liegende Zeit von Ägypten an schweigend übergangen? Die einzigen Lexemaufnahmen aus Kap. 1 – 2 vor dem göttlichen Befehl zur Überquerung des Arnontals (2,24) finden sich in 29,1b und 6a.

---

entsprechenden Formulierungen sukzessive im Lauf der Abfassung der mehrschichtigen Kapitel in diese eingefügt wurden – gegen 277–278.

94 Zum Nachweis s. Gomes de Araújo, *Theologie der Wüste*, 300 – 302.

95 Diese Wendung wird von Campbell, *Remembering*, 140 – 144, ausführlich diskutiert. Wenn sie wie in 29,3 in direkter Anrede steht, „represents a claim regarding a present reality from the perspective of the speaker, yet does so without precluding changes in the future" (141).

96 Braulik, „Völkervernichtung", 136 – 138; Gomes de Araújo, *Theologie der Wüste*, 304 – 306.

Sie rahmen also gewissermaßen den Rückblick auf die Geschichte in Ägypten und in der Wüste. In 29,1b erinnert Mose an „alles, was YHWH vor euren Augen im Land Ägypten getan hat" – darauf hatte er schon in 1,30b verwiesen: „wie alles, das er [YHWH, euer Gott] mit euch an den Ägyptern vor euren Augen getan hat". Die Abschlussbemerkung in 29,6a „Und so kamt ihr bis an diesen Ort" hat eine Parallele[97] im folgenden Vers 1,31: „und in der Wüste, die du gesehen hast. Da hat YHWH, dein Gott, dich auf dem ganzen Weg, den ihr gewandert seid, getragen, wie ein Mann sein Kind trägt, bis ihr an diesen Ort kamt." Was dann beiseitegelassen wird, ist das „Trotzdem habt ihr nicht an YHWH, euren Gott, geglaubt" (1,32), also die irrationale Sünde in Kadesch-Barnea, und als deren Folge die achtunddreißig Jahre des strafweisen Aussterbens der Ägypten-Horeb-Generation in der Wüste (2,14). Weil auch der Horeb „genauso wie die anderen Orte in der Wüste ein Ort der Steifnackigkeit, der Provokation göttlicher Ungnade, der Sohnesunbotmäßigkeit und damit des Schuldigseins vor Gott"[98] ist (vgl. 9,7–24), wird auch er aus den vierzig (!) Jahren Wüstenzug (29,3) ausgeklammert.[99]

Der gesamte historische Rückblick 29,1–7 ist durch Intratextualitäten an strukturellen Schnittstellen (vv. 1b und 6a) und im Formulierungsmosaik des dritten Abschnitts (vv. 6b–7) an die Erzählung Moses am Anfang des Buches (Kap. 1–3) zurückgebunden. Die Erinnerung an die Vergangenheit dient dem Verständnis des Bundesschlusses in Moab: „Da verblassen Sünde und ergangene Strafen, nur die wunderbare Führung durch Jahwe auf diesen Punkt hin steht vor Augen. Alles, was die Zeit der Wüste füllte, war gottgelenkte und gottgetragene Vorgeschichte, noch ohne eigentliche Begegnung mit Gott, hin auf diesen Augenblick, wo Israel seinen Gott Jahwe erkennen wird."[100]

---

97 Die Wendung ist in der Hebräischen Bibel nur an fünf Stellen des Deuteronomiums belegt – neben 1,31 und 29,6 noch in 9,7; 11,5; 26,9, die „mit den drei entscheidenden Aspekten der bisher im Deuteronomium entwickelten Theologie der 40 Jahre Wüste verbunden" sind – Gomes de Araújo, *Theologie der Wüste*, 302–304, Zitat 304.

98 Gomes de Araújo, *Theologie der Wüste*, 312.

99 Das spricht gegen die Analogie, die J. Taschner, *Mosereden*, 291–292, zwischen dem Horeb- und Moabbund feststellt: „Wie im Horebbund geht es darum, dass Jhwh seine Verheißungen trotz der Abwege Israels hält und seinem Volk dennoch seine Gesetze und Weisungen gibt, nur dass an Stelle des Gusses des Stierbildes nun die Kundschaftererzählung tritt. Im Rahmen des Horebbundes erhält Israel trotz seiner Abwege neue Tafeln, im Rahmen des Moabbundes empfängt es trotz seines mangelnden Vertrauens in der Kundschaftergeschichte im Auftrag Jhwhs die Gesetze, die Mose am Horeb empfangen hatte."

100 Gomes de Araújo, *Theologie der Wüste*, 328. Die Wüstentheologie von 29,1–7 bildet schon aufgrund ihrer Schlussposition im Deuteronomium den „Deutungsschlüssel für alles, was vorher über die Zeit vom Auszug aus Ägypten bis zur Ankunft am Ostufer des Jordan gelesen werden konnte." (331). Dagegen haben nach Salo, „Gott erkennen", 272, Geschichtsrückblick und Gotteserkenntnis das Aussageziel: „Wenn die Israeliten Jahwe als ihren Gott und den Zweck der früheren Ereignisse

IV Gnade und Verpflichtung im „Heute" des Bundes

Israels Geschichte beweist: Allein die einseitig durchgehaltene Treue YHWHs zu seinem Volk macht es möglich, den am Horeb geschlossenen Bund „heute" im Moabbund aufzunehmen. Deshalb kann der Zeitabstand zwischen beiden als aufgehoben gelten. Die rituellen Akte der beiden Bundesschlüsse bleiben zwar nach 28,69 deutlich voneinander unterschieden. Doch ist das Bundesverhältnis zwischen YHWH und Israel ein und dasselbe. Wenn YHWH mit dem Volk aufgrund des verlesenen Vertragsdokuments vom Horeb „heute" in Moab einen Bund schließt (29,9–14; 26,17–19; 30,15–20; 27,1.9–10),[101] bestätigt er damit seine niemals aufgegebene Beziehung zu Israel. Deshalb kann auch die Exodus-Horeb- mit der Moabgeneration identifiziert werden. Ebenso bilden Horeb- und Moabbund, obwohl sie auf verschiedene Bundesschlussakte und in Moab auch auf eine erweiterte Horeb-Bundesurkunde zurückgehen, in ihren Verpflichtungen eine vollkommene Einheit. Wichtig ist, dass dieser Rechtsakt die „heute" Anwesenden wie die „heute" Nicht-anwesenden zu Bundespartnern erklärt und damit den Bundesschluss sogar für alle künftigen Generationen[102] öffnet (29,13–14).[103]

Nach 29,1–8 besteht die Gnade dieses Mose-„Heute" darin, im Eidesritual von Moab den Sinn und das Ziel der Geschichte von Ägypten „bis zu diesem Tag" erkennen zu lassen. Denn alles, was Israel in der Vergangenheit durch YHWH erfahren durfte, sollte auf seine unverändert gültige Zusage „Ich bin YHWH, euer Gott" (29,5) in der Bundesformel vorbereiten: „dich heute als sein Volk einzusetzen und selbst dein Gott zu sein" (29,12; vgl. 26,17–19).

---

erkennen und anerkennen, sollte das Halten des Bundes eine Selbstverständlichkeit sein." Allerdings konnte man „ohne ein Herz nicht zur Erkenntnis kommen".

101 Bei diesen Teiltexten des Bundesschlusses handelt es sich in 29,9–14 um „primär performative Sprechakte", mit denen das unmittelbar bevorstehende Vertragsritual eröffnet wird, an den weiteren Stellen um „explizit performative Sprechakte", die bewirken, was sie aussprechen, nämlich den Moabbundesschluss. Während 26,17–19 den Vertragsinhalt protokolliert und 30,15–20 zur Entscheidung auffordert, referiert 27,1 die Zustimmung Israels und 27,9–10 die Zustimmung Gottes. Vgl. Braulik, „Heute", 73–79.

102 Lenchak, *Choose Life*, 102–105.

103 „Deuteronomy's implied reader, living on the land in post-Mosaic times, quite obviously stands *after* the undeniable, yet never told, Moab covenant. This covenant, however, is fully conditional; and, though sealed in the past, it is, and always will be, in need of continued endorsement. Deuteronomy achieves the *tour de force* of recording a covenant that took place once and for all while presenting it as still dependent on the reader's reception." (Sonnet, *Book*, 246).

Glauben und vertrauen in der Gründungsgeschichte Israels

Zum theologischen Gebrauch von ʾāman Hifil in der Tora – Teil I

Endlich eine Monographie über „glauben" im Alten Testament!

Es mag verwundern, aber das Thema „Glauben im Alten Testament" stand bisher noch nie im Mittelpunkt der bibelwissenschaftlichen Forschung. Martin Bubers Abhandlung „Zwei Glaubensweisen" liegt als letzter Impuls zu einer fächerübergreifenden Debatte bereits sieben Jahrzehnte zurück. Jetzt hat Susanne Rudnig-Zelt[1] eine engagierte und fleißige Studie zu ʾmn Hifil als „alttestamentlichem Glaubensbegriff" (4) veröffentlicht. Es ist die erste exegetisch-wissenschaftliche Monographie zu diesem Thema seit mehr als einem Jahrhundert. Das ist erstaunlich. Denn: „Die Erkenntnis der alttestamentlichen Theologen, dass es neben Gottesfurcht, Gottvertrauen und Dienst an Gott noch den Glauben (ʾmn Hifil) als eine weitere Art der Gottesbeziehung gibt, hatte theologiegeschichtlich weitreichende Folgen. ʾmn Hifil dürfte eine der wesentlichen Vorgaben für die neutestamentliche Rede vom Glauben sein." (12). Rudnig-Zelt analysiert deshalb die theologischen Belege dieses Verbs. Die Septuaginta, also die griechische Übersetzung, reserviert pisteúein und Komposita fast ausnahmslos für die Wiedergabe von ʾmn Hifil. Das Neue Testament nimmt mit pisteúein die alttestamentliche Wurzel sprachlich auf. Im Gegensatz zum griechischen pístis existiert allerdings kein hebräisches Nomen für „Glaube" – ᵉʾmûnāh meint „Zuverlässigkeit", „Treue" (vgl. 14 f). Die Untersuchung beginnt mit sprachlichen Beobachtungen zum Begriff und den Derivaten von ʾmn Hifil. Auf sie muss ich näher eingehen.

Für Paul M. Zulehner zum 80. Geburtstag.

1 Rudnig-Zelt, Susanne: *Glaube im Alten Testament. Eine begriffsgeschichtliche Untersuchung unter besonderer Berücksichtigung von Jes 7,1–17; Dtn 1–3; Num 13–14 und Gen 22,1–19* (= BZAW 452). Berlin: W. de Gruyter 2017. Die Belegseiten werden im Folgenden in Klammern in den Haupttext eingefügt.

https://doi.org/10.1515/9783111484754-007

Bei 'mn Hifil würden „alle theologischen Belege in einem sehr ähnlichen Sinn gebraucht", weshalb man aufgrund solcher Einheitlichkeit und Klarheit in der Verwendung von einem „Begriff" sprechen könne (9). Das Verb könne mit anderen Verben wie „lieben" ('hb), „dienen" ('bd), „fürchten" (yr') und „vertrauen" (bṭḥ) verglichen werden, die ebenfalls für die Gottesbeziehung stünden. Im Unterschied zu ihnen werde 'mn Hifil aber niemals für ein falsches Zutrauen zu Irdischem oder die Verehrung fremder Götter gebraucht. In vielen seiner Texte gehe es „um das Gelingen oder Scheitern der Gottesbeziehung. Dafür gibt allein den Ausschlag, ob die Menschen glauben" (10). Nicht zuletzt erscheine das Verb „häufig in Schuld-aufweisen" (10 f) – um die Gottesbeziehung müsse also gerungen werden und sie könne misslingen. Denn anders als etwa „fürchten" oder „vertrauen" stehe 'mn Hifil nicht für eine Gottesbeziehung, in die „der Mensch hineingeboren" und „die dann ein fast selbstverständlicher Teil seines Lebens" werde. „Vielmehr geht es um etwas, das dem Menschen nicht ohne weiteres möglich ist." Die mit 'mn Hifil bezeichnete Bindung an Gott beruhe einerseits „auf dem Wissen um Gottes Macht und seine Taten", andererseits sei es möglich, „daß Menschen Gottes große Taten gesehen haben, aber nicht glauben" (11). Entscheidend sei eine „grundsätzliche Offenheit für Gott", die der Mensch aber „nicht durch Willensentscheidung für Gott" herbeiführen könne. Der Glaube gelte zwar „prinzipiell als vernunftgemäß", doch müsse damit gerechnet werden, „daß Menschen sich ihm trotzdem verschließen. 'mn Hifil wurde also in besonderer Weise dafür verwendet, über die Grundlagen der Gottesbeziehung zu reflektieren." (11). Um eine Verwechslung mit bṭḥ auszuschließen, übersetzt Rudnig-Zelt 'mn Hifil nicht mit „vertrauen".

> Vielmehr wird als deutsches Äquivalent ‚glauben' gewählt, weil das der besonderen Verbindung von ‚für wahr halten' und ‚sich verlassen' entspricht, die sich als charakteristisch für 'mn Hifil erweisen wird. Weiter läßt das klare Bedeutungsprofil von 'mn Hifil die bisherige Mehrheitsmeinung nicht zu, Glaube werde im Alten Testament zwar vor allem mit 'mn Hifil ausgedrückt, aber es käme auch mit einer ganzen Reihe anderer Lexeme zur Sprache, so etwa jr' und bṭḥ. [...]. Außerdem werden zu leicht Definitionen von außen an das Alte Testament herangetragen, sei es das Glaubensverständnis des betreffenden Exegeten oder die neutestamentliche Rede vom Glauben. (12).

Die übrigen Stämme des Verbs 'mn und die Nominal- und Verbalbildungen der Wurzel (13–18) erwiesen die Sonderentwicklung des Hifils „zu einem theologischen Begriff, mit dessen Hilfe über das Gottesverhältnis des Menschen in sonst ungekannter Radikalität reflektiert wurde." (18).

Für Rudnig-Zelt bildet 'mn Hifil als theologischer Begriff mit seinem besonders markanten Profil den Ausgangspunkt für ihre literargeschichtlichen Textauslegungen. Die von Anfang an vorgegebene Übersetzung von 'mn Hifil durch „glauben" verhindert eine nuancierte Wiedergabe des grammatikalisch unterschiedlich formulierten und kontextgebundenen Verbs.[2] Diese konkordante Übersetzung entspricht allerdings der Septuaginta, die *'mn* Hifil durchgehend mit *pisteúein* wiedergibt. Rudnig-Zelt ist später angesichts von Einzelstellen gezwungen, semantisch zu differenzieren. So werde z. B. Gen 15,4 f.6 und Jes 7,1 – 17* „gefordert, daß der Mensch ohne Unterstützung durch ein Mirakel Gott und seiner Verheißung vertrauen [sic] soll" (116). Außerdem bleibt ausgeblendet, dass *bṭḥ* im religiösen Sprachgebrauch auch an *'mn* Hifil angeglichen wird, in synthetischem Parallelismus dazu steht, ja dieses Verb sogar verschiedentlich verdrängt.[3] Rudnig-Zelt notiert: „Nur je einmal stehen *bṭḥ* (Ps 78,22 vgl. Mi 7,5) und *jr'* (Ex 14,31) bei einem theologischen Beleg von *'mn* Hifil." (17 f.) Sie diskutiert aber später das Verhältnis von *'mn* Hifil und *yr'* im Zusammenhang mit Gen 22,12 (335 – 349).

Anschließend geht die Verfasserin auf die Suche nach dem ältesten Beleg von *'mn* Hifil. Dabei bildet die Begriffsgeschichte methodisch den Schlüssel und das Kriterium. Rudnig-Zelt hält Dtn 1,32 für den Text, in dem das theologische *'mn* Hifil erstmals gebraucht wurde, weil es sich eng an den profanen Gebrauch anlehne. Die weiteren Belege, insbesondere Jes 7,9 und Gen 15,6, seien erst später daraus entfaltet worden. Sie bespricht ausführlich Deuteronomium 1 – 3 und Numeri 13 – 14 („Die Wüstenzeit als Schule des Glaubens") sowie Genesis 22 („Gottesfurcht und Rettung auf dem Zion"). Allerdings erscheint die Literar- und Redaktionskritik dieser Texte methodisch diskutabel und ist angesichts eines weithin fehlenden Forschungskonsenses im Pentateuch durch viele Hypothesen belastet.[4] Rudnig-Zelt datiert alle

---

2 Bei der Wiedergabe von *'mn* Hifil durch „glauben" verzichten neuere deutsche Übersetzungen teilweise auf die „Glaubenssprache der Lutherbibel". Sie „gilt heute als problematisch, weil sie den Bibeltext oft nur ungenau erfasst". (Lang, Bernhard: *Glaube*, in: Fieger, Michael/Krispenz, Jutta/ Lanckau, Jörg (Hgg.): *Wörterbuch alttestamentlicher Motive*. Darmstadt: Wissenschaftliche Buchgesellschaft 2013, 204 – 208, hier 206). Die von Rutnig-Zelt: *Glaube*, 85, genannten 27 „theologischen" Belege von *'mn* Hifil übersetzt die *Lutherbibel 2017* traditionell an 26 Stellen mit „glauben" und nur in Ps 27,13 durch „sich auf ihn verlassen". Dagegen gibt die *Zürcher Bibel 2007* das Verb an sechs Stellen durch „vertrauen auf" wieder (Dtn 1,32; 9,23; 2 Kön 17,14; 2 Chr 20,20 [2-mal]; Ps 119,66), die *Einheitsübersetzung 2016* an vier Stellen (Ex 19,9; 2 Kön 17,14; 2 Chr 20,20 [2-mal]). An den übrigen Belegen findet sich auch bei ihnen stets „glauben", ausgenommen wiederum nur Ps 27,13 (*Zürcher Bibel:* „voll Zuversicht bleiben", *Einheitsübersetzung* „gewiss sein"). Die Wiedergabe der mit *'mn* Hifil verbundenen Präpositionen ist innerhalb jeder der drei Übersetzungen inkonsequent. Außerdem weichen sie dabei auch an gemeinsam mit „glauben" übersetzten Stellen voneinander ab.
3 Weiser, Artur: *pisteúo B. Der at.liche Begriff*, in: ThWNT VI, 182 – 197, hier 192.
4 Bei literaturwissenschaftlich arbeitenden Untersuchungen sieht Rudnig-Zelt: *Glaube*, 143, „die Gefahr, daß die theologischen und sprachlichen Differenzen und Entwicklungen in den Texten zu wenig beachtet werden". Selbstverständlich ist nach den Vorstufen eines Textes und deren Intentionen zu fragen, um der Auslegung Tiefenschärfe zu geben. Zuvor aber muss der uns jetzt vorliegende Text verstanden sein. Im Übrigen bildet die synchrone Lektüre des alttestamentlichen

theologischen Belege von ’mn Hifil in die fortgeschrittene Perserzeit (5. Jh. v. C.). Für ihre theologie- und begriffsgeschichtlich kontinuierlich fortschreitende Entwicklung, in der sie über Bücherkomplexe hinweg ein Problembewusstsein entfalten sollen, bleibt nur eine relativ kurze Zeit. Außerdem werden die Stellen in einem krisenhaft realgeschichtlichen Umfeld mit seinen „alltäglichen Frustrationserfahrungen" sowie einer veränderten „Wahrnehmung Gottes" (365) verortet. Abschließend fasst Rudnig-Zelt ihren literarhistorisch detaillierten, (re)konstruierten Diskurs des Alten Testaments über Glauben anhand von ’mn Hifil in einer konfessionell, nämlich protestantisch,[5] imprägnierten Systematik in drei Problemfeldern zusammen (350–367). Doch wird dabei der konkrete Textzusammenhang der einzelnen Belege zu wenig berücksichtigt. Von einem Hinweis abgesehen (s. u.) verliert das „Glauben" bzw. „Vertrauen" weithin seinen Volk-Gottes-Bezug und erscheint individualisiert und verallgemeinert auf „den Menschen" angewendet. Nach Rudnig-Zelt werde erstens erörtert, wie weit Glaube und Gesetzesobservanz zusammengehörten. Hier kristallisiere sich in der Begriffsgeschichte die Tendenz heraus, die Bedeutung des Gesetzes zu relativieren. „Die Verfasser dieser Texte vertraten also eine Form des *sola fide*." (352). Zweitens wird die Frage, wie sich der Glaube zum menschlichen Urteilsvermögen verhält, ausführlich diskutiert. Zwar erscheine es vernünftig, an Gott zu glauben, doch führe ein Wissen über Gottes Taten nicht zwingend zum Glauben. Das Alte Testament begnüge sich „mit der Beschreibung des Zustands. Manche Menschen können glauben und andere nicht." (360). Drittens gehe es darum, wie der Mensch überhaupt glauben könne. Dabei werde immer deutlicher gesehen, „wie entscheidend es für den Glauben ist, dass ein Mensch von seiner Grundhaltung her für Gott offen ist." (362). Als Ergebnis notiert Rudnig-Zelt:

> Die Debatten im Zusammenhang mit dem Begriff ’mn Hiphil kreisen darum, worauf diese Haltung, die den Zweifel hinter sich lässt, beruhen kann. In den älteren Belegen ist das v. a. das Wissen um Gottes vergangene Geschichtstaten (z. B. Ex 14,31; Num 14,11; Dtn 1,32). Allerdings zeichnet sich schon hier ab, daß dieses Wissen erst beim Menschen ‚ankommt‘, wenn er von seiner Grundhaltung her für Gott offen ist. Später steht diese für Gott offene Grundhaltung im Mittelpunkt (z. B. Gen 15,6; Jes 7,1–17*; Jona 3,5–9). Jetzt ist deutlich, daß Glauben allein auf dieser Grundhaltung beruht, ja, daß diese Grundhaltung sogar schon ’mn Hiphil, also Glauben, genannt werden kann. (366).

Endtextes die letztlich entscheidende Sicht auch für eine durchaus vielstimmige Bibeltheologie. Sie ist mit ihrer innerbiblischen Sinnvielfalt dem Neuen Testament vorgegeben.

5 Vgl. die Vorstellung des Buches durch Andreas Michel in BN NF 178 (2018), 149–151, hier 150: „Am Ende steht ein eigenartig systematisch-theologischer und auch sehr protestantischer Diskurs um ‚Glaube‘ (so auch der Titel des Buches, nicht ‚Glauben‘!) und Gesetz, ‚Glaube‘ und Wissen".

Trotz der innerlich persönlichen Erfahrungen, die in den Diskussionen über *'mn* Hifil eine so große Rolle spielten, spreche die Mehrheit der Texte „vom Glauben des Volkes. Nur in den späten Jes 7,1–17 und Gen 15,6 geht es dezidiert um den Glauben eines einzelnen". Daraus könne man folgern, „daß für die alttestamentlichen Theologen die gläubige Existenz hauptsächlich im Volk oder in den Gemeinde gelebt werden soll, nicht in der privaten Frömmigkeit." (367).[6]

Mein Beitrag schließt kritisch an die skizzierten Ergebnisse an, die ich bei gegebenem Anlass in Anmerkungen ausführlich diskutiere. Er ist jedoch in mehrfacher Hinsicht anders als die kurz vorgestellte Monographie konzipiert. Denn er konzentriert sich ausschließlich auf die „theologischen" Belege von *'mn* Hifil, die das Verhältnis zu Gott und / oder seinem Mittler Mose charakterisieren. Vor allem aber beschränkt er sich – von einigen wenigen Vergleichstexten abgesehen – auf den Pentateuch. Der theologische Gebrauch des Verbs hat nämlich hier seinen Schwerpunkt.[7] Im profanen Sinn wird es in diesem Textbereich auffallend selten,

---

6 Vor rund einem Jahrzehnt versuchte ein interdisziplinäres Forschungsprojekt der Universität Zürich, ein wissenschaftlich umfassendes Verständnis von Vertrauen zu erarbeiten. Dabei hat auch die Theologie diese Aufgabe (wieder)entdeckt. Ingolf U. Dalfert und Simon Peng-Keller dokumentieren in einer „Vertrauenstrilogie" den Untersuchungs- und Diskussionsprozess zu einer „Hermeneutik des Vertrauens". Im dritten Studienband von Dalfert, Ingolf U./Peng-Keller, Simon (Hgg.): *Gottvertrauen. Die ökumenische Diskussion um die fiducia* (= QD 250). Freiburg im Breisgau: Herder 2012, kommen exegetische, theologiegeschichtliche und systematisch-theologische Reflexionen zu Wort. Zur Bilanz des Bandes s. Peng-Keller, Simon/Hunziker, Andreas, *Die Kontroverse um die fiducia im Horizont gegenwärtiger Vertrauensfragen* (437–479). Im Rückgriff auf die Tradition und im Blick auf die gegenwärtige Vertrauensforschung kreisen die Beiträge um das Verhältnis von Glaube und Gottvertrauen. Es lässt sich in drei Modellen systematisieren. *fides* und *fiducia* werden entweder identifiziert, dann bildet Gottvertrauen das Kennzeichen und den Inbegriff des Glaubens. Mit Martin Luther: *„Fides est fiducia praesentis promissionis."* (WATR 4,461,3). Oder *fides* und fiducia werden voneinander unterschieden, sodass Gottvertrauen als Moment des Glaubens diesem eingeschrieben wird und den Grundvollzug christlichen Lebens bildet. Werden schließlich *fides* und *fiducia* wie häufig im Neuen Testament deutlich voneinander abgehoben, gilt Glaube als Voraussetzung des Gottvertrauens, das in ihm gründet. Die erfreulich ökumenisch geprägte Kontroverse berücksichtigt jedoch kaum die alttestamentlichen Begriffe und Vorstellungen, sieht man vom „Vertrauensglauben" Abrahams (Gen 22) ab, der ein paar Mal aufgegriffen wird. Leider gilt das auch für die jüngste systematische Monographie von Werbick, Jürgen: *Christlich glauben. Eine theologische Ortsbestimmung.* Freiburg im Breisgau: Herder 2019. Von ein paar Bemerkungen abgesehen (103–105) findet „glauben, vertrauen" im Alten Testament keine Berücksichtigung.

7 Nach Jepsen, Alfred: *„āman"*, in: ThWAT I, 313–348, hier 322, zeigt die grobe Aufgliederung der Belege von *'mn* Hifil, „daß das Wort in der Prophetie und in den Psalmen nicht besonders häufig ist, wohl aber in den Erzählungen von Israels Frühzeit", wobei in dieser Gruppe „der theologische Bezug vorherrscht, in der Weisheit der profane". Nach Weiser: *pisteúo*, 191, hat die Mehrzahl der alttestamentlichen Stellen „das Gottesverhältnis der Mosezeit" im Blick und damit „das Vorbild, aus dem die at.liche Religion sich immer wieder regeneriert und weitergebildet hat". Dagegen gehört

nämlich nur zweimal, verwendet.[8] 'mn Hifil prägt die „Biographie" Moses, der ja mit seiner Gottesbegegnung, seinem Reden und Handeln die Tora erfüllt. Das alles bedeutet: Der Pentateuch, die Tora als das Basisdokument Israels, will aufgrund der Verwendung von 'mn Hifil als Schlüsseltext des Glaubens und Vertrauens bzw. des Scheiterns des Gottesvolkes und Moses ernst genommen werden. Damit befolge ich auch die Mahnung, bei biblischen Texten nur dann von „Glauben" zu sprechen, wenn sie auch das entsprechende Verb verwenden.[9] Zugunsten einer Abgrenzung des Pentateuchs als Untersuchungseinheit lassen sich außerdem vier Stellen im Psalter anführen, die mit Hilfe des Hifils von 'mn im Pentateuch erzählte Ereignisse bewerten (Ps 78,22.32; 106,12.24). Bemerkenswert ist schließlich, dass das Verb bṭḥ, „trauen, vertrauen auf, sich verlassen auf", das in der hebräischen Bibel wesentlich häufiger als 'mn Hifil begegnet, im Pentateuch praktisch fehlt. Dieser Umstand profiliert indirekt die Gottesbeziehung, die 'mn Hifil charakterisiert, als gerade für die Tora maßgeblich.[10] Die Tora hat „den Charakter eines ‚Einsetzungsberichtes'", einer „Erzählung von der Stiftung einer Beziehung, die so gestaltet ist, dass sie die je gegenwärtigen Rezipientinnen und Rezipienten immer wieder in das Stiftungsgeschehen hineinversetzt."[11] Ich frage deshalb im Folgenden, wie 'mn Hifil in dieser Gründungsgeschichte Israels verwendet wird. Erst aus dem Sprachgebrauch lässt

---

nach Schmitt, Hans-Christoph: *Das spätdeuteronomistische Geschichtswerk Gen I – 2 Regum XXV und seine theologische Intention*, in: *Theologie in Prophetie und Pentateuch. Gesammelte Schriften* (= BZAW 310). Berlin: W. de Gruyter 2001, 277–294, hier 285, „der Begriff des ‚Glaubens' zu den Vorstellungen, die Tetrateuch und Deuteronomistisches Geschichtswerk übergreifen". Dabei rechnet er Dtn 1,32 und 9,23 spätdeuteronomistischen Schichten zu (286), doch lässt sich als einziger Beleg außerhalb des Pentateuchs und für den ganzen Bereich Josua bis 2 Könige nur 2 Kön 17,14 anführen.

8 Gen 45,26; Dtn 28,66 (hier für „seines Lebens sicher sein").

9 Vgl. Haacker, Klaus: *Glaube II. Altes und Neues Testament*, in: TRE XIII, 277–304, hier 277. Ohne Bezug auf das Verb zum „Sachverhalt des Glaubens Israels, wie er sich im Laufe der Jahrhunderte zeigte": Herrmann, Wolfram: *Der Modus des Glaubens. Zur Frage der Glaubensweise auf der Grundlage des Alten Testaments*, in: BZ 54 (2010) 92–102, Zitat hier 96.

10 Ausgeklammert bleiben somit im Folgenden die Glaubensbelege des Jesajabuchs (7,9; 28,16; 43,19), die sich vom Aussagenkomplex der Tora unterscheiden, wobei sich aber beide Aussagenkonstellationen im Kanon gegenseitig beleuchten. Synchron liegt eher ein Textverweis vom Pentateuch zum Jesajabuch vor als umgekehrt.

11 Steins, Georg: *Kanon und Anamnese. Auf dem Weg zu einer Neuen Biblischen Theologie*, in: Ders., *Kanonisch-intertextuelle Studien zum Alten Testament* (= SBAB 48). Stuttgart: Kath. Bibelwerk 2009, 61–85, hier 83. Auch wenn man wie Rudnig-Zelt: *Glaube*, 127, damit rechnet, dass die Glaubensthematik „sukzessive über einen längeren Zeitraum eingearbeitet" wurde, „ihre Verfasser unterschiedliche Intentionen verfolgten" und es sich „eher um punktuelle Zusätze als um Teile einer Redaktionsschicht" handeln dürfte, lässt sich ein kanonischer Prozess bzw. ein kanonisches Bewusstsein erkennen, bei dem der Erzählung der Tora die Gründungsfunktion zukommt – vgl. dazu z.B. Steins: *Kanon*, 78–83.

sich auch die jeweils passende Übersetzung mit ihren Konnotationen erschließen.[12] Denn die etymologische Ableitung des Verbs von einer Grundbedeutung „fest sein", die dann überall eingetragen wird, und eine vorgängige grammatikalische Entscheidung darüber, ob das Hifil wie üblich kausativ („fest machen"), deklarativ („für zuverlässig oder wahr halten") oder wie meistens vorgeschlagen intransitiv („Festigkeit, Vertrauen gewinnen") aufzufassen ist, werden der Auslegung nicht gerecht.[13] Im Übrigen beschreibe ich die Belege des Verbs in der Leserichtung der fünf Bücher Moses, schließe mich also ihrem semantischen und pragmatischen Diskurs, seinen Fragestellungen und Entwicklungen auf der synchronen Textebene an. Dabei lassen sich die Stellen sachlich nach den Büchern des Pentateuchs gruppieren. Außerdem unterscheiden sich die Belege von Abraham bis zur Sinaioffenbarung (Genesis und Exodus) von denen, die am Sinai beginnend das Verhalten in der Wüstenzeit betreffen (Numeri und Deuteronomium). Während nämlich die erste Periode von Vertrauen und Glauben geprägt ist, fehlt das Vertrauen in der zweiten. Die oft uneinheitliche literargeschichtliche Beurteilung der einzelnen Texte illustriere ich durch ausgewählte Autorenmeinungen in Anmerkungen.

Zum „theologischen" Gebrauch von 'mn Hifil

Von religiösem „Glauben" bzw. „Vertrauen" wird in der Hebräischen Bibel meistens erzählt. Diese narrative Theologie wird nur an wenigen, allerdings gewichtigen Stellen auf den Begriff 'mn Hifil (*hæᵉmîn*) gebracht.[14] Es wird sich zeigen, dass sich im Pentateuch alle Aussagen mit 'mn Hifil in Erzählungen finden und sie – sofern es Gott ist, dem oder an den geglaubt wird – auf vergangene Ereignisse zurückblicken. Obwohl die einzelnen Texte aus unterschiedlichen Zeiten stammen, strukturieren sie letztlich den Endtext und systematisieren die vielfältigen Darstellungen zu einer

---

12 Vgl. Barr, James: *Bibelexegese und Semantik. Theologische und linguistische Methode in der Bibelwissenschaft.* München: Kaiser 1965, 164–189, bes. 189.

13 Vgl. Jepsen: '*āman*, 320–322. Jepsen fasst die für 'mn Hifil „gebrauchten Umschreibungen" folgendermaßen zusammen: „Beständigkeit gewinnen, sich verlassen auf jemanden, einer Botschaft Glauben schenken, oder sie für wahr halten, jemandem vertrauen" (331). Vgl. die methodisch grundsätzliche Zustimmung von Rudnig-Zelt: *Glaube*, 78–81, bes. 81. Trotzdem charakterisiert sie zunächst den Begriff 'mn Hifil und legt seine Übersetzung mit „glauben" fest, ehe sie ausgewählte Einzeltexte analysiert.

14 Als Merkmale einer theologischen Begriffsbildung nennt Rudnig-Zelt: *Glaube*, 7, „die Zusammenfassung eines Gedankengangs und die besondere Formulierung". Theologische Begriffe erleichtern das Erzählen, denn „sie dienen der Erzählökonomie" (7). Außerdem helfen sie, „Texte miteinander zu verknüpfen und Intertextualität herzustellen" (8). Zu den theologischen Belegen von 'mn Hifil vgl. am Ende dieses Kapitels.

Art Theologie.[15] Ihr Gewicht erhält sie vor allem dadurch, dass sie in der Tora konzentriert ist oder (vor allem in Psalmen) mit Ereignissen verknüpft wird, von denen die Tora erzählt. Im Folgenden zunächst zur sprachlichen Seite.

'mn Hifil ist ein Verb aus dem Wortfeld zwischenmenschlicher Kommunikation.[16] Es bezeichnet vier Möglichkeiten. Dabei geht es nicht um Handlungen des „Senders", sondern des „Empfängers", der etwas wahrnimmt und darauf reagiert.[17]

Im ersten Fall bezieht sich die Reaktion sprachlich allein auf das Gesagte, ohne dass der „Sender" als für diese Reaktion maßgebend eingebunden wird. Der Empfänger hält eine Aussage für wahr, richtig, er „glaubt" *die Sache, den Sachverhalt*. Zum Beispiel: „Damit sie glauben (*ya^{a}mînû*), dass (*kî*) YHWH dir erschienen ist, der Gott ihrer Väter" (Ex 4,5). Die Ältesten Israels sollen für wahr halten, was Mose ihnen gesagt hatte: dass ihm YHWH erschienen ist (Ex 4,1).

Zweitens kann sprachlich auch der Bezug des Empfängers zum „Sender" und zur Herkunft der übernommenen Aussage verdeutlicht werden: er glaubt, vertraut einer *Person* im Blick auf etwas oder er hält *eine bestimmte Sache* für glaubwürdig (bzw. nicht). Der Inhalt des Geglaubten kann, muss aber nicht angeführt werden und ist dann aus dem Kontext erkennbar. Zum Beispiel: „Es sei, wenn sie dir nicht glauben (*lo' ya^{a}mînû l^{e}kā*) und auf die Stimme des ersten Zeichens nicht hören, dann werden sie der Stimme des letzten Zeichens glauben (*w^{e}hæ^{æ}mînû l^{e}qol*) (Ex 4,8). Entscheidend sind nicht die Ältesten Israels, das Subjekt des Vertrauensaktes,

---

15 Nach Schmitt: *Spätdeuteronomistisches Geschichtswerk*, 285 f., bestimmt das Thema des Glaubens (*hæ^{æ}mîn*) „die Endgestalt des Tetrateuchs" [sic – s. o. Anm. 7] und nimmt dort „an allen zentralen Stellen (Erzvätergeschichte: Gen. xv 6; Exodusgeschichte: Ex. iv 1 ff., xiv 31; Sinaigeschichte: Ex. xix 9; Wüstenwanderungs- und Landnahmegeschichte: Num xiv 11, xx 12) eine strukturgebende Funktion" wahr. Literarhistorisch rechnet Schmitt mit einer enneateuchischen, also von Gen bis 2 Kön reichenden Endredaktion, doch könnten die einzelnen Texte „durchaus eine längere Vorgeschichte durchlaufen haben, bevor sie in der spätdeuteronomistischen Schicht ihre Funktion erhielten" (281). Rudnig-Zelt: *Glaube*, 8, betont die wichtige Rolle eines Begriffs für die Auslegung eines älteren Textes durch einen Jüngeren, also die diachrone Funktion, unabhängig von seiner Stellung innerhalb eines literarischen Werks. Die Möglichkeit einer innerbiblischen Exegese im Lektürevorgang, das heißt: ein Informationsaufbau auf der synchronen Ebene eines Buchs oder Kanonteils wie etwa der Tora, in dem rezipiert und interpretiert wird, erwähnt sie nicht. Ihr vordringliches Interesse gilt, wie schon der Untertitel ihrer Studie betont, der Rekonstruktion einer Begriffsgeschichte. Mit ihr verbindet sie den im Hintergrund stehenden theologischen Denkprozess und die Beziehung des Begriffs 'mn Hifil zum Glaubensleben Israels (vgl. 19 Anm. 70).
16 Ich danke Norbert Lohfink für den Hinweis und die sich daraus ergebenden Folgerungen.
17 Im Hintergrund steht das klassische Kommunikationsmodell nach Friedemann Schulz von Thun. Es hilft zu größerer Differenzierung des Gebrauchs, während z. B. nach Rudnig-Zelt: *Glaube*, 88, dafür nur charakteristisch sei, „daß bei 'mn Hifil das Subjekt im Zentrum steht. Es geht vor allem um den oder die, dessen oder deren Vertrauen thematisiert wird. Erst in zweiter Linie interessiert das Gegenüber oder der Gegenstand des Vertrauens."

sondern dass sie als Empfänger die schon zuvor mitgeteilte Botschaft vom „Sender" Mose bzw. von der „Stimme" der Zeichen übernehmen und sich zu Eigen machen, nämlich: dass Gott Mose erschienen ist (Ex 4,1). Das Verb hat eine objektive Nuance – „glauben" z. B. aufgrund von Argumenten oder auf die begleitenden Zeichen hin.

Die dritte Konstruktion ist auf den „Sender" fokussiert, vor allem wenn sich eine *grundsätzlich personale Beziehung* entwickelt. Dann ergibt sich: Der Empfänger vertraut *ihm*, er glaubt *an ihn*, er verlässt sich *auf ihn* bzw. *auf seine* Äußerungen und Handlungen. Die übernommene Aussage oder Tätigkeit steht nicht mehr im Vordergrund. Ein Beispiel: „Und Israel sah die mächtige Hand, mit der YHWH an Ägypten gehandelt hatte. Und das Volk fürchtete YHWH und sie glaubten an YHWH (*wayyaᵃmînû bYHWH*) und an Mose (*bᵉmošœh*), seinen Knecht." (Ex 14,31). Die Wendung *'mn* Hifil + *bᵉ* wird zwar meistens in ganz konkreten Situationen und bei bestimmten Reaktionen gebraucht, reicht dann aber fast immer über diese Situation hinaus. Entscheidend ist in diesem sprachlichen Zusammenhang, dass man fest auf den anderen bzw. die Sache als Grund des Vertrauens und des Glaubens baut. Das Verb hat eine eher subjektive Nuance – „seine Zuversicht setzen auf, sich stützen auf".

Viertens kann im Kommunikationsvorgang mit *'mn* Hifil die übernommene Aussage den Empfänger zum Handeln veranlassen. Ex 4,1–9 formuliert diesen Appell mit der Wendung „auf die Stimme hören" (*šmᶜ bᵉqôl*), stellt den Gehorsam allerdings stets in Abrede. Zum Beispiel in Ex 4,9: „Wenn sie aber diesen beiden Zeichen nicht glauben (*loʾ yaᵃmînû lišnê hāʾotôt*) und nicht auf deine Stimme hören …" – vgl. Ex 4,1.8. Die Verbalphrase umgreift zwar alles mit *'mn* Hifil (meistens + *lᵉ*) Ausgedrückte, fügt aber die vom „Sender" gewünschte Wirkung hinzu.

Grammatikalisch kann das Verb schließlich auch absolut verwendet werden. Dann fehlen alle Ausführungen und müssen dem Zusammenhang entnommen werden. So zum Beispiel: „Mose und Aaron gingen und versammelten die Ältesten der Israeliten. Aaron wiederholte vor ihnen alle Worte, die YHWH zu Mose gesprochen hatte, und er vollbrachte die Zeichen vor den Augen des Volkes. Da glaubte (*wayyaᵃmen*) das Volk" (Ex 4,29–31).

Die vier sprachlich unterschiedlichen Konstruktionen mit *'mn* Hifil, mit denen das Verb Aspekte des Kommunikationsvorgangs entfaltet, lassen sich wie folgt zusammenfassen[18]:

1) „für wahr, richtig halten, überzeugt sein, dass" (*'mn* Hifil + Objektangabe durch einen *kî*-Satz oder Infinitiv, die den Inhalt der Überzeugung nennt);

---

[18] Vgl. Jepsen: *ʾāman*, 322, der alle Belege nach diesen vier Konstruktionen geordnet auflistet.

2) „eine Person oder Sache für zuverlässig, glaubwürdig halten, ihr glauben bzw. trauen" (*'mn* Hifil + Präposition *l^e*);
3) „auf jemanden vertrauen, an jemanden glauben" (*'mn* Hifil + Präposition *b^e*);[19]
4) „glauben" bzw. „vertrauen" ohne Ergänzungen, die dem Kontext entnommen werden müssen.

Sachlich fällt auf, dass die Hebräische Bibel, wenn sich *'mn* Hifil auf zwischenmenschliches Verhalten bezieht, ein erschreckend negatives Bild zeichnet: „es gibt allzu viel Menschen und Verhältnisse, auf die man sich nicht verlassen, Botschaften, die man nicht für wahr halten kann"[20]. Vielleicht sprach man von Glauben und Vertrauen nur dann, wo es nicht selbstverständlich war bzw. wenn es Probleme damit gab. So ist es verständlich, dass auch die Boten Gottes mit der Skepsis des Volkes rechnen müssen. Deshalb gibt es, wo es um Gott und seine Mittler geht, von Seiten der Menschen beides nebeneinander – Vertrauen und tiefes Misstrauen, Glauben und Unglauben. Jedenfalls kann das Hifil von *'mn* leicht vom Verhalten gegenüber Menschen auf das Verhalten gegenüber Gott ausgedehnt werden, wenn er sich dem Menschen zuwendet. Eine solche Erweiterung ins Theologische war nicht nur einmal möglich, sondern konnte immer wieder von neuem geschehen. Wie man dabei formulierte, musste nicht schriftlich weitergegeben werden und war auch nicht von Texten abhängig, aus denen sich eine Geschichte des theologischen Glaubensbegriffs rekonstruieren ließe. Obwohl dieser Versuch immer wieder gemacht wurde – zuletzt von Rudnig-Zelt[21] –, darf man nicht vergessen, wie spärlich

---

19 Im Gegensatz zur Mehrheit der Forschung zeigten nach Rudnig-Zelt: *Glaube*, 95, die Präpositionalkonstruktionen mit *l^e* und *b^e* „daß das Hifil von *'mn* sowohl ein deklarativ-ästimatives als auch ein intransitives Hiphil ist". Der Übergang sei fließend, ja: „Das Urteil ‚vertrauenswürdig' (deklarativ-ästimativ) und die Reaktion ‚Vertrauen' (intransitiv) fallen sozusagen zusammen und werden mit einem Wort ausgesprochen." (91). Diese Verbindung gelte nicht nur für die Mehrheit der profanen, sondern auch für viele theologische Belege (97). Das oben skizzierte Kommunikationsmodell beweist jedoch, dass die grammatikalisch unterschiedlichen Formulierungen, insbesondere der verschiedene präpositionelle Gebrauch für die Bezeichnungsfunktionen von *'mn* Hifil relevant sind.
20 Rudnig-Zelt: *Glaube*, 325. Ziegert, Carsten: *Glauben und vertrauen im Alten Testament. Eine kognitiv-linguistische Untersuchung*, in: ZAW 131 (2019) 607–624, 612, plädiert wegen solcher sozialer Aspekte zu Recht für eine „Frame-Semantik", die auch das „außersprachliche Wissen von Sprachbenutzern" berücksichtigt, das sich auf prototypische Situationen des alltäglichen Lebens bezieht.
21 Rudnig-Zelt: *Glaube*, 108, postuliert „als Kriterium für den ältesten theologischen *'mn* Hifil-Beleg: Er muss von der profanen Verwendung des Wortes her verständlich sein. [...] Zugleich sollte aber deutlich werden, daß ‚glauben' im theologischen Sinne etwas anderes ist als im innerweltlichen." Dieses Kriterium erfülle Dtn 1,32 „sehr viel besser als alle übrigen theologischen *'mn* Hifil-Texte". Weil diese Stelle „in großer Eindringlichkeit über die Psychologie des Unglaubens" nachdenke, liege es nahe, „dafür ein eigenes Wort zu prägen, eben ein negiertes *'mn* Hifil." Außerdem fänden sich

und vermutlich eher zufällig unsere Belege sind.[22] Davon zu unterscheiden ist allerdings die Frage, wo und wie dem Leser / der Leserin die Rede von Glauben und Vertrauen in den kanonischen Schriften begegnet und welche Vorstellung sich bei fortschreitender Lektüre entwickelt.

Das Hifil von *ʾmn* wird also in der Hebräischen Bibel sowohl „profan" wie „theologisch" gebraucht. Rudnig-Zelt nennt Kriterien für diese Unterscheidung.[23] Demnach liege der deutlichste Unterschied zwischen beiden „weniger im Glaubensinhalt als in der Bedeutung des Glaubens für den, der glaubt." In der Regel gehe es „um eine tiefe Bindung oder im Fall des Unglaubens um eine grundsätzliche Verweigerung. [...] Ein Hifil von *ʾmn* im theologischen Sinne entscheidet über die Identität dessen, der glaubt oder nicht [...]. Dazu kommt, daß *ʾmn* Hifil-Belege, die eine solche tiefe Bedeutung ausdrücken, nur in Verbindung mit heiligen Größen stehen. Sie finden sich ausschließlich im Zusammenhang mit Gott selbst oder seinen Mittlern [...] und den Propheten".[24] Daher zählt sie die folgenden 27 Stellen zu den „theologischen" Belegen der hebräischen Bibel: Gen 15,6; Ex 4,1.5.8 (zweimal).9.31; 14,31; 19,9; Num 14,11; 20,12; Dtn 1,32; 9,23; 2 Kön 17,14; 2 Chr 20,20 (zweimal); Ps 27,13; 78,22.32; 106,12.24; 116,10; 119,66; Jes 7,9; 28,16; 43,10; Jona 3,5.[25] Dazu kommt noch der aramäische Beleg in Dan 6,24. An 8 dieser Stellen wird „glauben" bzw. „vertrauen" verweigert.

Meine Untersuchung beschäftigt sich nicht mit allen Stellen dieser Liste, sondern konzentriert sich zunächst auf die 13 Belege des Pentateuchs, die sich aber grammatikalisch voneinander unterscheiden. Eine *erste* Stellengruppe enthält die Belege der Wendung *ʾmn* Hifil + *b^e* („vertrauen *auf*, glauben *an*"). Sie bezieht sich in Gen 15,6; Ex 14,31bα; Num 14,11; 20,12; Dtn 1,32 auf YHWH, in Ex 14,31bβ und 19,9 auf Mose. Die *zweite* Stellengruppe fasst die Belege der Wendung *ʾmn* Hifil + *l^e* („*jemandem* glauben") zusammen, die sich in Ex 4,1.8 (zweimal).9 auf Mose als Propheten YHWHs und nur in Dtn 9,23 auf YHWH selbst beziehen. Ein Beleg von *ʾmn* Hifil mit einem Objektsatz / *kî*-Satz („für wahr halten, dass") in Ex 4,5 und ein

---

hier „in nuce viele Gedanken, die für die spätere Rede mit *ʾmn* Hifil wichtig sind". Die Verfasser jüngerer Texte hätten diese nur angerissenen Gedanken aufgegriffen und entfaltet. (108 f.).

22 Vgl. Körner, Jutta: *Das Wesen des Glaubens nach dem Alten Testament*, in: ThLZ 104 (1979), 713 – 720, 715: „Eine Geschichte des Begriffes ‚glauben' zu geben, ist auf Grund der alttestamentlichen Stellenbelege nicht möglich".

23 Rudnig-Zelt: *Glaube*, 83 – 86.

24 Rudnig-Zelt: *Glaube*, 84 f.

25 Rudnig-Zelt: *Glaube*, 85. Das Verhältnis zu Gott beschreibt *ʾmn* Hifil mit der Präposition *b^e* oder *l^e* nur in Gen 15,6; Ex 14,31; Num 14,11; 20,12; Dtn 1,32; 9,23; 2 Kön 17,14; 2 Chr 20,20 (Gott und seine Propheten); Ps 78,22; Jes 43,10; Jona 3,5 – das sind insgesamt zwölf Belege. In Ps 78,32 gilt das Verb den Wundern Gottes, in Ps 106,12.24; Ps 119,66 seinem Wort. Absolut gebraucht wird *ʾmn* Hifil in Jes 7,9 und 28,16, doch ist es an beiden Stellen vom Kontext her auf Gott zu beziehen.

weiterer von 'mn Hifil ohne weitere Ergänzung („glauben") in Ex 4,31 gelten ebenfalls Mose. Im Anschluss daran bespreche ich kurz 2 Kön 17,14, den einzigen Beleg in
den vorderen Propheten, der das Ende von Nord- und Südreich damit begründet,
dass sie nicht „auf YHWH, ihren Gott, vertrauten" ('mn Hifil + b^e). Ferner die 4
Psalmenstellen, die sich auf im Pentateuch erzählte Geschehnisse beziehen. In einem Exkurs gehe ich schließlich auf Jona 3,5 ein, wo das Vertrauen der Niniviten auf
Gott ('mn Hifil + b^e) die Pentateuch-Theologie spiegelt.

Abraham als Modell für Israel (Genesis 15)

Genesis 15 gilt als „Zusammenfassung und theologische Gesamtdeutung des Abra-
hamstoffes"[26]. Gattungsmäßig ist das Kapitel eine „nachgeahmte Erzählung", deren
eigentliche Handlung im Gespräch Gottes mit Abraham[27] liegt.[28] In diesem Dialog
entfaltet Gott seine Ankündigung für Abraham, mit der das Kapitel einsetzt: „Dein
Lohn wird sehr groß sein" (V. 1). Die anschließenden drei Verheißungen, nämlich die
Zusage eines Sohnes, seiner Nachkommenschaft und deren Land, sind sorgfältig
komponiert: Zuerst wird in Erwiderung der klagenden Einwände Abrahams „ich
gehe kinderlos dahin" und „du hast mir keinen Nachkommen gegeben" (V. 2–3)
geklärt, wer überhaupt legitimer Erbe ist: „dein leiblicher Sohn" (V. 4). Danach geht
es um die den Sternen vergleichbare unzählbare Menge von Nachkommen (V. 5).
Schließlich kommt in den Blick, worin das Erbe besteht: „dieses Land, vom Strom

---

26 Oeming, Manfred: *Der Glaube Abrahams. Zur Rezeptionsgeschichte von Gen 15,6 in der Zeit des
zweiten Tempels*, in: ZAW 110 (1998), 16–33, hier 15.
27 Ich spreche stets von Abraham, obwohl Abram erst in Genesis 17 diesen Namen erhält.
28 Vgl. Lohfink, Norbert: *Die Landverheißung als Eid* (= SBS 28). Stuttgart: Kath. Bibelwerk 1967, zum
Gattungscharakter des Kapitels 31–34, Zitat 33. Viele seiner Beobachtungen beanspruchen bis heute
Geltung – vgl. z. B. Köckert, Matthias: *Gen 15: Vom „Urgestein" der Väterüberlieferung zum „theologischen Programmtext" der späten Perserzeit*, in: Von Jakob zu Abraham. Studien zum Buch Genesis (= FAT 147). Tübingen: Mohr Siebeck 2021, 89–109, hier 91–94. Allerdings gilt das Kapitel heute
nicht mehr als ältester Text des Väterbundes (Lohfink: *Landverheißung*, 11–23). Nach Gertz, Jan
Christian: Abraham, Mose und der Exodus. Beobachtungen zur Redaktionsgeschichte von Gen 15, in:
Gertz, Jan Christian/Schmid, Konrad/Witte, Markus (Hgg.), *Abschied vom Jahwisten. Die Komposition
des Hexateuch in der jüngsten Diskussion* (= BZAW 315). Berlin: W. de Gruyter 2002, 63–81, hier 81,
repräsentiere der Grundstock des Kapitels mit V.6 „das jüngste Stadium einer noch nicht mit der
Priesterschrift verbundenen Vätergeschichte", in der diese erstmals auf die vorher getrennt existierende ältere Exodusgeschichte bezogen worden wäre. Dagegen sei z. B. nach Köckert: *Gen 15*, 104–
109, Gen 15* aufgrund der verarbeiteten Sprachmaterialien und der Auseinandersetzung um
Abraham und die Väter nach-priesterschriftlich und im spätpersischen Juda zu datieren.

Ägyptens bis zum großen Strom, dem Eufrat" (V. 7.18.19 – 21).[29] Jeweils am Ende der beiden aufeinander bezogenen Teile des Kapitels (V. 1 – 5 und 7 – 21) bringt der Erzähler das Geschehen auf einen theologischen Begriff: In V. 6 charakterisiert er das Verhalten Abrahams durch 'mn Hifil bYHWH und in V. 18 bestimmt er die zuvor geschilderte Begebenheit als *bᵉrît*, das heißt hier als einen dem Abraham von YHWH geleisteten Eid. Die erzählerisch distanzierte Perspektive zeigt sich zu Beginn von V. 6 im Wechsel der Verbform von Narrativen zu einem *Waw*-Perfekt:

> Und er [Abraham] vertraute [wᵉhœᵛᵉmîn] auf YHWH und er rechnete ihm (das) als Gerechtigkeit [ṣᵉdāqāh] an.

Weil Abraham hier erstmals in der Genesis durch den Erzähler charakterisiert wird, hat der Vers im Darstellungsgefüge großes Gewicht.[30] Er enthält allerdings

---

29 Literargeschichtlich sieht Lohfink: *Landverheißung*, 35 – 50, in 15,1 – 2.4 – 12.17 – 21 einen Text, in dem ursprünglich getrennte Traditionen in einem schriftstellerischen Akt zu einer künstlichen Einheit zusammengeführt wurden. Auch Köckert: *Gen 15*, 100 – 104, betrachtet den Text als eine in der Substanz literarische Einheit (15,1 – 10.12.17b.18). Nur in V.2b* sei eine Glosse eingetragen, in den V.11.13 – 16 sowie V.19 – 21 wären zwei Fortschreibungen durch verschiedene Hände ergänzt worden. Nach Köckert liege eine der Hauptursachen für die kontroversen literarischen Analysen in der Voraussetzung, Genesis 15 sei eine gewachsene Erzählung, deren Kern es herauszupräparieren gelte (91). Doch könnten die exemplarisch überprüften literarkritischen Operationen nicht überzeugen (94 – 100). Dass man im vergangenen Jahrhundert einer allgemein anerkannten Lösung der literarhistorischen Probleme dieses Textes nicht viel näher gekommen ist (vgl. 89), beweist zuletzt Rudnig-Zelt: *Glaube*, 118 – 120; vgl. dazu unten.

30 Im Anschluss an Levin, Christoph: *Jahwe und Abraham im Dialog: Genesis 15*, in: Witte, Markus (Hg.): *Gott und Mensch im Dialog. Festschrift für Otto Kaiser zum 80. Geburtstag* (= BZAW 345/I). Berlin 2004, 237–257, hier 246, betrachtet Rudnig-Zelt: *Glaube*, 246, Gen 15,6 als einen sehr späten Zusatz. Sie begründet diese Annahme vor allem mit drei Argumenten. *Erstens* werde damit „ein Weg von der Verzagtheit zum Glauben gezeichnet, den Gen 15 ursprünglich nicht kannte. […] Vor der Ergänzung von V.6 steigerten sich Abrahams Vorbehalte gegenüber Gott von der klagenden Frage nach dem Nutzen einer Verheißung (V.2) zum Zweifel an Gottes Fähigkeit, eine Verheißung wahrzumachen (V.8)." (120). Dagegen hat schon Lohfink: *Landverheißung*, 38 f, darauf hingewiesen, dass Abraham in V.8 nicht zweifelt, sondern „um ein die Verheißung bestätigendes und sicherndes Zeichen" bittet. Eine Zeichenbitte habe Israel als etwas Gott zur Ehre Gereichendes aufgefasst, sie sei deshalb selbstverständlich gewesen – vgl. die Bitten Gideons (Ri 6,30 – 40) und Hiskijas (2 Kön 20,8 – 11). Unglaube habe sich vielmehr in der Weigerung geäußert, nach ergangener Verheißung ein Zeichen zu erbitten (vgl. Jes 7,10 – 14). „Die Zeichenbitte Abrams ist ein Beweis seines Glaubens. Der behauptete Gegensatz existiert nicht." (38 f.). *Zweitens* unterscheide sich Gen 15,6 nach Rudnig-Zelt: *Glaube*, 119, vom Kontext, weil der Vers grundsätzlich über die Haltung Abrahams und YHWHs reflektiere und sie für Abraham auf den Begriff „Glaube" bzw. für YHWH auf die abstrakte theologische Formulierung „Anrechnen zur Gerechtigkeit" bringe. Dabei wird allerdings übersehen, dass auch der zweite Teil das beschriebene Vertragsritual am Ende auf einen Begriff, nämlich *bᵉrît*, bringt. *Drittens* indiziere auch das Tempus zu Versbeginn eine literarkritisch relevante Spannung

mehrere Leerstellen und wird wegen dieser Mehrdeutigkeit verschiedenartig ausgelegt. Wichtig ist die Funktion des hebräischen Perfekts, das den ersten Satz eröffnet. Denn je nach syntaktischer Erklärung ergeben sich unterschiedliche Bedeutungsnuancen von ʼmn Hifil. Dazu drei Beispiele.[31] Handelt es sich (1) um ein
frequentativ-iteratives Perfekt, kann man die Reaktion Abrahams verdeutlichend
wiedergeben: „In allem" – nämlich bei den vorausgehenden Verheißungen – „ver-
traute er auf YHWH".[32] Wird der Neueinsatz (2) durch ein stativisch-durativisches
Perfekt markiert, dann beschreibt er einen Zustand: „Nun lebte er beständig im
gläubigen Vertrauen auf Jahwe"[33]. Gegen eine solche beständige Vertrauenshaltung
sprechen allerdings die in V. 2.3 geäußerten Einwände Abrahams. Außerdem lässt
das Aussagengefälle des Textes eine Reaktion Abrahams erwarten[34]. Drückt die
Verbform aber (3) im Erzählzusammenhang eine relative Gleichzeitigkeit aus,
könnte man V. 6a als temporalen Nebensatz zu V. 5 übersetzen: „Während er an
YHWH glaubte" oder „Dabei glaubte er an YHWH".[35] Abrahams Vertrauen erscheint
hier als ein Umstand, der die Verheißung von Nachkommen begleitet. Der Umschwung von den Einwänden Abrahams zum Vertrauen, der sich offenbar zwischen
den Gottesreden und angesichts des gestirnten Himmel ereignet haben dürfte, wird
allerdings syntaktisch nicht markiert.[36]

    Das syntaktische Verständnis hat Folgen für die Exegese der zweiten Vershälfte,
„wer wem ‚Gerechtigkeit' in welchem Sinne ‚anrechnet' und wie sich ‚Glauben'

(Rudnig-Zelt: *Glaube*, 119). Wie die im Folgenden skizzierte syntaktische Diskussion beweist, ist diese
Beobachtung jedoch keineswegs zwingend.

31 Wer *Waw*-Perfekt-Formen als normales Erzähltempus ansieht – z.B. Levin: *Dialog*, 246 Anm. 44,
wenn auch lediglich im Effekt (so in einer persönliche Mitteilung) und mit Hinweis auf die Septuaginta, die es mit dem gleichen Tempus (Aorist) wie die zuvor erzählten Ereignisse wiedergibt –,
hat natürlich keine Probleme. Dagegen unterstellt Köckert, Matthias: *„Glaube" und „Gerechtigkeit" in
Gen 15,6*, in: *Von Jakob*, 111–138, hier 117–121, einen bewussten Gebrauch des *Waw*-Perfekt und
diskutiert die semantischen und syntaktischen Probleme von 15,6a. Er bespricht neben den im
Folgenden genannten Übersetzungen auch noch weitere Erklärungsversuche.

32 So z.B. Lohfink: *Landverheißung*, 32 Anm. 2. Diese Hintergrundaussage hat mit einer „völlig
gekünstelten Aufteilung der Verheißung" und „einer Zerstückelung des ‚Glaubens' Abrahams"
nichts zu tun, wie Mosis, Rudolf: *„Glauben" und „Gerechtigkeit" – zu Gen 15,6*, in: Görg, Manfred (Hg.):
*Die Väter Israels. Beiträge zur Theologie der Patriarchenüberlieferungen im Alten Testament [Fest-
schrift Josef Scharbert]*, Stuttgart: Kath. Bibelwerk 1989, 225–257, hier 239, diese Deutung karikiert.

33 Mosis: *Glauben*, 254.

34 Vgl. Köckert: *Glaube*, 119 und 128.

35 So Köckert: *Glaube*, 121, im Anschluss an Erhard Blum, *Das althebräische Verbalsystem. Eine
synchrone Analyse*, in: Dyma, Oliver/Michel, Andreas (Hg.): *Sprachliche Tiefe – Theologische Weite* (=
BThSt 91). Neukirchen-Vluyn: Neukirchener 2008, 91–142, hier 119–121, der solche *Waw*-Perfekt-
Formen in narrativen Kontexten als imperfektive Verbformen bei „damals-Aussagen" erklärt.

36 Köckert: *Glaube*, 128.

inhaltlich konkret ausnimmt und auswirkt"[37]. Fasst der Erzähler (wie 1) ein mehrfaches Verhalten Abrahams zusammen, bleibt die Anerkennung dieses Vertrauens durch YHWH im Rahmen der konkreten Aussagen des Kapitels. V. 6 hat dann nicht „fast schon den Charakter eines allgemeinen theologischen Lehrsatzes".[38] Bindet er das Vertrauen Abrahams also zurück an die Sohnes- und Nachkommenschaftsverheißung, muss sich dessen Anrechnung zur Gerechtigkeit als ein Tun Gottes zeigen: Es „verwirklicht sich in der Konkretisierung der anfänglichen Lohnverheißung als Landverheißung", dem Inhalt der zweiten Kapitelshälfte.[39] Interpretiert man dagegen (wie 2) in V. 6a „das ‚Glauben' Abrahams als ein immer und beständig an Jahwe Glauben und ihm Vertrauen", dann heißt das, „daß Abraham und nicht Jahwe das Subjekt des ‚Anrechnens' V. 6b ist und daß dieses ‚Anrechnen' Abrahams seine Reaktion auf die Verheißung Jahwes VV1–5 beinhalten muss"[40]: „und so erachtete er es für sich als eine heilswirkende und rechte Tat".[41] Nach der kritischen Überprüfung dieser und ähnlicher Thesen empfiehlt es sich allerdings, bei der üblichen Deutung mit wechselndem Subjekt zu bleiben.[42] Dafür spricht auch die Rezeptionsgeschichte.[43]

Der Erzähler lässt also Gott selbst das Vertrauen Abrahams auf ihn als ṣᵉdāqāh[44], als „Tat der Gerechtigkeit", bewerten[45]. Natürlich handelt es sich bei

---

37 Oeming: *Glaube Abrahams*, 18.

38 Lohfink: *Landverheißung*, 32 Anm. 2, Zitat aus von Rad, Gerhard: *Das erste Buch Genesis* (= ATD 2/4). Göttingen: Vandenhoeck & Ruprecht ⁶1961, 156.

39 Lohfink: *Landverheißung*, 47. Im Anschluss daran ebenso Köckert: *Glaube*, 115–117.

40 Mosis: *Glauben*, 244.

41 Mosis: *Glauben*, 254. Gegen einen Subjektwechsel zwischen V.6a und V.6b votiert auch z. B. Oeming: *Glaube Abrahams*, 19 und übersetzt: „Abram glaubte [gegen alle Wahrscheinlichkeit an Gottes Nachkommenschaftsverheißung] und er (Abram) schätzte es (die Verheißung) für sich als eine ‚Gnadentat' (JHWHs), als einen Erweis göttlicher Barmherzigkeit ein."

42 Köckert: *Glaube*, 125–128, und die von Oeming: *Glaube Abrahams*, 20 f., genannten Autoren.

43 Vgl. z. B. Flüchter, Sascha, unter Mitarbeit von Schnor, Lars: *Die Anrechnung des Glaubens zur Gerechtigkeit. Auf dem Weg zu einer sozialhistorisch orientierten Rezeptionsgeschichte von Gen 15,6* (= TANZ 51). Tübingen: Narr/Frank/Attempo 2010. Eine gute Zusammenfassung von Gen 15,6 im vorpaulinischen Judentum mit weiteren Literaturangaben bietet Köckert, Matthias: *Abrahams Glaube in Röm 4 und im vorpaulinischen Judentum*, in: *Von Jakob*, 139–168, hier 150–168.

44 Zur sprachgeschichtlichen Erklärung dieses Begriffs vgl. Köckert: *Glaube*, 130–132.

45 Gegen Rudnig-Zelt: *Glaube*, 123, die an Mosis: *Glauben*, anknüpft, und im „Glauben eine Haltung und keine Einzeltat" sieht. Daraus ergebe sich eine „Dynamik hin zu einer umfassenderen Bedeutung von ṣᵉdāqāh als ‚Gerechtigkeit'. Es geht hier eher darum, daß Gott Abraham als Gerechten annimmt, als darum, daß Gott eine einzelne, gerechte Tat anerkennt. Man sollte also Gen 15,6 mit Paulus deuten: Gott rechnet Abraham seinen Glauben zur Gerechtigkeit an." Dass nach Rudnig-Zelt: *Glaube*. 123, die „paulinische Deutung des Verses trotz der Probleme der zweiten Vershälfte die plausibelste" ist, lässt sich zumindest nicht aus ihren Argumenten erschließen. Im Übrigen zitiert Paulus in Röm 4,3.9.22–23; Gal 3,6 den Vers Gen 15,6 nach der Septuaginta. Sie gibt aber wᵉhæʾᵉmîn

dieser „Tat des Glaubens" um keine „Werkgerechtigkeit".[46] „Vielmehr würdigt Gott Abrahams rückhaltloses Vertrauen auf ihn und seine Macht, das Verheißene gegen allen Augenschein auch zu erfüllen, als angemessene und verdienstliche Tat, die er mit einer weiteren Verheißung belohnt"[47], nämlich mit der eidlich verbürgten Zusage des Landbesitzes an Abrahams Nachkommen. Deshalb liegt V. 6 auch die Vorstellung einer „Rechtfertigung aus dem Glauben" fern. Für die Adressaten gilt: „Glauben wie Abraham: Das ist die Devise."[48] Dass man Abraham als Hauptfigur des Glaubens wählte und die Erzählung dadurch vor dem Sinaiaufenthalt Israels spiele, „um die Stellung der Tora zu relativieren", dürfte allerdings bestenfalls ein neutestamentliches Thema in die alttestamentliche Glaubensdiskussion projizieren.[49]

Wie sehr Genesis 15 den „theologischen Programmtext" eines Gottvertrauens bildet, in dem Abraham „in jeder Weise als Vorbild vorgestellt" wird und „für die kontrafaktischen Möglichkeiten der Adressaten" steht, am Gott der Verheißung von Volk und Land festzuhalten, das wird erst an den folgenden Belegen deutlich, in denen die Präposition b^e auf YHWH als Ursache und Grund des Vertrauens (ʼmn Hifil) verweist.[50]

---

durch den Aorist *epísteusen* wieder. „Damit wird der Glaube Abrahams zu einer einmaligen Handlung in der Vergangenheit. Der Glaube ist nicht mehr ein beständiges gläubiges Vertrauen, sondern eine einzelne herausragende Tat. In diesem Augenblick glaubte Abram – das ist seine Gerechtigkeit." (Oeming: *Glaube Abrahams*, 23).

46 „Paulus hätte gegen dieses Verständnis des ‚Glaubens' als rückhaltlosem ‚Vertrauen' in Gen 15,6 nichts einzuwenden, entfaltet er doch genau dieses Verständnis in Röm 4,18–22, indem er Gen 15,6 auf 15,5 bezieht und es mit einem Blick auf Gen 17 und 18 noch schärfer profiliert." (Köckert: *Glaube*, 137). Zu den gegenüber dem Judentum neuen Deutungen von Gen 15,6 durch Paulus vgl. Köckert: *Abrahams Glaube*, 167.

47 Köckert: *Glaube*, 137. Weil es um das „Vertrauen *auf YHWH*" geht, greift z.B. Levin: *Dialog*, 246 f., zu kurz, für den der „Lehrsatz" Gen 15,6 besagt: „Abraham ist darin gerecht gewesen, daß er sich fest auf die ihm gegebene Verheißung verlassen hat." Vgl. dagegen z.B. Hermisson, Hans-Jürgen/Lohse, Eduard: *Glauben* (= KT 1005 Biblische Konfrontationen). Stuttgart: Kohlhammer 1978, 23: „Man darf den Satz vom Glauben nicht darauf beschränken, daß Abraham Jahwe *etwas* (die Zusage) geglaubt habe. Er ‚glaubte an Jahwe' […], das schließt mehr ein als nur den Bezug auf ein Wort. Dieses Wort der Verheißung ist zuverlässig nur so, dass es mit dem verheißenden Gott *zugleich* da ist und zugleich geglaubt wird. Da ist also im Glauben durchaus der Akt des Vertrauens auf Jahwe, aber dies Vertrauen bleibt nicht allgemein, sondern bekommt seine konkrete Auslegung durch das Verheißungswort."

48 Feldmeier, Reinhard/Spieckermann, Hermann: *Der Gott der Lebendigen. Eine biblische Gotteslehre* (= TOBITH 1). Tübingen: Mohr Siebeck 2011, 294.

49 Gegen Rudnig-Zelt: *Glaube*, 354.

50 Vgl. Köckert: *Gen 15*, 106 f.

Glauben und vertrauen in der Gründungsgeschichte Israels

Zum theologischen Gebrauch von 'āman Hifil in der Tora – Teil II

Die Berufung Moses, der Zug durch das Rote Meer und die Sinaioffenbarung (Exodus 4; 14 und 19)

Der Spannungsbogen der folgenden „Glaubens"-Belege reicht von der Berufung Moses mit der Ankündigung der Herausführung der Israeliten aus dem Elend Ägyptens und Hinaufführung in das Land der Kanaaniter über das Meerwunder bis zur Mittlerschaft Moses bei der Sinaioffenbarung. Dieser Textbereich enthält alle Stellen von *'mn* Hifil, die sich mit der Präposition *l^e* bzw. *b^e* auf Mose, den bevorzugten Gesprächspartner und Gesandten YHWHs, beziehen.[1] Seine Glaubwürdigkeit dient dem Auftrag, den er von Gott erhalten hat. Um seine Funktion als Offenbarungsmittler zu unterstützen, stattet ihn Gott mit der Macht aus, Wunder zu wirken (Ex 4,1–9). Dadurch kommt Israel zum Glauben, zur inneren Offenheit für den Plan Gottes (4,31), und im Rückblick auf das Meerwunder zum Vertrauen auf Gott und Mose (14,31). Es ist auch für die Mittlerschaft Moses bei der Sinaioffenbarung erforderlich (19,9).

Mit der Berufung und Sendung Moses reagiert Gott auf das Leid der versklavten Israeliten in Ägypten (3,7). Mose soll die Botschaft, die er in der Offenbarung beim brennenden Dornbusch erhalten hat, den Ältesten Israels als Repräsentanten des Volkes mitteilen (V. 16–17). Angesichts seiner früheren Einwände (V. 11.13) versichert ihm Gott: „Sie werden auf deine Stimme hören (*w^{e}šām^e'û l^{e}qolœkā*)." (V. 18). Trotz eines Ausblicks auf die einzelnen Aktionen des Exodusprogramms folgt in 4,1 eine neuerliche Einrede Moses, die nun die Adressaten seiner Beauftragung betrifft:

---

1 Rudnig-Zelt: *Glaube*, 106, behauptet, dass sich im theologischen Sprachgebrauch die Unterscheidung zwischen den Präpositionen *l^e* und *b^e* verwische, sie also synonym verwendet würden. Dies hänge damit zusammen, „daß Gott letztlich das einzige Gegenüber des Glaubens ist, daß sich also auch Glauben an eine Aussage über Gott eigentlich auf Gott bezieht." In der Folge unterstellt sie Ex 4,1–9; 14,31; 19,9, dass in ihnen „ein Mensch zum Gegenstand des Glaubens werden kann", wobei allerdings „dieser Mensch Jahwe untergeordnet bleibt" (113). Doch spricht nur 14,31 vom „Glauben an [*b^e*] YHWH und an [*b^e*] Mose, seinen Knecht", der Gott bei der Rettung der Israeliten diene, und nur in 19,9 wünscht Gott für Mose, „dass sie auch an dich [*b^{e}kā*] für immer glauben" (113).

https://doi.org/10.1515/9783111484754-008

„Sieh, sie [die Ältesten / Israeliten] werden mir [Mose] nicht glauben (lo' ya^{e}mînû lî) und nicht auf meine Stimme hören, sondern sagen: YHWH ist dir nicht erschienen." (V. 1). Mit dem Stichwort „glauben" beginnt ein weiteres Gespräch – jetzt über die Legitimierung Moses als Offenbarungsmittler, das heißt: über seine Glaubwürdigkeit für die Israeliten. Es bildet die große Klammer zwischen 4,31 und 14,31 und strukturiert die weitere Exodusgeschichte. In 4,1–9[2] hat es die Funktion eines Leitverbs. Fünfmal kommt 'mn Hifil in dieser Dialogperikope vor, viermal mit der Präposition l^e, einmal mit einem Objektsatz. Nach dem zitierten Einwand Moses findet sich 'mn Hifil nur mehr im Mund Gottes (V. 5.8a.b.9). „Glauben" im Sinn von „für zuverlässig halten" sollen die Israeliten Mose (V. 1.8a), „glauben" im Sinn von „trauen" sollen sie auch den Zeichen, mit denen Gott ihn bevollmächtigt (V. 8b.9). Denn das Ziel ist: „damit sie glauben (l^{e}ma'an ya^{e}mînû), dass dir YHWH erschienen ist" (V. 5, vgl. V. 1). „Glauben" meint hier: dass die Israeliten diese Botschaft Moses „für wahr erachten".[3] Dieser Zusammenhang wird dadurch verdeutlicht, dass an drei Stellen das Verb 'mn Hifil von der Wendung šm' b^{e}qôl (V. 1) bzw. l^{e}qôl, (V. 8.9), „auf die Stimme", nämlich Moses, „hören" weitergeführt wird. Außerdem wirkt Gott Beglaubigungszeichen, um die „Stimme Moses" (V. 1.9) noch durch die „Stimme des Zeichens" zu unterstützen: „Es sei, wenn sie dir nicht glauben (lo' ya^{e}mînû lāk) und nicht auf die Stimme des ersten Zeichens hören, dann werden sie der Stimme des letzten Zeichens glauben (w^{e}hœ^{e}mînû l^{e}qol hā'ot)" (V. 8). Die Wunder haben dadurch „den Charakter ,vertrauensbildender Maßnahmen'"[4]. Sie sollen die Sendung Moses durch Gott erweisen und deshalb von Mose selbst vollbracht werden, obwohl er sie in der Kraft Gottes wirken wird. Diese Demonstrationswunder deuten aber nicht

---

2 „In dem Abschnitt wird insgesamt das Grundproblem jeden Rettungs- und Befreiungsgeschehens angesprochen: Vor seiner Einleitung bedarf es des Vertrauens der Menschen in diejenigen, die mit dem Anspruch auftreten, (legitimierte) Befreier zu sein. Ohne solches Vertrauen gibt es keine Veränderung." (Kegler, Jürgen: *Die Berufung Moses als Befreier Israels. Zur Einheitlichkeit des Berufungsberichts in Exodus 3–4*, in: Hardmeier, Christof/Kessler, Rainer/Ruwe, Andreas [Hgg.]: *Freiheit und Recht. Festschrift für Frank Crüsemann zum 65. Geburtstag*. Gütersloh: Chr. Kaiser 2003, 162–188, hier 179). Otto, Eckart: *Die nachpriesterschriftliche Pentateuchredaktion im Buch Exodus*, in: Vervenne, Marc (Ed.): *Studies in the Book of Exodus. Redaction – Reception – Interpretation* (= BEThL CXXVI). Leuven: Peeters 1996, 61–111, hier 103–106, sieht in Ex 4,1–9 zusammen mit 4,10–17 eine in sich geschlossen strukturierte literarische Einheit, die er dem Pentateuchredaktor zuschreibt, „der umfänglich die Pentateuchüberlieferung erzählerisch gestaltet" (105). Die Verse des „Vertrauens und Hörens des Volkes auf Moses Stimme [...] stehen in einem Verweiszusammenhang mit Ex 4,31, Ex 14,31 und haben ihren Zielpunkt in Ex 19,9." Der Pentateuchredaktor stelle auch hier „die Beauftragung des Mose in den Horizont der Gottesoffenbarung am Sinai" (103).

3 Auch in Ex 4,1.8–9 geht es um die Plausibilität der Aussage Moses, nicht aber „um eine dauerhafte Glaubensbindung an Mose" – gegen Rudnig-Zelt: *Glaube*, 85 Anm. 38. Das beweist auch 4,31, wo bei 'mn Hifil ein Hinweis auf Mose fehlt. Vom Vertrauen auf Mose sprechen erst 14,31 und 19,9.

4 Kegler: *Berufung Moses*, 179.

die Botschaft Moses. Wie die Bedingungssätze der V. 8 und 9 zeigen, hält es Gott auch für möglich, dass die Israeliten Mose und den Zeichen der handgreiflichen Verwandlungswunder als „beredten Zeugnissen" für seine Botschaft nicht trauen.[5] Auch ein „großartiges Wunder" garantiert also keinen „Weg vom Unglauben und der Verschlossenheit vor Gott hin zum Glauben".[6] Doch wird Gott nicht die mögliche Ablehnung, Mose für glaubwürdig zu halten und sich von Zeichen überzeugen zu lassen, bestrafen. Auf die weiteren Einsprüche Moses hin bestimmt Gott noch Aaron als seinen „Mund", also Sprecher (V. 16), der ihn aber als Mittler nicht ersetzt. Die Brüder treffen einander dann am Gottesberg und versammeln schließlich in Ägypten alle Ältesten der Israeliten: „Da sprach Aaron alle Worte, die YHWH zu Mose gesprochen hatte, und er [wahrscheinlich Mose] tat die Zeichen vor den Augen des Volkes." (4,29 – 30; vgl. 4,8 – 9). Damit ist der Auftrag Gottes (vgl. 3,16 – 17) erfüllt. Der Erzähler schließt mit der entscheidenden Feststellung:

> 4,31 Da glaubte (*wayya'mēn*) das Volk, und sie hörten, dass YHWH sich der Kinder Israels angenommen und ihr Elend gesehen habe, und sie verneigten sich und warfen sich nieder.

„Glauben und hören", ohne die präzisierenden Präpositionalausdrücke bzw. Objekte, fasst die vorausgegangene Kombination der beiden Verben zusammen und bringt die Antwort des Volkes auf Kurzformel. Das absolut gebrauchte ’*mn* Hifil besagt, dass das Volk aufgrund der verkündeten Gottesworte und der gewirkten Zeichen „glaubt". „Glauben" – aufgrund des Kontextes mit der Nuance von „für zuverlässig halten" – bildet hier die Voraussetzung für das „Hören".[7] Bei dieser

---

5 Dohmen, Christoph: *Exodus 1 – 18* (= HThKAT). Freiburg im Breisgau: Herder 2015, 169 f.

6 Gegen Rudnig-Zelt: *Glaube*, 268 f., Zitat 268. Im Übrigen spricht der Text nirgends davon, dass die Ältesten Israels bzw. das Volk Mose nicht glauben. Die Einwände Moses und später Gottes nehmen nur eine ihnen möglich erscheinende Ablehnung der Israeliten in der Zukunft vorweg. Rudnig-Zelt relativiert allerdings ihre zitierte Deutung von 4,1 – 9 angesichts der ähnlichen Wunder in Ex 7,8 – 13 (der Stab wird zur Schlange) und 7,14 – 25 (das Nilwasser wird zu Blut), durch die Mose und Aaron beim Pharao keinen Glauben finden (269). Lese man beide Texte zusammen, werde das Problem „wie kann Unglaube überwunden werden?", „ins Innere der Glaubenden verlegt. Anscheinend macht die innere Bereitschaft zu glauben den Unterschied aus zwischen Israel, wo die Wunder wirken (Ex 4,30b.31), und Ägypten, wo sie versagen. Diese innere Bereitschaft kann man eine für Gott offene Grundhaltung nennen." (269 f.). Dazu vgl. unten.

7 Für Rudnig-Zelt: *Glaube*, 360 – 362, beruhen Glaube wie Unglaube „auf der Grundhaltung des Menschen Gott gegenüber" (360). Während ältere Belege von ’*mn* Hifil dazu tendierten, „Glaube und Grundhaltung" zu trennen, treten sie in jüngeren Texten, nämlich in Gen 15,6; Jes 7,9; Jona 3,5, in eine immer engere Verbindung. So sei nach einem älteren Glaubensverständnis „Glauben ein Festhalten an dem Gott, dessen Geschichtstaten man gerade gesehen hat oder von denen man weiß. Der Glaube steht im Einklang mit menschlichem Urteilsvermögen. Und er ist ein Symptom für eine Gott gegenüber offene Grundhaltung. Außer dem Glauben werden in den entsprechenden Texten weitere

zutiefst persönlichen Bereitschaft, sich auf die Offenbarung Gottes einzulassen, kann sich „das Volk" nicht durch seine Ältesten vertreten lassen. Die muss es in allen Gliedern leisten, zumal alle „Kinder Israels" betroffen sind. Denn „Hören" meint hier mehr als die akustische Wahrnehmung oder Gehorchen. Es geht um ein „Verstehen" im Sinn eines Anerkennens der Erscheinung Gottes, deren Rettungs-zusage (Ex 3,16; vgl. Gen 50,24–25) sich zu erfüllen beginnt. Die psychischen Reaktionen des Glaubens und Hörens finden ihren körperlichen Ausdruck im „sich verneigen und niederwerfen", sodass sich daran die inneren Haltungen erkennen lassen.[8] Auch diese beiden Gesten der Ehrerbietung werden ohne Präpositional-ausdruck – zum Beispiel „vor YHWH" – gebraucht (vgl. Ex 12,27), die formelhafte Wendung bleibt bezüglich des Adressaten offen. Sie können sich also auf Gott und / oder auf Mose und Aaron beziehen. Israel stimmt zwar zu, bleibt aber in gewisser Distanz. Erst 14,31 spricht ausdrücklich vom „Vertrauen auf YHWH und auf Mose, seinen Knecht", das Israel fortan an Gott und seinen Mittler bindet. Diese Deutung beschließt den Grundmythos Israels, die Herausführung aus Ägypten, die mit der Gotteserscheinung vor Mose in Kap. 3–4 begonnen hatte.

In der Rückschau auf die Rettung Israels in Ex 13,20–14,31[9] fasst der Erzähler in 14,30–31 „das Ergebnis des langen Prozesses der ‚Herauslösung' der Israeliten aus Ägypten zusammen"[10]:

> [14,30] So rettete YHWH an jenem Tag Israel aus der Hand der Ägypter; und Israel sah (*wayyar'*) die Ägypter tot am Ufer des Meers. [31] Als Israel die mächtige Hand sah (*wayyar'*), mit der YHWH an den Ägyptern gehandelt hatte, fürchtete (*wayyîr'û*) das Volk YHWH; und sie vertrauten auf YHWH (*wayyaʾamînû bYHWH*) und auf Mose (*ûbᵉmošᵆh*), seinen Knecht.

Symptome erwähnt, dass die Menschen für Gott aufgeschlossen sind. *ʾmn* Hifil steht dabei ten-denziell *am Ende* einer Aufzählung dieser weiteren Symptome im näheren oder ferneren Kontext [...]. In Ex 14,31 wird beispielsweise vor dem Glauben der Israeliten ihre Jahwefurcht vermerkt." (361). Davon unterscheide sich das Glaubensverständnis jüngerer Stellen, in denen „*ʾmn* Hifil *am Anfang* der Beschreibung dessen steht, worin sich der Glaube oder Unglaube manifestieren," ja in denen „*ʾmn* Hifil selbst für diese Grundhaltung steht" (362). Ex 4,31 wird in keiner der beiden Ka-tegorien genannt, wäre aber bei dieser Klassifizierung in der zweiten Gruppe einzuordnen – gegen 269 f.

8 Gegen Rudnig-Zelt: *Glaube*, 10 Anm. 38; vgl. 337.
9 Zu den vier verschiedenen Formen göttlichen Handelns in dieser Erzählung s. Schmitz, Barbara: *Gotteshandeln. Die Rettung am Schilfmeer als Paradigma göttlichen Handeln (Ex 13,17–14,31; Jes 43,14–21; Weish 10,15–21; Jdt)*, in: Gärtner, Judith/Schmitz, Barbara (Hg.): *Exodus. Rezeptionen in deuterokanonischer und frühjüdischer Literatur* (= DCLS 22). Berlin: W. de Gruyter, 2016, 33–69, hier 34 f.
10 Dohmen: *Exodus 1–18*, 333.

„Die Gesamtbewegung" von Kap. 14 „verläuft vom Unglauben der Israeliten, wie er dramatisch in 14,10–12 vor Augen gestellt wird, hin zum Glauben. Ex 14 erzählt also die Geschichte des Zum-Glauben-Kommens der Israeliten."[11] Wegen der anrückenden ägyptischen Streitmacht hatte das Volk aufgeschrien (V. 10) und den Sinn der göttlichen Befreiung wie die mosaische Führung infrage gestellt. (V. 11–12). Das war nicht nur Ausdruck von Todesangst, sondern auch von mangelndem Vertrauen. Doch wird über diesen Zweifel nicht ausdrücklich reflektiert. Auf die Vorwürfe der Israeliten antwortet Mose: „Fürchtet euch nicht! Bleibt stehen und seht die Rettungstat YHWHs. [...] YHWH wird für euch kämpfen, ihr aber könnt stille bleiben [= braucht keinen Kriegsschrei auszustoßen, braucht also nicht zu kämpfen]!" (V. 13–14). Diese Ankündigung geht dem Wunder voraus. Sie haben also nur eines zu tun: „Sie müssen dem Mittler Mose vertrauen, der zusammen mit JHWH ihre Rettung, nicht nur aus der bedrohlichen Situation am Meer, sondern auch aus dem ‚Dienst' für Ägypten (vgl. Ex 5) erwirken wird."[12] Zu spät erkennen die Ägypter, dass YHWH gegen sie „kämpft" (14,25). Das Wasser, das zunächst zur Rechten und Linken der durchziehenden Israeliten eine Mauer bildete, flutet jetzt über das Heer des Pharao. Israel „sieht" die toten Ägypter und „sieht" darin die „große Hand", die Geschichtsmächtigkeit Gottes (V. 30). Es hat eine reale Gotteserfahrung gemacht und begreift sein Entkommen aus der ausweglosen Situation als gottgewirkte Rettung.[13] Deshalb weicht jetzt die „Furcht", also das nackte Entsetzen, das das Volk vor den ägyptischen Verfolgern gepackt hatte (V. 10), der „YHWH-Furcht"[14] und es „ver-

---

11 Steins, Georg: *Den anstößigen Text vom Durchzug durchs Schilfmeer (*Ex 14) neu *lesen. Oder: Wie der Bibelkanon uns Gottes Rettung nahe bringt*, in: Ders., *Kanonisch-intertextuelle Studien*, 183–190, hier 188. Nach Berner, Christoph: *Die Exoduserzählung. Das literarische Werden einer Ursprungslegende Israels* (= FAT 73). Tübingen: Mohr Siebeck 2010, 383–389, hat das Glaubensmotiv eine redaktionsgeschichtliche Entwicklung durchlaufen, die mit Ex 14,31 begann und in 19,9 ihren Endpunkt fand.

12 Dohmen: *Exodus 1–18*, 327.

13 „Im Geschehen hat sich das vorher ergangene Wort Jahwes verwirklicht, und deshalb bedarf es jetzt für die, die es sehen und erfahren, keines klärenden oder deutenden Wortes mehr. Sie sehen in diesem Geschehen den Machterweis Jahwes, in dem er sich selbst erweist. Dieser Selbsterweis Jahwes, der das Vertrauen in sein Handeln begründet, vollzieht sich also in dem durch das Wort angekündigten Geschehen." (Rendtorff, Rolf: *Geschichte und Wort im Alten Testament*, in: Ders., *Gesammelte Studien zum Alten Testament* (= ThB 57). München: Kaiser 1975, 60–88, hier 66. Dagegen sollen die Ägypter, wenn Gott an der Vernichtung Pharaos und seiner Streitmacht seine Herrlichkeit erweisen wird, „erkennen, dass ich YHWH bin" (14,4.18).

14 Zu den unterschiedlichen Bezeichnungsfunktionen von „fürchten" (*yr'*) in Ex 14,10.13.31 (und später 20,18.20) vgl. Ska, Jean Louis: *Le passage de la mer. Étude de la construction du style et de la symbolique d'*Ex 14,1–31. *Deuxième édition revue et corrigée* (= AnBib 109). Roma: Editrice Pontificio Istituto Biblico 1997, 136–143.

traut[15] auf JHWH und Mose" (V. 31).[16] Damit hat die Meerwundererzählung ihren theologischen Höhepunkt erreicht. Nach ihrer Auflehnung (V. 11–12) haben die Israeliten nun Mose als „Knecht Gottes"[17], seinen Repräsentanten und Mittler, angenommen.[18] Denn Gott hat vollbracht, was Mose angekündigt (V. 13–14) und was Mose auf seine Anordnung hin (V. 16.26) durch „das Ausstrecken seiner Hand" bewirkt hatte (V. 21.27). Das Vertrauen Israels ist also nicht Voraussetzung für die Rettung, sondern deren Wirkung. Es gründet sich auf die erwiesene Zuverlässigkeit Gottes und Moses.[19]

Von *'mn* Hifil *bYHWH* sprechen im Pentateuch nur Gen 15,6 und Ex 14,31, und zwar als Kommentare, als Deutungen des Erzählers. An den übrigen Belegen dieser Wendung geht es um Unglauben. Es sind Abraham und Israel, die „auf Gott vertrauen". Abraham setzt im Blick (*nbṭ* Hifil) auf den gestirnten Himmel und die Verheißung künftiger Nachkommenschaft sein Vertrauen auf Gott; das Volk vertraut erst, nachdem es die Vernichtung der Feinde als Erweis der Macht Gottes „gesehen hat" (*r'h*), also im Rückblick auf seine Rettung. Ferner fragt Abraham erst nach einem Zeichen (Gen 15,8: „Woran kann ich erkennen, dass ich [das Land] zu

---

15 Ska: *Passage*, 144 f., verweist auf die Verbfolge in 14,10 angesichts der Ankunft Pharaos einerseits und in 14,31 bei der Rettung YHWHs andererseits: „De part et d'autre, on retrouve le même enchaînement: action – regard – crainte – réaction. Les différences verbales pour décrire ce ‚regard' sont sans doute significative: d'un côté un regard de surprise, de l'autre une long contemplation. L'effet final est totalement oppose. La ‚vue' de Pharaon provoque un cri de détresse, alors que la ‚vue' du salut accompli par Dieu débouche sur la confiance. Mais il y a plus. Cette confiance est une victoire sur la détresse, après que Dieu en ait supprimé la cause. Dieu a non seulement convaincu Israël, il a changé son attitude intérieure." (145).
16 Vgl. 1 Sam 12,16–18, wo YHWH auf Bitten Samuels hin ein Wunder wirkt und „das ganze Volk YHWH und Samuel fürchtete" (*wayyîr'ā*) (V.18) – Ska, Jean-Louis: *Exode xiv contient-il un récit de guerre saint de style deutéronomistique?*, in: VT 33 (1983), 454–467, hier 457 f.
17 Der Titel ist hier vor dem Hintergrund des Knechtsdienstes der versklavten Israeliten zu sehen, der von 1,13 bis 14,5 besteht, wo „Pharao und seine Knechte" bedauern, Israel aus „seinem Knechtsdienst" entlassen zu haben, ja letztlich sogar bis 14,12, wo die Israeliten wünschen, lieber im „Knechtsdienst" Ägyptens zu stehen als zu sterben.
18 Vgl. die Rede König Joschafats von Juda im Krieg gegen die Moabiter und Edomiter, in der er Jes 7,9b ins Positive wendet, ergänzt und das Zitat dann in einem parallelen Satz erklärt: „Vertraut auf YHWH, euren Gott (*ha‘amînû bYHWH 'elohêkæm*), dann werdet ihr bestehen! Vertraut auf seine Propheten (*ha‘amînû binbî'âw*), dann werdet ihr Erfolg haben!" (2 Chr 20,20).
19 Nach Rudnig-Zelt: *Glaube*, fasse Ex 14,31 zusammen, wie die „Verbindung von Glauben und Urteilen im Idealfall aussieht" (356). Diese Harmonie werde aber auf zweierlei Weise kritisiert. Erstens stellten Texte wie Gen 15,6 in Frage, „dass das Sehen eines Wunders überhaupt einen Einfluß auf Glauben oder Unglauben hat" (357) – vgl. dazu unten. Zweitens versuchten jüngere Texte „die Bedeutung des menschlichen Urteilsvermögens für den Glauben einzuschränken" – Glauben sei die „angemessene Haltung des Menschen vor Gott", für die Gott „nicht mit Großtaten werben muß" (358).

eigen bekomme?"), nachdem sein Vertrauen konstatiert worden war (V. 6). Dagegen machen die Israeliten zuerst eine Gotteserfahrung, auf die sich dann ihr Glaube gründen kann. Ähnlich steht es schließlich auch mit der Gottesfurcht. Sie wird bei Abraham allerdings nicht in Gen 15, sondern erst Gen 22,12 thematisiert: „Denn jetzt weiß ich [der Engel YHWHs], dass du gottesfürchtig (*y^erē' ^x^elohîm*) bist, weil du mir deinen Sohn, deinen einzigen, nicht vorenthalten hast." Diese Bereitschaft Abrahams, seinen Sohn Isaak preiszugeben, deutet später Hebr 11,17 als Ausdruck des Glaubens. Wie dieses Vertrauen in Gen 15,6 der Einlösung der Verheißungen Gottes vorausgeht, so in Gen 22 seinem Eingreifen.[20] „Während das Volk nach Ex 4,31 und 14,31 trotz der wunderbaren Rettung immer wieder sein Vertrauen verliert, hält Abraham am Vertrauen auf Gott fest. Das zeigt sich vor allem in der Hingabe seines Sohnes (Gen 22). [...] Er steht für die kontrafaktischen Möglichkeiten der Adressaten. Dieses Profil von Gen 15,6 kommt erst zur Geltung, wenn man Ex 14,31 (und 4,31) kennt."[21]

Mose ist nicht nur die Schlüsselperson bei der Befreiung Israels aus Ägypten, sondern auch der Vermittler der Gesetzgebung am Sinai. Wie beim Auszug geht es auch bei der Offenbarung am Gottesberg um ein Gründungsgeschehen, um das Fundament des Verhältnisses von YHWH und Israel. Es ist gefährdet, weil es über Mose als Mittler läuft. Deshalb muss das Volk auch ihm trauen können. Während Israel am Ufer des Meeres als Augenzeuge „sah, wie YHWH mit mächtiger Hand an Ägypten gehandelt hatte" (14,31), soll es nun „hören" (19,9), Ohrenzeuge des Zwiegesprächs Gottes mit Mose werden. Mit ihm erbringt Gott den sinnenfälligen Beweis

---

20 Wenn „Glauben ['*mn* Hifil] hieße, von der Grundhaltung her für Gott offen zu bleiben" (Rudnig-Zelt: *Glaube*, 347), dann trifft dies zweifellos auch für auch für Abraham in Gen 22 zu, der im Vertrauen darauf gehorcht, „dass Gottes Güte sich letztlich durchsetzt und Gott selbst jeden Befehl zurücknimmt, der ihr widerspricht" (345) – was 22,5 und 8 ja bereits andeuten (335f.). Gewiss handelt es sich in Gen 22 um eine Extremsituation. Doch gilt Ähnliches auch von den theologischen Belegen mit '*mn* Hifil. Außerdem steht hinter ihnen nicht bloß die Gefahr einer „Verflüchtigung der Gottesbeziehung unter dem Druck alltäglicher irdischer Verhältnisse" (gegen 347). Sie trifft z. B. für Ex 14,31 nicht zu.

21 Köckert: *Gen 15*, 45. Dieser „Unterschied der Konzeption und Akzentsetzung" (Lohfink, Norbert: *Israels Unglaube in Kadesch-Barnea (Dtn 1,32) und die Enneateuchhypothese*, in: Aletti, Jean-Noël/Ska, Jean Louis (Ed.): *Biblical Exegesis in Progress. Old and New Testament Essays* [= AnBib 176]. Roma: Pontificio Istituto Biblico 2009, 33–65, hier 56) macht Gen 15,6 aber noch nicht zur „Kritik eines Glaubens als Antwort auf Jahwes Wunder oder mächtige Geschichtstaten" – gegen Rudnig-Zelt: *Glaube*, 127. Ebenso wenig „zeigt [Gen 15,6] eindrücklich, daß wahrer Glaube keine Wunder braucht" (gegen 357). Dann hätte Gott selbst in Ex 4 durch seine Ermächtigung Moses, Beglaubigungszeichen zu wirken, und durch das Meerwunder in Ex 14 dieser Auffassung zuwider gehandelt. Das „Modell von Ex 14,31" wird also nicht „wegen der großen Bedeutung des menschlichen Urteils kritisiert" (gegen 358).

für die Mittlerschaft Moses. Deshalb soll das Volk „auf Mose vertrauen", und zwar „für immer".

Mit der Ankunft am Sinai ist die Herausführung aus Ägypten abgeschlossen.[22] Jetzt steigt Mose zu Gott hinauf und Gott ruft ihm vom Berg her so zu (19,3) wie zuvor aus dem Dornbusch (3,4). Die Gottesrede verweist darauf, wie Gott die Israeliten aus Ägypten zu diesem Ort gebracht hat (19,4), und umschreibt dann, was ihre Identität ausmacht: „Eigentumsvolk" YHWHs, „ein Königreich von Priestern" und „ein heiliges Staatsvolk" zu sein – vorausgesetzt, sie hören auf die Stimme Gottes und bewahren seinen Bund (V. 5 – 6).[23] Wenn sich Mose mit dieser Botschaft zunächst an die Ältesten wendet (V. 7), erinnert dies wieder an die Ausgangssituation bei der Berufung Moses in Ex 3 – 4. Anschließend erklärt das ganze Volk einmütig seine Bereitschaft zum Gehorsam und Mose überbringt Gott diese Worte (19,8). Dadurch „tritt seine Funktion als Offenbarungsmittler schon klar in den Vordergrund"[24]. Hat die Antwort des Volkes seinen Glauben an YHWH eingeschlossen, so fügt die folgende Gottesrede ausdrücklich noch das Vertrauen auf Mose hinzu:

---

22 Zum Folgenden vgl. Dohmen, Christoph: *Exodus 19 – 40* (= HThKAT). Freiburg im Breisgau: Herder 2004, 54 – 65 und 128 – 131.
23 Vgl. z. B. Graupner, Axel: *„Ihr sollt mir ein Königreich von Priestern und ein heiliges Volk sein".* *Erwägungen zur Funktion von* Ex 19,3b-8, in: Graupner, Axel/Wolter, Michael (Hgg), *Moses in Biblical and Extra-Biblical Traditions* (= BZAW 372). Berlin/New York: W. de Gruyter 2007, 33 – 49, hier 43: „*mamlœkœt kohānîm* ist als genitivus subjectivus zu verstehen und bedeutet ‚ein Königreich, das von Priestern regiert wird'. Zusammen mit der Bestimmung Israels zu einem *gôj qādôš* ‚heiligen Volk' bildet er ein Verfassungsprogramm, das die Israel verheißene Sonderstellung innerhalb der Völkerwelt als JHWHs ‚Eigentum' konstitutionell konkretisiert." Nach Lohfink, Norbert: *Der Begriff des Gottesreichs vom Alten Testament her gesehen*, in: Ders., *Studien zum Pentateuch* (= SBAB 4). Stuttgart: Kath. Bibelwerk 1988, 152 – 205, hier 192 Anm. 102, wird in Ex 19,3b-8 entweder „Israels priesterlich-königlich-heilige Position gegenüber den anderen Völkern (*mamleket kôhªnîm* und *gôj qādôš* in synonymen Parallelismus, der Gesamtheit der Völker von *kol hā'āreṣ* gegenübergestellt) oder die Struktur der nachexilischen Gesellschaft definiert (sie besteht aus einer priesterlichen Führungselite und einem Volk heiliger Untertanen, ist also erstens strukturiert, zweitens dennoch königlos, drittens anderen Völkern gegenüber insgesamt in sakraler Position)." Während Lohfink im Anschluss an W. L. Moran für die zweite Möglichkeit eintrat, argumentiert z. B. Barbiero, Gianni: *mamlœkœt kohānîm (Ex 19,6a): Die Priester an die Macht?*, in: Ders., *Studien zu alttestamentlichen Texten* (= SBAB 34). Stuttgart: Kath. Bibelwerk 2002, 11 – 27, zugunsten der ersten Möglichkeit. Nach Steins, Georg: *Priesterherrschaft, Volk von Priestern oder was sonst? Zur Interpretation von* Ex 19,6, in: Ders., *Kanonisch-intertextuelle Studien*, 191 – 207, hier 207, besteht das „Priesterliche" „in der Realisierung der Nähe Gottes, wie es auch Ex 24,3 – 11 in einmalig dichten Vorstellungen zum Ausdruck bringt. Israel ist ein ‚Königreich von Priestern' im Hören auf die Stimme Gottes. Von Israel eigentlich gefordert ist das ‚Hören', das zu neuem Tun führt [...] Ex 19,6 ‚demokratisiert' die Vorstellung, die ursprünglich mit dem professionellen Priestertum verbunden ist: die Vermittlung der Tora. Als Täter der Tora – dank der gnädigen Initiative Gottes – wird Israel zum Exempel für die Völker."
24 Dohmen: *Exodus 19 – 40*, 65.

¹⁹'⁹ YHWH sagte zu Mose: Sieh, ich komme zu dir im Wolkendickicht, damit das Volk hört, wenn ich mit dir rede, und auch auf dich für immer vertraut (*bᵉkā yaᵃmînû*).

Diese Unterredung findet im Rahmen der Gotteserscheinung am Sinai statt. Inmitten der schreckenerregenden Phänomene dieser Theophanie nimmt das Volk wahr, dass Gott spricht, und erbittet die Vermittlung Moses (20,18–19). In diesem Verlangen „lässt das Volk die Bewährung seiner Gottesfurcht[25] erkennen, weil es selbst gerade das einfordert bzw. annimmt, was Gott vorgegeben hat (vgl. 19,9.19)."[26] Für das Programm „Vertrauen auf Mose" aber ist er „zur theologischen Symbolfigur geworden [...]. Mose steht von nun an metonymisch für Tora. Vertrauen auf Mose bedeutet Vertrauen auf Tora."[27]

Der Bericht der Kundschafter und das Wasser aus dem Felsen (Numeri 14 und 20)

Was aus dem Vertrauen auf Gott und Mose wurde, zeigt sich nach dem Aufbruch vom Sinai. Die weiteren Belege von *'mn* Hifil im Pentateuch sprechen nur mehr vom Widerstand, Gott zu vertrauen, bzw. von Unglauben. Sie verdeutlichen das Versagen der politischen wie religiösen Führer und des Volkes auf dem Zug durch die Wüste. Sie begründen, warum die Exodus-Generation das Verheißungsland nicht betreten durfte. Die dafür entscheidende Station ist die Oase Kadesch in der Wüste (Num 13,26) bzw. Kadesch-Barnea an der Grenze zum Land (Dtn 1,19; 9,23).

Num 13–14[28] erzählt, dass Mose auf Gottes Befehl hin von hier aus zwölf Stammeshäupter zur Erkundung des Landes Kanaan aussendet. Nach ihrer Rück-

---

25 Ex 20,20, vgl. 14,31
26 Dohmen: *Exodus 19–40*, 130.
27 Oswald, Wolfgang: *Israel am Gottesberg. Eine Untersuchung zur Literargeschichte der vorderen Sinaiperikope* Ex 19–24 un*d deren historischem Hintergrund* (= OBO 159). Freiburg Schweiz: Universitätsverlag/Göttingen: Vandenhoeck & Ruprecht 1998, 230.
28 Der für die „Glaubensthematik" entscheidende Satz Num 14,11ba ist nach Aurelius, Erik: *Der Fürbitter Israels. Eine Studie zum Mosebild im Alten Testament* (= CB 27). Stockholm: Almquist & Wiksell International 1988, 130–141, vor allem 131–133, Teil des literarisch einheitlichen (vielleicht später aufgefüllten) Abschnitts 14,11–25, ein nachexilischer Einschub, der aus einem älteren Text entwickelt wurde. Artus, Olivier: *Etudes sur le livre des Nombres. Récit, Histoire et Loi en Nb 1,1–20,13* (= OBO 157). Freiburg Schweiz: Universitätsverlag/Göttingen: Vandenhoeck & Ruprecht 1997, 133–146, schreibt 14,11b–23a einer nachdeuteronomistischen Redaktion zu, die eine ältere Erzählung mit den Parallelen in Deuteronomium und Josua harmonisiere (145f.). Dagegen gehört 14,11ba nach Seebass, Horst: *Numeri. 2. Teilband Numeri 10,11–22,1* (= BKAT IV/2). Neukirchen-Vluyn: Neukirchener Verlag 2003, 94–96, zu einer unvollständigen Schicht, die älter als die Pries-

kehr fordert nur Kaleb das Volk auf, in das Land, „wo Milch und Honig fließen" (Num 13,27), hinaufzuziehen und es in Besitz zu nehmen (13,30). Die übrigen verbreiten das Gerücht: „Das Land frisst seine Bewohner" (13,32). Auf diese „Verleumdung des Landes" hin schreit und weint das Volk die ganze Nacht, murrt gegen Mose und Aaron, unterstellt der Führung Gottes Vernichtungsabsichten, will Mose absetzen und nach Ägypten zurückkehren (14,1–4). Angesichts des Aufruhrs werfen sich Mose und Aaron auf ihr Angesicht nieder (V. 5). Die beiden Kundschafter Josua und Kaleb aber versuchen, die Israeliten zu ermutigen: Gott werde ihnen beistehen und sie in das herrliche Land bringen. Sie sollten sich nicht gegen ihn empören und die Bewohner des Landes nicht fürchten (V. 6–9). Als die Gemeinde sie daraufhin steinigen will, erscheint allen die rettend-richtende Herrlichkeit Gottes am Offenbarungszelt (V. 10). Vom anschließenden Gespräch zwischen Gott und Mose erfährt das Volk allerdings nichts.

> [14,11] Und YHWH sprach zu Mose: Wie lange noch will mich dieses Volk verachten, und wie lange noch will es nicht auf mich vertrauen (*lo' ya'mînû bî*) trotz all der Zeichen, die ich in seiner Mitte getan habe?

Die Kundschaftererzählung mit der Verweigerung der Landnahme „interpretiert" also „die Sünde des Volkes: Unglaube trotz vieler Zeichen."[29] In ihr gipfelt eine lange Geschichte von andauerndem, vielfachem Fehlen von Vertrauen (vgl. V. 22), wie das durative bzw. iterative Imperfekt der hebräischen Verbform zeigt.[30] Auch das in der anschließenden Erzählung (V. 27) parallel zu 14,11 zweimal erwähnte „Murren" (*mallînîm*) der Israeliten gegen Gott verweist als Partizip auf ein ständiges Aufbegehren. Der Blick richtet sich somit nicht auf künftige Landnahme, sondern wendet

---

terschrift und von Dtn 1 benutzt worden sei. Für Schmidt, Ludwig: *Das vierte Buch Mose Numeri 10,11–36,13* (= ATD 7/2). Göttingen: Vandenhoeck & Ruprecht 2004, 46 f., verbindet die Pentateuchredaktion in 14,11–25 deuteronomistische und priesterliche Elemente, wobei 14,11a.21a*.23aα.24 als Grundbestand aus der jahwistischen Kundschaftergeschichte stammten.

29 Lohfink, Norbert: *Darstellungskunst und Theologie in* Dtn 1,6–3,29, in: Ders., *Studien zum Deuteronomium und zur deuteronomistischen Literatur I* (= SBAB 8). Stuttgart: Kath. Bibelwerk 1990, 15–44, hier 27.

30 Angesichts der aus mangelndem Vertrauen erfolgten Weigerung des Volkes, ins Land zu ziehen, lässt sich nicht behaupten, in Texten mit dem Begriff *'mn* Hifil habe das Tun „nur untergeordnete Bedeutung". Isoliert man Num 14,11 nicht von seinem Kontext, dann trifft Rudnig-Zelts Feststellung gewiss nicht zu, „in den entsprechenden Schuldaufweisen wird allein Unglaube kritisiert, keine Taten, die aus ihm hervorgehen" (*Glaube*, 303). Natürlich folgt die Strafe nicht auf „Toraverstöße". Trotzdem wird hier nicht „angenommen, wer nicht glaube oder an Gottes Leitung zweifle, verletze allein dadurch [sic] die Gottheit Gottes (Num 14,11; 20,12) und ziehe Gottes tödlichen Zorn auf sich." (353). Unglaube bzw. Zweifel äußern sich in Worten und Taten, ehe Gott sein Gerichtsurteil darüber spricht.

sich zurück, beginnend mit dem Auszug aus Ägypten[31] und bis hierher auf der Wüstenwanderung, insbesondere geht er zurück zur Sinaioffenbarung. Die erfahrenen „Wunderzeichen", Gottes Machttaten in Ägypten und in der Wüste, die Israel zum Vertrauen auf Gott hätten bewegen können, begründen jetzt die Strafe. Es wiederholt sich die Situation beim Abfall zum goldenen Kalb am Gottesberg, der Ursünde Israels (vgl. Ex 32,10–14; Dtn 9,12–14.26–29).[32] Gottes „Wie lange noch" (Num 14,11) zeigt, dass seine Langmut ihre Grenze erreicht hat: Er möchte das Volk durch eine Epidemie ausrotten und Mose zu einem größeren und mächtigeren Volk machen (V. 12). Wie am Sinai ist es nur der Fürbitte Moses zu danken, dass Gott vergibt (V. 13–20). „Dadurch wirken die nun folgenden göttlichen Strafverfügungen wie Gnadenerweise: denn sie stehen vor dem Hintergrund der ersten göttlichen Absicht, das Volk ganz zu vernichten."[33] Alle Männer, die Gottes Herrlichkeit und Zeichen seit Ägypten gesehen, aber „auf seine Stimme nicht gehört" und „ihn verachtet haben", werden zur Strafe in der Wüste umherziehen müssen und das gelobte Land nicht sehen (V. 22–23).

Die Erzählung in Num 20,1–13[34] über das Wasser aus dem Felsen und den Unglauben der religiösen Volksführer spielt in Kadesch. Es liegt allerdings nicht wie das Kadesch von Num 13–14 in der Wüste Paran (13,26), sondern in der Wüste Zin.

---

31 Vgl. Ska: *Passage*, 169 f.: „Comme en Ex 14 l'histoire se termine par une opposition entre vie et mort. Cette fois encore, la vie est l'apanage de ceux qui ont accepté d'aller de l'avant et la mort est réservée à ceux qui reculent devant le péril. La frontière, cependant, ne passe plus entre deux peuples, comme en Ex 14, mais à l'intérieur du peuple" (170).

32 Zum Vergleich von Ex 32,7–14; Dtn 9,12–14.26–29 und Num 14,11–25 vgl. Sénéchal, Vincent: *Quel horizon d'écriture pour Nb 14,11–25? Essai de sondage des soubassements de cette péricope*, in: Römer, Thomas: (Ed.), *The Books of Leviticus and Numbers* (= BEThL CCXV). Leuven: Peeters 2008, 609–629, hier 614–626. Von den drei Mosefürbitten hält Sénéchal die in Num 14,11b–23a für die jüngste (626 f.).

33 Lohfink: *Darstellungskunst*, 27.

34 Die Grunderzählung mit V.12 wird gewöhnlich der priesterlichen Geschichtserzählung zugerechnet – vgl. z. B. Ska, Jean-Louis: *Le récit sacerdotale: Une „histoire sans fin"?*, in: Römer: *Leviticus and Numbers*, 631–653, hier 650–652; ferner Specht, Herbert: *Die Verfehlung Moses und Aarons in Num 20,1–13*P, in: Frevel, Christian/Pola, Thomas/Schart, Aaron (Hgg.): *Torah and the Book of Numbers* (= FAT 2/62), Tübingen: Mohr Siebeck 2013, 273–313. Frevel, Christian: *Mit Blick auf das Land die Schöpfung erinnern. Zum Ende der Priestergrundschrift* (= HBS 23), Freiburg im Breisgau: Herder 2000, 328–330, hat zwar zehn Gründe gegen die Zugehörigkeit von V.12 zum Grundtext formuliert und den Vers einer Pentateuchredaktion zugeschrieben. Seine Argumente werden jedoch von Seebass: *Numeri*, 275–277, und Specht: *Verfehlung*, 276–283, widerlegt. Nach Nihan, Christoph: *La mort de Moïse (Nm 20,1–13; 20,22–29; 27,12–23) et l'édition finale du livre des Nombres*, in: Römer, Thomas/Schmid, Konrad (Ed.): *Les dernières rédactions du Pentateuque, de l'Hexateuque et de l'Ennéateuque* (= BEThL CCIII), Leuven: Peeters 2007, 145–182, hier 155–168, gehört Num 20,1–13 zu einer nachpriesterlichen theokratischen Redaktion, die Moses Mittlerschaft kritisiert.

Dass Mirjam „dort" kurz vor dem Ende der 40-jährigen Wüstenzeit stirbt und begraben wird (V. 1), deutet an, dass die Generation des Auszugs, die ihr Vertrauen auf Gott aufgegeben hatte, weithin ausgestorben war und die nächste Generation vor dem Einzug ins Land steht (vgl. 14,29.33.35). Als es an Wasser mangelt, rottet sich das Volk zusammen und hadert mit Mose und Aaron. Seine Äußerungen reichen vom Todeswunsch bis zu bösartigen Vorwürfen (20,2–5). Mose und Aaron werfen sich vor dem Offenbarungszelt auf ihr Gesicht nieder und die Herrlichkeit Gottes erscheint ihnen (V. 6), „implizit eine Warnung an Mose und Aaron vor einer möglichen Verfehlung"[35]. Gott beauftragt die beiden, vor der Gemeinde durch ihr Wort Wasser aus dem Felsen kommen zu lassen (V. 8). Sie rufen zwar die Versammlung vor dem Felsen zusammen, handeln aber anders. Mose wendet sich aufgebracht an die Israeliten:

> [20,10] Hört, ihr Widerspenstigen (*hammorîm*), können wir euch wohl aus diesem Felsen Wasser herauskommen lassen? [11] Und Mose erhob seine Hand und schlug den Felsen zweimal mit seinem Stab. Da kam viel Wasser heraus, und die Gemeinde und ihr Vieh konnten trinken. [12] YHWH aber sprach zu Mose und Aaron: Weil ihr mir nicht vertraut habt (*lo' hæˀᵉmantæm bî*), um mich vor den Augen der Israeliten zu heiligen, darum werdet ihr diese Versammlung nicht in das Land hineinführen, das ich ihnen gegeben habe.

Die ironische Frage Moses unterstellt, dass man von ihm und Aaron ein Wasserwunder erwarte. Gottes Zusage bleibt dabei unerwähnt, wodurch eine Deutung auf den Geber des Wassers unmöglich wird. Mose reckt seine Hand empor und schlägt ohne Anweisung Gottes zweimal mit seinem Stab an den Felsen. Trotzdem geschieht das Wunder und strömt das Wasser. Das Volk bemerkt nicht, dass sich seine Führer verfehlten, und kann nicht erkennen, dass es Gott war, der den Wassermangel beseitig hat. Deshalb hält Gott Mose und Aaron – offenbar nicht in Gegenwart der Israeliten – ihren Unglauben vor. Nach V. 24 „widersetzten sie sich" (*mᵉrîtæm*) dem Befehl Gottes. Jedenfalls verhinderten sie, „dass sich Jahwe den Israeliten mit dem Wunder als ihr Gott erwies", haben also versäumt, „ihn vor den Augen der Israeliten zu heiligen".[36] Sie haben ihre Legitimation verloren und „können dem Volk nicht mehr vermitteln, dass sie in ein Land kommen, ‚das ich [YHWH] ihnen gegeben habe'".[37] Sie werden daher ihre Führungsaufgabe nicht mehr beenden (V. 13)[38]. Das

---

35 Specht: *Verfehlung*, 280.
36 Schmidt: *Numeri*, 93.
37 Specht: *Verfehlung*, 310.
38 Vgl. dazu Seebass: *Numeri*, 282 f.

heißt indirekt: sie werden außerhalb des Landes sterben. Die Sanktion gleicht also letztlich dem Strafurteil über die Auszugsgeneration (vgl. 14,30).[39]

Worin das entscheidende Vergehen Moses und Aarons bestand, in dem sich ihr Unglaube ausdrückte, ist diskutiert.[40] Müssen die Worte Moses, die er in beider Namen („wir") spricht (V. 10), als die Sünde betrachtet werden (vgl. 27,14)?[41] Oder besteht sie im Emporrecken seiner Hand?[42] Diese Geste fehlt in der Parallelerzählung Ex 17,1–7. Sie signalisiert nach 15,30–31, dass Gott bewusst und freiwillig gelästert, sein Wort verachtet, sein Gebot gebrochen wird. Wer etwas mit „erhobener Hand tut", soll deshalb aus seinem Volk getilgt werden. Dennoch bleibt die entscheidende Kennzeichnung der Sünde der Mittler Israels zu Gott „Unglaube, mangelndes Vertrauen auf die Wunderkraft und den Hilfswillen Jahwes, [...] Versagen angesichts der Aufgabe, Jahwe vor seinem Volk als den Heiligen zu behandeln."[43]

---

39 Zum Zusammenhang zwischen der Sünde des Volkes und der Sünde von Mose und Aaron vgl. Artus: *Etudes*, 238. Weitere Bezüge zwischen den priesterschriftlichen Texten in Ex 14*, Num 13–14* und 20,1–13* beschreibt z.B. Boorer, Susanne: *The Vision of the Priestly Narrative. Its Genre and Hermeneutics of Time* (= Ancient Israel and Its Literature 27), Atlanta/GA: SBL 2016, 167–169.
40 Zur Diskussion vgl. Burnside, Jonathan P.: *Why Was Moses Banned From the Promised Land? A Radical Retelling of The Rebellions of Moses (Num 20:2–13 and Exod 2:11–15)*, in: ZABR 22 (2017), 111–160. Nach Frevel: *Blick*, 332, habe erst ein Redaktor durch Num 20,12 – zusammen mit V.8 – eine Begründung für die Tatsache in den Text eingetragen, „dass Mose und Aaron nicht ins Land kamen, obwohl sie sich persönlich *nicht* verfehlt hatten." Auch Rudnig-Zelt: *Glaube*, 337, plädiert für Unschuld. Glaube werde ja meistens als eine Haltung dargestellt, ohne dass gesagt werden müsse, an welchen Taten man sie erkenne. „In Num 20,12 geht das so weit, daß im Text gar kein Verschulden Moses und Aarons ersichtlich ist, mit dem sie das Urteil ‚ungläubig' verdient haben könnten." Die Schuld werde in den Text hineingelesen – in Num 20,1–11 durch den Zusatz von V.12 (337 Anm. 277). Methodisch ist aber auch ein Zusatz in seinem unmittelbaren Kontext und in Endtextlogik zu interpretieren. Weil die Sinaioffenbarung nicht zum nächsten Zusammenhang gehört, geht es auch nicht um „die Tendenz, die Gesetzesobservanz der Akteure auszublenden", wodurch sich in Num 20,12 „ein *sola fide*" abzeichne (gegen 353).
41 So z.B. Lohfink, Norbert: *Die Ursünden in der priesterlichen Geschichtserzählung*, in: Ders., *Studien zum Pentateuch* (= SBAB 4). Stuttgart: Kath. Bibelwerk 1988, 169–189, hier 187 Anm. 58.
42 Vgl. Sonnet, Jean-Pierre: *Nm 20,11: Moïse en flagrant délit de „main levée"?*, in: Römer: *Leviticus and Numbers*, 535–543.
43 Lohfink: *Ursünden*, 188.

Der verweigerte Einzug ins Land (Deuteronomium 1 und 9)

Mose erinnert zu Beginn seiner Abschiedsrede im Moabiterland an die Kadesch-Sünde Israels (Num 14). Die Oase heißt im Deuteronomium (außer 1,46) Kadesch-Barnea und liegt nicht in der Wüste, sondern an der Kulturlandgrenze zum „Bergland der Amoriter" (Dtn 1,19 – 20). Mit dem Blick auf die Inbesitznahme dieses versprochenen Landes resümiert Mose in 1,21 – 46 die Geschehnisse rund um die Aussendung der Kundschafter „als ersten Akt einer langen Geschichte [...]. Hier geschieht eine Ursünde, die schon das bittere Ende von 2 Kö vorwegnimmt."[44] Dabei strafft er nicht nur die Ereignisse, sondern erzählt sie auch anders als in Numeri. Begonnen hatte alles damit, dass die Israeliten dem Gottesbefehl zur Inbesitznahme des Landes (1,8, von Mose zitiert in V. 21) nicht folgen, sondern trotz der Mahnung Moses „fürchtet euch nicht" die Aussendung von Kundschaftern verlangt hatten. Trotz deren Botschaft von einem prächtigen Land (V. 26) lehnte das Volk es nun offen ab, hinaufzuziehen, und diffamierte deshalb YHWH: „Weil er uns hasst, hat er uns aus Ägypten geführt. Er will uns in die Hand der Amoriter geben, um uns zu beseitigen." (V. 27). Diesem Anti-Credo und der Angst vor den Bewohnern des Landes (V. 28) widersprachen dann nicht Josua und Kaleb wie in Num 14,7 – 9, sondern Mose selbst. In den V. 29 – 31[45] widerlegte Mose beide Argumente. Wie am Meer (Ex 14,13 – 14) rief er die Israeliten zur Furchtlosigkeit auf, weil Gott für sie kämpfen werde (Dtn 1,29 – 30). Mit der „Auszugserzählung (Ex 14,25) im Hintergrund darf Mose sogar hoffen: Wenn Israel seinen Widerstand aufgibt und Gott sein

---

44 Lohfink: *Darstellungskunst*, 28.
45 Zur Literarkritik der Moserede in 1,29 – 33: Gomes de Araújo, Reginaldo: *Theologie der Wüste im Deuteronomium* (= ÖBS 17). Frankfurt am Main: Peter Lang Verlag, 79 – 81, hält V. 31a.33 für sekundär, ähnlich (in V.31a aber nur „und in der Wüste") Veijola, Timo: *Das fünfte Buch Mose Deuteronomium. Kapitel 1,1 – 16,17* (= ATD 8,1). Göttingen: Vandenhoeck & Ruprecht 2004, 33, und Rudnig-Zelt: *Glaube*, 157. Perlitt, Lothar: *Deuteronomium 1. Teilband Deuteronomium 1 – 6** (= BKAT V/1). Neukirchen-Vluyn: Neukirchener Verlag 2013, 105 – 114 passim, sieht in 1,28 – 32 eine nachgetragene kleine Szene, die Dtn 1 theologisch vertiefe, und in V.33 eine Auffüllung zum Motiv Führung in der Wüste. Nach Otto, Eckart: *Deuteronomium 1 – 11. Erster Teilband: 1,1 – 4,43* (= HThKAT), Freiburg im Breisgau: Herder 2012, 379 – 381, sind 1,28b-33 Teil einer nachexilischen, postdeuteronomistischen und post-priesterschriftlichen Fortschreibung, durch die die Erzählung 1,19 – 46 in den Pentateuch integriert wurde. Wenn Rudnig-Zelt: *Glaube*, 206f., „die Reflexion über den Unglauben und seine Wurzeln" (207) in „Dtn 1*" charakterisiert, die es nahelegte, „dafür ein eigenes Wort zu prägen, eben ein negiertes *'mn* Hifil" (109), dann gelten ihre Beobachtungen nur im Kontext ihres literarkritisch rekonstruierten und nachpriesterschriftlichen Grundbestands (vgl. 173). Die Konnotationen des Unglaubens ändern sich, wenn die Aussage im Zusammenhang des Endtextes gelesen wird.

Werk vollbringen lassen würde, müssten auch die Amoriter wie die Ägypter am Ende bekennen, JHWH habe für sie gekämpft."[46] Ferner habe Gott Israel die gleiche Fürsorge wie in Ägypten auch in der Wüste erwiesen, wo er das Volk wie ein Vater sein Kind auf dem ganzen Weg bis zu diesem Ort getragen habe (V. 31; vgl. Ex 19,4 und Dtn 8,2–5). Schließlich deutet Mose in Moab die einstige Weigerung, von Kadesch-Barnea aus ins Land hinaufzuziehen, folgendermaßen[47]:

> [1,32] Doch trotz dieses Wortes bliebt ihr solche, die nicht auf YHWH, euren Gott, vertrauten (*'ĕnkœm ma"mînim*), [33] der euch auf dem Weg vorangeht, um euch eine Stelle für das Lager zu suchen – im Feuer bei Nacht, um euch Sicht zu verschaffen auf dem Weg, auf dem ihr geht, und in der Wolke bei Tag.

Nach der hebräischen Syntax macht der partizipiale Zustandssatz dieser Verse[48] eine ergänzende Hintergrundaussage darüber, wie sich die Israeliten in Kadesch-Barnea gegenüber der damaligen Ermutigungsrede Moses (von ihm selbst zitiert in V. 29b-31)[49] verhielten. Sie trifft „auf einen schon zustande gekommenen und auch durch Moses Intervention jetzt nicht zu ändernden Zustand des Volkes [...] Der Unglaube hatte auch schon im Verhalten des Volkes in V. 26–28 gesteckt. Er blieb weiterhin bestehen, auch Moses ‚Wort' prallte an ihm ab."[50] Dieser Unglaube betrifft nur das Verhalten Israels seit der Rückkehr der Kundschafter, nicht die gesamte Wüstenwanderung oder einzelne Ereignisse in dieser Zeit. Während nämlich

---

46 Braulik, Georg: *Gott kämpft für Israel. Zur Intertextualität der Deuteronomistischen Landeroberungserzählung mit Exodus 1–14*, in: Ders., *Studien zu Buch und Sprache des Deuteronomiums* (= SBAB 63). Stuttgart: Kath. Bibelwerk 2017, 197–212, hier 203.
47 Zum Zitatende der in Kadesch-Barnea gehaltenen Moserede mit 1,31 und der Diskussion alternativer Möglichkeiten vgl. Lohfink: *Israels Unglaube*, 37–41.
48 Vgl. Lohfink: *Israels Unglaube*, 47–51.
49 Mit „dieses Wort" knüpft V.32 an die Redeeinleitung V.29a als letzter narrativer Vordergrundaussage an und überbrückt die Distanz im Sinn von „So sprach ich zu euch, wobei ihr ..." (Lohfink: *Israels Unglaube*, 48). Die Referenz der Wendung bezieht sich auf die Moserede in V.29-31 (46). Weil Rudnig-Zelt den syntaktischen Sachverhalt nicht beachtet, lässt sie den Leser die Wendung „*auf dieses Wort hin*" wie „*auf* / Jahwe, euren Gott" als ein Objekt zu *'mn* Hifil im Sinn von „an dieses Wort glaubet ihr nicht" ziehen. Daraus folgert sie dann: „Auf diese Weise wird unterstrichen, dass zwischen dem Fürwahrhalten der Moserede über Jahwes Taten und dem Glauben an Jahwe ein enger Zusammenhang besteht" (*Glaube*, 110). Diese Verwendungsweise von *'mn* Hifil verknüpfe zwei profane Redeweisen miteinander: Vertrauen auf Menschen und Vertrauen auf Behauptungen, um einen neuen theologischen Gebrauch zu schaffen. Deshalb gelte: „Wer eine Rede nicht für glaubhaft hält, die Jahwes gegenwärtiges und zukünftiges Handeln bezeugt, glaubt Jahwe selbst nicht." (111). Das hier implizierte positive Verständnis von Glauben auf die Rede Moses hin – „weil Gottes zukünftiges Handeln genauso aussieht wie sein vergangenes und erwartet werden kann" – werde in jüngeren Texten wie Gen 15,6 korrigiert (126).
50 Lohfink: *Israels Unglaube*, 49.

das Misstrauen Israels nach Num 14,11 generell sein Verhalten von Ägypten an bestimmt, wird es in Dtn 1,32 spezifisch mit Kadesch-Barnea verbunden.[51] Die Einmaligkeit des Unglaubens wird in 9,23, wo das Deuteronomium im Zusammenhang mit dem Abfall am Gottesberg Horeb die verschiedenen Sünden Israels in der Wüste aufzählt, nochmals bestätigt: Auch hier geht es nur um die Sünde in Kadesch-Barnea. Sie besteht zwar wie die Sünden in der „Wüste" (9,7 und 24, die die Ursünde mit dem gegossenen Kalb rahmen) in „Widerspenstigkeit" (*mrh* Hifil in 1,26; 9,23; vgl. Num 20,10 und 24). Doch wird sie nur in Kadesch-Barnea ausdrücklich auch als Unglauben charakterisiert. Genauer und mit dem Blick auf Gottes Äußerungen: Nach Dtn 1,32 mangelte den Israeliten angesichts der Verheißung (V. 21) das Vertrauen auf Gott (*'mn* Hifil *bYHWH*), obwohl er Tag und Nacht für Israel Kundschafterdienst in der Wüste leistete (V. 33). In dieser Entfaltung des über Gott Gesagten (V. 30–31) knüpfen die Bilder des nächtlichen Feuers und der Wolke untertags an die Meerwundererzählung an (vgl. Ex 13,21). Nach 9,23[52] hielten die Israeliten Gott angesichts seiner Anordnung zur Landnahme für nicht zuverlässig, also für unglaubwürdig (*lo' 'mn* Hifil *lYHWH*), und gehorchten ihm deshalb nicht[53]:

> [9,23] Als YHWH euch von Kadesch-Barnea aussandte mit dem Befehl: Zieht hinauf und nehmt das Land in Besitz, das ich euch gegeben habe!, da widersetztet ihr euch (*wattam*ᵉ*rû*) dem Befehl YHWHs, eures Gottes, und trautet ihm nicht (*wᵉlo' hœ*ᵛᵉ*mantœm lô*) und hörtet nicht auf seine Stimme.

„Wenn durch solche Vertrauensverweigerung alle Landverheißungen und Führungszusagen praktisch zu Lügen erklärt werden, wird Gott selbst zum Lügner."[54]

Zurück zu 1,32–33, also den Versen, die in der geschichtstheologischen Konstruktion des Deuteronomiums einen Wendepunkt markieren! Denn in Kadesch-Barnea hat der Unglaube für eine ganze Generation die Verheißung verspielt.[55] Anschließend erzählen die V. 34–40, dass Gott wie in Num 14 auf die Kadesch-Sünde

51 Lohfink: *Israels Unglaube*, 49, und Gomes de Araújo: *Wüste*, 71 f., gegen Perlitt: *Deuteronomium*, 111, der im Partizip einen „Ausdruck für wiederholte, andauernde Mißtrauensakte" sieht.
52 Zur Ergänzung der Erzählung über die Sünde am Horeb durch die Sündenaufzählungen in der Zwischenbemerkung Dtn 9,22–24 vgl. Lohfink, Norbert: *Deuteronomium 9,1–10,11 und Exodus 32–34. Zu Endtextstruktur, Intertextualität, Schichtung und Abhängigkeiten*, in: Ders., *Studien zum Deuteronomium und zur deuteronomistischen Literatur V* (= SBAB 38). Stuttgart: Kath. Bibelwerk 2005, 131–180, hier 165–167.
53 Die beiden Wendungen „jemandem nicht trauen" (*lo' 'mn* Hifil + *l*) und „nicht auf die Stimme hören" (*lo' šm' bqwl*) werden nur noch in Ex 4,1 (Mose) und Ps 106,24 (YHWHs Wort) miteinander verbunden. Bezugspunkt ist stets das verheißene Land.
54 Perlitt: *Deuteronomium*, 111.
55 Lohfink: *Israels Unglaube*, 34.

reagierte: Er schickte die Exodus-Generation, die ihm das Vertrauen versagte, zurück auf den Weg zum Roten Meer, damit sie in der Wüste sterbe (Dtn 1,40 wie Num 14,25). Mit diesem „Anti-Exodus"[56], der sich literarisch schon in Dtn 1,25–32 äußert, schließt sich der Kreis von Glauben und Unglauben, der einst mit dem Exodus aus Ägypten (Ex 14) begonnen hatte. Dieses dunkle Gegenbild ist theologisch deshalb so schwerwiegend, weil das Auszugswunder in der Mitte des israelitischen Bekenntnisses steht (vgl. Dtn 6,21–23; 26,5–9). So erweist sich das Volk schon zu Beginn der zu erzählenden Geschichte als unfähig, „das heilige Grundbild seines Glaubens nachzuvollziehen".[57] Bis zum Verlust des Landes wird sich daran nichts mehr ändern.

Der Gebrauch von 'mn Hifil als theologischer Maßstab „in solchen paradigmatischen Geschichtsbetrachtungen wie in Dtn 1"[58] spannt einen Bogen zum einzigen Beleg in der anschließenden Geschichtsdarstellung. Zusammen mit 1,32 bildet er sogar eine Art Motivrahmen um die Bücher Josua bis 2 Könige. Er steht in einem Urteil über das Verhalten Israels und Judas während der Königszeit[59] in 2 Kön 17,14:

> [14] Doch sie wollten nicht hören, sondern versteiften ihre Nacken, wie ihre Väter, die nicht auf YHWH, ihren Gott, vertrauten (*lo' hæ'ᵉmînû bYHWH 'ᵉlohêhæm*).

Die Israeliten versündigten sich durch Fremdgötterkult und Kultpraktiken gerade an dem Gott, der sie aus Ägypten, aus der Gewalt Pharaos heraufführte (2 Kön 17,7). An dem Gott, der Israel und Juda „durch alle seine Propheten, durch alle Seher" warnte und zur Umkehr rief, der sie zum Gehorsam gegenüber der Weisung ermahnte, die er den Vätern geboten und dem Volk durch „seine Knechte, die Propheten", verkündet hatte (V. 13). Die Väter, mit deren Halsstarrigkeit und Unglauben das Nord- und Südreich verglichen werden, sind am Horeb die Israeliten vor dem gegossenen Kalb und in Kadesch-Barnea bei der Landnahmeverweigerung. Somit stehen auch Nord- und Südreich während der gesamten Königszeit unter dem gleichen Verdikt wie das Volk in der Wüste. Der Aussagenzusammenhang zwischen Dtn 1,32 und 2 Kön 17,14 führt den Landverlust der Israeliten auf ihr fehlendes Vertrauen auf YHWH zurück.

In der Bewertung der Schuld der im Land lebenden Israeliten, die wie ihre Väter in der Frühzeit Gott nicht vertrauten, steht Ps 106 „auf einer theologischen

---

56 Vgl. dazu und zum Terminus „Anti-Exodus" Lohfink: *Darstellungskunst*, 28–30.
57 Lohfink: *Darstellungskunst*, 30.
58 Vgl. Perlitt: *Deuteronomium*, 111.
59 Vgl. Viviano, Pauline A.: *2 Kings 17: A Rhetorical and Form-Critical Analysis*, in: CBQ 49 (1987), 548–559.

Reflexionsstufe mit dem Urteil in 2 Kön 17,14".[60] Der Psalm bietet „eine Glaubens-geschichte unter negativem Vorzeichen [...]. Die Bedeutung, die dem Motiv als Deutungskategorie in Ps 106 zukommt, zeigt sich daran, dass der Psalm sämtliche Belege des Pentateuchs aufnimmt, wo der Glaube auf Gott als Objekt gerichtet ist."[61] In seinem Rückblick auf die Sündengeschichte der Vorfahren rekapituliert er zu-nächst die Widerspenstigkeit (V. 7 *mrh* Hifil) des Volkes und seine wunderbare „Rettung" und „Erlösung" durch Gottes Wunder am Meer: „Da glaubten sie an seine Worte (*wayya^{ʿe}mînû bidbārāw*) und sangen sein Lob" (V. 12). „Wie schon in Ex 4,31 und 14,31 ist Israels Glauben nicht Voraussetzung seiner Errettung, sondern dank-bare Antwort auf diese. Indem der Psalm in V. 12 Glauben als ‚glauben an seine (Jhwhs) Worte' entfaltet, bindet er den sehenden Glauben von Ex 14,31 ausdrücklich an das Sehen und Hören zurück, von dem Ex 4,30–31 im Zusammenhang mit der Verheißung 3,16–17 erzählt."[62] Im weiteren Verlauf des Sündenbekenntnisses er-innert Ps 106,24–25 an die Reaktion des Volkes auf den Bericht der Kundschafter. Die Verse sind ganz „mit Material aus dem offenkundig bereits vorliegenden Pen-tateuch gearbeitet"[63]: „Sie verschmähten das köstliche Land" (V. 24a) greift Num 14,31 auf; „sie trauten nicht seinem Wort (*loʾ hæ^{ʿe}mînû lidbārô*)" (V. 24b) bezieht das Vertrauen auf die vorausgehende Landverheißung Gottes und auf den Unglauben in Kadesch-Barnea. „Sie murrten in ihren Zelten, gehorchten nicht YHWHs Stimme" (V. 25) zitiert Dtn 1,27 und 9,23.[64]

---

60 Klein, Anja: *Geschichte und Gebet. Die Rezeption der biblischen Geschichte in den Psalmen des Alten Testaments* (= FAT 94), Tübingen: Mohr Siebeck 2014, 267.

61 Klein: *Geschichte*, 266f.

62 Köckert, Matthias: *„Rettung" und „Glaube" im Alten Testament*, in: du Toit, David S./Gerber, Christine/ Zimmermann, Christian (Ed.), *Sōtēria: Salvation in Early Christianity and Antiquity. Festschrift in Honour of Cilliers Breytenbach on Occasion of his 65th Birthday* (= NTS 175). Leiden: Brill 2019, 3–29, hier 14.

63 Köckert: *Rettung*, 19.

64 Weitere Reminiszenzen an den Pentateuch finden sich in der selbstkritischen Geschichtsrefle-xion von Ps 78. Das Volk beantwortet Gottes Wunder beim Spalten des Meeres in Ägypten und des Felsens in der Wüste, um es mit Wasser zu versorgen (V.12–16), mit Skepsis und Widerspenstigkeit (V.17 *mrh* Hifil). Deshalb entbrennt der Zorn Gottes, „weil sie nicht an Gott glaubten (*loʾ hæ^{ʿe}mînû bē^ʾlohîm*) und nicht auf seine Hilfe vertrauten (*bāṭ^eḥû*)" (V.22; zur Formulierung des Unglaubens des Volkes vgl. Num 14,11). „Das bedeutet einen fortgesetzten Zweifel an den Führungsfähigkeiten Gottes, keinen Verstoß gegen bestimmte Gesetzesforderungen." (Hossfeld, Frank-Lothar/Zenger, Erich: *Psalmen 51–100* (= HThKAT). Freiburg im Breisgau: Herder 2000, 435). Auch auf die Speisung mit Manna und Wachteln (vgl. Ex 16 und Num 11) folgt analog zu V.17 und 22: „Bei alledem sündigten sie weiter und glaubten nicht an seine Wunder (*loʾ hæ^{ʿe}mînû b^enipl^eʾôt*)." (V.32). Das heißt aber nicht: „Aus dem Glauben an Gott ist das Fürwahrhalten seiner Wunder geworden" – gegen Wildberger, Hans: *ʾmn fest, sicher*, in: ThHWAT I, 177–209, hier 193). Vielmehr konnte der Israel wunderbar er-haltende Gott bei all seinen Wundern Vertrauen erwarten (Hermisson/Lohse: *Glauben*, 37f.).

Exkurs: Ninive als Gegenbild zu Israel (Jona 3)

Israel hat nicht auf die zu ihm gesandten Propheten gehört. Es hat sich nicht bekehrt und nicht auf YHWH, seinen Gott, vertraut (2 Kön 17,14). Dagegen hat Ninive das alles getan, und zwar unter erschwerten Bedingungen. Deshalb bildet Ninive als „eine Stadt groß für Gott" (Jona 3,3) „zugleich eine Art Gegen- und Spiegelbild Jerusalems, [...] wodurch die hier erzählte Geschichte einen geradezu doppelbödigen Charakter erhält"[65]. Weil sie die Theologie der Tora aus späteren Erfahrungen bewusst bestätigt, behandle ich im Folgenden das Vertrauen der Niniviten.

Gott schickt Jona als Prophet nach Ninive, dieser aber verweigert sich zunächst seiner Sendung. Sein Fluchtversuch auf einem Schiff provoziert einen lebensbedrohenden Sturm, der ihn angesichts der Matrosen zum Bekenntnis zwingt:

> [1,9] Hebräer bin ich, und JHWH, den Gott des Himmels, fürchte ich (*ᵃnî yārē*), der das Meer und das Trockene gemacht hat.

Die Verbindung von „Meer" und „Trockenem" verweist nicht nur auf die Schöpfungserzählung (Gen 1,9–10), sondern auch auf das Meerwunder (Ex 14,16.22.29). Die Meerwundererzählung qualifiziert Israel in als Exodusgemeinschaft. Sein exklusives Verhältnis zu JHWH wird unter expliziter Zitation von Ex 14,31 auch auf Nicht-Israeliten übertragen.[66] Denn die Gottesfurcht Jonas überbietend „fürchteten die Männer eine große Furcht (*wayyîr'û yir'āh gᵉdôlāh*), (nämlich) YHWH" (1,16), den sie hinter dem Sturmwirken erkennen. Erst nach Verhinderung seiner Flucht und einem erneuten Auftrag ruft Jona der Weltstadt das Gericht zu: „Noch vierzig Tage und Ninive ist umgestürzt (*nœhpākœt*)!" (Jona 3,4). Das Verb „umstürzen, umwandeln, ändern" (*hpk*) ist mehrdeutig. Jona droht mit diesem „Wandlungsprozess" einen „Umsturz" als vollständige Zerstörung der Stadt an – eine Bestrafung wie einst bei Sodom und Gomorra (Gen 19,25 u. ö.). Zugleich aber deutet die „Umwandlung" auch den späteren Herzensumsturz der Niniviten an. Jonas Gerichtsansage enthält zwar weder eine Begründung noch eine Bedingung und scheint auch keinen Ausweg aus der Katastrophe offen zu lassen. Dass hinter dem Prophetenwort

---

65 Weimar, Peter: *Jona* (= HThKAT). Freiburg im Breisgau: Herder 2017, 89. Die Bezeichnung als „große Stadt" (noch in Jona 1,2; 3,2; 4,11) spielt auf Jer 22,8–9 an und bezieht sich dort auf Jerusalem, das wegen des Bundesbruchs und des Abfalls zu anderen Göttern dem Gericht verfallen war (89). Die Wendung „(groß) für Gott" (Jona 3,3) zeigt, „dass es sich in erster Linie nicht um eine Raum-, sondern um eine Beziehungsaussage" handelt, „die die Bedeutsamkeit Ninives für Gott angibt" (310).
66 Hensel, Benedikt: *Gottesfürchtige Seeleute (Jon 1,5–16) und bußfertige Feinde (Jon 3,5–10). Zwei unterschiedliche Modelle des „Heil für die Völker" im Jonabuch*, in: ZAW 133 (2021), 188–207, hier 191.

Gott bzw. YHWH steht, erwähnt sie nicht. Umso überraschender reagieren die Bewohner der Stadt:

> 3,5 Da vertrauten (*wayyᵃmînû*) die Menschen von Ninive auf Gott (*bᵉʾlohîm*). Sie riefen ein Fasten aus und zogen Bußgewänder an, Groß und Klein.

Der selten positive Gebrauch der Wendung *ʾmn* Hifil + *bYHWH* in der Hebräischen Bibel und die Selbstverständlichkeit, mit der sich alle Niniviten ohne Zögern auf Gott einlassen, zeigen, wie außergewöhnlich ihr Vertrauen auf Gott ist. Es kann sich auf keine Heilszusagen wie bei Abraham, auf keine Beglaubigungszeichen oder Gespräch mit Gott wie bei Mose und auf kein vorausgegangenes göttliches Wunder wie bei Israel am Meer[67] stützen, sondern sich nur auf das Wort Jonas verlassen. Dennoch äußert sich das Vertrauen im Folgenden[68] in Buße, Umkehr und Hoffnung auf die „Reue" Gottes, die Ninive nicht untergehen gehen lassen wird (Jona 3,5–10)[69]. Zwar schenken die Bewohner nicht „dem Wort" Glauben (vgl. Ps 106,12). „Aber vom Wort des Boten ist es ausgelöst, dass sie sich an Gott festhalten (vgl. Ex 14,31; Jes 7,9; 2 Chr 20,20). Glauben heißt: aufgrund des bezeugten Wortes vertrauen."[70] Dabei enthält die Reaktion der Niniviten auch alles, was im Gerichtswort unausgesprochen bleibt: Der Ruf erfasst alle, von der Peripherie bis zum König, und „wird als Gotteswort gehört und geglaubt (V. 5a) [...]. Er wird als Unheilswort begriffen, wie die spontanen Riten zeigen" (V. 5b). Der königliche Bußerlass belegt „ein Wissen um den Grund des Unheils im eigenen Tun" (V. 8b). Vor allem aber wird der Ruf „als möglicherweise bedingtes Unheilswort wahr- und ernstgenommen (V. 9)".[71]

---

67 „Auf dem Schiff ging der Sturm den erklärenden Worten Jonas voraus, weshalb sich der Glaube der ‚Leute' an seinen Gott in einer ‚großen Furcht' ausdrückte (1,10). Demgegenüber geht in Ninive die Ankündigung der Zerstörung vierzig Tage voraus, weshalb sich die Angst der ‚Bewohner von Ninive' vor dem Bevorstehenden im Glauben ausdrückt, daß Gott die Kraft hat, seine Drohung auszuführen (die innere Verbindung zwischen ‚sich fürchten' und ‚sie glaubten' wird in Ex 14,31 deutlich)" (Simon, Uriel: *Jona. Ein jüdischer Kommentar* [= SBS 157]. Stuttgart: Kath. Bibelwerk 1994, 113). Zum Verhältnis beider Gruppen von Nicht-Israeliten zu Israel und ihrem gemeinsamen Bezug auf Ex 14,31 s. unten.
68 Dass Jona 3,5b-9 *ʾmn* Hifil entfaltet, betont Jeremias, Jörg: *Das Buch Jona*, in: *Die Propheten Joel, Obadja, Jona, Micha* (= ATD 24,3). Göttingen: Vandenhoeck & Ruprecht 2007, 75–112, hier 100 und 102.
69 Die literarische Einheit von Jona 3 ist diskutiert. Im Unterschied zu anderen Kommentatoren sieht Weimar: *Jona*, 323, in der nachgeholten Erklärung 3,6–10a einen späteren Zusatz, der die Darstellung theologisch vertieft.
70 Wolff, Hans Walter: *Der Prophet Jona*, in: *Dodekapropheton 3. Obadja und Jona* (= BKAT XIV/3). Neukirchen-Vluyn: Neukirchener Verlag 1977, 53–151, 125.
71 Döhling, Jan-Dirk: *Der bewegliche Gott. Eine Untersuchung des Motivs der Reue Gottes in der Hebräischen Bibel* (= HBS 61). Freiburg im Breisgau: Herder 2009, 439. Was „auf Gott vertrauen" hier

Dieser „tätige Reueglauben"[72] erfüllt sich in der Reue Gottes (V. 10). Dazu nun im Einzelnen.

Die Radikalität des Gottvertrauens zeigt sich darin, dass die Niniviten als Antwort auf den „Ruf" Jonas ein „Fasten ausrufen". Das öffentliche Trauerritual, das alle Gesellschaftsschichten der Bevölkerung, ja alle Lebewesen einschließt, gipfelt nach dem Edikt des Königs darin, dass „Menschen wie Tiere" fasten und „mit aller Kraft zu Gott rufen sollen" und dass „jeder umkehren soll von seinem bösen Weg und von der Gewalt, die an seinen Händen klebt" (Jona 3,7–8). Das Vertrauen auf Gott schließt also die betende Hinwendung jedes Einzelnen zu Gott ein und seine konkrete Abwendung von jenem Lebenswandel, dessen Schlechtigkeit die Sendung Jonas ausgelöst hatte (1,2). Diese Aktionen bewirken zwar nicht, ermöglichen aber ein „Vielleicht" des Sinneswandels Gottes[73] und der Rettung: „Wer weiß: *der* Gott" – das ist YHWH (vgl. 3,10) – „könnte umkehren und es könnte ihn reuen und er könnte sich abkehren von seinem glühenden Zorn, sodass wir nicht zugrunde gehen." (3,9). „Im Modus der Hoffnung aber korrespondiert Ninives gegenwärtiges Tun mit Gottes künftigen Absichten. Mit der tätigen Hoffnung, Gott werde diese ändern, macht sich Ninive gegen Gottes Wort fest an Gott selbst."[74] Und Gott rechtfertigt das Vertrauen der Niniviten (V. 10).

Das Verhalten der Seeleute, „die YHWH fürchteten" (1,16), und der Bewohner von Ninive, „die auf Gott vertrauten" (3,5), spielt auf den End- und Höhepunkt der Exodusgeschichte in Ex 14,31b an. Die Abfolge beider Zitate ergibt den gesamten Vers[75]:

Ex 14,31	und das Volk fürchtete YHWH	Jona 1,16	Da fürchteten die Männer eine große Furcht, (nämlich) YHWH
	und sie vertrauten auf YHWH und auf Mose, seinen Knecht	Jona 3,5	Und die Menschen von Ninive vertrauten auf Gott

Mit diesem Kombinationszitat werden beide nicht-jüdischen Gruppen – Repräsentanten von „Proselyten" und „Sympathisanten" – „zu einem integralen Be-

---

in sich schließt, ist also entschieden mehr, als eine „für Gott offene Grundhaltung", die nach Rudnig-Zelt: *Glaube*, 366, in Jona 3,5–9 „im Mittelpunkt" steht und „schon Glauben genannt werden kann".

72 Döhling, *Gott*, 437.

73 Weil die Reue Gottes in Jona 4,2 in das Bekenntnis Israels zur Barmherzigkeit und Langmut YHWHs (Ex 34,6–7) aufgenommen ist (vgl. Joel 2,13), wird dieses „Vielleicht" durch das Wesen Gottes zur Gewissheit – vgl. Jeremias, Jörg: *Die Sicht der Völker im Jonabuch (Jona 1 und Jona 3)*, in: Witte: *Gott und Mensch im Dialog*, 555–567, hier 566 f.

74 Döhling: *Gott*, 443.

75 Vgl. z. B. Weimar: *Jona*, 188.

standteil ‚Israels' stilisiert.“[76] Vor allem aber hat, was das Jona-Buch von den Niniviten berichtet, „für Israel so etwas wie Vorbildfunktion. Wenn von Israel einmal
gesagt wird, dass es Vertrauen in JHWH gesetzt habe (Gen 15,6; Ex 14,31), so ist das
keinesfalls die Regel, geschieht allenfalls ausnahmsweise, zumal eine solche Haltung des Vertrauens mühsam errungen werden muss. Wenn Ninive sich derart
bedingungslos auf Gott einlässt und auf ihn Vertrauen setzt, erscheint es als positives Gegenbild zu Jerusalem“.[77]

Bibeltheologische Zusammenfassung

Es gibt im Hebräischen kein Substantiv für „Glaube“. Das Verb 'mn Hifil, „glauben,
vertrauen“, hat seinen Ort in der zwischenmenschlichen Kommunikation. Wird es
theologisch gebraucht, betrifft es die Beziehung Israels zu seinem Gott YHWH,
niemals die zu anderen Göttern. Doch bezeichnet es keinen alles umfassenden
Grundakt des Gottesverhältnisses.[78] Die 27 Belege ziehen sich nicht durch die gesamte Hebräische Bibel. Fast die Hälfte ist im Pentateuch konzentriert.[79] Ferner
verweisen 4 Psalmenbelege auf im Pentateuch erzählte Ereignisse. Kennzeichnend
für alle diese Stellen ist, dass in ihnen „glauben, vertrauen“ stets ein Wirken Gottes
in der Geschichte seines Volkes betrifft, das ihm vorausgeht. Genauer: Gottes
Handeln in der Ursprungsgeschichte Israels. In sie eingeschlossen ist auch das
prototypische Vertrauen Abrahams auf göttliche Verheißungen über die Zukunft
seiner Nachkommen, der Israeliten. Außerdem traut bzw. vertraut Israel Mose,
insofern er von Gott als glaubwürdiger Mittler der Befreiung des Volkes und seiner
Gesellschaftsordnung eingesetzt ist. Umgekehrt erwartet Gott auch von Mose (und
Aaron), dass er auf ihn vertraut. Weil Gott mit Glauben bzw. Vertrauen der Israeliten
wie Moses rechnen darf, ist es bezeichnend, dass darüber zwar berichtet, aber

---

76 Hensel: *Gottesfürchtige Seeleute*, 205.
77 Weimar: *Jona*, 57.
78 Während man nach Jepsen: *'āman*“, 331, schwerlich behaupten könne, „dass *hæ'ᵉmîn* ein
Grundwort at.licher Theologie sei“, komme nach Weiser: *pisteúo*, 197, in ihm „das Besondere und
auch das Tiefste zur Geltung, was das AT zum Glauben zu sagen hat“. Das Hifil von 'mn schließe „das
umfassende, ausschließliche und persönliche Wechselverhältnis zwischen Gott und Mensch in sich“
(197). Allerdings kenne das Alte Testament – gemessen am Neuen – „den Glauben als die das Leben
des Menschen schlechthin durchherrschende Haltung noch nicht“ (199).
79 Auf ähnliche Weise ist z. B. auch die Theologie der „Erprobung“ (*nsh* Piel) auf Schlüsseltexte der
Tora über Abraham (Gen 22) und die Wüstenwanderung Israels (Ex 15; 16; 20 und Dtn 8) fokussiert –
vgl. Braulik, Georg: *Wenn Gott versucht. Zur „Theodizee der Erprobung“ im Alten Testament*, in: ZkTh
141 (2019), 22 – 43, hier 37.

niemals dazu ausdrücklich aufgefordert wird.[80] „Glauben" und „vertrauen" gehören nicht zur Paränese, sondern sind Teil der selbstkritischen Erinnerungskultur Israels.

Innerhalb des „fundierenden Gedächtnisses" der Tora lassen sich anhand positiver oder negativer Aussagen mit 'mn Hifil zwei geschichtliche Perioden unterscheiden: eine des Glaubens, Vertrauens, die von Abraham bis zur Theophanie am Sinai reicht (Genesis und Exodus), und eine zweite des Unglaubens, Misstrauens in der Zeit der Wüstenwanderung bis zur Grenze des Verheißungslandes (Numeri, Deuteronomium). Die letzte erfährt später noch eine Fortsetzung in der Zeit der Königreiche Israel und Juda (2 Kön 17,14). Immer aber sind „Trauen", „Vertrauen" bzw. ihre Verweigerung situationsbezogen und beschreiben einen einmaligen Akt in bestimmter, meist heikler Lage, sind deshalb fast Krisenphänomene. Vom „Glauben" wird nämlich nur dort gesprochen, „wo es seine Selbstverständlichkeit verliert" und es „begegnet nur da, wo es etwas Besonderes ist."[81] In beiden Perioden handelt es sich um existentiell höchst bedrohliche Ereignisse der kanonischen Gründungsgeschichte Israels, die für einen Einzelnen, meistens aber das Volk „glaubensrelevant" sind. Im Einzelnen: Zuerst sind es die Zusagen Gottes von Nachkommenschaft und Land an den kinderlosen Abraham (Gen 15,6). Dann zu Beginn der Volksgeschichte die Auseinandersetzungen Moses mit den Israeliten vor ihrer Herausführung aus der Sklaverei Ägyptens (Ex 4,1–9.31) und beim Zug durch das Meer angesichts der ägyptischen Verfolger (14,31). Anschließend Moses Vermittlung der schreckenerregenden Offenbarung am Gottesberg (19,9). Danach auf der Wüstenwanderung der Bericht der Kundschafter und der Wassermangel (Num 14,11; 20,12) und schließlich die Angst Israels angesichts des gelobten Landes (Dtn 1,32; 9,23). In all diesen entscheidenden Situationen blickt der Pentateucherzähler (der im Deuteronomium Mose berichten lässt) zurück auf das Verhalten Abrahams bzw. der Israeliten und deutet es als „Vertrauen" auf Gott (Gen 15,6; Ex 14,31) bzw. doppelt so oft als „Misstrauen" (Num 14,11; 20,12; Dtn 1,32; 9,23). Dagegen wird Mose vor allem von Gott selbst für glaubwürdig erklärt, wenn er ihn zum Propheten und Retter beruft (Ex 4) und später (19,9) als Gesetzesvermittler bestellt. Niemals aber richtet sich das Glauben „auf sogenannte Glaubenswahrheiten, Sätze irgendeines Credo".[82]

---

[80] In der Hebräischen Bibel verlangt nur König Joschafat von Juda und den Bewohnern Jerusalems, auf Gott und seine Propheten zu vertrauen (2 Chr 20,20).

[81] Westermann, Claus: *Theologie des Alten Testaments in Grundzügen* (= ATDErgänzungsreihe: Grundrisse zum Alten Testament 6). Göttingen: Vandenhoeck & Ruprecht 1978, 61.

[82] Wildberger, Hans: *„Glauben" im Alten Testament*, in: *Jahwe und sein Volk. Gesammelte Aufsätze zum Alten Testament* (= ThB 66). München: Kaiser 1979, 170–191, hier 190. Er trifft diese Feststellung für den gesamten theologischen Gebrauch des Verbs.

Sollte man aus einer Systematik des Gottvertrauens/glaubens in der Tora nicht besser die Stellen über das Verhalten der Israeliten gegenüber Mose ausklammern? Ex 4,1.5.8a.8b.9.31 sprechen davon, dass sie Mose für zuverlässig halten (*'mn* Hifil *lᵉ*), und zwar meistens aufgrund von „Zeichen" (*'ôt*). Nach 14,31; 19,9 vertrauen sie ihm (*'mn* Hifil *bᵉ*) und damit auch seiner Botschaft, weil sie zuvor eine Gotteserfahrung gemacht haben. Doch ist es YHWH selbst, der Mose zu Zeichen ermächtigt und ihn durch das Meerwunder wie durch das Zwiegespräch in der Sinaitheophanie beglaubigt. Immer ist deshalb auch Gott selbst davon betroffen, wenn die Israeliten Mose für aufrichtig und was er sagt für wahr erachten. Zwischen dem Glauben, den Israel dem Menschen Mose, und dem Glauben, den es Gott schenkt, lässt sich also kein Gegensatz konstruieren. Nicht zuletzt glaubt das Volk ja nach Ex 14,31 aufgrund des Untergangs der Ägypter sowohl an Gott und als auch an Mose (*'mn* Hifil *bᵉ*). „Diese Kongruenz zwischen der Gottesbeziehung und der Beziehung zu einem bestimmten von Gott erwählten Menschen findet sich m. W. sonst nirgends im Alten Testament".[83] Somit handelt es sich bei den verschiedenen Stellengruppen nur kommunikationsbedingt um verschiedene Konzeptionen.

Wenn der Erzähler eine Reaktion Abrahams und Israels auf eine Verheißung bzw. Forderung Gottes oder auf sein zurückliegendes Handeln durch *'mn* Hifil qualifiziert, lassen die grammatikalischen Konstruktionen eine differenzierte Kommunikation erkennen. Sie bedingt auch unterschiedliche Übersetzungen: „Gott glauben/trauen" (*'mn* Hifil *lᵉ* – Dtn 9,23) oder „auf Gott vertrauen" (*'mn* Hifil *bᵉ* – Gen 15,6; Ex 14,31; Num 14,11; 20,12; Dtn 1,32) oder einfach „glauben" (*'mn* Hifil Ex 4,31). Andere, mit *'mn* Hifil verbundene Verben wie „sehen", „hören (auf die Stimme)", „(YHWH) fürchten" und „sich widersetzen" sind nicht einfach Parallel- oder Gegenbegriffe – die im Pentateuch gerade fehlen –, sondern lassen Voraussetzungen oder Folgen des Glaubens bzw. Vertrauens erkennen.

Das gilt vor allem für die Glaubwürdigkeit Moses (*'mn* Hifil *lᵉ*). Dass er als Bote die Skepsis des Volkes seiner Botschaft gegenüber befürchtet (Ex 4,1), darf angesichts des erschreckend negativen Urteils, welches die Hebräische Bibel mit dem Verb über das zwischenmenschliche Verhalten fällt,[84] nicht erstaunen. Weil Gott die Zweifel der Israeliten für erklärlich hält, gibt er Mose auch die Vollmacht, Be-

---

83 Haacker: *Glaube*, 285.

84 Belege dafür, dass man jemandem etwas nicht glaubt (*'mn* Hifil *lᵉ*): Gen 45,26; Ri 11,20; 1 Kön 10,7; 2 Chr 9,6; Ijob 15,22; Hab 1,5; oder man ihm nicht glauben soll: 2 Chr 32,15. Stets wird davon abgeraten, einem Menschen oder einer Sache zu trauen (*'mn* Hifil *bᵉ*): Ijob 15,31; Spr 26,25; Jer 12,6; Mi 7,5. Vermutlich gilt auch für das „profane" Glauben, was Westermann, Claus: *Glaube*, in: BHH I, 575 f, hier 576, über die auffällig vielen negativen Stellen des Glaubens an Gott feststellt: „das G.n [Glauben] kommt da zu Bewusstsein, wo es verweigert oder versagt wird, sonst ist es ganz unreflektiert da, ohne daß es eines bes. Ausdrucks bedarf."

glaubigungszeichen zu wirken. Wenn die Israeliten sie „sehen", können sie sich auf ihn verlassen (4,31). Die Folgerung, die sich aus der Zuverlässigkeit Moses ergibt, wird durch die Wendung „hören auf die Stimme", nämlich die Moses (4,1.9) bzw. des Zeichens (4,8), konkretisiert: Die Ältesten halten auch das, was Mose ihnen von Gott mitteilt, für wahr (4,5) und nehmen damit auch seine Verheißungen ernst (3,16–17). Ähnliches gilt auch für das Meerwunder: Als die Israeliten als bereits Gerettete das Ausmaß des göttlichen Handelns „mit mächtiger Hand" und den Untergang der Ägypter „sehen", gewinnen sie Vertrauen zu YHWH und seinem Knecht (14,30–31); denn was Gott durch Mose zugesagt hat (14,13–14), hat sich erfüllt. Dabei gibt es also keinen Gegensatz zwischen „sehen" und „glauben". Zugleich ist die panische Angst der YHWH-Furcht gewichen. Glauben, das sich nur an dieser Stelle mit Gottesfurcht verbindet, meint hier in letzter Konsequenz: aufgrund der wahrgenommenen Zeichen und Wunder Gottes von der Richtigkeit des Anspruchs Moses, von seiner Sendung und Verkündigung, überzeugt sein. Es erwächst also aus dem Gotteshandeln. Und auch das „Hören" spielt später noch bei der Überwindung des Zweifels eine wichtige Rolle: Wenn das Volk „hört", dass Gott mit Mose spricht, wird es zu ihm Zutrauen gewinnen (19,9). Was die „Zeichen" angeht, so zwingen sie nicht zum Vertrauen. Denn in Kadesch traut das Volk trotz aller Zeichen, die Gott in seiner Mitte getan hat, ihm nicht zu, es ins verheißene Land zu führen (Num 14,11), und wird dadurch schuldig. Und ebenso erweist sich in Kadesch-Barnea am „Nicht-hören auf die Stimme Gottes", das heißt am praktischen Ungehorsam, dass die Israeliten Gott selbst nicht für zuverlässig erachten (Dtn 9,23).

Im Deuteronomium drückt sich das fehlende Vertrauen auf Gott in der Auflehnung gegen den „Mund YHWHs" (*mrh* Hifil *'æt pî YHWH* 1,26.43; 9,23) bzw. allgemein gegen ihn (*mamrîm hᵉyitæm 'im YHWH* 9,7.24) aus.[85] Doch ist nur in 9,23 die Wendung „sich dem Befehl", nämlich Gottes, „widersetzen" (*mrh* Hifil *'æt pî*), unmittelbar mit der Feststellung verbunden: „Ihr [die Israeliten] trautet ihm [YHWH] nicht und hörtet nicht auf seine Stimme". Dabei entspringen die Empörung und der Ungehorsam wohl dem Misstrauen gegenüber YHWH, dessen Ursache aber an dieser Stelle nicht genannt wird. Anders in 1,26. Hier besteht die Widerspenstigkeit trotz des ermutigenden Berichtes der Kundschafter – „Prächtig ist das Land, das YHWH, unser Gott, uns gibt" (V. 25) – aus blankem Unwillen: „Ihr habt nicht gewollt". Nach der Deutung Moses in V. 32 ist diese irrationale Weigerung eine Folge

---

85 Vgl. *mrh* in den Geschichtspsalmen 78,8.17.40.56 und 106,7.33.43; theologisch gebrauchtes *'mn* Hifil steht in Ps 78,22.32; 106,12.24, gehört also zum weiteren Kontext. S. auch Braulik, Georg: *„Sich auflehnen" (mrh Qal / Hifil) gegen Gott und ihn „auf die Probe stellen" (nsh Piel). Zu einer Geschichtstheologie kollektiven Unglaubens*, in: Steymans, Hans Ulrich (Hg.), *Das Deuteronomium. Beiträge zu seiner Theologie, Literar- und Wirkungsgeschichte* (AThANT 112). Zürich: Theologischer Verlag 2024, 11–39.

davon, dass die Israeliten „nicht auf Gott vertraut haben". Wieder verbindet sich das fehlende Vertrauen mit der Verweigerung eines „Glaubensgehorsams".

Die Tora spricht also über Glauben und Vertrauen in verschiedensten Sinnzusammenhängen ihrer „paradigmatischen Geschichte"[86]. Dabei deutet sie durch 'mn Hifil die Kommunikation Gottes mit Israel, angefangen von Abraham bis zum Tod Moses. Meistens sind es einmalige Krisenerfahrungen der Ursprungszeit, die erzählt werden. Sie qualifizieren die Vergangenheit mit Blick auf die jeweilige Gegenwart der Autoren, aber auch die Zukunft des Gottesvolkes, das sich die Texte in Erinnerung ruft. Die kanonisch gewordene Abfolge der mitgeteilten Ereignisse lenkt zwar die Wahrnehmung der Lesenden/Hörenden, doch kann sich der Fokus, den die Erinnerungsgemeinschaft bei ihrer Auslegung setzt, auch immer wieder ändern. Auf diese Weise wächst ihre Identität als jetzt an Gott Glaubende, auf ihn Vertrauende.

---

86 Der Begriff wurde von Eric Voegelin geprägt – vgl. Ders.: *Ordnung und Geschichte*, insbesondere Bd. 2: *Israel und die Offenbarung. Die Geburt der Geschichte* (= Periagoge / Ordnung und Geschichte). Hg. v. Jeremias, Jörg/Herz, Dietmar/Opitz, Peter. Paderborn – Leiden: Brill – J. Fink Verlag, 2005. „Paradigmatische Geschichte" erzählt Geschichte als Sinn und Identität stiftend in einem transzendenten Bezugsrahmen. Sie unterscheidet sich dadurch von „pragmatischer Geschichtsschreibung" als einem historisch-wissenschaftlichen Umgang mit Geschichte.

Kollektive Schuld und gerechte Vergeltung

Zur „Ursünde" des Gottesvolks im Buch Deuteronomium

1 Der Missbrauchskandal und die *„ecclesia sancta et peccatrix"*

Das Ausmaß sexueller Gewalttaten, der hilflose Umgang mit den Betroffenen, das jahrelange Verschweigen der Verfehlungen durch Amtsträger der Kirche und Strategien des Nichthandelns, nicht zuletzt die Beschränkung auf die Opfer-Täter-debatte haben die Glaubens- und Kirchenkrise vieler Menschen verstärkt. Die Vergehen machen deutlich, wie sehr dabei individuelle, systemische und soziale Schuld miteinander verwoben sind. Einer Anerkennung kirchlicher Verantwortung und Aufarbeitung stehe nach Julia Enxing[1] vor allem die bisher nur unbefriedigend beantwortete Frage im Weg: Kann die Kirche selbst schuldig werden, kann sie also das kollektive Subjekt, die Täterin von Sünde sein, und nicht nur einzelne ihrer Mitglieder? Gibt es eine Kollektivschuld der Kirche? Würden dadurch auch Unschuldige schuldig gesprochen? Kirchliche Schuldbekenntnisse der jüngsten Vergangenheit schließen zwar eine institutionelle Sündigkeit der Kirche ein.[2] Doch fehlen, wie Enxing meint, ekklesiologische Ansätze, die das Verhältnis von Heiligkeit und Sündigkeit der Kirche theologisch klären und beides in das kirchliche Selbstverständnis integrieren. Denn traditionell werden Kirche und Gläubige einander gegenübergestellt, weshalb man nicht von der „Sünde der Kirche", sondern nur von der „heiligen Kirche der Sünder" bzw. von „Sündern in der heiligen Kirche" spreche. Nicht zuletzt wäre eine „ekklesiologische Reflexion über den Sünde-Heiligkeits-Komplex" auch „ein ökumenischer Dienst".[3]

Für Irene Schulmeister.

1 *Julia Enxing*, Schuld und Sünde (in) der Kirche. Eine systematisch-theologische Untersuchung, Ostfildern ²2019.
2 Beim Schuldbekenntnis Papst Johannes Pauls II. zur Jahrtausendwende bleibt allerdings oft unterbewertet, dass „indem der Papst als Repräsentant der Kirche vor Gott Sünden des Volkes Gottes bekennt, er die Sünden der Kirche bekennt" (*Enxing*, Schuld und Sünde [wie Anm. 1], 292).
3 Vgl. *Wolfgang Beinert*, Ecclesia sancta et peccatrix. (Auch) ein ökumenisches Problem, in: Cath 68 (2014) 34–47, hier 37. Er plädiert für eine dritte ökumenische Phase. „Ihre theologische Legitimation wäre die Theologie von der *Ecclesia sancta et peccatrix*." (45).

https://doi.org/10.1515/9783111484754-009

Das Zweite Vatikanische Konzil enthält nur Ansätze zu einer theologischen Erörterung der Sündigkeit der Kirche, obwohl einige Konzilsteilnehmer ein Gespräch über diese Thematik gewünscht hatten.[4] Unterschwellig dürfte die Leib-Christi-Ekklesiologie der Vorkonzilszeit eine solche Auseinandersetzung verhindert haben.[5] Ist die Kirche nämlich Christus, dem von Sünde erlösenden Haupt, als sein Leib verbunden, kann sie nicht *ecclesia peccatrix* sein. Das ändert sich, wenn sie nach der sakramentenanalogen Ekklesiologie des Zweiten Vatikanum (*Lumen gentium* 8,1–3) in ihrer gesellschaftlichen Dimension als „allgemeines Sakrament des Heiles" (48,2) Christus gegenübersteht und auf seinen mystischen Leib verweist. „Während Christus, der Heilige Gottes (Joh 6,69), keine Sünde kannte (2 Kor 5,21), erweist sich die Kirche als ‚zugleich heilig und stets reinigungsbedürftig (*purificanda*)‘, weshalb sie immerfort den Weg der Buße und Erneuerung‘ gehe (LG 8,3)."[6] Deshalb ist es naheliegend, für die komplexe Größe Kirche als Ganze und nicht nur für ihre einzelnen Glieder „anzunehmen, dass sie zuvor Subjekt von Schuld war. Der Text lässt hier eine Unterscheidung der Kirche als ‚Institution‘ und ‚Gläubige‘ im Grunde nicht zu."[7] Jedenfalls haben die deutschsprachigen Bischöfe in ihrem Hirtenwort anlässlich des fünfzigsten Jahrestages der Novemberpogrome 1938 festgestellt: Die Geschichte sei Teil der eigenen Identität der Kirche und könne daran erinnern, „dass die Kirche, die wir als heilig bekennen und als Geheimnis verehren, auch eine sündige und der Umkehr bedürftige Kirche ist."[8] Das heißt aber: Wenn sie sich ihrer Sündhaftigkeit bewusst ist und entsprechend zu ihrer Schuldgeschichte verhält, verliert sie „weder ihre Wesenseigenschaft als Heilszeichen noch ihr kritisches Potential gegenüber der Welt."[9]

---

4 Vgl. *Michael Becht*, Ecclesia semper purificanda. Die Sündigkeit der Kirche als Thema des II. Vatikanischen Konzils, in: Cath 49 (1995) 218–237. 239–260, hier 255–259.

5 *Julia Knop*, Sündige Kirche – Kirche der Sünder. Problemanzeige zur ekklesiologischen Modellbildung, in: *Matthias Remenyi – Saskia Wendel* (Hg.), Die Kirche als Leib Christi. Geltung und Grenze einer umstrittenen Metapher (QD 288), Freiburg im Breisgau 2017, 332–356, 351. Zur Metapher des *Corpus Christi Mysticum* 335–341, zum Modell der Kirche als Sakrament bzw. Mysterium des Heils 342–351.

6 Ebd., 349.

7 *Becht*, Ecclesia (wie Anm. 4), 226.

8 *Sekretariat der Deutschen Bischofskonferenz* (Hg.), Die Last der Geschichte annehmen, Bonn 1988, 7.

9 *Johanna Rahner*, Kirche und Schuld. Skizze einer dogmatischen Verhältnisbestimmung aus katholischer Sicht, in: *Julia Enxing* (Hg.), Schuld, Theologische Erkundigungen eines unbequemen Phänomens, Mainz 2015, 98–121, hier 118.

Der skizzierte theologisch-systematische Diskurs, der für überindividuelle kirchliche Schuld zunehmend sensibler wird,[10] blendet das Gottesvolk des Alten Testament aus, obwohl es Teil der Geschichte der Kirche und ihres „kollektiven Gedächtnisses" ist. Eine Rückbesinnung auf seine Überlieferung, in der die Rede von Sünde ja ursprünglich beheimatet ist, könnte verdeutlichen, „dass eine Abkehr vom neuzeitlichen Individualismus und ein Denken in korporativen und damit relationalen Gemeinschaftskategorien erforderlich" ist.[11] Mein Artikel möchte deshalb anhand eines Beispiels aus der Ekklesiologie des Buches Deuteronomium[12] dem vorherrschenden pragmatischen Vorurteil gegenüber „Israel, das in der Wüste pilgerte, dem Fleische nach Kirche Gottes genannt" (*Lumen gentium* 9,3), entgegenwirken. Dabei differenziere ich terminologisch nicht zwischen Sünde, Schuld, Vergehen, Verfehlung und ähnlichen Ausdrücken. Denn eine solche Unterscheidung entspräche nicht der Eigenart des hebräischen Sprachgebrauchs.[13] Nicht nur „Sünde" ist eine theologale Größe, vielmehr geht es bei all diesen Begriffen immer (auch) um eine Verantwortung vor Gott bzw. eine Störung der Gottesbeziehung. Sie steht im Deuteronomium sogar unter dem Vorzeichen des Gottesbundes. Außerdem ist „Schuld" nicht bloß die Konsequenz einer begangenen Sünde, sondern umfasst das gesamte Geschehen von gott- und gemeinschaftswidriger Tat, der rechtlichen Haftung für die Tat und die Tatfolge der Strafe als eine ganzheitliche Wirklichkeit. Zwar kennen die Kulturen des Alten Orients keinen Begriff für Kollektivschuld, doch ist seine Anwendung auf ihre soziale Wirklichkeit durchaus sinnvoll.[14] Denn

---

10 Vgl. die Diskussion von Kollektivschuld und Kollektivverantwortung auch der Kirche in *Enxing*, Schuld und Sünde (wie Anm. 1) 105–121 und die dort genannte Literatur. Nach *Eilert Herms*, Schuld in der Geschichte, in: Gesellschaft gestalten. Beiträge zur evangelischen Sozialethik, Tübingen 1991, 1–24, hier 14, „muß der christliche Glaube von ‚Kollektivschuld' sprechen."

11 *Joachim von Soosten*, Die „Erfindung" der Sünde. Soziologische und semantische Aspekte zu der Rede von der Sünde im alttestamentlichen Sprachgebrauch, in: JBTh 9 (1994) 87–110, hier (mit einem Zitat von Ingolf Ulrich Dalfert) 88 f. Ferner *Joel S. Kaminski*, Corporate Responsibility in the Hebrew Bible (JSOT.S 196), London ²2019 [=1995].

12 Vgl. z. B. *Georg Braulik*, Die ekklesiologischen Begriffe des Deuteronomiums. Ein Beitrag zur biblischen Theologie des Gottesvolks, in: ThPh 95 (2020) 161–183.

13 Er kennt „keinen originär-exklusiven und singulären Begriff für Sünde. Anzutreffen ist eine Pluralität von Begriffen. Sie sind allesamt der profanen Umgangssprache entliehen und ihrer wörtlichen Bedeutung entkleidet. So dienen sie als metaphorische Bezeichnungen für Sachverhalte und Vorgänge im Fokus religiöser Thematisierung. [...] In allen Begriffen für Sünde wird ein ‚Gemeinschaftsverhältnis' sichtbar, dem es gerecht zu werden gilt." (*von Soosten*, Erfindung der Sünde [wie Anm. 11], 100 f.).

14 Vgl. *Jan Dietrich*, Kollektive Schuld und Haftung. Religions- und rechtgeschichtliche Studien zum Sündenkuhritus des Deuteronomiums und zu verwandten Texten (ORA 4), Tübingen 2010, 10 f. Er versteht kollektive Schuld als ein kulturelles Phänomen, einen Aspekt kollektiver Identität, insofern „als die Mitglieder eines Kollektivs sich als gemeinschaftlich schuldig empfinden und diese Emp-

nach dem Alten Testament können auch Kollektive sündigen[15] und haben die Folgen zu tragen.[16] Doch wird die Schuld nicht aufgrund bloßer Zugehörigkeit zur Gemeinschaft, zum Volk, und ohne Rücksicht auf das individuelle moralische Verhalten angerechnet und vergolten. Diesen Sachverhalt möchte ich im Folgenden an der „Ursünde" Israels als kollektiver Schuld in der Geschichte Gottes mit seinem Volk darstellen. Am Ende skizziere ich noch die Heiligkeit dieses Gottesvolkes.

---

findungen relativ dauerhaft in das Selbstbild", das sie „von sich selbst als Gemeinschaft entwerfen, einbinden können." (6). Kollektive Schuld hängt auch mit dem kollektiven Gedächtnis zusammen, insofern sie z.B. in sich wiederholenden öffentlichen Schuldbekenntnissen oder Ritualen tradiert wird und im Gedächtnis der Mitglieder erhalten bleibt (7). Dietrich gibt auch einen kurzen Forschungsüberblick über „Kollektivismus" und „Individualismus" im Alten Testament (19–29).

15 Die Aussagen darüber finden sich in geschichtstheologischen Rückblicken. Oft gehen sie bis in die Anfänge der Geschichte Gottes mit Israel zurück, insbesondere in den Bekenntnissen „kollektiver Schuld in Geschichte" aus der Nachexilszeit, z.B. in Ps 106 und den Bußgebeten Esra 9,6–15; Neh 1,5–11; 9,5–37; Dan 9,4–19. Das Volksklagelied Jes 63,7–64,11 verbindet den Geschichtsrückblick (63,8–14) und das kollektive Sündenbekenntnis (64,4b.6a.8) mit einer Anklage Gottes, der den Abfall verursacht habe (vgl. *Georg Braulik*, „Du bist doch unser Vater! ‚Unser Erlöser von jeher' ist dein Name". Wie Israel als Volk um die Vergebung seiner Schuld bittet, in: Tora und Fest. Aufsätze zum Deuteronomium und zur Liturgie [SBAB 69], Stuttgart 2019, 333–352). Die „Erinnerungsarbeit" der kollektiven Schuldbekenntnisse beweist, dass die gegenwärtige Katastrophe kein unbegreiflicher Schicksalsschlag ist, sondern die Konsequenz aus ihrer Vorgeschichte (*Rainer Kessler*, Das kollektive Schuldbekenntnis im Alten Testament, in: EvTh 56 [1996] 29–43, hier 42). Belege für Kollektivhaftung fehlen jedoch in der altorientalischen und alttestamentlichen Rechtsliteratur (*Konrad Schmid*, Kollektivschuld? Der Gedanke übergreifender Schuldzusammenhänge im Alten Testament und im Alten Orient, in: ZABR 5 [1999] 193–222, hier 195). Eine „Kollektivhaftung" wird im alttestamentlichen Strafrecht sogar ausdrücklich zurückgewiesen, z.B. in Dtn 24,16, wobei es aber nicht um göttliche Vergeltung geht (vgl. *Georg Braulik*, Lohnverweigerung und Sippenhaftung. Zu Schuld und Strafe im Buch Deuteronomium, in: Tora und Fest, 31–60). Allerdings belegen die Fluchsanktionen für den Bruch des mit Gott geschlossenen Vertrags/Bundes (z.B. Dtn 28,15–68) die kollektive Bestrafung einer gemeinsamen Rechtsverletzung (vgl. *Dietrich*, Kollektive Schuld [wie Anm. 14], 28). Denn es gehört zu den spezifischen Kennzeichen des biblischen Gesetzes, dass es aufgrund der Gleichheit aller vor dem Gesetz und der Zustimmung aller zum Bund auch um eine kollektive Verantwortung vor Gott weiß (vgl. *Jean-Louis Ska*, The Law of Israel in the Old Testament, in: The Exegesis of the Pentateuch. Exegetical Studies and Basic Questions [FAT 66], Tübingen 2009, 196–220, hier 217 f.).

16 Ein solches Denken wird von *Martin Honecker*, Individuelle Schuld und kollektive Verantwortung. Können Kollektive sündigen?, in: ZThK 90 (1993) 213–230, hier 214, grundsätzlich mit dem Hinweis abgelehnt: „Sünde hat es mit dem Gottesverhältnis zu tun. Vor Gott steht jeder Mensch immer allein für sich selbst."

2 Das Paradigma der Kundschaftergeschichte (Dtn 1,19 – 46)

2.1 Mose als Ich-Erzähler vor der Versammlung Israels

Der Erzähler des Buches Deuteronomium[17] referiert weithin Reden Moses, die er an seinem Todestag vor dem versammelten Volk im Ostjordanland hält. In der uns interessierenden ersten Rede (1,6 – 4,40) ist der größere Teil, nämlich die Kap. 1 – 3, eine Ich-Erzählung Moses über seine Wanderung mit Israel vom Gottesberg Horeb, wo Israels gesellschaftliche Existenz begann, bis nach Moab im Ostjordanland. Liest man sie im Rahmen des Pentateuchs, dann resümiert sie, was das Buch Numeri schon wesentlich breiter und teilweise auch anders dargestellt hat. Dabei sind die Auswahl des Erzählten, seine Anordnung und seine Wertung aus der Perspektive Moses von einst und aus der Perspektive des jetzt redenden Mose auf unterschiedliche rhetorische Zielsetzungen hin formuliert. Diese Konstellation wiederholt sich im Deuteronomium nochmals in den Kap. 5 und 9 – 10 über den Bundesschluss am Horeb, dort im Blick auf das Buch Exodus. Während der Erzähler in einer „Er-Erzählung" nicht als handelnde Person auftreten kann, kann er in einer „Ich-Erzählung" zu einem der Akteure werden, auch wenn er aus zeitlichem Abstand erzählt und dadurch mehr Überblick hat als damals, als er in die erzählten Ereignisse existentiell verwickelt war. Der Ich-Erzähler Mose ist in der Tat zu Beginn des Deuteronomiums ein Handelnder in der von ihm erzählten Geschichte. Und seine Zuhörer sind Mithandelnde. Allerdings erstreckt sich die Erzählung Moses über zwei Generationen. Die erste Generation stirbt im Verlauf von achtunddreißig Jahren in der Wüste. Die neue Generation durchzieht das Ostjordanland und erobert es zum Teil, bis sie in der Talschlucht gegenüber Bet-Pegor ihr Lager aufschlägt. An diesem Ort spricht Mose jetzt. Er macht diese Generationenablösung auch zum Thema, vor allem in 1,34 – 39 und 2,14 – 16. Zugleich überspielt er nach Möglichkeit den Generationenwechsel und behandelt diejenigen, die ihm jetzt zuhören, als solche, die vom Auszug aus Ägypten an bis zur Ankunft in Moab dabei waren, also alles miterlebt haben, was er in seiner Erzählung aufgreift. Die von Mose beschriebenen Ereignisse sind gemeinsam erlebte und allen bekannte Geschichte. Deshalb schließt er sich vom ersten Vers seiner Erzählung an überall mit seinen gegenwärtigen Zuhörern im „wir" zusammen, vor allem, wenn er über den

---

[17] Zum Deuteronomium als „Erzählung" vgl. *Jean-Pierre Sonnet*, The Book within the Book. Writing in Deuteronomy (BIS 14), Leiden 1997, 9 – 21. Ferner *Georg Braulik – Norbert Lohfink*, Die Rhetorik der Moserede in Deuteronomium 1 – 4 (ÖBS 55), Berlin 2022, 11 – 74.

gemeinsamen Weg berichtet. Er differenziert nur, wenn Gott mit ihm spricht oder wenn er dem Volk gegenübersteht bzw. ihm entgegentritt, und natürlich dort, wo er an einer Handlung nicht beteiligt ist. Dann sagt er „ihr", selten „du", und zwar auch, wenn es sich um die vorangehende, inzwischen in der Wüste begrabene Generation handelt.[18] Niemals gebraucht er für die Israeliten der ersten, also der Exodusgeneration, in ihrer Gesamtheit die dritte Person. Durch die Generationenidentifizierung macht Mose seine aktuellen Zuhörer, nämlich die zweite, die Moabgeneration, zu Mitbeteiligten der alten Konflikte und lässt das vor ihm versammelte Volk als Exodus-Moab-Generation die ganze geschichtsbeladene Verantwortung mittragen.[19]

Gerät Mose als Ich-Erzähler aber nicht – anders als der „allwissende Er-Erzähler" des Buches – an seine Grenzen, wenn er nach Kap. 1 weiß, was Gott gehört hat und deshalb zornig wurde, auf das Rufen der Israeliten nicht einging und seine Hand gegen sie ausstreckte? Und wenn Mose ebenso weiß, was das Volk in den Zelten sagte? In all diesen Fällen gab es erkennbare Auswirkungen in der menschlichen Welt, die Mose auch nennt oder andeutet, und aus denen er auf die Ursache zurückschließen konnte. Mose überschreitet also nicht die Schranken seiner menschlich möglichen Kenntnis. Er kann sie allerdings im Blick auf die geheimen Pläne und Absichten Gottes ausweiten. Denn er empfängt immer wieder Weisungen Gottes, die seine Intentionen erkennen lassen.

In Deuteronomium 1 ist „die Rede Trumpf. [...] Die Reden sind die Bausteine des Kapitels. Was dazwischen steht, ist selten mehr als Zement. In ihrer Kürze können sie nur als Resümees ursprünglicher Reden gemeint sein."[20] Sie sind nicht nur stilistisch miteinander verknüpft, sondern auch szenisch nach den redenden Per-

---

18 Vgl. *Dominik Markl*, Gottes Volk im Deuteronomium (BZABR 18), Wiesbaden 2012, 47–50. Die stärkste Differenzierung in Dtn 1,19–46 geschieht dort, wo sich die Israeliten weigern, das Land zu erobern. Da bleibt Mose selbst bei der Rückblende auf den gemeinsamen Weg von Ägypten durch die Wüste (1,30–33; vgl. dagegen 2,7) und beim gemeinsamen Aufenthalt in Kadesch (1,46) beim distanzierenden „Ihr" und „Du" (vgl. *Norbert Lohfink*, Narrative Analyse von Dtn 1,6–3,29, in: Studien zum Deuteronomium und zur deuteronomistischen Literatur V [SBAB 38], Stuttgart 2005, 57–110, hier 81).

19 Vgl. *Norbert Lohfink*, Die Väter Israels im Deuteronomium. Mit einer Stellungnahme von Thomas Römer (OBO 111), Freiburg Schweiz – Göttingen 1991, 20–25. Die bewusste Vernachlässigung der Generationendifferenz ist *Joel S. Baden*, Deuteronomy Reads the Pentateuch, in: BI 28 (2020) 1–14, noch immer unbekannt. Er erklärt deshalb die Unterschiede zwischen den Erzählungen in Exodus wie Numeri und dem Deuteronomium mit dem unterschiedlichen Publikum Moses: „He knows that he can tell the stories however he likes, because no one is alive who can challenge him on the details." (14).

20 *Norbert Lohfink*, Darstellungskunst und Theologie in Dtn 1,6–3,29, in: Studien zum Deuteronomium und zur deuteronomistischen Literatur I (SBAB 8), Stuttgart 1990, 15–44, hier 30 und 31.

sonen JHWH, Mose, Volk und Kundschafter geordnet. Dabei hat Gott jeweils das erste und letzte Wort (V. 6 – 8 und 35 – 36 sowie 37– 40 und 42). Mose aber referiert in der Mitte der Erzählung zwischen dem Aufbruchsbefehl zur Landeseroberung und der Sünde des Volkes den positiven Bericht der Kundschafter (V. 25).[21]

2.2 Was in Kadesch-Barnea geschah

Wenn Mose an seinem letzten Lebenstag auf fast vierzig Jahre Aufenthalt in der Wüste zurückschaut, will er mit dieser Erinnerungsrede begründen, warum er Israel jetzt zusammengerufen hat, um im Zusammenhang mit einem Bundesschluss Josua als seinen Nachfolger einzusetzen und dann zu sterben. Der Grund dafür ist eine Sündengeschichte, in die das Volk und Mose verstrickt sind, sowie deren Folgen. Deshalb erzählt er in Kap. 1 von der misslungenen Landnahme am Anfang der vierzig Jahre, in Kap. 2 – 3 von achtunddreißig Jahren Wanderung in der Wüste bis zum Aussterben der sündigen Generation und von der am Ende gelingenden Inbesitznahme des Ostjordanlandes. Der Leser der Bücher, die im Pentateuch dem Deuteronomium vorausgehen, kennt diese Geschehnisse. Auch die Zuhörer Moses kennen sie, weil immer vorausgesetzt wird, dass sie das alles selbst erlebt haben. Dennoch rückt Mose es jetzt in ein neues Licht: „Die Wüste wäre nicht notwendig gewesen, sie wäre Raum des schnellen Durchzugs geblieben, nur die Sünde hat das Verweilen in ihr nötig gemacht, sie wurde zuerst und vor allem zu dem Raum, wo Jahwe der Kämpfer nicht mit, sondern gegen Israel war, weil er strafend eine ganze Generation im Warteraum der Wüste dem Tod zutreiben musste, darunter auch Mose selbst, für den die ‚Wüste' bis zum Jordanufer verlängert wurde, aber dann doch endete."[22]

Norbert Lohfink hat die Rekapitulation dieses Wüstenzugs bisher am eingehendsten erzählungsanalytisch untersucht.[23] Meine synchron am Endtext ausge-

---

21 *Lohfink*, Narrative Analyse (wie Anm. 18), 90 – 93.
22 *Reginaldo Gomes de Araújo*, Theologie der Wüste im Deuteronomium (ÖBS 17), Frankfurt am Main 1999, 109. Deuteronomium 1 – 3 sind der erste Teil der Gesamtdarstellung der Inbesitznahme des Verheißungslandes, welche die Bücher Deuteronomium und Josua zusammenhängend entwerfen. Literarhistorisch gehört der Grundbestand von Dtn 1,6 – 3,29 zur sogenannten „Deuteronomistischen Landeroberungserzählung" aus der Zeit König Joschijas (spätes 7. Jh.) – vgl. *Norbert Lohfink*, Kerygmata des Deuteronomistischen Geschichtswerks, in: Studien zum Deuteronomium und zur deuteronomistischen Literatur II (SBAB 12), Stuttgart 1991, 125 – 142, weitergeführt von *Georg Braulik*, Die deuteronomistische Landeroberungserzählung aus der Joschijazeit in Deuteronomium und Josua, in: Studien zu Buch und Sprache des Deuteronomiums (SBAB 63), Stuttgart 2017, 109 – 172.
23 Vgl. vor allem *Lohfink*, Darstellungskunst (wie Anm. 20), 15 – 44; *Ders.*, Narrative Analyse (wie Anm. 18). Dagegen rekonstruiert die umfassende Studie von *Raik Heckl*, Moses Vermächtnis. Ko-

richtete Darstellung schließt vor allem an seine Ergebnisse an.[24] Textkritisch gebe ich den hebräischen Masoretentext wieder, auch dort, wo er wahrscheinlich erst sekundär ergänzt wurde. Doch diskutiere ich seine rekonstruierte ursprüngliche Fassung, wenn sie für das Thema dieses Artikels wichtig ist.

In der fiktiven, aber verbindlichen Welt des Deuteronomiums erinnert Mose zunächst an den Befehl Gottes an Israel, vom Horeb aufzubrechen, ins Bergland der Amoriter hinaufzuziehen und das den Vätern Abraham, Isaak und Jakob zugeschworene Land in Besitz zu nehmen (1,6–8). Das Bundesvolk, das sich auf den Weg machen sollte, war von Gott gesegnet, also zahlreich geworden und von Mose militärisch wie administrativ durchorganisiert (V. 9–18). Es durchwanderte die „große und furchterregende Wüste" und erreichte schon nach elf Tagen die Oase Kadesch-Barnea am Rand des verheißenen Landes (V. 2 und 19). Dort aber kam der Marsch zum Stillstand, das Volk zog nicht weiter ins Amoriterland. Hier setzt die erste voll ausgeführte Erzählung des Buches ein, zugleich die einzige, die unabhängig von Paränese und Geboten vom Schuldigwerden ganz Israels handelt. Eine zweite, noch umfangreichere Geschichte wird später vom gemeinsamen Abfall zum gegossenen Kalb und der Verzögerung des Bundesschlusses am Gottesberg Horeb erzählen. Dank der Fürbitte Moses bleibt diese kollektive Sünde des ganzen Volkes aber ohne die von Gott beabsichtigte Vernichtung aller (9,8–10,5). Er nimmt sie in einer generationenübergreifenden kollektiven Begnadigung wortlos zurück (vgl. dagegen Ex 32,14 und Num 14,20). Auch diese Erzählung von der Übertretung des Kultbilderverbots hat, wenn auch auf ganz andere Weise, „Urgeschichtscharakter". Von ein paar Verweisen abgesehen beschränken wir uns im Folgenden aber auf Dtn 1,19–2,1. Hier berichtet Mose über die Aussendung von Kundschaftern und erklärt, wie sich Israel seinem Gott so tiefgreifend versagte, dass sein Einzug ins Land unmöglich wurde. Das ganze Volk musste zurück in die Wüste, wo die Sündergeneration ausstarb und Gott mit der nächsten neu beginnen konnte. Die Kundschafteraussendung bildet nicht bloß eine Etappe in der Vorgeschichte der Landnahme, sondern hat programmatischen Charakter. Rhetorisch-zielstrebig

---

härenz, literarische Intention und Funktion von Dtn 1–3 (ABG 9), Leipzig 2005, die „Kohärenzstruktur" der Kap. 1–3. In ihr steht Kohärenz nicht für literarische Einheitlichkeit, sondern meint wie in der prozeduralen Textlinguistik „Kontinuität des Inhalts im Sinn einer ‚Sinnkonfiguration'" für die Textverwender (8). Diese Methodik bedingt eine abgewandelte Literarkritik. Heckl bietet vor allem eine detailreiche funktionale Analyse der Texte.

24 Diachron-literargeschichtlich sieht z. B. *Suzanne Boorer*, The Promise of the Land as Oath. A Key to the Formation of the Pentateuch (BZAW 205), Berlin – New York 1992, 370–386, Dtn 1,19–20.22–30.31b-36.39aβb-45; 2,1 als Grundtext von 1,19–2,1 an. Wahrscheinlich genügt es aber, mit seiner Erweiterung in 1,31*.33 und vielleicht in 1,46 zu rechnen – vgl. *Gomes de Araújo*, Theologie der Wüste (wie Anm. 22), 73–83.

spricht sie über eine kollektive Schuld, die eine Katastrophe auslöst. Die Geschichte erhält einen paradigmatischen Charakter.[25] Gehen wir sie im Einzelnen durch.

In der Oase Kadesch-Barnea an der südlichen Grenze des Verheißungslandes angekommen erklärt Mose dem Volk: „Nun seid ihr bis zum Amoriterberg gezogen, den der HERR, unser Gott, uns gibt. Schau, der HERR, dein Gott, hat das Land vor dich hingelegt. Zieh hinauf, nimm in Besitz, wie der HERR, der Gott deiner Väter, dir versprochen hat. Fürchte dich nicht, und hab keine Angst!" (V. 20 – 21).[26] Doch braut sich insgeheim schon ein irrationales Verzagen zusammen. „Da habt ihr euch mir genähert, ihr alle, und habt erklärt: Wir wollen Männer vor uns her schicken. Sie sollen uns das Land ausspionieren und uns Bericht erstatten über den Weg, den wir hinaufziehen, und über die Städte, die wir treffen werden." (V. 22). „Ihr alle" – also nicht einzelne oder eine Gruppe von delegierten Vertretern, sondern die ganze Menge des Volkes drängte an Mose heran. Ihre Forderung ist völlig profan. Das als Heilsgabe Gottes bereits geschenkte Land ist aus dem Blick entschwunden. Zuerst sollen einmal Kundschafter klären, auf welchem Weg man einmarschieren könne und was für Städte es gebe. Im Übrigen konzentriert sich alles auf die Kundschafternachricht, von der offenbar die Entscheidung über das weitere Vorgehen abhängt. Damit wird die göttliche Strategie durch ein selbstgemachtes Projekt ersetzt, das ganz beherrscht ist vom „wir" und „uns". Die stürmisch verlangte Aussendung von Kundschaftern lässt bereits ein mangelndes Vertrauen erkennen. Obwohl die Intervention des Volkes die Absicht Gottes zu unterlaufen beginnt, hält Mose die

---

25 Vgl. *Lothar Perlitt*, Hoc libro maxime fides docetur. Deuteronomium 1,19 – 46 bei Martin Luther und Johann Gerhard, in: Deuteronomium-Studien (FAT 8), Tübingen 1994, 184 – 191, hier 185: „... dem Schriftsteller liegt nichts an Historiographie im neuzeitlichen Sinn. Der überlieferte Stoff dient ihm zur Darstellung von Geschichte als Paradigma. [...] Dabei illustriert er mit dem überlieferten Stoff die theologischen Gegensatzpaare Gehorsam – Ungehorsam, Vertrauen – Mißtrauen, Glaube – Unglaube. Zwischen diesen Alternativen schwankte Israel ‚damals' paradigmatisch, in Wahrheit aber allezeit."

26 In 1,21 springt die Anrede im Masoretentext, dem Samaritanus und der Vulgata in den Singular. Das ist gegenüber der Septuaginta, die den Plural unverändert beibehält, die schwierigere und daher vorzuziehende Lesart. Der Numeruswechsel in den V.20 – 21 vom „ihr" über „wir" zum „du" will wahrgenommen werden. Der Codebruch geschieht nur innerhalb eines Selbstzitates Moses. Denn in V.22 setzt Mose als Erzähler fort und kann deshalb Israel auch wieder im Plural ansprechen. Damit erübrigt sich, V.21 als späteren Zusatz zu betrachten. V.21 zieht durch die stilistisch-pragmatische Änderung in der Anrede die Aufmerksamkeit auf sich. Er verweist auf eine göttliche Kriegseröffnung. Wie viele andere in der Hebräischen Bibel wörtlich zitierte Kriegsorakel wird sie singularisch formuliert. Die resümierte Ansprache Moses, die in ein Gotteswort direkt vor dem Einzug ins verheißene Land mündete, war also eine Kriegserfolgszusage – vgl. *Norbert Lohfink*, Die Abwandlung des Kriegsorakels im Deuteronomium, in: *Frank-Lothar Hossfeld* u. a. (Hg.), Das Manna fällt auch heute noch. Beiträge zur Geschichte und Theologie des Alten, Ersten Testaments. Festschrift für Erich Zenger (HBS 44), Freiburg i. B. 2004, 408 – 429, hier 415f.

Spähtruppaktion zur Vorbereitung des Unternehmens für einen guten Vorschlag. Hatte er zuvor ganz vom göttlichen Plan der Landschenkung her gesprochen und keine Gedanken menschlicher Kriegführung geäußert, lässt er sich jetzt widerspruchslos umstimmen und billigt das Begehren, das Vorgehen in die eigene Hand zu nehmen. Dadurch wird er mitverantwortlich und haftbar.[27] Mehr noch: Wenn Mose selbst aus jedem der zwölf Stämme einen Kundschafter auswählt, verstrickt er sich in die aufkommende Sünde. Vor allem aber zeigt dieser Umstand, dass ganz Israel durch seine Vertreter an ihr beteiligt ist. Von der Kundschaftersendung an handelt es als das Zwölfstämmevolk.

Im Fortgang seiner Rede fasst Mose den Zug der Kundschafter, ihre Rückkehr und ihre Botschaft nur kurz zusammen: „Sie erkundeten das Land. Ein jeder nahm einige von den Früchten des Landes mit, sie brachten (sie) zu uns herab und erklärten: Prächtig ist das Land, das der HERR, unser Gott, uns gibt." (V. 24–25). Diese positive Antwort löst wider Erwarten eine Krise aus. Sie wird in ihrer Irrationalität von Mose eigens kommentiert: „Doch ihr wart nicht gewillt, hinaufzuziehen." (V. 26a). Es handelt sich also um eine bewusste und freie Entscheidung, eine Weigerung gegenüber dem Befehl Gottes (vgl. V. 21). Sie gehört eng mit zwei weiteren Kennzeichen der Sünde zusammen, die beide an dieser Stelle zum ersten Mal im Pentateuch und in einer Sündengeschichte begegnen: die Auflehnung gegen Gottes Willen und die Verleumdung Gottes. Sie verteilen sich allerdings auf zwei Szenen bzw. verschiedene Vorgänge: „Ihr habt euch aufgelehnt gegen den Mund des HERRN,

---

27 Vgl. *John L. McKenzie*, The Historical Prologue of Deuteronomy, in: Proceedings of the Fourth World Congress of Jewish Studies, Papers Vol. 1, Jerusalem 1967, 95–101, hier 97: „the fault lay in accepting the suggestion of the people to send scouts and thus abetting their lack of faith." Zur Sünde Moses vgl. *Georg Braulik; Norbert Lohfink*, Sprache und literarische Gestalt des Buches Deuteronomium (ÖBS 53), Berlin 2021, 440–446. Ihre Vorgeschichte beginnt schon in 1,9–18 mit der Stiftung von Führungsstrukturen und Rechtsinstitutionen, die zwar der Entlastung Moses dienen, ihn aber zugleich als Spitze Israels in den Fokus der Aufmerksamkeit rücken. Lexemwiederholungen von 1,14 in 1,23 und 1,17b in 1,22 sowie von 1,14 in 1,41 bestätigen, dass Mose am schuldhaften Geschehen beteiligt war (ebd., 443–445). Er hat es dem Volk jedenfalls möglich oder zumindest leichter gemacht, schuldig zu werden. Nach *Eckart Otto*, The Suffering Moses in the Pentateuch and Psalms, in: OTE 34 (2021) 240–253, hier 249, „Moses had to die before entering the Promised Land beyond the river Jordan. The main legal hermeneutical reason for this choice was to explain that Moses' role as mediator of Torah ,resurrected' into the written Torah, which accompanied the people on their way into the Promised Land. The theological explanation for Moses' death, in turn, was the rebellion of the people in the episode of the spies in Deut 1:37. The image of Moses in this story comes near to that of the suffering righteous which is part of his prophetic function in the book of Deuteronomy. Moses obeys YHWH's will, ready to die without any protest against his fate. Different however from the collective fate with its turning point from doom to salvation for Moses' addressees and their offspring, there is no salvation for Moses' individual fate. He has to die, because this is God's will."

eures Gottes, und habt in euren Zelten den HERRN verleumdet und gesagt: Weil er uns hasst, hat er uns aus dem Land Ägypten geführt, um uns in die Gewalt der Amoriter zu geben und uns zu vernichten." (V. 26b-27). Die eigentliche Ungeheuerlichkeit der Auflehnung, die weit über bloßen Ungehorsam hinausgeht, liegt also in der Verleumdung Gottes: das Volk diffamiert seine Absicht und begründet das eigene destruktive Verhalten mit einer Art Anti-Credo. Denn das Meerwunder bei der Herausführung aus der Knechtschaft Ägyptens bildet die Mitte des israelitischen Glaubensbekenntnisses. Mose legt dieses Argument in seiner Fürsprache am Gottesberg bezeichnenderweise den Ägyptern in den Mund (9,28). Außerdem erweckt der Ausdruck „in den Zelten" eine kulturell vorgegebene Szenographie: kollektive Auflehnung in einer großen Versammlung, dann deren Selbstauflösung, Heimkehr und neue Ereignisse zu Hause. Sie steht symbolisch für die gemeinsame und von jedem Einzelnen mitverantwortete schrittweise Ablehnung, in das Land einzuziehen. Diese Entscheidung wird anschließend in einem Legitimationsversuch kollektiv verarbeitet, und zwar in einer einzigartigen Verurteilung Gottes. Sie stützt sich auf den von Mose nicht erwähnten negativen Teil der Kundschafterbotschaft, den das Volk jetzt zitiert: „Unsere Brüder haben uns das Herz zerschmolzen, als sie berichteten: Ein Volk, größer und höher gewachsen als wir, Städte, groß, mit himmelhohen Mauern. Sogar Anakiter haben wir dort gesehen." (V. 28). Diese Aussage kann nicht die Summe von lauter Privatmeinungen in der Verborgenheit der einzelnen Zelte sein, sondern ist eine lautstark verkündete gemeinsame Ideologie einer bereits verfestigten Haltung.

Trotzdem versucht Mose, das Volk angesichts seines Entsetzens vor den Landesbewohnern zu beruhigen und sein Vertrauen auf Gott zu wecken:

> Der HERR, euer Gott, der vor euch her zieht, er wird für euch kämpfen, gemäß allem, was er, euch zur Seite, in Ägypten getan hat vor euren Augen und in der Wüste, die du zu sehen bekommen hast, dass dich nämlich der HERR, dein Gott, getragen hat, wie ein Mann sein Kind trägt, den ganzen Weg, den ihr gezogen seid, bis ihr an diesen Ort gelangt seid. (V. 30 – 31)[28]

---

28 Der Numerusumsprung in der Anrede Israels in der von Mose zitierten früheren Rede an das Volk umfasst im Masoretentext den V.31a: „und in der Wüste, die du zu sehen bekommen hast, ...". Er beginnt in der Septuaginta aber erst im Satz „dass dich der HERR, dein Gott, getragen hat". In beiden Fällen markiert der Codewechsel eine vorausgreifende Anspielung von 1,31 auf 8,2 und 5: „Du sollst an *den ganzen Weg* denken, den der HERR, dein Gott, dich während dieser vierzig Jahre *in der Wüste* geführt hat (8,2) – „Daraus sollst du mit deinem Herzen die Erkenntnis gewinnen, dass der HERR, dein Gott, dich erzieht, wie *ein Mann sein Kind* erzieht." Die kursiv gesetzten Wörter verweisen auf die Übereinstimmungen mit 1,31; die Wendung „mit deinem Herzen die Erkenntnis gewinnen" (8,5) entspricht sachlich dem Hinweis „du hast zu sehen bekommen" (1,31). Was Mose also in Kadesch-Barnea zu Beginn der Wüstenzeit im Blick auf die vorausgegangenen Erfahrungen sagen konnte, muss er in Moab nach 40 Jahren Wüstenzeit in entsprechend abgewandelter Form wiederholen. Zwar hat Gott nach 8,2 – 3a* Israel in der Wüste durch Hunger auf die Probe gestellt – bei der es nach

Mit der „Auszugserzählung (Ex 14,25) im Hintergrund darf Mose sogar hoffen: Wenn Israel seinen Widerstand aufgeben und Gott sein Werk vollbringen lassen würde, müssten auch die Amoriter wie die Ägypter am Ende bekennen, der HERR habe für sie gekämpft."[29] Dazu kommt noch, was Dtn 1,33 ergänzt – dass Gott selbst den Lagerplatz für Israel in der Wüste auskundschaftete, und zwar bei Tag in der Wolke und bei Nacht im Feuer, – Bilder, die wiederum an die Meerwundererzählung anknüpfen (vgl. Ex 13,21). Doch die Ermutigungsrede Moses prallt am inneren Widerstand der Israeliten ab. Man traut Gott nicht mehr zu, dass er sein Volk ins verheißene Land bringen kann, ja überhaupt will: „Trotz dieses Wortes bliebt ihr solche, die nicht auf den HERRN, euren Gott, vertrauten" (V. 32). Mit dieser – nach den V. 26 und 27 dritten – bewertenden Beurteilung Moses ist der eigentliche Höhepunkt der geschichtstheologischen Betrachtung erreicht. Israel erweist sich schon zu Beginn seiner Geschichte als unfähig, „das heilige Grundbild seines Glaubens nachzuvollziehen"[30]. Seine ungläubige Einstellung bestimmt spätestens seit der Rückkehr der Kundschafter psychologisch seine Sicht der Wirklichkeit. Mose kann deshalb die Verweigerung der Landnahme nicht mehr ändern.

Bisher hatte Mose von der Auflehnung und dem Unglauben des ganzen Volkes gesprochen, im „ihr" alle Israeliten in der kollektiven Schuld zusammengeschlossen. Sobald er aber erzählt, wie Gott auf den Beschluss des Volkes reagiert, differenziert er innerhalb der gemeinsamen Verantwortung und benennt die Schuldigen: Gott „wurde unwillig und schwor: Kein Einziger von diesen Männern, von dieser verdorbenen Generation,[31] soll das prächtige Land sehen, von dem ihr wisst:

9,4 – 6.7 – 8.22 – 24 versagt hat –, es aber dennoch mit Manna gespeist und mit Gewand und Schuhen versorgt (8,3a*-4). Seine Erziehung mündet also, auch wenn sein Sohn Israel (vgl. Ex 4,22) in der Prüfung versagt, in wunderbarer Güte. Die Zuneigung des Vaters zu seinem Kind ist stärker als seine Gerechtigkeit. Im Zusammenhang der Moserede in Kadesch-Barnea deutet diese Anspielung auf Dtn 8,2 – 5 an, dass Gott trotz der kollektiven Sünde Israels niemals von ihm ablassen würde. Im Rückblick nach 40 Jahren Wüstenaufenthalt kann man somit noch anderes über diese Periode feststellen als die Perspektive aus Kadesch-Barnea zunächst erwarten lässt. Vgl. *Gomes de Araújo*, Theologie der Wüste (wie Anm. 22), 77 – 81, der auch 1,31a als nachträgliche Erweiterung des Textes begründet.
29 *Georg Braulik*, Gott kämpft für Israel. Zur Intertextualität der Deuteronomistischen Landeroberungserzählung mit Exodus 1 – 14, in: Studien zu Buch und Sprache des Deuteronomiums (SBAB 63), Stuttgart 2017, 197– 212, hier 203.
30 *Lohfink*, Darstellungskunst (wie Anm. 20), 30.
31 Die Apposition „von dieser verdorbenen Generation" fehlt in der Septuaginta. Die Ergänzung des Masoretentexts „will die falsche Einschränkung der Strafe auf die Kundschafter vermeiden" (*Timo Veijola*, Das fünfte Buch Mose Deuteronomium Kapitel 1,1–16,17 [ATD 8,1], Göttingen 2004, 30 Anm. 118). Diese späte Einfügung sollte Dtn 1,35 mit Num 14,27– 35 harmonisieren – *Norbert Lohfink*, Canonical Signs in the Additions in Deuteronomy 1.39, in: *Mark A. O'Brien; Howard N. Wallace* (Hg.), Seeing Signals, Reading Signs. The Art of Exegesis. Studies in Honour of Antony F. Campbell, SJ for his Seventieth Birthday (JSOT.S 415), London – New York 2004, 30 – 43, hier 37. Auch sonst unterscheidet

Ich habe geschworen, es euren Vätern zu geben." (V. 34b-35). Mit diesem Strafschwur Gottes läuft der Rechtsakt, der beim Aufbruchsbefehl am Horeb mit der Übereignung des Landes begann (V. 8), jetzt aus. Der Schenkungsakt bedurfte der Annahme durch den Einzug und die Inbesitznahme des Landes. Das hat die Exodusgeneration durch „diese Männer" abgelehnt. Weil aber das den Patriarchen beeidete Versprechen eine einseitige göttliche Selbstverpflichtung ist, kann sie auch durch den fehlenden Vertragswillen des Partners nicht vereitelt werden. Sie muss bei der nächsten Generation wieder wirksam werden. Dafür trifft Gott sofort seine Verfügungen. Kaleb, „der sich ganz hinter Gott gestellt hatte", und Josua, der Nachfolger Moses, „der das Land an Israel als Erbbesitz übergeben wird", sind persönlich unschuldig und werden, obwohl sie zur Auszugsgeneration gehören, in das Land kommen (V. 36 und 38). Ebenso erneuert Gott seine Zusage des Landes für die nächste Generation: „Eure Kleinen[32], von denen ihr sagt: Zur Beute werden sie, und eure Söhne/Kinder, die heute noch nichts von Gut und Böse wissen[33], sie werden

---

das Deuteronomium zwischen Israel als Ganzem und einzelnen Sündern bzw. Sündergruppen in Israel. So wird z. B. nach dem Vortrag des Segen-Fluch-Kapitels Deuteronomium 28 im anschließenden Kap. 29 „all denen, die sich beim Bundesschwur nicht vorbehaltlos auf den anschließenden Jhwh-Dienst verpflichten – ‚Mann oder Frau, Sippe oder Stamm' –, das Eintreten aller Bundesflüche angedroht, die vorher an sich für Israel als ganzes vorgetragen waren (Dtn 29,15 – 20)." (*Norbert Lohfink*, Der Zorn Gottes und das Exil. Beobachtungen zum deuteronomistischen Geschichtswerk, in: Studien zum Deuteronomium und zur deuteronomistischen Literatur V [SBAB 38], Stuttgart 2005, 37– 55, hier 46).

32 Das mit „(eure) Kleinen" wiedergegebene Wort *ṭap* bezeichnet allgemein den „Anhang, Tross", besonders Kleinkinder, aber auch Greise, Frauen, Sklaven und in diesem Sinn „die Kleinen". Im Zusammenhang von 1,39 meint es die nicht wehrfähigen Menschen im Gegensatz zu den in V.35 erwähnten Männern – vgl. *Clemens Locher*, *ṭap*, in: ThWAT III, 372 – 375. Die Unbestimmtheit des Ausdrucks „kein Einziger von diesen Männern" (V.35) dürfte die präzisierenden späteren Ergänzungen in V.39 verursacht haben.

33 Zum Folgenden vgl. *Lohfink*, Canonical Signs (wie Anm. 31), 32 – 37, übernommen von *Carmel McCarthy*, BHQ 5. Commentary on the Critical Apparatus, Stuttgart 2007, 54*f. Der Masoretentext hat den umfangreichsten Text, in der Septuaginta und im samaritanischen Pentateuch fehlen jeweils unterschiedliche Textstücke. Wahrscheinlich haben beide nicht den Masoretentext verkürzt, sondern einen älteren noch kürzeren hebräischen Text unterschiedlich erweitert. Im Einzelnen: Der Relativsatz „von denen ihr sagt: Zur Beute werden sie" fehlt in der Septuaginta und ihrer hebräischen Vorlage in 4QDeut[h]. Der Masoretentext von Dtn 1,39 hat ihn sekundär aus Num 14,31 (vgl. dazu 14,3) übernommen, wo er an „eure Kleinen" anschließt. Dtn 1,39 verdeutlicht damit intertextuell den Zusammenhang mit der Numerierzählung. Die folgende Wendung „und eure Kinder" fehlt in der Septuaginta. Mit dieser Erweiterung lenkt der Masoretentext von Dtn 1,39 den Blick von „diesen Männern" in 1,35 auf das ganze Volk und die verschiedenen Generationen und schafft einen Gegenpol zu den waffenfähigen Männern in 1,41 – 45 (vgl. 2,14). Der in 1,39 anschließende, zweite Relativsatz „die heute noch nichts von Gut und Böse wissen" fehlt im Samaritanus. Ein anderer Ergänzer des Masoretentexts von Dtn 1,39 griff das Verb „wissen, erkennen" aus Num 14,31 auf, wo es

dorthin ziehen, ihnen werde ich es geben und sie werden es in Besitz nehmen"
(V. 39). Damit ist die Landschenkung auf die nächste, die Moabgeneration, die Mose
aktuell anredet, umgebucht. Gott bleibt also bei seinem Eid gegenüber den Erzvätern (1,8). Der Schuldzusammenhang übergreift nicht die Generationen. Durch
beide Ausnahmen begrenzt Gott die kollektive Bestrafung auf die Exodusgeneration,
on, die ihm das Vertrauen versagte. Er schickt sie zurück auf den Weg zum Roten
Meer, damit sie in der Wüste stirbt (V. 40). Mit diesem „Anti-Exodus"[34], der sich literarisch schon in V. 25–32 ankündigt, schließt sich der Kreis von Glauben und
Unglauben, der einst mit dem Auszug aus Ägypten (Exodus 14) begonnen hatte.

Doch gibt es nach dem Aufruhr des Volkes und seiner Verurteilung durch Gott
noch eine zweite Phase der kollektiven Sünde. Denn jetzt tritt ein allgemeiner
Stimmungsumschwung ein. Die Israeliten bekennen zwar, was im Deuteronomium
ganz selten geschieht, ihre Schuld: „Wir haben vor dem HERRN gesündigt". Dieses
„verblüffend wortkarge Sündenbekenntnis"[35] betrifft aber weder den Horebbund
noch die Übertretung seiner Gebote (vgl. dagegen Dtn 9,16.18), sondern den für das
Schicksal des Volkes grundlegenden Auftrag Gottes. Mehr noch: Es pervertiert das
eingestandene Versagen gegenüber dem Willen Gottes und dient dem neuerlichen
Widerstand gegen die Entscheidung Gottes. Die Männer legitimieren nun ihren
Entschluss damit, dass sie sich auf den früheren Gotteswillen berufen: „Doch jetzt
wollen wir hinaufziehen und kämpfen, genauso wie uns der HERR, unser Gott, befohlen hat. Und jeder legte die Waffen an und zog selbstherrlich ins Bergland
hinauf." (1,41). Einen solchen Auftrag zum Kampf, zumal aus eigener Kraft und mit
den eigenen Waffen, hatte Gott nie gegeben. Denn er selbst hatte in Ägypten für die
Israeliten gekämpft (V. 30). Er lässt diesen „Gehorsam zur Unzeit" durch Mose
verbieten, „denn ich bin nicht in eurer Mitte und ihr sollt nicht geschlagen daliegen
vor euren Feinden." (V. 42). Wiederum hört man nicht auf ihn. So schwillt die Sünde
nach der neuerlichen „Auflehnung" (V. 43, vgl. V. 26) und dem nochmaligen Ungehorsam weiter an. Der anschließende eigenmächtige Landnahmeversuch führt zur
Niederlage durch die Amoriter und zur Flucht nach Kadesch. Dort bleibt man viele
Tage V. 46). Schließlich mündet das Geschehen, das am Berg Horeb begann, in einen

---

von „den Kleinen" heißt: „sie werden das Land kennen(lernen)". Die beiden Lexeme „gut" und
„böse" entnahm er den Wendungen „böse Generation" und „gutes Land" in Dtn 1,35 und verband sie
zum Wortpaar „Gut und Böse". Insgesamt dienen diese Ergänzungen in einer späten Phase der
Textgeschichte der Harmonisierung innerhalb der Fabel des fertigen Pentateuchs bzw. der Klärung
in Dtn 1,34–40, wer ins verheißene Land einziehen wird und warum.
34 Vgl. dazu und zum Terminus „Anti-Exodus" *Lohfink*, Darstellungskunst (wie Anm. 20), 28–30.
35 *Lothar Perlitt*, Deuteronomium. 1. Teilband Deuteronomium 1–6* (BKAT V/1), Neukirchen-Vluyn
2013, 123.

sinnlosen, 38 Jahre dauernden Kreislauf aller um das Gebirge Seïr (2,1). Damit wird der zwischenzeitlich verzögerte Gottesbefehl von 1,40 endlich erfüllt.

2.3 Die Schuldverstrickung Moses und der Kundschafter in die Sünde des Volkes

Mose hat sich nicht an der Sünde der Exodusgeneration beteiligt, er ist ihrem Unglauben sogar entgegengetreten. Wodurch wurde er dann mitverantwortlich, ja mitschuldig? Zwar kann er feststellen: „Euretwegen" – also wegen des vorangegangenen Verhaltens des Volkes – „zürnte mir der HERR." Dennoch handelt es sich nicht um eine bloße „Herrscherhaftung", bei der Mose unschuldig in den Tod ginge. Vielmehr wird er in die Verurteilung Gottes eingeschlossen, weil er in die Auflehnung der Israeliten gegen Gott verwickelt ist. „Auch du sollst nicht in das Land hineinkommen" (1,37) impliziert also aufgrund der vorausgegangenen Selbstcharakterisierung Moses durchaus eine Schuldzuweisung. Mose darf zwar die nächste, die Moab-Generation noch ins Ostjordanland führen. Dort aber muss er die Leitung Josua übergeben. Danach wird er angesichts des gelobten Landes sterben. Die kollektive Sünde in Kadesch-Barnea umfasst somit Führung und Volk.

Um die Verflechtung Moses mit Schuld und Schicksal Israels zu verdeutlichen, hat das Deuteronomium die Kundschafteraussendung, wie das Buch Numeri sie schildert, abgewandelt. Der folgende Vergleich setzt keine entstehungsgeschichtlich rekonstruierten Bezüge auf Vorlagen bzw. literarische Abhängigkeiten voraus,[36]

---

[36] Das Deuteronomium kann die bereits in Numeri erzählten Begebenheiten nochmals und anders darstellen, weil mit den Kapiteln 1–3 ein eigenes literarisches Werk beginnt. Mose wählt deshalb aus den Traditionen frei aus, formt sie für seine Aussageabsicht um und erzählt sie neu. Mit seinem Rückblick begründet er in der Kundschaftergeschichte 1,19–46 die Übergabe der Leitung des Volks an Josua sowie die Eroberung des Westjordanlandes unter dessen Führung. S. dazu *Erhard Blum*, The Diachrony of Deuteronomy in the Pentateuch. The Cases of Deuteronomy 1–3 and the Prophetic Tent of Meeting Tradition, in: *Peter Dubovský; Federico Giuntoli* (Hg.), Stones, Tablets, and Scrolls (AB 3), Tübingen 2020, 283–299, hier 285–289. Literarhistorisch gehen z.B. nach *Boorer*, Promise (wie Anm. 24), 386, die Grunderzählung von Numeri 13–14 und die Erweiterung in Num 14,11b-23a bereits Dtn 1,19–2,1* voraus. Zum Vergleich beider Texte s. ebd., 386–398. Mit komplexen Rezeptionsverhältnisse zwischen den Texten rechnet z.B. *Eckart Otto*, Das Deuteronomium im Pentateuch und Hexateuch. Studien zur Literaturgeschichte von Pentateuch und Hexateuch im Lichte des Deuteronomiumrahmens (FAT 30), Tübingen 2000, 62–74. Doch sieht auch er die entscheidenden Abweichungen der Grunderzählung in Deuteronomium 1 von der älteren Erzählung in Numeri 13–14 „durch die Intention des Autors begründet, die ihm vorgegebene Erzählung einer gescheiterten Landnahme zu einem Paradigma mangelnden Vertrauens und Gehorsams zu machen" (63). Das von Otto entwickelte Pentateuchmodell wird von *Ludwig Schmidt*, Die Kundschaftererzählung in Num 13–14 und Dtn 1,19–46. Eine Kritik neuerer Pentateuchkritik, in: ZAW 114 (2002) 40–58, abgelehnt.

sondern beobachtet die Veränderungen, die sich aus einer fortlaufenden Lektüre des Pentateuchs ergeben. Das sprachliche Material aus Numeri erscheint dann im Deuteronomium als Anspielung, die sachliche Unterschiede noch unterstreicht. Wie sieht also der Ich-Erzähler Mose in Deuteronomium 1 vor dem Hintergrund von Numeri 13–14 das, was sich ereignete und seinen Zuhörern bekannt war, und was zeigt sich in seiner narrativen Deutung als der Sinn des Geschehens in Kadesch-Barnea?[37]

Zunächst ist wichtig, dass Numeri 13–14 noch keine Todesansage für Mose enthält. Davon wird erst später beim Wasserwunder in Meriba in Num 20,2–13 erzählt. Dort schlagen Mose und Aaron zwar auf Gottes Geheiß Wasser aus dem Felsen, aber sie „heiligen" Gott nicht, sondern treten als eigenmächtig Handelnde auf. Weil sie Gott nicht trauten, müssen sie außerhalb des Verheißungslandes sterben.[38] Das heißt: Numeri trennt zwischen der Sünde der Kundschafter und der sich steigernden Auflehnung der Gemeinde einerseits und der Sünde von Mose und Aaron andererseits. Außerdem nimmt es diesen Ereignissen ihre Besonderheit. Denn alle Männer, die Gottes Zeichen in Ägypten und in der Wüste gesehen haben, „haben mich jetzt schon zum zehnten Mal auf die Probe gestellt" (Num 14,22). Dagegen konzentriert das Deuteronomium die Sünden der Kundschafter, des Volkes und Moses in einer einzigen, an den Anfang des Buches gestellten „Ursünde". Zur Begründung, warum Mose außerhalb des Verheißungslandes sterben muss, gibt es somit zwei Traditionen, die im Pentateuch an verschiedenen Stellen dokumentiert und erst in Dtn 32,50–51 unmittelbar vor dem Tod Moses miteinander verbunden werden. Im Folgenden stelle ich Numeri 13–14 und Deuteronomium 1 einander im Einzelnen gegenüber.

Nach Num 13,1–20 schickt Mose auf den Befehl Gottes hin zwölf führende Männer aus allen Stämmen mit einem detaillierten Auftrag für die Erkundung

---

Zu einer literarhistorischen und synchronen Lektüre von Num 13–14 vgl. auch *Michael Widmer*, Moses, God, and the Dynamics of Intercessory Prayer. A Study of Exodus 32–34 and Numbers 13–14 (FAT 2,8), Tübingen 2004, 226–280; zu den narrativen Funktionen von Dtn 1 s. zuletzt *Gary Edward Schnittjer*, Kadesh Infidelity of Deuteronomy 1 and its Synoptic Implications, in: JETS 63 (2020) 95–120, hier 105–115.

37 Vgl. *Lohfink*, Narrative Analyse (wie Anm. 18), 71, der die Antwort auf diese Fragen allerdings aus der zweigipfeligen Erzählstruktur von Dtn 1,6–3,29 entwickelt (ebd., 70–73).

38 Nach *Jean-Pierre Sonnet*, Le rendez-vous du Dieu vivant. La mort de Moïse dans l'intrigue du Deutéronome (Dt 1–4 et Dt 31–34), in: NRT 123 (2001) 353–372, hier 358–364, habe Mose in Dtn 1,37 alle Urteile Gottes, die ihm das Betreten des verheißenen Landes verboten, zusammengefasst und mit der Schuld Israels verbunden. Diese massive Fabelversetzung zwischen Numeri und Deuteronomium wäre zwar möglich, doch konnten die Zuhörer Moses sie nicht erkennen. Denn sie wussten weder vom Urteil Gottes über Mose und Aaron in Meriba (Num 20) noch was im Buch Numeri einmal stehen würde.

Kanaans aus. Aus diesem Auftrag Moses wird in Dtn 1,22 der Wunsch des Volkes an Mose, einige Männer vorauszuschicken, um den Weg und die Städte im Land auszukundschaften. Mit dieser Initiative des Volkes und seiner zitierten Bitte beschreibt Mose, wie sich die Sünde anbahnte. Eigentlich konnte sie erst aufgrund seiner zögerlichen Nachgiebigkeit entstehen. Obwohl Gott schon am Horeb das Land an Israel ausgeliefert hatte (Dtn 1,8.21), hielt Mose diese Sicherungsmaßnahme für einen guten Vorschlag (Dtn 1,23). Statt Gott zu befragen entschied er selbst als höchste militärische Instanz und wählte selbst Kundschafter aus.[39] Später wird er darauf verweisen, dass bisher Gott persönlich auf dem Weg vorausging und als Kundschafter vorsorgte (1,33). In seiner weiteren Rückschau rafft Mose Aussendung und Bericht der Kundschafter und spielt ihre Rolle herunter. Denn in Num 13,21–23 durchwandern sie das ganze Land von der Wüste Zin im Süden durch den Negev über Hebron und das Traubental bis Rehov an der Nordgrenze. In Dtn 1,24 ziehen sie nur ins Bergland bis zum Traubental. Auch ihre Botschaft unterscheidet sich, und zwar durch ihre Ausführlichkeit, aber auch in ihrer Funktion. In Num 13,27–33 berichten die Männer zunächst von „einem Land, wo Milch und Honig fließen", wie es Gott einst Mose verheißen hatte (Ex 3,8), verbreiten aber dann das Gerücht: Es „ist ein Land, das seine Bewohner auffrisst". Kaleb versucht zunächst zu beruhigen (13,30); dann widersprechen Josua und Kaleb dieser Verleumdung des Landes (Num 14,7–8). Was die Kundschafter über die Unbezwingbarkeit der Landesbewohner und ihrer Städte äußerten, ist dem Volk nach dem Deuteronomium nicht unbekannt. Denn es zitiert später ihre schlechte Nachricht und übertreibt sie verglichen mit Num 13,28 noch, um auch damit seinen Ungehorsam zu begründen (Dtn 1,28). Aber Mose erzählt sie nicht. Wenn er die Meldung der Kundschafter nach ihrem lobenden Teil abbricht, rückt er dadurch das „prächtige Land" und das Bekenntnis, dass Gott es „uns", also Israel, jetzt schenkt (Dtn 1,25), in den Vordergrund, allerdings wesentlich weniger emphatisch als dies im Bericht der Kundschafter und vor allem im Zeugnis von Kaleb und Josua in Numeri geschieht. Vielleicht spiegelt sich im Deuteronomium in der jeweils wiedergegebenen Hälfte der Kundschafterauskunft auch nur, was jeweils von der eigenen Grundeinstellung her in ihr wahrgenommen worden war. Dass die Israeliten unmittelbar nach dem ermutigenden Urteil der Kundschafter in Panik und Widerstand ausbrechen, lässt ihre Reaktion umso mehr als unverständlich erscheinen. Es hätte doch Anstoß zum Vertrauen sein können. Für die narrative Dramaturgie wichtig ist schließlich, dass Mose auch die Meinungsverschiedenheit zwischen den Kundschaftern verschweigt. Sie hätte

---

[39] Der Wunsch des Volkes und das Verhalten Moses in 1,22–23 lassen sich nicht mit der legitimen Bitte der Ältesten um die Vermittlung der Offenbarung durch Mose und der Zustimmung Gottes und seiner Beauftragung Moses in 5,23–31 parallelisieren – gegen *Otto*, Deuteronomium (wie Anm. 36), 66. S. dazu *Braulik*; *Lohfink*, Sprache (wie Anm. 27), 443 f.

nämlich gezeigt, dass die Sünde zunächst unter den ausgesandten Männern entstand und erst anschließend aufs ganze Volk übergriff. Stattdessen rückt Mose allein das Volk und seine Weigerung, die sein Murren und seinen Rückkehrwunsch nach Ägypten in Num 14,1–4 übertrifft, ins Rampenlicht. Die Israeliten verleumden nicht wie fast alle Kundschafter das Land (Num 13,32), sondern die Führung Gottes (Dtn 1,27). Mose deutet diese Sünde als die gleiche Schuld: „Ihr habt dem HERRN, euren Gott, nicht vertraut." (Dtn 1,32). Dieser Unglaube betrifft nur das Verhalten Israels seit der Rückkehr der Kundschafter, nicht die gesamte Wüstenwanderung oder einzelne Ereignisse in dieser Zeit. Während nämlich das Misstrauen Israels nach der Beurteilung Gottes in Num 14,11 generell sein Verhalten von Ägypten an bestimmt, verbindet es Mose in Dtn 1,32 spezifisch mit Kadesch-Barnea. Auf die beiden unterschiedlichen Konzeptionen von Ort und Zeit des Unglaubens in Israels Wüstenzeit werde ich später noch eingehen. Nochmals erwähnt sei, dass nach dem priesterschriftlichen Text Num 20,12 der Unglaube die Sünde der geistlichen Führer Mose und Aaron ist, die (was das Volk nicht weiß) in Meriba zum Ausschluss beider aus dem Land führt. Am Ende der deuteronomischen Kundschaftergeschichte fehlt die Fürbitte Moses, das Volk nicht auszurotten, wie sie Num 14,13–19 erzählt. Als Fürbitter tritt Mose im Deuteronomium nur Dtn 9,26–29 am Horeb auf, wo Israel sein Gottesverhältnis gebrochen und sich ein Kalb gegossen hatte.[40] Die abschließende Ungehorsamsgeschichte vom misslungenen Eroberungsversuch in Dtn 1,41–45 entspricht weithin Num 14,40–45. Insgesamt wird das Volk im Deuteronomium noch ablehnender kritisiert als in Numeri.

Schließlich werden auch die Kundschafter, die im Deuteronomium nur im Hintergrund stehen, wie Mose in die Bestrafung des Volkes, genauer: der Exodusgeneration, einbezogen. In Dtn 1,28 klagen die Israeliten angesichts ihrer schlechten Nachricht: „Unsere Brüder haben uns das Herz zerschmolzen". Sie sind als „Brüder" Teil des Volks und werden zusammen mit „diesen Männern, dieser verdorbene Generation," bestraft (Dtn 1,35). Dagegen sterben nach Num 14,36 die ausgeschickten Männer, die „nach ihrer Rückkehr die ganze Gemeinde zum Murren verführt hat-

---

[40] *Lohfink*, Darstellungskunst (wie Anm. 20), 27 f., verweist darauf, dass die Mosefürsprache die Sünde des Volkes „nicht im Vorblick auf die Landnahme, sondern im Rückblick auf die Wüstenwanderung und Sinaioffenbarung bestimmt" und die Geschichte trotz der verhängten Strafen „zu einer Offenbarung der göttlichen Langmut und Treue" wird. An die Stelle der Mosefürsprache tritt die Moserede Dtn 1,29–33, die aber an die Erzählung vom Meerwunder zurückgebunden ist (ebd., 29 f.). Nach *Boorer*, Promise (wie Anm. 24), 363–369, setzt die Fürsprache Moses in Dtn 9,12–14.26–29 literarhistorisch bereits Ex 32,7–14 und Num 14,11b-23a voraus. Dagegen hält *Vincent Sénéchal*, Quel horizon d'écriture pour Nb 14,11–25? Essai de sondage des soubassements de cette péricope, in: *Thomas Römer* (Hg.), The Books of Leviticus and Numbers (BEThL CCXV), Leuven 2008, 609–629, hier 626, Dtn 9,12–14.26–29 aufgrund seiner Geschlossenheit und Einpassung in den Kontext für den ältesten der drei Fürsprachetexte.

ten", an einer eigenen Plage. Aus dem Verantwortungsgeflecht ausgenommen ist
nur Kaleb, der aber im Deuteronomium nicht wie in Num 13,30 als Kundschafter
auftritt. Ähnliches gilt nach Num 14,38 auch von Josua. Kaleb und Josua bleiben also
außerhalb der Sünde des Kollektivs und haften auch nicht für sie (Num 14,30.38;
Dtn 1,36.38).

2.4 Die „Ursünde" Israels als Kollektivschuld

Die Sünde des Volks wird zu Beginn des Buches Deuteronomium vor allem durch
zwei Wendungen charakterisiert: „sich auflehnen gegen den Mund des HERRN"
(mārāh Hifil 'æt pî JHWH) und „nicht auf den HERRN vertrauen" bzw. „ihm [nicht]
glauben" ('āman Hifil bᵉJHWH). Beide Ausdrücke bezeichnen in diesem Kontext ein
Urereignis der Sündigkeit Israels. Es sind Verhaltensmuster, die zwar nicht vererbt,
aber als Paradigma von der Gesellschaft Israel in der späteren Geschichte wie=
derholt werden. Vor allem im fehlenden Vertrauen, Glauben, als der urtypischen
Sünde haben alle anderen Sünden Israels ihre Wurzel.

2.4.1 Auflehnung gegen Gott

Bei mārāh geht es in der Hebräischen Bibel nicht bloß um eine „seelische Grund=
haltung" der „Widerspenstigkeit" oder um die Einstellung „trotziger Opposition"[41],
sondern um eine wissentlich und willentlich vollzogene Entscheidung zu einer die
Gemeinschaft zerstörerischen Handlung, die sogar zu einer festen Verhaltensweise
werden kann. Ihr ursprünglicher Haftpunkt dürfte die Familie sein. Vor allem das
Gesetz Dtn 21,18–21 über den „störrischen und sich (gegen Vater und Mutter) auf=
lehnenden Sohn" lässt auf eine geprägte Wortverbindung mit rechtlicher Relevanz
schließen. Gemeint ist ein „völlig irrationales und nicht zu erwartendes Nein ge=
genüber einer etablierten und auch sinnvoll fordernden, ja fürsorglichen Autori=
tät"[42]. Für einen staatlichen Umsturz wird das Verb nicht gebraucht. Deshalb ist
seine Wiedergabe durch „rebellieren, revoltieren", die einen politischen oder mi=
litärischen Aufruhr assoziieren lässt, ungeeignet. Die Familienvorstellung wird bei
den Propheten Hosea, Jesaja und Jeremia auf das Gottesverhältnis Israels über=
tragen. Überhaupt ist es an den meisten Stellen eine kollektive Größe wie das Volk,
das „Haus Israel", „unsere Väter", die gegen Gott bzw. seine Worte aufbegehrt. Weil

---

41 Gegen *Rolf Knierim*, mrh widerspenstig sein, in: THAT I, 928–930, hier 928.
42 *Gomes de Araújo*, Theologie der Wüste (wie Anm. 22), 194 f.

damit ein festes gesellschaftliches Gemeinschaftsverhältnis grundsätzlich in Frage gestellt und öfters mit dem Tod geahndet wird, dürfte die Übersetzung durch „sich widersetzen" oder „nicht gehorchen" zu schwach sein. Am besten passt „sich auflehnen".

Weil sich gewöhnlich eine Gesellschaft oder Gruppe gegen Gott „auflehnt", verdient die Geschichte vom Wasser aus dem Felsen in Numeri 20 spezielles Interesse. Wir sind schon beim Vergleich der zwei Kundschaftererzählungen auf sie gestoßen. Im Zusammenhang mit dieser priesterschriftlichen Erzählung von der Wasserspende wird kollektives mit individuellem Verhalten, nämlich die Sünde des Volkes mit der seiner beiden Führer, als Auflehnung gegen Gott verbunden. Analoges gilt übrigens auch für die später zu besprechende Sünde des Unglaubens, die Israel und Mose betrifft. In Meriba, das heißt „Streit", sagt Mose zusammen mit Aaron zum meuternden Volk: „Hört doch, ihr Auflehnigen! Aus diesem Felsen hier sollen wir euch Wasser herausfließen lassen?" (20,10). Gott bezeichnet diese Sünde als Unglauben (20,12a). Weil Mose und Aaron ihm nicht vertraut haben, dürfen die beiden Israel nicht ins Land führen (20,12b). Vor dem Tod Aarons (20,24) und bei der Ankündigung von Moses Tod (27,14) greift Gott dann ihre zornige Anrede des Volks aus 20,10 auf und sagt über die Sünde beider, sie hätten sich „gegen seinen Mund aufgelehnt (*mārāh* Qal)".

Die zwei Wendungen „sich auflehnen gegen den Mund des HERRN"[43] und „in Auflehnung gegen den HERRN sein"[44] könnten, wo sie *mārāh* Hifil verwenden, erst vom Deuteronomium eingeführt worden sein. Hier verbinden sie sich noch mit anderen Sündenverben: „nicht gewillt sein" (1,26), „nicht hören (auf die Stimme des HERRN)" (1,43; 9,23); „dem HERRN nicht vertrauen" (9,23; vgl. 1,32); „vermessen handeln" (1,43). Außerdem schafft sich die Auflehnung ihre Rechtfertigung durch eine Verleumdung Gottes: „Weil er uns hasst, hat er uns aus Ägypten geführt. Er will uns in die Gewalt der Amoriter geben, um uns zu vernichten." (1,27).

Mose betrachtet in 1,26 die Weigerung des Volkes, von Kadesch-Barnea aus ins Bergland der Amoriter hinaufzuziehen, als das Urereignis der „Auflehnung" Israels „gegen den Mund des HERRN". Die Formulierung wird hier erstmals im Pentateuch mit *mārāh* Hifil gebraucht. Sie erreicht ihren zweiten Höhepunkt in 1,43, wo sich Israel „gegen den Mund des HERRN", nämlich jetzt gegen sein Verbot hinaufzuziehen und zu kämpfen (1,42), „auflehnt". Die Kundschaftererzählung wird somit durch die Wendung in 1,26 und 1,43 gerahmt. Schon diese Form zeigt, welches Gewicht das Vergehen von Kadesch-Barnea hat. „Sich gegen den Mund des HERRN auflehnen"

---

43 Die Wendung ist vor allem im „deuteronomistischen Geschichtswerk" belegt: mit *mārāh* Hifil in Dtn 1,26.43; 9,23; Jos 1,18; 1 Sam 12,14; gleichbedeutend mit *mārāh* Qal in Num 20,24; 27,14; 1 Sam 12,15; 1 Kön 13,21.26; (Klgl 1,18).
44 Belege stets *mārāh* Hifil Partizip *'im JHWH* in Dtn 9,7.24; 31,27.

findet sich im Deuteronomium nochmals im Kurzresümee der Kundschafterge-
schichte 9,23, wo Mose im Zusammenhang mit dem Sündenfall am Horeb auf die
Ereignisse in Kadesch-Barnea zurückkommt. Im Kontext der Erzählung über die
Verfehlung am Horeb (9,8 – 21) wird die zweite Wendung „in Auflehnung gegen den
HERRN sein" in 9,7 und 24 gebraucht. Mit ihr deutet Mose die gesamte Wüstenpe-
riode als eine Zeit ständigen Sündigens Israels. Er kündigt seinen Geschichtsbeweis
in 9,7 an: „Von dem Tag an, als du aus Ägypten auszogst, bis zur Ankunft an diesem
Ort wart ihr in Auflehnung gegen den HERRN". Dann behandelt er ausführlich die
Horebsünde.[45] An sie schließt eine Aufzählung anderer Orte an, an denen Israel in
der Wüste „die Ungnade Gottes provozierte" (zur Formulierung vgl. 9,7.8 mit 1,34).
Die Ortsnamen „Tabera" („Feuerbrand" [des Gotteszorns]), Massa („Erprobung"
[Gottes]) und Kibrot-Taawa" („Giergräber" [Israels]) in 9,22 sind sprechend und
benennen die Vielfalt der Vergehen Israels. Nach der Sünde von Kadesch-Barnea
(9,23) fasst 9,24 alles zusammen: „Ihr wart in Auflehnung gegen den HERRN seit ich
euch kenne." Deshalb stellt Mose gegen Ende des Buches im Blick auf die Zukunft die
bange Frage: „Schon jetzt, wo ich noch unter euch lebe, wart ihr (stets) in Auflehnung gegen den HERRN. Was wird erst nach meinem Tod geschehen?" (31,27).

Die Verwendung der Sündenterminologie mit *mārāh* Hifil zeigt, dass die Auflehnung Israels in Kadesch-Barnea, an die Mose in seiner ersten Rede erinnert, kein
einmaliger Vorfall innerhalb der 40 Jahre Wüstenzug war. Doch wird im Rückblick
deutlich, dass in diesem Ereignis am Buchanfang erzählerisch schon alles zusammengefasst ist, was in den verschiedenen Phasen der Wanderung immer wieder geschah oder sich als Verhalten dauernd durchhielt. Die Auflehnung des Volkes in
Kadesch-Barnea, die mit dem Verb *mārāh* Hifil in 1,26 einsetzt, konkret mit der
Weigerung, in das verheißene Bergland zu ziehen, bildet somit zusammen mit
ʾāman Hifil, dem fehlenden Vertrauen auf Gott, narratologisch eine Art „Ursünde".
Darüber hinaus steht „Auflehnung" für die Gesamtgestalt der Sünden Israels.[46]

2.4.2 Unglaube, verweigertes Vertrauen auf Gott

Anders als die „Auflehnung" bezeichnet der „Unglaube", das „verweigerte Vertrauen auf Gott", im Deuteronomium ausschließlich die Sünde in Kadesch-Barnea.

---

45 Nur in Dtn 9,16 findet sich wie in 1,41 die Feststellung, dass die Israeliten sich „am HERRN ver-
sündigt haben" (*ḥāṭāʾ lJHWH*).
46 Vgl. *Georg Braulik,* „Sich auflehnen" (*mrh* Qal / Hifil) gegen Gott und ihn „auf die Probe stellen"
(*nsh* Piel). Zu einer Geschichtstheologie kollektiven Unglaubens, in: *Hans Ulrich Steymans,* (Hg.), Das
Deuteronomium. Beiträge zu seiner Theologie, Literar- und Wirkungsgeschichte (AThANT 112),
Zürich 2024, 11 – 39.

Das Volk spricht Gott angesichts möglicher Widerstände die Fähigkeit ab, es in das „prächtige Land" führen zu können, ja verleumdet sogar seine Absicht. In Dtn 1,32 stellt Mose fest, wie sich die Israeliten auf seine Ermutigungsrede, die er in 1,29b-31 selbst zitierte, verhielten: „Trotz dieses Wortes bliebt ihr solche, die nicht auf den HERRN, euren Gott, vertrauten (*'ênkœm ma'amînim bJHWH ʷlohêkœm*)." Nach der hebräischen Syntax macht der partizipiale Zustandssatz dieses Verses eine ergänzende Hintergrundaussage. Sie trifft „auf einen schon zustande gekommenen und auch durch Moses Intervention jetzt nicht zu ändernden Zustand des Volkes [...] Der Unglaube hatte auch schon im Verhalten des Volkes in V. 26–28 gesteckt. Er blieb weiterhin bestehen, auch Moses ‚Wort' prallte an ihm ab."[47] Die partizipiale Formulierung lässt aber nicht auf „wiederholte, andauernde Mißtrauensakte"[48] schließen. Sie unterscheidet sich vom durativen bzw. iterativen Imperfekt in Num 14,11 und damit „von der ständigen Reaktion Israels auf Gottes ständigen Beistand von Ägypten bis Kadesch-Barnea"[49], nämlich seinem Unglauben während der ganzen Wüstenzeit. Dort sagt Gott angesichts der Empörung der Israeliten nach der Kundschafterauskunft zu Mose: „Wie lange noch verachtet mich dieses Volk und wie lange noch wollen sie nicht an mich glauben (*lo' jaʷmînû bî*) trotz all der Zeichen, die ich mitten unter ihnen vollbracht habe?" Der Unterschied wird auch von Dtn 1,34 bestätigt. Denn hier reagiert Gott ausschließlich auf die Sünde in Kadesch-Barnea, nicht auf eine Gesamtheit von Wüstensünden.

Die Einmaligkeit des Unglaubens zeigt sich nochmals, wenn das Deuteronomium im Zusammenhang mit dem Bundesbruch am Gottesberg Horeb in 9,8.22–23 die verschiedenen Sünden Israels in der Wüste aufzählt und in V. 7b und 24 die Gesamtzeit überblickt. Während aber V. 22 drei Sündenorte anführt, geht es in V. 23 nur um die Sünde in Kadesch-Barnea: „Als der HERR euch von Kadesch-Barnea aussandte mit dem Befehl: Zieht hinauf und nehmt das Land in Besitz, das ich euch gegeben habe!, da lehntet ihr euch gegen den Befehl der HERRN, eures Gottes, auf und trautet ihm nicht (*wʷlo' hæʷmantœm lô*) und hörtet nicht auf seine Stimme." Das Vergehen besteht zwar wie die übrigen Wüstensünden auch in „Auflehnung" (vgl. oben). Doch richtet sie sich nur in Kadesch-Barnea gegen einen Befehl Gottes und ist hier zugleich Unglaube.

„In Kadesch-Barnea hat der Unglaube für eine ganze Generation die Verheißung verspielt, und das Geschehen hat für Israel so etwas wie Ursündencharak-

---

47 *Norbert Lohfink*, Israels Unglaube in Kadesch-Barnea (Dtn 1,32) und die Enneateuchhypothese, in: *Jean Noël Aletti; Jean Louis Ska* (Ed.), Biblical Exegesis in Progress. Old and New Testament Essays, Rom 2009, 33–65, hier 49. Zur Diskussion der Referenz von „dieses Wort" s. ebd., 41–46, zur oben wiedergegebenen Übersetzung ebd., 43.
48 Gegen *Perlitt*, Deuteronomium (wie Anm. 35), 111.
49 *Lohfink*, Israels Unglaube (wie Anm. 47), 44, hier auch zum Folgenden.

ter."[50] Das Gott verwehrte Vertrauen bildet sogar eine Art Motivrahmen um die an das Deuteronomium anschließende Geschichtsdarstellung der Vorderen Propheten, also der Büchergruppe Josua bis 2 Könige. Denn der einzige Beleg des Verbs „vertrauen, glauben" ('āman Hifil) steht in einem Urteil über das Verhalten Israels und Judas während der gesamten Königszeit. Obwohl Gott die Israeliten „durch alle seine Propheten, durch alle Seher" warnte und zur Umkehr rief (2 Kön 17,13), „wollten sie nicht hören, sondern versteiften ihre Nacken, wie ihre Väter, die nicht auf den HERRN, ihren Gott, vertrauten." (V. 14).[51] Somit stehen auch Nord- und Südreich, solange sie existierten, unter dem gleichen Verdikt wie das Volk in der Wüste.[52]

3 Gottes Gerechtigkeit und die Vergeltung von Kollektivschuld

Die Kundschaftergeschichte bildet keinen narrativen Diskurs über Gottes Gerechtigkeit und Barmherzigkeit, in dem wie in der Erzählung vom Bundesschluss am Horeb das Strafgericht Gottes aufgrund der Fürbitte Moses einfach aufgehoben wird. Von Gerechtigkeit wird zwar nicht gesprochen. Doch wird das Handeln Gottes vom juristischen Akt seiner Schenkung des verheißenen Landes an das ganze Volk bestimmt, dessen Annahme aber von „diesen Männern, dieser verdorbenen Generation" verweigert wurde. Die göttliche Selbstverpflichtung gegenüber den Patriarchen kann daher erst bei der nächsten Generation wirksam werden, das heißt: nach dem Tod der sündigen Generation.

Vincent Sénéchal, der die Sünden gegen Gott und ihre Folgen im Deuteronomium bisher am eingehendsten untersucht hat, bezeichnet die Sünde in Kadesch-Barnea als „une ‚faute originelle'".[53] Sie unterscheide sich von den übrigen rund achtzig Sündenbelegen des Buchs durch die folgenden Kennzeichen:

---

50 *Lohfink*, Israels Unglaube (wie Anm. 47), 34.

51 Auch die kollektiven Schuldbekenntnisse Dan 9,6.10; Neh 9,26.30 erinnern an die Propheten. Damit wird für die historischen Katastrophen, insbesondere für den Zusammenbruch 587/86 v. Chr., der Nachweis erbracht, „dass es damals auch Alternativen gegeben hätte. Die vergangene Geschichte ist nicht blind oder naturwüchsig auf das schlimme Ende hingelaufen. Es gab immer auch welche, die die Sache anders gesehen haben und den Lauf der Geschichte in eine andere Richtung bringen wollten. Man hat nur nicht auf sie gehört" (*Kessler*, Schuldbekenntnis [wie Anm. 15], 39).

52 Zur Theologie des Glaubens im Pentateuch und in Geschichtsresümees s. *Georg Braulik*, Glauben und Vertrauen in der Gründungsgeschichte Israels. Zum theologischen Gebrauch von 'āman Hifil in der Tora, in: FZPhTh 68 (2021) 117–132 und 537–561.

53 *Vincent Sénéchal*, Rétribution et intercession dans le Deutéronome (BZAW 408), Berlin 2009, 134.

elle est l'objet d'un long récit, elle est une des rares fautes à être ancrée dans la structure narrative du livre, elle est l'unique faute qualifiée par un manque de foi envers Yhwh (racine 'mn), elle fait l'objet de 'réverbérations' dans le reste du livre et, enfin, la sanction qu'elle entraîne est d'une ampleur inégalée depuis le récit du déluge.[54]

Hinter der zuletzt genannten Besonderheit steht die These: „Au plan d'une lecture synchronique du Pentateuque, la faute de Cadès Barnea se présente donc, à la suite de Gn 3 et Gn 6 – 9, comme une discontinuité qui enclenche un nouveau début de l'histoire d'Israël."[55] Diesen Zusammenhang des Neubeginns der Geschichte im Deuteronomiums bzw. in den Büchern Deuteronomium – Josua mit der Urgeschichte am Anfang der Genesis möchte ich zunächst noch weiter ausführen.

3.1 Paradies und Sündenfall

Im vorliegenden Masoretentext von Dtn 1,39 verheißt Gott, dass „eure Kinder, die heute noch nichts von Gut und Böse wissen", in das ihnen geschenkte Land hineinkommen und es in Besitz nehmen werden. Der Satz ist textkritisch – darauf wurde schon aufmerksam gemacht – eine spätere Erweiterung. Er bringt in den unmittelbaren Kontext zunächst den Generationenaspekt ein, genauer die Schuldlosigkeit der jüngeren Generation, weil sie keine moralischen Entscheidungen treffen kann. Denn die im Alten Testament äußerst seltene Wendung „Gut und Böse erkennen" meint in einer ähnlichen Formulierung in Jes 7,15.16 den Eintritt ins unterscheidungsfähige Alter bzw. die davor bestehende ethische Unzurechnungsfähigkeit.[56] Vor allem aber dient die Wendung in Dtn 1,39 einer innerpentateuchischen Intertextualität zur Erzählung über Paradies und Sündenfall in Genesis 2 – 3.[57] Nur hier findet sich nämlich der exakt gleiche Wortlaut wie in Dtn 1,39. So steht im Garten der Baum „der Erkenntnis von Gut und Böse" (2,9). Auch verspricht die Schlange der Frau: „ihr werdet wie Gott und erkennt Gut und Böse" (3,5). Und Gott begründet die Vertreibung aus dem Garten Eden damit, dass „der Mensch wie einer

---

54 Ebd., 137.

55 Ebd.

56 Vgl. ebd., 143 Anm. 41. *Nathan S. French*, A Theocentric Interpretation of *hdᶜt ṭwb wrᶜ*: The Knowledge of Good and Evil as the Knowledge for Administering Reward and Punishment (FRLANT 283), Göttingen 2021, 25 – 74, bietet einen forschungsgeschichtlichen Überblick über die Erklärung der Wendung. Für die Paradiesesgeschichte ergibt seine Untersuchung, „humans are enabled, through the acquisition of *hdᶜt ṭwb wrᶜ*, to employ the whole process of retribution in human society and in the world, i.e., the doing of justice in the earth. In essence, they become ‚judges', like Yhwh" (152).

57 Zum Folgenden vgl. *Lohfink*, Canonical Signs (wie Anm. 31), 40 f.

von uns geworden ist, dass er Gut und Böse erkennt" (3,22). Wenn die späte Erweiterung in Dtn 1,39 die Wendung aufnahm, sollte vielleicht gar nicht die Bedeutung aus Genesis 2 – 3 insinuiert, sondern auf die beiden Kapitel über den Verlust
des Gartens verwiesen werden.

> It is suggested that the initial situation for the generation that is to reach the promised land may
> be compared with that of the first human couple. The entry into the promised land becomes the
> mirror image of their placement in paradise and obverse of their expulsion from paradise. A
> thematic parallel, in part synonymous, in part antithetical, is established between the story of
> Paradise and the Fall on the one hand and the whole complex of Deuteronomy – Joshua on the
> other. It can be pursued in every possible direction by the reader. The author of the gloss does
> not relieve the reader of the effort required, he merely signals what is possible via the inter-
> textual markers.[58]

Das Kontrastbild von Genesis 2 – 3 kann helfen, die eigene Situation in den umfassenden Zusammenhang der Geschichte mit Gott einzuordnen.

3.2 Wem ist das Betreten des Landes verwehrt?

Das Deuteronomium denkt in Rechtskategorien auch dort, wo es theologisch argumentiert. Es verdeutlicht deshalb im Verlauf des Textes, wen der Schwur Gottes
in Dtn 1,35 eigentlich meint.[59] Teilweise erfolgte diese zunehmende Präzisierung
auch in textkritisch erhebbaren Erweiterungen. Ich skizziere im Folgenden den
Prozess der genaueren Bestimmung derer, die wegen der kollektiven Sünde das
Land nicht betreten werden. Nach dem vorliegenden V. 35 sind es „diese Männer, die
verdorbene Generation". Im ursprünglichen Text des Verses traf Gottes Strafschwur
nur „diese" – also bereits bekannte – „Männer". Die später ergänzte Apposition
„diese verdorbene Generation" schloss das mögliche Missverständnis aus, es handle
sich bloß um die Kundschafter (vgl. 1,22 „Männer").[60] Es geht um diejenigen, die sich
dem Befehl Gottes entzogen. Das Strafwort Gottes in Num 14,29 expliziert: „Jeder
von euch, der gemustert worden ist, wird sterben, alle Männer von zwanzig Jahren
aufwärts, die über mich gemurrt haben." Das sind die „waffenfähigen Männer", von
denen später Dtn 2,14 spricht. Von der Verurteilung nicht betroffen ist nach Dtn 1,39
ausdrücklich der wehrlose „Tross". Ein späterer Zusatz ergänzt eine (zumindest
teilweise) semantisch unterschiedliche Größe: Es sind auch „eure Söhne/Kinder, die
heute noch nichts von Gut und Böse wissen", also die Unmündigen der nächsten

---

58 Ebd., 41.
59 Vgl. *Sénéchal*, Rétribution (wie Anm. 53), 140–144.
60 Vgl. z. B. *August Dillmann*, Numeri, Deuteronomium und Josua (KeH 13), Leipzig ²1886, 239.

Generation. Doch wird über sie nichts von dem gesagt , was auf die Parallele Num 14,31 dann in den V. 33–34 folgt: „Eure Söhne werden in der Wüste 40 Jahre lang Hirten sein und eure Hurerei tragen müssen, bis eure Leichen vollzählig sind in der Wüste. Nach der Zahl der Tage, die ihr das Land erkundet habt, vierzig Tage, ein Jahr für jeden Tag, werdet ihr eure Schuld tragen müssen, vierzig Jahre lang". Straft Gott in Numeri also nicht nur kollektiv, sondern auch generationenübergreifend?[61] Das Gewicht der Aussage liegt allerdings auf dem Tod der Sündergeneration in der Wüste, während die Leiden der zweiten Generation wahrscheinlich bloß erwähnt werden, um die Schwere der Bestrafung zu unterstreichen, nicht aber, um auch die „Söhne" als ebenfalls Bestrafte zu kennzeichnen. Auch die Verschiedenheit der Objekte, die zu tragen sind, – „Hurerei" bzw. „Schuld" –, spricht dafür, dass die Tat der ersten Generation bei der zweiten nicht in ihrem Schuldcharakter zum Tragen kommen soll, sondern die „Söhne" nur den Folgen der Schuld der „Väter" ausgeliefert sind.[62] Das Deuteronomium überspringt das Geschick der zweiten Generation während des Wüstenaufenthalts und bringt sofort den Befehl Gottes zur Rückkehr in der Wüste in Richtung Rotes Meer (Dtn 1,40), von wo man gekommen war (Ex 15,22). In neuerlichem Ungehorsam will man nun tun, was man im Unglauben verweigert hatte: die „Kriegswaffen" umgürten und gegen den ausdrücklichen Befehl Gottes ins Bergland ziehen, um „zu kämpfen" (Dtn 1,41.42). Diese Personengruppe[63], die durch Kriegs- und Kampfterminologie charakterisiert wird, dürfte Dtn 2,14 als „die ganze Generation der waffenfähigen Männer" bezeichnen, die in der Wüste aussterben musste (vgl. Num 14,29). Damit ist dann endgültig geklärt, welchem Kollektiv innerhalb des ganzen Volkes die Vergeltung Gottes galt.

---

61 Vgl. *Sénéchal*, Rétribution (wie Anm. 53), 154: „en Nombres, la punition est explicitement interprétée comme transgénérationelle; en Deutéronome, elle paraît – en l'absence d'indication contraire – uniquement générationelle."

62 *Horst Seebass*, Numeri. 2. Teilband Numeri 10,11–22,1 (BKAT IV/2), Neukirchen-Vluyn 2003, 90. Im Unterschied zu Ez 23,25–27, wo die Nachkommen der Hure Oholiba (Jerusalem) durch das Schwert fallen, haben die „Hirten" in Num 14,33 eine Zukunft (123 f.).

63 Das mit „Generation" übersetzte Lexem *dôr* kann eine „Versammlung, Gemeinschaft, Gruppe", „die Nachkommen" und am gebräuchlichsten „ein Geschlecht, eine Generation" bezeichnen – *Gerhard Johann Botterweck*, *dôr*, in: ThWAT II, 181–194, hier 184 f. In 1,35 und 2,14 dürfte aufgrund des Kontextes die kampfesfähige Personengruppe „im Volk" (2,16) gemeint sein – vgl. z. B. *Carl Steuernagel*, Das Deuteronomium (HK I 3/1), Göttingen ²1923, 58, der den Ausdruck „waffenfähige Männer" als „einschränkende Apposition" bezeichnet. An den übrigen Stellen des Deuteronomiums wird *dôr* dagegen für „Generation" gebraucht. Zur Diskussion vgl. *Sénéchal*, Rétribution (wie Anm. 53), 140 f. und Anm. 31.

3.3 Wie wird die kollektive Sünde bestraft?

Das Strafurteil Gottes in Dtn 1,35 spricht nur davon, dass keiner von „diesen Männern, dieser verdorbenen Generation, das prächtige Land sehen soll". Das besagt bloß, dass sie in der Wüste sterben werden. Nähere Umstände werden nicht genannt. Dass sich der Schwur Gottes von V. 35 erfüllte, stellt erst die feierlich nachgeholte Erzählung in 2,14–16 fest. Die ganze Periode des Wüstenzugs erweist sich dabei zwar als Strafzeit. Aber sie schuf die notwendige Voraussetzung dafür, dass sich die alte Verheißung der Landnahme erfüllen konnte. Nach dem Aufbruch von Kadesch-Barnea brauchte es achtunddreißig Jahre Wanderung, „bis die ganze Generation der waffenfähigen Männer vollständig im Lager gestorben war" (2,14; vgl. V. 16). War das ein bloß menschliches Schicksal? Dem natürlichen Tod während des langen Wüstenaufenthalts stellt sich ein numinoses Eingreifen Gottes entgegen: „Und auch die Hand des HERRN war gegen sie, um sie aus dem Lager völlig hinwegzuraffen (*lᵉhummām*)" (V. 15). Die einleitende Partikel kann als das einfache Sterben einschränkend („und auch") oder es als göttliches Strafhandeln erläuternd („auch so") verstanden werden.[64] Das mit „wegraffen" übersetzte hebräische Verb *hāmam* gehört wie die Ausdrücke „Kämpfer" und „Lager" zum Kriegsvokabular und bezeichnet eine von Gott hervorgerufene „panische Bestürzung". Dabei gilt der „lähmende Schrecken" gewöhnlich dem feindlichen Kriegslager – z.B. in Ex 14,24 dem der Ägypter, hervorgerufen durch den Blick des HERRN aus der Wolken- und Feuersäule, oder in Dtn 7,23 den überlegenen feindlichen Völkern des Landes.[65] Dagegen bezeichnet das Verb in Dtn 2,15 eine der Sünde entsprechende „kriegerische" Bestrafung der „waffenfähigen Männer" Israels. Konkret konnte man bei der „Hand des Herrn", die sie bewirkte, an verschiedene aufreibende Plagen denken (vgl. z.B. Num 14,12.37). Sie bleiben ganz im Rahmen geschichtlicher Erfahrungen, die als göttliche Strafe interpretierbar sind. Zugleich verhindern sie eine „schleichende Normalität" des allmählichen Aussterbens und verdeutlichen die bestehende Unheilssituation für die Schuldigen, weil ja auch die anderen Israeliten in den strafweise verfügten Aufenthalt in der Wüste eingebunden sind.

---

64 *William L. Moran*, The End of the Unholy War and the Anti-Exodus, in: Bib. 44 (1963) 333–342, hier 338 f. *Veijola*, Das fünfte Buch Mose (wie Anm. 31) 49, und *Sénéchal*, Rétribution (wie Anm. 53), 139 f., sehen in „und auch" eine für literargeschichtliche Nachträge typische Anknüpfungspartikel, mit der eine theologische Reflexion ergänzt wird. Sie kennzeichne den Tod in der Wüste im Anschluss an den Schwur Gottes (2,14b wie 1,35) ausdrücklich als göttliche Ahndung.
65 *Hans-Peter Müller*, hmm hwm mᵉhûmāh, in: ThWAT II, 449–454, hier 450.

3.4 Eine gerechte kollektive wie individuelle Vergeltung

Die vorausgegangene Auslegung der Kundschaftergeschichte hat verschiedene Kollektive innerhalb von Israel festgestellt. „Diese Männer, diese verdorbene Generation" bzw. „die ganze Generation der waffenfähigen Männer" wurden für schuldig befunden und dürfen das Verheißungsland nicht betreten. Dagegen sind „der Tross" und „die Söhne" unschuldig und werden von einer Bestrafung ausgenommen. Dennoch müssen auch sie achtunddreißig Jahre in der Wüste bleiben. Zu diesem jeweils gemeinsamen Geschick kommen noch die unterschiedlichen Einzelschicksale von Mose, Kaleb und Josua. Die komplexe Wirklichkeit der Schuld innerhalb des Volksganzen, bei der ein Teil der Mitglieder persönlich unschuldig ist, verlangt also eine Differenzierung, wenn man nach der Gerechtigkeit Gottes bei der Bestrafung einer Kollektivschuld und bei einer generationenübergreifenden Haftung fragt. Sie hängt eng mit dem Verhältnis von Einzelpersönlichkeit und kollektiver Identität in der Gesellschaft Israels zusammen.[66] Sénéchal knüpft an den kritisch diskutierten Schlüsselbegriff *„corporate personality"*[67] an und schlägt vor, zwischen einer *„rétribution corporative"* und einer *„rétribution collective"* zu unterscheiden.[68] Die korporative Vergeltung rechne mit der Solidarität einzelner oder einer Gruppe, die aufgrund der Schuld anderer mit der ganzen Gesellschaft bestraft bzw. wegen des Verdienstes anderer zusammen mit ihr belohnt werden, während die kollektive Vergeltung alle aufgrund ihrer Zugehörigkeit treffe. Neben der korporativen bzw. kollektiven gebe es aber auch eine individuelle Vergeltung, die ebenfalls negativ wie positiv sein kann, ferner eine unmittelbare und eine aufgeschobene, eine generationsbeschränkte und eine generationsübergreifende Vergeltung.

Wie der Vergleich der Kundschaftererzählung in Numeri mit jener im Deuteronomium zeigt, beschreibt Dtn 1,22 – 33 Auflehnung und Unglauben als kollektive Sünde des Volkes, die Mose ermöglicht hatte, bei der aber die Kundschafter eine untergeordnete Rolle spielen. Erst angesichts des Gottesschwurs unterscheiden V. 35 – 39, und zwar zunehmend präzisierend, zwischen kollektiver und individueller Vergeltung. Gott formuliert fünf Entscheidungen, wer ins „Land" kommen wird und wer nicht. Die Strafe ist auf die Exodusgeneration, und zwar „diese Männer" (V. 35), beschränkt: Sie werden das prächtige Land „nicht sehen" (V 35). Das gilt nicht für den „Tross" und auch nicht die Moab-Generation, nämlich „die Kinder" (V. 39): Sie werden das Land „betreten". Ausgenommen sind ferner Kaleb, der es

---

66 Vgl. *Jože Krašovec*, Is There A Doctrine of ‚Collective Retribution' in the Hebrew Bible?, in: HUCA 65 (1994) 35 – 69.
67 S. dazu *Henry Wheeler Robinson*, Corporate Personality in Ancient Israel, Minneapolis ³1980.
68 *Sénéchal*, Rétribution (wie Anm. 53), 151 f. und 125 – 127.

„sehen wird", und Josua, der es „betreten wird" (V. 36.38), obwohl sie zur ersten Generation gehören. Mose wird zwar das Land „sehen" (3,25.27 und 34,1), wird aber „das Land nicht betreten" (1,37) und nicht „über den Jordan ziehen (4,21–22). Doch muss er erst nach der Eroberung des Ostjordanlandes sterben. Die Bestrafung des schuldigen Kollektivs beginnt sofort mit dem Aufbruch in die Wüste (2,1) und dauert bis zum Aussterben aller waffenfähigen Männer (2,14–16). Allerdings müssen in der Schicksalsgemeinschaft des ganzen Volks alle seine Mitglieder achtunddreißig Jahre mitwandern. Es gibt also auch eine in Zeit und Ausmaß begrenzte korporative Vergeltung, die jedoch im Deuteronomium anders als in Num 14,33 nicht thematisiert wird. Außerdem hat sie nach Dtn 2,7 keinen Strafcharakter. Vielmehr segnet Gott das Volk während der vierzig Jahre, in denen es unterwegs ist, sodass ihm nichts fehlt.[69] Gottes „kollektive Vergeltung" in der Geschichte erfolgt also äußerst differenziert.[70] Und sie entspricht dem juridischen Grundsatz individueller Vergeltung, wie 7,9–10 sie im Blick auf den Gebotsgehorsam charakterisiert: „noch nach tausend Generationen bewahrt er [der HERR] den Bund und erweist denen seine Huld, die ihn lieben und seine Gebote bewahren. Denen aber, die ihn hassen, vergilt er ins Angesicht und tilgt einen jeden aus; er zögert nicht bei dem, der ihn hasst, sondern vergilt ihm ins Angesicht."[71]

---

69 Die wunderbare Versorgung reicht also über die 38 Jahre zurück bis zum Auszug aus Ägypten. Vgl. den ebenfalls vom wunderbaren Erhalt des Volkes geprägten Wüstenaufenthalt in 8,2–5 als einer Zeit göttlicher Erziehung und in 29,4–5 als einer Periode der Vorbereitung auf die Erkenntnis der durchgehaltenen Treue des Herrn als des Gottes Israels.

70 Vgl. *Sénéchal*, Rétribution (wie Anm. 53), 157 f.: „Les contours de la justice divine que dessinent la faute de Cadès Barnéa et la prétendue faute de Moïse sont donc mouvants. Il s'agit d'une rétribution (négative) collective immédiate pour ce qui concerne la première génération du désert; d'une rétribution (positive) corporative transgénérationnelle en ce qui concerne Caleb; d'une rétribution (négative) corporative légèrement différée en ce qui concerne Moïse, cette dernière compréhension étant réévaluée en une rétribution strictement individuelle."

71 Vgl. ebd., 154 f. und 158. Zur Diskussion generationenübergreifender Konsequenzen der Sünde im Dekalog und der Beseitigung eines Missverständnisses oder einer Korrektur von Dtn 5,9 durch 7,9–10 vgl. z. B. *Bernard M. Levinson*, Der kreative Kanon. Innerbiblische Schriftauslegung und religionsgeschichtlicher Wandel im alten Israel. Mit einem Geleitwort von Hermann Spieckermann, Tübingen 2012, 81–94 („Die Predigt der Gerechtigkeit Gottes im Deuteronomium"). Vgl. auch *Dominik Markl*, Die Soziologie des babylonischen Exils und die göttliche Vergeltung bis zur „dritten und vierten Generation", in: ThPh 95 (2020) 481–507, hier 492–499. Wenn auch Kollektivschuld ihren „Sitz im Leben" in der Geschichtstheologie hat, so nähren sich „die geschichtstheologischen Konzepte des Alten Orients und des Alten Israels letztlich aus dem Geist des Rechts und interpretieren geschichtliches Geschehen in zentralen Aspekten im Zeichen von Strafe und Rettung." (*Schmid*, Kollektivschuld [wie Anm. 15], 220).

4 Kollektivschuld und heiliges Volk Gottes

Unsere exegetische Untersuchung lässt sich wie folgt zusammenfassen. Das Deuteronomium setzt mit dem Auftrag Gottes ein, vom Gottesberg Horeb aufzubrechen und das verheißene Land in Besitz zu nehmen. Die ersten Geschehnisse der Wüstenwanderung, auf die Mose in seiner Rede vor dem versammelten Volk zurückblickt, ereignen sich in der Oase Kadesch-Barnea. Sie ist der Ort der kollektiven Ursünde Israels. Denn hier lehnt sich das Volk gegen Gott auf und versagt ihm das Vertrauen, es noch in sein Land bringen zu können, ja überhaupt zu wollen. Es übertritt also kein geschriebenes Gebot und verweigert nicht bloß den Gehorsam gegenüber irgendeinem Befehl, sondern nimmt Gott seine Verheißung angesichts der befürchteten Widerstände nicht mehr ab, schenkt ihm kein Vertrauen mehr. Frühere Erfahrungen der Rettung und Fürsorge Gottes, wie er auf Seiten Israels gegen die Ägypter kämpfte und es in der Wüste wie ein Vater seinen Sohn trug, zählen nichts mehr im Blick auf sein unmittelbar bevorstehendes Wirken. Diese kollektive Sünde belastet zwar das ganze Volk, doch wird ihre Bestrafung spezifiziert. Denn Gottes gerechte Vergeltung trifft nur die schuldiggewordenen Männer, „diese verdorbenen Generation". Sie verlieren die Verheißung, die Gott schon den Patriarchen zugeschworen hat, und werden das Land nicht sehen, in das sie nicht hatten ziehen wollen. Mose, der diese Weigerung zwar mitvorbereitet, dann aber selbst nicht gesündigt hat, vergilt Gott individuell. Das ganze Volk muss zwar zunächst in korporativer Solidarität in der Wüste bleiben, bis „die Generation der waffenfähigen Männer" ausgestorben ist. Doch wird es während dieser Zeit von Gott reichlich versorgt. Danach erfüllt sich die Zusage des Einzugs – und damit die Voraussetzung einer mit Hilfe der Tora Moses gelingenden Gesellschaft, einer „Zivilisation der Liebe"[72], – an der einst unmündigen, nächsten Generation.

Kehren wir abschließend zum eingangs skizzierten Problem von Sünde und Heiligkeit der Kirche zurück. Das ekklesiologische Schlüsselkonzept des Deuteronomiums ist das „Volk", das auch für die Kirchenkonstitution (*Lumen gentium* 9–17) die strukturgebende Metapher bildet. Zunächst besagt Volk des HERRN (*'am JHWH*) eine Art Verwandtschaftsverhältnis zu Gott. Entscheidend dabei ist nicht das Ethnische, die Blutverwandtschaft und der gemeinsame Besitz des Landes, sondern die Glaubensgemeinschaft. Israel definiert sich als Volk durch seine Befreiung aus der Sklaverei Ägyptens und den Gottesbund am Horeb bzw. in Moab. Dieses Heilshandeln Gottes an seinem Volk vermittelt sich durch Geschichte und Gesell-

---

72 Vgl. *Georg Braulik*, Die Liebe zwischen Gott und Israel. Zur theologischen Mitte des Buches Deuteronomium, in: Studien zu Buch und Sprache des Deuteronomiums (SBAB 63), Stuttgart 2017, 241–259.

schaft, ist „kollektives Heil".[73] Im Rahmen dieses Leitbildes spricht das Deuteronomium auch vom „heiligen Volk (*'am qādôš*) für den HERRN".[74] Seine Heiligkeit erwächst nicht aus dem Gehorsam gegenüber den Geboten, sondern ist ohne Vorleistung von Gott gesetzt und feierlich beschworen (26,19). Sie verweist auf die kultisch-rituelle Zugehörigkeit zum HERRN als dem Gott Israels (7,6a; 14,2a), betont also seinen ausschließlichen Verehrungsanspruch. Dieser rein gnadenhaften Wirklichkeit widerspricht nicht die Segenszusage, die bezüglich ihrer Dauer an den Gebotsgehorsam gebunden ist: „Der HERR lässt dich, wie er es dir geschworen hat, bestehen als das Volk, das ihm heilig ist, wenn du die Gebote des HERRN, deines Gottes, bewahrst und auf seinen Wegen gehst." (28,9). Mit dem göttlichen Eid ist gewissermaßen die Innenperspektive der Gottesbeziehung beschrieben. Daraus ergibt sich als Außenperspektive: „Dann sehen alle Völker der Erde, dass der Name des HERRN über dir ausgerufen ist" (28,10). Die juristische Formel vom Ausrufen des Namens über jemanden oder etwas bezeichnet seine Übertragung ins Eigentum (vgl. Jes 63,19). Sie macht hier die Gottesbeziehung zu einer beinahe gleichberechtigten Partnerschaft. Dieses Verhältnis zwischen Gott und seinem heiligen Volk bleibt auch in einer von kollektiver Schuld belasteten Geschichte bestehen.

---

73 Vgl. *Ansgar Kreuzer*, Communio – Leib Christi – Volk Gottes. Ekklesiologische Leitbilder in der individualisierten Gesellschaft, in: *Remenyi – Wendel* (Hg.), Kirche (wie Anm. 5), 357–391, hier (im Anschluss an Ignacio Ellacuria) 383.
74 Zum Folgenden *Braulik*, Die ekklesiologischen Begriffe (wie Anm. 12), 173 f.

Die Erwählung Israels im Buch Deuteronomium

1 Erwählungstheologie und Religionstheologie

Nach biblischem Zeugnis bilden „das Bekenntnis zu dem einen und einzigen Gott und der Glaube, erwählt zu sein", Fundament und Maßstab aller geschichtlichen Erfahrungen Israels.[1] Dennoch löste schon Justins „Dialog mit dem Juden Tryphon", die älteste erhaltene antijüdische Apologie, in der Kirche eine „Erwählungskonkurrenz zwischen Juden und Christen" aus. Im Anschluss daran bestritt eine breite Adversus-Judaeos-Literatur die Heilsprärogative Israels und erhob einen christlichen Exklusivitätsanspruch.[2] Sie betrachtete die für Israel konstitutive Erwählung als durch die Christusgläubigen, das „wahre Israel", abgelöst. Gott habe von Anfang an die Kirche erwählt, Israels Heilsgeschichte sei eigentlich die Geschichte Gottes mit der Kirche. „Mit der Entweder-Oder-Alternative der Erwählung und ihrer Rückprojektion in die Schrift wurde die schriftinterne Dialektik von Erwählung und Verwerfung zerbrochen. Nicht das gleiche Israel wurde erwählt und im Fall des Scheiterns mit der Verwerfung bedroht, sondern die präfigurierte Kirche war erwählt und Israel galt die Verwerfung."[3] Erst das Zweite Vatikanische Konzil leitete

---

1 Ernst-Joachim Waschke, Ein Volk aus vielen Völkern. Die Frage nach Israel als die Frage nach dem Bekenntnis seiner Erwählung, in: Ders., Der Gesalbte. Studien zur alttestamentlichen Theologie (BZAW 306), Berlin – New York 2001, 235–252, 236.
2 Ulrich Winkler, Erwählungskonkurrenz zwischen Juden und Christen, in: Ders., Wege der Religionstheologie. Von der Erwählung zur komparativen Theologie (STStud.I 46) Innsbruck – Wien 2013, 150–185; Heinz Schreckenberg, Die christlichen Adversus-Judaeos-Texte und ihr literarisches und historisches Umfeld (1.–11. Jahrhundert), Frankfurt am Main ⁴1999.
3 Winkler, Erwählungskonkurrenz, 161. Das Deuteronomium kennt allerdings auch keinen reziproken Gebrauch von *bḥr* mit Israel als erwähltem Subjekt und dem Gegenbegriff *mʾs* für seine Verwerfung durch Gott. Das Verb *mʾs* wird im Deuteronomium überhaupt nicht verwendet. Erst die geschichtstheologische Bilanz des deuteronomistischen Geschichtswerks über den Untergang des Nord- und Südreichs spricht in 2 Kön 17,15 von der Verwerfung (*wayyimʾᵉsû*) der Gesetze und des Bundes Gottes durch die Israeliten und ihr entspricht strafrichterlich die Verwerfung des Volkes durch Gott in 2 Kön 17,20. In 2 Kön 23,27 wird Jerusalem, das Gott „erwählt" hatte, wegen seines Zorns, den der Abfall Manasses erregt hatte, „verworfen". In Lev 26,40–45 widerruft Gott seine Fluchandrohungen in präziser lexikalischer Wiederholung: Die Israeliten haben Gottes Rechtsentscheide „verworfen" (V.43), aber JHWH wird Israel „nicht verwerfen" (V.44). Vgl. Jer 33,24–26. Jes 41,8–9 verbindet „erwählen" und „verwerfen" in einem Heilsorakel: „Du aber, Israel, mein Knecht, Jakob, den ich erwählt habe (*bᵉḥartîḵā*), Nachkomme meines Freundes (*ʾohᵃbî*) Abraham: Ich habe dich von den Enden der Erde ergriffen, aus ihrem äußersten Winkel habe ich dich gerufen. Ich habe

https://doi.org/10.1515/9783111484754-010

auf katholischer Seite in der Verhältnisbestimmung von Kirche und Israel eine entscheidende offizielle Wende gegenüber den Abwegen der Enterbung Israels ein. Sie braucht hier nicht weiter dokumentiert zu werden.[4] Bis heute gibt es allerdings eine Fundamentalkritik an religiöser Erwählung überhaupt. Sie will „aus den Gefangenschaften von Erwählungsbewusstsein und Ethnozentrismus heraus", sie möchte lehren, „ohne die narzisstisch-abgründige Attraktion von Erwählungsvorstellungen an Gott zu glauben und uns an seiner unbedingten Liebe zu allen Geschöpfen genug sein zu lassen."[5] Doch bleibt auch diese kritische Verabschiedung von Erwählung „ganz im Muster der Apologetik, dass nämlich Erwählung ein Ausschließungsdiskurs" ist.[6] Gegen ihre Argumentation ist zu betonen, dass ein Erwählungsbewusstsein nicht „ausschließenden Selbstvergewisserungsinteressen" verpflichtet sein muss. „Identitätsdiskurse können vielmehr auch fähig sein, Alterität einzuschließen und Selbstrelativierung zuzulassen."[7] Angesichts einer modernen Religionstheologie ist deshalb eine „differenzierte Erwählungstheologie" gefordert, „die Partikularität und Konkretion mit Universalität und Verantwortung vermittelt."[8] Bearbeitet das Theologumenon der Erwählung „die Differenzerfahrung mit einem Identitätsdiskurs, der durch die Relation auf Gott und auf die anderen geführt wird", dann ist sie sogar „geeignet für eine interreligiöse Kriteriologie

---

zu dir gesagt: Du bist mein Knecht, ich habe dich erwählt (*beḥartîkā*) und dich nicht verworfen (*weloʾ meʾastîkā*)." Das Theologumenon von der Erwählung beruft sich auf die Urbeziehung JHWHs zu den Vätern; die ausdrücklich ausgeschlossene Verwerfung soll alle Zweifel an der Zusage Gottes zerstreuen.

4 S. z. B. Georg Braulik, Die ekklesiologischen Begriffe des Deuteronomiums. Ein Beitrag zur biblischen Theologie des Gottesvolks, ThPh 95 (2020) 161–183, besonders 161–164. Auf evangelischer Seite vgl. z. B. die Beiträge des Symposiums der Evangelisch-Lutherischen Kirche in Bayern von Wolfgang Kraus, Paulinische Perspektiven zum Thema „bleibende Erwählung Israels", in: Ders. (Hg.), Christen und Juden. Perspektiven einer Annäherung, Gütersloh 1997, 143–170, und Hans G. Ulrich, Israels bleibende Erwählung und die christliche Gemeinde. Systematisch-theologische Perspektiven, ebd., 171–191.

5 Klaus-Peter Jörns, Notwendige Abschiede. Auf dem Weg zu einem glaubwürdigen Christentum, Gütersloh [6]2017, 213 und 213 f.

6 Winkler, Erwählungskonkurrenz, 179.

7 Winkler, Erwählungskonkurrenz, 157.

8 Winkler, Erwählungskonkurrenz, 181. Vgl. zu diesem Profil einer biblischen Erwählungstheologie die bereits kurz nach dem Zweiten Vatikanischen Konzil verfasste Darstellung von „Israels Gottesverhältnis" und „Israels Sendung" von Notker Füglister, Strukturen der alttestamentlichen Ekklesiologie, in: Mysterium Salutis IV/1: Das Heilsgeschehen in der Gemeinde, Einsiedeln 1972, 23–99, 56–78.

im Dreieck von Christentum, Judentum und anderen Religionen."[9] Denn Religionen lassen sich nicht auf ein allgemeines Wesen von Religion generalisieren, sondern sind immer spezifisch. „Die Erwählung treibt dieses Spezifische der Religion auf die Spitze und bringt es auf den Begriff. Sie steht für die Entdeckung der eigenen Einmaligkeit, für die Unverwechselbarkeit der Gottesbeziehung und die Konkretion der religiösen Existenz. Die Erwählung gehört wesentlich zur Bestimmung des Religionsbegriffs. Erwählung ist quasi essentiell für Religion. Fehlt die Erwählung, dann steht die konkrete Verortung in der Geschichte auf dem Spiel."[10]

Der vorliegende Artikel kann den geforderten hermeneutischen und exegetischen Diskurs nur im engen Rahmen des Deuteronomiums aufgreifen, die dafür wichtige und weiterführende Prophetie Deuterojesajas muss ausgeklammert werden. Das Deuteronomium bildet also weder den Ausgangs- noch den Endpunkt alttestamentlicher Erwählungsaussagen. Aber es hat als einziges Buch des Pentateuchs begrifflich „die ganze Gemeinschaft Gottes und Israels (welche schon in der Bundestheologie einen tiefsinnigen Ausdruck gefunden hatte) in das Licht der Erwählung Gottes gerückt. Man könnte seine Theologie darum sogar eine Erwählungstheologie nennen."[11] Dieses Urteil legt sich zunächst aufgrund des häufigen Einsatzes des Verbs *bāḥar* Qal, „erwählen, auswählen", nahe. Es wird vom Deuteronomium mit 31 Belegen – verglichen mit den anderen Büchern der Hebräischen Bibel – sowohl absolut wie im Verhältnis zur Wortmenge der einzelnen Schriften am häufigsten verwendet.[12] Außerdem überwiegt der theologische Gebrauch, denn 29-mal ist JHWH Subjekt. „Erwählen" bringt sogar auf den Begriff, was „als die mögliche Mitte des Alten Testament [...], als das Typische, als die wichtigste Grundstruktur alttestamentlichen Zeugnisses und Glaubens" bezeichnet wurde.[13]

---

9 Ulrich Winkler, Die unwiderrufene Erwählung Israels und das Wahre und Heilige anderer Religionen. Von der Israeltheologie und Religionstheologie zur Pluralismusfähigkeit der Religionen als interreligiöse Kriteriologie, in: Ders., Wege der Religionstheologie, 218–244, 238.

10 Winkler, Erwählung Israels, 242.

11 Theodoor C. Vriezen, Die Erwählung Israels nach dem Alten Testament (AThANT 24), Zürich 1953, 47. Zustimmend aufgegriffen von Klaus Koch, Zur Geschichte der Erwählungsvorstellung in Israel, ZAW 67 (1955) 205–226, 214.

12 Georg Braulik/Norbert Lohfink, Sprache und literarische Gestalt des Buches Deuteronomium. Beobachtungen und Studien (ÖBS 53), Berlin 2021, 41–45, insbesondere 41f.

13 Horst Dietrich Preuß, Theologie des Alten Testaments. Band 1: JHWHs erwählendes und verpflichtendes Handeln, Stuttgart 1991, 31; vgl. 28f. Vgl. Gerhard von Rad, Das theologische Problem des alttestamentlichen Schöpfungsglaubens, in: Ders., Gesammelte Studien zum Alten Testament (TB 8), München ³1965, 136–147, 136: „Der Jahweglaube des Alten Testaments ist Erwählungsglaube, d. h. primär Heilsglaube." Preuß, Theologie, 31–42, bietet einen guten Überblick über die alttestamentlichen Erwählungsaussagen samt der bis 1990 erschienenen Literatur. Dagegen deckt das Verb *bḥr* nach Horst Seebaß, *bāḥar*, ThWAT I (1973) 592–608, 603, bei der Erwählung des Volkes nicht das Wortfeld, „das von dem deutschen Wort Erwählung bzw. dem dogmatischen Topos *electio* einge-

Dabei spricht das Deuteronomium vom erwählenden Handeln Gottes auf eine ihm eigene und fast durchgehend systematisierte Weise. Bereits seine Syntax zeigt: „Obwohl im Deuteronomium bei *bḥr* Gottes Erwählung und damit sein Anspruch auf Volk und Heiligtum, aber auch auf den König und Priester als deren Autoritäten dominiert, ist sie dennoch kaum ein eigenes Thema."[14] Dass sie „so beiläufig und schon so durchreflektiert" zu Wort kommt, lässt auf eine längere Vorgeschichte der Erwählungstheologie schließen.[15]

Die folgende Untersuchung fragt allerdings weder nach der Herkunft deuteronomischer Erwählungstheologie insgesamt noch nach den Voraussetzungen dafür, dass Israel als von Gott „erwählt" bezeichnet werden konnte.[16] Sie beschreibt vielmehr die Erwählung der Erzväter und ihrer Nachkommen im Wort- und Themenfeld von *bḥr*, und zwar in den literarischen Makroeinheiten der Belege Dtn 4,37; 7,6[17].7; 10,15. Sie werden auf der synchronen Ebene des Endtextes und im linearen Leseprozess des Buches untersucht, sodass der allmähliche Informationsaufbau mitverfolgt werden kann. Innerhalb des Deuteronomiums gehören die Stellen zur Hauptgebotsparänese, die der Sammlung der deuteronomischen Einzelgebote (Kapitel 12–26) vorausgeht. Außerdem sind sie in Geschichtsrückblicke Moses eingebettet, weil sich die Erwählung im Handeln Gottes für sein Volk erkennen lässt. Literargeschichtlich dürften sie in genau umgekehrtem Nacheinander verfasst worden sein, sodass nun der jüngste Text, nämlich 4,37, die Reihe eröffnet. Aber unabhängig davon liegt im Deuteronomium „das Theologumenon von der Erwählung Israels in umfassender theologischer Ausgestaltung vor."[18] Insgesamt möchte ich zeigen, dass die deuteronomische Vorstellung von der Erwählung der Patriar-

---

nommen wird [...]. Vielmehr hat *bḥr* einen relativ schmalen Ausschnitt dessen im Blick, was Israel als JHWHs Volk ausmacht, und was es in Blick nimmt, steht beim dogmatischen Topos *electio* nur selten im Zentrum." Allerdings wird Dtn 4,37 von Seebaß nicht behandelt.

14 Braulik/Lohfink, Sprache, 42.

15 Matthias Köckert, Die Erwählung Israels und das Ziel der Wege Gottes im Jesajabuch, in: Ingo Kottsieper u. a., „Wer ist wie du, Herr, unter den Göttern?" Studien zur Theologie und Religionsgeschichte Israels für Otto Kaiser zum 70. Geburtstag, Göttingen 1994, 277–300, 277. Diese „beiläufige" Erwähnung lässt Rolf Rendtorff, Die Erwählung Israels als Thema der deuteronomischen Theologie, in: Jörg Jeremias/Lothar Perlitt (Hg.), Die Botschaft und die Boten. Festschrift für Hans Walter Wolff zum 70. Geburtstag, Neukirchen-Vluyn 1981, 75–86, 80, nur in gewisser Weise für 7,6 f und 14,1 f gelten, in denen ein bestimmtes kultisches Verhalten mit der Sonderstellung Israels begründet werde. Dagegen seien 10,12 ff und 4,37 ff sehr grundsätzlich argumentierende Texte.

16 Diese Fragen stellt z. B. Rendtorff, Erwählung Israels, z. B. 76.

17 Der Text wird in 14,2 wiederholt. Diese Stelle im deuteronomischen Gesetz bleibt im Folgenden unberücksichtigt.

18 Hans Wildberger, *bḥr* erwählen, THAT I (⁴1984) 275–300, 284.

chen und des Volkes Israel den oben skizzierten Forderungen moderner Religionstheologie gerecht wird.[19]

2 Erwählung und Monotheismus – Israel in der Universalgeschichte (Dtn 4,37)

Mit Kapitel 4[20] beginnt Mose eine Gesetzesbelehrung und -beschwörung Israels, das in Moab, im Ostjordanland, versammelt ist. Dieses „jüngste Einleitungskapitel unternimmt den Versuch, allem in Deuteronomium 5–11 Gesagten Gottes vorauseilende Liebe voranzustellen."[21] Sie ist aufs engste mit der Erwählung verbunden. Gegenüber der Geschichtserzählung der Kapitel 1–3 bringt der juristische und rhetorische Diskurs von Kapitel 4 neue Themen und Vokabel, darunter die Erwählung mit dem Verb *bḥr* und den Monotheismus. Sie stehen im Spannungsfeld von Israel als dem Volk JHWHs und den übrigen Völkern bzw. Nationen. Denn Israel verdankt seine Sonderstellung seinem Gott JHWH. Sie lässt sich als Erwählung vor einem menschheitsgeschichtlichen Horizont begreifen. Dennoch fehlt der Begriff bis zum Höhepunkt der ersten Moserede am Ende des Kapitels und betrifft auch dann, wenn er schließlich gebraucht wird, das Volk Israel nur indirekt.

Sein erstes Profil gewinnt Israel durch die Wertschätzung der Völker, die es aufgrund der Praxis seiner Gesellschaftsordnung im Land kennenlernen werden (V. 6–8). Im Rückblick zeigt sich Israels Besonderheit daran, dass JHWH die Gestirne nur den anderen Völker zugeteilt, Israel dagegen an sich gebunden hat (V. 19–20).

---

19 Zu alttestamentlichen theologischen Konzepten „von einem universalen eschatologischen Gottesvolk, in dem sich die Einheit aller Völker in der Verehrung des einen Gottes verwirklicht," s. Hubert Irsigler, Ein Gottesvolk aus allen Völkern? Zur Spannung zwischen universalen und partikularen Heilsvorstellungen in der Zeit des Zweiten Tempels, in: BZ 56 (2012) 210–246, Zitat 245.
20 Zum Gesamttext vgl. neben den Kommentaren vor allem Nathan MacDonald, Deuteronomy and the Meaning of „Monotheism" (FAT 2,1), Tübingen ²2012, 170–207. In Deuteronomium 4 versucht er insbesondere die V.1–8, 23–31 und 32–40 als „Drama of Election" auszulegen (171–176). Ferner Georg Braulik, Hat Gott die Religionen der Völker gestiftet? Deuteronomium 4,19 im Kontext von Kultbilderverbot und Monotheismus, in: Ders., Tora und Fest. Aufsätze zum Deuteronomium und zur Liturgie (SBAB 69), Stuttgart 2019, 142–251; Georg Braulik/Norbert Lohfink, Die Rhetorik der Moserede in Deuteronomium 1–4 (ÖBS 55), Berlin 2022, 139–161. Ich betrachte Dtn 4,1–40 literarkritisch als ursprüngliche Einheit, die nicht vor der späten Exilszeit für den gegenwärtigen Zusammenhang verfasst wurde, und zwar in zeitlicher Nähe zu Deuterojesaja und der Priesterschrift bzw. relativchronologisch sogar danach (Braulik, Gott, 147–149).
21 Hermann Spieckermann, Mit der Liebe im Wort. Ein Beitrag zur Theologie des Deuteronomiums, in: Ders., Gottes Liebe zu Israel. Studien zur Theologie des Alten Testaments (FAT 33), Tübingen 2001, 157–172, 168 f.

Wenn sich Israel deshalb in Zukunft wie die übrigen Völker Gottesbilder anfertigt, wird es unter die Nationen zerstreut werden und wie sie Götterbilder verehren (V. 27). Bekehrt es sich dann dank göttlicher Hilfe, darf es auf einen barmherzigen Gott hoffen, der des Bundes gedenkt, den er den Vätern geschworen hat (V. 31). Denn sie hat er geliebt und die Nachkommen jedes einzelnen der Väter „erwählt" (V. 37). Angesichts der jüngsten Vergangenheit gilt schließlich: Nur die Völker, die Israel auf seinem Weg ins Verheißungsland feindlich begegneten, wurden, auch wenn sie größer und mächtiger waren, von Gott vernichtet; ihr Land wurde Israel übereignet (V. 38). „Wie kein anderer Text des Deuteronomiums charakterisiert 4,1–40 ... Israel in mehrfacher Hinsicht als *gôy* (V. 6.7.8) bzw. *ʿam* (V. 6.10.20) ‚Volk', im Vergleich mit einem anderen ‚Volk', einem *gôy* (V. 34) bzw. *ʿam* (V. 33), und vor dem Horizont der ‚Völker', der *gôyim* (V. 27.38) bzw. *ʿamîm* (V. 6.19.27)."[22] Beide Lexeme werden, wie ihre Parallelisierung beweist, gleichermaßen für Israel und die anderen Völker gebraucht. Außerdem unterstreichen zwei Siebenergruppen mit *gôy* bzw. *gôyim* und mit *ʿam* bzw. *ʿamîm*, die theologische Bedeutung des Volks- und Völkergedankens – eine stilistische Technik, wie sie das Deuteronomium auch sonst verwendet, um Zentralwörter und Schlüsselaussagen hervorzuheben.[23] Im Folgenden gehe ich die für die Erwählung Israels relevanten Stellen durch.

Die V. 6–8, in denen Mose erstmals über die Einzigartigkeit Israels spricht, bilden syntaktisch die Begründung einer Gesetzesparänese (V. 6a*).[24] Wenn Israel in der Zukunft im Land die Satzungen und Rechtsentscheide der Tora „(im Gedächtnis) bewahren und beobachten" wird, werden die Völker seine Weisheit und Bildung rühmen. Ihre Worte sind der einzige Ausspruch aus Menschenmund, den Kapitel 4 wörtlich zitiert: „In der Tat, diese große Nation (*gôy gādôl*) ist ein weises und gebildetes Volk (*ʿam ḥākām wᵉnābôn*)." (V. 6b). Bei *gôy* fehlen die beiden sonst im Deuteronomium mit dieser Bezeichnung verbundenen Adjektive *ʿāṣûm*, „stark, mächtig", und *rab*, „zahlreich", (gemeinsam belegt in 9,14 und 26,5), die militärisch konnotiert sind. Dieses Zeugnis fremder Anerkennung ist im Alten Testament einmalig. Mose kommentiert die „große Nation" mit zwei rhetorischen Fragen, die ein nationalistisches Missverständnis und triumphales Überlegenheitsgefühl ausschließen. Israel überragt die Ansprüche der Völker nämlich aufgrund seiner religiös-ethischen Größe: „Denn welche große Nation hätte einen Gott[25], der ihr so nah

22 Georg Braulik, Die sieben Säulen der Weisheit im Buch Deuteronomium, in: Ders., Studien zu den Methoden der Deuteronomiumsexegese (SBAB 42), Stuttgart 2006, 77–109, 93.
23 Braulik, Säulen der Weisheit, 93.
24 Vgl. zuletzt J. Gordon McConville, Wisdom and Torah in Deuteronomy, in: Daniel J. Block/Richard Schulz (Eds.), Sepher Torath Mosheh. Studies in the Composition and Interpretation of Deuteronomy, Peabody/MA 2017, 261–276.
25 Braulik, Gott, 218.

ist, wie JHWH, unser Gott, wo / wann immer wir ihn anrufen? Oder welch große Nation hätte Gesetze und Rechtsentscheide, die so gerecht sind wie alles in dieser Weisung, die ich heute vor euch hinlege?" (V. 7–8). Diese besondere Stellung Israels in der Völkerwelt lässt sich vor der Weltöffentlichkeit nur behaupten, weil ihre Kriterien auch im Alten Orient Geltung beanspruchen konnten. „Nur wenn es nahe Völkergötter gibt, lässt sich JHWHs Einzigartigkeit in seiner Nähe zu Israel beweisen; nur wenn auch andere große Nationen des Alten Orients gerechte Gesetze für sich reklamieren, lässt sich die Einzigartigkeit der Tora aufzeigen. Eine solche Vergleichbarkeit ist in der Tat gegeben."[26]

Wie aber steht es um die Besonderheit Israels, wenn JHWH nicht nur der Gott Israels ist, sondern zugleich über den Kult aller Völker und ihre Gottheiten verfügt? Diese Frage steht hinter den V. 19–20. Israel darf sich nicht vor Sonne, Mond und Gestirnen anbetend niederwerfen und ihnen dienen – denn „sie hat JHWH, dein Gott, allen [anderen] Völkern"[27] unter dem ganzen Himmel zugewiesen. Euch aber hat JHWH genommen und euch herausgeführt aus dem Schmelzofen, aus Ägypten, damit ihr ihm zum Erbbesitz-Volk werdet".[28] Auffallend ist zunächst, dass „sich niederwerfen und dienen" hier nicht mit dem im Deuteronomium üblichen Objekt „andere Götter" verbunden wird (vgl. dagegen 29,24–25). Dieser Ausdruck wird im gesamten Kapitel 4 bewusst vermieden, offenbar als Vorbereitung der Überzeugung, dass JHWH der einzige Gott ist (4,35.39). Die Himmelskörper erscheinen also ohne religiösen Glanz. Auch über ihre Kultgemeinschaft mit den Völkern wird geschwiegen. Der Nachdruck der Aussage liegt vielmehr darauf, dass JHWH autoritativ an „allen Völkern unter dem ganzen Himmel" gehandelt hat. Wie er – und zwar als „dein Gott" (V. 19b), also der Gott Israels – allen Völkern Sonne, Mond und Sterne zugeteilt und über den entgötterten Himmel verfügt hat, so hat er auch zugunsten Israels persönlich eingegriffen (V. 20, vgl. 32,8–9). Er hat es aus den Qualen Ägyptens gerettet, sich als sein Volk verpflichtet und zum privilegierten, unveräußerlichen „Erbbesitz-/Erbeigentumsvolk" aufgewertet. Deshalb kontrastiert das Verbot eines Kults der Gestirne mit seiner gesellschaftlichen Bindung an JHWH. Obwohl das Verb *bḥr* nicht verwendet wird, geht es um die Erwählung Israels vor dem Horizont aller Völker der Welt und ihrer Religionen. Auch die Stellung JHWHs

---

26 Braulik, Gott, 198. Zum Einzelnachweis s. ebd., 192–200; ferner Georg Braulik, Eine Gesellschaft ohne Arme. Das altorientalische Armenethos und die biblische Vision, in: Ders., Tora und Fest. Aufsätze zum Deuteronomium und zur Liturgie (SBAB 69), Stuttgart 2019, 13–30.

27 Zum Gebrauch von *'ammîm*, „Völker", im Deuteronomium vgl. MacDonald, Monotheism, 172 Anm. 91. Die engste sprachliche Parallele zu 4,19 findet sich in 2,25. In 4,6 und 27, den beiden übrigen Stellen, an denen *'ammîm* in Kapitel 4 verwendet wird, ist Israel wie in 4,19 von den „Völkern" ausgeschlossen.

28 Zum Folgenden vgl. Braulik, Gott, 176–191.

angesichts ihrer Götter ist noch nicht auf den Begriff gebracht. Das geschieht erst in den 4,32–40, dem Schlussabschnitt des Kapitels.[29] Er zeigt die Besonderheit Israels unter allen Völkern anhand seiner besonderen Erfahrungen auf, die es mit JHWH gemacht hat und die ihn als den einzigen Gott erweist. Die Perikope ist nach dem Schema „Faktum – Erkenntnis – Appell" aufgebaut, das sich ausschließlich im Deuteronomium findet. Seine Grundstruktur besteht aus geschichtlichen Tatsachen, die zu einer theologischen Schlussfolgerung führen und die ihrerseits in Konsequenzen für das Handeln münden soll.[30] In den V. 32–40 werden der Geschichts- und Erkenntnisteil in den V. 33–34 und 36–38 bzw. den V. 35 und 39 gewissermaßen doppelt durchlaufen.

Die V. 7–8 bilden zunächst ein Gegenstück zu den V. 33–34. Sie sind ebenfalls als Vergleichssätze konstruiert und laufen textpragmatisch auf Unvergleichlichkeit hinaus. Die Antworten auf ihre rhetorischen Fragen werden in einem universalgeschichtlichen und religionsvergleichenden Forschen erhoben und beanspruchen weltweite Beweiskraft (V. 32). Fragt V. 33 nach anderen Völkern, die eine Gotteserfahrung wie Israel gemacht haben, so fragt V. 34 nach einem anderen Gott, der wie JHWH für Israel in Ägypten gehandelt hätte. Für das eigentlich angesprochene Verhältnis Israels zu anderen Völkern ist dabei die Formulierung wichtig, wonach noch kein Gott versucht habe, „für sich eine Nation mitten aus einer [anderen] Nation (*gôy miqqæræb gôy*) herauszuholen", wodurch „der Exodus die Konnotation der ‚Ausgrenzung' Israels aus dem fremden Volk Ägypten"[31] erhält. Den Hintergrund der V. 33–34 bilden also die beiden zentralen Offenbarungsereignisse der Heilsgeschichte Israels. Doch spricht nur V. 33 von der Einzigartigkeit Israels. Sie liegt nicht in dem, was es hat – nämlich einen nahen, das heißt hilfreichen, Gott und ein sozial gerechtes Gesetzeswerk (V. 7–8) –, sondern in dem, was es in der Ge-

29 Georg Braulik, Monotheismus im Deuteronomium. Zu Syntax, Redeform und Gotteserkenntnis in 4,32–40, in: Ders., Studien zu den Methoden der Deuteronomiumsexegese (SBAB 42), Stuttgart 2006, 137–163, 149–151.

30 Georg Braulik, Geschichtserinnerung und Gotteserkenntnis. Zu zwei Kleinformen im Buch Deuteronomium, in: Ders., Studien zu den Methoden, 165–183, 175–180. Lohfink, Hauptgebot, 125–131, hat es zusammen mit dem Schema „Erinnerung – Appell" als „Schema der Beweisführung" bezeichnet. Es findet sich mit dem Verb „lieben" noch in 7,7–11 und in 11,1–7, wo das Hauptgebot der Liebe zunächst den Appell zum Gebotsgehorsam aus sich entlässt, dann zur Erkenntnis JHWHs als Erzieher aufruft und diese Pädagogik Gottes schließlich durch sein Wirken in Ägypten und in der Wüste illustriert (ebd., 177 f.). Ohne die Signalwörter „sich ins Gedächtnis rufen", „erkennen" und „bewahren" steht das Schema „Faktum – Erkenntnis – Appell" in lockerer Form auch im Hintergrund von 10,14–16 und 17–19 (s. dazu ausführlich unten).

31 Michaela Geiger, Gottesräume. Die literarische und theologische Konzeption von Raum im Deuteronomium (BWANT 183), Stuttgart 2010, 183.

schichte, nämlich in der Theophanie und Theophonie am Horeb, erfahren hat – „das einzigartige Überleben dessen, der die Stimme Gottes gehört hat".[32]

In einem analogen Beweisverfahren tritt in den V. 36 – 38 die Geschichte Israels an die Stelle der Geschichte der Menschheit. „Hier hat die Aussage von der Erwählung Israels eine zentrale Funktion in einem grundsätzlichen Argumentationszusammenhang."[33] Wiederum wird die Offenbarung am Gottesberg (V. 36) nicht innerhalb der geschichtlichen Abfolge der Taten JHWHs aufgezählt, sondern ihnen wie in V. 33 vorausgestellt. Die V. 37– 38 greifen danach weiter in die Vergangenheit zurück bis zu den „Vätern" Israels und sie reichen bis in die mosaische Gegenwart zur eben erfolgten Übergabe des Landes:

> Und weil er deine Väter (*ᵃbotȇkā*) liebgewonnen und die Nachkommen [den Samen] eines jeden von ihnen (*bᵉzarʿô ʾaḥᵃrâw*) erwählt hatte (*wayyibḥar*), hat er dich dann in eigener Person durch seine große Kraft aus Ägypten geführt, um Nationen, größer und stärker als du, vor dir zu vernichten, um dich in ihr Land zu führen, um es dir zum Erbbesitz zu geben, wie es jetzt geschieht.

Herausführung und Hineinführung, letztere gegliedert in die Beseitigung der feindlichen Nationen[34] und die Verleihung des Landes, sind also Folgen der nicht weiter begründeten Liebe und Erwählung Gottes. Die Erinnerung an die kanonische Geschichte endet mit dem Appell, aus dem erfahrenen Handeln JHWHs die theologisch zwingende Folgerung des Monotheismus zu ziehen: „So sollst du heute erkennen und zuinnerst begreifen: (nur) JHWH – er ist der Gott im Himmel droben und auf der Erde unten, keiner sonst." (V. 39).[35] „Diese Einsicht, die Israel aus seiner Geschichte mit JHWH gewinnen kann und die ihm in freier Entscheidung zur

---

32 Braulik, Gott, 220. Zur Übersetzung „Stimme Gottes" ebd., 218 – 220.
33 Rendtorff, Erwählung Israels, 80.
34 Unter dem Einfluss der Luther-Übersetzung wird *yrš* Hifil meist mit „vertreiben" übersetzt. Ein Vertreiben besagt ein Entfernen von einem Ort, schließt aber eine Vernichtung aus. Zumindest im deuteronomistischen Sprachgebrauch hat die Hifil-Form des Verbs die Bedeutung „jemanden vernichten, sodass sein Besitz übernommen werden kann" (Norbert Lohfink, Die Bedeutung von hebr. *yrš qal* und *hif*, BZ 27 [1983] 14–35, 26 – 32, Zitat 29). „Selbstverständlich ist ‚Vernichtung', fragt man eigentlich historisch, *cum grano salis* zu nehmen. Wenn man die Formulierung gebrauchte, wird man nicht ausgeschlossen haben, dass es auch Entkommene und Geflüchtete gab, oder man dachte gar nicht an die ganze Bevölkerung, sondern nur an die herrschende Schicht." (28).
35 Nach MacDonald, Monotheism, 180, sei JHWH in 4,35.39 „an electing god, characterized by faithfulness, jealousy and mercifulness. For Israel, then, he is a god like no other" und „god of the gods", das heißt: einzigartig. Diese Charakterisierung wird der Einzigkeit JHWHs als Gott nicht gerecht – vgl. Braulik, Monotheismus, 156 – 160.

Herzens- und Überzeugungssache werden soll, bildet sein besonderes Privileg."[36] Im Folgenden nun eine detaillierte Untersuchung der entscheidenden Passage.

Syntaktisch beginnen die V. 37–38 mit einem Kausalsatz. Wo danach der Nachsatz einsetzt, ist diskutiert.[37] Nach den Masoreten fängt er mit der Herausführung aus Ägypten in V. 37b an. Auch die Semantik spricht dafür. V. 37a führt Liebe und als ihre Folge Erwählung als innergöttliche Vorgänge an, die das in den V. 37b-38 zusammengefasste Geschichtshandeln Gottes auslösen.[38] Gottes Liebe galt den „Vätern". Dass mit ihnen nicht allgemein die Vorfahren Israels, sondern Abraham, Isaak und Jakob gemeint sind, legt sich von der Referenz des V. 31 auf „den Bund, den JHWH den Vätern geschworen hat", nahe.[39] Gottes Erwählung bezieht sich auf *b^{e}zar'ô 'aḥ^{a}râw*. Die Singularsuffigierung des Masoretentextes bildet textkritisch die schwierigere Lesart gegenüber dem Samaritanus und den alten Übersetzungen, die den Plural „ihre Nachkommen" lesen, und ist daher beizubehalten.[40]

---

36 Braulik, Gott, 236.

37 Nach Carl Friedrich Keil, Leviticus, Numeri und Deuteronomium, Leipzig [3]1870 [= Gießen 1987], 437, könne der Nachsatz mit *wayyibḥar*, „und er hat erwählt", oder *wayyôṣi^{a}kā*, „und er hat dich [aus Ägypten] geführt", beginnen, was den Gedanken nicht ändere, „ob man schon die Erwählung Israels oder erst seine Ausführung aus Ägypten, in welcher die Erwählung verwirklicht worden, als Folge und Wirkung der Liebe des Herrn zu den Patriarchen betrachtet." Dagegen betont August Dillmann, Die Bücher Numeri, Deuteronomium und Josua (KeH 13), Leipzig [2]1886, 259, dass *w^{e}taḥat kî* immer „zur Vergeltung dafür dass" bedeute, weshalb der Nachsatz erst mit V.39 einsetze. Die Liebe, Erwählung, Herausführung usw. begründeten also die Gotteserkenntnis. Diese auch von anderen Exegeten geteilte Auffassung wird z.B. von David Hoffmann, Das Buch Deuteronomium übersetzt und erklärt. Erster Halbband Deut. I-XXI,9, Berlin 1913, 62f, diskutiert und widerlegt. Weil Israel im Deuteronomium noch öfter seine Erwählung den Vätern zu verdanken habe (7,8; 9,5ff; 10,15), lässt er den Nachsatz bereits mit *wayyibḥar* beginnen. Die Auffassung Dillmanns erledige sich, weil Gott nicht einen Menschen ohne Grund liebe: „Es ist also in *'hb* implicite das Verdienst der Väter enthalten. Zur Vergeltung dieser Verdienste hat er deren Nachkommen erwählt, vgl. Gen 22,16ff". Der Singular „seinen Samen nach ihm" werde gebraucht, „weil hier speciell auf das Verdienst Abrahams Bezug genommen" werde (63).

38 Doch geht es ihnen „nicht um eine Beschreibung dieses Sachverhalts an sich, sondern um dessen Bedeutung als vollzogene Handlung." (Oskar Dangl, Methoden im Widerstreit. Sprachwissenschaftliche Zugänge zur deuteronomischen Rede von der Liebe Gottes [THLI 6], Tübingen 1993, 44).

39 Nach Konrad Schmid, Von der Liebe zu Gott zur Liebe Gottes zu Israel. Die theologiegeschichtliche Genese der Erwählungsvorstellung, in: Manfred Oeming (Hg.), Ahava. Die Liebe Gottes im Alten Testament (ABG 55), Leipzig 2018, 93–105, 97, könnte Jes 41,8 im Hintergrund dieses Sprachgebrauchs stehen, weil in der Hebräischen Bibel nur hier von der Liebe Gottes zu Abraham gesprochen wird.

40 Vor allem gegen Lothar Perlitt, Deuteronomium. 1. Teilband Deuteronomium 1–6* (BKAT V/1), Neukirchen-Vluyn 2013, 291, der den Singular für „sinnlos" und den Plural für „unentbehrlich" hält. Doch spricht der Masoretentext nur in 10,15 von „euch, ihren [der Väter] Samen nach ihnen" (*b^{e}zar'ām 'aḥ^{a}rêhœm bākœm*), den Gott aus allen Völkern erwählt hat (vgl. die Septuaginta von 4,37). Zur textkritischen Problematik vgl. Carmel McCarthy, Commentary on the Critical Apparatus, in: Biblia Hebraica Quinta. Fasc. 5: Deuteronomy, Stuttgart 2007, 64*.

Der Präpositionalausdruck ist als distributiver Singular „eines jeden von ihnen" zu verstehen. Der „Same", den JHWH erwählt hat, meint dann mehrere Generationen, die von Patriarchen abstammen und vor der Exodusgeneration gelebt haben. Die Formulierung $b^e zar\hat{o}$ $\hat{a}^{ha}r\hat{a}w$, die vom syntaktisch Erwarteten abweicht, könnte gerade in seiner ungewöhnlichen Prägung als Kurzzitat von Gen 17,19 markiert sein.[41] Dort bekommt Abraham von Gott gesagt, er werde seinen Bund mit ihm über „seinen Samen" Isaak, nicht aber über den älteren Sohn Ismael weiterführen. „Der Sache nach, auch wenn das Wort $b\d{h}r$ nicht fällt, liegt hier ein echtes Erwählungsgeschehen vor. Der ‚Same', der die Erwählungszusage jetzt, da Mose in Moab spricht, besitzt, ist das Israel, zu dem Mose spricht. Es ist das ‚Du' von Dtn 4,37 $wayy\hat{o}\d{s}i^{n}k\bar{a}$. Aber der Erwählungsbeschluß trat schon damals zutage, als Gott zu Abraham über Isaak sprach."[42] Schließlich wäre es auch möglich, den Singular auf Jakob zu beziehen. Dementsprechend gibt der Targum Pseudo-Jonathan den Text paraphrasierend wieder: „Weil er eure Väter Abraham und Isaak liebte ... und die Nachkommen Jakobs ..."[43] Nach Ibn Esra würden dadurch die „acht Nationen", nämlich Ismael, Esau und die sechs Söhne der Ketura (Gen 25,2), vom Landbesitz ausgeschlossen, an dem sie sonst als Nachkommen Abrahams und Isaaks Anteil hätten.[44] Nach V. 37 hat also Gott nicht einfach Israel erwählt. Seine Erwählung lässt sich auch nicht aus dem Verb $lq\d{h}$, „nehmen, herausholen", in V. 34 erschließen. Denn $lq\d{h}$

---

41 Norbert Lohfink, Die Väter Israels im Deuteronomium. Mit einer Stellungnahme von Thomas Römer (OBO 111), Freiburg/Schweiz – Göttingen 1991, 71. Vorausgesetzt ist, dass 4,37 aufgrund einer späten Abfassung bereits priesterschriftliche Texte kennt. Ohne Hinweis auf Lohfink ebenso Eckart Otto, Deuteronomium 1–11. Erster Teilband: 1,1–4,43. Übersetzt und ausgelegt (HThK.AT), Freiburg im Breisgau 2012, 585 f.

42 Lohfink, Väter Israels, 71. Diese hermeneutisch differenzierte Auslegung darf nicht zu der Feststellung vergröbert werden: „Die Erwählung der Exodus- und Horebgeneration wird in V.37a als Einlösung der Väterverheißung (vgl. V.31) gedeutet, die in Gottes Liebe zu den Vätern begründet war" – gegen Timo Veijola, Das 5. Buch Mose Deuteronomium. Kapitel 1,1–16,17 (ATD 8,1), Göttingen 2004, 117. Viele Exegeten denken auch ohne den ausdrücklichen Rückbezug auf Gen 17,19 an Abraham.

43 Vgl. Roger Le Déaut, Targum du Pentateuque. Traduction des deux recensions palestiniennes complètes (SC 271), Paris 1980, 57: „Parce qu'il a aimé *vos* pères, *Abraham et Isaac*, il a accordé sa bienveillance aux *fils de Jacob* après lui".

44 Hoffmann, Deuteronomium, 63. Doch sieht er ein solches Missverständnis bereits durch Gen 21,12 verhindert. Dagegen hält Eduard König, Das Deuteronomium eingeleitet, übersetzt und erklärt (KAT), Leipzig 1917, 83 zu 37^b, den auf Jakob zu beziehenden Singular aus den genannten Gründen für eine „spätere dogmatische Korrektur". Vgl. McCarthy, Commentary, 64*.

entspricht sachlich *jṣ'* Hifil, „herausführen", in V. 37, zu dem es in V. 20 parallel gebraucht wird.[45]

V. 37 schweigt von Eigenschaften der Väter und ihres Samens, die Liebe und Erwählung veranlasst haben könnten. Hinter diese Liebe „kann man nicht mehr zurückgehen. Sie bildet die letzte Begründung für das gnadenhafte Handeln Gottes" und gehört zu den Besonderheiten deuteronomischer Theologie.[46] Im Pentateuch wird diese Vor-Geschichte Israels erstmals in 4,37 mit *'hb* und *bḥr* beschrieben. Dass JHWH erwählen konnte und in der Tat auch erwählt hat, zeigt das weitere Geschichtsresümee: Er verfügt in beispielloser Macht über die Völker. Denn „in eigener Person" hat Gott sein Volk „durch seine große Kraft aus Ägypten geführt, um größere und mächtigere Völker auszurotten", es in ihr Land zu bringen und dieses Land Israel als Erbbesitz zu geben (V. 37–38).[47] Die Erwählung ist also kein „blasses theologisches Denkmodell, sondern durch Israels Erfahrung begründete Interpretation der Geschichte Israels von Ägypten bis in das Land".[48] Über Erwählung wird ferner im Zusammenhang eines monotheistischen Bekenntnisses gesprochen. Eingebettet in die Religionsgeschichte der Menschheit (V. 32–34) gehört die Erwählung zur Offenbarungsgeschichte, durch die Israel „erkennen und zuinnerst begreifen" soll: „(nur) JHWH – er ist der Gott im Himmel droben und auf der Erde unten, keiner sonst" (V. 39, vgl. V. 35). Diese Einsicht lässt sich aber nicht aus der Einzigartigkeit des Volks, sondern nur aus dem unvergleichlichen Wirken Gottes gewinnen. Nicht vergessen werden darf schließlich das eigentliche Ziel des mit der Liebe und Erwählung einsetzenden Geschehens: die Verwirklichung einer gerechten Gesellschaft im Verheißungsland (V. 40, vgl. V. 8).[49] Erwählung und Halten der Gebote stehen sogar in einem Wechselverhältnis. Ihre Zusammengehörigkeit be-

---

45 Braulik, Monotheismus 155 Anm. 57, gegen MacDonald, Monotheism, 171f.: V.34 „suggests that the act of election is seen in YHWH's deliverance of the Israelites from Egypt (and in their settlement in the land of Canaan)."

46 Georg Braulik, Liebe und Gotteserkenntnis. Zu einer Besonderheit deuteronomischer Theologie, in: Ders., Studien zu Buch und Sprache des Deuteronomiums (SBAB 63), Stuttgart 2017, 261–269, 265.

47 Der Auszug aus Ägypten ist also „weder eine Heilstat für sich noch der Anfang der Heilsgeschichte Gottes mit Israel überhaupt [...], sondern ein zweiter Akt, der in der Erwählung der Väter gründet. Das entspricht nicht dem deuteronomistischen, sondern vielmehr dem priesterschriftlichen Exoduskonzept: Der Auszug Gottes gründet im Bund Gottes mit Abraham und dessen Nachkommen." (Schmid, Liebe, 96). Auch nach 7,7–8 ist der Exodus Folge der Liebe Gottes, hier allerdings „der Liebe Gottes zu seinem Volk, die Gestalt gefunden hat in seinem Eid gegenüber den Vätern" (97).

48 Hans-Jürgen Hermisson, Zur Erwählung Israels. Alttestamentliche Gedanken zum Amt der Gemeinde, in: Henning Schröer/Gerhard Müller (Hg.), Vom Amt des Laien in Kirche und Theologie. Festschrift für Gerhard Krause zum 70. Geburtstag (TBT 39), Berlin 1982 (= 2015) 37–66, 49.

49 „The election of Israel, then, as conceived in Deuteronomy 4, involves a passive relationship with other nations, though it is active in the sense that it entails wholehearted obedience to YHWH's commands. Israel is not assigned a mission to the other nations." (MacDonald, Monotheism, 174f.)

weist, dass „der Satz von der Erwählung Israels seinen Platz im Zentrum der deuteronomischen Theologie erhalten hat. Er beantwortet damit nicht nur die Frage, wie Jahwe, der Schöpfer der Welt und der ‚König der Völker‘, zugleich der Gott Israels sein und bleiben kann. Er sagt auch unter einem neuen Blickwinkel, was es für Israel heißt, das Volk Jahwes zu sein.“[50]

Nach den V. 32–39 offenbart sich also in der Volksgeschichte die Erwählung Israels. Sie dient letztlich der Erkenntnis, dass JHWH allein Gott ist. Theologisch aber gilt umgekehrt: „Wäre er nicht der einzige Gott im Himmel und auf Erden, deren Schöpfer er ja auch ist [vgl. V. 32], könnte er gar nicht ein Volk erwählen und so wunderbar an ihm handeln.“[51] Genau genommen betrifft seine Erwählung bloß den „Samen (jedes einzelnen) der Väter“. Diese Formulierung läuft zwar auf Israel hinaus, bleibt aber mehrdeutig. Wie die zitierte Auslegung Ibn Esras voraussetzt, könnte sie neben Israel noch andere verwandte Völker einschließen.[52]

Am Ende unseres Durchgangs durch Kapitel 4 bleibt noch die prophetische Zukunftsschau Moses zu erwähnen. Er hatte Israel darauf hingewiesen, dass es seine Identität zunächst aus dem einzigartigen Naheverhältnis zu seinem Gott JHWH und der Verwirklichung einer wahrhaft gerechten Gesellschaft gewinnt. Wenn es im Land die „Gesetze und Rechtsentscheide“ der Tora verwirklicht, wird es von den Völkern als „große Nation“ und „weises und gebildetes Volk“ bewundert werden. Diese öffentliche Anerkennung kann seine Identität bestärken. Passt sich Israel aber durch die Anfertigung von Kultbildern an die Gottesverehrung der anderen Völker an, wird es nicht nur sein privilegiertes Verhältnis zu JHWH, sondern auch sein Land verlieren: „JHWH wird euch unter die Völker verstreuen. Nur eine geringe Zahl von euch wird übrig bleiben unter den Nationen, zu denen JHWH euch treibt. Dort werdet ihr Göttern dienen, Machwerk von Menschenhand“ (V. 27–28a). In diese Katastrophe der Verbannung sind die Völker aber nicht als Akteure verwickelt. Mit der Voraussage des Abfalls zum Bilderdienst relativiert Mose zwar die Erwählung, nimmt sie aber im Blick auf den Gnadenbund Gottes mit den Patriarchen nicht zurück (V. 31). Denn die Zukunft, die in den V. 25–30 die ganze Zeit Israels im Land umfasst und bis ins babylonische Exil hineinreicht, findet in den V. 32–39 ihre letzte Heilsvergewisserung.[53] Sie klären ja endgültig das Verhältnis JHWHs zu den Göttern und beweisen, dass die gesamte Geschichte Israels in der Liebe des

---

50 Rendtorff, Erwählung Israels, 86.
51 Rendtorff, Erwählung Israels, 79.
52 Vgl. Georg Braulik, Die Beschneidung an Vorhaut und Herz. Zu Gebot und Gnade des Bundeszeichens im Alten Testament, in: Jan-Heiner Tück (Hg.), Die Beschneidung Jesu. Was sie Juden und Christen heute bedeutet, Freiburg im Breisgau 2020, 63–95, 69–74.
53 Braulik/Lohfink, Rhetorik, 148 f.

einzigen Gottes zu den Erzvätern und der Erwählung ihrer Nachkommen ihren Ursprung hat (V. 37).

3 Erwählung und bedrohte Identität – Israel unter den Völkern (Dtn 7,6.7)

Deuteronomium 7 lässt sich „als beispielhafter Diskurstext um die Konstruktion und Wahrung der kollektiven Identität Israels lesen."[54] Er blickt auf die Inbesitz-

---

54 Ruth Ebach, Das Fremde und das Eigene. Die Fremdendarstellungen des Deuteronomiums im Kontext israelitischer Identitätskonstruktionen (BZAW 471), Berlin – Boston 2014, 213. Die literarhistorischen Rekonstruktionen von Kapitel 7 sind vielfältig und können hier nur in einer Auswahl vorgestellt werden. Norbert Lohfink, Das Hauptgebot. Eine Untersuchung literarischer Einleitungsfragen zu Dtn 5–11 (AnBib 20), Rom 1963, 184–187, erkennt in Deuteronomium 7 aufgrund von traditionsgeschichtlichen Unterschieden zu Ex 23,20–33; 34,11–16; Jos 23,3–13; Ri 2,1–5 als Grundschicht 7,1–5*.13–16*.20*.22–24*, die von einer jüngeren „Dekalog"-Redaktion in 7,6–12.17–19.21.25–26 überarbeitet und erweitert worden sei, wobei die V.25–26 eventuell ein späterer Zusatz sein könnten (185 f). Zur Auseinandersetzung und Verteidigung diese These gegenüber modernen literarkritischen Hypothesen s. Kraljic, Deuteronomium, 346–352. Lohfink hat in seinem späteren Artikel „Kerygmata des Deuteronomistischen Geschichtswerks", in: Ders., Studien zum Deuteronomium und zur deuteronomistischen Literatur II [SBAB 12], Stuttgart 1991, 125–142, 133 und 141, seine Analyse literarhistorisch noch weiter präzisiert: Die Grundschicht ist Teil der „Deuteronomistischen Landeroberungserzählung", eines Darstellungsgefüges aus der Joschijazeit, während die letzte Fassung von Deuteronomium 7 vom „Deuteronomistischen Überarbeiter" aus der Exilszeit stammen dürfte. Diese Abfassungszeiten werden auch von mir vertreten. Allerdings grenze ich 7,(6).7–11 als kleine Einheit ab. Auf der synchronen, redaktionell geschaffenen Ebene wird diese Trennung durch die chiastische Stichwortverknüpfung der V.6–14 nahegelegt, deren Hauptachse zwischen V.12 und 13 liegt (Lohfink, Hauptgebot, 181 f); ferner durch die Wortklammer ʾeqæb + šmʿ, „wenn + hören", beim Vordersatz eines Segen- bzw. Fluchtextes in 7,12 und 8,20 sowie durch bᵉrît für den Eid an die Väter in 7,12 und 8,18 (Lohfink, Hauptgebot, 197).

Weil der Aufruf zu militärischer Landnahme nach der Exilszeit sinnlos werde und das Vermischungsverbot mit der Landesbevölkerung die Praxis der Monarchie voraussetze, werde nach Lothar Perlitt, Bundestheologie im Alten Testament (WMANT 36), Neukirchen-Vluyn 1969, 55, „der Appell von Dtn 7" – gemeint sind die V.1–4a.6 – „am leichtesten als Antwort bestimmter Kreise auf das assyrische Regiment verständlich". Als Minimalkonsens literarkritischer Gesamtanalysen konstatiert Christa Schäfer-Lichtenberger, JHWH, Israel und die Völker aus der Perspektive von Dtn 7, BZ 40 (1996) 194–218, 197, mindestens zwei zusammenhängende Einheiten: Zunächst den „Eingangsteil mit den Verboten V.1–5 und der Erwählungsaussage in V.6, die Verheißungen der V.12b–16aα und als dritter Teil die Elemente einer sogenannten Kriegsansprache in den V.17–21.23–24", wofür der Verfasser auf schriftlich vorliegende Überlieferungen zurückgreifen konnte; und dann „die weiterführenden Erwählungsbegründungen in V.7 f, ihre Verbindung mit den Dekaloganspielungen in V.8–10 und die darauf resultierende paränetische Schlußfolgerung V.11", deren gemeinsame Abfassung allerdings diskutiert sei. Die historische Zuordnung divergiere (196), doch sei Deuteronomium 7 eher als literarisches Produkt der Exilszeit als aus nachexilischer Zeit stammend

nahme des Landes voraus und hebt sich damit inhaltlich von Kapitel 6 und 8 ab, die bereits von der Situation im Land, aber nicht von seinen Bewohnern sprechen.[55] „Der leitende Aspekt des hier entworfenen Zukunftsprogramms besteht in der Forderung zur Bewahrung der eigenen Identität, die keinen Kompromiss mit den ehemaligen Bewohnern des Landes und ihren religiösen Praktiken duldet. Das Erste Gebot macht Israel zu einer Kontrastgesellschaft, die den Konflikt mit anderen nicht vermeiden darf, wenn sie ihr Dasein als Gottes Volk bewahren will."[56]

Die Rahmenteile des Kapitels 7 bestimmen das Verhalten Israels gegenüber den ansässigen Völkern (V. 1 – 3 und 16a.17 – 24) und gegenüber ihren Göttern (V. 4 – 5 und 16b.25 – 26). „Der Mittelteil (V. 6 – 15) beweist, dass Volk und Gott auch in Israel nicht voneinander getrennt werden können. Denn er begründet die leidenschaftliche und religiöse Intoleranz aus Israels eigener Identität als Volk Jahwes und aus dem Wesen seines Gottes. Dabei werden Israel (V. 6 – 8) und Jahwe (V. 9 – 10) durch ihre

---

zu begreifen (198 – 202). Auch Eckart Otto, Deuteronomium 1 – 11. Zweiter Teilband: 4,44 – 11,32 (HThK), Freiburg im Breisgau 2012, 846 – 855, vertritt bei der Entstehung des Kapitels eine literarische Zweistufigkeit: die deuteronomistische Moabredaktion in 7,1*.2 – 3a.17 – 18.20 – 24 sei in nachexilischer Zeit mit 7,1*(Völkerliste).3b-16.19.25 – 26 fortgeschrieben worden. Mit einer vierstufigen Textentwicklung rechnet Ebach, 203 – 213. In ihr gehören 7,1 – 2.6.17 – 19.21.23 – 24 zur ältesten (211), aus der Exilszeit stammenden Schicht, die V.7 – 11 zur jüngsten aus der Perserzeit (213). Doch sei allen Schichten gemeinsam, „dass Israel als Kontrastgesellschaft zu anderen Gruppen dargestellt" werde (213). Ebach verknüpft Deuteronomium 7 historisch mit dem Konflikt zwischen Rückkehrern und Daheimgebliebenen (216 f). Für Anselm C. Hagedorn, Covenant, Election, and War in Deuteronomy 7, in: Nathan MacDonald (Ed.), Covenant and Election in Exilic and Post-Exilic Judaism (FAT 2,79), Tübingen 2015, 49 – 62, 50, besteht die Grundschicht dagegen nur aus 7,1*.2 – 3a.6. Er möchte zeigen, wie die drei im Titel genannten Themen des Kapitels in die Perserzeit passen. Dagegen beurteilt z. B. Moshe Weinfeld, Deuteronomy 1 – 11. A New Translation with Introduction and Commentary (AB 5), New York 1991, 380 – 382, das Kapitel 7 als „a coherent chapter … basically built upon Ex 23:20 – 33" (380). Auch Arie Versluis, The Command to Exterminate the Canaanites: Deuteronomy 7 (OTS 71), Leiden – Boston 2017, 136, betrachtet Kapitel 7 als eine ursprüngliche literarische Einheit, lässt aber literarhistorische Fragen unbeantwortet. Hinter der Vernichtung der kanaanäischen Völker sieht er eine alte Tradition, weil die Liste der sieben Völker Verhältnisse des zweiten Jahrtausends wiederspiegle. Das göttliche Vernichtungsgebot sei zumindest teilweise in der Frühzeit Israels erfüllt worden.

55 Von den Gemeinsamkeiten, die zwischen Deuteronomium 7 und den Kapitel 5 – 6 bestehen, betont MacDonald, Monotheism, 108 f, das verklammernde Motiv der „Liebe": „The content of Deuteronomy 7 links it tightly to the *Shema* [6,4 – 9]. Devotion to Israel's god is expressed in the destruction of Canaanite cultic paraphernalia. Such acts are grounded in Israel's election by YHWH (7:6 – 10), a correlative of YHWH's oneness […]. Even here the echoes of the *Shema*, or more specifically the Decalogue, are clear in YHWH's generosity to those who *love* him (7,9)."

56 Veijola, Deuteronomium, 195.

gegenseitige Beziehung definiert. Israel kann deshalb seine besondere Existenz im Verheißungsland nur leben, wenn es das dtn Gesetz beobachtet (V. 11)."[57]

Wenn JHWH nach 7,1–2a Israel ins Verheißungsland bringt, ihm viele Nationen (*gôyim rabbîm*) „aus dem Weg räumt" (*wᵉnāšal mippānǣkā*), sie ihm ausliefert und Israel dann die Bewohner, „sieben zahlreichere und mächtigere Nationen (*gôyim rabbîm wᵃ ʾaṣûmîm*)", schlägt, dann soll es sie „der Vernichtung weihen (*haḥᵃrem taḥᵃrîm*)". Die namentlich angeführten Völker dürften wie in anderen Listen ursprünglich ethnisch unterschiedliche Herrschaftseliten kanaanäischer Stadtstaaten bezeichnet haben (vgl. V. 24). Die Forderung, an ihnen den Ḥerem zu vollziehen, gilt nicht zeitlos, sondern ist durch eine „historisierende Gebotseinleitung"[58] ausschließlich auf die Situation der Landnahme bezogen. Bei dieser Kriegsdarstellung im Deuteronomium, aber auch im sogenannten deuteronomistischen Geschichtswerk, „handelt es sich dominant um ,intentionale' bzw. ,geglaubte' Geschichte." Es geht um ein Erzählen, das „fiktional genannt werden muss." Deshalb ist nach dem zu fragen, was mit dem fiktional Erzählten eigentlich gemeint ist.[59] So kann in 7,1–5 „die Vernichtung der Vorbewohner und die Zerstörung all ihrer Kultstätten […], d. h. die Ausschaltung von allem, was zur kultischen Verführung und zum Abfall von JHWH führen könnte, nur als fiktional erzählter Ausdruck der Forderung zu ganz ungeteilter Alleinverehrung des einzig zu liebenden Gottes begriffen werden".[60] Obwohl das Gottesbild der Ḥerem-Theorie bereits im Alten Testament kräftige Korrekturen erhalten hat,[61] bleibt für moderne Leser das Ärgernis, dass Gott selbst einen Genozid befiehlt.[62]

---

57 Georg Braulik, Deuteronomium 1–16,17 (NEB), Würzburg 1986, 61 f.

58 Zur Argumentation der „historisierenden Gebotseinleitung" s. Schäfer-Lichtenberger, JHWH, 198 f. Sie „zeigt, dass das Land die Größe ist, über die das Verhältnis JHWH-Israel beschrieben wird" (199). Sie sei von einem deuteronomistischen Verfasser in der Exilszeit entwickelt worden (199) und „kann als ein Indiz für die Entstehung des Ḥeremgebotes in exilischer Zeit gelten" (200). Dagegen schuf nach Norbert Lohfink, *ḥāram ḥerœm*, ThWAT III (1982) 192–213, 209–212, die aus der Joschijazeit stammende Fassung des deuteronomistischen Geschichtswerks „das Bild vom grausamen sakralen Vernichtungskrieg gegen die Gesamtbevölkerung Palästinas" (209), beschränkte aber den *ḥerœm* auf die Landnahmezeit. Später und gegenüber anderen Völkern gelten andere, und im zeitgeschichtlichen Vergleich höchst zivilisierte Kriegsregeln.

59 Hubert Irsigler, Gottesbilder des Alten Testaments. Von Israels Anfängen bis zum Ende der exilischen Epoche. Teilband II, Freiburg im Breisgau 2021, 797. Zu den Fiktionalitätssignalen der Texte s. 798 f.

60 Irsigler, Gottesbilder, 810.

61 Zum Deuteronomium s. Georg Braulik, Die Völkervernichtung und die Rückkehr Israels ins Verheißungsland. Hermeneutische Bemerkungen zum Buch Deuteronomium, in: Ders., Studien zum Deuteronomium und seiner Nachgeschichte (SBAB 33), Stuttgart 2001, 113–150; zu den deuteronomistischen Kriegsdarstellungen s. Irsigler, Gottesbilder, 805–811.

Exkurs

Die Ausrottung der Völker lässt sich zunächst mit der Vorgeschichte der Nachbarvölker Israels beleuchten, die der Bucherzähler in 2,10–12 und 2,20–23 einblendet.[63] Die beiden Einschaltungen theoretisieren das Thema „Völkervernichtung und Landnahme" noch bevor Mose den Heremkrieg gegen die Amoriterkönige Sihon und Og sowie die Eroberung des Ostjordanlandes resümiert.[64] Zwar erwähnt schon Mose, dass JHWH nicht nur Israel das Land geben werde, sondern dass er das Gleiche auch schon für die Edomiter, Moabiter und Ammoniter getan habe (2,5.9.19), ja ihren Anspruch auf Land sogar gegenüber Israel verteidige. Doch enthalten die beiden Einschübe des Bucherzählers zusätzliche ethnographische, historische und geographische Informationen aus seinem Weltwissen über den Bevölkerungsaustausch. Insbesondere sind sie von einer Systematik göttlichen Geschichtshandelns und einer Art königsrechtlicher Landkonzeption geprägt. Wie bei den vorisraelitischen Landesbewohnern in 7,1 handelt es sich auch in den gelehrten Bucherzählerreflexionen um je sieben Vorbevölkerungen. Unter ihnen gelten die „Rafaïter", eine Sammelbezeichnung mehrerer Völkerschaften, als Riesen und tragen heroenhafte mythische Züge (2,10–11.20–21).[65] Die gewaltsame Eroberung der Edomiter

---

62 Nach Lohfink, *ḥāram*, 211, wollte die *ḥeræm*-Theorie angesichts der bluttriefenden Kriegserzählungen der assyrischen Propaganda einem religiös-nationalen Plausibilitätsschwund in Israel entgegenwirken und sein Selbstbewusstsein stützen. Schäfer-Lichtenberger, JHWH, 202, betont, dass in „Dtn 7 und vergleichbaren anderen Stellen Herem nicht apriori mit Tötung gleichgesetzt werden" dürfe. Vielmehr sei „von der ganzen Bedeutungsvielfalt des Begriffes auszugehen, die von der Tötung bis zum sozialen Kontakt- und Verkehrsverbot reicht" (202). Ihr hat Versluis, Command, 69–72, widersprochen. Seine Monographie will sich geschichtlich und exegetisch den theologischen und ethischen Fragen, die sich heute für das biblische Gottesbild daraus ergeben, stellen. Eine Spätdatierung oder eine metaphorische Auslegung von Deuteronomium 7 gelten ihm aber als einer unhistorischen Apologie verdächtig. So plädiert z.B. MacDonald, Monotheism, 113–122, für ein metaphorisches Verständnis des Herem. Dem hat Joel N. Lohr, Chosen and Unchosen. Conceptions of Election in the Pentateuch and Jewish-Christian Interpretation (Siphrut 2), Winona Lake / IN 2009, 167–172, widersprochen.

63 Literarhistorisch gehören sie zum Grundbestand von Deuteronomium 1–3 und somit zur deuteronomistischen Landeroberungserzählung aus der Joschiazeit (Norbert Lohfink, Die Stimmen in Deuteronomium 2, in: Ders., Studien zum Deuteronomium und zur deuteronomistischen Literatur IV [SBAB 31], Stuttgart 2000, 47–74, 69 f.).

64 Zum Folgenden vgl. Braulik/Lohfink, Rhetorik, 84–88.

65 Vgl. Cornelis Houtman, Die ursprünglichen Bewohner des Landes Kanaan im Deuteronomium. Sinn und Absicht der Beschreibung ihrer Identität und ihres Charakters, VT 52 (2002) 51–65. Dieser Artikel wird von Versluis, Command, 177–181, ausführlich diskutiert. Zu Recht kritisiert er an Houtmans theologischer Auswertung der Stellen: „they do not give a motivation or justification of the destruction of the former population of Canaan and its surroundings. These texts do not contain a moral judgement about the nations that have been destroyed, but only note *that* nations have been destroyed, and that YHWH can do so again." (181). Trotz der bestehenden Unterschiede zwischen den

wird zunächst innerweltlich beschrieben. Erst am Ende heißt es: „wie es Israel mit dem Land gemacht hat, das ihm JHWH zum Besitz gegeben hat." (2,12).[66] Israels Landnahme geht also auf eine Setzung Gottes zurück, auch wenn dabei noch nicht von seinem Eingreifen gesprochen wird. Diese theologische Weltsicht bestimmt erst 2,21b-22: „JHWH vernichtete die Rafaïter, als die Ammoniter eindrangen. Diese übernahmen ihren Besitz und setzten sich an ihre Stelle. Das war das Gleiche, was JHWH für die Nachkommen Esaus getan hat, die in Seïr sitzen. Als sie vordrangen, vernichtete er die Horiter. Die Nachkommen Esaus übernahmen ihren Besitz und setzten sich an ihre Stelle. So blieb es bis heute." Beide Texte gehören zu einem geschichtstypologischen Aussagesystem.[67] Somit handelt JHWH für Israel wie auch für die anderen Völker. „Vermutlich soll erkennbar werden, in welchem Ausmaß sich die Landeroberung Israels in das gesamte geschichtliche Geschehen einordnen sollte und schließlich auch eingeordnet hat, das zu jener Besitzverteilung im palästinischen Raum führte, die der Leser in seiner eigenen Gegenwart vorfindet. Alle Vorgänge sind dabei, wie auch schon in den Formulierungen von Mose selbst, als Werk von Israels Gott JHWH zu betrachten."[68] Die Ḥeremtexte mussten ausführlicher besprochen werden, weil Israel in diesem Raum „vieler Nationen" (*gôyîm rabbîm* in V. 1.17, *gôyîm ha'llæh* V. 22) leben und sich angesichts überlegener Feinde

---

Völkerschaften bilden die Zwischenbemerkungen des Bucherzählers eine plausible historische Erklärung der Vernichtung einer Vorbevölkerung und ihrer Ablösung im Landbesitz. Dagegen wird das Vorgehen in Deuteronomium 7 im Wesentlichen theologisch begründet.

66 Versluis, Command, 178 Anm. 151, räumt zwar ein, dass 2,12 die Sicht späterer Zeit wiedergibt und auf die Eroberung ganz Kanaans zurückblickt. Dass sich die Feststellung im literarischen Kontext aber nur auf die Eroberung des Ostjordanlandes beziehen könne (ebd.), trifft nicht zu. Denn es handelt sich dabei um eine Bemerkung des Bucherzählers, die bereits aus geschichtlicher Distanz auf die zur Zeit der Moserede noch ausstehende Landeroberung Israels zurückblickt.

67 Norbert Lohfink, Geschichtstypologisch orientierte Textstrukturen in den Büchern Deuteronomium und Josua, in: Ders., Studien zum Deuteronomium IV, 75–103, 82–87. Dem älteren Geschichtshandeln der Nachkommen Esaus (Antitypos) entspricht nach 2,12 das in einem Komparativsatz zugeordnete Handeln Israels (Typos). In 2,20–23 bildet die Landnahme Ammons den Antitypos zur Landnahme Edoms, wobei in beiden Fällen JHWH die Vorvölker ausrottete. Insgesamt finden sich in 1,6–3,29 sieben geschichtstypologische Aussagen. Die theologisch maßgebenden stehen im Rahmenwerk der Komposition, in 1,30 und 3,21 (vgl. noch 31,4): „Bei der Eroberung des zugesagten Landes der (westjordanischen) Amoriter wird JHWH ebenso für Israel handeln wie beim Exodus; mit den Königen westlich des Jordan wird JHWH ebenso umgehen wie mit den beiden Königen östlich des Jordan." (Braulik/Lohfink, Rhetorik, 92). Damit werden „gleich zu Beginn des Deuteronomiums alle folgenden Eroberungskriege und Völkervernichtungen Jahwes und Israels" relativiert. „Sie sind in das generelle Verhalten Gottes gegenüber allen Völkern einzuordnen und werden zu einem weltgeschichtlich ganz gewöhnlichen Phänomen." (Braulik, Völkervernichtung, 123).

68 Braulik/Lohfink, Rhetorik, 88.

bewähren muss. Im Übrigen wird das gewalttätige Kriegsethos vor allem von Kapitel 7 (und 9,1–7) im Buch Deuteronomium „theologisch metaphorisiert und pragmatisch umfunktioniert", erfüllt aber in seiner „spirituellen Verwandlung" für den JHWH-Glauben eine bleibende Funktion.[69]

Ende des Exkurses

Angesichts der Selbstzweifel und bangen Frage Israels „Diese Nationen sind größer als ich – wie sollte ich sie ausrotten können?" (V. 17) wird das Vorgehen JHWHs gegen die Landesbewohner, das 7,1–2a ankündigt, in V. 22 durch eine Verzögerung der Landnahme präzisiert: Gott wird sie „nur nach und nach vor dir [Israel] aus dem Weg räumen (*weˉnāšal mippānǽkā*)". Auf der Endtextebene kann deshalb die Ḥeremforderung mit Verboten zusammenstehen, die ein längeres Nebeneinander der kanaanäischen Völkerschaften[70] und der Israeliten nach der Inbesitznahme des Landes voraussetzen.[71] Sie zwingen dann „Israel als Kollektiv auf soziale Distanz zu den besiegten Völkern"[72], grenzen es von ihren Göttern ab und dienen damit dem ersten Dekalogsgebot. Untersagt werden ein Bundesschluss, also eine vertragsrechtlich vereinbarte Form gesellschaftlichen Zusammenlebens, aber auch ein Gnadenakt (V. 2b), ebenso eine privatrechtlich verbindliche Mischehe mit Kanaanäern (V. 3). Diese „religiös-nationale Unduldsamkeit"[73] wird damit begründet, dass eine Verschwägerung zum Dienst anderer Götter verleiten und dadurch den Zorn JHWHs sowie seine Vernichtung Israels provozieren könnte (V. 4; zur Gefahr der Verführung vgl. das Kriegsgesetz 20,17–18). Um jeder synkretistischen Religi-

---

69 Zu dieser Hermeneutik s. Braulik, Völkervernichtung; die Zitate finden sich 149 und 150. Vgl. auch Pietro Bovati, Il libro del Deuteronomio (1–11) (Guide spirituali all'Antico Testamento), Rom 1994, 101–107.

70 Zum Oberbegriff „Kanaaniter" vgl. die Völkerliste in Gen 10,15–18, zum „Land der Kanaaniter" Dtn 1,7. Im Alten Testament dienen sie als Antistereotyp schlechthin: „Israel's identity is shaped by the negation and repression of anything ‚Canaanite'" (Christoph Uehlinger, The „Canaanites" and other „pre-Israelite" peoples in Story and History. Part II, FZPhTh 47 [2000] 173–198, 174).

71 Vgl. Versluis, Command, 74: „This interpretation does justice to the text of Deut. 7 in its canonical form [...] Moreover, the stipulations in verses 2bβ-3 are important if the destruction would take a longer time to complete (cf. verse 22)." Vgl. ebd., 117 f. Bei diesem „Separationsprogramm" (197) handelt es sich nach Veijola, Deuteronomium, „um keine chronologische Fortsetzung von V.2ba" (198 Anm. 448), sondern um eine Erläuterung „des Banngebots in sachlicher Hinsicht" (198). Dagegen wollen sie nach Karin Finsterbusch, Weisung für Israel. Studien zu religiösem Lehren und Lernen im Deuteronomium und in seinem Umfeld (FAT 44), Tübingen 2005, 179, „offenkundig ausschließen, dass das Bannen in irgendeiner Weise umgangen oder unterlaufen wird." Die Wiedergabe des Ḥerem durch „Bann, bannen" ist übrigens falsch und irreführend, denn gemeint ist kein Exkommunizieren, sondern ein Vernichten.

72 Schäfer-Lichtenberger, JHWH, 202.

73 Perlitt, Bundestheologie, 56.

onspraxis zuvorzukommen müssen schließlich die Kulteinrichtungen der kanaanäischen Völker zerstört werden (V. 5). „Religiöse Koexistenz im Alltagsleben gefährdet Israels Identität als Volk JHWHs."[74] Weil die vorisraelitischen Landesbewohner keine militärische, sondern eine religiöse Gefahr darstellen, ist die
Gegnerschaft nur bei der Ablehnung JHWHs unaufhebbar. „In das Bild des religiös
motivierten Ḥerem fügt sich als positives Gegenstück die Ausnahme der Sippe Rahabs und der Gibeoniter vom Ḥerem. Beide Gruppen verfallen nicht dem Ḥerem, da
sie ein Bekenntnis zu JHWH abgelegt haben (Jos 2,8 – 11; 9,9 – 10.24). Das Motiv des
Ḥerem entfällt und somit der Ḥerem."[75] Für das Verständnis der intoleranten Bestimmungen von Dtn 7,1 – 5 ist daher wichtig: „Die Völker geraten nicht aus der
Perspektive ‚JHWH – Völker' in den Blick, sondern ausschließlich unter dem Aspekt:
‚Noch-Besitzer des Israel verheißenen Landes' und ‚potentielle Verführer zur Verehrung anderer Götter'. Ihnen gegenüber steht Israel als künftiger Besitzer des
Landes und ‚Verehrer JHWHs'."[76]

Israel kann die ihm auferlegte Konfrontation nur bestehen, wenn es ganz an
JHWH gebunden ist. Dieses Ausschließlichkeitsverhältnis wird im Folgenden in
zwei „ekklesiologischen" Ausdrücken gefasst: „heiliges Volk", ʿam qādôš, und „Eigentumsvolk", ʿam sᵉgullāh. Beide sind „abgrenzende Verhältnisbegriffe"[77]. Zunächst wird die radikale Zerstörung der Altäre, Mazzeben, Ascheren und Götterbilder, der klassischen Heiligtumsausstattung (V. 5), begründet und legitimiert:
„Denn du bist ein heiliges Volk für JHWH, deinen Gott." (V. 6a). Damit ist keine
moralische Leistung oder selbsterworbene Qualität gemeint. „Heiliges Volk" bezeichnet vielmehr „die kultisch rituelle Zugehörigkeit Israels zu seinem Gott, betont
also JHWHs ausschließlichen Verehrungsanspruch."[78] Außerdem fügt sich ʿam
qādôš in den Zusammenhang des Ḥerem als einer „Vernichtungsweihe" ein. Denn
auch sie gehört zum Wortfeld des Heiligen: „Das ‚Heilige' ist eine Art Gegensphäre
zum ḥeræm."[79]

Die weitere Begründung bezieht sich nicht mehr auf die Ritualdifferenz Israels
gegenüber den Völkern. Jetzt ergibt sich die *Ab*sonderung aus der Gabe der

---

74 Schäfer-Lichtenberger, JHWH, 217.
75 Christa Schäfer-Lichtenberger, Bedeutung und Funktion von Ḥerem in biblisch-hebräischen
Texten, BZ 38 (1994) 270 – 275, 273.
76 Schäfer-Lichtenberger, JHWH, 195.
77 Perlitt, Bundestheologie, 57.
78 Braulik, Ekklesiologische Begriffe, 173.
79 Lohfink, ḥāram, 196 f, Zitat 197. In 7,25 f sind ḥeræm und tôʿebāh, „Gräuel" für JHWH – hier die
Götterbilder der Landesbewohner –, aufeinander bezogen. Vgl. auch Versluis, Command, 46 – 54.

*Aus*sonderung, der Erwählung.[80] Dieselbe Zugehörigkeit zu JHWH wird nun von der anderen Seite aus gesehen: „als *ʿam qādôš* ist Israel das Volk, das auf der Seite Gottes steht und geheiligt ist; als [...] *sᵉgullāh* ist es das, worüber Gott verfügen kann".[81] Trotz der Asyndese zwischen V. 6a und V. 6b[82] ist Israel also ein „heiliges Volk", weil es von JHWH erwählt wurde und in einem besonderen Eigentumsverhältnis zu ihm steht.[83] „In bekenntnishafter Kürze"[84] setzt V. 6b die Begründung fort: „Dich hat JHWH, dein Gott, ausgewählt (*bāḥar*)" (V. 6b*). Der Zweck: „damit du unter allen Völkern (*mikkol haʿammîm*), die auf der Erde leben, das Volk wirst, das ihm persönlich gehört (*lihyôt lô lᵉʿam sᵉgullāh*)." Diese Gottunmittelbarkeit, die JHWH mit der Erwählung Israels gestiftet hat, wird durch die traditionelle „Bundesformel" – mit Infinitiv von *hyh* samt doppeltem *lᵉ* für JHWH und Israel – erklärt. Das „seltene Wort *sᵉgullāh* konzentriert in sich die gesamte dt Problematik: Israel verdankt sich und gehört daher – Jahwe."[85] Dieser Schlüsselbegriff „Volk des Sonderguts" ist typisch deuteronomische Diktion. „Als Wort aus dem Bereich der Vasallenterminologie könnte es [...] zur Bezeichnung des Abhängigkeitsverhältnisses des Volkes gegenüber seinem Gott Jahwe eingeführt worden sein."[86] Es ist überall mit der eingliedrigen (7,6; 14,2) oder zweigliedrigen (26,18) „Bundesformel" verknüpft und steht auch immer mit *ʿam qādôš* zusammen (7,6; 14,2; 26,19).[87] Weil Gott Israel noch

---

80 Zur Diskussion einer Funktion der Erwählung Israels für die Völker s. Lohr, Chosen, 176–180, der sich mit Autoren auseinandersetzt, die vor allem im Blick auf Gen 12,1–3 argumentieren: „the *ḥerem* should be viewed as something used temporarily in order to bring about a greater good for the nations" (179). Dementsprechend erklärt z. B. J. Gordon McConville, Deuteronomy (AOTC), Leicester 2002, 164, als theologische Funktion der Völkervernichtung „the rejection of forms of rule that were not subject to the divine rule. These can be seen as a kind of ‚chaos', and the divine war against the idolatrous nations therefore as an act of salvation, in the sense of establishing the possibility of the divine rule in the world, which alone could offer it hope."

81 Vriezen, Erwählung Israels, 63.

82 Dagegen wird der gleiche Satz in 14,2 durch „und" mit der vorausgehenden Aussage über das heilige Volk verbunden und begründet dadurch zusammen mit ihr das Verbot kanaanäischer Trauerbräuche in 14,1b.

83 Diese Logik ergibt sich auch aus der Abfolge der beiden Prädikationen in 26,18 (*ʿam sᵉgullāh*) und 26,19 (*ʿam qādôš*). In 7,6 mussten die beiden Bezeichnungen umgekehrt aufeinander folgen, weil 7,6a in unmittelbarem Anschluss 7,5 begründet. Vgl. Wildberger, *bḥr*, 285.

84 Perlitt, Bundestheologie, 59.

85 Perlitt, Bundestheologie, 57.

86 Norbert Lohfink, Dt 26,17–19 und die „Bundesformel", in: Studien zum Deuteronomium und der deuteronomistischen Literatur I (SBAB 8), Stuttgart 1990), 211–261, 250 f. Das Wort *sᵉgullāh* meinte ursprünglich wahrscheinlich Sacheigentum mit der Nuance „Sondergut", „Vorbehaltsgut", „Privatschatulle". „Es muss aber auch früh übertragen verwendet worden sein, um eine Art Leibeigenschaft eines Königs oder anderer Menschen gegenüber einer Gottheit oder einem Großkönig zum Ausdruck zu bringen." (Ebd., 249 f, mit ausführlichen Belegen in 250 Anm. 87).

87 Braulik, Ekklesiologische Begriffe, 171 f.

vor seinem Handeln an diesem Volk erwählt hat, wird ʿam segullāh mit keinem heilsgeschichtlichen Ereignis verbunden.[88] Seine Erwählung bleibt aber auch von Seiten Israels unbegründbar. Mehr noch: denkbare Anknüpfungspunkte dieser Identitätsstiftung werden im Folgenden sogar ausdrücklich relativiert. Wenn Israel aber im Rahmen des Moabbundes erwartet, als ʿam segullāh von JHWH erhöht zu werden „über alle Nationen, die er gemacht hat, zum Lob, zum Ruhm und zur Zierde" (26,18–19), dann „letztlich nicht seines eigenen Namens, sondern desjenigen JHWHs, da es diese Stellung nur als von Gott gegebene und als für ihn ausgesondertes Volk innehat"[89].

Formulierungsmäßig ist die Großkomposition 7,6–15 von einem Netz kunstvoll chiastischer Stichwortentsprechungen überzogen. Den Wendepunkt, von wo an die meisten Wörter und Ausdrücke umgekehrt zur Reihenfolge ihres ersten Auftretens angeordnet sind, bildet V. 12.[90] Innerhalb dieser Verse wird nicht mehr von den kanaanäischen Vorbewohnern, den „vielen Nationen" (gôyîm rabbîm) im Westjordanland,[91] sondern uneingeschränkt „von allen Völkern" (mikkol haʿammîm V. 6.7.14) gesprochen,[92] aus denen sich JHWH einen ʿam erwählt hat. Dieser Wechsel in der Terminologie will beachtet sein. Zwar bestimmen eine universalistische Sicht und das Bewusstsein von JHWHs unbeschränkter Macht 7,6–15, wenn auch auf andere Weise als in 4,32–39. Zugleich liegt dabei aber jede Diskreditierung oder Ablehnung

---

88 Das gilt nicht für den analogen Begriff ʿam naḥ⁽a⁾lāh, „Volk des Erbeigentums", der in 4,20; 9,26.29 für die privilegierte Stellung Israels ebenfalls im Kontrast zu den anderen Völkern verwendet, aber mit der Herausführung aus Ägypten verbunden wird, bei dem aber die Erwählung fehlt (Braulik, Ekklesiologische Begriffe, 168–171).

89 Markus Zehnder, Umgang mit Fremden in Israel und Assyrien. Ein Beitrag zur Anthropologie des „Fremden" im Licht antiker Quellen (BWANT 168), Stuttgart 2005, 298.

90 Zur systematischen Stichwortverknüpfung und verschiedenen konzentrischen Strukturen in Kapitel 7 s. Lohfink, Hauptgebot, 181–183. Robert H. O'Connell, Deuteronomy vii 1–26: Asymetrical Concentricity and the Rhetoric of Conquest, VT 42 (1992) 248–265, 254–257, präzisiert die Großstruktur der V.6–14/15 außerdem durch zwei „triadic frames" (V.6b–7+13–14 und 8–9+12b-13) und ein „sequential displacemanet of tiers" (V.8–11 und 12–15), die erklären sollen, warum manche Schlüsselwörter mehrmals gebraucht werden.

91 Gegen Hans Wildberger, Jahwes Eigentumsvolk. Eine Studie zur Traditionsgeschichte und Theologie des Erwählungsgedankens (AThANT 37), Zürich – Stuttgart 1960, 77.

92 „Innerhalb von Dtn 7 wird sehr sorgfältig zwischen gōjīm und ʿammīm unterschieden; gōjīm sind die zu vertreibenden Völker, von denen Israel kompromisslos geschieden wird (V.1.17.22). Von ʿammīm ist die Rede, wenn Israel positiv gegen sie abgehoben wird (V.6.7.14)" (Schäfer-Lichtenberger, JHWH, 211). Schon dieser Wortgebrauch spricht dagegen, dass Erwählung den Grund für die Vernichtung der Nationen des Landes bildet – gegen Lohr, Chosen, 172. „Just as the ḥerem is closely connected with the idea of Israel's holiness, it also functions to preserve that holiness. Through the ḥerem, Israel is able to be what God intended Israel to be: a people set apart and devoted to him." (Ebd.).

der anderen Völker fern. Hier wird nur „die Abgrenzung als Kehrseite der Erwählung deutlich."[93] Innerhalb der für unser Thema relevanten Perikope 7,6–11
kommentieren die an 'am sᵉgullāh (V. 6b) anschließenden Verse die Erwählung nach
ihrer Ursache (V. 7) und ihrer geschichtlichen Verwirklichung (V. 8). Sie gehören zum
typisch deuteronomischen Schema „Faktum – Erkenntnis – Appell", das auch
4,32–40 strukturiert. Es erinnert an das Offenbarungshandeln JHWHs in der „Urzeit" des Volkes (7,7–8), um dadurch zu einer rational stringenten Folgerung für die
Erkenntnis JHWHs und hier auch Israels Gottesverhältnis zu führen (V. 9–10) und
schließlich die gesamte Reflexion auf die ethische Konsequenz zuzuspitzen, dass
Israel die deuteronomische Sozial- und Gesellschaftsordnung bewahren und verwirklichen soll (V. 11).[94]

Die Liebes- und Erwählungsgeschichte JHWHs mit Israel wird in 7,7–8 wesentlich breiter als in 4,37 entfaltet:

> Nicht weil ihr zahlreicher als andere Völker wäret, hat euch JHWH ins Herz geschlossen
> (ḥāšaq) und ausgewählt (wayyibḥar); denn ihr seid das kleinste von allen Völkern. Wegen der
> Liebe (kî meʾᵉhabat) JHWHs zu euch und weil er auf den Schwur achtet, den er euren Vätern
> geleistet hat, deshalb hat JHWH euch mit starker Hand herausgeführt und dich aus dem
> Sklavenhaus freigekauft (wayyipdᵉkā), aus der Hand des Pharao, des Königs von Ägypten.[95]

Es ist „die wohl schönste Erläuterung der Erwählung".[96] Das einzigartige Gottesverhältnis Israels lässt sich nicht aus natürlichen Vorzügen, etwa einer imponie-
renden Größe des Volks und damit aus Ansehen und Macht, erklären.[97] Eine solche

---

93 Ebach, Fremde, 213.
94 Nach Konstantin Zobel, Prophetie und Deuteronomium. Die Rezeption prophetischer Theologie
durch das Deuteronomium (BZAW 199), Berlin – New York 1992, 80 f, weise „die Inkorporation der
Liebe Jahwes" in das Schema „auf den Aspekt der konditionalisierten Gottesliebe". Die zunächst
„uneingeschränkte Liebeszusage [wird] paränetisch in den Dienst der deuteronomistischen Theo-
logie genommen und konditionalisiert. Jahwes Liebe gilt Israel nur so lange, wie es das göttliche
Gebot hält. [...] Jetzt ist Halten der Gesetze die *conditio sine qua non* der Liebe Jahwes." Eine solche
Konditionalisierung lässt sich aber aus dem Schema in keiner Weise ableiten. Der Blick in die
Liebesgeschichte JHWHs mit Israel (7,8–8) ist den beiden Folgerungen in Gotteserkenntnis und
Bewahren wie Halten der Gebote als „Darstellung" vorgegeben. „,Darstellung', die pragmatisch als
Appell dient, erzielt einen speziellen Effekt: Der Hörer wird nicht genötigt; er soll den entspre-
chenden Schluss selbst ziehen. Seine Freiheit bleibt gewahrt." (Dangl, Methoden, 119).
95 Vgl. zum Folgenden Braulik, Liebe und Gotteserkenntnis, 266 f.
96 Horst Seebaß, Erwählung I Altes Testament, TRE 10 (1982) 182–189, 186.
97 Doch kann diesem göttlichen Erwählungshandeln nicht entnommen werden, dass „die Liebe
Jahwes ihn dabei sogar die Verfehlungen Israels übersehen" lässt – gegen Antje Labahn, Die Erwählung Israels in exilischer und nachexilischer Zeit, ETL 75 (1999) 395–406, 400. Erst Dtn 9,4–6
zitiert die Anmaßung Israels, auf die Inbesitznahme des Landes ein Recht zu haben, weil JHWH die
Völker Kanaans vernichtete, und stellt seine Selbstgerechtigkeitserklärung unter ein Gottesurteil.

Prärogative wäre schon angesichts der „zahlreicheren und mächtigeren Nationen" des Landes (7,1; vgl. 4,38) nicht gegeben. Jede Selbstrühmung Israels ist ausgeschlossen.[98] Seine Erwählung gründet im Geheimnis einer emotionsgeladenen, bedingungslosen göttlichen Liebe: JHWH hat Israel nicht bloß „geliebt", sondern es „ins Herz geschlossen", sich „an es gehängt" ($\hbar\check{s}q$)[99] und in einem eigenen Akt erwählt[100]. Um der Liebe willen ($k\hat{\imath}$)[101] – nur hier steht im Deuteronomium das Nomen *'ah^{a}bāh*, das ihr Bleiben ausdrückt, – und wegen seines Eides an die Väter hat Gott dann Israel aus dem Sklavenstaat Ägypten „ausgelöst".[102] Dieser Herrschaftswechsel vom Pharao zu JHWH ließ das Volk erstmals seine Erwählung erfahren. Wie in der Kurzfassung von 4,37 sind auch in 7,8 Liebe, Erwählung und Herausführung so miteinander verbunden, dass „mit den Verben *'hb, bhr* und *yṣ'* hi. jedesmal das gesamte heilsgeschichtliche Credo im Blick ist."[103] Bei der Erwählung wird also „mit erstaunlicher Konstanz auf die Heilsgeschichte als deren Erkenntnisgrundlage hingewiesen".[104]

Gottes Liebe und seine Erwählung Israels sind im Deuteronomium immer Fakten.[105] Dagegen wird die Liebe Israels zu JHWH meistens als Aufforderung bzw. Gebot formuliert.[106] Die Erfahrung in der Vergangenheit soll sich auswirken, die

---

98 Otto Bächli, Die Erwählung des Geringen im Alten Testament, ThZ 22 (1966) 385–395, ist diesem „Spezifikum des alttestamentlichen Erwählungsglaubens" (385) nachgegangen. Dtn 7,7 beurteilt er als „Kampfansage an den Volksglauben", als „eine Kritik der geschichtlichen Entwicklung und ihrer theologischen Legitimierung durch die Erzvätertradition" (393). Die Wurzel der „Minimitäts- und Humilitätsaussage" sei im Credo Dtn 26,5 zu finden, wonach Gott den Stammvater, einen umherirrenden Aramäer, zu einem großen, starken und zahlreichen Volk gemacht hat (394 f.).
99 Das Verb findet sich mit JHWH als Subjekt im Alten Testament nur in Dtn 7,7 und 10,15.
100 Jacqueline E. Lapsley, Feeling Our Way: Love for God in Deuteronomy, CBQ 65 (2003) 350–369, 360.
101 „Das Proprium des Deuteronomiums liegt in dem betonten *kî*." (Zobel, Prophetie, 82 Anm. 288).
102 Richard D. Nelson, Deuteronomy. A Commentary (OTL), Louisville – London 2002, behauptet eine unzutreffende Abhängigkeit der Erwählung, wenn er feststellt: „Election depends on Yahweh's fidelity to the promise and the relationship established by the exodus (V.8), but also on Israel's obeying the law in order to concretize its relationship to Yahweh." Vielmehr sichern JHWHs Gnadenwahl und der den Vätern geleistete Schwur den Exodus. „Damit wird die Vorstellung vom Handeln JHWHs rational einsichtig, seine Liebe verliert ihren Willkürcharakter und erhält in der Selbstbindung JHWHs eine verlässliche Basis." (Schäfer-Lichtenberger, JHWH, 208).
103 Perlitt, Deuteronomium, 365.
104 Wildberger, Jahwes Eigentumsvolk, 100.
105 Gegen Waschke, Volk, wonach „die Realisierung, durch die Israel im Status des Erwähltseins bestimmt wird, noch aussteht" (250) bzw. Israels Erwählung „erst noch etwas in letzter Instanz zu Realisierendes" sei (251).
106 Georg Braulik, Die Liebe zwischen Gott und Israel. Zur theologischen Mitte des Buches Deuteronomium, in: Ders., Studien zu Buch und Sprache, 241–259, 248 f.

Gnade will angenommen werden, drängt zur Gegenliebe und ermöglicht sie zugleich. Deshalb wird das Geschichtsresümee im Folgenden zum Appell:

> Daran sollst du erkennen: JHWH, dein Gott, ist ‚der Gott' (hā'æ̆lohîm); er ist der treue El [Gott] (hā'el hannæ'æ̆mān); noch nach tausend Generationen bewahrt er den Bund (habbᵉrît) und erweist denen die Huld (haḥæsæd), die ihn lieben (lᵉ'ohᵃbāw) und seine Gebote bewahren (lᵉšomrê miṣwotāw). (V. 9).

Dass JHWH in dieser theologisch-erkenntnismäßigen Folgerung „der Gott" ist, bezeichnet – wie seine Treue als El – eine Eigenschaft, durch die „faktisch die Existenz anderer Götter ausgeschlossen" wird, obwohl hier die Ausschließlichkeitsformel „keiner sonst" wie in 4,35.39 fehlt.[107] Unsere Perikope dürfte auch deshalb vor Kapitel 4 entstanden sein.[108] Der Bund als eidliche Selbstverpflichtung und die Huld als frei schenkende Gnade sind einander ergänzende Formen der göttlichen Zuwendung. Zugleich sind auch die Liebe und der Gehorsam Israels in diese Beschreibung Gottes eingeschlossen. Im Blick auf unser Thema formuliert: Zwischen der Erwählung Gottes und dem Verhalten Israels besteht also eine Gegenseitigkeit. Das beweist auch das Wortpaar „lieben" ('āheb) und „bewahren" (šāmar), das wechselweise von Gott und von Israel gebraucht wird, wobei die frei erwählende Liebe und das Handeln Gottes allem Gebotsgehorsam vorausgehen.[109] Gnade geht aber selbst dort noch vor Recht, wo jemand ein Feind JHWHs ist: „Denen aber, die ihn hassen, vergilt er ins Angesicht und tilgt einen jeden aus; er zögert nicht, wenn er ihn hasst, sondern vergilt ihm ins Angesicht." (7,10). Damit wird wie schon in V. 9 das erste Dekaloggebot, genauer: das Gottesbild, das es motiviert, reinterpretiert.[110] Nicht nur der „eifersüchtige El" von 5,9b wird in 7,9 durch den „treuen El" ersetzt. Auch die generationenübergreifenden Folgen der Sünde derer, die JHWH hassen, werden gestrichen. Stattdessen vergilt Gott dem Sünder „ins Angesicht", das heißt:

---

107 Sven Petry, Die Entgrenzung JHWHs. Monolatrie, Bilderverbot und Monotheismus im Deuteronomium, in Deuterojesaja und im Ezechielbuch (FAT 2,27), Tübingen 2007, 96.
108 Zur chronologisch kontinuierlichen Entwicklung der Gotteslehre des Deuteronomiums innerhalb von El-Prädikationen s. Georg Braulik, Das Deuteronomium und die Geburt des Monotheismus, in: Ders., Studien zur Theologie des Deuteronomiums (SBAB 2), Stuttgart 1988, 257–300, 289 f, zu 7,9–10 s. 275–278.
109 Zur Wechselseitigkeit der Liebe Gottes und Israels im Deuteronomium s. Braulik, Liebe, 241–259.
110 Bernard M. Levinson, Der kreative Kanon. Innerbiblische Schriftauslegung und religionsgeschichtlicher Wandel im alten Israel. Mit einem Geleitwort von Hermann Spieckermann, Tübingen 2012, 81–94, insbesondere 83.

die Strafe erreicht nach 7,10 ausschließlich den Sünder selbst.[111] Die unbeschränkte „Güte" (*ḥæsœd*), die 5,10 denen „die mich lieben und meine Gebote bewahren" zusagt, wird zu einem „Lehrstück für Hermeneutik der Liebe und Gegenliebe" entwickelt: „Jahwe, der die Seinen ‚liebt' (V. 8) und ihnen die Treue ‚hält' (V. 8.9a), erwartet von seinen Erwählten, dass auch sie ihn ‚lieben und seine Gebote halten' (V. 9b)."[112] Im Blick auf die Abgrenzung Israels von den anderen Völkern aber sollte dabei „nicht überlesen werden, daß der mit der Ausrottung Bedrohte ein Angehöriger des *'am qādōš* ist, nicht ein Angehöriger der Fremdvölker."[113]

Die Erkenntnis des treuen Gottes gewinnt ihre eigentliche Bedeutung letztlich nicht in der Glaubensdoktrin, sondern in einer entsprechenden gesellschaftlichen Praxis, durch die „Volk JHWHs" glücken kann. Der ganze Argumentationsgang des Schemas zielt ja auf die abschließende Handlungsanweisung: „Deshalb sollst du das Gebot, die Gesetze und Rechtsentscheide bewahren, auf die ich [Mose] dich heute (eidlich) verpflichte, und du sollst sie halten." (V. 11). Obwohl die Zusage der Erwählung der Mahnung zum Gebotsgehorsam vorausgeht,[114] bedeutet erwählt sein auch eine Verpflichtung.[115] Sie betrifft aber – vor allem im Unterschied zu Deuterojesaja (vgl. Jes 43,10 über Israels Mission als Zeuge für die Einzigkeit JHWHs) – nur Israel selbst und findet in der Kult- und Sozialordnung der deuteronomischen Tora ihre Ausdrucksform, die das Leben Israels als „Eigentumsvolk" JHWHs gestaltet. Deshalb wird es im Moabbund gegenüber JHWH erklären: „Du möchtest das Volk werden, das ihm persönlich gehört (*lihyôt lô lᵉ'am sᵉgullāh*), wie er es dir zugesagt hat, und willst alle seine Gebote bewahren" (26,18).

Wie 4,40 beschließt 7,11 nicht nur das „Schema der Beweisführung" (V. 7–11), sondern die Hauptgebotsparänese von 6,1 an. Denn dieser Redeabschnitt wird durch

---

111 Finsterbusch, Weisung 181f, missversteht das an Israel adressierte erste Dekalogsgebot wie auch die Moserede vor der Vollversammlung des Volkes, wenn sie zu 7,9–10 meint: der „treue Gott" werde im Horizont dieser Verse „allen Menschen und Völkern einschließlich Israel" zugesagt: „Je nachdem wie sie sich zu JHWH und seinen Geboten verhalten (wobei im Kontext offen bleibt, wie die Völker JHWH und seine Gebote kennen können), bekommen sie seine Zuwendung oder seine Abneigung zu spüren." (181). Daraus ergibt sich weder, dass die Völker, obwohl sie nicht erwählt sind, „keineswegs von JHWH verworfen sind", noch „dass die Erwählung Israels keine ein-für-allemal festgeschriebene ‚Statusgarantie' ist." (181 und 182). Obwohl *bḥr* die Erfahrung der Universalität Gottes voraussetzt, spricht das Deuteronomium weder von einer Verwerfung der Völker noch von einer Rücknahme der Erwählung Israels.
112 Veijola, Deuteronomium, 207.
113 Schäfer-Lichtenberger, JHWH, 210.
114 Vgl. dagegen Ex 19,5, wonach auf die Stimme JHWHs zu hören und seinen Bund zu halten die Bedingung dafür sind, dass Israel ihm „Sondereigentum" werden kann. Allerdings fehlt dabei das Verb *bḥr*.
115 Vgl. Finsterbusch, Weisung, 182: Mose „stellt in 7,1–11 vor allem heraus, was Erwählung für Israel bedeuten soll: Verpflichtung – also nicht Passivität, nicht Beliebigkeit in der Lebensführung."

den Ausdruck „das Gebot, die Gesetze und Rechtsvorschriften" gerahmt.[116] Dadurch ergibt sich dann auch ein loser Bezug zu 6,4–9, dem Bekenntnis Israels zu JHWH als seinem einzigen Gott samt der Verpflichtung, ihn zu lieben (V. 4–5), und in weiterer Folge sich die „Worte" anzueignen (V. 6–9). Gemeint sind die Bestimmungen der Tora (Kapitel 6–26),[117] die im täglichen Leben rezitiert und durch Symbole allgegenwärtig gehalten werden sollen.

4 Erwählung und Halsstarrigkeit – Israel unter dem Anspruch der Liebe (Dtn 10,15)

Traditionell gilt Dtn 7,6 ff als *locus classicus* der deuteronomischen Erwählungstheologie.[118] Sofern eine solche Wertung überhaupt zulässig ist, dürfte jedoch 10,12–19 unter den drei diskutierten Stellen von *bḥr* den Vorzug verdienen.[119] Diese Perikope verbindet die beiden Sinnabschnitte V. 12–13 und 14–19, ihr Leitverb ist „lieben" (ʼhb). Seine vier Belege unterlegen dem Text eine chiastische Struktur: „In den Außengliedern (V. 12.19a) begegnet sie mit Subj. Israel im Sprechakt der ,Auslösung', in den Innengliedern (V. 15a.18) mit Subj. Jahwe im Sprechakt der ,Darstellung'. Beide Male wechselt das Objekt."[120] Innerhalb der Großeinheit 10,12–11,32[121]

---

116 Finsterbusch, Weisung, 184 f, betrachtet den Ausdruck, der sich sonst nur noch in 5,31 findet, als Struktursignal und beobachtet innerhalb von 6,1–7,11 die folgende konzentrische Struktur: 6,1–3 (A) – 6,4–9 (B) – 6,10–25 (C) – 7,1–6 (Cʻ) – 7,7–11 (Bʻ) – 7,11 (Aʻ).
117 Georg Braulik, „Die Worte" (*haddᵉbārîm*) in Deuteronomium 1–11, in: Ders., Studien zu Buch und Sprache, 89–107, 99–106.
118 Diese von Vriezen, Erwählung Israels, 51, stammende Formulierung wurde z. B. von Gerhard von Rad, Theologie des Alten Testaments. Band 1: Theologie der geschichtlichen Überlieferungen Israels, München ¹⁰1992, 192; Wildberger, *bḥr*, 285; Preuß, Theologie, 37, aufgenommen.
119 Vgl. Rendtorff, Erwählung Israels, 82 Anm. 30, für den am ehesten Dtn 10,14–15 in Betracht käme. Daran anschließend plädiert Lohr, Chosen, 183 f, für 10,12–22 als ebenso guten oder besseren Kandidaten für den *locus classicus*: „… the idea of Israelʻs ,election for obedience' is perhaps nowhere clearer than in the summary passage of Deut 10:12–22. […] It is a text that grounds Israelʻs election in creation, providing a universal horizon from which to understand this very particular doctrine. Indeed, it is a passage that speaks of the love that YHWH had for Israelʻs fore parents, yet it also distinguishes this love from the people now under discussion, the people to whom the message is addressed: Israel. Although the people of Israel cannot be separated from their predecessors, their special election is now brought to the fore, set in contrast to the nations of the world."
120 Dangl, Methoden, 227.
121 Zu Umfang, Gesamtstruktur des Textes, der syntaktisch-rhetorischer Analyse seiner einzelnen Sinneinheiten und literargeschichtlich-theologischen Analyse s. Alexander Kraljic, Deuteronomium 10,12–11,32: Gottes Hauptgebot, der Gehorsam Israels und sein Land. Eine Neuuntersuchung (ÖBS 49), Berlin 2018. Zur bisherigen literarkritischen Diskussion und eigenen diachronen Untersuchung

schließt sie an die Erzählung über die Herstellung des gegossenen Kalbes und den beinahe gescheiterten Bundesschluss am Horeb an. Sie zieht gewissermaßen die Folgerungen aus der Ursünde des Volkes und der Vergebung Gottes und „is nothing less than a discourse on loving God. As such it becomes one of the profoundest expressions of deuteronomic theology, because it develops this love commandment fully in the context of covenant faithfulness."[122] Die „göttliche Paränese" der V. 12–13 hat „den Charakter einer ‚Ouvertüre', in der die zentralen Leitmotive vorgestellt werden, um für das Folgende als Interpretationsschlüssel zur Verfügung zu stehen"[123]. In ihr formuliert Mose die Erwartung Gottes an Israel: „Und nun, Israel, was erbittet JHWH, dein Gott, von dir außer dem einen: dass Du JHWH, deinen Gott fürchtest, indem du auf all seinen Wegen gehst und ihn liebst und JHWH, deinem Gott, mit ganzem Herzen und mit ganzer Seele dienst, (und das) indem du die Gebote JHWHs und seine Satzungen bewahrst, auf die ich dich heute eidlich verpflichte, zu deinen Gunsten."[124]. Verlangt wird die Loyalität gegenüber der Herrschaft[125] Gottes auf allen Ebenen des gesellschaftlichen Lebens, wie sie die Tora des Deuteronomiums konkretisiert, die in Moab beschworen werden soll. Doch nützt letztlich alle Gebotsbefolgung dem Glück Israels.

Die anschließenden V. 14–19 setzen, markiert durch die deiktische Interjektion *hen*, „sieh", thematisch neu ein. Sie reflektieren über die Voraussetzungen bzw. Begründungen dafür, dass Israel JHWH lieben und seine Gebote erfüllen kann, wollen aber auch dazu motivieren. Sie bilden eine syntaktische, stilistische und inhaltliche Einheit[126] und sind nach den Elementen der auch 4,32–40 und 7,7–11 zugrunde liegenden Kleinform „Faktum (Geschichte) – Erkenntnis (Gottes) – Appell (Gebotsparänese)" gegliedert.[127] Allerdings fehlen die charakteristischen Signal-

---

der Makroeinheit, deren Ergebnis ich teile, s. 213–395. Den ältesten Kern bilden 10,12–18.20–22; 11,1–8*.9–17 aus dem späten 7. Jahrhundert. Sein Verfasser dürfte Material aus einer älteren Quelle eingearbeitet haben, zu der auch die uns interessierenden Verse 10,14–15.17–18 zählen (zusammenfassend 390 f). 10,19 sei erst in nachexilischer Zeit eingefügt worden (395).

122 McConville, Deuteronomy, 207.

123 Kraljic, Deuteronomium, 67.

124 Zur Wiedergabe der infinitivischen Objektsätze der Gottesbeziehung und Gesetzesobservanz s. Braulik/Lohfink, Sprache, 253; zur Diskussion der Übersetzung des Verbs š ʾl durch „bitten" (V. 12) ebd., 354–359.

125 Sprachlich lehnen sich die V. 12–13 eng an die Terminologie altorientalischer Verträge und der Diplomatensprache an, die eng mit der assyrischen Unterdrückungspolitik verbunden war. Ihr Anspruch wird nun von Gott erhoben – Kraljic, Deuteronomium, 71 f.

126 Ausführlich nachgewiesen bei Kraljic, Deuteronomium, 76–85.

127 Nach Otto, Deuteronomium 4,44–11,32, 1035 f, wiederholt sich in 10,14–16 und 10,17–19 ein „Dreischritt von Hoheitsaussage, seinem Vorbildhandeln und Aufforderung an Moses Adressaten entsprechend zu handeln".

wörter. Das Schema wird (wie in 4,33–39) zweimal durchlaufen.[128] Dabei gehen die Aussagen über Gott (V. 14 und 17) jeweils denen über sein Handeln an bzw. in Israel (V. 15 und 18) voraus. Dadurch kann das Gefälle zwischen der universalen Herrschaft JHWHs über den Kosmos (V. 14) bzw. über himmlische und irdische Mächte (V. 17) und seiner freien Zuwendung zu bestimmten Personen, nämlich zu den Patriarchen wie ihren Nachbekommen (V. 15) und zu gesellschaftlichen Randgruppen (V. 18), verdeutlicht werden. Die Verpflichtungen, die sich jeweils mit einem folgernden „w", „so", angeschlossen daraus ergeben (V. 16 und 19), gebrauchen nicht das sonst übliche paränetische Vokabular für Gebotsbeobachtung. Aber sie sind auf die Forderung bedingungsloser Loyalität und somit auf das Hauptgebot bzw. auf ein einziges konkretes Gebot fokussiert.

Über die Erwählung sprechen die V. 14–15 vor dem Horizont der universalen Schöpfermacht JHWHs und seiner leidenschaftlichen Hinwendung zu den Vätern:

> Siehe, JHWH, deinem Gott, gehören der Himmel, der Himmel über dem Himmel, die Erde und alles, was auf ihr ist. Doch nur deine Väter hat JHWH ins Herz geschlossen (*ḥāšaq*), aus Liebe zu ihnen (*leʾahᵃbāh ʾôtām*). Und ihre Nachkommen [ihren Samen], euch (*bᵉzarʿām ʾaḥᵃrêhœm bākœm*), hat er unter allen Völkern (*miqqål hāʿammîm*) ausgewählt (*wayyibḥar*), wie es sich heute zeigt.

In der Leserichtung des Buches fasst 10,15 kompakt zusammen, was 4,37 und 7,6–8 zum Thema Liebe und Erwählung schon angeführt haben.[129] Zugleich werden ihre Aussagen weiter entwickelt und differenziert. Über 4,37 hinaus erwähnt 10,14, was den Auswirkungen der Liebe JHWHs vorausgeht: dass er der Herr im erhabensten Ort, dem „Himmel über dem Himmel", ist und ihm der Kosmos gehört. Trotz dieser allumfassenden Überlegenheit hat sich JHWH im Unterschied zu 7,6–8 schon an die Vorfahren Israels gehängt und sie geliebt. Und mit derselben göttlichen Freiheit hat er dann ihre Nachkommen aus allen Völkern erwählt. Das „Paradox der Erwählung"[130] ist zwar im Mysterium der Liebe Gottes zu den Patriarchen verwurzelt, ist aber nach deuteronomischem Wortgebrauch mit ihr nicht identisch.[131] Mit der

---

128 Das Schema findet sich im Makrotext noch, wenn auch in umgekehrter Reihung seiner Glieder, in 10,20–22 und 11,1–7 (Lohfink, Hauptgebot, 127).

129 Literarhistorisch haben sich 4,37 und 7,8–9 aus dem Wortmaterial von 10,15 genommen, was für sie wichtig war. 7,8 f stellte außerdem noch eine Verbindung zum Dekalog her und 4,37 fügte die Zitatbeziehung zu Gen 17 hinzu. S. dazu die Exegese der einzelnen Stellen.

130 Gerhard von Rad, Das fünfte Buch Mose Deuteronomium (ATD 8), Göttingen ⁴1983, 60. Allerdings betrifft es an dieser Stelle nicht die „Väter Israels", wie von Rad vermutlich wegen des Bezugs zur Liebe Gottes meint (vgl. ebd., 49).

131 Auch wenn in 10,15 Liebe und Erwählung auf zwei getrennte Handlungen Gottes aufgeteilt werden, lässt sich daraus nicht folgern: „Gottes Liebe verdient Israel wegen der Unbeschnittenheit des Herzens und wegen der Halsstarrigkeit nicht (10,16), „nur" noch die Erwählung, an die sich Gott

Apposition „euch" sind in der Fiktion der Moserede die in Moab Versammelten angesprochen, indirekt aber ebenso alle künftigen Generation.

Aufgrund der vorausgegangenen und unwiderruflich gültigen Erwählung fordert 10,16 in zwei parallel gebrauchten Metaphern, sich dem Anspruch Gottes zu öffnen[132]: „So beschneidet die Vorhaut eures Herzens[133] und verhärtet nicht länger euren Nacken." Spielt die Vorhautbeschneidung auf den Abrahamsbund an, so verweist die Halsstarrigkeit auf den Horebbund.[134] Dabei bezeichnen Vorhautigkeit und Nackenstarre eine Selbstverweigerung Israels. Das Motiv des Beschneidens drängte sich vermutlich wegen des Beschneidungsbundes mit Abraham (Genesis 17) auf, an den man bei den Vätern in Dtn 10,15 vor allem dachte (vgl. 4,37 als Anspielung auf Gen 17,19).[135] Die „Vorhaut" blockiert gewissermaßen physisch den Zugang zum Herz. Sie muss beseitigt werden, damit die Bundesverpflichtungen dorthin dringen können, wo die bewusste Willenshingabe ihren Ort hat. Obwohl nur jeder einzelne sein Herz beschneiden und sich damit auf die Zugehörigkeit zu JHWH einlassen kann, die ihm durch die Beschneidung des Fleisches „für JHWH" vorgegeben ist, wird diese neuerliche Hingabe im Rahmen des ganzen Volkes geleistet. Der steife Nacken signalisiert in Körpersprache Unbeugsamkeit und trotzige Gesinnung. Von der Revolte am Gottesberg her bildet die Hartnäckigkeit eine Art Ursünde, die alles Spätere, vor allem die sündenerfüllte Wüstenwanderung Israels (Dtn 9,6.13), bereits vorwegnimmt. Auch die Israeliten, an die sich Mose mit 10,16 wendet, kommen aus dieser Widersetzlichkeit, leben aber trotz ihres „Starrsinns" (9,27) aus der Begnadigung, die Mose für sie am Horeb erfleht hat. Deshalb muss die Nackenstarre, die ein Neigen des Kopfes als Geste des Gehorsams verhindert, aufgehoben werden.

---

aus Treue zu dem den geliebten Vätern geleisteten Schwur gebunden fühlt„ – gegen Spieckermann, Liebe, 165.

132 S. dazu Georg Braulik, Gibt es „sacramenta veteris legis"? Am Beispiel der Beschneidung, in: Ders./Norbert Lohfink, Liturgie und Bibel. Gesammelte Aufsätze (ÖBS 28), Frankfurt am Main 2005, 369–401, 387–389.

133 Die Septuaginta gibt diese Metapher deutend durch „Herzensverhärtung" wieder (ebenso Jer 4,4): „Beschneidet eure Herzenshärte". Sie unterstreicht dadurch den Parallelismus mit dem Verhärten des Nackens. Der Masoretentext gebraucht die sprachlich kühnere Formulierung und wird von den anderen Textzeugen (Samaritanus, der Peschitta und Vulgata) gestützt. Er wird deshalb beibehalten.

134 Dagegen hat nach Otto, Deuteronomium 4,44–11,32, 1037, 10,16 „eine Schlüsselstellung für die theologische Strukturierung des gesamten Buches Deuteronomium. Das Motiv, dass Moses Adressaten nicht mehr halsstarrig sein sollen in Dtn 10,16b knüpft an die Erzählung vom Gegossenen Kalb in Dtn 9,6.13.(27) [...] an und integriert das Deuteronomium in den Pentateuch. Die Forderung der Beschneidung des Herzens in Dtn 10,16a weist voraus auf die Verheißung der Erfüllung dieser Forderung durch JHWH in Dtn 30,6".

135 Vgl. Weinfeld, Deuteronomy, 437; Jeffrey H. Tigay, Deuteronomy dbrym. The Traditional Hebrew Text with the New JPS Translation (JPSTC), Philadelphia – Jerusalem 1996, 108.

„Dtn 10,16 versteht einen solchen Gehorsam als in der Logik der Dankbarkeit selbstverständliche Antwort auf die Gnade der Erwählung."[136] Sie bleibt aber nicht auf die innere Einstellung beschränkt, sondern muss sich in der Nachahmung Gottes auch in Taten der Liebe bewähren. Das ergibt sich aus dem zweiten Durchgang des Schemas.

Der anschließende V. 17 knüpft an V. 14 an: „Ja,[137] JHWH, euer Gott, ist der Gott über den Göttern (ᵃlohê hāᵃlohîm) und der Herr über den Herren. Er ist der große Gott (ᵓel), der Held und der Furchterregende, der kein Ansehen gelten lässt und keine Bestechung annimmt." (V. 17). War in V. 14 die Herrschaft JHWHs einschlussweise als eine Herrschaft über alle Völker bestimmt worden, so geht es hier um ihr Verhältnis zu anderem Göttlichen. Es wird in den höchst möglichen Steigerungsformen von „Gott" und „Herr" entwickelt. Praktisch setzen die hymnischen Prädikationen der V. 14 und 17 JHWH an die Stelle Els, des Schöpfergottes und Götterkönigs im kanaanäischen Pantheon. Dabei zeigt sich: „Je mehr Jahwe beansprucht, nicht nur der einzige Gott Israels zu sein, sondern sich auch als Einzigartiger über die anderen Götter erhebt, desto stärker wird zugleich sein besonderes Verhältnis zu seinem Volk theologisiert. [...] So wächst jetzt das theologische Bewusstsein, daß Israels Identität an der Einzigartigkeit seines Gottes hängt und daß die Bindung Jahwes an sein Volk keineswegs selbstverständlich ist."[138] Als „großer Gott" wird JHWH dann mit Titeln altorientalischer, insbesondere assyrischer Königsideologie als „furchterregender Kriegsheld" (vgl. 7,21), als gerechter Richter (10,17) und Helfer der Armen (V. 18) gepriesen.[139] In seiner richterlichen Tätigkeit kennt JHWH kein parteiisches Verhalten zugunsten Mächtiger und Angesehener (V. 17b). Seine „vorrangige Option"[140] betrifft vielmehr drei Personengruppen an den Rändern jeder altorientalischen Gesellschaft. Sie werden dann von der deuteronomischen Gesetzgebung wie von keinem anderen antiken Rechtskodex nicht als „Arme" behandelt, sondern erhalten aufgrund ihrer speziellen Situation einen

---

136 Braulik, Sacramenta, 388 f. Die Erwählung selbst hängt nicht daran – gegen Hoffmann, Deuteronomium, 122, dass Gott nur dann, wenn sich die Israeliten durch die Herzensbeschneidung „empfänglich für die Gotteslehre und gehorsam gegen die Gebote Gottes" zeigen, „er ihre Erwählung aufrecht halten" werde. Vgl. Lohr, Chosen, 188: „God's election is not dependent on this circumcision, yet his election demands the actions."
137 kî ist hier affirmative Partikel zu Beginn eines neuen Abschnitts. Vgl. Otto, Deuteronomium 4,44–11,32, 1021.
138 Braulik, Geburt des Monotheismus, 270–273, Zitate 273.
139 Dieser drei Eigenschaften rühmt sich z. B. Hammurapi von Babylon in Prolog und Epilog seiner Gesetzesstele. Vgl. ferner Weinfeld, Deuteronomy, 438.
140 Veijola, Deuteronomium, 257.

Rechtsanspruch auf soziale Versorgung.[141] Als idealer König „verschafft JHWH Waisen und Witwen[142] Recht und liebt den Fremden, sodass[143] er ihm Nahrung und Kleidung gibt." (V. 18). Diese liebende Parteinahme für den Fremden ist im Alten Testament einmalig. Als Konsequenz ergibt sich daraus für Israel die an keine Umstände gebundene Forderung: „So sollt auch ihr den Fremden lieben (*wᵉʾaḥᵃbtæm*), denn ihr (selbst) seid Fremde in Ägypten gewesen." (V. 19).[144] Das geht über die Gleichordnung des Fremden in einem Rechtsstreit mit einem Bruder hinaus (1,16). Liebt Israel den von Jahwe geliebten Fremden, dann liebt es mit der Erfüllung dieses Gebots zugleich seinen Gott (V. 12).[145] Wie es den Fremden lieben soll, lässt das vorbildliche Handeln Gottes erkennen: durch die Versorgung mit allem, was zum Leben gehört. Dazu motiviert die eigene, und zwar positive, Erfahrung Israels als Fremde in Ägypten. Dieses emotionelle Werturteil über den Gastaufenthalt appelliert an das kollektives Gedächtnis: „Indem Israel die nach innen gelebte Solidarität auch auf die Fremden ausdehnt, überwindet es seine nationalen Schranken und wird zu einer humanen und geschwisterlichen Gesellschaft."[146]

5 Eine Theologie der Erwählung mit Identitätsstiftung und Selbstrelativierung

Im Folgenden sollen Gemeinsamkeiten und Unterschiede der drei Erwählungstexte systematisiert, teilweise aber auch aus einer neuen Perspektive zusammengeschaut werden. Dass ein Volk durch eine Gottheit erwählt wurde, ist „eine innerhalb der Religionsgeschichte des Alten Vorderen Orients bisher einmalige Aussage".[147] In Israel waren es bestimmte geschichtliche Erfahrungen und die Erkenntnis der

---

141 Georg Braulik, Eine Gesellschaft ohne Arme. Das altorientalische Armenethos und die biblische Vision, in: Ders., Tora und Fest, 13–30, 20–26.

142 In Anpassung an die übliche dreigliedrige Formel des Deuteronomiums „Fremde, Waisen und Witwen" bezieht die Septuaginta auch hier die Fremden in die Trias ein. Der Masoretentext ist als die *lectio difficilior* beizubehalten.

143 Die Infinitivgruppe (*lāṭæt lô*) drückt semantisch eine praktische Konsequenz aus, die sich aus der Liebe Gottes zum Fremden ergibt – Dangl, Methoden, 214.

144 Eine ausführliche Exegese bietet Georg Braulik, Der blinde Fleck – das Gebot, den Fremden zu lieben. Zur sozialethischen Forderung von Deuteronomium 10,19, in: Irene Kissenbauer u.a. (Hg.), Menschenrechte und Gerechtigkeit als bleibende Aufgaben. Beiträge aus Religion, Theologie, Ethik, Recht und Wirtschaft. Festschrift für Ingeborg G. Gabriel, Göttingen 2020, 41–63, 42–53.

145 MacDonald, Monotheism, 170, betont darüber hinaus: „YHWH's claim to be God is seen through his election of Israel. However, it is also seen in Israel's actions towards the oppressed in her society."

146 Kraljic, Deuteronomium, 410.

147 Preuß, Theologie, 42.

Besonderheit JHWHs, die zur Rede von einer solchen Erwählung führten. Das Deuteronomium entfaltet die Erwählung des Volks und seiner Väter in der werbenden wie mahnenden Hauptgebotsparänese, dem ersten Teil der Tora. In jedem der drei paränetischen Großabschnitte 4,1–40; 6,4–8,20 und 10,12–11,25 ist *bḥr* belegt (4,37; 7,6.7 und 10,15), wobei die Stellen aufeinander aufbauen. Darüber hinaus ergibt sich eine Theologie, das heißt Systematik, insbesondere durch die dreigliedrige Kleinform „Faktum (Geschichte) – Erkenntnis (Gottes) – Appell (Mahnung zum Gesetzes- bzw. Hauptgebotsgehorsam)", das 4,32–40; 7,7–11 und 10,14–16 mit einer Erwählungsaussage strukturiert. Die Verpflichtungsformel, der zufolge Mose in 4,40 wie in 7,11 die Gebote „heute" auferlegt, verortet die Erwählungstheologie schließlich im Großkontext des Moabbundes. Auch die beiden typischen Bezeichnungen Israels als *'am qādôš* und *'am sᵉgullāh*, wozu JHWH Israel erwählt hat (7,6), finden sich im Protokoll dieses in Moab geschlossenen zweiseitigen Vertrags (26,18–19).

Im Rahmen des genannten Schemas werden die drei Erwählungsstellen in umgekehrter Reihenfolge zu ihrem Auftreten im Buch zunehmend umfassender profiliert. Das gilt formal wie inhaltlich. Dieser Prozess verläuft außerdem parallel zur literargeschichtlichen Entstehung, wie ich sie annehme und in den Anmerkungen dokumentiert habe: Stammt 10,14–16 aus joschijanisch vorexilischer Zeit, so 7,6.7–11 aus der Exilsperiode und 4,32–40 aus der Spätexilszeit.[148].

Zunächst zur Form. Während 10,14–16 nur den Dreischritt von Herrschaft JHWHs, seinem Wirken und der Gehorsamsforderung an Israel sachlich entfalten, wird die abstrakte Motivabfolge dieser Verse in 7,7–11 und 4,32–40 durch die Signalverben der drei Strukturelemente im Injunktiv bzw. Imperativ präzisiert: Die feierliche Aussage über die Gottheit JHWHs beginnt in 7,9–10 und 4,39 mit „so sollst du erkennen" (*wᵉyādaʿtā*); die allgemeine Paränese wird in 7,11 und 4,40 mit „deshalb sollst du bewahren" (*wᵉšāmartā*) eingeleitet; den religionsvergleichenden Rückblick eröffnet in 4,32 der Auftrag „forsche doch nach" (*šᵉʾal-nā*) als Weise der Erinnerung.

Den ebenso schrittweisen inhaltlichen Ausbau der drei Belege fasse ich im Folgenden anhand der geschichtlichen Tatsachen, der theologischen Konklusion und beider praktische Anwendung in der Ermahnung zum Gehorsam zusammen. Die Erwählung Israels gründet zwar im Liebesgeheimnis Gottes, aber sie ist in der Geschichte verankert, betrifft die Patriarchen bzw. Israel als geschichtliche Größen.

---

148 Vgl. Petry, Entgrenzung JHWHs, 97, der nur 4,31 noch zwischen 10,17 und 7,9 einordnet, wo *ʾel* mit dem Artikel versehen wird, sodass „Dtn 7,9 wie eine Bekräftigung von Dtn 4,31" wirke. Allerdings wollten 4,24 und 4,31, die ihre *ʾel*-Prädikate ohne Artikel verwenden, vermutlich eine Assoziation an den kanaanäischen El bei dem nun monotheistisch gedachten JHWH vermeiden (Braulik, Geburt des Monotheismus, 279 f).

Deshalb erinnern 10,15; 7,7 und 4,37 an ein vergangenes Handeln Gottes. Dabei sind *ḥšq* wie *'hb* nicht auf bestimmte Empfänger festgelegt und ebenso wahrscheinlich auch *bḥr*.[149] Während JHWH nach 10,15 die Väter ins Herz geschlossen hat (*ḥāšaq*), um sie zu lieben (*lᵉ'ahᵃbāh*), hat er 7,7 zufolge am Exodus-Israel gehangen (*ḥāšaq*) und sich aus Liebe (Nomen *'ahᵃbāh*) für es eingesetzt. Nach 4,37 hat er seine Väter geliebt (*'āhēb*). Ähnlich galt auch die Erwählung verschiedenen Gruppen Israels, nämlich den Vorfahren und dem gegenwärtigen Volk: nach 10,15 und 7,7 betraf sie „euch", die vor Mose versammelte Exodus-Horeb-Moabgeneration, in 4,37 den „Samen" eines jeden der Väter, also eine oder mehrere Zwischengenerationen vor der Exodusgeneration. Ferner: Den Horizont der Volkserwählung bildet die Völkerwelt. Wenn daher Israel erwählt wird, dann „aus allen Völkern" (10,15) oder „zum Eigentumsvolk aus allen Völkern, die auf der Erde (leben)", obwohl Israel „das kleinste von allen Völkern ist" (7,7). Wenn Gott nach 4,37 die Nachkommen der einzelnen Patriarchen noch vor der Volkswerdung Israels erwählt, fehlt die Vergleichsgröße „Volk" und deshalb auch ein Hinweis auf die anderen Völker. Was schließlich die weitere Geschichte angeht, so äußert sich Gottes übergreifende Liebe nach 7,8 auch in seiner Treue zum Verheißungsbund mit den Erzvätern und in der machtvollen Herausführung Israels aus dem Sklavenhaus, aus der Gewalt Pharaos. Zwar erwähnt die Geschichtsdarstellung in 4,36 auch noch die Horebtheophanie. Sie bleibt aber außerhalb des Erzählbogens, der sich von der Liebe und Erwählung Gottes über seinen persönlichen Einsatz beim Exodus bis zur Ausrottung größerer und stärkerer Völker im Land spannt (4,37–38). Ähnliches gilt auch für 4,32, wonach der wahre Gott JHWH in seinem Weltengagement den von ihm geschaffenen Kosmos ebenso wie die Gesetze der Menschheitsgeschichte transzendiert. Auch hier besteht kein unmittelbarer Zusammenhang zwischen Schöpfungsuniversalismus und Erwählungspartikularismus.[150] Dennoch verweist die Weltmächtigkeit Gottes, der sich „aus allen Völkern" ein Volk auswählen kann, auf eine Vorstellung, die JHWH als König über die Götter und ihre Völker betrachtet und ihn als einzigartigen, ja letztlich einzigen Gott weiß. Man könnte von einem „dynamischen Universalismus" sprechen, der den Erwählungsaussagen gemeinsam ist und zuletzt auch den Monotheismus einschließt.[151] Allerdings stellt sich dann die Frage: Müsste

---

149 Lohfink, Väter Israels, 69–71. Zur Systematik des Wortgebrauchs s. Braulik/Lohfink, Sprache, 43 f.

150 Deshalb trifft die folgende Behauptung Rendtorffs trotz 4,32 und 10,14 höchstens in einem ziemlich weitgefassten Rahmen zu: „Wo die Erwählung Israels ausdrücklich thematisiert wird, da findet sich auch der Hinweis auf das Schöpfungshandeln und die Schöpfermacht Jahwes" (Erwählung, 80).

151 Peter Altmann, Erwählungstheologie und Universalismus im Alten Testament (BZAW 92), Berlin 1964, 7.

mit der Bestreitung der Existenz anderer Gottheiten nicht JHWH aufhören, der „Gott Israels" zu sein? „Kann Israel diesem Gott gegenüber noch eine Sonderstellung haben?" Damit wäre hier „der Punkt, an dem überhaupt erst das Problem entsteht, das in der Vorstellung von der Erwählung Israels seinen Niederschlag findet."[152] Auf diese Fragen gibt die syntaktische Verknüpfung der Erwählungs- mit den Gottesaussagen innerhalb des Schemas eine differenzierte Antwort.

Die Verse 10,14 und 15 argumentieren in zwei aneinandergereihten Nominalsätzen, an die zwei Verbalsätze im *x-qatal* bzw. *wayyiqtol-x* anschließen: Auf die überzeitlich-kosmische Herrschaft JHWHs (V. 14) folgt – eingeleitet von der abgrenzenden Partikel „nur" (*raq*) – seine historisch einmalige Hinwendung zu den Vätern und die Erwählung ihrer Nachkommen aus allen Völkern (V. 15). Der Zusammenhang der Aussagen besagt konkret: Weil die Völker zum universalen Herrschaftsbereich JHWHs gehören, kann er seine besondere Zuneigung den Patriarchen schenken und die Exodus-Horeb-Moabgeneration unter den Völkern auswählen, ein Privileg, das bis zum gegenwärtigen Aufenthalt Israels im Ostjordanland andauert. 7,6 bringt in einem Verbalsatz, der in sich steht, auf den Begriff, wozu JHWH Israel erwählt hat: dass es „unter allen Völkern das Volk wird, das ihm persönlich gehört (*lô lᵉʿam sᵉgullāh*)". Der Vers setzt kontextuell die in 7,1–2 beschriebene Macht JHWHs über die Nationen des Landes voraus. Im Gegensatz zum Begründungsmodell dieser Verse dienen die göttliche Liebe und Erwählung in 7,7 und 4,37a gemeinsam mit der Herausführung aus Ägypten (7,8; 4,37b) dazu, JHWH als „den Gott, den treuen El" (7,9) bzw. „den Gott im Himmel droben und auf der Erde unten, außer dem sonst keiner ist" (4,39) zu erkennen. Denn an die Geschichtsschilderungen im *(wᵉ-)x-qatal* bzw. *wayyiqtol-x*, die in 4,38 noch in Infinitive münden, schließt zu Beginn von 7,9 wie von 4,39 ein appellatives *wᵉqatal* an: *wᵉyadaʿtā*, „so sollst du erkennen", also ein Konsekutivsatz, in dem *wᵉ* im Sinn einer streng rationalen Konklusion zu verstehen ist. Ihm folgt ein Objektsatz mit einer Wesensaussage über JHWH, die in 7,9–10a und 4,39 wie in 10,14 mit Nominalsätzen formuliert ist. Allerdings steigern sich in der Gotteserkenntnisformel die monolatrischen zu streng monotheistischen Aussagen.[153] „Hier ist der Argumentationszusammenhang gleichsam umgekehrt: An der Erwählung soll Israel erkennen, daß Jahwe allein Gott ist im Himmel und auf Erden. Von den bisher genannten Stellen her könnte man dies so interpretieren: Wäre er nicht der einzige Gott im Himmel und auf Erden, deren Schöpfer er ja auch ist, könnte er gar nicht ein Volk erwählen

---

152 Rendtorff, Erwählung, 81. Zur religionsgeschichtlichen Entwicklung der Vorstellung Gottes, der aus allen Völkern eines auswählt, vgl. ebd., 80 f.

153 Braulik, Geburt des Monotheismus, 289 f, und Ders., Monotheismus, 151–163, z. B. gegen Otto, Deuteronomium 4,44–11,32, 868 und 1036, der 7,9 und 10,14 als bereits monotheistische Zeugnisse beurteilt.

und so wunderbar an ihm handeln."[154] Trotzdem bleibt für 7,9–10 und 4,39 präzisierend festzuhalten: Dass nur JHWH Gott ist, bildet nicht wie in 10,14 die Voraussetzung der Erwählung, sondern soll aus der Erwählung und seinem Offenbarungshandeln an Israel erschlossen werden. Oder anders gesagt: JHWH hat Israel bzw. die Generationen vor ihm dazu erwählt, dass sie ihn als den treuen und einzigen Gott erkennen. Dieses Wissen über JHWH bleibt jedoch kein Selbstzweck. Vielmehr soll die intellektuelle Einsicht Israel dazu bewegen, seine gottverfügte Gesellschaftsgestalt für ein erfülltes Leben im Verheißungsland zu verwirklichen. Obwohl das Bekenntnis zu JHWH als einzigem Gott durch sein engagiertes Wirken für Israel zustande kommt, gilt sein Anspruch, dass sonst keiner Gott ist, grundsätzlich auch für alle Völker. 4,39 spricht deshalb bewusst nicht von JHWH „deinem Gott". Als einziger Gott ist er, obwohl das in 4,35.39 nur einschlussweise gesagt wird, auch der Gott aller Völker. Damit gewinnt aber auch Israel ein besonderes Verhältnis zu den anderen Völkern. Die früher gestellten Fragen lassen sich nun wie folgt beantworten: Die Universalität des Monotheismus verträgt sich durchaus mit der Erwählung bloß Israels. Ihr eigentlicher Sinn wird dort offenkundig, wo die existentielle Zeugenschaft Israels benötigt wird, „damit alle Völker der Erde erkennen, dass niemand Gott ist als JHWH allein" (1 Kön 8,60).

Zwar gibt es keine unmittelbare Verknüpfung von Erwählen und Gebieten. Doch deutet der größere Begriffszusammenhang Erwählung als dialektischen Vorgang: Die Rede ist „von der Liebe Jahwes und erheischt Gehorsam in Treue von Seiten des Gottesvolks."[155] Sie wirkt sich bis in die Mahnungen aus, das Herz zu öffnen und den Nacken zu beugen (10,16) sowie „das Gebot" (7,11) bzw. „Gottes Gesetze und Gebote" (4,40) zu bewahren. Denn die Paränese, die in diesen Versen jeweils im *we-qatal* anschließt, erfolgt wie die Erkenntnisforderung in einem Konsekutivsatz mit imperativischem oder finalem Charakter. Auch diesen Sätzen, die von Israel eine Leistung verlangen, ist „die Erwählungs- und Liebeserklärung Jahwes schon vorausgegangen; es handelt sich also vielmehr um den Zuspruch an Israel, eine schon geschenkte Wirklichkeit nun auch seinerseits zu empfangen und sich in Gehorsam und Dankbarkeit ganz in sie hineinzustellen. Auch vor diesen Imperativen steht ja doch der dt Indikativ: du bist das für Jahwe ausgesonderte Volk."[156] Im Blick auf die Völker aber hat das Bewahren und Halten der Gesetze den Sinn, dass sie die einzigartig gerechte Sozial- und Gesellschaftsordnung (4,8) kennenlernen.

---

154 Rendtorff, Erwählung, 79.

155 Wildberger, *bḥr*, 286, aber ohne das Schema zu erwähnen; vgl. Rendtorff, Erwählung 85. Er verweist auch auf die beiden Ausdrücke „heiliges Volk" und „Eigentumsvolk" in 7,6 und 14,2, die in 26,17–19 mit dem Bewahren der Gebote verbunden werden.

156 Von Rad, Theologie, 243.

Das Schema der Beweisführung, das die Heilsgeschichte um der Gotteserkenntnis und der Gesellschaftsgestaltung willen ins Gedächtnis ruft, dürfte außerdem in einer untergründigen Verbindung von Erwählung und Erinnerung wurzeln: „Jedes Volk, das sich als solches und im Gegensatz zu anderen Völkern sieht, imaginiert sich ‚irgendwie' als auserwählt. […] Aus dem Prinzip der Auserwähltheit folgt das der Erinnerung. Denn Auserwähltheit bedeutet nichts anderes als einen Komplex von Verpflichtungen höchster Verbindlichkeit, die auf keinen Fall in Vergessenheit geraten dürfen. Daher entwickelt Israel eine gesteigerte Form der Erinnerungskultur".[157]

Moderne Religionstheologie sieht „als den Skopus der Erwählungstheologie" eine „Identitätskonstruktion mit Einschluss der Selbstrelativierung".[158] Denn „als Legitimation eines Superioritätsverhältnisses und zur Exklusivierung jenseits der Relativierung" würde Erwählung „ihre Herkunft von Gott und ihren Geschenkcharakter verleugnen".[159] Wenn aber die Nicht-Erwählten „paradoxerweise genau die Adressaten der aus der Erwählung hervorgehenden Verpflichtung"[160] sind, wie bezieht sich dann der Erwählungsdiskurs des Deuteronomiums auf die anderen Völker? Ich resümiere die Ergebnisse der Untersuchung, ergänze aber manche Aspekte noch durch andere Stellen. Zunächst verortet der Bucherzähler zu Beginn der ersten Moserede alle Eroberungskriege und Völkerausrottungen sowohl der Nachbarvölker wie Israels in dem weltgeschichtlich üblichen Bevölkerungsaustausch (2,10 – 12.20 – 23). Damit relativiert er auch, was Israel bei der Inbesitznahme des verheißenen Landes getan hat (2,12). JHWH handelt somit als Weltgott, Israel hat bei der Landgabe keine Sonderstellung. Weil aber die sieben mächtigen Völkerschaften Kanaans nur schrittweise abgelöst werden können (7,22), gilt ihnen gegenüber strikte Distanz auf gesellschaftlicher wie religiöser Ebene (7,1 – 5). Sie soll Israel von den Völkergöttern abgrenzen und dazu helfen, den Ausschließlichkeitsanspruch JHWHs, das erste Dekaloggebot, zu verwirklichen. Doch ändert sich das Verhältnis zur kanaanäischen Vorbevölkerung, wenn Rahab (Jos 2,8 – 11) und die Gibeoniter (Jos 9,9 – 10.24) das Geschichtswirken JHWHs bekennen. Dann gehören sie sogar als „Fremde" zum Volk JHWHs (vgl. Dtn 29,10 mit Jos 9,27), werden Partner des Moabbundes und lernen wie alle Israeliten die Bestimmungen der Tora (31,12).[161] Zwar hat JHWH nur die Patriarchen und ihre Nachkommen ins Herz geschlossen, geliebt und das vor Mose versammelte Israel aus allen Völkern zu dem

157 Jan Assmann, Das Gedächtnis. Schrift, Erinnerung und politische Identität in frühen Hochkulturen, München ⁸2018, 30 f.
158 Winkler, Erwählungskonkurrenz, 182.
159 Winkler, Erwählung Israels, 240 und 241.
160 Winkler, Erwählung Israels, 240.
161 Braulik, Völkervernichtung, 138 – 140.

Volk ausgewählt, das ihm persönlich gehört (7,6)[162]. Doch bilden die Völker dabei nur die Negativfolie, vor der deutlich wird, dass Gott an Israel nichts finden konnte, was hätte nahelegen können, sich gerade an Israel zu hängen und es zu erwählen (7,7). „Die Liebeswahl ist nicht durch Israels Qualitäten zu begründen, sondern nur durch Gottes ,Qualitäten'. Sie sind in seinem Israel offenbarten Wesen zu erkennen, welches unter modifizierter Aufnahme der Gnadenformel in 7,9 f. in Erinnerung gerufen wird."[163] Aber auch, wenn JHWH bei der Inbesitznahme des Landes die Völker vor Israel ausrottet, geschieht dies nicht wegen des Verdienstes Israels und seiner Rechtschaffenheit, sondern wegen der Schuld der Völker und der Treue JHWHs zum Landverheißungseid an die Patriarchen (9,4–6). Allerdings spricht das Deuteronomium nirgendwo, nicht einmal in den Sanktionen für den Bruch des Gottesbunds, vom Aufhören, Widerrufen oder erneutem Lieben bzw. Erwählen des Volks.[164] Beides bleibt ebenso unbegründet wie unbedingt. Das privilegierte Eigentumsverhältnis verlangt von Israel die Verwirklichung der Tora, seiner Gesellschaftsordnung, für ein gelingendes Leben im Land (7,11; 4,40). „Die Erwählung ,aus allen Völkern der Erde' ist also nicht Selbstzweck, sondern dient einer der Gottheit Jahwes entsprechenden Humanität und Orthopraxie."[165] Wird sie verwirklicht, werden die Völker Israel als „weise und einsichtige Nation" anerkennen (4,6).[166] Dennoch ist Israel im Deuteronomium „nicht zu einem Amt an den Völkern erwählt, sondern dazu, es selbst zu sein, indem es bei Jahwe bleibt."[167]

Zusammenfassend: Die Glaubenserfahrung der geschichtlichen Erwählung betont den besonderen Bezug Israels zu seinem Gott. Es lebt ihn als Volk vor den anderen Völkern, es vergegenwärtigt unter ihnen JHWH und seinen gesellschaftlichen Willen. Deshalb „ist dem historisch folgenschweren, antijudaistischen Miß-

---

162 Im Protokoll des Moabbundesschlusses (26,17–19) knüpft dieses „Eigentumsvolk-Sein" in der Erklärung Israels an eine vorausgegangene Zusage JHWHs an Israel an und verbindet sie mit der Bereitschaft, seine Gebote zu bewahren (26,18).

163 Spieckermann, Liebe, 196. In 7,10 wird die (Selbst-)Relativierung Israels noch dadurch verstärkt, dass Gott denen, die ihn hassen, ins Angesicht vergilt.

164 Gegen Waschke, Volk, 249, der meint, das Deuteronomium dränge auf Abgrenzung zu den umliegenden Völkern, damit Israel alles aus seiner Mitte tilge, „was Israels Erwählung rückgängig machen oder in Frage stellen könnte".

165 Seebaß, Erwählung, 186.

166 Israel ist nach dem Deuteronomium eine „politische Nation". „Far from legislating for nationalistic exclusivism, the relationship between Israel and Yahweh in Deuteronomy is part of its thorough rejection of religious and political tyranny, since the required loyalty to Yahweh operates against the concentration of power and liberates the citizen for participation and responsibility." (J. Gordon McConville, God and Earthly Power. An Old Testament Political Theology. Genesis – Kings, London 2008, 98).

167 Hermisson, Erwählung Israels, 47.

verständnis zu wehren, dieses Auserwähltheitsbewußtsein sei eine Sonder- oder Extremform von religiös-metaphysisch überhöhter Selbstidealisierung. Denn entscheidend am Erwählungsglauben Israels ist zunächst, daß das Volk der Hebräischen Bibel sich selbst und seine Geschichte fundamental mitbestimmt, ja primär gewirkt sieht von ,seinem' Gott. Es handelt sich somit um eine theozentrische Selbstsicht. [...] Das heißt, Israel sieht seine Erwählung im Gegensatz zu jedweder Selbstidealisierung erstens als ein geschichtlich-kontingentes Urereignis, das zweitens in der souveränen, primär gütigen Selbstzuwendung der göttlich unverfügten Kontingenz begründet liegt, die sich drittens allerdings nur dann segensreich entfalten kann, wenn die Erwählten ihre Liebe zu Gott respektvoll erwidern, indem sie im Respekt gegenüber dem ersten und zweiten Gebot ein praktisches Bewußtsein der Kontingenzbehaftung aller Lebensvollzüge wachhalten und indem sie der Tora als guter Lebensgabe sowie den prophetischen Weisungen in ihrer Lebenspraxis entsprechen."[168]

---

168 Christof Hardmeier, Zeitverständnis und Geschichtssinn in der Hebräischen Bibel. Geschichtstheologie und Gegenwartserhellung bei Jeremia, in: Jörn Rüsen/Michael Gottlob/Achim Mittag (Hg.), Die Vielfalt der Kulturen. Erinnerung, Geschichte, Identität 4 (stw 1405), Frankfurt am Main 1998, 308–342, 310 und 312.

Vom einzigartigen zum einzigen Gott

Das Alte Testament spricht, wenn es von Gott redet, weithin polytheistisch.[1] Dennoch beschreibt es JHWH, den Gott Israels, gegenüber den altorientalischen Gottheiten als unvergleichlich und fordert seine Alleinverehrung. Denn JHWH allein ist Gott, wie er beim Exodus aus Ägypten, beim Zug durch das Rote Meer und anderen Ereignissen der Volksgeschichte erfahren wurde und durch Tora und Kult immer wieder erfahren wird. Alle diese Gottesbegegnungen waren und sind nur mit JHWH möglich, nicht aber mit anderen Göttern oder Göttinnen. Letztlich deshalb, weil sie nichts bewirken können und somit auch nicht wirklich existieren. Späte Stellen des Alten Testaments bekennen daher JHWH nicht nur als einzigartigen und ausschließlichen Gott Israels, sondern erschließen ihn darüber hinaus als den einzigen Gott überhaupt. Diesen Offenbarungs- und Erkenntnisprozess möchte ich im Folgenden mit Momentaufnahmen einiger klassischer alttestamentlicher Texte illustrieren.

„Wer ist wie du unter den Göttern, JHWH?" (Ex 15,11)

Am Ende der Erzählung über die Befreiung Israels aus der ägyptischen Sklaverei und seine Rettung am Roten Meer steht in 15,1–18 ein Lied, das Mose zusammen mit dem Volk für JHWH, den HERRN, anstimmt. Der kunstvoll komponierte Text schließt sich inhaltlich zwar an die Abfolge von Durchzug und Landnahme an. Doch lautet sein eigentliches Thema „Gotteskampf und Königsherrschaft Jahwes inmitten seines Volkes auf dem Tempelberg."[2] In der Lesefolge des Pentateuchs ist es die erste und zugleich idealtypische „Antwort" auf eine erfahrene Hilfe Gottes (vgl. V. 2).[3] Innerhalb der Auszugsgeschichte aber beantwortet dieses hymnische Bekenntnis die Frage des Pharao: „Wer ist denn JHWH? Ich kenne JHWH nicht!" (5,2).[4] Der

---

1 Norbert Lohfink, Gott. Polytheistisches und monotheistisches Sprechen von Gott im Alten Testament, in: Unsere großen Wörter. Das Alte Testament zu Themen dieser Jahre, Freiburg im Breisgau ³1985, 127–144.

2 Hermann Spieckermann, Heilsgegenwart. Eine Theologie der Psalmen (FRLANT 148), Göttingen 1989, 108.

3 Egbert Ballhorn, Mose der Psalmist. Das Siegeslied am Schilfmeer (Ex 15) und seine Kontextbedeutungen für das Exodusbuch, in: Egbert Ballhorn/Georg Steins (Hg.), Der Bibelkanon in der Bibelauslegung. Methodenreflexionen und Beispielexegesen, Stuttgart 2007, 130–151, 140.

4 Erich Zenger, Das Buch Exodus (Geistliche Schriftlesung 7), Düsseldorf 1978, 153.

https://doi.org/10.1515/9783111484754-011

aktuelle Anlass ist zwar der Untergang des nachjagenden Pharaonenheeres. Aber im Brennpunkt des Preises steht der Kampf JHWHs gegen die Chaosmacht. Der erste Teil (15,1–11) ist zur Gänze theozentrisch. Siebenmal redet er Gott ohne Scheu mit seinem Namen JHWH an. Phantastische und unbefangen vermenschlichende Bilder schildern ihn als unbezwingbaren Kriegshelden. Er wirft persönlich die Streitwagen Pharaos und seine Kämpfer ins Meer. Wie altorientalische Götter erhebt er seine Rechte mit der Keule, um den Feind zu zerschmettern. Seine Zornesglut frisst die Gegner wie Feuer die Strohstoppeln. Vor seinem schnaubenden Atem staut sich das Wasser. Und wenn er wieder darüber bläst, schließt sich das Meer über den Feinden und sie versinken in den Fluten. Diese Wasser, die JHWH so spielerisch einsetzt, sind die gebändigten Urfluten. JHWHs Sieg über den Pharao und seine Truppen ist damit ins Mythische gesteigert: Er kämpft mit dem Chaosdrachen und versenkt ihn in den Schreckenswassern des Todes. Diese Mythisierung des Meerwunders soll „ihm den Charakter einer einmaligen Geschichtstat nehmen und es zu einer grundlegenden Gotteserfahrung überhöhen, die jeglicher geschichtlicher Einzelerfahrung vorausliegt."[5]

Als Chaosbekämpfer beerbt JHWH die Hochgötter Baal und Marduk. Nach dem ugaritischen Baalszyklus legitimiert der Wettergott Baal sein Königtum mit dem Sieg über die Meeresgottheit Jammu. Danach tritt er die Herrschaft an und baut sich auf dem Berg Zaphon einen Palast. Im Lied bedroht die Weltmacht allerdings nicht JHWH selbst, sondern sein Volk. Auch ist das Meer nicht sein Gegenspieler. Vielmehr dienen seine Fluten dazu, die menschlichen Feinde zu bezwingen. Das Volk, das JHWH dadurch erlöst (V. 13) und als Siegespreis erwirbt, versammelt er um das Heiligtum, das er als seine Wohnstätte auf dem Berg (Zion) gründet (V. 16–17). Abschließend wird aber auch von ihm gesagt: „JHWH ist/sei König für immer und ewig!" (V. 18). Somit wird „die zeitlose altorientalische Chaoskampfmotivik, die nicht der Kosmogonie, sondern der Königsideologie entstammt, auf konkrete geschichtliche Ereignisse angewendet und so zur direkten Glaubenstradition Israels gemacht."[6]

Im akkadischen Weltschöpfungsepos Enuma Elisch kämpft Marduk gegen das Meeresungeheuer Tiamat.[7] Auch er wird nach seinem Sieg König der Götter. Deshalb heißt es von ihm: „Er ist fürwahr erhoben in der Versammlung seiner göttli-

---

5 Jörg Jeremias, Theologie des Alten Testaments (GAT 6), Göttingen 2015, 90.
6 Ballhorn, Mose, 138.
7 Martin L. Brenner, The song of the sea: Ex 15:1–21 (BZAW 195), Berlin/New York 1991, 98 f. Er betrachtet das Lied als einheitliche und nachexilische Komposition. Dagegen hält z. B. Spieckermann, Heilsgegenwart, 113, eine späte Entstehung für unwahrscheinlich und plädiert für eine „nachsolomonische und vorjesajanische" Abfassungszeit.

chen [Väter], keiner unter den Göttern kann ihm [gleichkommen]." (VII 13 – 14).[8] Auf
ähnliche Weise bekennt das Meerlied am Höhepunkt des farbenprächtig gemalten
Triumphs JHWHs über die Chaosmächte (Ex 15,11):

Wer ist wie du unter den Göttern, JHWH?
Wer ist wie du, Schrecklicher unten den Heiligen [herrlich in Heiligkeit / im Heiligtum]?[9]
Furchtbar an Ruhmestaten, Wunder vollbringend?

Die hier gebrauchte Unvergleichlichkeitsformel hat also „einen altorientalisch-po-
lytheistischen Hintergrund und stellt im Vergleich die Eigenart, Besonderheit oder
Fähigkeit einer Gottheit heraus".[10] Was JHWH für den Mosepsalm einzigartig
macht, ist: „Er tut Wunder!" (Vgl. Ps 77,14 – 15). Die rhetorischen Fragen[11] konfrontieren ihn mit den anderen Göttern, die auch mit den „Heiligen" gemeint sind.
Dieses Sprachspiel ist zur Abgrenzung von anderen Religionen notwendig. Zugleich
erweist sich JHWH durch sein schreckenerregendes Wirken für sein Volk als ein
Gott, der nicht in die Reihe der übrigen Götter passt, ja der allein Gott im vollen Sinn
ist. JHWH rückt somit als Chaosbekämpfer in einer kühnen Neudeutung der kanaanäischen und mesopotamischen Mythologie an die Stelle ihrer Hochgötter, ohne
aber ihre polytheistischen Konnotationen zu übernehmen.

   „Das Lied" hat in der Synagogenliturgie und rabbinischen Literatur eine starke
Resonanz gefunden.[12] Aus seinem poetischen Konzentrat des Auszugs- und Ret-

---

8 W. G. Lambert, Enuma Elisch, in: TUAT III, 565 – 602, 597. Unvergleichlichkeits- und Einzigartig-
keitsaussagen gehören zum Sprachfeld des Hymnus, des Klage- und Danklieds und sind deshalb
auch ein fester Bestandteil z. B. der hymnischen Partien mesopotamischer Klagelieder.
9 Die Septuaginta dürfte mit „Heilige" den ursprünglichen Text bewahrt haben. Dagegen wollte der
Masoretentext mit „Heiligkeit, Heiligtum" vielleicht polytheistische Vorstellungen von V.13 her
glättend vermeiden, ergibt aber im Parallelismus mit den „Göttern" der ersten Vergleichsfrage
wenig Sinn.
10 Werner H. Schmidt, Exodus. Teilband 2: Ex 7,1 – 15,21 (BKAT II/2), Göttingen 2019, 649.
11 Die Unvergleichlichkeitsfragen von Ex 15,11 finden sich im Alten Testament noch in Ps 35,10; 71,19;
89,9. Nach Psalm 89 sollen „die Himmel die Wundertat JHWHs preisen und die Versammlung der
Heiligen seine Treue" (V. 6). Dann wird seine einzigartige Stellung als himmlischer König inmitten
seines Hofstaates in Frageform beschrieben: „Wer im Gewölk gleicht JHWH, ist JHWH ähnlich unter
den Söhnen der Götter? Gewaltig ist Gott im Rat der Heiligen ... JHWH, Gott der Heerscharen, wer ist
wie du?" (V.7 – 9*). Denn JHWH beherrscht die Chaosmacht des Meeres und hat das Monster Rahab –
hier Metapher für Ägypten – zermalmt (V. 10 – 11). Sprach- und Sachparallelen lassen „hier trotz
monolatrisch-mythischer Spracheinkleidung eine monotheistische Tendenz der Aussage vermuten."
(Frank-Lothar Hossfeld/Erich Zenger, Psalmen 51 – 100. Übersetzt und ausgelegt [HThK.AT], Freiburg
im Breisgau 2000, 590).
12 Heidy Zimmermann, Tora und Shira. Untersuchungen zur Musikauffassung des rabbinischen
Judentums (Publikationen der Schweizerischen Musikforschenden Gesellschaft II, 40), Bern 2000,
vor allem 229 – 234. Die Bedeutung dieses „Liedes" schlechthin, des Prototyps aller Lieder für die

tungsgeschehens finden sich wörtliche Zitate und motivische Anspielungen vor allem im „Schma", dem „Höre, Israel!", mit seinen Benediktionen, die es beschließen. In diesem am Morgen und Abend rezitierten liturgischen Komplex werden Ex 15,1b und 21 angeführt, die den ganzen Gesang repräsentieren. Ferner werden die Verse 11 und 18 zitiert, die als Modell kultischer Akklamation dienen.[13] Es sind jene Aussagen die Liedes, die sich im religionsgeschichtlichen Vergleich mit den altorientalischen Epen als die für die Einzigartigkeit JHWHs wichtigsten gezeigt haben.

Höre, Israel! Du sollst JHWH, deinen einzigen Gott, lieben (Dtn 6,4 – 5)

Das Meerlied lässt nur einschlussweise einen Polytheismus erkennen. Im Deuteronomium, zu dem das eben erwähnte Bekenntnis des „Schma" gehört, bildet er den Vorstellungsrahmen fast des ganzen Buches. Wenn es neben JHWH auch von „anderen Göttern, den Göttern der Völker, die in eurer Nachbarschaft wohnen" (6,14) spricht, denkt es polytheistisch. In diesem Referenzsystem fordert es zunächst eine JHWH-Monolatrie, die noch mit einem theoretischen Polytheismus koexistiert: Israel darf sich an keinen anderen Gott außer an JHWH binden, als sein Volk darf es ausschließlich ihn verehren.[14] Das fordert nicht nur das erste Gebot des Dekalogs, weil JHWH ein gegenüber Götterrivalen „eifersüchtiger", das heißt: ein Israel lei-

---

jüdische Tradition, liegt in der Erfahrung der Erlösung, dem Singen eines spontanen Lobliedes als adäquater Reaktion und der kollektiven Anerkennung der Herrschaft Gottes (229). Die Bezeichnung „Meerlied" findet sich erstmals im Midrasch GenR 54,4 (233 Anm. 498).

13 Die Eulogie des dritten und letzten Abschnitt des Schma, die Ge'ulla, „Erlösung", genannt wird, mündet in eine Neuinszenierung des Moselieds: „Aus Ägypten hast du uns erlöst, Ewiger, unser Gott, und aus dem Sklavenhaus uns befreit. [...] Mose und die Kinder Israels (Ex 15,1) stimmten dir ein Lied an mit großer Freude und sprachen alle: Wer ist wie du, Herr, unter den Göttern, wer ist wie du, verherrlicht durch Heiligkeit, furchtbar an Ruhm, Wundertäter! [Ex 15,11]. Ein neues Lied sangen die Erlösten zum Lob deines Namens am Ufer des Meeres, alle zusammen dankten und huldigten sie und sprachen: Der HERR ist König für immer und ewig! [Ex 15,18]. [...]" (Zimmermann, Tora, 230f).

14 Zum Folgenden vgl. Norbert Lohfink, Gott im Buch Deuteronomium, in: Studien zum Deuteronomium und zur deuteronomistischen Literatur II (SBAB 12), Stuttgart 1991, 25 – 53, insbesondere 33 – 36. Ferner Georg Braulik, Das Deuteronomium und die Geburt des Monotheismus, in: Studien zur Theologie des Deuteronomiums (SBAB 2), Stuttgart 1988, 257 – 300; Ders., Die Liebe zwischen Gott und Israel. Zur theologischen Mitte des Buches Deuteronomium, in: Studien zu Buch und Sprache des Deuteronomiums (SBAB 63), Stuttgart 2017, 241 – 259, 245 – 248. Meistens wird angenommen, mit Dtn 6,4(-5) habe das joschijanische Ur-Deuteronomium begonnen. Dagegen hält Nathan MacDonald, The Date of the Shema (Deuteronomy 6:4 – 5), in: JBL 136 (2017) 765 – 782, 775 – 782, die beiden Verse für einen nachexilischen Zusatz.

denschaftlich liebender Gott ist (5,7–9). Auch das „Höre, Israel" redet in solch monolatrischer Sprache, obwohl es später für das Judentum den Monotheismus in letzter Deutlichkeit zusammenfasst:

> Höre, Israel! JHWH, unser Gott, JHWH ist einzig.
> So liebe denn JHWH, deinen Gott, mit ganzem Herzen und ganzer Seele und ganzer Kraft!
> (6,4–5)

Im Deuteronomium steht diese Kurzformel des Glaubens am Anfang der Bundesurkunde (Kap. 5–28), also des Vertrags zwischen JHWH und Israel. Genauer: Mit diesem theopolitischen Programm beginnt an literarisch strategischer Stelle nach der Erzählung von den Ereignissen am Gottesberg Horeb samt dem Zitat des Dekalogs (Kap. 5) die Hauptgebotsparänese der Kap. 6–11, also die Mahnung zur Beobachtung des ersten Gebots. Auf sie folgt in Kap. 12–26 der Rechtskodex mit den Einzelgesetzen. Die Übersetzung von 6,4 ist umstritten.[15] Für die oben zitierte Einheitsübersetzung sprechen folgende Argumente: Nach deuteronomischem Sprachgebrauch bildet „unser Gott" eine Apposition zum Gottesnamen. Läge der Nominalsatz „JHWH ist unser Gott" vor, würde er im Deuteronomium wie zum Beispiel in 4,35 und 39 formuliert (s. dazu unten). Die Wortverbindung „JHWH, unser Gott" eröffnet auch andere große Mosereden (1,6; 5,2). Man erklärt 6,4 deshalb am besten als Pendenskonstruktion. Sie stellt stilistisch betont voraus [JHWH, unser Gott], was anschließend als Subjekt eines Nominalsatzes [JHWH] wiederholt und mit einem Zahlwort [einzig] als Prädikat verbunden wird.[16] Die Grundaussage ist jedenfalls: JHWH ist einer, (ein) einzig(er). Das wird allerdings auch in Ägypten und Mesopotamien über einzelne Götter gesagt, muss also nicht unbedingt monotheistisch verstanden werden. Was genau gemeint ist, entscheidet der Kontext. Er schließt zum Beispiel die öfters vertretene Hypothese aus, 6,4 sei „monojahwistisch" im Sinn „JHWH ist ein einziger JHWH" zu deuten. Sie setzt vor allem aufgrund der Texte von Kuntillet ʿAjrud voraus: An verschiedenen Kultorten hätten sich unterschiedliche JHWH-Gestalten entwickelt, dem Deuteronomium aber sei es im Zusammenhang mit der Zentralisierung des Kultes in Jerusalem auch um die Rückgewinnung der Einheit JHWHs gegangen.[17] Allerdings findet sich das Schlüsselwort „ein, einzig" in

---

15 Zu Syntax, Übersetzung und Auslegung vgl. ausführlich Nathan MacDonald, Deuteronomy and the Meaning of „Monotheism" (FAT 2,1), Tübingen 2003, 60–75. Für die oben vertretene Auffassung s. ebd., 66, 69 und 70.

16 So verstehen auch die Septuaginta, die Vulgata und der Papyrus Nash Dtn 6,4.

17 Peter Höffken, Eine Bemerkung zum religionsgeschichtlichen Hintergrund von Dtn 6,4, in: BZ 28 (1984) 88–93. Dazu bemerken Othmar Keel/Christoph Uelinger, Göttinnen, Götter und Gottessymbole. Neue Erkenntnisse zur Religionsgeschichte Kanaans und Israels aufgrund bislang unerschlossener ikonographischer Quellen (QD 134), Freiburg im Breisgau ⁵2001, 282: „Als *Fazit* lässt sich

keinem der Zentralisationstexte; die Kultzentralisierung gründet nicht im „Wesen" JHWHs, sondern in seiner Erwählung. Sollte es in der späten Königszeit wirklich eine „poly-jahwistische Parzellierung" gegeben haben, dann sieht das Deuteronomium in solchen Gestalten nicht den Gott Israels, sondern andere Götter.

Der unmittelbare Kontext des Bekenntnisses zu JHWH als Israels „Einzigem" ist das anschließende Liebesgebot. Die beiden Verse 6,4 und 5 sind durch die bekannte Kleinform „Feststellung – Appell" miteinander verklammert. Zwischen beiden Gliedern des Schemas besteht ein fester syntaktischer und inhaltlicher Zusammenhang. Er verknüpft das Liebesgebot unlösbar mit dem zuvor genannten Gottesverhältnis. Formulierungsmäßig wird die Beziehung durch „einzig" hergestellt. Denn „einzig" gehört im Alten Orient zur Topik der Liebessprache. Das beweist Hld 6,8 – 9, wo daraus geradezu ein statistisches Paradox gemacht wird: „Sechzig Königinnen sind es, achtzig Nebenfrauen und junge Frauen ohne Zahl, doch einzig ist meine Taube, meine Makellose, die Einzige ihrer Mutter". Für die Einzigkeitsaussage in Dtn 6,4 heißt das: Von allen bekannten Göttern ist JHWH der eine und einzige Gott, der für Israel in Frage kommt, eben „unser Gott", der sich auch selbst diesem Volk verpflichtet hat.[18]

Die Forderung ausschließlicher Liebe, die sich aus der Bindung des einen Gottes an Israel allein ergibt, gehört zum altorientalischen Vertragsdenken und verbindet das politisch loyale Verhalten des Vasallen emotional mit einer persönlichen und intimen Erfahrung. Die Gottesliebe meint deshalb in der deuteronomischen Bundestheologie „ein juristisch befehlbares Treueverhältnis, eine Ganzhingabe im Gehorsam. Sie umschließt Dankbarkeit und Vertrauen und verwirklicht sich in einer gefühlvoll erfahrenen Beziehung."[19] Das „Höre, Israel" verlangt diese Liebe vom kollektiven Du des Volkes. Denn die Israeliten sollen nach dem Deuteronomium JHWH lieben, indem sie seine Sozial- und Gesellschaftsordnung mit ihren Einzelbestimmungen verinnerlichen (6,6 – 9; vgl. 6,20 – 25) und erfüllen (5,10; 7,9; 10,12 – 13 u. ö.). Sie kann aber nur Realität werden, wenn nicht nur einzelne, sondern das Volk als Ganzes sie verwirklicht. „Dass es neben Jahwe keine anderen Götter, die es in der Umwelt durchaus gibt, haben darf, liegt nicht zuletzt auch in dieser gesellschaftlichen Liebe Israels begründet. Denn andere Götter und Göttinnen stehen für andere,

---

festhalten, dass die Befunde von Kuntilet 'Ağrud (und Ḫirbet el-Qom) keine zwingenden Argumente gegen die These einer weitgehend monolatrischen Verehrung Jahwes in Israel der EZ [Eisenzeit] II B, wohl aber Argumente *gegen* die Annahme einer weiblichen Paredros Jahwes in dieser Zeit liefern."
18 Sach 14,9 zitiert Dtn 6,4 bereits in einem monotheistischen Sinn: „An jenem Tag wird JHWH einzig sein und sein Name einzig." Dabei geht es nicht nur um JHWH als den Gott Israels, sondern als Gott der ganzen Welt.
19 Braulik, Liebe, 246. Hier auch zum Folgenden.

letztlich inhumane gesellschaftliche Systeme. Dagegen ist die deuteronomische Gesellschaftsordnung, die Tora, eine ‚Zivilisation der Liebe‘. Sie entspricht Jahwes Wunschbild von dem Volk, das er liebt.“

JHWH – er ist der Gott, kein anderer ist außer ihm (Dtn 4,35)

Den Schritt von der Unvergleichlichkeit und Einzigartigkeit JHWHs über seine Einzigkeit für Israel zu seiner Existenz als des absolut einzigen Gottes wurde erst während der babylonischen Verbannung vom Exilspropheten „Deuterojesaja“ (vereinfachend für Jesaja 40–55) gegangen. Jedenfalls hat er am deutlichsten diese Besonderheit des JHWH-Glaubens in der altorientalischen Welt bezeugt. Seine Spitzenaussagen finden sich im sogenannten Kyros-Orakel in Jes 45,5–7[20]:

> (⁵) (Nur) ich bin JHWH und sonst niemand; außer mir ist kein Gott.
> Ich werde dich [Kyros] gürten, obwohl du mich (dann) nicht erkannt haben wirst,
> (⁶) damit sie erkennen vom Aufgang der Sonne und von ihrem Untergang:
> Es gibt keinen (Gott) außer mir.
> (Nur) ich bin JHWH und sonst niemand.
> (⁷) Der Licht formt und das Dunkel erschafft, der das Heil macht und das Unheil erschafft,
> ich bin JHWH, der all dies macht.

Hinter diesen Versen steht eine Theologie des JHWH-Namens: nur „er erweist sich“ als wirkmächtig (vgl. Ex 3,14). Die Formel „ich (allein) bin JHWH“ erhebt einen Ausschließlichkeitsanspruch und wird durch die Fortsetzung „außer mir gibt es keinen Gott“ (V. 5) zum „monotheistischen Manifest, das in Verbindung mit Kyros geradezu missionarische Dimensionen gewinnt“.[21] Es verlangt die (An)Erkenntnis JHWHs als des einzigen Gottes durch die Völkerwelt vom Aufgang der Sonne bis zu ihrem Niedergang (V. 6). Denn die gesamte kosmisch-geschichtliche Wirklichkeit geht auf sein exklusiv-universales Handeln zurück: „Ich bin JHWH, der all dies macht“ (V. 7). „Hier begegnen am kompaktesten in Jes 40 ff. die Kriterien einer

---

20 Martin Leuenberger, „Ich bin Jhwh und keiner sonst“. Der exklusive Monotheismus des Kyros-Orakels Jes 45,1–7 (SBS 224), Stuttgart 2010.
21 Martti Nissinen, Die Relevanz der neuasasyrischen Prophetie für die alttestamentliche Forschung, in: Manfred Dietrich/Oswald Loretz (Hg.), Mesopotamica – Ugaritica – Biblica. Festschrift für Karl Bergerhof zur Vollendung seines 70. Lebensjahres am 7. Mai 1992 (AOAT 232), Neukirchen-Vluyn 1993, 217–258, 236.

Gottesdefinition, der andere Götter nicht (mehr) genügen können."[22] Außerdem bleibt die Einsicht der Völker keine intellektuelle Feststellung ohne Folgen. Denn ihre Vertreter ziehen nach Jerusalem und bekennen an der einen Kultstätte: „Nur bei dir ist Gott und sonst gibt es keine Götter." (45,14; vgl. V. 6). Dieses exklusive „keiner sonst" findet sich außerhalb von Deuterojesaja vor allem an den Stellen, denen wir uns im Folgenden zuwenden.

Zu später Stunde des Exils oder kurz danach wird der monolatrischen Sicht von Dtn 6,4 durch 4,35.39 eine monotheistische Interpretation vorgegeben: Deuteronomium 4[23] bildet gewissermaßen ein Vorwort zu Dekalog und „Höre, Israel". Das Kapitel bezieht sich auf Israel nach der Landnahme, ja sogar in der Verbannung. Seine Paränese des Kultbilderverbots und Verbots des Gestirnkultes (V. 9–31) wird in den V. 32–40 mit der Einzigkeit Gottes begründet. In ihnen erreicht die Darstellung der „kanonischen" Geschichte Israels und deuteronomischen Gotteslehre ihren rhetorischen Höhepunkt und ihre letztgültige Deutung. Theologisch dürften die Verse vor allem auf den Einfluss Deuterojesajas zurückgehen. Sie vergleichen vor dem raum-zeitlich universalen Horizont der Menschheitsgeschichte die beiden zentralen Offenbarungsereignisse, nämlich die Dekalogverkündigung aus dem Feuer auf dem Horeb und die Führung aus Ägypten, religionskritisch mit den Gotteserfahrungen der anderen Völker. Doch findet sich nirgendwo auch nur entfernt Ähnliches. Die Nachfrage läuft deshalb auf die Einzigartigkeit Israels (V. 33) und die Unvergleichlichkeit der Machtmanifestationen JHWHs in Ägypten, bei der Rettung am Roten Meer und auf der Wüstenwanderung (V. 34) hinaus. Aus diesen spektakulären Gottestaten soll Israel die streng rationale Konsequenz ziehen (V. 35):

> Du (allein) hast das sehen dürfen, damit du erkennst:
> (nur) JHWH – er ist der Gott,
> keiner sonst ist außer ihm.

Diese Erkenntnis ist erfahrungsfundiertes, aber intellektuell vermitteltes Wissen. Sie beantwortet die Frage „Wer ist der Gott, der auch in der Theophanie am Leben erhalten konnte und eine Nation aus einer anderen herausgeholt hat?" und stellt dazu fest: Es ist JHWH – und keiner sonst außer ihm. Weil er der einzig wirk-

---

22 Friedhelm Hartenstein, Exklusiver und inklusiver Monotheismus. Zum „Wesen" der Götter in Deuterojesaja und in den späten Psalmen, in: Alexandra Grund/Anette Krüger/Florian Lippe (Hg.), Ich will dir danken unter den Völkern. Studien zur israelitischen und altorientalischen Gebetsliteratur. Festschrift für Bernd Janowski zum 70. Geburtstag, Gütersloh 2013, 194–219, 206.
23 Zum Folgenden vgl. Georg Braulik, Hat Gott die Religionen der Völker gestiftet? Deuteronomium 4,19 im Kontext von Kultbilderverbot und Monotheismus, in: Ders., Tora und Fest. Aufsätze zum Deuteronomium und zur Liturgie (SBAB 69), Stuttgart 2019, 142–251, 224–242.

mächtige Gott ist, ist er der allein existierende. Diese Schlussfolgerung begründet nicht seine Unvergleichlichkeit, sondern seine Ausschließlichkeit bzw. die grundsätzliche Nichtexistenz eines weiteren Gottes.

Der gleiche Gedankengang wird anschließend mit ein paar Akzentverschiebungen wiederholt: Aus der differenzierten Darstellung des Geschehens am Gottesberg und einer erweiterten Abfolge klassischer Geschichtstaten JHWHs (V. 36–38) kann Israel über eine „relationale Einzigartigkeit" und „exklusive Zuwendung Gottes zu seinem Volk"[24] hinaus die Erkenntnis des Monotheismus gewinnen. Sie soll ihm in freier Entscheidung zur Herzens- und Überzeugungssache werden (V. 39):

> So sollst du heute erkennen und zuinnerst begreifen:
> (nur) JHWH – er ist der Gott im Himmel droben und auf der Erde unten,
> keiner sonst.

In einem Schulgespräch beantwortet Jesus die Frage eines Schriftgelehrten „Welches Gebot ist das erste von allen?" (Mk 12,28) mit dem „Höre, Israel". Es ist das einzige Mal im Neuen Testament, dass auch sein Anfang mit dem Bekenntnis zu dem einzigen Gott Israels zitiert wird. Anschließend legt Jesus dieses Bekenntnis wie im Schma vorgegeben durch das Gebot der Gottesliebe aus und fügt ihm als zweites das Gebot der Nächstenliebe hinzu (V. 29–31). Dass es dabei um die Erläuterung der Einzigkeit Gottes geht, beweist die Reaktion des Gesetzeslehrers. Er stimmt Jesus ausdrücklich zu, verstärkt aber den zitierten Text von Dtn 6,4, indem er noch die Ausschließlichkeitsaussage von Dtn 4,35 hinzufügt: „Ganz richtig hast du gesagt, dass er Einer ist und dass es keinen außer ihm gibt" (Mk 12,32). Jesus bestätigt dieses Verständnis durch ein einzigartiges Lob seines Gesprächspartners (V. 34). Das Doppelgebot der Gottes- und Nächstenliebe, Spitzensätze zweier alttestamentlicher Rechtskodizes und Inbegriff des Willens Gottes, interpretieren also Gottes Einzigkeit. „Damit aber muss Gott – bei einer vorauszusetzenden Kongruenz von Willen und Wesen – selbst ein Liebender sein."[25] Größere Eindeutigkeit über Gott als den Einen und Einzigen ist nicht mehr zu gewinnen.

---

24 Gegen Reinhard Feldmeier/Hermann Spieckermann, Der Gott der Lebendigen. Eine biblische Gotteslehre (TOBITH 1), Tübingen 2011, 103.
25 Feldmeier/Spieckermann, Gott, 121 f.

Gottesbund und Gnade im Deuteronomium

Den Anstoß zu den folgenden Überlegungen gab die Habilitationsschrift von Joachim J. Krause „Die Bedingungen des Bundes" (2019),[1] deren Veröffentlichung mit viel Zustimmung begrüßt wurde.[2] Sie fasst die vorliegende exegetische Forschung über die drei großen Bundeskonzeptionen des Gottesverhältnisses Israels, angefangen von der deuteronomisch-deuteronomistischen über die priesterliche bis zur prophetischen Fassung des neuen Bundes, zusammen, um die These von Jacob Milgrom zu bekräftigen: „In the Bible, there is no covenant without obligation. In other words, there is no such thing as an unconditional covenant."[3] Nach Krause „verfügt Jhwh frei über die vorab festgelegten Sanktionen. Es steht in seiner Gewalt, die Drohung in die Tat umzusetzen oder nicht. Israel hingegen *kann*, anders als die von Asarhaddon verpflichteten Vasallen, das drohende Unheil nicht selbst herbeiführen. Gewiss besteht nach deuteronomistischer Auffassung ein ursächlicher Zusammenhang zwischen Ungehorsam und Unheil; auf ihm liegt alle Emphase. Aber dieser Zusammenhang funktioniert nicht automatisch, sondern wird von Jhwh je und je hergestellt. Durch den Ungehorsam seines menschlichen Partners lässt Jhwh sich dabei so wenig binden wie durch dessen Gehorsam."[4] Allerdings hat schon Dennis J. McCarthy für das altorientalische und alttestamentliche Vertrags- bzw. Bundesdenken festgestellt:

> Law then was customary law and it must be understood as it was lived, that is, customarily interpreted, and custom was that the unfaithful subordinate was not automatically destroyed. In fact, he was thrown on the mercy of his lord without the possibility of appeal to stipulated

Für Markus Tiwald.

1 Publiziert in *Joachim J. Krause*, Die Bedingungen des Bundes. Studien zur konditionalen Struktur alttestamentlicher Bundeskonzeptionen (FAT 140), Tübingen 2020.
2 Das Buch bildet z. B. für *Thomas Hieke*, Rezension, in: Biblische Bücherschau 7/2020, 1–5, 2 „einen Durchbruch in der Frage der alttestamentlichen Bundestheologie". Denn es arbeite heraus, „dass es keinen ‚unbedingten' bzw. bedingungslosen Bund in der Hebräischen Bibel gibt und zugleich doch dieser Bund nicht so von den Menschen (von Israel) gebrochen werden kann, dass die Gottesbeziehung zu Ende wäre." *Christoph Koch* sieht in seiner Rezension in der Arbeit, die sich „durch eine klare und verständliche Sprache und Argumentation" auszeichne, einen „wegweisenden und neue Perspektiven eröffnenden Beitrag zur Erforschung der Bundestheologie" (OLZ 116 [2021] 131–135, 134). Auch *Bill T. Arnold* stimmt in seiner Besprechung den Thesen von Krause zu (Bib 103 [2022] 137–139).
3 *Jacob Milgrom*, Leviticus 23–27. A New Translation with Introduction and Commentary (AB 3B), New York 2000, 2345, zitiert von *J. J. Krause*, Bedingungen (s. Anm. 1) 207.
4 *J. J. Krause*, Bedingungen (s. Anm. 1) 213 f.

https://doi.org/10.1515/9783111484754-012

rights, but in fact the lord was often, even usually, ready to restore a repentant felon or at least to reconstitute the relationship with the people [...] Hence the emphasis on repentance and forgivness seen as an essential part of the Dtistic message by many authors [...] is not foreign to the Dtic covenant concept.[5]

In diesem Artikel möchte ich die These von Krause vor allem mit den drei im Deuteronomium ineinander verschränkten Bundesschlüssen, dem Väter-, Horeb- und Moabbund, konfrontieren. Dabei beziehe ich mich auf das definitive Buch Deuteronomium, nicht auf bestimmte Textstufen, lese also die hier entscheidenden Kap. 4 und 29–30 auf der synchronen Ebene. Meine literargeschichtlichen Voraussetzungen beschränke ich deshalb auf kurze Anmerkungen, ohne abweichende Positionen zu diskutieren. Die tragenden exegetischen Einzeluntersuchungen zum Thema des Artikels habe ich bereits zum Gutteil vorgelegt. Ich werte sie im Folgenden für die Theologie der Begnadigung Israels in den Bundesvorstellungen des Deuteronomiums aus.

1 Deuteronomium 4 und die Erzväter Israels – Gnadenbund und Liebe

In der Fiktion des Buches Deuteronomium lagert Israel nach achtunddreißig Jahren Wüstenwanderung in Moab im Ostjordanland, in der Talschlucht gegenüber Bet-Peor (3,29). Dort wendet sich Mose an die Generation, die schon den Exodus und den Horebbund erlebt hat (vgl. z. B. 4,9.20.33–35).[6] Genauer: an diejenigen, die nicht wegen ihres Unglaubens in Kadesch-Barnea (1,36; 2,14–16) und später wegen des Abfalls zum Baal-Peor (4,3–4) sterben mussten. Zwar lehnte sich Israel ständig gegen JHWH auf (9,24). Auch brach „jeder, der dem Baal-Peor nachfolgte", das erste Dekalogsgebot, das Fremdgötterverbot des Horebbundes, und wurde dafür von JHWH „in deiner Mitte" vernichtet (4,3). Die Bestrafung betraf aber weder in Kadesch-Barnea noch in Bet-Peor das ganze Volk, sondern nur die Schuldiggeworde-

---

5 *Dennis J. McCarthy*, Treaty and Covenant. A Study in Form in the Ancient Oriental Documents and in the Old Testament. New edition completely rewritten (AnBib 21 A), Rom 1978, 205 Anm. 39.
6 Deuteronomium 4 ist in zeitlicher Nähe zu Deuterojesaja und der Priesterschrift oder relativ-chronologisch sogar danach für den vorliegenden Zusammenhang verfasst und Deuteronomium 5 vorgeordnet worden. Zur Literar- und Redaktionskritik s. *Georg Braulik*, Hat Gott die Religionen der Völker gestiftet? Deuteronomium 4,19 im Kontext von Kultbilderverbot und Monotheismus, in: Tora und Fest. Aufsätze zum Deuteronomium und zur Liturgie (SBAB 69), Stuttgart 2019, 142–251, 147–150.

nen.[7] Die Zusage, die JHWH mit dem Aufbruchsbefehl vom Gottesberg Israel gege-
ben hatte, gilt auch in Moab noch immer: „Schau, ich lege hiermit das Land vor euch
hin. Zieht ein, und nehmt das Land in Besitz, von dem ihr wisst: JHWH hat den
Vätern geschworen – Abraham und Isaak und Jakob –, es ihrem Samen nach ihrem
Tod zu geben." (1,8)[8] Allerdings darf Mose selbst wegen seiner Verwicklung in die
Sünde von Kadesch-Barnea das Land nicht betreten und muss die Leitung an Josua
abtreten (1,37; 3,24–28; 4,21–22). Deshalb muss der Horebbund in einem neuen
Bundesschluss, dem sogenannten Moabbund, bestätigt werden. Um ihn vorzube-
reiten eröffnet Mose in Kap. 4 eine Vollversammlung des Volkes.[9] Auf ihr möchte er
die bereits verschriftete Bundesurkunde, die deuteronomische Tora (Kap. 5–28),
vorstellen. Hier erreicht die Moserede also ihre eigentliche Aussage. Das vorausgehende Geschichtsresümee (Kap. 1–3) sollte sie begründen und vorbereiten. In 4,5
konstituiert Mose eine Lehrsituation. Was er lehrt, enthält erst der zweite, mit
Kap. 5 einsetzende Buchteil. Diese Gesetzesbelehrung wird in 4,26 mit einer
Fluchsanktion für den Fall abgesichert, dass Israel das Hauptgebot nicht befolgt.[10]

1.1 „Der Gott eurer Väter" (4,1)

Mose motiviert zu Beginn der Paränese des ersten Buchteils seine Mahnung, „auf
die Gesetze und Rechtsentscheide zu hören", mit der Inbesitznahme des Landes, das
„JHWH, der Gott eurer Väter" Israel gibt (4,1). Diese programmatische Gottesbezeichnung knüpft an den Aufbruchsbefehl Gottes (1,6–8) nach dem Abfall am Horeb
und der Fürsprache Moses an, in der er Gott an die Patriarchen erinnerte (9,27).
Denn 1,8 verweist auf die Landverheißung JHWHs für die Väter. 1,11 beruft sich
danach ausdrücklich auch auf die Mehrungsverheißung.[11] Beide Zusagen des Väterbundes (vgl. Gen 15,18; 22,17; 26,3–4) gehören zur Exposition der Geschichts-
rückblende Moses im Ostjordanland. Sie liegen noch vor der Fabel, also den erzählten Ereignissen[12], und bilden das Vorzeichen für den Zug vom Gottesberg und

---

7 *Georg Braulik*, Kollektive Schuld und gerechte Vergeltung. Zur „Ursünde" des Gottesvolks im Buch
Deuteronomium, in: MThZ 72 (2021) 171–195.
8 Zur vorausgesetzten Textkritik s. *Carmel McCarthy*, Commentary on the Critical Apparatus, in:
Biblia Hebraica Quinta 5 Deuteronomy, Stuttgart 2007, 49*–169*, 49*f.
9 Zu den theologischen Zielen von Deuteronomium 4 vgl. zusammenfassend *Georg Braulik / Norbert
Lohfink*, Die Rhetorik der Moserede in Deuteronomium 1–4 (ÖBS 55), Berlin 2022, 195–198.
10 *Georg Braulik*, Deuteronomium 1–4 als Sprechakt, in: Studien zu den Methoden der Deuteronomiumsexegese (SBAB 42), Stuttgart 2006, 39–48.
11 Vgl. *Norbert Lohfink*, Die Väter Israels im Deuteronomium. Mit einer Stellungnahme von Thomas
Römer (OBO 111), Freiburg/Schweiz – Göttingen 1991, 62f.
12 Vgl. *G. Braulik / N. Lohfink*, Rhetorik (s. Anm. 9) 19–32.

durch die Wüste (1,19). In Kadesch-Barnea angesichts des Verheißungslandes zitiert Mose das einleitende Gotteswort über die Auslieferung des Landes und verweist zurück auf das Versprechen „JHWHs, des Gottes deiner Väter" (1,21). Dieses Prädikat wird erst 4,1 wieder gebraucht, wo die Tora im Deuteronomium thematisch zu werden beginnt, hat also Signalfunktion. Der Vers schweigt aber über die mit den Vätern verbundenen Zusagen von Landgabe und Vermehrung ihrer Nachkommen. Die Apposition „Gott eurer Väter" in 4,1 präludiert 4,31.[13] An dieser Schlüsselstelle beruft sich Mose auf den Bund mit den Vätern. Er erwähnt diesen Eid Gottes am Ende eines Rückblicks, der in Kap. 4 vom Standort der Moserede aus immer weiter in die Vergangenheit ausgreift. Diese Horizontverschiebung[14] setzt mit der Sünde in Bet-Peor ein (V. 3–4) und dehnt sich aus zum Horebbund (V. 10–14), gleitet weiter zurück zur Herausführung aus Ägypten (V. 20) und von dort nochmals zurück zu den Patriarchen (V. 31). Für unsere Fragestellung ist zunächst 4,20 wichtig.

1.2 Die Bundesformel (4,20)

Was zur besonderen Beziehung zwischen JHWH und Israel führte, wird von 4,20 in drei Sätzen erzählt. Sie besagen: Gott hat an diesem Volk anders als an den übrigen Völkern gehandelt. Durch sein machtvolles Eingreifen hat er Israel an sich gebunden:

> [20] Euch aber hat JHWH genommen (*lāqaḥ*) und euch herausgeführt aus dem Schmelzofen, aus Ägypten, damit ihr ihm zum Erbeigentumsvolk (*lᵉ'am naḥᵃlāh*) werdet – wie (es) heute (der Fall ist).

lqḥ bezeichnet zwar keine Erwählung.[15] Denn über sie spricht das Deuteronomium ausschließlich mit dem Verb *bḥr*. Die Herausführung ist nur eine ihrer Folgen (V. 37). Aber das mit *lqḥ* eigens erwähnte persönliche Eingreifen unterstreicht die Initiative JHWHs zu dem außerordentlichen Akt der Befreiung (vgl. V. 34). Gott holt Israel gewaltsam aus dem, was V. 20 mit der originellen und seltenen Metapher vom „Eisenschmelzofen Ägypten" für das sonst übliche „Sklavenhaus" beschreibt, bei

---

13 So auch *Timo Veijola*, Das fünfte Buch Mose Deuteronomium. Kapitel 1,1–16,17 (ATD 8,1), Göttingen 2004, 110.
14 *G. Braulik / N. Lohfink*, Rhetorik (s. Anm. 9) 192–194.
15 *Nathan MacDonald*, Deuteronomy and the Meaning of „Monotheism" (FAT 2,1), Tübingen 2003, 152, bezieht *lqḥ* und andere Ausdrücke sowie die Bundesformel auf die Erwählungsvorstellung. Zu Deuteronomium 4 s. 171–176. Diese Semantik wird von *Georg Braulik*, Die Erwählung Israels im Buch Deuteronomium, in: G. Braulik / A. Siquans / J.-H. Tück (Hg.), „Dein Wort ist meinem Fuß eine Leuchte". FS L. Schwienhorst-Schönberger, Freiburg i.B. 2022, 99–141, 110 f., widerlegt.

der sich „die Vorstellung vom äußerst harten Los der Knechtsarbeit am Eisenschmelzofen einstellen sollte"[16]. „Die Rettung aus diesem Leiden begründet den Anspruch Gottes auf Israel und bewirkt zugleich seine ausschließliche Bindung an JHWH, wie es die sogenannte Bundesformel – *hyh* mit doppeltem *lāmēd* – prägnant ausdrückt."[17] Dass nur ihre zweite Hälfte, nämlich „Israel als Volk JHWHs", genannt wird, ist im Deuteronomium durchaus üblich. Doch weist sie in V. 20 eine personalrechtliche Besonderheit auf, die theologisch relevant ist: Nur hier ist Israel nicht bloß als „Volk", sondern als „Volk des Erbeigentums" das Bundesvolk JHWHs. Diese Identität bleibt Israel gegenüber allen anderen Völkern und sogar in einem künftigen Heilsuniversalismus immer erhalten.[18] Seine privilegierte Gottesbeziehung überdauert auch tiefgreifende Schuld. Denn „Erbbesitz ist grundsätzlich unveräußerlich. Der Titel formuliert keinen Rechtsanspruch Jahwes, sondern ein Recht Israels auf Gnade."[19] Mose konnte sich sogar in seiner Fürbitte nach dem Abfall zum gegossenen Kalb auf JHWHs Verantwortung berufen, die er für Israel als „sein Erbeigentum" übernommen hat (9,26 und 29). Darüber hinaus bezeichnet *naḥ°lāh* nicht nur Israel als das von JHWH dauerhaft angenommene Volk, sondern auch „das prächtige Land", das JHWH im Begriffe ist, Israel als „Erbe", *naḥ°lāh*, zu geben (4,21 und 38), während es sich anschickt, über den Jordan zu ziehen und es einzunehmen (V. 22). Sollte der Besitz des Landes verloren gehen, bleibt doch der Anspruch darauf als Eigentum bestehen.

1.3 Horebbund und Väterbund (4,23 – 31)

Unter dem Vorzeichen der Bundesformel blickt Mose in 4,23 – 31 auf die künftige Geschichte Israels, das seit Generationen im Land wohnt (V. 25). Aus dieser Perspektive ist vorausgesetzt, dass Israels Gottesverhältnis aufgrund des Horebbundes durch den Moabbund bestätigt und durch die Tora als Bundesurkunde geregelt ist.[20] Der Dekalog ist dadurch auch die Grundlage des Moabbundes, sein Kultbildverbot gehört also zu beiden Bünden. Die kommende Zeit wird in zwei aufeinander fol-

---

16 *Dieter Viehweger*, „… und führte euch heraus aus dem Eisenschmelzofen, aus Ägypten, …" *kwr hbrzl* als Metapher für die Knechtschaft in Ägypten (Dtn 4,20; 1 Kön 8,51 und Jer 11,4), in: P. Mommer / W. H. Schmidt / H. Strauß (Hg.), Gottes Recht als Lebensraum. FS H. J. Boecker, Neukirchen-Vluyn 1993, 265 – 276, 275.
17 *G. Braulik*, Gott (s. Anm. 6) 189.
18 Vgl. *Georg Braulik*, Die ekklesiologischen Begriffe des Deuteronomiums. Ein Beitrag zur biblischen Theologie des Gottesvolks, in: ThPh 95 (2020) 161 – 183, 168 – 171.
19 *Georg Braulik*, Deuteronomium 1 – 16,17 (NEB 15), Würzburg 1986, 81.
20 *Georg Braulik*, Horebbund und Moabbund, in: Bib 102 (2021) 1 – 29, 28.

genden Phasen entfaltet, die auch in unterschiedlichen Räumen ihren Ort haben. Im Hintergrund stehen „Segen" und „Fluch"[21] als modifizierte Bestandteile des altorientalischen Vertragsformulars[22], das mit seinen konventionellen Elementen die V. 9–31 insgesamt prägt.[23] Doch sind beide nicht mehr konditioniert, sondern historisiert, sind also nicht als Alternativen, sondern als in umgekehrter Reihung aufeinander folgende Geschehnisse stilisiert. Die Brennpunkte der prophetischen Voraussage Moses bilden der Horeb- und der Patriarchenbund (V. 23–24 und 31), die den Abschnitt rahmen; ihr Leitverb ist „vergessen" (*škḥ*), das schon in V. 9 den Rückblick auf die Offenbarung am Horeb eröffnet. Die einleitende Paränese verbindet mit der Mahnung, „den Bund JHWHs, eures Gottes, nicht zu vergessen" (*škḥ æt bᵉrît JHWH ᵓᵉlohêkæm*), die Warnung vor der kollektiven Übertretung des Kultbilderverbots (V. 23), das hier praktisch dem Fremdgötterverbot entspricht. Im Übrigen ist der ganze Abschnitt der V. 23–31 weithin in Antithesen formuliert.[24]

Die Formulierungen von V. 23 fassen den Horebbundesschluss mit der Verpflichtung Israels auf den Dekalog (V. 9–13) und dessen Zuspitzung auf das „zweite" Gebot (V. 15–18) zusammen. Darüber wacht JHWH als „eifersüchtiger El" (*ᵓel qannāᵓ*, vgl. 5,9) und „brennendes Feuer" (4,24) – eine Metapher für Gottes Wesen, die der Theophanie am Gottesberg (4,11) entspricht. Die Sünde am Horeb (9,16.18) bildet das Paradigma und den geschichtstheologischen Ansatzpunkt für die Übertretung des Kultbilderverbots im Land.[25] Doch unterscheiden sich die Konsequenzen für das am Gottesberg lagernde und das im Land heimisch gewordene Volk. Dann wird Israel ja den Moabbund übertreten, der den Horebbund um das deuteronomische Gesetz samt Segen und Fluchsanktionen erweitert hat. Für diese erst kommende Zeit ruft Mose Himmel und Erde als Zeugen an, dass Israel, wenn es sich ein Kultbild anfertigt, „unverzüglich aus dem Land ausgetilgt … und völlig vernichtet werden wird" (4,25–26; vgl. 8,19 und 30,17–18). Die folgenden Strafmaßnahmen und religiösen Konsequenzen beschränken sich allerdings darauf, dass JHWH das Volk unter die

---

21 Zur begrifflichen Klärung s. *Hans Ulrich Steymans*, Deuteronomium 28 und die *adê* zur Thronfolgeregelung Asarhaddons. Segen und Fluch im Alten Orient und in Israel (OBO 145), Freiburg/Schweiz / Göttingen 1995, 207–220.

22 Vgl. z. B. *Gary Beckman*, Hittite Treaties and the Development of the Cuneiform Treaty Tradition, in: M. Witte/K. Schmid/D. Prechel/J. C. Gertz (Hg.), Die deuteronomistischen Geschichtswerke. Redaktions- und religionsgeschichtliche Perspektiven zur „Deuteronomismus"-Diskussion in Tora und Vorderen Propheten (BZAW 365), Berlin / New York 2006, 279–301.

23 *G. Braulik / N. Lohfink*, Rhetorik (s. Anm. 9) 164–167.

24 *Georg Braulik*, Die Mittel deuteronomischer Rhetorik erhoben aus Deuteronomium 4,1–40 (AnBib 68), Rom 1978, 57–60.

25 Vgl. *Georg Braulik*, Deuteronomium 4 und das gegossene Kalb. Zum Geschichtsgehalt paränetischer Rede, in: Studien zu Buch und Sprache des Deuteronomiums (SBAB 63), Stuttgart 2017, 75–87, 78–85.

Nationen zerstreuen und dass es dort als rechtlose Minorität „Göttern, Machwerk von Menschenhand" dienen wird (4,27–28, vgl. 28,64). An die Stelle des Untergangs des Volkes, wie sie 4,26 und die Fluchsanktionen in 28,20.24.45.48.61.63 vorsehen, wird also seine Deportation und Restexistenz unter den Völkern und Nationen treten (4,27).[26] Dennoch werden damit praktisch Landbesitz und Vermehrung des Volkes zurückgenommen. Diese Gaben der Väterverheißung werden also verloren gehen, wenn Israel gegen den Ausschließlichkeitsanspruch JHWHs handelt. Der Nachdruck der angekündigten Strafen liegt aber spiegelbildlich zur Verfehlung Israels auf dem Dienst von Kultbildern. Israel leistet ihn außerhalb des eigenen Landes und zerstreut unter die Völker (V. 28). Ob der Götterdienst zwangsweise erfolgt, bleibt offen. Jedenfalls können die ohnmächtigen Machwerke den Verbannten nicht helfen. Zukunft kann es nur durch eine erneute Zuwendung JHWHs und eine Bekehrung des übrig gebliebenen Restvolkes geben. Die Hoffnungsperspektiven, die Mose in den anschließenden V. 29–31 entwickelt, knüpfen nicht an Segensverheißungen für einen Tora-Gehorsam, sondern an ein anderes Bundesverhältnis jenseits des Vertragsmechanismus an – an den Schwur JHWHs gegenüber den Vätern (vgl. Gen 17,7.19; Ex 2,24, ferner 6,2–5).[27]

Es gibt also einen „ursächlichen Zusammenhang von Ungehorsam und Unheil" (Dtn 4,26), auch wenn JHWH dann selbst Israel unter die Völker zerstreut (V. 27). Doch bietet der Verpflichtungsbund nach der Übertretung des ersten Gebots und im Exil keine Zukunftschance. Was trotz der eingetroffenen Bundessanktionen bleibt, ist nur die Beziehung, soweit sie von Seiten Gottes zu seinem Volk besteht. Aber dieses Verhältnis dauert nicht an, weil JHWH in der „Freiheit, in der er sich allererst an sein Volk bindet", auch darüber entscheidet, „ob, wann und wie er dessen Verletzung von Gehorsamsforderungen bestraft",[28] sondern weil es in einer anderen Selbstverpflichtung JHWHs gründet – in seinem Eid gegenüber den Vätern (4,31, vgl. 7,8; 9,5). Aus ihm kann Israel offenbar auch durch ein bundesvergessenes Verhalten nicht herausfallen. „Es ist Gnadentheologie: Die Verheißung ist nicht nur

---

26 Vgl. *Norbert Lohfink*, Der Zorn Gottes und das Exil. Beobachtungen am deuteronomistischen Geschichtswerk, in: Studien zum Deuteronomium und zur deuteronomistischen Literatur V (SBAB 38), Stuttgart 2005, 37–55, 52–54.

27 Doch kann in Dtn 4,31 schon aufgrund des Kontexts nicht die Landverheißung Gottes an die Patriarchen gemeint sein, was aber *Lothar Perlitt*, Deuteronomium. 1. Teilband Deuteronomium 1–6 (BKAT V/1), Neukirchen-Vluyn 2013, 353, annimmt. Analoges gilt gegen *Moshe Weinfeld*, Deuteronomy 1–11. A New Translation with Introduction and Commentary (AB 5), New York 1991, 207, der von „the renewal of the patriarchal covenant, which means return to the land" spricht. Zurecht bemerkt *J. G. McConville*, Deuteronomy (AOTC 5), Leicester 2002, 111: „There is no explicit hope of return to land."

28 Gegen *J. J. Krause*, Bedingungen (s. Anm. 1) 127.

älter, sondern auch stärker als die Verpflichtung."[29] Natürlich muss Israel selbst in Freiheit zu JHWH zurückkehren und „auf seine Stimme hören". Das heißt vom Kontext her: es muss dem Kultbilder-/Fremdgötterverbot gehorchen. Dagegen lassen sich die Einzelbestimmungen der Tora nur im Land verwirklichen und beanspruchen auch nur dort Gültigkeit (4,5.14). Ohne diesen kollektiven Willen zur ausschließlichen Bindung an JHWH ist eine Beziehung zu ihm nicht denkbar. Weil aber alles an diesem Gottesverhältnis Israels hängt, bleibt unkommentiert, wie seine Geschichte konkret weitergehen wird. Deshalb stellt Mose keine neuerlichen Segensgüter in Aussicht, obwohl der Bund mit den Vätern Land und Mehrung der Nachkommen zusagt. Auch von einer Rückkehr aus dem Exil wird nicht gesprochen. Weshalb und wie das von Israel gebrochene Gottesverhältnis erneuert werden kann, ist im Folgenden noch genauer theologisch zu klären.

1.4 Die Gnade des Väterbundes (4,29–31)

Für den in 4,29–31 beschriebenen Vorgang ist entscheidend: Die Schicksalswende geht letztlich nicht von Israel selbst aus und wird auch nicht durch die Intensität seines Einsatzes getragen.[30] Diese Deutung hängt an der Syntax von V. 30, die allerdings diskutiert ist.[31] Außerdem wird der Bund in V. 31 von manchen Exegeten auch als Sinaibund identifiziert oder dieser als weiterhin gültig betrachtet. Meine Auslegung muss deshalb genauer begründet werden.

Die folgende Wiedergabe orientiert sich im Wesentlichen an der Einheitsübersetzung[32]:

---

29 *Walter Groß*, Zukunft für Israel. Alttestamentliche Bundeskonzepte und die aktuelle Debatte um den Neuen Bund (SBS 176), Stuttgart 1998, 37.

30 Vgl. zum Folgenden *Georg Braulik*, Gesetz als Evangelium. Rechtfertigung und Begnadigung nach der deuteronomischen Tora, in: Studien zur Theologie des Deuteronomiums (SBAB 2), Stuttgart 1988, 123–160, 151–154.

31 So übersetzt z. B. die Zürcher Bibel 2007: „Wenn du in Not bist und dich all dies trifft in ferner Zukunft, dann wirst du zurückkehren zum Herrn, deinem Gott." Demzufolge beziehen sich die „Worte/Ereignisse", die Israel finden werden, auf die unheilvollen Ankündigungen von 4,26–28, auf deren Not Israel dann von sich aus durch Umkehr reagiert. Die wichtigsten Übersetzungsmodelle bespricht *W. Groß*, Zukunft (s. Anm. 29) 31–36.

32 Sie schließt an die Übersetzung von *Norbert Lohfink*, Höre, Israel! Auslegung von Texten aus dem Buch Deuteronomium, Düsseldorf 1965, 113, an, modifiziert sie aber.

[29] Und ihr werdet von dort JHWH, deinen Gott, suchen[33], und du wirst (ihn) finden (*ûmāṣā'tā*), wenn du mit ganzem Herzen und ganzer Seele nach ihm fragst.

[30a] Wenn du in Not bist, dann werden alle diese Worte (*kol haddᵉbārîm ha'ellœh*) dich finden (*ûmᵉṣā'ûkā*).

[30b] In den späteren Tagen, dann wirst du zu JHWH, deinem Gott, zurückkehren und auf seine Stimme hören.

[31] Denn JHWH, dein Gott, ist ein barmherziger Gott (*'el rāḥûm*).

Er verlässt dich nicht und gibt dich nicht dem Verderben preis (*wᵉlo' yašḥîtœkā*) und vergisst nicht den Bund mit deinen Vätern (*wᵉlo' yiškaḥ 'æt berît 'ᵃbotœkā*), den er ihnen geschworen hat.

Zunächst scheint Israel mit seiner Suche Gottes selbst den Anfang zu machen und Gott dabei auch zu finden. Doch führt V. 30 diese Aussagen über die freie Entscheidung Israels in V. 29 nicht weiter. Der Vers beginnt asyndetisch nochmals von vorne, setzt aber nicht räumlich, sondern zeitlich an und geht weiter zurück.

> Der zweite Anlauf beginnt mit der Situation, in der Israel sich auf die Gottsuche begibt: ‚Wenn du in Not bist'. In dieser Situation wird sich das ‚(Suchen und) Finden' ereignen. Das Wort *mṣ'* kehrt wieder. Aber mit anderem Subjekt: ‚Dann werden dich alle diese Worte/Dinge finden.' Was in 4,29 zunächst als Aktivität Israels aussah, geht in 4,30a also auf eine andere, letztlich von Gott herkommende Aktivität zurück – wie immer man *kol haddᵉbārîm ha'ellœh* deutet. [...] Daß es theologisch auf diese vom Redner mit seinen Zuhörern zusammen explizit durchgeführte Korrektur des Suchens und Findens ankommt, zeigt wiederum der begründende Vers 4,31, in den alles mündet.[34]

Ausschlaggebend ist: V. 30a und 30b bilden einen syntaktischen Parallelismus, dessen pendierende Zeitangaben von einem Verbalsatz syndetisch aufgenommen werden.[35] „Alle diese Worte" (V. 30a) setzen bereits die eingetretene Not voraus, beziehen sich also kaum auf die Unheilsankündigungen der V. 26–28, deren Eintreffen ja erst diese Bedrängnis schaffen. „V. 30 präzisiert also V. 29 und klärt die Reihenfolge des ‚Findens': Wenn diese Worte JHWHs Israel gefunden haben, wird

---

[33] Der Masoretentext verschleift mit der 2. Plural den Übergang zur im Folgenden dominanten Singularanrede und bietet gegenüber Samaritanus und Septuaginta (die erst nach dem dritten Verb in den Singular wechselt) textkritisch die *lectio difficilior* (vgl. *C. McCarthy*, Commentary [s. Anm. 8], 63*). Außerdem zieht die Septuaginta die Zeitangabe zu Beginn von 4,30 zum vorausgehenden V. 29.

[34] *Norbert Lohfink*, Der Neue Bund im Deuteronomium?, in: Studien zum Deuteronomium V (s. Anm. 26) 9–36, 24f.

[35] *Walter Groß*, Bundestheologie im Wandel, in: J. Könemann / M. Seewald (Hg.), Wandel als Thema religiöser Selbstdeutung. Perspektiven aus Judentum, Christentum und Islam (QD 310), Freiburg i.B. 2021, 39–63, 51f. Damit revidiert Groß praktisch seine frühere Übersetzung und Auslegung (Zukunft [s. Anm. 29] 30f. und 36).

Israel umkehren und JHWH finden können. Das führt dann zu der gnadentheologischen Deutung".[36]

Dass der Erneuerungsprozess überhaupt zustande kommen und JHWH gegenläufig zu Israel handeln wird, liegt nach V. 31 an seinem Wesen und seinem Eid gegenüber den Patriarchen. Er ist ein „barmherziger El" ('el rāḥûm), der den zugeschworenen Bund nicht „vergisst". Wie auch sonst im Deuteronomium wird die Beschreibung des Wesens Gottes mit „denn" (kî) eingeleitet, sie formuliert also keine neuen Erkenntnisse.[37] Diese Begründung übergreift als Rahmensatz letztlich sogar die gesamte Zukunftsschau der V. 25–30. Die Gottesbezeichnung „El" wird verwendet, weil sie – im Deuteronomium so vielfältig und häufig wie in keinem anderen Buch der Hebräischen Bibel – mit göttlichen Attributen verbunden wird. Sie hat die Funktion, „Jhwh als einen Gott darzustellen, von dem bestimmte charakteristische Eigenschaften oder Verhaltensweisen ausgesagt werden können."[38] Das nur in V. 31 belegte für sich stehende JHWH-Prädikat 'el rāḥûm wurde in Analogie zu 'el qannā' (V. 24) gebildet. Es spielt zwar auf die Gnadenformel vom Sinai (Ex 34,6) an – „die Antwort Gottes auf die Sünde vor dem Stierbild"[39] –, lässt aber deren zweite Hälfte, das Adjektiv „gnädig" (ḥannûn), weg. Schon dieses für Deuteronomium 4 auch sonst typische Abweichen vom stereotypen Sprachgebrauch der Vorlagen signalisiert den Unterschied des Sinai-/Horebbundes gegenüber dem Väterbund. Außerdem spricht Kap. 4 nicht wie Ex 34,7 von „Schuld, Frevel und Sünde", auch so nicht von Vergebung. Ebenso schweigt es vom „Starrsinn, dem Verschulden und der Sünde" des Volkes, die nicht zu beachten Mose am Horeb in Dtn 9,27 Gott bittet. In 4,31 verhält sich Gott nach der Umkehr nicht zum Versagen, sondern wendet sich Israel zu. Mit berît ᵃbotæḳā greift 4,31 wie 7,(8).12 und 8,18 „auf den priesterschriftlich verstandenen Erzväterbund" zurück.[40] Auch die Formulierungen

---

36 *W. Groß*, Bundestheologie (s. Anm. 35) 52, in ausdrücklichem Anschluss an Lohfink. Dagegen wird nach *Adrian Schenker*, Unwiderrufliche Umkehr und neuer Bund. Vergleich zwischen der Wiederherstellung Israels in Dt 4,25–31; 30,1–14 und dem neuen Bund in Jer 31,31–34, in: Text und Sinn im Alten Testament. Textgeschichtliche und bibeltheologische Studien (OBO 103), Freiburg/Schweiz / Göttingen 1991, 83–96, 86, der eingetroffene Fluch des Sinaibundes zur Einladung, umzukehren und sich seinen Bedingungen zu fügen. „Solange Israel jedoch die Tora des Sinai-Bundes von sich weist, ist das Kapital des Väterbundes gleichsam bis auf weiteres blockiert, damit es unversehrt und ungeschmälert erhalten bleibt auf den Tag, wo Israel umkehrt und den Wert dieses Kapitals dadurch anerkennt, dass es sich der Tora des Sinai unterwirft." (Ebd.).
37 *Matthias Franz*, Der barmherzige und gnädige Gott. Die Gnadenrede vom Sinai (Exodus 34,6–7) und ihre Parallelen im Alten Testament und seiner Umwelt (BWANT 160), Stuttgart 2003, 212.
38 *Rolf Rendtorff*, 'El als israelitische Gottesbezeichnung, in: Der Text in seiner Endgestalt. Schritte auf dem Weg zu einer Theologie des Alten Testaments, Neukirchen-Vluyn 2001, 183–200, 189.
39 *M. Franz*, Gott (s. Anm. 37) 220.
40 *N. Lohfink*, Neue Bund (s. Anm. 34) 28.

der Gegensatzspannung zwischen der Schuld Israels und dem Erbarmen JHWHs sprechen dafür, dass es sich nicht um die gleiche *bᵉrît* handelt.[41] Sie unterstreichen ferner, dass es vordringlich um die Gottesbeziehung Israels geht. Der Vertragsbund vom Horeb verweist nur auf die Strafandrohung des Dekalogs mit „dem eifersüchtigen Gott" (4,24), der ahndet (5,9), wenn Israel diesen „Bund vergessen hat, den JHWH mit ihm geschnitten hat," (4,23) und „ins Verderben gelaufen ist" (4,25). Seine Logik bietet keine Aussicht auf einen „barmherzigen Gott". Was dieses zweite El-Epitheton bedeutet, erläutern die anschließenden drei Sätze (4,31aβ.bα). Zwei davon sind bewusst gegensätzlich zum Verhalten Israels formuliert:[42] „der dich nicht dem Verderben preisgibt (*lo' yašḥîtœkā*, vgl. 4,25 *wᵉhišḥatœm*) und den Bund nicht vergisst (*wᵉlo' yiškaḥ 'œt bᵉrît*, vgl. 4,23)", zu dem er sich „eidlich den Vätern" verpflichtet hat (4,31). Gott handelt also in pointiertem Gegensatz zu dem Verderben, das Israel durch das Anfertigen eines Kultbildes angerichtet hat. Das Verb *šḥt* Hifil mit Gott als Subjekt ist im Deuteronomium auf 4,31 und 9,26 (10,10) beschränkt. Die Zusage in 4,31 ist also ein geschichtlicher Rück- und ein intratextueller Vorverweis auf die Mosefürbitte am Horeb (9,26).[43] Anstelle der kontextbedingten Formulierung *lo' škḥ bᵉrît* in Dtn 4,31 sprechen die priesterlichen Texte Ex 2,24; 6,5; Lev 26,42 von

---

[41] Dagegen sind für *Thomas Römer*, Israels Väter. Untersuchungen zur Väterthematik im Deuteronomium und in der deuteronomistischen Tradition (OBO 99), Freiburg/Schweiz / Göttingen 1990, 136–141, die „Väter" die Vorfahren der Exodusgeneration in Ägypten (141) und handelt es sich in 4,31 um den Horebbund, weil es in Dtn 4 „von ‚Horeb'- oder ‚Dekalogsprache' wimmle" (138). Zur Widerlegung s. *N. Lohfink*, Väter Israels (s. Anm. 11) 60–62. Nach *Stephen D. Campbell*, Remembering the Unexperienced. Cultural Memory, Canon Consciousness, and the Book of Deuteronomy (BBB 191), Bonn 2021, 190, zeige u. a. die chiastische Struktur zwischen 4,23–24 und 31, dass es sich jeweils um den gleichen Bund handle. Das Vertrauen darauf, dass Gott den Bund nicht vergisst, gründe in Israels einzigartiger Erfahrung, die Gottesbegegnung überlebt zu haben (4,33), und im Exodus (4,34). Beides spreche dafür, dass in 4,31 der Horebbund gemeint sei (187). Für *Eckart Otto*, Deuteronomium 1–11. Erster Teilband: 1,1–4,43 (HThK.AT), Freiburg i.B. 2012, 580f, werde in Dtn 4,31 „der Sinai-/Horebbund als der, den JHWH den Vätern zugeschworen hat, bezeichnet, womit auch auf den Abrahamsbund angespielt wird." (580). *Jerry Hwang*, The Rhetoric of Remembrance. An Investigation of the „Fathers" in Deuteronomy (Siphrut 8), Winona Lake, Indiana 2012, 202 und 203, zufolge „‚the covenant of the fathers' in Deut 4:31 extends outside the narrative world of Deuteronomy to encompass all of YHWH's past and future dealings with Israel – from the patriarchal promises to the return from exile, under a singular and all-encompassing covenant that is simultaneously ‚unconditional' and ‚conditional'. [...] the ‚fathers' in 4:31 refer to all of Israel's ancestors from a postexilic perspective".

[42] Der „Zusammenklang von Dtn 4,31 und 2 Kön 13,23" bildet kein Argument gegen den Gebrauch des in V. 16.25 vorgefundenen *šḥt* Hifil in V. 31, wie *L. Perlitt*, Deuteronomium (s. Anm. 27) 354, meint. Analoges gilt für *škḥ*, bei dem Perlitt es für unwahrscheinlich hält, dass ein deuteronomistischer oder gar derselbe Autor mit diesem Verb „den Väterbund gegen den Horebbund ausgespielt hätte" (355).

[43] *G. Braulik*, Das gegossene Kalb (s. Anm. 25) 81.

zkr b^erît, „des Bundes" – nämlich mit den Vätern – „gedenken". Der Appell Moses an Gott, der Patriarchen Abraham, Isaak und Jakob als „seiner Knechte" zu gedenken (*zkr*), findet sich auch in der Mosefürbitte am Horeb in Dtn 9,27.[44] Sie verstärkt indirekt den Bezug von 4,31 auf den Patriarchenbund. Beiden Texten ist ferner gemeinsam, dass eine Zusage an die Väter, ihre Nachkommen zu mehren und ihnen das Land zu geben, fehlt. Beides findet sich in der Parallele zu Dtn 9,27, nämlich in Ex 32,13. Das Schweigen von Dtn 4,31 ist aber angesichts der auch sonst in Kap. 4[45] üblichen Rhetorik durchaus beredt. JHWH ist also bundestreu, aber er ist es nicht aufgrund des Horeb-/Moabbundes, sondern aufgrund jenes Bundes, den er den Patriarchen einseitig geschworen hat. Dabei wird nicht gesagt, dass der Horeb-/Moabbund nicht mehr gilt, weil Israel ihn vergessen hat, aber auch nicht, dass aufgrund des Väterbundes „der Sinaibund potentiell noch existiert und jederzeit wieder aktualisiert werden kann", sodass man „bloß der Rückkehr zur Beobachtung des Bundes (der Umkehr)" bedarf.[46]

Exkurs: Bleibt Israel nur bedingt im Abrahamsbund?
Die Vorstellung vom Bund, den JHWH nach 4,31 den Patriarchen zugeschworen hat, verdeutlicht bzw. entfaltet den priesterschriftlichen Abrahamsbund in Genesis 17. Vom fast einmütigen Forschungskonsens wird dieser Bund als „reiner Gnadenbund"[47] erklärt, vor allem als eine Gottesbeziehung, die zwar persönliche Zustimmung erfordert, deren Bestehen aber danach an keine Gehorsamsforderung gegenüber dem menschlichen Partner geknüpft ist. Der Abrahamsbund kann deshalb vom menschlichen Bundespartner nicht gebrochen werden.[48] Gegen diese Inter-

---

44 Vgl. *M. Weinfeld*, Deuteronomy 1–11 (s. Anm. 27) 210. Er verweist auf die Lehre vom „Verdienst der Väter" in der rabbinischen Literatur, „which implies the benefit granted to Israel by virtue of the righteousness of its ancestors and the ensuing promise to them."

45 Besonders auffallend ist z.B. das bewusste Vermeiden des erwarteten Schlüsselausdrucks *^oelohîm ^aherîm* (*G. Braulik*, Gott [s. Anm. 6] 180–182).

46 *A. Schenker*, Umkehr (s. Anm. 36) 86. „Durch den Abfall Israels wurde der Sinaibund zum ‚Fetzen Papier', durch die Umkehr des Volkes wird er wieder zu geltendem ‚Recht', oder genauer: Israels Apostasie hat den Fluch, den der Bund enthielt, entfesselt, und darin erwies sich die Vitalität und Aktualität des Sinai-Bundes, während Israels Rückkehr zur Anerkennung des Bundes das Aufleben des Segens zur Folge haben wird." (86f).

47 *Walter Zimmerli*, Sinaibund und Abrahamsbund. Ein Beitrag zum Verständnis der Priesterschrift, in: Gottes Offenbarung. Gesammelte Aufsätze zum Alten Testament (TB 19), München 1963, 205–216, 215.

48 Eine eindrucksvolle Liste zustimmender exegetischer Urteile bietet *Walter Groß*, Noch einmal: Individualisierung des Bundesbruchs in der Priesterschrift. Eine Überprüfung, in: A. Michel / N. K. Rüttgers (Hg.), Jeremia, Deuteronomismus und Priesterschrift. Beiträge zur Literatur- und Theologiegeschichte des Alten Testaments. Festschrift für Hermann-Josef Stipp zum 65. Geburtstag (ATSAT 105), St. Ottilien 2019, 69–86, 71–73.

pretation hat J. J. Krause Bedenken erhoben. Seine These, der Bund sei auch nach der priesterlichen Konzeption konditional strukturiert,[49] hat Auswirkungen für das Verständnis von Dtn 4,31. Denn hier wird ein für das Volk unbedingtes, von JHWH allein begründetes und ihn verpflichtendes „Bleiben im Bund" vorausgesetzt. Ich muss deshalb auf Krauses Argumentation ausführlicher eingehen.[50]

Der Gottesbund mit Abraham bezeichnet ein Verhältnis, das einseitig von JHWH gestiftet wird: Er „gibt" seinen Bund (*berîtî*, Gen 17,2) bzw. „richtet" ihn „auf" als „ewigen Bund" (*berît ʿôlām*, V. 7.19), also einen Bund von unbestimmter Dauer. Durch ihn verpflichtet sich Gott selbst, Abraham zu einer Menge von Völkern zu machen (V. 4–5), für ihn und seine Nachkommen Gott zu sein (V. 7b.8b) und ihnen das ganze Land Kanaan zu bleibendem Eigentum zu geben (V. 8a). Diese Verheißungen gelten zwar dem Kollektiv Israel. Aber sie müssen durch die Beschneidung als dem „Zeichen des Bundes" (V. 11) von jeder männlichen Person angenommen werden (V. 11). Mit diesem rituellen Vollzug zeigt sie, dass sie ein Glied des Bundes werden möchte. Trotzdem ist die Beschneidung kein „Element der Gegenseitigkeit", auch keine gesetzliche Leistung, sondern „ein zwar notwendiger, aber selbstver-

---

49 *J. J. Krause*, Bedingungen (s. Anm. 1) 49; zur Diskussion und Begründung 73–81.
50 Literaturgeschichtlich setze ich die Priesterschrift als ein ursprünglich selbständiges Werk voraus, das in spätexilischer oder frühnachexilischer Zeit den Gottesbund mit Abraham und seinen Nachkommen in Genesis 17 entworfen hat. Daraus ergeben sich andere Folgerungen als wenn die Priesterschrift als Bearbeitungsschicht in eine Darstellung hineingeschrieben wurde, die einen Gottesbund am Sinai enthielt, Levitikus 17–26 also Teil einer priesterlichen Komposition ist. Nach *J. J. Krause*, Bedingungen (s. Anm. 1) 85–93, zeigen beide unabhängig von literarkritischen Entscheidungen das gleiche theologische Profil, Genesis 17 und Levitikus 17–26 seien in konzeptioneller Hinsicht nicht grundsätzlich voneinander geschieden. Geht man aber von einer weitgehend eigenständigen Priesterschrift aus, „dann könnte weder die Wendung ,ewiger Bund' (*berît ʿôlām*) in Gen 17 von Lev 26 her verstanden werden (vgl. S. 105), noch wäre auf der Basis der Priesterschrift eine geschichtstheologische Deutung über das Bundesthema möglich (vgl. S. 98). Dann würden auch die konzeptionellen Unterschiede sowie die These einer ,Individualisierung' des Bundesbruchs wieder mehr Gewicht bekommen (hier als Bedingung des kulturell vorgegeben Einzelgebots der Beschneidung, das nur individuell ,gebrochen' werden kann [Gen 17,14]; da als Bedingung eine Rechtssammlung, die das Volk als Kollektiv brechen kann [Lev 26,15.25])." (*Chr. Koch*, Rezension [s. Anm. 2] 134 f.). Zu den Texten, die sowohl priesterliche wie nichtpriesterlich/deuteronomistische Formulierungen enthalten und das Problem von Abrahams- und Sinaibund bearbeiten, s. *W. Groß*, Individualisierung (s. Anm. 48) 76–82. Er untersucht Ex 31,12–17 und Lev 26 auf ihr Verständnis der „Ewigkeit" des Abrahambundes und dessen Brechbarkeit. Ich betrachte Genesis 17 als literarisch einheitlich. Die Aussonderung der Beschneidungsverpflichtung als späterer Nachtrag lässt sich nicht überzeugend beweisen. Das hat auch *J. J. Krause*, Bedingungen (s. Anm. 1) 61–72, mit aller wünschenswerten Klarheit dargestellt. Er resümiert die Literarkritik von Genesis 17 und weist nach, dass vor allem das Beschneidungsgebot zum Grundbestand des Kapitels gehört (68–71), wobei allerdings 17,12b-13a eventuell sekundär sein könnten (69 f.).

ständlicher Bekenntnisakt"[51]. Anders gesagt: Es geht um die Annahme, nicht um ein „Bleiben im Bund".[52] Die Bestimmung ist singularisch formuliert. „Aus dem Stammesverband ausgemerzt" (w^{e}nikr^{e}tāh), also aus der Volks- und Religionsgemeinschaft Israels ausgeschlossen, wird deshalb nur „ein einzelner männlicher Unbeschnittener", der sich der Beschneidung verweigert und dadurch den Bund bricht (V. 14). Diese krt-Sanktion lässt unerwähnt, wer sie durchsetzt. Sie betrifft, wo sie sonst gebraucht wird, schwerwiegende Verstöße, die in die Verantwortung des Einzelnen vor Gott fallen und wo eine Kontrolle durch die Gemeinschaft nicht möglich erscheint. Hinter der Passivkonstruktion steht deshalb keine menschliche Instanz, sondern Gott als Subjekt eines Passivum divinum. Ihm bleibt überlassen, wie das „Abgeschnittenwerden" konkret verwirklicht wird.[53] Diese für die Verweigerung der Beschneidung eines einzelnen angekündigte Strafe kann deshalb nicht die Gemeinschaft der im Bund JHWHs Lebenden gefährden,[54] weil Gott als der Strafende „nicht die Gemeinschaft belangen, sondern sie von ihrem sündigen Glied befreien" wird.[55] Zusammenfassend:

> Empfänger der b^{e}rît als Zusage und Gebot sind alle Israeliten. Subjekt des Bundesbruchs und Objekt seiner Folgen ist der einzelne israelitische Mann. [...] Damit verschiebt die Priesterschrift den Bundesbruch samt seinen Folgen in die individuelle Sphäre, während auf kollektiver Ebene keine Katastrophe des Gottesverhältnisses mehr ins Auge gefasst wird. [...] Durch die Individualisierung des Bundesbruchs hat die priesterliche Theologie sichergestellt, dass der Bundesbruch nur noch Delikte Einzelner meinen kann.[56]

Krause hat nicht nur die Individualisierung, sondern auch die pragmatische Plausibilität eines reinen Gnadenbundes in Frage gestellt: Ist es überhaupt denkbar,

---

51 *Jörg Jeremias*, Theologie des Alten Testaments (GAT 6), Göttingen 2015, 313 und 314.
52 Gegen *J. J. Krause*, Bedingungen (s. Anm. 1) 77.
53 *Thomas Hieke*, Levitikus. Erster Teilband: 1–15 (HThKAT), Freiburg i.B. 2014, 322–324.
54 Gegen *J. J. Krause*, Bedingungen (s. Anm. 1) 77.
55 *W. Groß*, Individualisierung (s. Anm. 48) 76.
56 *Hermann-Josef Stipp*, „Meinen Bund hat er gebrochen" (Gen 17,14). Die Individualisierung des Bundesbruchs in der Priesterschrift, in: Alttestamentliche Studien. Arbeiten zu Priesterschrift, Deuteronomistischem Geschichtswerk und Prophetie (BZAW 442), Berlin / Boston 2013, 117–136, 134. Mit dieser Beobachtung bekräftigt *Jakob Wöhrle*, Von Generation zu Generation. Zum Bund in den priesterlichen und spätpriesterlichen Texten des Pentateuch, in: L. Maskow / J. Robker (Ed.), Kritische Schriftgelehrsamkeit in priesterlichen und prophetischen Diskursen. Festschrift für Reinhard Achenbach zum 65. Geburtstag (BZAR 27), Wiesbaden 2022, 25–45, 42, seine These, mit der ergänzten Beschneidungsordnung von Gen 17,9–14 werde „im Rahmen des Abrahambundes eine Bedingung für die individuelle Aufnahme in diesen Bund vorgebracht. Die Beschneidung erscheint nun als Voraussetzung für die Zugehörigkeit des Einzelnen zu dem mit Abraham und seinen Nachkommen geschlossenen Bund." (43).

„dass sich eine – je nach Ansatz – exilisch oder frühnachexilisch konzipierte Überlieferung derart selbst zur geschichtstheologischen Sprachlosigkeit verurteilt. Sollte ausgerechnet die priesterliche Bundestheologie, die die feierlichen Zusagen des Landes und – vor allem – der Einwohnung Jhwhs im Kult dezidiert ins Zentrum ihrer Konzeption rückt, zum faktischen Verlust von Land und Tempel nichts zu bemerken wissen?"[57] Krause sieht zurecht das Gottsein JHWHs für Israel nach priesterlichem Verständnis als „die Verheißung des Bundes" mit Abraham (Gen 17,7b.8b).[58] Genau um diese theozentrische Perspektive und nur um das Gottesverhältnis geht es Dtn 4,31 mit seiner Begründung dafür, dass Israel noch Zukunft hat. In diesem Vers fehlt gerade all das, was Krause für die geschichtstheologische Funktion der priesterschriftlichen Bundesvorstellung als unentbehrlich ansieht: Weder die Zusage einer Mehrung des Volkes noch einer erneuten Inbesitznahme des Landes noch die für den deuteronomischen Kult wesentliche „von JHWH erwählte Stätte" im Land werden erwähnt. Was in der Situation der Verbannung buchstäblich Not wendend ist und allein zählt, ist die Bindung an den barmherzigen Gott des Väterschwures. Mose würde nicht auf die zwar gnadenhafte und unbedingte, aber zuverlässige Wiederaufnahme des Volks in das Verhältnis zu seinem Gott JHWH verweisen, dürfte er nicht voraussetzen, dass das Volk aus dem Bund dieses Gottes mit den Patriarchen nicht herausfallen kann. Dtn 4,31 versteht also offenkundig die Sanktion von Gen 17,14 nicht als eine kollektive Möglichkeit. Das Bleiben im Väterbund JHWHs wird nicht eingeschärft, sondern gilt als sicher zugesagt. Es genügt aber auch zur theologischen Erklärung und Bewältigung der Katastrophe.

Was geschieht, wenn Israel die Verheißung des Väterbundes von der Inbesitznahme des Landes ablehnt? Die Priesterschrift behandelt in der Kundschaftergeschichte (Numeri 13–14*) den Verlust des Landes „spiegelbildlich als Gefahr, in das Land gar nicht hineinzukommen".[59] Verantwortlich dafür sind die politischen Führer und die Generation der von Ägypten Ausgezogenen, die das Land als „Menschenfresserin" verleumden und die angebotene Heilsgabe Gottes verschmä-

---

57 *J. J. Krause*, Bedingungen (s. Anm. 1) 55.
58 „Die traditionellen Zusagen an die Väter, Mehrung und Land, werden aufgenommen und bundestheologisch reformuliert; zugleich werden sie ergänzt um eine weitere Zusage, die nun gleichsam den Grund aller Verheißungen angibt und diese so in sich aufnimmt: das Gottsein Jhwhs für Abraham und dessen Nachkommen. So ist der Selbstverspruch Jhwhs als das theologische Proprium der priesterlichen Konzeption des Bundes profiliert – und damit der Bund in seinem Wesen als Beziehungsgeschehen." (*J. J. Krause*, Bedingungen [s. Anm. 1] 75).
59 *W. Groß*, Bundestheologie (s. Anm. 35) 43.

hen (Num 13,32; 14,36; vgl. Ez 36,13).[60] Sie müssen noch in der Wüste sterben. Das Verhängnis betrifft zwar das Schicksal des ganzen Volks, wird aber nicht mit der Bundeskategorie bearbeitet, sondern mit Hilfe des Gegensatzes zwischen zwei Generationen bewältigt: „Israel ist mehr als eine ganze Generation, es ist ein Generationenverbund, und unter der versagenden Generation wächst bereits eine neue Generation heran, die weder an diesem Versagen teilgenommen hat noch für dieses Versagen mit in Verantwortung genommen wird. So kann JHWH eine Kollektivstrafe über Israel verhängen, ohne dass ganz Israel ihr verfällt, weil es in Gestalt der sich ablösenden Generationen Unterkollektive in Israel gibt.“[61] Auf das Exil umgelegt heißt das: „Die Bundesgabe Land ist ewig. Israel hat es gar nicht verloren. Lediglich die schuldig gewordene Generation ist seiner durch das Exil verlustig gegangen.“[62] Diese Feststellung widerlegt den Einwand von Krause, bei der Bestrafung der Kundschafter handle es sich nur um eine zeitlich begrenzte Verzögerung der Landgabe, nicht um den Verlust des seit Generationen gegebenen Landes.[63] Dagegen spricht außerdem, dass die Priesterschrift die Ereignisse paradigmatisch und transparent für den tatsächlichen Geschichtsverlauf erzählt, auf den ihre Adressaten zurückblicken.[64]

Deuteronomium 1 hat die vorpriesterschriftliche Darstellung der Sünde der Kundschafter, des Volkes und Moses in einer einzigen, an den Anfang des Buches gestellten „Ursünde" konzentriert.[65] Die dabei geschilderten Verhaltensmuster von Auflehnung und Unglauben sind paradigmatisch und werden von der Gesellschaft Israels in der späteren Geschichte wiederholt. Die Vergeltung der Kollektivschuld des Volkes erfolgt äußerst differenziert, jeweils dem Maß der Verwicklung in die Schuld entsprechend. Doch ist auch hier entscheidend: Die Exodus-Horebgeneration der waffenfähigen Männer hat die den Patriarchen verheißene Übereignung des Landes (Dtn 1,8.21) abgelehnt und muss deshalb in der Wüste umkommen. Doch kann ihre Sünde die Selbstverpflichtung Gottes im Vätereid nicht vereiteln. Sie wird danach wieder wirksam und erfüllt sich an der nächsten, der Moabgeneration.

Ende des Exkurses

---

60 *Norbert Lohfink*, Die Ursünden in der priesterlichen Geschichtserzählung, in: Studien zum Pentateuch (SBAB 4), Stuttgart 1988, 169–189, 184–186.

61 *W. Groß*, Individualisierung (s. Anm. 48) 74 f.

62 *W. Groß*, Bundestheologie (s. Anm. 35) 44.

63 *J. J. Krause*, Bedingungen (s. Anm. 1) 56.

64 „Die Strukturkongruenz erhellt die Gegenwart des Lesers, ja vielleicht jede mögliche Gegenwart. […] Dadurch kann das Damalige das Jetzige erhellen. Das ist ein Verständnis von Geschichte, für das es gewissermaßen einen Vorrat paradigmatischer Weltkonstellationen gibt, die alle schon da waren und die wiederkommen können." (*Norbert Lohfink*, Die Priesterschrift und die Geschichte, in: Studien zum Pentateuch [s. Anm. 60] 213–253, 240).

65 *G. Braulik*, Schuld (s. Anm. 7), zum Vergleich mit Numeri 13–14* insbesondere 182–185.

1.5 Gottes Liebe und Erwählung (4,37; 7,7 – 11)

Die Zukunft, die Mose in 4,25 – 31 für den Aufenthalt Israels im Land, seine Verbannung unter die Völker und seine Begnadigung prophetisch entwirft, findet in
V. 32 – 39 ihre letzte Vergewisserung. Die Verse schließen mit „denn" (*kî*) begründend an den gesamten paränetischen Block V. 9 – 31 an.[66] Sie klären endgültig das
Verhältnis JHWHs zu den Göttern und beweisen, dass das gesamte Wirken Gottes an
seinem Volk noch über die Selbstverpflichtung Gottes im Patriarchenbund hinaus
in seiner Liebe zu den Vätern ihren Ursprung hat. Weil mit den „Vätern" im Vorausgehenden und zuletzt in V. 31 Abraham, Isaak und Jakob gemeint sind, bezieht
sich die Bezeichnung auch in V. 37 auf diese Personen[67]:

> [37] Und weil er deine Väter liebgewonnen (*'āhab*) und die Nachkommen [den Samen] eines jeden
> von ihnen[68] erwählt hatte (*wayyibḥar*), hat er dich dann in eigener Person durch seine große
> Kraft aus Ägypten geführt,
> [38] um Nationen, größer und stärker als du, vor dir zu vernichten, um dich in ihr Land zu
> führen, um es dir zum Erbbesitz zu geben, wie es jetzt geschieht.

Die Rettung umfasst die „kanonische" Geschichte bis in die mosaische Gegenwart,
darin unausgesprochen auch Auflehnung und Unglauben der Wüstenzeit. Nur die
Horeboffenbarung wird im Vorausgehenden eigens herausgehoben (V. 36). Alles
Heilshandeln Gottes aber wurzelt in seiner Liebe, hinter die man nicht mehr zurückgehen kann, und in seiner Erwählung, die sich daraus ergibt und jetzt Israel
betrifft. Die Erfahrung dieser unvergleichlichen Geschichte macht es Israel möglich,
JHWH als den einzigen Gott im Himmel und auf Erden zu erkennen (V. 39).

Dass Liebe und Erwählung die letzte Begründung für das unverbrüchliche
Gnadenhandeln Gottes an seinem Volk bilden, wird durch andere, teilweise ältere
und bereits zur Tora des Moabbundes gehörende Belege des Deuteronomiums
verdeutlicht.[69] Ich beschränke mich dabei auf 7,7 – 11. Was 4,37 von den Patriarchen

---

66 *G. Braulik / N. Lohfink*, Rhetorik (s. Anm. 9) 148 f.

67 *N. Lohfink*, Väter Israels (s. Anm. 11) 70.

68 Zur Diskussion der Übersetzung von 4,37a und ihrer Auslegung s. *G. Braulik*, Erwählung (s.
Anm. 15) 108 – 112. Die vom syntaktisch Erwarteten abweichende Formulierung könnte ein Kurzzitat
von Gen 17,19 sein. Zwar meint der „Same", der zunächst Generationen vor Israel bezeichnete, das
Volk, zu dem Mose in Moab spricht. Doch war der Erwählungsbeschluss bereits klar, als Gott zu
Abraham sprach. (*N. Lohfink*, Väter Israels [s. Anm. 11] 71).

69 *Georg Braulik*, Die Liebe zwischen Gott und Israel. Zur theologischen Mitte des Buches Deuteronomium, in: Studien zu Buch und Sprache (s. Anm. 25) 241 – 259, 252 – 257; *Ders.*, Erwählung (s.
Anm. 15) 113 – 133.

und jeweils ihren Nachkommen anführt, wird in 7,7–8 breit entfaltet und theologisch qualifiziert:

> [7] Nicht weil ihr zahlreicher als die anderen Völker wäret, hat euch JHWH ins Herz geschlossen (*ḥāšaq*) und ausgewählt (*wayyibḥar*); ihr seid das kleinste unter allen Völkern.
> [8] Wegen der Liebe (*kî me'ahᵃbat*) JHWHs zu euch und weil er den Schwur bewahrt (*miššamrô*), den er euren Vätern geschworen hat, deshalb hat JHWH euch mit starker Hand herausgeführt und dich aus dem Sklavenhaus freigekauft, aus der Hand des Pharao, des Königs von Ägypten.

Gottes Liebe (V. 8) gilt hier unmittelbar Israel. Sie wird rhetorisch noch dadurch verstärkt, dass er das Volk „ins Herz geschlossen hat", sich „an es gehängt hat" (V. 7). Wenn er dann Israel erwählt hat, ist diese Prärogative ein Geheimnis seines Verliebtseins und lässt sich nicht aus natürlichen Vorzügen erklären. Vor allem diese Liebe – nur an dieser Stelle des Deuteronomiums wird das Nomen *'ahᵃbāh* verwendet, das ihr Bleiben ausdrückt, – hat JHWH dazu bewegt, das Volk aus dem Sklavenstaat Ägypten zu befreien. Der Liebe nachgeordnet war es auch die Treue zu seinem Schwur (*haššᵉbuᶜāh*) gegenüber den Vätern, der wie in 4,31 inhaltlich nicht näher bestimmt wird. Die Auswirkungen in der gewaltsamen Herausführung und Befreiung aus dem Sklavenhaus des Pharao (7,8) sollen sich in einer erkenntnismäßigen (V. 9–10) wie praktischen Folgerung Israels (V. 11) auswirken. In diesem Zusammenhang wird erstmals „bewahren" (*šmr*), das Grundverb deuteronomischer Gebotsparänese, als Schlüsselwort für göttliche Selbstverpflichtung gebraucht (V. 8). Es wird auch im Folgenden zusammen mit „lieben" wechselweise von Gott und Israel verwendet (V. 9). Denn „Gottes Gnade will angenommen werden, sie drängt zur Gegenliebe und ermöglicht sie zugleich."[70] Israels Liebe soll ihren konkreten Ausdruck im Gehorsam gegenüber den Geboten, das heißt, in der gottgewollten Sozial- und Gesellschaftsordnung des Moabbundes, finden:

> [9] Daran sollst du erkennen: JHWH, dein Gott, ist ‚der Gott' (*hāᵃᵉlohîm*); er ist der treue El (*hāᵉel hannᵃᵉᵉmān*); noch nach tausend Generationen bewahrt er den Bund (*habbᵉrît*) und die Huld (*haḥæsæd*) denen, die ihn lieben (*lᵉᵉohᵃbāw*) und seine Gebote bewahren (*lᵉšomrê miṣwotāw*).

„Der Bund als eidliche Selbstverpflichtung und die Huld als frei schenkende Gnade sind einander ergänzende Formen der göttlichen Zuwendung. Zugleich sind auch die Liebe und der Gehorsam Israels in diese Beschreibung Gottes eingeschlossen."[71] Hier besteht eine Gegenseitigkeit zwischen dem Verhalten Gottes und Israels, doch geht dabei die Treue „Els" dem Gebotsgehorsam Israels voraus. In Abwandlung des

---

70 *G. Braulik*, Liebe (s. Anm. 69) 253.
71 *G. Braulik*, Erwählung (s. Anm. 15) 125.

Dekalogs als der Urkunde des Horebbundes (5,9) erreicht die Strafe jetzt ausschließlich diejenigen, die ihn hassen (7,10).[72]

Wie die Selbstverpflichtung JHWHs, aufgrund seines Bundes mit Abraham für
seine Nachkommen Gott zu sein (Gen 17,8), ein für Israel unverbrüchliches Verhältnis geschaffen hat, so hört nach der Theologie des Deuteronomiums auch
JHWHs Liebe zu ihm nicht auf und wird seine Erwählung niemals zurückgenommen.

2 Deuteronomium 29–30 und der Moabbund –
Herzensbeschneidung und Gottesliebe

Der dritte Buchteil des Deuteronomiums enthält seiner Überschrift in 28,69 zufolge
die Worte, durch die Mose im Auftrag JHWHs den Bund in Moab geschlossen hat.[73]
Mit ihnen wendet sich Mose an die gleiche Volksversammlung von ganz Israel, die
er schon in 5,1 zusammengerufen hatte. Die *dibrê habbᵉrît* (28,69) des dritten
Buchteils beziehen sich auf rituelle und andere Worte wie Handlungen des
Moabbundes in Deuteronomium 29–30. Die beiden Kapitel bilden eine Redeeinheit,
die Ergänzungen zur Bundesurkunde der Tora (Kap. 5–28) bringt. Man darf allerdings von ihrer erzählerischen Abfolge nicht auf den Handlungsverlauf bei der
Bundeszeremonie schließen. Denn die performativen Aktionen des Vertragsab-
schlusses in Moab finden sich sowohl im zweiten (26,17–19; 27,1.9–10) als auch im
dritten Buchteil (29,9–14; 30,15–20) und können von ihrem Inhalt her nicht nacheinander vollzogen werden.

2.1 Die Gnade des Moabbundes (29,1–7)

Die Bundesschlüsse am Horeb und in Moab folgen zwar geschichtlich nacheinander,
doch konvergieren sie im „Heute" (*hayyôm* 5,3; ᶜ*ad hayyôm hazzæh* 29,3) der Redesituation Moses. Stellt er vom Bundesschluss JHWHs am Horeb in 5,3 einfach fest:
„nicht mit unseren Vätern hat JHWH diesen Bund geschlossen, sondern mit uns, uns

---

72 *Bernard M. Levinson*, Der kreative Kanon. Innerbiblische Schriftauslegung und religionsgeschichtlicher Wandel im alten Israel. Mit einem Geleitwort von Hermann Spieckermann, Tübingen
2012, 81–94, besonders 83.
73 Zur ausführlichen Begründung des Folgenden s. *Georg Braulik / Norbert Lohfink*, Sprache und
literarische Gestalt des Buches Deuteronomium. Beobachtungen und Studien (ÖBS 53), Berlin 2021,
406–410 und 427–439.

diesen hier, heute, (uns) allen, den Lebenden", so begründet er in 29,1–7, weshalb JHWH diesen Horebbund mit dem Moabbund identifizieren kann. Der Rückblick dieser Verse zu Beginn der Ritualtexte von Kap. 29–30 auf die Geschichte der Beziehungen zwischen den beiden Bundespartnern lässt die Gnade des Moabbundes erkennen.[74]

29,1b setzt fast wortgleich mit Ex 19,4 und Jos 23,3 zu Beginn der Reden Josuas vor seinem Tod ein: „Ihr habt alles gesehen, was ich / JHWH vor euren Augen getan habe / hat ..." „Was erstmals am Sinai geschah, wiederholt sich als Bundesbestätigung jeweils dann, wenn die Führungsgestalt Israels dem Tod nahekommt und die Leitung abgeben muss."[75] 29,1b-6a umfasst zunächst „alles, was JHWH vor euren Augen im Land Ägypten getan hat," (V. 1b) und – als Gottesrede stilisiert – seine Führung durch die Wüste „bis ihr an diesen Ort kamt" (V. 6a). Anschließend berichten die V. 6b–7 rein innergeschichtlich vom Sieg Moses und der Israeliten über die beiden Könige Sihon und Og sowie von der Verteilung ihres Landes. In diesem zweiten, untheologischen Resümee spricht Mose nicht mehr zu den versammelten Israeliten, sondern schließt sich mit ihnen im „Wir" zusammen. Wie 5,3 identifiziert auch 29,1–7 die Exodus-Horeb- mit der Moabgeneration. Israel war also Augenzeuge der „schweren Prüfungen, Zeichen und Wunder" in Ägypten (V. 1b-2) und erlebte auf der Wüstenwanderung eine wunderbare Versorgung mit Kleidung, Schuhwerk und Nahrung (V. 4–5a). Allerdings hat es nur die Faktizität der göttlichen Großtaten und seiner eigenen Wunderexistenz wahrgenommen, nicht jedoch begriffen, was eigentlich geschah. Seine Reaktion war also nicht angemessen, trotzdem aber nicht schuldhaft.[76] Denn Gott hat Israel bisher weder „ein Herz zum Erkennen" (*leb lā-*

---

74 *G. Braulik*, Horebbund (s. Anm. 20) 5; zum Folgenden 14–20. Die Literargeschichte von Deuteronomium 29–30 braucht hier nicht diskutiert zu werden. Am häufigsten werden 29,21–27 und 30,1–10 aufgrund ihres Inhalts als sekundäre Einfügungen betrachtet. Alle Texte wurden wahrscheinlich in spätexilischer oder frühnachexilischer Zeit verfasst. In 29,9–14 wird jedenfalls die priesterliche Geschichtserzählung zitiert. Von Deuteronomium 4 unterscheiden sich die Kap. 29–30 in Manchem in ihrer theologischen Konzeption. Zur Entstehungsgeschichte, syntaktischen und Strukturanalyse sowie zu intra- und intertextueller Bezügen von Dtn 29,1–8 s. die detaillierte Untersuchung von *Reginaldo Gomes de Araújo*, Theologie der Wüste im Deuteronomium (ÖBS 17), Frankfurt am Main 1999, 273–324. Dort findet sich auch eine Auseinandersetzung mit der inzwischen in mehreren Publikationen vertretenen These von Eckart Otto über das Verhältnis von Horebbund und Moabbund bzw. über die damit verbundenen Redaktionen des Deuteronomiums, die widerlegt wird (307–324). Zum Text s. u. a. ferner *Grazia Papola*, L'alleanza di Moab. Studio esegetico teologico di Dt 28,69 – 30,20 (AnBib 174; Rom 2008) 55–96.

75 *N. Lohfink*, Neue Bund (s. Anm. 34) 23.

76 Gegen *Reinhard Müller*, A Heart to Understand: Deuteronomy 29:3 and the Recognition of the Divine, in: A. Gow / P. Sabo (Ed.), Tsedek, Tsedek Tirdof. Poetry, Prophecy, and Justice in Hebrew Scripture. Essays in Honor of Francis Landy on Occasion of his 70th Birthday (BIS 157), Leiden /

da⁽at) noch seine Voraussetzungen, nämlich „Augen zum Sehen und Ohren zum Hören", gegeben (V. 3). Was Gott damit beabsichtigte, sagt er erst nach der Ankunft des Volkes in Moab: die Erkenntnis der Israeliten (l⁽ma⁽an ted⁽⁽û) „Ich bin JHWH, euer Gott" (V. 5b). Auf diese theologische Einsicht war also die ganze bisherige Zeit des Noch-Nicht-Erkennens ausgerichtet. Die Formel eröffnet (mit kleinen Abwandlungen) nicht nur den Horebbundestext, den Dekalog, sondern sie weist auch voraus auf den Bundesschluss in Moab, dessen Inhalt sie bildet: „dich heute für sich als Volk einzusetzen und dir Gott zu werden, wie er es dir zugesagt und deinen Vätern Abraham, Isaak und Jakob geschworen hat." (V. 12). „Im Moabbund findet also das Sehen, Hören und Erkennen statt, das Israel bisher noch nicht geschenkt worden war. Dazu ist es ‚bis zu diesem Tag' (V. 3) und ‚bis zu diesem Ort' (V. 6a) gekommen. Durch diesen Unterschied übertrifft der Moabbund auf Seiten des menschlichen Partners den Horebbund."[77] Der anschließende Kurzbericht der 29,6b–7 beinhaltet nur die beiden letzten Jahre des Wüstenaufenthalts und die Eroberungen im Ostjordanland (2,24–3,17).

Der Geschichtsrückblick 29,1–7 bildet im Deuteronomium den „Deutungsschlüssel für alles, was vorher über die Zeit vom Auszug aus Ägypten bis zur Ankunft am Ostufer des Jordan gelesen werden konnte."[78] Er ist an die Erzählungen der Kap. 1–3 zurückgebunden. Im Einzelnen: 29,1b-6a greift in seiner Darstellung der Zeit von Ägypten bis zum Befehl Gottes zur Überschreitung des Arnontales, der Grenze von Sihons Königsreich, nur an den beiden strukturellen Schnittstellen 29,1b und 6a auf die Kap. 1–2, nämlich auf 1,30b und 31, zurück. Dagegen bildet 29,6b–7 ein Formelmosaik aus 2,32–3,13. Was schweigend übergangen wird, sind die Ursünde des Unglaubens in Kadesch-Barnea (1,32) und als ihre Folge die achtunddreißig Jahre des strafweisen Aussterbens der Ägypten-Horeb-Generation (2,14). Aus den vierzig Jahren Wüstenzug (29,3) ausgeklammert werden aber auch der Horeb und die anderen Orte, an denen Israel „die göttliche Ungnade provoziert" hatte (9,7.8.22). Die Erinnerung an die JHWH-Taten in der eigenen Vergangenheit ist somit klar akzentuiert. Sie bereitet den Bundesschluss in Moab als gnadenhaft gewährte Verpflichtung vor. „Da verblassen Sünde und ergangene Strafen, nur die wunderbare Führung durch Jahwe auf diesen Punkt hin steht vor Augen. Alles, was die Zeit der Wüste füllte, war gottgeschenkte und gottgetragene Vorgeschichte, noch ohne eigentliche Begegnung mit Gott, hin auf diesen Augenblick, wo Israel seinen Gott Jahwe erkennen wird."[79]

Boston 2018, 211–220, 212. Das angenommene Versagen Israels werde nach Müller im Rettungsakt der Herzensbeschneidung (30,6) geheilt (214).

77 *G. Braulik*, Horebbund (s. Anm. 20) 26.

78 *R. Gomes de Araújo*, Wüste (s. Anm. 74) 331.

79 *R. Gomes de Araújo*, Wüste (s. Anm. 74) 328.

Das Eidesritual in Moab soll also Sinn und Ziel der gesamten Volksgeschichte erkennen lassen. Die unverändert gültige Zusage „Ich bin JHWH, euer Gott" (29,5) wird zwar nicht im einseitig durchgehaltenen Patriarchenbund verortet. Dennoch beabsichtigt JHWH, für Israel „Gott zu werden", wie er es Abraham nach Gen 17,7–8 geschworen hatte, und es „als sein Volk einzusetzen", wie er es Mose nach Ex 6,7 zugesagt hatte (Dtn 29,12). Horeb- und Moabbund bleiben zwar, obwohl sie auf verschiedene Bundesschlussakte und in Moab auch auf eine erweiterte Horeb-Bundesurkunde zurückgehen, „nach 28,69 deutlich voneinander unterschieden. Doch ist das Bundesverhältnis zwischen JHWH und Israel ein und dasselbe. Wenn YHWH mit dem Volk aufgrund des verlesenen Vertragsdokuments vom Horeb ,heute' in Moab einen Bund schließt (29,9–14; 26,17–19; 30,15–20; 27,1.9–10),[80] bestätigt er damit seine niemals aufgegebene Beziehung zu Israel. Deshalb kann auch die Exodus-Horeb- mit der Moabgeneration identifiziert werden" und bilden Horeb- und Moabbund „in ihren Verpflichtungen eine vollkommene Einheit."[81]

2.2 Der Bruch des Moabbundes, Gottes Zorn über das Land und die Begnadigung (29,15–30,14)

Der Textverlauf von Kap. 29–30 entspricht locker dem Aufbau altorientalischer Vasallenvertragsurkunden.[82] Dazu gehören nach den Vertragsbestimmungen, die beeidet werden, präventive Flüche, um den Vertrag zu schützen, aber auch Segensverheißungen für den Gehorsam. Es fehlt jedoch eine Zukunftsaussage, die über diesen Horizont hinausreicht. Während dem kollektiven Bundesbrecher Israel die vereinbarten Sanktionen drohen, ist eine Erneuerung des Bundesverhältnisses nicht vorgesehen. Doch kann JHWH als Bundespartner wie als Vertragsgott die Strafe zugunsten Israels modifizieren und ihm Zukunft ermöglichen. Deshalb umfasst die prophetische Voraussage Moses in Kap. 30 nach dem angekündigten Fluchteintritt eine die alten Verheißungen überbietende Segenszeit. Sie ermöglicht

---

80 Bei diesen Teiltexten des Bundesschlusses handelt es sich in 29,9–14 um „primär performative Sprechakte", mit denen das unmittelbar bevorstehende Vertragsritual eröffnet wird, an den weiteren Stellen um „explizit performative Sprechakte", die bewirken, was sie aussprechen, nämlich den Moabbundesschluss. Während 26,17–19 den Vertragsinhalt protokolliert und 30,15–20 zur Entscheidung auffordert, referiert 27,1 die Zustimmung Israels und 27,9–10 die Zustimmung Gottes. Vgl. *Georg Braulik*, „Heute" im Buch Deuteronomium, in: Tora und Fest (s. Anm. 6) 61–80, 73–79; *G. Braulik / N. Lohfink*, Sprache (s. Anm. 73) 433–439.
81 *G Braulik*, Horebbund (s. Anm. 20) 28.
82 Vgl. z. B. *D. J. McCarthy*, Treaty (s. Anm. 5) 199–205.

mit dem erneuerten Gottesverhältnis auch einen vertieften Tora-Gehorsam und durch ihn eine gelingende und Gott wie Volk beglückende Gesellschaft.

Auf die Vorgeschichte des Moabbundes samt abschließender Paränese (29,1–8) folgt in 29,9–14 kein formeller Bundesschluss. Vielmehr werden die menschlichen Partner des Bundes und der Zweck der Zusammenkunft, nämlich die Bundes-schließungszeremonie, bestimmt. Wichtig ist dabei, dass auch die abwesenden Is-raeliten und die Menschen künftiger Generationen zu den Partnern des Bundes gerechnet werden (29,14). Daran schließen wiederum nicht die zu erwartenden performativ vollziehenden Worte des Vertrags, sondern Segen und Fluch an,[83] und zwar wie 4,25–31 in historisierter Form und in einer gegenüber dem Vasallenver-tragsformular umgekehrt angeordneten Reihenfolge. Die bedingten Drohungen der Tora-Urkunde aus dem Sanktionskapitel 28 betreffen in 29,15–20 zunächst einzelne Israeliten, „Mann oder Frau, Sippe oder Stamm", die den Göttern der Völker dienen und die Verwünschungen mit einem geheimen Vorbehalt verbinden. Das Volk ist also von einzelnen Sündern oder Sündergruppen zu unterscheiden, weshalb der Zorn Gottes nicht sofort gegen ganz Israel entbrennen muss. Im Übrigen werden dabei aus den Drohworten Unheilsansagen. Danach durchbricht Mose die fiktive Situation in Moab und blickt auf den bereits wirksam gewordenen Fluch voraus. Die Drohungen von Kap. 28 nennen zwar Folgen des Bundesbruchs, erwähnen aber nicht den „Zorn" Gottes.

> Die Bundesverwünschungen sind also kein Mechanismus, der automatisch Gottes Zorn aus-lösen könnte. [...] Sobald Mose in Deuteronomium 29 in den Mantel eines Propheten schlüpft, der als solcher auch die in der Freiheit Gottes liegende Zukunft sieht, spricht er auch vom künftigen Gotteszorn.[84]

Er entbrennt, „weil sie den Bund verlassen haben (ʿāzᵉbû), den JHWH, der Gott ihrer Väter, mit ihnen geschlossen hatte, als er sie aus Ägypten führte, weil sie angefangen haben, anderen Göttern zu dienen und sich vor ihnen niederzuwerfen" (V. 24–25). Israel wird also wegen der Nichtbeachtung des Fremdgötterverbots des Horeb-bundes vom Zorn Gottes getroffen werden, der „den ganzen Fluch, der in dieser Urkunde aufgezeichnet ist", über das Land bringt (V. 26). ʾæræṣ, „Land", dient in den V. 21–27 als Leitwort, das sieben Mal in palindromischer Anordnung gebraucht und dadurch rhetorisch unterstrichen wird. Und der Gotteszorn, der in chiastischer Anordnung die V. 21–22.26–27 durchzieht, ist fast ausschließlich auf das Land

---

83 Vgl. *Georg Braulik*, Die Völkervernichtung und die Rückkehr Israels ins Verheißungsland. Her-meneutische Bemerkungen zum Buch Deuteronomium, in: Studien zum Buch Deuteronomium und seiner Nachgeschichte (SBAB 33), Stuttgart 2001, 113–150, 140–146.
84 *N. Lohfink*, Zorn Gottes (s. Anm. 26) 54.

konzentriert, das durch ihn alle Lebensfähigkeit verliert. Er gipfelt in der Verbannung der späteren Generation der Israeliten: „JHWH riss sie von ihrem Lande weg in Zorn und Glut und großer Ungnade und schleuderte sie in ein anderes Land" (V. 27). Zwischen dem Verhalten Israels und dem von Gott gewirkten Unheil besteht also ein Kausalzusammenhang. Die Vergeltungslogik ist nach dem Motiv der „Strafgrundbefragung" angelegt, das in biblischen und neuassyrischen Texten (nämlich den Annalen Assurbanipals) belegt ist.[85] Darin fragen Menschen nach dem Grund einer als Strafe Gottes erlebten Not und die Antwort verweist auf einen politischen bzw. religiösen Vertragsbruch. Die Folgen des Abfalls sind in Kap. 29 andere als in 4,27 und 28,64 bzw. 28,62, die Israels Zerstreuung unter die Völker oder seine bloße Restexistenz androhen, oder in 4,28 und 28,64, die die Verehrung der Völkergötter in der Verbannung voraussagen. In allen Fällen aber setzt Gott selbstverständlich seine Fluchandrohung in die Tat um, auch wenn sich ihre Werkzeuge dem Kontext entsprechend unterscheiden. Mit gleicher prophetischer Sicherheit entwirft Mose für die spätere Geschichte in 30,1–14 eine neue Segenszeit. In ihr verschiebt sich aber gegenüber 29,21–27 der Blick vom Land auf das Volk.

30,1–10 ist der einzige Text des Deuteronomiums, der ausdrücklich von einer Rückkehr Israels aus der Verbannung in sein Land spricht. Dabei werden die Flüche von 28,62–64 in Segen verwandelt: JHWH wird die Versprengten sammeln, aus der Zerstreuung unter die Völker herausholen, wieder in ihr Land heimbringen und „dich glücklicher und zahlreicher machen als deine Väter" (30,3–5); er wird sich wie an den Vorfahren auch an der Heimkehrergeneration wieder freuen und ihr Gutes tun, weil sie auf seine Stimme hört (V. 9–10). Nach der durch „denn" (kî) zumindest redaktionell fest angebundenen Passage 30,11–14 über „das nahe Wort" braucht Israel dann für seinen Gebotsgehorsam niemals auf die Suche nach der Tora zu gehen. Die Verse integrieren die Lernparänese von 6,6–7 und beziehen sich auf das Liebesgebot 30,6 – wie auch 6,6–7 an das Liebesgebot von 6,5 anschließt. Jedenfalls übertrifft 30,1–14 bei Weitem alles, was von der Bundesurkunde her zu erwarten wäre. Die mosaische Zukunftsschau erfolgt in 4,25–31 und 29,15–30,14 zwar in zwei klar unterschiedenen Sprechakten. Doch wird die Tora der Kap. 5–28, die offenbar nicht mehr verändert werden konnte, näher hin die bedingten Segens- und Fluchaussagen in Kap. 28, durch ihr Neuverständnis in 4,25–31 und 29,15–30,14 gerahmt, kommentiert und uminterpretiert. „Die zukunftsoffene Tora vom Horeb wird in Moab also durch die sie umgebenden Textstücke in einer mosaischen

---

85 *Dieter Skweres*, Das Motiv der Strafgrundbefragung in biblischen und neuassyrischen Texten, in: BZ 14 (1970) 181–197. Der Text lässt keinen Unterschied erkennen, wie ihn *J. J. Krause*, Bedingungen (s. Anm. 1) 126 f, bei einem Vergleich neuassyrischer Vasallenverträge mit Deuteronomium 28 behauptet: „Israel kann, anders als Assurbanipals Vasallen, das drohende Unheil nicht herbeiführen, selbst wenn es dies wollte."

Voraussage der Zukunft verpackt."[86] Überraschend folgt danach in 30,15–20 die Aufforderung, jetzt in Moab den Bundesschluss zu vollziehen. Sachlich setzt sie zwar seine Ankündigung in 29,9–14 fort, entspricht aber nicht dem alten Ritual. Vor allem bleibt am Ende offen, ob das versammelte Israel diesem Aufruf folgt.

2.3 Die Verheißung der Herzensbeschneidung (30,6) und der Fülle des Segens

Die Segenseinheit 30,1–10 entfaltet die Wende-Theologie von 4,29–31[87] und akzentuiert sie neu. JHWH wird das Volk wieder ins Land seiner Vorfahren zurückbringen, es mehren und überreich segnen. Allerdings fehlt jeder Hinweis auf die Patriarchen und einen Bund. Das Gottesverhältnis und die Tora-Beobachtung sowie die Fülle der Güter hängen vielmehr an einer Beschneidung des Herzens Israels durch JHWH selbst.

30,1 wird durch ein Temporalsatzgefüge eingeleitet. Es hat wie alle Segens- und Fluchgefüge des Deuteronomiums nur einen einzigen verbalen Hauptsatz, sodass der Nachsatz bereits in 30,1b einsetzt: Wenn Israel unter die Völker zerstreut ist, dann wird es sich die eingetroffene Vertragslogik von Segen und Fluch zu Herzen nehmen. Sein Verhalten, das 30,2 voraussagt, ist bereits aus 4,30 bekannt, ist also keine Bedingung mehr.[88] Die angekündigte Wende ist also nicht von einer vorausgehenden Umkehr Israels und seiner Bereitschaft zum Gebotsgehorsam abhängig,

---

86 *G. Braulik / N. Lohfink*, Sprache (s. Anm. 73) 432.

87 Vgl. *Alexander Kraljic*, Deuteronomium 10,12–11,32: Gottes Hauptgebot, der Gehorsam Israels und sein Land. Eine Neuuntersuchung (ÖBS 49), Berlin 2018, 480–482, mit einer Tabelle der Stichwortbeziehungen.

88 Vgl. z. B. *David Hoffmann*, Das Buch Deuteronomium übersetzt und erklärt. Zweiter Halbband Deut. XXI,16-XXXI, Berlin 1922, 144; *N. Lohfink*, Neue Bund (s. Anm. 34), 31 f.; *G. Papola*, Alleanza (s. Anm. 74) 186 f. *Marc Zvi Brettler*, Predestination in Deuteronomy 30.1–10, in: L. S. Schearing / St. L. McKenzie (Ed.), Those Elusive Deuteronomists. The Phenomenon of Pan-Deuteronomism (JSOT.S 268), Sheffield 1999, 171–188, begründet 30,1a ausführlich als Protasis der Verheißung und V. 1b–2 „as a prediction of YHWH's beneficience rather than a precondition for YHWH's restoration" (179). Er verweist für dieses Verständnis auch auf 4Q504 und Bar 2,27–35 (181 f.). *Paul A. Barker*, The Triumph of Grace in Deuteronomy. Faithless Israel, Faithful Yahweh in Deuteronomy (PBM), Carlisle 2004, 150 f., sieht zwar den Beginn der Apodosis in 30,3, bestreitet aber wegen V. 1a, dass Israels Umkehr zu JHWH in V. 2 die Bedingung für dessen Zuwendung zu Israel ist: „The priority of Yahweh's action is reflected in the movement of his words to come over Israel, prompting and inviting repentance and obedience. Israel's return is a response to Yahweh's word and not a free act of its own independent volition. Thus the immediate context of vv1, 2 makes it clear that a purely conditional reading of v2 is inappropriate." (151, bestätigend 160). Außerdem plädiert Barker für ein temporales Verständnis von *kî* in den V. 1.10a.b (154–156). Vgl. *J. G. McConville*, Deuteronomy (s. Anm. 27) 425.

sondern Ergebnis der nicht erwarteten, zuvorkommenden und bedingungslosen Gnade Gottes. Sie bewirkt zunächst und vor allem anderen die Rückkehr zum Gott Israels[89]:

> [30,1] Und wenn alle diese Worte über dich gekommen sind (*yābo'û ᶜalœkā kål haddᵉbārîm hā'ellœh*), der Segen und der Fluch, die ich dir vorgelegt habe, dann wirst du sie dir zu Herzen nehmen mitten unter den Völkern, unter die JHWH, dein Gott, dich versprengt hat, [2] und zu JHWH, deinem Gott, zurückkehren und auf seine Stimme hören in allem, wozu ich dich heute verpflichte, du und deine Kinder, mit ganzem Herzen und mit ganzer Seele ...

Zunächst charakterisiert 30,1 „den Segen und den Fluch" als „Worte", das heißt Äußerungen Moses, die primär Sprechakte sind. Ob aus ihnen „tatsächlich das Schicksal bestimmende Wirklichkeiten werden, hängt von JHWH ab, dem Spender des Segens (28,8) und dem Spender des Unheils (28,20). Hinter den Konditionalsätzen 28,2.15 steht kein Automatismus von Ursache und Wirkung, sondern es wird der Geltungsbereich von Worten festgelegt und die Tätigkeitsweise JHWHs konzediert. Wenn Israel gehorcht – und Israel will ja beim Bundesschluss gehorchen – soll JHWH den Segnungen entsprechen, wenn es aber tatsächlich einmal ungehorsam werden sollte, dann mögen die Verfluchungen seine Handlungsprinzipien sein."[90] Im Übrigen hebt das Deuteronomium mit dem bedingten Segen und Fluch „keineswegs grundsätzlich die Unbedingtheit und Unverfügbarkeit des göttlichen Segens auf und lässt Gott lediglich auf Toragehorsam und –ungehorsam Israels *reagieren*. Es geht ihm vielmehr um den *Umgang* mit dem gratis geschenkten Segen. Es zielt auf die menschliche Bestätigung und Betätigung der Bundesbeziehung, die Gott voraussetzungslos eröffnet hat und die er je neu durch seine Segensgaben aufrechterhält."[91] Das alles heißt also nicht: „Der Bund ist in seiner Valenz eben nicht abhängig vom Gehorsam des menschlichen Partners. [...] so wenig Jhwh gebunden ist durch den Gehorsam Israels, so wenig ist er auch gebunden durch dessen Ungehorsam."[92] Das Eintreffen „aller Worte" von Segen und Fluch beweist, dass sich JHWH als Partner und Garant des Moabbundes ihnen grundsätzlich verpflichtet

---

89 Gegen *A. Schenker*, Umkehr (s. Anm. 36) 88: „Umkehren heißt für *Israel*, sich der Tora des Sinai beugen (V. 2.8: umkehren und auf JHWHs Stimme hören stehen *parallel*). Israel muß schlicht und einfach die vernachlässigte Tora aus ihrer Vergessenheit hervorholen, um sie zu praktizieren. Von einer unüberwindlichen Schwierigkeit, der Tora zu gehorchen, von einer Unfähigkeit auf Seiten Israels, die Tora aufzunehmen, verlautet nichts."

90 *H. U. Steymans*, Deuteronomium 28 (s. Anm. 21) 236 f.

91 *Magdalene L. Frettlöh*, Theologie des Segens. Biblische und dogmatische Wahrnehmungen, Gütersloh ⁵2005, 328 f.

92 Gegen *J. J. Krause*, Bedingungen (s. Anm. 1) 127. Außerdem lässt sich daraus nicht erschließen: „dann muss die priesterliche Bundestheologie nicht das Problem der deuteronomistischen lösen – weil es dieses Problem so gar nicht gibt" (ebd.).

weiß und nicht willkürlich handelt. Dennoch wird – wie Mose ebenfalls voraussagt – Gottes unverdiente Gnade in der Geschichte das letzte Wort behalten.[93]

Was die Verse 30,1–7 inhaltlich entwickeln, wird von V. 8 an zusammengefasst und in V. 10 – wie in V. 2, aber erweitert und chiastisch rückläufig – begründet. Die V. 11–14 könnten sich auf diese Situation beziehen, in der die „Weisung" aufgrund der göttlichen Zuwendung jetzt Mund und Herz ganz nah ist. Sie könnten aber auch noch weiter zurückgreifen und begründen, wie es im Exil möglich ist, die göttliche Willensoffenbarung im Lehrganzen der Tora „zu hören" und „zu bewahren": weil nämlich Gott selbst das Herz Israels und aller künftigen Generationen beschneiden wird (V. 6).[94]

Diese göttlich gewirkte Herzensbeschneidung[95] steht im Zentrum des künftigen Segens, ob man ihn mit 30,1–10 oder aufgrund der übergreifenden Stichwortstruktur mit 30,1–14 abgrenzt. Beide Einheiten sind palindromisch aufgebaut, wobei die größere die kleine überlagert.[96] Leitwörter sind „zurück-" bzw. „umkehren, wenden" (*šûb*), abwechselnd auf das Volk und auf Gott bezogen, und das „Herz" (*lebāb*). Beide Wörter werden hier wie sonst nirgendwo im Deuteronomium gehäuft, nämlich jeweils sieben Mal, verwendet und damit rhetorisch unterstrichen. V. 6 ist außerdem dadurch ausgezeichnet, dass er das numerische Zentrum in der Nennung des Gottesnamens bildet: JHWH ist je 6-mal in V. 1–5 und in V. 7–10 und 2-mal in V. 6 belegt, fehlt jedoch in den V. 11–14.[97] Auch dadurch ist V. 6 als literarische Mitte und theologische Zentralaussage hervorvorgehoben:

---

93 Vgl. *J. J. Krause*, Bedingungen (s. Anm. 1) 128.
94 *Georg Braulik*, Deuteronomium II, 16,18–34,12 (NEB 28), Würzburg ²2003, 218.
95 Zum Folgenden vgl. *Georg Braulik*, Die Beschneidung an Vorhaut und Herz. Zu Gebot und Gnade des Bundeszeichens im Alten Testament, in: J.-H. Tück (Hg.), Die Beschneidung Jesu. Was sie Juden und Christen heute bedeutet, Freiburg i.B. 2020, 63–95, 86–91.
96 Zu den Einzelheiten s. *Gottfried Vanoni*, Der Geist und der Buchstabe. Überlegungen zum Verhältnis der Testamente und Beobachtungen zu Dtn 30,1–10, in: BN 14 (1981) 65–98, insbesondere 70–90. Die Apodosis beginne in 30,3 (74). Die von Vanoni, 71, ausgeschlossenen V. 11–14 sind aber durch die Verpflichtungsformel „wozu / auf die ich dich heute verpflichte" in V. 2.8 und V. 11 sowie durch das Stichwort „Herz" (*lebāb*) in V. 1 („diese Worte ... zu deinem Herzen"), 6a (2-mal) und V. 14 („das Wort ... in deinem Herzen") mit den V. 1–10 verknüpft. Dagegen formulieren die V. 2, 6b und 10 „mit ganzem Herzen und mit ganzer Seele" (*bᵉkål lᵉbābᵉkā ûbᵉkål napšǣkā*). Zur Verbindung von 30,1–10 mit 11–14 aufgrund der Thematik, Sprache und Theologie ausführlich *Barker*, Triumph, 182–187. Zu den konzentrischen Strukturen in V. 1–10 und V. 1–14 vgl. *Ernst Ehrenreich*, Wähle das Leben! Deuteronomium 30 als hermeneutischer Schlüssel zur Tora (BZAR 14), Wiesbaden 2010, 64f.
97 *N. Lohfink*, Neue Bund (s. Anm. 34) 32.

[30,6] Und JHWH, dein Gott, wird dein Herz und das Herz deiner Nachkommen [deines Samens] beschneiden[98], so dass du JHWH, deinen Gott, mit ganzem Herzen und mit ganzer Seele lieben kannst (*l[e]'ah[a]bāh*), damit du Leben hast.

Entscheidend ist zunächst, dass der verheißene Eingriff Gottes trotz der palindromischen Abfolge der Aussagen und der zentralen Stellung der Herzensbeschneidung für die geschilderte Bekehrung und den Wandel der Lebensumstände die theologische Voraussetzung bildet.[99] Das an keine Bedingung gebundene Handeln Gottes selbst ist dann vor allem vor dem Hintergrund der Forderung in 10,16 zu verstehen:

[10,16] Ihr sollt die Vorhaut eures Herzens beschneiden und nicht länger halsstarrig sein.

Sie knüpft an 10,15 und die liebevolle Hinwendung JHWHs zu den Vätern an – „nur sie hat er ins Herz geschlossen, nur sie hat er geliebt" –, ferner an die ausschließliche Zugehörigkeit Israels zu ihm – „euch, ihre Nachkommen [ihren Samen], hat er später unter allen Völkern ausgewählt". Der Appell, die Herzensvorhaut zu beschneiden, ergibt sich somit als Konsequenz aus der Erwählung Israels, auch wenn dieser Auftrag jedem einzelnen gilt. Trotz des Rückbezugs auf 10,15 – 16 unterscheidet sich 30,6 von seiner Vorlage. Jetzt ist die Beschneidung erstens nicht in die Selbstbestimmung und Wahl Israels gestellt, sondern ist Entscheidung JHWHs, der die Beschneidung des Herzens (Singular) Israels vornimmt.[100] Zweitens fehlt in 30,6

---

98 Die Septuaginta übersetzt das übertragen gebrauchte Verb „beschneiden" mit „reinigen". Sie deutet also die Herzensbeschneidung als einen ethischen Reinigungsprozess.

99 Dagegen meint zum Beispiel *A. Schenker*, Umkehr (s. Anm. 36) 90 f.: „Die Beschneidung des Herzens ist „eine Segensgabe *besonderer* und *neuer Art*, welche die Stabilität der Treue Israels garantiert; sie ist sozusagen die dauernde Folge der punktuellen Umkehr, der aus der Umkehr resultierende Zustand. Die Beschneidung des Herzens macht die erfolgte Umkehr zur bleibenden Gesinnung; sie fixiert die Umkehr im Herzen Israels". Dass 30,1 – 10 genau umgekehrt argumentiert – „ohne vorgängige Beschneidung des Herzens durch Jahwe kein Gehorsam Israels und deshalb auch kein Segen" – betont *Matthias Köckert*, Leben in Gottes Gegenwart. Studien zum Verständnis des Gesetzes im Alten Testament (FAT 43), Tübingen 2004, 70 Anm. 77. Eine solche Intervention Gottes gehört zu den theologischen Erwartungen der Exilszeit und findet sich in verwandten Vorstellungen auch im Jeremia- und Ezechielbuch – *Thomas Krüger*, Das menschliche Herz und die Weisung Gottes. Elemente einer Diskussion über Möglichkeiten und Grenzen der Tora-Rezeption im Alten Testament, in: Das menschliche Herz und die Weisung Gottes. Studien zur alttestamentlichen Anthropologie und Ethik (AThANT 96), Zürich 2009, 107–136.

100 Gegen *Moshe Weinfeld*, Jeremiah and the Spiritual Metaphosis of Israel, in: ZAW 88 (1976) 17–56, 35 Anm. 63: „There is apparently no significant difference between God's circumcising the heart of Israel and Israel's circumcising their own heart". Die gleiche Ambivalenz finde sich nach Weinfeld auch zwischen Ez 11,19 und 36,26, wo Gott Israel „ein neues Herz und einen neuen Geist" gebe, und ein Bezug auf die Patriarchen bzw. auf den Väterbund, wahrscheinlich deshalb, weil in ihm die Beschneidung das von Menschen gesetzte Zeichen des Abrahambundes ist. Dieses Schweigen des Textes ist jedenfalls ernst zu nehmen.[101] JHWH ist somit völlig frei in seinem Erbarmen, das Geschick seines Volkes zu wenden (30,3).[102] Drittens: Nach 10,16a blockiert die Vorhaut gewissermaßen den Zugang zum Herzen als dem Ort der Gottesbeziehung, symbolisiert also die Selbstverweigerung und Verstockung. Sie zu beseitigen hieße, sich den Verpflichtungen des Bundes zu öffnen: „dass du JHWH, deinen Gott fürchtest, indem du auf all seinen Wegen gehst, ihn liebst und JHWH, deinem Gott mit ganzem Herzen und mit ganzer Seele dienst." (10,12). Der in 30,6 zugesagte Eingriff Gottes beschränkt sich aber nicht nur auf die „Vorhaut", sondern betrifft das Herz selbst. Er schafft nicht bloß einen Zugang zum Herzen, wo alles Denken und Wollen seinen Sitz hat, sondern er beseitigt die Untauglichkeit des Organs. Das in 10,16b anschließende Bild der Halsstarrigkeit verweist auf die Revolte am Gottesberg und die ganze Widersetzlichkeit auf dem Wüstenzug (9,6.13.27; vgl. 31,27), die inzwischen zum Typus der Geschichte Israels vom Gottesberg Horeb bis zum babylonischen Exil geworden ist. Wenn Kap. 30 nicht davor warnt, „nicht länger halsstarrig zu sein" (10,16b), dann braucht Israel dieses Hindernis nicht mehr durch menschliche Anstrengung zu überwinden. Denn mit der Beschneidung des Herzens beendet Gott auch die Halsstarrigkeit des Volkes. Die ganze Verwandlung betrifft viertens nicht nur die Heimkehrergeneration, sondern alle kommenden Generationen des Volkes: Sie können ihren Gott wieder „mit ganzem Herzen und ganzer Seele lieben". Israel wird also dazu befähigt, das Hauptgebot der Gottesliebe, das zu beobachten es bisher ermahnt wurde (6,5 und öfter), in ganzem Umfang zu erfüllen. Das heißt aber zugleich: Es kann auch die deuteronomische Sozial- und Gesellschaftsordnung – „alle Gebote, auf die ich dich heute verpflichte" – als Konkretisierung dieser Gottesliebe bewahren und halten (vorausgesagt in 30,8). Ihre „Gebote und Satzungen" sind in der Tora, der „Urkunde" des Moabbundes, aufgezeichnet (V. 10). Trotzdem wird nicht von „Bund" gesprochen,

18,31, wo die Israeliten dazu aufgerufen werden, sich selbst „ein neues Herz und einen neuen Geist" zu schaffen (ebd.).
101 Anders z.B. *Eckart Otto*, Deuteronomium 12–34. Zweiter Teilband: 23,16–34,12 (HThK.AT), Freiburg i.B. 2017, 2070, der meint, in Dtn 30,6 werde „die Motivik der Beschneidung der Vorhaut als Bundeszeichen zur Beschneidung des Herzens durch JHWH [ge-]steigert, die in den Personenkern des Menschen eingreift. Damit wird Dtn 30,6 zum Höhe- und Angelpunkt der Bundestheologie des Pentateuch und die in Gen 17,11 verheißene *bᵉrît ᶜôlām* [der ewige Bund] eingelöst, da das beschnittene Herz den Bund nicht verlassen wird und die Ohren des Herzens auf die Gebote hören werden." Ebenso *E. Ehrenreich*, Leben (s. Anm. 96) 185.
102 Zu JHWHs Erbarmen s. *E. Ehrenreich*, Leben (s. Anm. 96) 127–137.

auch nicht von seiner Erneuerung oder einem „neuen Bund".[103] Die Bestimmungen der Tora können befolgt werden. Denn dieses „Wort" ist jetzt „ganz nahe, in deinem [Israels] Mund und deinem Herzen" (V. 14). Aufgrund der Herzensbeschneidung ist „das Gebot" (V. 11), also „Einheit und Gesamt des JHWH-Willens", wie er konkret in Deuteronomium 6–26 vorliegt,[104] nicht mehr „Forderung von außen, sondern Teil des Innersten und seiner Beziehung zu Gott", ist es „ein Wort der Gnade und des sie annehmenden Glaubens"[105] (vgl. Röm 10,8). Die Beschneidung des Herzens ist zwar physisch nicht greifbar. Aber sie wird in der Fülle des Segens erfahrbar, die von 30,3–5 und 7–9 – die Verheißung in V. 6 rahmend – beschrieben wird: Sammlung und Rückkehr ins Land der Väter, aber nicht als neuer Exodus (dessen Termini fehlen)[106] und ohne Feindbedrängnis, ferner Gutes im Überfluss bei der Arbeit, in Vieh- und Landwirtschaft, Mehrung der Nachkommen. V. 10 begründet diesen Segen mit dem Hören auf die Stimme JHWHs, dem Bewahren der Gebote der Weisung und der Bekehrung.[107] Wenn Gott also im Exil das Herz des Volkes beschneiden wird, wird wieder die Liebe des Anfangs da sein.

3 Väterbund, Horebbund, Moabbund und die Begnadigung Israels

Es sind drei Bundesschlüsse, die im Deuteronomium voneinander unterschieden und zugleich miteinander verwoben werden.[108] Die Referenzen von $b^e r\hat{i}t$ beziehen sich auf den Bund Gottes mit den Erzvätern (4,31; 8,18), auf Pentateuchebene sind sie

---

103 Vgl. dazu die ausführliche Diskussion von *N. Lohfink*, Neue Bund (s. Anm. 34) im Hinblick auf Jer 31,31–34, aber auch einen „neuen Bund" am Horeb bzw. in Moab.
104 *G. Braulik / N. Lohfink*, Sprache (s. Anm. 73) 140 f.
105 *Georg Braulik*, Die „Glaubensgerechtigkeit" im Buch Deuteronomium. Ein Beitrag zu den alttestamentlichen Wurzeln der paulinischen Rechtfertigungslehre, in: Studien zu Buch und Sprache (s. Anm. 25) 241–259, 238 und 235.
106 *Johannes Taschner*, Die Mosereden im Deuteronomium. Eine kanonorientierte Untersuchung (FAT 59), Tübingen 2008, 148.
107 „God's voice that could not be heard except through Moses' is now mediated by the written stipulations of ‚this record of the Torah.' In that sense Deut 30:10 epitomizes Deuteronomy's overall communication process." (*Jean-Pierre Sonnet*, The Book within the book. Writing in Deuteronomy (BIS 14), Leiden 1997, 110.
108 S. dazu zuletzt *Arie Versluis*, Covenant in Deuteronomy: The Relationship between the Moab, Horeb, and Patriarchal Covenants, in: H. Burger / G. Kwakkel / M. Mulder (Ed.), Covenant: A Vital Element of Reformed Theology. Biblical, Historical and Systematic-Theological Perspectives (SRTh 42), Leiden / Boston 2022, 79–100. Zu den folgenden Referenzen *G Braulik / N. Lohfink*, Sprache (s. Anm. 73) 50.

ein Rückbezug auf das Buch Genesis. Ferner auf den Bund Gottes mit Israel im Zusammenhang des Auszugs aus Ägypten am Horeb (4,13.23; 5,2; 9,9.11.15; 10,8; 28,69b; 31,9.25.26), das ist auf Pentateuchebene ein Rückbezug auf das Buch Exodus. Schließlich einen Bund Gottes mit Israel in Moab, am Ende des Wüstenzugs, und zwar mit der zweiten Generation (5,3; 28,69a; 29,8.11.13.20). Dabei geht es um den Großteil des Buches Deuteronomium. Wenn das Deuteronomium also von *bᵉrît* spricht, kommt dabei nicht nur der Inhalt der Bundessetzung in den Blick, sondern lässt sich aus dem Kontext auch jeweils der Gründungsakt Väter-, Horeb- oder Moabbund erschließen.

Horeb- und Moabbund werden zu Beginn des zweiten Buchteils und in der Überschrift des dritten Buchteils aufeinander bezogen – in 5,2.3 eher identifizierend, in 28,69 genau differenzierend. Vom „Bund im Land Moab" spricht nur 28,69. Das Besondere dieses Moabbundes besteht darin, „dass Mose zum Propheten wird. Er droht nicht nur für den Fall des Ungehorsams, sondern er prophezeit die schreckliche Zukunft, die sich aus Israels Untreue ergeben wird, doch sofort auch, dass Gott sich am Ende erbarmen wird, sodass Israel sich bekehren und neu in sein Land zurückkehren kann".[109] Mose übersteigt also in 4,25–31 und 29,21–30,10 die Zukunftsperspektive, die Segen und Fluch in einem üblichen altorientalischen Vertrag enthalten. Noch im Rahmen des Moabbundesschlusses wird seine prophetische Vorschau von Gott in einer Theophanie ratifiziert (31,16–18) und anschließend im Moselied (31,19–21; vollständig und endgültig in 32,1–43) bestätigt. Während sich 4,31 ausdrücklich auf „den Bund mit deinen Vätern, den er ihnen geschworen hat," bezieht und Mose nach der Auflehnung Israels am Horeb Gott bittet, „seiner Knechte Abraham, Isaak und Jakob" zu gedenken (9,27), fehlen in Kap. 30 sowohl die Patriarchen wie das Wort „Bund".[110] Denn die Beschneidung des Herzens Israels durch Gott selbst ist eine durch nichts verursachte, völlig freie Begnadigung, durch die sich das Volk im Exil das Eintreffen der Segens- und Fluchworte zu Herzen genommen hat (30,1). Die Konzeption des Abraham- bzw. Väterbundes wurde schon ausführlich behandelt. Deshalb beschränke ich mich im Folgenden auf die Begnadigung Israels im Horeb- und Moabbund des Deuteronomiums.

---

109 *G. Braulik / N. Lohfink*, Sprache (s. Anm. 73) 59. Zum Folgenden 59–61.
110 So gegen *P. A. Barker*, Triumph (s. Anm. 88) 168–175 (30,6 „recalling deliberately the Abrahamic covenant" [169]).

3.1 Horebbund und Verschonung

Der Bundesschluss am Horeb, über den Mose in Kap. 5 berichtet, wird von JHWH mit der Versammlung ganz Israels geschlossen.[111] Seine Urkunde ist der in theophaner Szenerie proklamierte Dekalog, den Gott auf den Tafeln verschriftet und Mose übergeben hat (5,22; 9,10). Während dieser Bundesschluss noch im Gange war – sein Dokument war ausgefertigt, aber noch nicht offiziell hinterlegt – wurde der Vorgang durch die Anfertigung eines gegossenen Kalbes (9,12.16) unterbrochen. Angesichts dieser Sünde zerschmettert Mose die Bundestafeln (9,17). Der Zorn Gottes droht den Prozess des Bundesschlusses abzubrechen und das Volk zu vernichten, wird aber durch Sühne und Fürbitte Moses aufgehalten (9,18–21). 9,26–29 gibt das Gebet Moses wörtlich wieder. Eine Reaktion JHWHs wird nicht erzählt. Er befiehlt nur Mose, die zerbrochenen Tafeln durch neue zu ersetzen, und beschreibt sie wie die ersten. Danach werden sie von Mose in der Lade deponiert (10,1–5). Erst jetzt ist das komplexe Geschehen des Horebbundes mit Israel abgeschlossen.[112] Die Darstellung des Deuteronomiums skizziert also nur das Problem und deutet es theologisch. Im Unterschied zu Exodus 32–34 gibt es nach Deuteronomium 9 am Horeb weder einen Bundesbruch noch eine Bundeserneuerung. Vor allem kennt das Deuteronomium nur die eine Fürsprache Moses für Israel am Horeb. Sie bezieht alle Verfehlungen der Wüstenzeit ein, die im Pentateuch vom Auszug aus Ägypten an erzählt werden (Dtn 9,22–24), und vereint auch alle Gebete, die Mose bei verschiedenen Gelegenheiten zuvor gesprochen hatte. 9,26–29 „ist *das* Fürbittgebet Moses, und als solches ist es hier in den Kontext der Horebsünde gestellt. In der Geschichte von der Horebsünde entwickelt Mose eine Erzählung, die alles vereint,

---

111 Vgl. *N. Lohfink*, Neue Bund (s. Anm. 34) 15–18.

112 *Hendrik Stoppel*, Von Angesicht zu Angesicht. Ouvertüre am Horeb. Deuteronomium 5 und 9–10 und die Textgestalt ihrer Folie (AThANT 109), Zürich 2018, 238, versteht die Bundestafeln und damit den Dekalog als b^erît, als „Bundesverpflichtung", gegen die Israel verstieß. Ihre Erneuerung führe daher „zu einer Wiederherstellung des Gottesverhältnisses". Dieses „Zurück' auf den ursprünglich erlangten Zustand" widerspreche einem erst jetzt erfolgten Abschluss des Bundes bzw. einem neuen Bund. Doch sprechen Kap. 9–10 gar nicht von b^erît, sondern nur von den „Tafeln" bzw. der „Lade des Bundes". Eine Identifizierung von „Bund" und „Dekalog" ließe sich nur aus 4,13 behaupten, scheitert aber an der Syntax dieses Verses – *Georg Braulik*, Deuteronomium 4,13 und der Horebbund, in: Studien zu Buch und Sprache (s. Anm. 25) 51–59, 53–56. An der Zerstörung und späteren Wiederherstellung der Bundestafeln zeigen sich zwar die Krise des Bundes und ihre Bewältigung. Dennoch muss ihr Zerbrechen nicht automatisch das Ende des Bundesverhältnisses herbeiführen. Umgekehrt kann es auch nach der Neuanfertigung der Tafeln noch Verzögerungen oder Irritationen geben. „Das heißt also: die Übermittlung des Bundestextes und der Akt des Bundesschlusses sind deutlich voneinander getrennt." (Braulik, Deuteronomium 4,13, 59).

was in den 40 Jahren an Sünde und an göttlicher Nachsicht mit Israel vor sich ging."[113]

Für unser Thema vordringlich sind 9,26–27a. Die Einleitung des Gebets „bring nicht ins Verderben dein Volk und deinen Erbbesitz ('al tašḥet ʿamᵉkā wᵉnaḥᵃlātᵉkā), die du [...] aus Ägypten geführt hast" (V. 26) nimmt zwar das sich distanzierende Urteil JHWHs auf: „Dein [Moses] Volk, das du [Mose] aus Ägypten geführt hast, läuft ins Verderben" (V. 12). Aber die eigentliche Bitte, die schon auf das Erbarmen Gottes zielt, liegt nur im „Vernichte nicht!". Sie wird mit theologisch-juristischen Formulierungen fortgesetzt:

> Jahwe wird an sein eingegangenes Beziehungsverhältnis und die daraus erwachsende Treueverpflichtung erinnert. Diese Aussageabsicht wird dann – spätestens jetzt unmißverständlich – in der Herausführungsaussage weitergeführt, die sich an die Qualifizierung Israels als ‚dein Volk und dein Erbbesitz' in beiden Fällen anschließt (V. 26aβb.29b).[114]

Die privilegierte Existenz des Volkes, die Israel ausschließlich der Befreiung und Herausführung aus der Sklaverei durch JHWH verdankt, und die Annahme als „sein Volk und sein unveräußerliches Erbeigentum" unterstreichen die Verantwortung, die er damit für das von ihm gestiftete Beziehungsverhältnis übernommen hat. Er kann sie nicht zugunsten einer von Mose stammenden „mächtigeren und zahlreicheren Nation" aufgeben (V. 14). „Dennoch ist angesichts Israels Sünde letztlich alles *Bitte* um unverdiente Gnade, und nicht ‚*Recht*'."[115] 4,20 hat die Qualifizierung Israels als Gottes „Erbeigentumsvolk" (ʿam naḥᵃlāh) im Zusammenhang mit der Bundesformel genannt und damit formulierungsmäßig vorweggenommen, was der Fabel nach aber bereits in der auch literarhistorisch älteren Mosefürbitte auf dem Horeb vorausging. Das Gebet Moses am Gottesberg wurde erhört, denn JHWH weigerte sich, „dich dem Verderben preiszugeben" (10,10). Wenn Israel dann im Land „ins Verderben läuft und ein Kultbild anfertigt" (4,25), kann Mose an die Horeberfahrung anknüpfen und prophezeien, dass Gott auch in Zukunft nicht dem Fehlverhalten des Volkes entsprechend handeln wird (4,31). Entscheidend ist, dass sowohl am Horeb wie in der Bedrängnis des Exils die Erinnerung an die Erzväter (9,27a)[116]

---

113 *Norbert Lohfink*, Deuteronomium 9,1 – 10,11 und Exodus 32 – 34. Zu Endtextstruktur, Intertextualität, Schichtung und Abhängigkeiten, in: Studien zum Deuteronomium und zur deuteronomistischen Literatur V (SBAB 38), Stuttgart 2005, 131–180, 154; zur Typologisierung der Horebereignisse 152–154.

114 *Irene Schulmeister*, Israels Befreiung aus Ägypten. Eine Formeluntersuchung zur Theologie des Deuteronomiums (ÖBS 36), Frankfurt a. M. 2010, 219.

115 *I. Schulmeister*, Israels Befreiung (s. Anm. 114) 219 f.

116 *N. Lohfink*, Väter Israels (s. Anm. 11) 34 f., argumentiert gegen die Annahme eines sekundären Einschubs in 9,27a. *H. Stoppel*, Von Angesicht (s. Anm. 112) 177 f, plädiert für eine spätere Ergänzung

bzw. das „Nicht-Vergessen" des Väterbundes (4,31) die letzte Motivation für die Begnadigung Israels bilden. An beiden Stellen fehlt offenbar bewusst die Klischeeformel für die Land- und Nachkommensverheißung.[117] Fordert Mose in 9,27a Gott auf: „Denk an deine Knechte, an Abraham, Isaak und Jakob!",[118] so spricht er in 4,31 nur vom „Bund mit deinen Vätern, den er ihnen geschworen hat".

Weil die Horeberzählung den Wüstenaufenthalt als Zeit der Auflehnung (9,7.24) und Halsstarrigkeit Israels (V. 6.27) typologisch zusammenfasst, erhält die Mosefürsprache „auch eine Fundierungsfunktion für *jede* Zuwendung Gottes zu Israel nach allen in der Wüste geschehenen Sünden."[119] In ihr „sind einerseits Erzväter- und Exodusverweis Grund der Erhörung: als die beiden grundlegenden Aspekte, mit denen Mose Jahwe nicht aus seiner Bindung an Israel entlässt. Aber ebenso gilt: Das letztlich ‚eigentliche' Argument – das nämlich nach einer durchgehenden Sündengeschichte Israels noch bleibt – liegt in V. 27", also in der Gottesbeziehung Abrahams, Isaaks und Jakobs, die vor der Zeit des Volkes als „deine Knechte" JHWH dienten.[120]

3.2 Moabbund und Neuanfang

Der Moabbund ist nur möglich, weil sich JHWH trotz des Abfalls am Horeb und der Halsstarrigkeit des Volkes nicht seiner frei übernommenen Verantwortung und einem weiteren Heilswirken für Israel entzogen hat, sondern „euer Gott" geblieben

---

der Patriarchen in 9,27a. Hier fehle „singulär innerhalb aller Erwähnungen der Erzväter innerhalb des Dtn" die Landverheißung in Form eines Eides JHWHs (177). Vgl. aber 4,31. Auch die sprachlichen Beobachtungen zur seltenen Konstruktion und zum singulären Wortgebrauch (177 f.) sind nicht zwingend.

117 Sie findet sich in Ex 32,13, einem in das Fürbittgebet 32,7–14 erst sekundär eingefügten Vers – vgl. *Lohfink*, Deuteronomium 9,1 – 10,11 (s. Anm. 113) 158 f. *Simon Weyringer*, An der Schwelle zum Land der Verheißung. Rhetorik und Pragmatik in Dtn 9,1–10,11 (BZAR 26), Wiesbaden 2021, 140 f., kommentiert das Fehlen der Verheißungen als Besonderheit der „Erinnerungsmahnung" 9,27a und sieht in „den Patriarchen ein ‚Gegenbild' zum sündhaften Volk", weil sie sich „bereitwillig auf Gottes Anruf eingelassen" haben (141).

118 Dieser Appell, der Patriarchen zu gedenken, ist keine Bitte wie die anderen Bitten in V. 26b und 27b (gegen *R. Gomes de Araújo*, Wüste (s. Anm. 74) 205, „die selbst wiederum nur die zwei Aspekte der einen, eigentlichen Bitte darstellen: dass Jahwe den unterbrochenen Bundesschluss doch vollendet und Israel verzeihend eine Zukunft gewährt. Es geht bei dem Väterverweis um eine ‚Erinnerungsmahnung', und zwar in einem ähnlichen Sinn wie in V. 26" (*I. Schulmeister*, Israels Befreiung [s. Anm. 114] 220).

119 *I. Schulmeister*, Israels Befreiung (s. Anm. 114) 222, mit Verweis auf *R. Gomes de Araújo*, Wüste (s. Anm. 74) 203–207, über die Mosefürsprache als Grund der Neuzuwendung Gottes in der Wüste.

120 *I. Schulmeister*, Israels Befreiung (s. Anm. 114) 229.

ist (vgl. 29,5). 5,2–3 konnte deshalb behaupten, dass das Gottesverhältnis Israels beim Bund auf dem Horeb und in Moab trotz des zeitlichen und räumlichen Abstands ein und dasselbe ist. Die Verse holen also die Vollversammlung Israels in Moab gewissermaßen in den Horebbund hinein. Zugleich konnte 28,69 unmittelbar nach dem Ende der Toraschrift feststellen, dass sich die sprachlichen und rituellen Vorgänge, durch die der Gottesbund am Horeb zustande kam und später in Moab bestätigt und konkretisiert wurde, unterscheiden.

> Der Moabbund beruht auf einem neuen Vereidigungsverfahren, bringt aber in der Sache (d.h. vor allem bei den Bundesverpflichtungen Israels) letztlich nichts Neues gegenüber dem Horebbund. Das ergibt sich vor allem auch daraus, dass der Dekalog, vor allem sein erstes Gebot, weiter auch der Kern des Moabbundes ist, und dass die Bundesurkunde des Moabbundes, die ‚Tora', Israel zwar erst jetzt vorgelegt wird, Mose aber schon am Horeb mitgeteilt worden war. Erst jetzt, vor dem Einzug in das verheißene Land, wird sie in ihrer definitiven Gestalt durch Mose verkündet und von Israel angenommen.[121]

Im Moabbundesschluss bildet das „Hören auf die Stimme JHWHs, deines Gottes" (*šmᶜ bᵉqôl JHWH ᵃᵉlohæka*) die entscheidende Verpflichtung.[122] Im Gegensatz zu 4,29–31 wird sie in 30,1–10 nicht gemeinsam mit dem Begriff „Bund" (*bᵉrît*) verwendet.[123] Die Wendung findet sich aber in den zwei performativen Erklärungen, die das Vertragsverhältnis bewirken: in 26,17, der rechtsrelevanten Erklärung Israels im Bundesschluss,[124] und in 27,10 innerhalb der Bundeserklärung, die Mose zusammen mit den Priestern im Namen JHWHs abgibt. Die „Stimme JHWHs" äußert sich im Deuteronomium meist konkret in „seinen Geboten und Satzungen" (*miṣwôtāw wᵉḥuqqotāw*), also der Sammlung der Einzelgebote (Kap. 12–26), auf die Mose in Moab Israel verpflichtet. Deshalb gehört im Protokoll des Bundesschlusses das „Hören auf die Stimme JHWHs" zu dem, was Israel übernommen hat, nämlich „alle seine [JHWHs] Gebote bewahren" (26,18), und nach der Bundeserklärung Gottes auch „seine [JHWHs] Gebote und Gesetze zu halten" (27,10). Insbesondere hängen

---

121 *G. Braulik / N. Lohfink*, Sprache (s. Anm. 73) 53.

122 *G. Braulik / N. Lohfink*, Sprache (s. Anm. 73) 179–183.

123 „Bund" und „auf JHWHs Stimme hören" stehen in der Hebräischen Bibel noch zusammen in Dtn 8,18b-20 – V. 18b spricht wie 4,31 vom „Bund" im Sinn des Gotteseides an die Väter – und Jos 24,24–25, wo der Bundesschluss in V. 25 das vorausgegangene Gelübde, JHWH allein zu dienen, bestätigt. Ferner in Jeremia 11, wo es aber zwischen der Forderung „hört auf meine Stimme" (V. 4.7) und „hört die Worte des Bundes" (V. 2.3, vgl. 3.8) keinen erkennbaren Bedeutungsunterschied gibt (*Erik Aurelius*, Zukunft jenseits des Gerichts. Eine redaktionsgeschichtliche Studie zum Enneateuch [BZAW 319], Berlin / New York 2003, 103 f.).

124 Vgl. Ex 19,5, wo JHWH am Sinai das Privileg Israels, sein „persönliches Eigentum (*sᵉgullāh*) aus allen Völkern" zu sein, vom „unbedingten Hören auf seine Stimme" und Halten seines Bundes abhängig macht.

Segen und Fluch daran, dass die Rechtsbestimmungen des Moabbundes „bewahrt" (*šmr*) und „gehalten, getan" (ʿśh) werden (z. B. 28,1.15.45). „Auf JHWHs Stimme hören" wird also in übertragenem Sinn gebraucht. Dieses „Hören *auf* die Stimme" unterscheidet sich sachlich und formulierungsmäßig von der akustischen Wahrnehmung des Dekalogs am Horeb. Sie besteht im „Hören *der* Stimme JHWHs" (*šmᶜ ʾæt qôl JHWH*) (5,23.24.25; vgl. 4,12.36[Hifil]). Die durch Mose vermittelte Gebotsmitteilung und die direkte Verkündigung der Zehn Worte durch Gott werden somit syntaktisch als Präpositionalausdruck (*bᵉqôl*) und als Objekt (*ʾæt qôl*) voneinander unterschieden. Außerdem hängt das Hören auf die Stimme Gottes nach 13,5 mit der Haltung „JHWH fürchten, ihm dienen, ihm anhangen" zusammen. Letztlich drückt sich in ihr nach 30,20 die Liebe zu JHWH aus: „Liebe JHWH, deinen Gott – nämlich indem du auf seine Stimme hörst – und halte dich an ihm fest".

In der von Mose vorausgesagten Zukunft äußert sich die Umkehr Israels im erneuten Hören auf JHWHs Stimme. Die beiden Wendungen *šûb ᶜad / ʾæl JHWH* und *šmᶜ bᵉqôl JHWH* werden in der Hebräischen Bibel nur in Dtn 4,30 und 30,2.8 (ohne den Präpositionalausdruck *bᵉqôl JHWH*).10 miteinander verbunden, charakterisieren also die Bekehrung nach dem Bruch des Moabbundes. 4,30 beschreibt damit die Abkehr von den Völkergöttern und die Hinwendung zu JHWH. In 30,1–10 finden sich die beiden Formulierungen an drei strukturell wichtigen Stellen und werden schrittweise erweitert und inhaltlich entwickelt.[125] Noch im Exil bezeichnet „auf seine Stimme hören" in 30,2 die Bereitschaft zu allem, was Mose am fiktionalen Tag des Moabbundesschlusses an Rechtstexten verbindlich vorgetragen hat. Erst nach der Herzensbeschneidung (V. 6) bezeichnet die Wendung dann als ihre selbstverständliche Folge in V. 8 und 10 das tatsächliche Halten der in der deuteronomischen Tora aufgezeichneten Gebote und Satzungen im Land, verbunden mit Segen im Überfluss (V. 9).

Nach dem Bruch des Moabbundes – „weil sie angefangen haben, anderen Göttern zu dienen und sich vor ihnen niederzuwerfen" (29,25) – brachte JHWH „den ganzen in der Tora verzeichneten Fluch" über das Land und warf Israel in ein anderes Land (V. 26 – 27). Zwar blieb Gott frei, die performativen Fluchworte Moses eintreffen zu lassen. Doch sind „alle diese Worte", nämlich der von Mose in Kap. 28 vorgelegte „Segen und der Fluch", an den 30,1 – 10 anschließt, nach V. 1 eingetroffen. Israel hat keinen Rechtsanspruch auf eine neue, bessere Zukunft, Gott bleibt auch nach dem Gericht frei zu Erbarmen und Zuwendung (vgl. V. 3). Aber sie wird damit einsetzen, dass sich Israel die vergangenen Erfahrungen zu Herzen nimmt und zu seinem Gott JHWH umkehrt (V. 1b-2). Durch die Beschneidung Herzens der Verbannten und aller künftigen Generationen wird Gott eine radikale innere Er-

---

125 *E. Ehrenreich*, Leben (s. Anm. 96) 118 – 121.

neuerung und damit die innere Voraussetzung für die Liebe zu ihm schaffen und mit ihr ein erfülltes Leben (V. 6).[126] Kann nämlich das Hauptgebot befolgt werden (vgl. 6,5), dann auch seine gesellschaftliche Konkretisierung in den Bestimmungen der Tora. Diesem Gehorsam aber ist reicher Segen Gottes zugesagt (30,10 als Begründung für V. 9). Dieses „Gebot" des Moabbundes geht dann „nicht über deine Kraft" (V. 11), das „Wort" ist in Mund und Herz ganz nahe und kann immer gehalten werden (V. 14). Das Heil Israels bleibt in der angenommenen Gnade verankert. Ein Rekurs auf den Abrahams- bzw. Väterbund oder ein weiterer Bundesschluss sind unnötig. Die Entscheidungssituation, in die Israel nach 30,15–20 gestellt ist, gehört zum „heute" in Moab zu schließenden Bund. Der letzte Artikel dieses Buches wird das Verhältnis des Moabbundes zum Neuen Bund Jeremias 31,31–34 behandeln.

4 Der Epilog der Heiligkeitsgesetzes – ein Sieg des priesterschriftlichen Väter-Bundes über den deuteronomistischen Sinai-Bund? (Lev 26,40–45)[127]

Der Moabbund unterscheidet sich von dem Modell, mit dem am Ende des Heiligkeitsgesetzes Lev 26,40–45[128] den Bundesbruch und das Exil theologisch bewäl-

---

126 *P. A. Barker*, Triumph (s. Anm. 88) 166: „Just as ‚love' sums up the demands of Deuteronomy, so ‚life' sums up its blessings."

127 Mit dieser Formulierung resümiert *J. Jeremias*, Theologie (s. Anm. 51) 318, das Ergebnis seiner Exegese von Levitikus 26, vor allem der V. 40–45. „Ersterer ist nur in Gott begründet und damit unauflöslich; letzterer erwartet Israels positive Antwort auf Gottes Nähe und die Erfahrung seines Heils und ist daher fragil." (Ebd.). Jeremias beobachtet eine ähnliche Logik auch im Gedankengang von Deuteronomium 4, „der möglicherweise als Vorbild für Lev 26,40ff gedient hat". Auch hier reagiert Gott auf die Umkehr des bundesbrüchigen Israel mit Barmherzigkeit, die im Väterbund ihren Ausdruck fand (318f.).

128 Zur literarischen Einheit dieser Verse s. z.B. *Alfred Cholewinski*, Heiligkeitsgesetz und Deuteronomium. Eine vergleichende Studie (AnBib 66), Rom 1976, 124f. *Christoph Nihan*, Leviticus 26:39–46 and the Post-Priestly Composition of Leviticus. Some Remarks in Light of Recent Discussion, in: F. Giuntoli / K. Schmid (Ed.), The Post-priestly Pentateuch. New Perspectives on its Redactional Development and Theological Profiles (FAT 101), Tübingen 2015, 305–329, grenzt die Perikope mit 26,39–45 ab (309f.), betrachtet sie – eventuell mit Ausnahme von V. 42 – als einheitlich (313f.) und sieht sie als integralen Bestandteil von Kap. 26 (314–317).

tigt.[129] Zunächst besagt dieses „heilsgeschichtliche Schlusswort": Schon in der Gründungszeit Israels

> seien das Scheitern, die Strafe und der Neuanfang nach Reue und Bekenntnis mit einkalkuliert worden. Nur auf diese Weise kann der ethische Anspruch der Gültigkeit der göttlichen Weisung aufrechterhalten bleiben und zugleich das Scheitern der Menschen an dieser Weisung aufgefangen werden, sodass weder das Fehlverhalten der Menschen an ihren endgültigen Untergang führt noch die Barmherzigkeit Gottes das sittliche Tun der Menschen irrelevant macht.[130]

In der fiktiven Zukunft, wenn der Rest Israels wegen der eigenen Schuld und der Sündenlast seiner Vorfahren im Feindesland „dahinsiechen" wird, kann sich – im Unterschied zu Deuteronomium 28 – das Schicksal der „Übriggebliebenen" ändern, wenn sie sich zu ihrer Schuld verhalten (Lev 26,40–41). Während nach der Prophetie Moses in Deuteronomium 4 und 30 die unter die Völker Zerstreuten aufgrund göttlicher Initiative zu JHWH umkehren und auf seine Stimme hören werden, werden sie nach der Voraussage Gottes selbst in Levitikus 26 zunächst von sich aus ihre Treulosigkeit ihm gegenüber bekennen (V. 40) und die Exilsleiden als deren gerechte Folge annehmen: „Ihr unbeschnittenes Herz muss sich dann beugen und für ihre Schuld müssen sie Genugtuung leisten." (V. 41).[131] Angesichts dieses Wandels bedarf es offenbar keiner ausdrücklichen Vergebung Gottes mehr. Dagegen muss nach Dtn 30,6 schon Gott selbst das Herz beschneiden, damit sich Israel bekehren kann und Gott sein Schicksal wendet. In Lev 26 äußert sich Gottes Gnadenhandeln in seinem „Gedenken des Bundes", das die V. 42–45 rahmend umschließt. Zunächst wird JHWH seines Bundes mit den Erzvätern wie auch des Landes „gedenken" (wᵉzākartî) (V. 42). Im betontem Gegensatz zu Israel, das „Gottes Satzungen verabscheut, seine Rechtsentscheide verworfen und seinen Bund gebrochen hat" (V. 15 und 43) – was wegen dieser Verpflichtungen Israels nur der Bund vom Sinai sein kann –, hat Gott das Volk „nicht verworfen", „nicht verabscheut" und „seinen Bund mit ihm nicht gebrochen" (V. 44). Wie in Dtn 4,31 widerspricht also das Verhalten Gottes ausdrücklich den Vergehen Israels. Weil Gott in Lev 26,44 gegen-

---

129 Vgl. zum Folgenden die jüngste Zusammenfassung durch *W. Groß*, Bundestheologie (s. Anm. 35) 54–59.
130 *Thomas Hieke*, Levitikus. Zweiter Teilband: 16–27 (HThK.AT), Freiburg i.B. 2014, 1091.
131 „Die Gnade Gottes respektiert die freie Entscheidung des Menschen für Gut oder Böse; niemand wird gegen seinen Willen gerettet. Das unterstreicht dieser Abschnitt in Levitikus mit seiner Betonung des Bekenntnisses. Freilich weiß die Bibel auch, dass der freie Wille des Menschen durchaus der Unterstützung durch Gott bedarf, um sich wieder Gott und dem Guten zuzuwenden. Daher spricht Dtn 30,6 davon, dass Gott das ‚unbeschnittene Herz' (Lev 26,41!) beschneiden wird ..." (*Th. Hieke*, Levitikus 16–27 [s. Anm. 130] 1092).

läufig zum Bundesbruch Israels handelt, kann der Bund, den er nicht bricht, nur der Sinaibund sein. V. 45 unterstreicht schließlich, dass Gott des „Bundes mit den Früheren, die (*bᵉrît riʾšonîm ᵃšær*) ich aus dem Land Ägypten vor den Augen der Nationen herausgeführt habe", „gedenken" (*wᵉzākartî lāhæm*) will, „um ihr Gott zu sein". Dieser Bund ist der Sinaibund und nicht der Patriarchenbund.[132] Denn diese *bᵉrît* unterscheidet sich von der *bᵉrît* mit Jakob, Isaak und Abraham (V. 42), weil sie die Exodusgeneration[133] betrifft (V. 45).[134] Auch nach Dtn 29,24 hat „JHWH, der Gott

---

132 Diese Auslegung vertreten z. B. *J. Milgrom*, Leviticus 23–27 (s. Anm. 3) 2338 f.; *Th. Hieke*, Levitikus 16–27 (s. Anm. 130) 1097; *Chr. Nihan*, Leviticus 26:39–46 (s. Anm. 128) 321–324. Nihan plädiert dafür, auch die Unterschrift V. 46 noch als Inhaltsangabe zu V. 45 zu nehmen: „Das sind die Gesetze, Rechtsentscheide und Weisungen, die JHWH zwischen sich und den Israeliten auf dem Berg Sinai durch Vermittlung Moses gegeben hat." (V. 46). (324–327). Im Unterschied zu früheren Publikationen stimmt jetzt auch *W. Groß*, Bundestheologie (s. Anm. 35) 58, dem „auf Grund unkomplizierterer Analyse der Syntax" sich abzeichnenden Konsens zu, dass der Sinaibund gemeint ist. Damit fällt die These vom Sieg des Väterbundes und seiner Verlässlichkeit, dessen Verheißungen schon beim Exodus aus Ägypten erfahren worden seien (gegen *J. Jeremias*, Theologie [s. Anm. 51] 318).

133 *Jan Joosten*, Covenant Theology in the Holiness Code, in: ZAR 4 (1998) 145–164, 157, erklärt den Bezug auf die Vorfahren mit einem für das Heiligkeitsgesetz charakteristischen Perspektivenwechsel von seinen fiktiven Adressaten in der Wüste zu dem wirklich angesprochenen Auditorium späterer Generationen. Für sie sind die aus Ägypten Befreiten „die Früheren" (*riʾšonîm*). Mit ihnen hat JHWH einen Bund geschlossen. Nach Joosten lasse sich daraus auch folgern, „it is precisely this new relationship established at the Exodus which is called a *bᵉrît*" (ebd.). Die Bundeskonzeption unterscheide sich somit von jener des Deuteronomiums. Nach *J. Milgrom*, Leviticus 23–27 (s. Anm. 3) 2339, beziehe sich *riʾšonîm* auf die Generationen beider Bundesschlüsse. Nach *Erhard S. Gerstenberger*, Das 3. Buch Mose Leviticus (ATD 6), Göttingen 1993, 393, ist die Sinaioffenbarung „eigentlich konstitutiv für den Bund […]. Weil aber unser Text mitten in die Sinaiperikope hineingeschrieben ist, also literarisch im Kontext der Bundesverhandlungen steht, konnten die späteren Überlieferer sich nicht auf den Bundesschluss unter Mose berufen. Sie wollten und mussten weiter zurückgreifen, um die Bindung Jahwes an sein Volk und umgekehrt zu belegen."

134 „Der hier angedeutete Bund mit den Vorfahren, d. h. mit der Generation, die die Herausführung aus Ägypten erlebt hat (V. 45abα), gehört ja nicht zu den Ideen der [priestergeschichtlichen] Grundschrift. Diese versteht den Auszug und das Sinaiereignis nicht als Bund, sondern als Verwirklichung des mit Abraham geschlossenen Bundes (vgl. Ex 6,2–6). Das Heiligkeitsgesetz scheint nun in 26,45 die entgegengesetzte Meinung zu vertreten. Diese Schlussfolgerung verstärkt sich, wenn wir zum Abschnitt 40–45 noch den V. 46 hinzuziehen." (*A. Cholewinski*, Heiligkeitsgesetz [s. Anm. 128] 126). Nach *J. J. Krause*, Bedingungen (s. Anm. 1) 103–105, erschließe sich der Bund in V. 46 „zwanglos aus der genuin priesterlichen Darstellung, nach der Jhwh seinen Bund bereits mit Abraham, aber eben nicht mit Abraham allein schließt" (104). Dazu beruft sich Krause allerdings zu Unrecht auf die eben zitierte Feststellung von Cholewinski. Ebenso wenig ergibt sich eine solche Folgerung als „unzweideutige Implikation" aus der Vätertrias in V. 42: „Wie von Isaak und Jakob ohne Umstände gesagt werden kann, dass sie im Bund mit Jhwh stehen, so auch von den Israeliten zur Zeit des Exodus." (104). Vor allem aber könne nach Krause nicht nur der Sinaibund bzw. der deuteronomisch-deuteronomistische Bundestyp aufgrund der enthaltenen Verpflichtungen durch den Ungehorsam Israels gebrochen werden (vgl. V. 15 und 44). Vielmehr sei auch die priesterliche

ihrer Väter, mit ihnen [den Israeliten] einen Bund geschlossen, als er sie aus dem Land Ägypten führte".

In Lev 26,42–45 bleiben beide Bundesausprägungen in Kraft – der Väterbund, dessen JHWH nur gedenkt, und der Sinaibund, den Israel gebrochen, JHWH aber nicht gebrochen hat und dessen er ebenfalls gedenkt. Sie ergänzen einander, wobei der Väterbund die Landverheißung, der Sinaibund das Versprechen Israels, die Satzungen und Rechtsentscheide zu befolgen, akzentuiert. Weil also Gott[135] nach dem Sündenbekenntnis Israels sowohl des Väterbundes als auch des Sinaibundes gedenkt und auf diese Weise als Bundespartner handelt, verschmelzen die beiden Bünde in der Vorstellung eines einzigen umfassenden Bundes. Er gleicht aufgrund seiner bedingten Gesetzesgehorsamsforderungen und weil er von Israel gebrochen werden kann, dem deuteronomisch-deuteronomistischen Sinai-/Horebbund. Zugleich aber stimmt er auch mit dem ewigen priesterschriftlichen Bund mit Abraham überein, weil er durch JHWHs souveräne Bundestreue diesen Bedingungen letztlich enthoben ist und nicht gebrochen werden kann. Welche Zukunft dieses Bundesgedenken JHWHs den Verbannten eröffnet, bleibt allerdings ebenso offen wie die Möglichkeit, dass Israel den Bund von neuem brechen wird. Diese Bundeskonzeption spricht weder von Heimkehr noch geht sie auf die Gesetze und ihre Geltung ein. Ganz anders dagegen Dtn 30,1–10. Nach der Beschneidung des Herzens, dem für die Wende des Exils entscheidenden JHWH-Handeln, schildert Mose in immer weiter zurückgehenden Begründungen, was sich dann ändert, wenn Israel wieder sein Land in Besitz nehmen und dort glücklicher und zahlreicher als zuvor leben wird. „Mose sagt nicht, von der Wende im Exil an werde Israel neu *verpflichtet* sein, die deuteronomischen Gesetze zu beobachten. Er sagt, Israel *werde* sie beobachten, und damit ist die Fortdauer ihrer Geltung im Land, in das Israel heimgekehrt ist, wie selbstverständlich *vorausgesetzt*. Nur hier im ganzen Pentateuch wird so etwas gesagt. Aber die Aussage steht an prominentem Ort. Sie bezieht sich direkt allein auf die deuteronomische Tora. Diese wird nach der Heimkehr gelten und verwirklicht werden."[136]

Konzeption des Bundes JHWHs mit Israel – so die These seiner Monographie – konditional strukturiert. Werde doch die „Spitzenformulierung" vom „ewigen Bund" in der priesterlichen Überlieferung „gerade unter Bezug auf die Bundes*verpflichtungen* Israels gebraucht" (105).

135 Zum Folgenden vgl. *W. Groß*, Bundestheologie (s. Anm. 35) 58 f.

136 *Norbert Lohfink*, Prolegomena zu einer Rechtshermeneutik des Pentateuchs, in: Studien zum Deuteronomium V (s. Anm. 26) 181–231, 215.

Die Ethik des Deuteronomiums

Dieser Artikel führt in die ethischen Auffassungen des Deuteronomiums ein. Er bietet eine Gesamtschau auf Endtextebene und arbeitet bewusst synchron, schließt also entstehungs- und redaktionsgeschichtliche Fragen aus.[1] Auch intertextuelle Vergleiche mit den anderen Rechtskodizes des Pentateuchs müssen im vorgegebenen Rahmen ausgeklammert werden.[2] Im Folgenden charakterisiere ich zunächst die jüngsten Darstellungen der Ethik des Alten Testamentes und skizziere vor diesem Hintergrund, wie ich ihnen gegenüber meinen eigenen Beitrag anlege.

1 Zu Forschungsgeschichte und Methodik

Nach Frank Crüsemann kann „unbeschadet des historischen Abstandes allein die Tora die Grundlage einer biblisch orientierten christlichen Ethik sein". Allerdings

Für + Gerhard Lohfink.

Ich danke Norbert Lohfink SJ und Ingeborg G. Gabriel für ihre kritische Lektüre des Manuskripts.

Dieser Artikel bietet das deutsche Originalmanuskript, das der englischen Erstveröffentlichung zugrunde liegt: Georg Braulik, Deuteronomy's Ethics. Deuteronomy – Outside the Box. Equinox eBooks Publishing, United Kingdom. 2025. https://www.equinoxpub.com/home/view-chapter/?id=45182. *Date accessed: 09 Mar 2024 doi: 10.1558/equinox.45182. Jul 2025.* Sie weicht davon aber in mehrfacher Hinsicht ab. Denn sie erlaubte aufgrund des Reihenformats weder Anmerkungen noch deutsche Zitate. Sie fasste den „methodischen Zugang" (Kap. 1) kurz zusammen und kürzte den ursprünglichen Text auch an anderen Stellen oder formulierte ihn relativ frei um. Außerdem zwang der vorgesehene Umfang der englischen Monographie dazu, die Themen deuteronomischer Ethik in der Einzelgebotssammlung auf wichtige Beispiele zu beschränken. Diese Auswahl von Kap. 6 wurde angesichts der Länge des Beitrags auch für die folgende deutsche Fassung übernommen.

1 „Ethische Argumentation im Kontext von Theologie und Kirche muss an kanonisch anerkannten Texten nachvollziehbar sein." Vorausgesetzt ist damit, „dass auch komplexe Komposittexte wie der Pentateuch trotz der Spannungen und Brüche seiner literarischen Kohärenz sinnvoll als zusammengehörige literarische Gesamtgestalten gelesen werden können." (Markl, Israels Moral, 324 Anm. 3).

2 Eine Übersicht über die gegenwärtige Forschung am Deuteronomium und die exegetischen Voraussetzungen, von denen ich ausgehe, finden sich in Braulik, Buch. Um die Darstellung zu entlasten, verzichte ich im Folgenden auf eine breite Diskussion divergierender Meinungen. Stattdessen verweise ich auf eigene Veröffentlichungen, wo eine detaillierte Auseinandersetzung mit einzelnen Problemen erfolgt und die entsprechende exegetische Literatur besprochen wird. Ich ergänze sie aber in diesem Beitrag durch die jüngsten Publikationen.

https://doi.org/10.1515/9783111484754-013

ist sie „nicht für die Menschheit, sondern für Israel formuliert"[3]. Im Deuteronomium wird die Ethik der Gesetze als Auslegung des Dekalogs, der Urkunde des Sinai-/Horebbundes, von Mose verbindlich vermittelt und kann durch einen „Propheten wie Mose" immer wieder aktualisiert werden. Dieser Geltungsanspruch unterscheidet sich wesentlich von Auffassungen, denen zufolge „dem biblischen Ethos lediglich illustrative Kraft zukommt", somit von den „meisten gegenwärtigen systematischen Tugendethiken bzw. autonomen Moralen, die sich zunächst ausschließlich auf die sittlich autonome Vernunft oder ethische Rationalität beschränken"[4]. Doch lassen sich auch bei einer alttestamentlichen Ethik verschiedene Typen angeben, die jeweils an andere hermeneutische und methodische Grundentscheidungen gebunden sind, und daraus ihren Schriftgebrauch ableiten.[5] Deshalb muss ich zunächst mein Thema präzisieren.[6]

Was ich untersuche, ist kein geschichtlich gelebtes Ethos. Ich rekonstruiere also nicht die Sittengeschichte einer bestimmten Epoche, obwohl ethische Normen des Deuteronomiums zur Bewältigung konkreter sozialer und wirtschaftlicher Verhältnisse verfasst wurden und auf sie Einfluss nehmen wollten. Vielmehr be-

---

3 Crüsemann, Tora, 424 f. Den „Ansatzpunkt für eine solche Hermeneutik" sieht Crüsemann „nirgends deutlicher und präziser formuliert als in Dtn 4,5 – 8" (425). Ich komme später darauf zurück. Zu Modellen des Bezugs christlicher Ethik auf die Hebräische Bibel s. z. B. Segbers, Hausordnung, 40 – 43, zur Tora als Grundlage theologischer Ethik vgl. 99 – 144.

4 Frevel, Orientierung, 21. Nach Noichl, Ethische Schriftauslegung, 16, habe man den Eindruck, „daß der biblische Teil solcher Gesamtdarstellungen einem bereits systematisch entwickelten Teil aufgesetzt wird und diesen im Sinn einer exemplarischen Ausfaltung christlicher Sittlichkeit eher bestätigt als begründet." Auch habe die Diskussion „zwischen den Polen einer ‚Autonomen Moral' einerseits, die ein in der Schrift begründetes inhaltliches Sondergut christlicher Sittlichkeit im Bereich des sogenannten ‚Weltethos' bestritt, und einer ‚Glaubensethik' andererseits, die ein solches Sondergut herauszustellen versuchte", noch zu keinem allseits anerkannten Ergebnis geführt (17). Nach Schockenhoff, Grundlegung, 47 f, gehe es angesichts der ethischen Perspektive biblischer Texte bei der Reflexion der theologischen Ethik um einen „hermeneutischen Vorgang, der sich als schöpferischer Übertragungsprozess nach dem Modell einer ‚analogen Imagination' beschreiben lässt [...], die sie jedoch nur auf der Basis gesicherter exegetischer Erkenntnisse erbringen kann" (48).

5 Vgl. z. B. die auf der Grundentscheidung zwischen historisch-deskriptiven und konstruktiven Ansätzen beruhenden „Modelle" einer Ethik *des* Alten Testaments, *im* Alten Testament, *aus* und *mit* dem Alten Testament bei Frevel, Orientierung, 17– 22. Allerdings bleibt „auch innerhalb der Rekonstruktion einer Ethik des [Alten Testaments bzw.] im Alten Testament die Notwendigkeit zur theologischen Systematisierung und hermeneutischen Reflexion" bestehen (Erbele-Küster, Orientierung, 288). Zu den Aufgaben ethischer Schriftauslegung s. auch Noichl, Ethische Schriftauslegung, 38 – 45, zu ihrer Methode, ebd., 189 – 213.

6 Vgl. Erbele-Küster, Ethik, 2 – 7, die ihre anhand methodischer und hermeneutischer Kriterien strukturierte „Typologie der Entwürfe einer Ethik des Alten Testaments" exemplarisch am Deuteronomium veranschaulicht.

schreibe ich die ethische Pragmatik des „fünften Buches Mose", somit Resultate ethischer Reflexionen[7], obwohl der sozial- und literaturgeschichtliche Ort ihrer Aussagen umstritten ist. Mein Artikel unterscheidet sich von der vor allem für evangelikale Leserschaft verfassten Monographie „Now Choose Life. Theology and Ethics in Deuteronomy" von *J. Gary Millar* (1998).[8] Sie untersucht die Ethik des Deuteronomiums anhand der Stichwörter „Bund", „Reise", „Gesetz", „Völker" und „menschliche Natur" und verfolgt sie jeweils auf Endtextebene des Buches, seiner Rahmenteile und / oder des Rechtskodex. Die Auslegung wird jedoch moderner Exegese nicht gerecht. *John Barton* betitelt seine Studie bewusst „Ethics *in* Ancient Israel" (2014) und erwähnt dabei nicht die Hebräische Bibel. Denn er behandelt historisch beschreibend bestimmte Themen ethischen Denkens aus der israeliti-schen Gesellschaftsgeschichte, die er anhand moderner anthropologischer Frage-stellungen auswählt. Barton ist überzeugt, „the documents we have from ancient Israel do not portray ethical obligation exclusively in terms of obedience to the declared will of God". Obwohl es ihm nicht um die Relevanz biblischer Ethik geht, ist er davon überzeugt, „that there was critical reflection on moral issues in ancient Israel [...] that Israelite thinkers did put forward general claims about how a well-lived life was to be understood, and how moral norms were grounded"[9]. Während sich Barton auf bestimmte Felder materialer Ethik einer „moral philosophy" be-schränkt, bezieht sich mein Aufsatz nicht auf ethische Spitzenthemen des Deute-ronomiums und ihre Relevanz für moderne Diskurse oder aktuelle Problemstel-lungen. Er befragt das Buch vielmehr nach ethischen Implikationen und versucht, sie trotz einer begründeten Auswahl in ihrer theologischen Systematik darzustel-len. Die Beschränkung auf das Deuteronomium als einen relativ geschlossenen Teilbereich alttestamentlicher Ethik ist heute nicht mehr ungewöhnlich. Die Ab-grenzung als eigene Untersuchungseinheit findet sich auch in der „Theologische(n) Ethik des Alten Testaments" (1994) von *Eckart Otto* und in „Der Weg zum Leben.

---

7 Nach Schockenhoff, Grundlegung, 23, meint Ethik die „Reflexionsform der Moral oder die theo-retische Beschäftigung mit moralischen Fragen, während Moral das gelebte Ethos von Individuen oder gesellschaftlichen Gruppen bezeichnet".

8 „The evangelical focus of this volume presupposes the acceptance of a specific Protestant Her-meneutic of Deuteronomy as a guide to contemporary ethical praxis. [...] Now Choose Life does not speak the language of professional ethics." (Holloway, Review, in: JNES 66 [2007] 306).

9 Barton, Ethics, 12 f. Vgl. Soethe, Ethos, 257–281, die bei ihrer „Vermittlung alttestamentlicher Ar-gumente in die ethische Grundlagendiskussion der Gegenwart" von drei ausgewählten modernen Problemkreisen – der Bedeutung von Erfahrung für sittlich qualifizierte Urteilsfindung, der Kom-munikabilität von Ethos als in Glauben eingebundenem Ethos und der Problematik der Autonomie – zurück ins Alte Testament fragt.

Ethik des Alten Testaments" (2017) von *Rainer Kessler*.[10] Zwar divergieren diese
beiden jüngsten deutschsprachigen Ethiken des Alten Testaments in Konzept und
Beschreibung, bieten aber innerhalb ihres Gesamtentwurfs jeweils ein eigenes
Kapitel über die Ethik des Deuteronomiums. Deshalb ein paar kurze Bemerkungen
zum Spezifischen beider Monographien als Hintergrund für meine eigene Darstellung.

Die „Theologische Ethik" *Ottos* ist vor allem kulturgeschichtlich deskriptiv angelegt. Sie hat „ihr Thema in den expliziten Normensystemen des AT und ihrer
Geschichte" und könne nur in „ihrer inneralttestamentlichen Rezeptionsgeschichte" dargestellt werden.[11] Otto beschreibt deshalb die deuteronomische Gesellschaftsordnung vom spätvorexilischen Rechtskodex bis zum Entwurf des nachexilischen Neuen Israel, und zwar auf der Grundlage seiner literarhistorischen
Analyse nach ihren verschiedenen Redaktionen und ethischen Profilen.[12] Denn – so
die Hauptthese – im Bundesbuch und im Grundbestand des Deuteronomiums habe
sich das Ethos aus dem Recht entwickelt, sei theologisch legitimiert und sankti-
onslos.[13] Dadurch unterschieden sich auch biblische von mesopotamischen
Rechtsvorstellungen. Ich komme auf das Verhältnis von Recht und Ethos noch zurück. Zunächst aber ist kritisch anzumerken: Die Plausibilität der vorausgesetzten
literar- und redaktionskritischen Analyse Ottos ist durchaus diskutabel, sodass
rechtshistorisch vieles hypothetisch bleibt. Vor allem aber lässt sich die Ethik des
Alten Testaments nicht auf Regelungen sozialen Handelns in Rechts- und Weis-
heitstexten beschränken. Im Deuteronomium ist die Sammlung der Einzelbestimmungen strukturell mit narrativen Rückblenden und mit Paränesen[14] des ersten

---

10 Einen Überblick über die moderne Forschung im angelsächsischen und deutschsprachigen
Bereich bieten Otto, Law and Ethics, und Kessler, Strange Land. Zur Ethik eines einzigen alttestamentlichen Buches vgl. z.B. James, Ethics of the Psalms.
11 Otto, Ethik, 10 und 12.
12 Otto, Ethik, 175–208. Anschließend wird der Dekalog als „Zusammenfassung der Tora" untersucht (208–219).
13 Vgl. Otto, Ethik, 81–116. Allerdings geht es Otto nicht um eine Trennung von Recht und Ethos:
„Die Ausdifferenzierung des Ethos aus dem Recht wird begleitet von der Theologisierung des Rechts
als Integration des Rechts in die Überlieferung der Ethik, also als Unterstellung des Rechts unter den
Gotteswillen." (Otto, Tora, 907 Anm. 6).
14 Der in der Deuteronomiumsexegese etablierte Begriff „Paränese" wird uneinheitlich gebraucht.
Sie wird im Folgenden als ein unter den direktiven Sprechakten eigener Sprechakt aufgefasst: „Sie
will zwar den Hörer bewegen, etwas zu tun, aber durch eine Ermahnung zu richtigem Verhalten."
(Braulik, Gesetzesparänese, 272). Zu weiteren Differenzierungen im Sprachgebrauch von Paränese s.
ebd., 271–274. Es besteht allerdings ein Nuancenunterschied zwischen dem exegetischen und
ethischen Zugang zur Paränese. Denn nach Schüller, Begründung, gehe es der Ethik um die Frage,
was zu tun ist, während Paränese auf die Implementierung dieser ethisch normierten Bestimmungen ziele. Wo es kein Einverständnis über das sittlich oder rechtlich Geforderte gebe, sei „Ar-

Gebots verbunden. Erzählung und Recht sind also miteinander verwoben und von ethischem Interesse geleitet.[15] Sie erfüllen füreinander komplexe Funktionen. Recht und Ethos durchdringen sich wechselseitig, die gesellschaftlichen Normen sind stets eingebettet in Theologie, speziell in die des Volkes Gottes. Das heißt: Es müssen die verschiedenen Sprachformen von Ethik[16] und theologischen Begründungen stets mitbedacht werden.

Weil die Schriftensammlung des Alten Testaments eine „Vielzahl von Ethiken" enthält, behandelt *Kessler* sie unter kanonischer Perspektive, näher hin nach Umfang und Leserichtung der Hebräischen Bibel. Sie bewahrt sowohl Mehrstimmigkeit als auch Einheit der alttestamentlichen Ethik. Zusätzlich liefert Kessler Impulse für die Diskussion ethischer Fragen der Gegenwart – der Titel des Buches „Der Weg zum Leben" ist zugleich sein Programm.[17] Kessler strukturiert die Großerzählung des Pentateuchs nach einem „Zwei-Säulen-Modell": „Die narrativ entfalteten Themen Segen und Befreiung bilden die beiden Säulen, auf denen das Thema Gerechtigkeit ruht, das dann überwiegend in den Rechtsbestimmungen der Tora zur Sprache kommt."[18] Das Deuteronomium[19] wird aus dem Pentateuch als Buch abgehoben, weil die Gesetze am Gottesberg Horeb und im Land Moab verkündet wurden. Kessler skizziert seinen Aufbau und seine Entstehung. Anschließend be-

---

gumentation, und nicht Paränese am Platz" (17). Wolbert, Ethische Argumentation, 18 f, definiert Paränese als „die Weise ethischer Rede, die ein sittliches Gebot bzw. Verbot einschärft, [...] wobei immer vorausgesetzt ist, daß Subjekt und Adressat der Paränese in der Beurteilung der betreffenden Handlung übereinstimmen." Ihr stehe die „normative Ethik" gegenüber, wo diese Übereinstimmung nicht bestehe. Sie argumentiere deshalb inhaltlich, während Paränese im Hinblick auf inhaltlich Bekanntes appelliere. „Normative Ethik zielt auf die Erkenntnis des sittlich Richtigen, Paränese zielt auf das Tun des sittlich Guten. Paränese zielt auf den sittlichen Wert, normative Ethik bestimmt, welche sittlichen Werte anzustreben sind." (39) Nach Noichl, Ethische Schriftauslegung, 99, lässt sich allerdings eine solche Trennung im Blick auf die Bibel nicht strikt durchhalten.

15 Was Markl, Israels Moral, 325 f, für die „narrative Rechtshermeneutik" des Pentateuchs schreibt, gilt auf spezifische Weise auch für das Deuteronomium. „Die Erzählungen setzen sich meist implizit mit ethischen Fragestellungen auseinander, während viele Rechtstexte ethische Normen ausdrücklich entfalten." (326). Erzählungen aus der Ursprungsgeschichte wie die Herausführung aus der Sklaverei Ägyptens oder Offenbarung und Bundesschluss am Horeb sind als Begründung der geschichtlichen Identität Israels für ethische Haltungen grundlegend. (Ebd.)

16 Vgl. z.B. die Redeformen des Rechts und der Ethik bei Schwienhorst-Schönberger, Recht, 63–67.

17 Vgl. die „Prolegomena" 25–80, die Kesslers Artikel „Was ist und wozu brauchen wir eine Ethik des Alten Testaments?" entfalten. Nach Krüger, Wer weiß, 259, dient das Alte Testament „als ein ethisches Lernbuch, an dem die Wahrnehmung moralischer Probleme und deren kritische Reflexion exemplarisch eingeübt werden können und das zu weiter gehender ethischer Reflexion und Diskussion anstößt."

18 Kessler, Ethik, 89. Nach Soete, Ethos, ist die „Ethik *im* Alten Testament" heilsgeschichtlich in Rettung und JHWH-Bund grundgelegt (vgl. Teil II, insbesondere Ethos, 61–74).

19 Kessler, Ethik, 243–267.

spricht er in einem kurzen Durchgang vor allem die Einzelgesetze im Lesegefälle des Rechtskodex. Die deuteronomische Ethik enthalte eine „Option für die Armen"[20]. Den wichtigsten Beitrag des Buches zu modernen ethischen Problemstellungen sieht Kessler im „Segen als Grundlage und Ziel, Gerechtigkeit als Bedingung einer ökologisch-sozial ausgerichteten Wirtschafts- und Sozialethik"[21]. Darüber hinaus berücksichtigt die anschließende Darstellung Kesslers aber auch die Ursprungserzählungen Israels, die Offenbarung und Verkündigung der Rechtsdokumente und das komplexe Sinngefüge der Bundesschlüsse, in das sie eingebaut sind.

Zuletzt hat sich *Kessler* auch ausführlich mit Grundfragen von „Recht und Ethos" auseinandergesetzt.[22] Die beiden Begriffe lassen sich im Hebräischen nur schwer voneinander abgrenzen. Zwar werden *tōrāh, miswāh* und *ḥoq* für gesetzliche Bestimmungen verwendet, umschreiben aber auch den Bereich von Sitte, Brauch oder Ethos. Dagegen ist *mišpāṭ[îm]* im juristischen Bereich verwurzelt und steht als Äquivalent für „Recht". Für „Ethos, Brauch, Sitte" findet sich allerdings keine eindeutige Entsprechung. Auch die Satzformen führen nicht weiter. Deshalb betont Kessler bei der Abgrenzung von Rechtssätzen von Sätzen des Ethos gegen Otto, dass das antike wie moderne Recht sanktionslose Sätze und apodiktische Formulierungen kennt, die juristisch verbindlich sind. Ferner gilt die Unterscheidung nach Herkunft – göttliche Offenbarung bzw. Erfahrung und Vernunft – oder Zweck – Befolgen aufgrund angedrohter Sanktionen oder durch Einsicht und aus innerer Überzeugung – nur bedingt. Denn auch das Recht verlangt keinen „irrationalen Gehorsam". Für das Deuteronomium zum Beispiel ist „Gehorsam ... eine freie Willensentscheidung."[23] Zusammenfassend: „Es gibt einerseits einen Bereich des Ethos, in dem es umfassend um die Geltung von Normen und um moralische Einsichten geht. Daneben besteht ein Bereich des Rechts, das nach biblischer Vorstellung von Gott gesetzt ist und Gehorsam und Befolgung verlangt. Aber beide Bereiche sind nicht scharf getrennt. Dem Recht liegen moralische Grundsätze zugrunde, und als formuliertes Recht wird es in ethische Überlegungen und Motivierungen eingebettet, ohne seinen Rechtscharakter zu verlieren."[24]

---

20 Vgl. Markl, Israels Moral, 324, der durch eine Grundlegung der Ethik Israels im Pentateuch das Anliegen einer „Option für die Armen" unterstreichen und vertiefen möchte. Angesichts der Sklaven und Fremden im Pentateuch sei allerdings „die grundlegende ethische Haltung – von menschlicher Seite – zunächst nicht die ‚Option für', sondern die erinnerte ‚Identifikation mit'." (338).

21 Kessler, Ethik, 260–267. Ansätze einer bibeltheologischen Begründung einer Wirtschaftsethik, insbesondere in der Tora, beschreibt Segbers, Hausordnung, 166–207.

22 Kessler, Recht. Zur Verhältnisbestimmung von Recht und Ethik und drei identifizierten Modellen vgl. Schwienhorst-Schönberger, Recht, 67–81.

23 Erbele-Küster, Ethik, Punkt 3.1.

24 Kessler, Recht, 89. Ähnlich urteilen auch andere Autoren. Nach Soethe, Ethos, 119, drückt sich das Ethos in Form von tradiertem Recht aus. „Recht ist mithin aus dem Ethos heraus mitgesetzt und ihm

2 Wie das Deuteronomium „Ethik" versteht: „Wähle das Leben!"

Das Deuteronomium systematisiert erstmals verschiedene Traditionen der Verpflichtung Israels auf den ausschließlichen Dienst seines Gottes JHWH nach Art eines Lehensverhältnisses zwischen dem Herrn und denen, die sich ihm durch einen Vertrag, einen „Bund" (bᵉrît), anvertraut haben. In der Gesellschaft, die es entwirft, werden alle Lebensbereiche in dieses Gottesverhältnis hineingezogen. Nach der literarischen Fiktion des Buches konstituiert Mose „heute", an seinem Todestag, in Bet Peor im Ostjordanland eine Vollversammlung Israels (5,1; 29,1).[25] Denn die Übergabe seiner Leitung des Volkes an Josua erfordert eine Bestätigung des Horebbundes. Sie geschieht im Bundesschluss in Moab (28,69) unmittelbar vor dem Einzug ins verheißene Land und betrifft die verschiedenen Stände Israels, die sich vor Mose aufgestellt haben: „Anführer, Oberhäupter, Älteste und Listenführer, alle Männer, Kinder und Greise, Frauen und die Fremden vom Holzarbeiter bis zum Wasserträger" (29,9–10). Obwohl ein ausdrücklicher Zukunftsverweis fehlt, gilt der Moabbund auch für alle kommenden Generationen: „Ich [Mose] schließe ihn [den Bund] mit denen, die heute hier bei uns vor JHWH, unserem Gott, stehen, und mit denen, die heute nicht bei uns sind." (29,14). Die ganze Gesellschaft Israels ist als Partner des Gottesbundes in ihrer Differenzierung grundsätzlich Subjekt seiner Rechtsethik, also auch die Frauen, Kinder, Abhängigen und künftigen Nachkommen. Als letzter der Ritualtexte von Kap. 29–30 findet sich eine Vollzugsaufforderung, die eindringlich an Israel appelliert, sich für den Eintritt in den Moabbund zu entscheiden (30,15–20). Allerdings fehlt danach jede Andeutung, wie das Volk darauf reagiert; alles bleibt bewusst offen. Die Leser späterer Zeiten sollen in ihrer Si-

---

funktional zugeordnet. Es ist Ausdruck des Ethos mit der Funktion seiner Bewahrung. Das Ethos wiederum ist der begründende Sinnzusammenhang des Rechts und ihm somit voraus." Beide werden „noch einmal begründend zurückgebunden an die heilsgeschichtliche Erfahrung des Mitseins JHWHs" und unterliegen damit einem Lern- und Wandlungsprozess (Ethos, 119 und 120). Crüsemann spricht von einer „Einbettung von Recht in die umfassendere Frage der Geltung von ethischen Normen." (Tora, 228). Gegen Otto betont er: Das Spezielle an der Entwicklung in Israel sei nicht, dass ein Ethos aus dem Recht auswandere, sondern dass das sonst übliche Nebeneinander von Rechtsbestimmungen und weisheitlicher Ethik in einem einzigen Korpus vereint werde. Barton verweist darauf, dass das, was Gegenstand der Rechtsprechung wird, sich immer Einsichten verdankt, die man moralisch nennen sollte (Ethics, 16). Wenn Gesetze „the distillation of various moral insights, and the necessary conditions for a peaceful life in society" sind, ergebe sich für ihn: „It tends, I would suggest, to imply that Ethos actually underlies Recht, rather than being a development from it, which does differ from how Otto presents the matter." (Ethics, 22).

25 Braulik – Lohfink, Sprache, Kapitel 8, insbesondere 433–439.

tuation die richtigen Folgerungen daraus ziehen. Dieser rechtsrelevante Schluss-abschnitt erklärt in verdichteter Form, was die Ethik des Deuteronomiums implizit kennzeichnet. Obwohl die Rede Moses an die Großversammlung Israels mit 30,15–20 endet, sind die Verse der Fabel nach noch vor dem eigentlichen Ver-pflichtungsakt der Bundesschlusszeremonie anzusetzen. Sie lauten:

> [30,15] Siehe, hiermit lege ich heute das Leben und das Glück, den Tod und das Unglück vor dich hin,[26]
>
> [16] indem[27] ich dich heute eidlich verpflichte, JHWH, deinen Gott, zu lieben, auf seinen Wegen zu gehen und seine Gebote, Satzungen und Rechtsentscheide zu bewahren, und[28] dann wirst du leben und zahlreich werden, und JHWH, dein Gott, wird dich segnen in dem Land, in das du einziehst, um es in Besitz zu nehmen.
>
> [17] Wenn sich aber dein Herz abwendet und du nicht hörst, sondern dich verführen lässt, dich vor anderen Göttern niederwirfst und ihnen dienst –
>
> [18] heute erkläre ich euch: Dann werdet ihr ganz und gar weggetilgt werden; ihr werdet nicht lange in dem Land leben, von dem gilt: du wirst jetzt den Jordan überqueren, um einzuziehen und es in Besitz zu nehmen.
>
> [19] Ich rufe heute den Himmel und die Erde gegen euch als Zeugen an: Das Leben und den Tod lege ich vor dich hin, den Segen und den Fluch.
> Wähle also das Leben, damit du am Leben bleibst, du und deine Kinder,
>
> [20] indem du JHWH, deinen Gott, liebst, indem du auf seine Stimme hörst und dich an ihm festhältst; denn er ist dein Leben und die Fülle von Tagen deines Wohnens in dem Land, von dem du weißt: JHWH hat deinen Vätern Abraham, Isaak und Jakob geschworen, es ihnen zu geben.

Bei der geforderten Entscheidung geht es weder um Autonomie noch um Unter-werfung. Sie ist vielmehr Antwort auf die in der Geschichte Israels durchgehaltenen Treue JHWHs (29,1–8)[29] und nimmt das Volk durch das Vorrecht, frei zu wählen, für seine Zukunft in Verantwortung[30]. Der Nachdruck liegt auf der Entscheidung zwi-

---

26 Zu den mit „heute" verbundenen, explizit deklaratorisch-performativen Äußerungen in den V. 15, 16, 18 und 19a s. Braulik – Lohfink, Sprache, 80 f und 93.

27 Im Masoretentext fehlt der in der Septuaginta vorausgehende Bedingungssatz (vgl. 11,27), doch bietet er in 30,16 wegen der erwarteten Parallelgestalt von Segen und Fluch die *lectio difficilior* (s. Braulik – Lohfink, Sprache, 74 Anm. 173). Somit ist nur die Fluchaussage in 30,18 konditional for-muliert. Dadurch wird die Warnung vor dem Tod hervorgehoben.

28 Der Text drückt keinen notwendigen Folgezusammenhang aus. Es gibt nur eine Juxtaposition von „ich" und „du" und schließlich noch JHWH als Hauptagenten.

29 Braulik, Horebbund, 19–29.

30 Zum Zusammenhang zwischen „Verantwortung für Getanes" und „Verantwortung für Zu-Tu-endes (sic)" vgl. Würthwein, Verantwortung, 9–13, zu Dtn 30,15 ebd., 35 f. Zum Begriff und seiner Karriere in der Ethik s. Reuter, Verantwortung. In 30,15–20 stehen zunächst Handlungen zur Wahl. Das von Mose in 30,15.19 vorgelegte „Leben", das sich darauf bezieht, steht also auf einer anderen Ebene als das in 30,20 abschließend mit JHWH identifizierte „Leben". Dieses personale Verständnis

schen „dem Leben und dem Glück" (*haṭṭôb*, „dem Guten") und „dem Tod und dem Unglück" (*hārāʿ*, „dem Bösen") (V. 15), wie sie in „Segen und Fluch" (V. 19) konkretisiert sind. Darin spiegelt sich die geschichtlich situierte Ethik des Moabbundes[31] zunächst „als Frage nach dem guten Leben, als Frage nach dem Glück" und als verbindliche Antwort darauf[32]. Ferner ist die Frage „Was sollen wir tun, um glücklich zu leben?" untrennbar verbunden (V. 16) mit dem Gebot der Liebe zu Gott, die mehr ist als Loyalität und die ausschließlich JHWH gilt. Die Alternative bestünde darin, sich zur Verehrung anderer Götter verführen zu lassen, mit der Folge, als Gesellschaft im Lebensraum des Landes zu scheitern (V. 17–18). Die abschließende Paränese präzisiert die Gottesliebe und den Gehorsam als „Handlungsemotionen"[33]: als „leben" bzw. „am Leben bleiben" (V. 19b), indem man „liebt", „auf die Stimme hört" und dem „anhangt", der „dein Leben" ist (V. 20). Das ethische Verhalten ist also affektiv mitbestimmt. Der Raum, in dem es sich verwirklicht, ist das Land, das zu schenken Gott schon den Patriarchen geschworen hat (V. 20). Der versprochene Segen ist somit letztlich der reinen Gnade des Vätereides, des Bundes mit den Patriarchen, geschuldet.

---

ergibt sich schon aus der Dynamik der V. 19–20: „Das Leben wählen bedeutet, JHWH zu lieben, auf seine Stimme zu hören und an ihm zu kleben – im Kontrast zum Dienst an fremden Göttern in v17. V20 gibt den letzten und tiefsten Grund dafür an: ‚Denn er ist dein Leben'." (Ehrenreich, Wähle das Leben, 54). Zu diesem Sprung von der Handlungseben auf die personale Ebene vgl. Jos 24,15.22 (ebd., Anm. 65).

31 Vgl. Kessler, Ethik, 21–23. In Anm. 2 verweist er zum „Verhältnis zwischen Glück und Gerechtigkeit als Zielen ethischer Reflexion und moralischen Handelns" auf Brumlik, Ethik, 28f. Brumlik orientiert sich beim Begriff von Ethik an Aristoteles, unterscheidet aber terminologisch zwischen „Moral – als der Frage nach der Gerechtigkeit – und Ethik – als der Frage nach dem guten Leben, von dem Gerechtigkeit selbstverständlich ein Teil ist" (28).

32 Der Anspruch des gelingenden Lebens stellt sich in einer theologischen Ethik angesichts der geschichtlich ergangenen Offenbarung und Selbstmitteilung Gottes, die als normatives Kriterium die Reflexion bestimmt. Dabei muss es nach Noichl, Ethische Schriftauslegung, 25, darum gehen, „den Begriff gelingenden Lebens, der für die sittlichen Weisungen der heiligen Schrift konstitutiv ist, in die dialektische Reflexion der Gegenwart hinein zu vermitteln. An diesem Punkt ist aber die systematische Moraltheologie an die exegetische Theologie verwiesen." Nach Schockenhoff, Grundlegung, 23f, fragt eine theologische Ethik „nach dem guten Leben und richtigen Handeln in der Perspektive des christlichen Glaubens und bedenkt die Konsequenzen für dieses Leben und Handeln" von der biblischer Offenbarung entnommenen letzten Vollendung des Menschen her. Ähnlich Noichl, Ethische Schriftauslegung, 37f. Zur Theologie des „Lebens" im Deuteronomium s. Markl, This Word.

33 Erbele-Küster, Gebotene Liebe. Hier gilt, was Joas, Bannkreis, 390, im Anschluss an Paul Ricœur für das Christentum betont: „eine subtile Dialektik von Liebesethos und Gerechtigkeitspathos …, die in keine der beiden Richtungen, weder im Sinne einer ‚akosmistischen Brüderlichkeitsethik' (Max Weber) noch einer universalistischen Moralphilosophie, aufgelöst werden darf."

30,15 – 20 stellt die „Reflexion über die Frage, was wir tun sollen", die Mose mit seiner Tora-Unterweisung vorgetragen hat, vor die existentielle Entscheidung zwischen Leben und Tod. Dabei verweisen das überlieferte Rechtsschema der Perikope, insbesondere das Anrufen von Himmel und Erde als kosmischer Zeugen bei der Vereidigung, und die Sanktionen von Segen und Fluch (30,19) auf die „Ethik der Bundestradition"[34]. Sie ist trotz der theonomen Tora (5,31; 6,1; 26,16) nicht fremdbestimmt, sondern von freiem wechselseitigem Verhalten geprägt: Was Gott von sich aus an Gutem anbietet, soll in Eigenständigkeit gewählt und in bewusster Zustimmung angenommen werden (30,15 – 16).[35] „Die Freiheit Israels ist eng verbunden mit seiner Verpflichtung, und diese beiden Gegensätze geben dem Gehorsam Israels sein besonderes Gepräge und seinen Wert. Im Bund geht es immer darum, in freier Entscheidung den Willen eines anderen zu erfüllen."[36] Diesen „Dialog-Charakter der Sittlichkeit des Bundes"[37] zeigt das „Protokoll des Moabbundes" in 26,17 – 19:

[26,17] Hiermit stimmst du heute der Erklärung JHWHs zu. Er erklärt dir: Er will dein Gott werden, und du sollst auf seinen Wegen gehen, seine Gesetze, Gebote und Rechtsentscheide bewahren und auf seine Stimme hören.

[18] Und JHWH stimmt hiermit heute deiner Erklärung zu. Du erklärst ihm: Du möchtest das Volk werden, das ihm persönlich gehört, wie er es dir zugesagt hat. Du willst alle seine Gebote bewahren; [19] er soll dich über alle Völker, die er geschaffen hat, erheben – zum Lob, zum Ruhm, zur Zierde –; und du möchtest ein Volk werden, das ihm, JHWH, deinem Gott, heilig ist, wie er es zugesagt hat.

Mose fasst den Inhalt des Vertrags zusammen, den Gott und Israel schließen, genauer: er beurkundet damit, was die zeitlich sofort erfolgenden Zustimmungserklärungen (vgl. 27,1 und 9 – 10) theologisch-juristisch besagen.[38] Nach ihrer kompli-

---

34 Vgl. L'Hour, Bundestradition; ferner z. B. van Oyen, Ethik; Testa, Morale.

35 „,Theonomie' soll gerade nicht eine blinde Unterwerfung unter ein heiliges Recht oder einen göttlichen Willen bezeichnen, sondern ein Innewerden der Verdanktheit der Freiheit. In solcher Hinwendung zu Gott als der Quelle meiner Freiheitsfähigkeit bleibt der Freiheitsanspruch ungeschmälert erhalten. Er ist allerdings insofern aus sich heraus verändert, als nun das freie Individuum nicht mehr auf die eigene Autonomie fixiert ist und das freie Kollektiv vor der Hybris der umfassenden Planung und Gestaltung aller Lebensbereiche bewahrt bleibt." (Joas, Bannkreis, 287). „Theonomie", wie man Gesetzgebung durch Gott bezeichnen kann, beabsichtigt geradezu „Autonomie" bzw. „Autonomie wird als Theonomie realisiert ..." (Assmann, Exodus, 395).

36 L'Hour, Bundestradition, 48.

37 L'Hour, Bundestradition, 47. Soethe, Ethos, 86, betont mit Blick auf menschliche Freiheit und den geschichtlichen Lernprozess des Volkes, „daß biblische Ethik gemäß ihrer Grundlegung im Alten Testament dialogische und progressierende Ethik sein muss, wenn sie nicht aus der dialogischen Grundstruktur des Bundes herausfallen soll."

38 Braulik – Lohfink, Sprache, 89 f.

zierten, aber klaren Rechtsstruktur in 26,17–19 „erklärt jeder Vertragspartner dem anderen, was er selbst als Verpflichtung zu übernehmen bereit ist und was er als Gegenleistung dafür vom anderen fordert. Der andere leistet einen Eid, die geforderte Vertragsleistung übernehmen zu wollen."[39] Wie altorientalische Parallelen erkennen lassen, wird das Gottesverhältnis Israels dabei in Analogie zu Staatsverträgen als „Bund" verstanden. Aber die Leistungen der Partner JHWH und Israel sind trotz der formal parallelen Akte völlig verschieden und das gestiftete Verhältnis ist keineswegs paritätisch. Dennoch gehören die Bundesformel „dein Gott – mein Volk", auf die sich Gott selbst verpflichtet, und der Gebotsgehorsam, auf den das Volk seinen Treueeid ablegt, nach dem Modell des Vertrags, des „Bundes", notwendig zusammen. Das Deuteronomium begründet die Pragmatik seiner „Glücksethik" also weder anthropologisch noch soziologisch, obwohl sie natürlich davon bestimmt ist, sondern heilsgeschichtlich mit der einzigartigen Beziehung zwischen JHWH und Israel, die als „Bund" (bᵉrît) bezeichnet wird (5,2–3; 29,11–13). Die persönliche Form der Anrede unterstreicht nochmals den Gesprächscharakter der Ethik.

Viele Texte des Deuteronomiums sind von Vorstellungen und Sprachformen dieser Theologie des Gottesbundes geprägt. Sie haben ihre Vorlagen in altorientalischen politischen Vertragsrechtstraditionen, insbesondere den hethitischen Vasallenverträgen und dem neuassyrischen Nachfolgevertrag Asarhaddons.[40] Nach einer kurzen Charakterisierung der Urkunden von Horeb- und Moabbund schließt die weitere Gliederung meines Artikels in lockerer Form an die Rechtsstruktur des Vertragsformulars an, das traditionell das Verhältnis des Großkönigs zu einem Vasallen regelte und auf das religiöse Verhältnis Israels zu seinem Gott übertragen wurde („Bundesformular").[41] Mit der aus dem Staatsrecht übernommenen Gattung des „Bundes" reflektiert das Deuteronomium das ethische Sinngefüge der Beziehung Israels zu seinem Gott. Die entscheidenden Elemente dieser Formalstruktur sind: die Geschichte früherer Wohltaten als Rechtsgrund der Ansprüche Gottes an die Gesellschaft Israels; dann die Paränese der Grundsatzerklärung, des „Hauptgebots", als „die grundlegende und alles Einzelne umfassende Haltung Israels vor seinem Gott"[42] und ihre Entfaltung in vielen Einzelbestimmungen als Möglichkeiten des jeweils richtigen Handelns; schließlich die damit verbundenen bedingten Se-

39 Lohfink, Bundesformel, 235 f.
40 Vgl. z.B. Lohfink, Hauptgebot; McCarthy, Treaty, 157–205; Weinfeld, Deuteronomic School, 59–178; Steymans, Vertragsrhetorik; Koch, Vertrag; Schmid, Politische Ethik, 160–164. Zum Beleg des Nachfolgevertrags Asarhaddons in Tell Tayinat und seinem Einfluss auf Dtn 28,20–44 unter König Joschija s. Steymans, Tell Tayinat; Ders., Rezension; Ders., Deuteronomy 13.
41 Lohfink, Hauptgebot, 108–112; L'Hour, Bundestradition, 10–12.
42 Lohfink, Hauptgebot, 112.

genzusagen eines guten, gelingenden Lebens für Vertragstreue bzw. die angedrohten Fluchsanktionen für Vertragsbruch.[43]

3 Die Bundesurkunde des Horeb- und Moabbundes

Die Bundesschlusszeremonie in Moab vollzieht erneut den Gründungsakt des Horebbundes (vgl. 5,2–3), überbietet ihn aber auch.[44] Sein Vertragsdokument bildet die verschriftete deuteronomische Tora (Kap. 5–28), die Gott am Horeb nur Mose mitgeteilt hatte (5,23–31). Sie verbindet den Dekalog (5,6–21), die Urkunde des Horebbundes, mit seiner Auslegung in „den Worten dieser Tora" bzw. im „ganzen Gebot" (6,1–26,16). Es besteht aus der Paränese des ersten Dekaloggebots, der „Hauptgebotsparänese" (6,1–11,32), und der Sammlung von Einzelgeboten (12,1–26,16). Im Folgenden beschränke ich mich auf das, was im Dekalog und seiner Kommentierung durch das Rechtsbuch für das Deuteronomium kennzeichnend ist.

3.1 Der Dekalog

Der Dekalog, die „zehn Worte" (4,13; 10,4), gilt zwar als eine „Summe des Gotteswillens",[45] darf aber nicht als umfassendes und allgemeingültiges Menschheitsethos missverstanden werden.[46] Auch lässt er sich weder historisch noch theologisch als zeitlos verbindlicher Sittlichkeitskatalog von seinen biblisch konkreten Aktualisierungen trennen. Wird der Dekalog in Exodus 20 durch das Bundesbuch (Ex 21–23) ausgelegt, so bildet er in Deuteronomium 5 ein Kompendium des anschließenden

---

43 Die Segens- und Fluchworte Moses klammere ich im Folgenden aus pragmatischen Gründen aus. Beide zielen ethisch auf das Verhalten Israels in der Bundesbeziehung, die Gott voraussetzungslos eröffnet hat und je neu aufrechterhält. „Wo das Deuteronomium Segen und Leben an das Halten der Gebote knüpft, lässt es menschliches Tun nicht gleichgültig sein für die Erfüllung der Segensverheißungen, sondern nimmt die Bundespartnerschaft des Gottesvolkes ernst. [...] Das bundestheologische Vorzeichen vor der Klammer der bedingten Segens- und Fluchankündigungen des Dtn wahrt die Unverfügbarkeit des göttlichen Segens ebenso wie es die Gesegneten in Pflicht nimmt, sich auch ihren Mitmenschen und Gott gegenüber als Gesegnete zu erweisen, d.h. dem empfangenen Segen zu teilen." (Frettlöh, Theologie des Segens, 229 f.)
44 Zur Verhältnisbestimmung von Horeb- und Moabbund vgl. Braulik, Horebbund; ohne Kenntnis dieses Artikels Versluis, Covenant.
45 Otto, Ethik, 215–219; dagegen Crüsemann, Bewahrung, z.B. 8 und 80.
46 Vgl. Dohmen, Freiheit.

deuteronomischen Gesetzes. Dabei unterscheiden sich der Dekalog und die anderen Gesetze wie der prinzipielle, wenn auch nicht unüberholbare Gotteswille einerseits und dessen wandelbare und zeitbedingte Konkretion andererseits.[47] Als ethische Kurzformel, die keine Vollständigkeit beansprucht, formuliert der Dekalog Grundregeln zur Bewahrung und Praxis der Freiheit, die Israel seiner Herausführung aus dem Sklavenhaus Ägypten durch JHWH verdankt.[48] Hinter dieser Chiffre steht die Möglichkeit, in Gemeinschaft mit seinem Gott auf eigenem Land wohnen und dessen Reichtümer ohne versklavende Arbeit genießen zu können. Der Dekalog markiert vor allem die Grenzen, die das Gottesverhältnis und die geschenkte Freiheit schützen. Von ihm nicht thematisiert werden die sozialrechtlichen Folgerungen für die klassischen *personae miserae* altorientalischer Gesellschaften. Sie werden nur bei der Arbeitsruhe am Sabbat berücksichtigt, finden aber in den Einzelgesetzen, die das Sabbatgebot kommentieren, volle Beachtung. Mit ihm hängen auch die meisten Unterschiede zwischen der Exodus- und Deuteronomium-Fassung des Dekalogs zusammen. Argumentiert Ex 20,11 schöpfungstheologisch mit dem Ruhen Gottes am siebten Tag, so sichert Dtn 5,15 das Nicht-Arbeiten am Sabbat für alle Familienmitglieder sowie für die Fremden und Sklaven (analog zur Existenz Israels als Gastbürger und Sklave in Ägypten) befreiungstheologisch und sozial-egalitär mit der Herausführung.[49] Der Tag der Arbeitsruhe, der hier als Sabbat bezeichnet wird, ist deshalb menschlicher Verfügungsgewalt entzogen – ein „Tag für JHWH", dessen Heiligung aber nicht kultisch bestimmt ist. Zugleich dient er auch der Identität Israels gegenüber seiner Umwelt: Er wird zum regelmäßig wiederholten Symbol der Befreiung aus der Knechtschaft Ägyptens und strukturiert Leben und Arbeiten der ganzen Haus- und Wirtschaftsgemeinschaft samt ihren Tieren. Das Sabbatgebot nimmt unter den Bestimmungen des Deuteronomium-Dekalogs den breitesten Raum ein und ist durch Stichwort- und Satzentsprechungen als eine neue Ganzheit gestaltet.[50] Was vom breiten Anfang des Exodus-Dekalogs gilt

---

47 Lohfink, Unterschied, 236. „Die appellative Kompetenz der Gebote ist für je neue Einzelfälle offen, muss und kann je neu konkretisiert werden. Vor allem aber ist wichtig zu sehen, dass die Gebote keine Sanktionen enthalten, keine Strafbestimmungen formulieren. Sie sind nicht juristisch handhabbares Recht als Gesetz. Vielmehr fundamentieren sie Recht, indem sie Ethos bilden." (Irsigler, Gottesbilder, 749).

48 Vgl. Crüsemann, Bewahrung.

49 Zur Identität Israels als Sklaven und Fremde und ihrer Vernetzung mit narrativen Rechtsbegründungen im Pentateuch, der Intensivierung des Schutzes von Fremden und der Überwindung der Versklavung in der Bruderethik des Deuteronomiums s. Markl, Israels Moral, 326–333.

50 Außerdem ist es durch die Herausführungsformel mit dem Eröffnungssatz des Dekalogs, der Selbstprädikation JHWHs, und durch die Reihe „Sklave und Sklavin, Rind und Esel" mit dem Dekalogsende verbunden. Dieser Rahmen lässt das Sabbatgebot als Mitte des Textes erscheinen. Seine zentralbetonte Stellung wird noch durch die herumgelegten Gebotsblöcke der bildlosen Alleinver-

(Ex 20,2 – 6), gilt durch die stilistische Gewichtsverteilung in der Deuteronomium-Parallele nun vom Sabbat (Dtn 5,12 – 15): er wird zum „ersten Gebot" bzw. im Bundeszusammenhang zum „Hauptgebot". Der deuteronomische „Sabbatdekalog" wurde dem Volk von Gott unmittelbar am Horeb verkündet (5,4 – 5 und 22) und gilt an allen Orten und zu jeder Zeit.

Im Sabbat- und dem Elterngebot findet sich der Rückverweis „wie dir JHWH, dein Gott, geboten hat" (5,12 und 16).[51] Mit dieser Zwischenbemerkung unterbricht Mose oder der Bucherzähler zweimal das Referat des Dekalogs. Auf der Endtext-ebene des Deuteronomiums bezieht sie sich auf Gebote Gottes, die zeitlich erst nach der Dekalogoffenbarung ergangen sind und literarisch erst später im Buch stehen. Die Formel dient somit als innerdeuteronomischer Vorverweis auf Einzelgesetze, vor allem die Bestimmungen des Festkalenders (16,1 – 17) und der Ämterverfassung (16,18 – 18,22), die dem Sabbat- wie dem Elterngebot locker zugeordnet sind. Diese Besonderheit lässt bereits erkennen, dass der deuteronomische Rechtskodex in der Komposition seiner Einzelgesetze eine Auslegung des Horebdekalogs unter den Bedingungen des Landes ist, wo sie Geltung beanspruchen (4,5; 12,1).

3.2 Die Hauptgebotsparänese und die Sammlung der Einzelgesetze

In Deuteronomium 5 fasst Mose entsprechend altorientalischer Juristentechnik die rechtsrelevanten Gottesworte in Zitaten zusammen. Nach dem Dekalog referiert er die zustimmende Antwort Gottes auf die Bitte der Volksvertreter, ihn als Gesetzesmittler einzusetzen (5,28 – 31). Deshalb teilt Gott „das ganze Gebot, die Gesetze und Rechtsentscheide" Mose mit. Gemeint sind damit die Hauptgebotsparänese (Kap. 6 – 11) sowie das Rechtskorpus der Einzelgesetze (Kap. 12 – 26). Sie trägt Mose in Moab der Vollversammlung Israels erstmals vor (6,1).

Schon die Formulierungen erweisen den Dekalog als Grundtext der sprachlichen Gestalt des Deuteronomiums.[52] Sein Prolog und das Erste Gebot mit dem Ausschließlichkeitsanspruch JHWHs auf Israel werden in den paränetischen Kap. 6 – 11 mehrfach aufgegriffen und paraphrasierend für religionsgeschichtlich unterschiedliche Situationen ausgelegt.[53] So wird zum Beispiel das Verbot „anderer

---

ehrung (5,6 – 10) als Fundament des Sabbats und durch die Reihe der vom Tötungsverbot an syndetisch zusammengeschlossenen Grundnormen der Lebens- und Weltgestaltung (5,17 – 21) unterstrichen. (Lohfink, Dekalogfassung).

51 Zum Folgenden vgl. Braulik, Dekalog, 70 – 74.
52 Zur Sonderstellung des Dekalogs im Deuteronomium s. z. B. Braulik, Ende einer Karriere, 84 – 90.
53 Vgl. Lohfink, Hauptgebot Teil III, passim.

Götter" (5,7) in 6,14 aufgenommen: „Ihr sollt nicht anderen Göttern nachfolgen." Die Paränese in 4,16–18 entfaltet die Formulierung „Du sollst dir kein Kultbild machen, keine Gestalt von irgendetwas am Himmel droben, auf der Erde unten oder im Wasser unter der Erde." (5,8). Der damit verbundene Ausdruck „sich nicht vor ihnen [anderen Göttern] niederwerfen und ihnen nicht dienen" (5,9) wird von 4,19 auf kultische Riten vor Sonne, Mond und Sterne angewendet. 6,13 schließt mit der Forderung „Nur JHWH, deinen Gott, sollst du fürchten" an das Leitmotiv der Horebtheophanie (5,5.29) an. Der Kommentar des Hauptgebots „Nimm dich in Acht, dass Du nicht JHWH vergisst, der dich aus Ägypten, dem Sklavenhaus, geführt hat" (6,12; vgl. 5,6) wird sogar nochmals für eine Zeit des Wohlstandes kommentiert: „Nimm dich in Acht, dass dein Herz nicht hochmütig wird und du JHWH, deinen Gott, nicht vergisst" (8,14). Israel muss also je nach Lage zwischen verschiedenen Werten entscheiden, die alle das Hauptgebot als den einen Willen Gottes weiterentwickeln. Über den Dekalogsanfang hinaus verknüpfen einzelne Wörter und Wendungen die „Zehn Gebote" auch mit Einzelbestimmungen des deuteronomischen Rechtskodex.[54] Dabei werden manche Begriffe wie „befehlen" nur von JHWH (und Mose) benutzt, andere wie (JHWH) „fürchten" oder „dienen" sind Israel vorbehalten. „Lieben" wird von beiden Bundespartnern wechselseitig verwendet.

Inhaltlich ergänzt und klärt die Sammlung der Einzelgesetze die vom Dekalog nur generell geregelten, im Übrigen aber noch offenen Handlungsfelder. Sie enthält gewissermaßen die Ausführungsbestimmungen zum Dekalog. Außerdem folgt sie in der Disposition ihrer Rechtssätze der Anordnung der Dekalogsgebote als einer Art Grob- und Großraster.[55] Dabei folgt die Gesetzeskomposition den Systematisierungstechniken altorientalischer Rechtskodifikationen. Das bedeutet zum Beispiel, dass Rechtssätze oftmals assoziativ aneinander gereiht werden. Dass die Korrespondenzen zwischen den Dekalogsgeboten und den sie konkretisierenden Bestimmungen unterschiedlich klar erscheinen, hängt vor allem mit der Wachstumsgeschichte der Sammlung der Einzelgebote in (vereinfacht gesagt) drei Blöcken (12,2–16,17; 16,18–18,22; 19,1–25,16) zusammen. Die eigentliche „dekalogische Redaktion" des Rechtskodex dürfte dabei erst im Zusammenhang mit der letzten massiven Erweiterung des legislativen Materials erfolgt sein.[56] Sie zeigt auch, dass das deuteronomische Gesetzeswerk in seiner endgültigen Gestalt als Gesamtentwurf gelten möchte. Die anschließende Tabelle nennt das Thema der Gesetzesgruppen, unter dem sie das Dekalogsgebot auslegen[57]:

---

54 Markl, Dekalog, 212–217.
55 Braulik, Die deuteronomischen Gesetze.
56 Zur Auseinandersetzung mit den Kritikern der Dekalogstruktur der Gesetzessammlung s. Braulik, Dekalog, 66 Anm. 20; Kilchör, Mosetora, 63–70.
57 Braulik, Buch, 27.

1. Gebot: Fremdgötter- und Bilderverbot	12,2 – 13,19: JHWH an der einzigen, von ihm erwählten Opferstätte als den einzigen Gott Israels verehren
2. Gebot: Verbot des Namensmissbrauchs	14,1 – 21: Als das heilige Volk JHWHs in Ritualdifferenz zu den Völkern anderer Götter leben
3. Gebot: Sabbatgebot	14,22 – 16,17: Kult und „Bruderschaft" in heiligen Rhythmen verwirklichen
4. Gebot: Elterngebot	16,18 – 18,22: Die Ämter und Autoritäten in Israel achten
5. Gebot: Nicht töten	19 – 21: Leben bewahren 22,1 – 12: Überleitungstext vom 5. zum 6. Gebot
6. Gebot: Nicht die Ehe brechen	22,13 – 23,15: Die Würde von Mann und Frau schützen
7. Gebot: Nicht stehlen	23,16 – 24,7: Menschliche Bedürfnisse und Beziehungen beim Eigentumsrecht berücksichtigen
8. Gebot: Nicht Falsches aussagen	24,8 – 25,4: Den Armen, sozial Schwachen und Schuldiggewordenen ihr Recht nicht verweigern
9. Gebot: Nicht die Frau des Nächsten begehren	25,5 – 12: Die Schwagerehe nicht verweigern und die Zeugungsfähigkeit nicht zerstören
10. Gebot: Nicht nach dem Besitz des Nächsten verlangen	25,13 – 16: Kein falsches Gewicht und Maß verwenden

4 Die Vorgeschichte – göttliche Taten der Gnade und Begnadigung

„Was Israel *ist* und was Israel *tun* soll, ergibt sich unmittelbar aus dem, was Gott für Israel *ist* und was er für Israel *tut*."[58] Nach diesen normenbegründenden Wurzeln deuteronomischer Ethik muss deshalb bei näherer Entfaltung der Sicht zuerst ge-

---

58 L'Hour, Bundestradition, 15.

fragt werden. Denn „die Sittlichkeit des Bundes [ist] in erster Linie eine Sittlichkeit der Antwort in einem geschichtlichen Dialog"[59].

4.1 Herrschaftswechsel und Gerechtigkeit (Dtn 6,20–25)

Israels schuldet seine Gesellschaftsordnung den Rettungstaten seines Gottes. Sie begründen eine Freiheitsgeschichte, die Israel ein von Entscheidung und Verantwortung geprägtes Ethos ermöglicht, sodass es in Gerechtigkeit leben kann. Dieser theologische Zusammenhang eines „Ethos der Rettung und Ethos der Gerechtigkeit"[60] soll nach 6,20–25[61] durch eine leicht memorierbare „Kurzformel des Glaubens" im kulturellen Gedächtnis des Volkes gehalten werden. Sie entwirft, wovon in der Familie der heranwachsenden Generation erzählt werden soll. Weil die Erwachsenen „diese Worte", nämlich die Hauptgebotsparänese und die Sammlung der Einzelgesetze des Deuteronomiums (Kap. 6–26)[62], ständig rezitieren, lernen die Kinder sie auswendig (6,6–7). Eines Tages fragen sie deshalb (vgl. Ex 13,14): „Warum (*māh*) die Eidesbestimmungen, die Gesetze und Rechtsentscheide, auf die JHWH, *unser* Gott, *euch* verpflichtet hat?" (V. 20). Die Formulierung lässt sich aufgrund der anschließenden Familienkatechese (V. 21–25) noch verdeutlichen: „Gehört es sich wirklich, handeln wir richtig, wenn wir dieses ganze Gesetz genau beobachten vor Jahwe, unserem Gott? Es ist die Frage nach dem inneren Sinn der Gesetze, die für einen Sohn Israels sofort zur Frage nach dem Woher des Gesetzes und seiner verpflichtenden Kraft wird. Die Antwort muß notwendig historisch sein. Es wird erzählt, wie es zur Bundesverpflichtung kam."[63] Trotz des langen Abstands vom Gründungsgeschehen tradieren die Eltern dabei aber nicht bloß das Glaubenswissen Israels, sondern identifizieren sich auch im kollektiven „Wir" und „Uns" mit der Heilsgeschichte ihres Volkes, durch die es seine Identität gewonnen hat:

> [6,21] Wir waren Sklaven des Pharao in Ägypten, aber JHWH hat uns mit starker Hand aus Ägypten geführt.
> [22] JHWH hat vor unseren Augen gewaltige, unheilvolle Zeichen und Wunder an Ägypten, am Pharao und an seinem ganzen Haus getan,

---

59 L'Hour, Bundestradition, 63.

60 Vgl. den Titel der Monographie von Soethe.

61 Zu Einheit, Struktur, Exegese und Bundestheologie im Kontext von 6,4–25 vgl. Barbiero, Höre Israel, 151–164; zur Auslegung der Perikope s. auch Perlitt, Deuteronomium 6,20–25.

62 „Diese Worte" sind sachlich identisch mit den „Eidesbestimmungen, Gesetzen und Rechtsbestimmungen" von 6,20 und „diesem ganzen Gebot" in 6,25 – vgl. Braulik, Worte, 99–106.

63 Lohfink, Hauptgebot, 161. Die Einheitsübersetzung gibt deshalb *māh*, „was", durch „Warum achtet ihr auf ..." wieder.

[23] uns aber hat er von dort herausgeführt, um uns in das Land, das er unseren Vätern mit einem Schwur versprochen hatte, hineinzuführen und es uns zu geben.

Dieses Bekenntnis argumentiert juristisch-theologisch. Im Hintergrund der Beweisführung[64] steht das Muster einer Sklavenbefreiung. Sie betrifft hier allerdings ein ganzes Volk und geschieht nicht durch einen verwandten Menschen, sondern durch Gott. Vorausgesetzt ist, dass ein Sklave losgekauft oder durch Machteinsatz befreit werden konnte. Weil der Pharao Israel zu Unrecht versklavt hatte, erfolgte seine Lösung „mit starker Hand"[65] durchaus rechtmäßig. Dieses Recht demonstrierte JHWH durch „gewaltige, unheilvolle Zeichen und Wunder", und zwar nicht nur an Ägypten und seinem König, sondern auch vor Israel, das die Ereignisse somit als Augenzeuge bestätigen konnte. Beim Herausführen wie Hineinführen handelt es sich also um Rechtsvorgänge. Wer aber einen Sklaven aus dem Eigentum eines anderen „herausführte" (*yṣ'* Hifil), wurde selber sein neuer Herr. Er konnte ihn bei sich „hineinführen" (*bw'* Hifil), das heißt nach der juristischen Sonderbedeutung dieses Terminus, ihn zu seinem Sklaven machen. Israel wurde aus dem Bereich seiner Sklaverei, dem Land Ägypten, in einen neuen Bereich geführt, in das den Vätern zugeschworene Land. Das Hineinführen ist allerdings nur in einem Finalsatz formuliert und gehört noch zur Begründung. Das Ziel, auf das die ganze Befreiungsgeschichte zuläuft, formuliert der nächste Hauptsatz: das Auferlegen der deuteronomischen Gesetze und der Furcht Gottes. Somit wird gerade nicht gesagt, was vom Modell der Sklavenbefreiung her zu erwarten wäre: dass JHWH nun Israel zum eigenen Sklaven in seinem „Haus" machte. „Die Emanzipation Israels von der ägyptischen Knechtschaft" war zwar ein Rechtsakt, in dem „Israel aus der Herrschaft des Pharao in die Herrschaft Jahwes geführt" wurde. „Gottes Herrschaft aber ist geradezu die Aufhebung menschlicher Herrschaft. Sie unterjocht nicht, sondern schenkt Leben. Sie nimmt ihren Weg über eine Sozialordnung. Durch sie stiftet Gott eine Gesellschaft, die im Kontrast zu jenem System steht, aus dem Israel ausgezogen ist. Denn in ihr herrscht Gerechtigkeit"[66]:

> [6,24] Und JHWH hat uns verpflichtet, alle diese Gesetze zu halten, indem wir JHWH, unseren Gott, fürchten, damit es uns allezeit gut geht und er uns Leben schenkt, wie wir es heute haben. [25] Und Gerechtigkeit wird (es) für uns (nur dann geben), wenn wir darauf achten, dieses ganze Gebot vor JHWH, unserem Gott, zu halten, wie er uns zur Pflicht gemacht hat.

---

64 Vgl. Lohfink, Hauptgebot, 161 f; grundlegend Daube, Biblical Law, 39–55.
65 Zum regelhaften Bezug der Wendung im Zusammenhang der *yṣ'*-Hifil-Exodusaussagen auf die gewaltsame Befreiung eines unrechtmäßig Versklavten s. Schulmeister, Israels Befreiung, 160 f.
66 Braulik, Konservative Reform, 47.

Aus der Gabe der Freiheit folgen also gegenseitige Verpflichtungen. Die persönliche Beziehung der Israeliten zu JHWH, ihn nämlich im Sinn einer „alleinigen und treuen Verehrung"[67] „zu fürchten", verwirklicht sich darin, dass sie nach den Gesetzen leben. Als ihr neuer Herr sagt ihnen JHWH aber nicht nur, was er von ihnen will, sondern er sorgt auch für ihren Unterhalt. Deshalb lassen sich die positiven Folgen des Gehorsams auch so verstehen, „daß Gott zu unseren Gunsten, ohne Zeitbegrenzung, für unseren Lebensunterhalt aufkommt" (*l*ᵉ*ḥayyotenû* V. 24).[68] Wie in 30,15 – 20 ist der Gebotsgehorsam also ethisch auf „das Gute", die „Glückseligkeit" Israels (*l*ᵉ*ṭôb lānû*) ausgerichtet. Allerdings wird Israel „nur dann im Heils(zu)stand eines erfüllten Lebens im Land – ‚wie wir es heute haben' (6,24) – bleiben, wenn es sich dem ebenfalls bereits gegebenen Zustand des ‚Im-Recht-Seins'"– so die Einheitsübersetzung für *ûṣ*ᵉ*daqāh tihyæh lānû* – „entsprechend verhält, das heißt, das ganze Gebot hält, wie es Jahwe befohlen hat."[69]

Eigentlich verwirklicht sich in der Herausführung aus Ägypten und dem weiteren Geschichtshandeln Gottes, was allem bereits vorausging – das Mysterium einer emotionsgeladenen, bedingungslosen göttlichen Liebe und Erwählung der Patriarchen bzw. ihrer Nachkommen.[70] Beide Fakten, teilweise verbunden mit der Verheißung an die Erzväter, begründen das rein gnadenhaften Eingreifen Gottes (4,37; 7,7 – 8) und eine einzigartige Beziehung zu Israel. Sie ermöglicht dem Volk Gegenliebe wie Gehorsam (7,9) und in Konsequenz eine Praxis, die ein glückliches Leben erschließt: nämlich die deuteronomische Sozialordnung zu bewahren und verwirklichen (4,40; 7,11.12 – 16).

4.2 Mosefürbitte (9,26 – 29) und Treue Gottes (29,1 – 7)

Das Deuteronomium kennt nicht nur den Erzväter- und Ägyptenmythos (vgl. 6,21 – 23), sondern noch einen dritten Ursprungsmythos – das „Primordialereignis"[71] der Horeboffenbarung mit dem Dekalog als Bundesdokument, welches das deuteronomische Gesetz aus sich entlässt.[72] Dieser Horebbund musste schon in der

---

67 Becker, Gottesfurcht, 93.

68 Lohfink, Deuteronomium 6,24, 276 f, zur Übersetzung 269.

69 Braulik, Rechtfertigungslehre, 16 f. Der Masoretentext widerspricht dem Zusammenziehen der Wendungen „Gerechtigkeit wird für uns sein" und „vor JHWH, unserem Gott" wie in 24,13 – vgl. Barbiero, Höre Israel, 162 f.

70 Vgl. Braulik, Erwählung.

71 Lohfink, Deuteronomium 5, 114.

72 „Die Erwählung der Erzeltern befindet sich außerhalb der dtn Raumkonzeption, deren Fokus auf dem Horeb als Ursprungsort Israels liegt; vom Horeb aus kommt Ägypten in den Blick – als Ort, an

Stunde, als er geschlossen wurde, gegen den Abfall Israels durchgehalten werden (9,12.16). Doch gibt es im Deuteronomium weder einen Bundesbruch noch eine Bundeserneuerung am Horeb. Es kennt nur die Fürsprache Moses für Israel am Horeb (9,26–29). „In der Geschichte von der Horebsünde entwickelt Mose eine Erzählung, die alles vereint, was in den 40 Jahren an Sünde und an göttlicher Nachsicht mit Israel vor sich ging."[73] Zwar bleibt Gott angesichts der durchgehenden Sündengeschichte seines Volkes frei zur Begnadigung. Doch kann die Bitte Moses „bring dein Volk und deinen Erbbesitz nicht ins Verderben" (V. 26aα) die Vernichtung Israels verhindern.[74] Die Qualifizierung als „dein Volk und dein Erbbesitz" unterstreicht die Verantwortung, die JHWH mit seiner Beziehung zu Israel übernommen hat. Seine privilegierte Existenz verdankt das Volk ausschließlich der Erlösung aus der ägyptischen Sklaverei: Gott hat es „mit Macht freigekauft und mit starker Hand aus Ägypten geführt" (V. 26aβb; vgl. V. 29). Doch bildet sie kein Recht auf Verschonung. Angesichts des Versagens Israels und seiner Sünde begründet Mose seine Fürbitte deshalb über die in der „Katecheteninstruktion" (6,21–25) erzählte Ursprungsgeschichte hinaus mit der Erinnerung an die Erzväter, an „deine Knechte Abraham, Isaak und Jakob" (9,27). Daraufhin erhört Gott Mose und gibt das Volk nicht dem Verderben preis (10,10).

Obwohl sich Israel während des ganzen Wüstenzugs gegen JHWH auflehnt (9,7.24), ist in Moab ein neuerlicher Bundesschluss möglich. Denn trotz all seiner Widersetzlichkeit entzieht sich Gott nicht seiner frei übernommenen Verantwortung für sein Volk. Das Gottesverhältnis Israels beim Bundschluss auf dem Horeb und jenem in Moab bleibt ein und dasselbe, der Zeitabstand zwischen beiden gilt deshalb als aufgehoben (vgl. 5,2–3). Der Bund in Moab nimmt den Bund vom Horeb auf und bestätigt ihn. Doch unterscheiden sich die beiden Bundesschlüsse in ihren Vereidigungsritualen und Vertragsdokumenten (vgl. 28,69). Wenn Mose in 29,1b-6a Israel an seine gnadenhaft gewirkte Geschichte erinnert, vernachlässigt er dabei die Differenz zwischen der Exodus-Horeb- und der Moabgeneration[75] und stellt dadurch die Angeredeten in ihre wahre Identität. Denn aufgrund dieser Generationenverschmelzung war das vor ihm versammelte Volk Augenzeuge der Großtaten Gottes in Ägypten (29,1b-2). Dennoch fehlten ihm bis jetzt die für das „Einsehen" und „Verstehen" nötigen Organe: „ein Herz, das (wirklich) erkennt, Augen, die (wirklich) sehen, und Ohren, die (wirklich) hören, hat JHWH euch bis zum heutigen Tag nicht

---

dem Israels Geschichte mit Jhwh durch die Befreiung aus der Sklaverei konstituiert wird." (Geiger, Gottesräume, 308).

73 Lohfink, Deuteronomium 9,1–10,11, 154.

74 Zur Verschonung Israels im Horebbund und zum Neuanfang im Moabbund vgl. Braulik, Gottesbund.

75 Vgl. Lohfink, Väter Israels, 20–25.

gegeben." (V. 3). Die Geschehnisse am Horeb werden nicht erwähnt, vor allem wird die Übertretung des Bilderverbots schweigend übergangen. Für den vierzigjährigen Weg durch die Wüste wird Gott selbst zitiert: Unter seiner Leitung fiel den Israeliten das Gewand nicht in Lumpen vom Leib und erhielten sie auf wunderbare Weise Speise und Trank (V. 4–5a). Was Gott da beabsichtigte, offenbart er erst jetzt, am Ende des Zugs nach Moab: „Ihr solltet erkennen: Ich bin JHWH, euer Gott." (V. 5b). „Da verblassen Sünde und ergangene Strafen, nur die wunderbare Führung durch Jahwe auf diesen Punkt hin steht vor Augen. Alles, was die Zeit der Wüste füllte, war gottgelenkte und gottgetragene Vorgeschichte, noch ohne eigentliche Begegnung mit Gott, hin auf diesen Augenblick, wo Israel seinen Gott Jahwe erkennen wird."[76] Die Formel „Ich bin JHWH, euer Gott" (V. 5b) eröffnet auch den Dekalog, das Vertragsdokument vom Horeb (5,6). „Vor allem aber verweist sie voraus auf den Bundesschluss in Moab, dessen Inhalt sie bildet: ‚dich heute als sein Volk einzusetzen und dein Gott zu werden' (29,12). Im Moabbund findet also das Sehen, Hören und Erkennen statt, das Israel bisher noch nicht geschenkt worden war. Dazu ist es ‚bis zu diesem Tag' (V. 3a) und ‚bis zu diesem Ort' (V. 6a) gekommen."[77] Das Resümee über den Aufenthalt in Ägypten und in der Wüste erhält sein volles Profil allerdings erst, wenn man es vor dem Hintergrund des Geschichtsrückblicks der Kap. 1–3 liest. Denn 29,1b nimmt die Formulierung von 1,30b auf: „alles, das er [JHWH, euer Gott] mit euch an Ägypten vor euren Augen getan hat." Die Abschlussbemerkung in 29,6a aber hat eine Parallele in 1,31: „… bis ihr an diesen Ort kamt". Der dann in 29,6 b–7 anschließende Kurzbericht resümiert nur 2,32–3,13, beschränkt sich also auf die beiden letzten Jahre des Wüstenaufenthalts und die Eroberungen im Ostjordanland. Was somit ausgeklammert wird, ist der Unglaube des Volkes in Kadesch-Barnea (1,32) und als Folge dieser Sünde die achtunddreißig Jahre des strafweisen Aussterbens der Ägypten-Horeb-Generation in der Wüste (2,14). Die Erinnerung an die begnadete Vergangenheit Israels dient dem Verständnis des Bundesschlusses in Moab. Nur die einseitig durchgehaltene Treue JHWHs ermöglicht es, den am Horeb geschlossenen Bund im Eidesritual von Moab aufzunehmen. „Denn alles, was Israel in der Vergangenheit durch YHWH erfahren durfte, sollte auf seine unverändert gültige Zusage ‚Ich bin JHWH, euer Gott' (29,5) in der Bundesformel vorbereiten: ‚dich heute als sein Volk einzusetzen und selbst dein Gott zu sein' (29,12; vgl. 26,17–19)."[78]

---

76 Gomes de Araújo, Theologie der Wüste, 328.
77 Braulik, Horebbund, 26.
78 Braulik, Horebbund, 28 f.

4.3 Die Beschneidung des Herzens (30,6)

Israel wird den Moabbund brechen und ins Exil ziehen müssen. Für diese Zukunft prophezeit Mose: Trotz der eingetroffenen Sanktionen wird Gott die Verbannten nicht fallen lassen und dem Verderben preisgeben, weil er sich durch einen Eid gegenüber den Vätern gebunden weiß (4,31). Israel wird sich die Vertragslogik zu Herzen nehmen, „zu JHWH, seinem Gott, zurückkehren und auf seine Stimme hören" (30,1–2). Denn Gott wird sich seines Volks erbarmen, es sammeln, in das Land seiner Väter zurückbringen und es noch glücklicher machen als seine Vorfahren (V. 3–5). Vor allem aber wird er durch einen gleichsam kardiologischen Eingriff[79] eine radikale innere Erneuerung bewirken, die theologisch eigentlich die Voraussetzung der gnadenhaften Bekehrung und Veränderung der Lebensumstände bildet: „JHWH, dein Gott, wird dein Herz und das Herz deines Samens beschneiden (*mwl*)[80], sodass du JHWH, deinen Gott, mit ganzem Herzen und mit ganzer Seele liebst, damit du Leben hast."

Hatte 10,16 von Israeliten gefordert, selbst die Vorhaut ihres Herzens zu beschneiden und ihre Halsstarrigkeit aufzugeben, so bewirkt jetzt Gott die Verwandlung. Sie betrifft nicht bloß die Barriere der Vorhaut, sondern beseitigt die Untauglichkeit und Unfähigkeit des Organs bzw. der Menschen. Außerdem ist sie nicht auf die Generation der Heimkehrer beschränkt, sondern gilt auch für ihre Nachkommen. Durch eine Beschneidung des Herzens befähigt Gott Israel dazu, ihn wieder mit ganzem Geist und ganzer Lebendigkeit zu lieben, also das Hauptgebot der Gottesliebe halten (6,5), und damit auch Leben in Fülle zu erreichen (30,6). Sie wird sich in persönlicher Bekehrung, im „Hören auf die Stimme JHWHs und im Bewahren seiner Gebote und Satzungen", als wirksam erweisen (V. 8), somit im Beobachten der deuteronomischen Sozialordnung, wie sie in der Tora des Moabbundes aufgezeichnet ist (V. 10). Dieser Gesellschaft wird Gott reichen Ertrag der Arbeit, Mehrung der Nachkommen und Fruchtbarkeit in Vieh- wie Landwirtschaft schenken. Denn er wird sich an Israel wieder freuen (V. 9).

Entscheidend ist, was als Folge der göttlichen Herzensbeschneidung in V. 11–14 bezüglich Verpflichtung und Möglichkeit, Haupt- und Einzelgebote zu befolgen, anschließt. Israel kann sich im Exil bekehren, weil es durch seinen Gehorsam niemals überfordert wird und nicht auf die Suche nach dem Gotteswillen gehen muss:

---

79 Vgl. zum Folgenden Braulik, Beschneidung, 86–91.
80 Die Septuaginta übersetzt das übertragen gebrauchte Verb „beschneiden" mit „reinigen", versteht also die Herzensbeschneidung als einen ethischen Reinigungsprozess.

^{30,11} Denn dieses Gebot, auf das ich dich heute verpflichte, geht nicht über deine Kraft und ist nicht fern von dir.
¹² Es ist nicht im Himmel [...] ¹³ Es ist auch nicht jenseits des Meeres [...]
¹⁴ Vielmehr ist das Wort ganz nah bei dir, in deinem Mund und in deinem Herzen, sodass du es halten kannst.

Die Verse bilden eine Coda zu V. 1–10 und sind durch das einleitende „denn" an die Kausalreihe der V. 9b-10 zurückgebunden. Sie beziehen sich auf das Liebesgebot 30,6 und integrieren den Lernprozess von 6,6–7, der seinerseits auf das Liebesgebot in 6,5 folgt. Durch ständiges Rezitieren trägt man also „das Gebot" (*hammiṣwāh*) – das heißt das Ganze der Bundesethik, konkretisiert in Paränese und Einzelgesetze der Tora, auf die Mose das Volk jetzt in Moab verpflichtet (30,11), – auswendig und verinnerlicht im Herzen, bedenkt und vergewissert sich der eigenen wie gemeinsamen Handlungsfähigkeit (V. 14). Das nahe „Wort" „wird durch das beschnittene Herz (V. 6) zum Ort der Gottesbegegnung und vermittelt, weil es im Mund präsent ist und getan werden kann, die Liebe zu Gott, das Gelingen sozialen Lebens und die Fülle des Segens (V. 6–10). Es ist somit ein ‚Wort' der Gnade und des sie annehmenden Glaubens."[81] Die in 30,15–20 unmittelbar folgende Aufforderung, „das Leben und das Glück, nicht den Tod und das Unglück" zu wählen, zeigt allerdings, dass diese Befähigung zu Gottesliebe und gerechter Gesellschaft einer gefährdeten Freiheit überantwortet ist.

4.4 Ethik aus schuldhafter Geschichte – die Erzählungen über die Ursünden Israels

In seiner ersten Rede rekapituliert Mose zunächst die Wanderung vom Horeb bis Kadesch-Barnea am Rande des verheißenen Landes. „Hier setzt die erste voll ausgeführte Erzählung des Buches ein, zugleich die einzige, die unabhängig von Paränese und Geboten vom Schuldigwerden ganz Israels handelt. Eine zweite, noch umfangreichere Geschichte wird vom gemeinsamen Abfall zum gegossenen Kalb und von der Verzögerung des Bundesschlusses am Gottesberg Horeb erzählen."[82] Beide großen Erzählungen über den Wüstenzug sind paradigmatisch, ja haben „Urgeschichtscharakter". Mit ihnen entwirft Mose eine Geschichtstheologie kollektiven Unglaubens und der Auflehnung. Sie sind außerdem durch die Reaktion Gottes auf die Sünden, nämlich seine Ungnade, aufeinander bezogen.[83] Beide Er-

---

81 Braulik, Glaubensgerechtigkeit, 235. Zur Gnadentheologie von Dtn 30,1–14 vgl. 229–235.
82 Braulik, Kollektive Schuld, 177.
83 Zu den beiden Sündenerzählungen vgl. Braulik, Kollektive Schuld, und Ders., Sich auflehnen.

zählungen reflektieren modellartig die entscheidenden Grundlagen deuteronomischer Ethik, allerdings aufgrund von Schulderfahrungen und im Kontrast zu dem von Gott erwarteten Verhalten Israels.

In der Oase Kadesch-Barnea verlangt das Volk trotz des Gottesbefehls, das Amoriterbergland furchtlos in Besitz zu nehmen (1,20 – 21), zuvor die Aussendung von Kundschaftern. Mose stimmt diesem Vorschlag zu (V. 22 – 23). Durch diese Eigenmächtigkeit wird er für die sich anbahnende Schuld des Volkes mitverantwortlich und darf schließlich wie die Exodusgeneration das Verheißungsland nicht betreten.[84] Nach der Rückkehr der Kundschafter weigert sich das Volk trotz ihres Berichts über „das prächtige Land" (V. 24 – 25), dorthin zu ziehen:

> [1,26] Ihr wart nicht willens, hinaufzuziehen. Ihr habt euch gegen den Befehl JHWHs, eures Gottes, aufgelehnt [27] und habt in euren Zelten JHWH verleumdet und gesagt: Weil er uns hasst, hat er uns aus dem Land Ägypten geführt, um uns in die Gewalt der Amoriter geben und uns zu vernichten.

Damit entscheidet sich Israel nicht nur frei und vorsätzlich, dem Auftrag Gottes nicht zu gehorchen. Erstmals im Pentateuch wird die kollektive Sünde auch als „Auflehnung gegen den Mund JHWHs" (*mrh* Hifil *'æt pî JHWH*) charakterisiert. Ihre Ungeheuerlichkeit liegt in der „Verleumdung" (*rgn* Nifal) Gottes. Der ihm unterstellte Hass und die Absicht, das Volk durch die Amoriter zu vertilgen, pervertieren die Befreiung aus Ägypten und damit die Mitte des Glaubensbekenntnisses. Zwar versucht Mose, das Entsetzen angesichts der beschriebenen Landesbewohner (V. 28) zu beruhigen und Vertrauen auf die bisher erfahrene Fürsorge Gottes zu wecken (V. 30 – 31). Aber er scheitert am inneren Widerstand – man traut Gott nicht zu, seine Zusage zu verwirklichen und das Volk ins verheißene Land zu bringen: „Trotz dieses Wortes bliebt ihr solche, die nicht auf JHWH, euren Gott, vertrauten (*'ênkæm maʾmînim bJHWH ʾælohêkæm*)." (V. 32). Israel erweist sich durch diesen Unglauben schon zu Beginn seiner Geschichte als unwillig, sich von Gott in das versprochene glückliche Leben führen zu lassen. Deshalb wird der Schenkungsakt des Landes, der durch seine Besetzung hätte angenommen werden müssen, von der Exodusgeneration auf die nächste, die Moabgeneration umgebucht. Schuld und Strafe bleiben auf „diese verdorbene Generation" der erwachsenen Kämpfer beschränkt, nur sie muss in der Wüste sterben (V. 35). Die Auflehnung findet ihre Fortsetzung, als das Kriegsvolk trotz ausdrücklichen göttlichen Verbots dann doch ins Amoriterland hinaufzieht und kämpft (V. 43), aber von den Bewohnern versprengt wird. Die Verhaltensmuster des Aufruhrs gegen Gott und das fehlende Vertrauen auf ihn als die urtypische Sünde, in der alle anderen Verfehlungen wurzeln, werden von Israel

---

[84] Zur Schuldverstrickung Moses s. Braulik – Lohfink, Sprache, 440 – 455.

in der späteren Geschichte (vgl. 2 Kön 17,14; Psalmen 78 und 106) widerholt. Mit seinem Rückblick auf die Weigerung der Exodus-Horeb-Generation, das von Gott übereignete Land von Kadesch-Barnea aus in Besitz zu nehmen (Dtn 1,19–46), möchte Moses letztlich verständlich machen, warum er „heute", das heißt an seinem Lebensende, im Ostjordanland Josua als seinen Nachfolger einsetzen muss.

Die zweite Erzählung über eine kollektive Schuld Israels betrifft das Gießen eines Kalbes und den beinahe gescheiterten Bundesschluss am Gottesberg Horeb. Diese „Sünde" (9,21) bildet den Höhepunkt der gesamten Wüstenperiode als einer Zeit ständiger „Auflehnung gegen JHWH" (V. 7.24). Zugleich steht sie typologisch für alle Sünden Israels in der Wüste und trägt im Zusammenhang des deuteronomistischen Geschichtswerks Modellcharakter. Im Anschluss an die ausführliche Schilderung der Verfehlung am Horeb (9,8–21) werden noch andere Orte aufgezählt, an denen das Volk auf vielfältige Weise „die Ungnade JHWHs provozierte" (*qṣp* Hifil V. 7.8.22; vgl. *qṣp* Qal 1,34; 9,19). Sie ist „mit dem Gedanken königlicher Ungnade, herrscherlichen Gunstentzugs" verbunden.[85] Nach der Erwähnung von Aufruhr und Unglauben in Kadesch-Barnea (V. 23) fasst Mose das Fehlverhalten zusammen: „Ihr wart in Auflehnung gegen JHWH (*mrh* Hifil + *hyh 'im JHWH*) seit ich euch kenne" (V. 24, vgl. V. 7 als Eröffnung des Rückblicks). Sie richtet sich nicht wie in Kadesch-Barnea gegen „den Mund" JHWHs, also einen bestimmten Befehl, sondern überhaupt gegen Gott. Das Partizip verweist auf die Dauer dieser Widersetzlichkeit während der gesamten, vom Auszug aus Ägypten bis zur Ankunft am gegenwärtigen Ort im Land Moab reichenden Sündengeschichte.

5 Pfeiler der Ethik im Deuteronomium

5.1 Die Grundforderung – das personale Gottesverhältnis

In altorientalischen Vasallenverträgen legt eine Grundsatzerklärung das Verhältnis der Vertragspartner fest. Im Wesentlichen ist das eine Treuebeziehung des Vasallen, die sich in der Beobachtung der Einzelbestimmungen erweist. „Die Grundsatzerklärung ist also weder das erste Gebot noch das wichtigste, sie ist die ‚Seele' aller Gebote, die sie zusammenfasst und übersteigt. In der Grundsatzerklärung liegt zugleich der Sinn für jede Beobachtung von Einzelgeboten. Der sittliche Wert der einzelnen Gesetze ergibt sich in erster Linie aus der Grundsatzerklärung und erst in zweiter Linie aus ihrem eigenen Inhalt."[86] Sie wird im Deuteronomium vor allem

85 Gomes de Araújo, Theologie der Wüste, 193.
86 L'Hour, Bundestradition, 64.

von der Paränese in den Kap. 4–11 thematisiert. Entscheidend sind die Verben, die das Verhältnis zu JHWH bzw. zu anderen Göttern formulieren.[87] Sie können einzeln oder in Reihen auftreten. Im Folgenden beschränke ich mich auf die zwei am häufigsten gebrauchten Ausdrücke der JHWH-Zugehörigkeit, nämlich „lieben" (ʾhb) und „fürchten" (yrʾ). Sie werden – wie sonst noch „anhangen" (dbq) und „(nicht) vergessen" (škḥ)", die aber beide eher am Rande stehen, – ausschließlich für das Verhältnis Israels zu JHWH verwendet.

5.1.1 Die Wechselseitigkeit der Liebe JHWHs und Israels

Das Deuteronomium verwendet das Verb „lieben" (ʾhb) im Vergleich mit anderen biblischen Büchern relativ häufig.[88] Es sagt 5-mal, dass JHWH sein Volk bzw. dessen Väter liebgewonnen hat oder liebt (4,37; 7,13; 10,15; 23,6; in 7,8 steht dafür das Nomen), 1-mal liebt er den Fremden in Israel (10,19). Mehr als doppelt so oft, nämlich an 12 Stellen, liebt oder soll Israel seinen Gott lieben (5,10; 6,5; 7,9; 10,12; 11,1.13.22; 13,4; 19,9; 30,6.16.20), 1-mal außerdem den Fremden (10,19). Abgesehen von Jos 22,5; 23,11 fordert in der Hebräischen Bibel nur das Deuteronomium dazu auf, Gott zu lieben. Diese Appellative gehören also zu den Besonderheiten seiner Theologie. Dagegen wird von Gott nur indikativisch festgestellt, er habe geliebt oder liebe. Es sind vor allem Geschichtsrückblicke, die darauf verweisen. Denn Gottes Liebe begründet ausdrücklich oder einschlussweise sein Handeln für Israel. Obwohl der deuteronomische Wortgebrauch von „lieben" auf die juristische Rhetorik altorientalischer Vasallenverträge, unter anderem auch auf die zeitnahe Thronfolgeregelung Asarhaddons, zurückgeht, ist er durchaus emotionsgeladen. Das verdeutlichen zwei im Kontext verwendete Verben: Wenn Gott liebt, „schließt er ins Herz, hängt sich an jemanden" (ḥšq in 7,7; 10,15); wenn Israel liebt, „hält es sich an Gott fest, hängt ihm an" (dbq in 11,22; 13,5; 30,20).

Vor dem Gebot, JHWH zu lieben (6,5), fasst Dtn 4,37–38 erstmals im Pentateuch das gesamte Handeln Gottes für Israel als eine Liebes- und Erwählungsgeschichte zusammen:

> [4,37] Und weil er [JHWH] deine Väter liebgewonnen und die Nachkommen [den Samen] eines jeden von ihnen erwählt hatte, hat er dich dann in eigener Person durch seine große Kraft aus Ägypten geführt,

[87] Lohfink, Hauptgebot, 73–80.
[88] Zum Folgenden vgl. Braulik, Liebe, und Braulik, Erwählung. Vgl. auch Erbele-Küster, Concept of Love, und Erbele-Küster, Anthropologie.

[38] um Nationen, größer und stärker als du, vor dir zu vernichten, um dich in ihr Land zu führen, um es dir zum Erbbesitz zu geben, wie es jetzt geschieht.

Das einzigartige Rettungsgeschehen entspringt der schöpferischen Liebe Gottes zu den Patriarchen und reicht bis in die mosaische Gegenwart. Zusammen mit der ebenfalls unvergleichlichen Offenbarungserfahrung am Horeb (V. 33.36) macht es die Heilsgeschichte Israel, also das Handeln Gottes in der Deutung des Glaubens, möglich. Sie lässt JHWH als den einzigen im Himmel und auf Erden wirkmächtigen Gott erkennen: „So sollst du heute erkennen und zuinnerst begreifen: (nur) JHWH – er ist der Gott im Himmel droben und auf der Erde unten, keiner sonst." (V. 39). Diese Einsicht, die Israel zur Herzens- und Überzeugungssache werden soll, mündet abschließend in die Aufforderung: „Daher sollst du seine Gesetze und seine Gebote bewahren, auf die ich dich heute eidlich verpflichte, damit es dir und deinen Kindern nach dir gut geht und du lange lebst auf dem Boden, den JHWH, dein Gott, dir gibt für alle Tage." (V. 40).

Die Ethik des Gebotsgehorsams Israels ergibt sich zwar aus freier Entscheidung und echter Verantwortung für eine glückliche Zukunft. Letztlich aber wird sie durch die Liebe Gottes ermöglicht, wie sie sich in der Geschichte und monotheistischen Erkenntnis erschließt.[89]

Das erste Dekalogsgebot charakterisiert die Israeliten im Fremdgötterverbot und seiner Sanktion als jene, „die JHWH lieben und seine Gebote" – hier den Dekalog – „bewahren" (5,9–10). Auch hier gilt für die Liebe und den Gebotsgehorsam das Gnadenprinzip: Ihnen geht die Herausführung aus der Sklaverei Ägyptens, also eine gottgeschenkte Freiheit, voraus. Um sie zu bewahren, darf Israel keine anderen Götter haben. Denn sie stehen für andere, letztlich versklavende, inhumane Gesellschaftssysteme. Diesen Ausschließlichkeitsanspruch kommentiert Mose in der anschließenden Hauptgebotsparänese der Kap. 6–11. Sie wird in 6,4–5 mit dem Bekenntnis Israels zu JHWH als seinem „Einzigen", dem es als seinem Gott und ihm allein in Liebe verbunden sein soll, eingeleitet: „Höre, Israel! JHWH, unser Gott, JHWH ist einzig! So liebe denn JHWH, deinen Gott, mit ganzem Herzen und ganzer Seele und ganzer Kraft!" In diesem *amor ex auditu* (Liebe aus dem Hören) wurzelt die gesamte Gebotsparänese.

„Gemeint ist ein juristisch befehlbares Treueverhältnis, eine Ganzhingabe im Gehorsam. Sie umschließt Dankbarkeit und Vertrauen und verwirklicht sich in einer gefühlvoll erfahrenen Beziehung. [...] ‚Höre, Israel!' fordert zur Liebe das

---

[89] Geschichtsrückblick, Gotteserkenntnis und Gebotsparänese bilden im Deuteronomium ein Schema, das sich neben 4,32–40 unter anderem auch in 7,7–11 und ohne die Signalwörter „erkennen" und „bewahren" auch in 10,12–15 findet (Braulik, Geschichtserinnerung).

kollektive ‚Du' Israels auf und erst darin auch den einzelnen Israeliten. Natürlich kann nur der bzw. die Einzelne Gott lieben und nicht ein Kollektiv. Aber die Israeliten lieben Jahwe dadurch, dass sie seine Sozial- und Gesellschaftsordnung mit ihren Einzelbestimmungen erfüllen [...]. Diese Ordnung kann man nicht ohne die anderen leben. Sie wird erst Realität, wenn das Volk als Ganzes sie ausführt." Denn sie ist eine „Zivilisation der Liebe" und „entspricht Jahwes Wunschbild von dem Volk, das er liebt."[90] Wenn aber Israel an diesem Appell scheitert, den Bund bricht und aus seinem Land verbannt wird, verheißt ihm Mose prophetisch, dass Gott sein Herz beschneiden und dadurch die Unfähigkeit, ihn zu lieben, beseitigen wird (30,6). Doch wiederholt die letzte Mahnung der Schlussparänese des Moabbundes nochmals das Gebot: „Liebe JHWH, deinen Gott, hör auf seine Stimme und halte dich an ihm fest; denn er ist dein Leben." (30,20). Das „Prinzip Liebe" umklammert somit Tora und Bund (Kap. 5–30).

Wie sehr sich die Liebe Gottes und die von Israel erwartete Liebe zu seinem Gott gegenseitig bedingen, zeigt ihr regelmäßiger Wechsel in 7,7–13 und am häufigsten in 10,12–19. Denn in 10,12–13 und 19 wird Israel aufgefordert, JHWH bzw. den Fremden zu lieben, in den V. 14–15 und 17–18 aber wird von Gott gesagt, dass er die Erzväter ins Herz geschlossen hat, um sie zu lieben, und ebenfalls, dass er den Fremden liebt. Allerdings kann man die Forderung, Gott zu lieben, nur erfüllen, wenn man auch seine Gebote in der Kult- und Sozialordnung der deuteronomischen Tora bewahrt. Denn sie verwirklichen die Loyalität gegenüber Gott in allen Dimensionen des gesellschaftlichen Lebens und zielen darauf, dass es Israel gut geht. In der Frage der V. 12–13 formuliert Mose, was Gott von Israel erwartet, und verdeutlicht durch „lieben", was es heißt, Gott zu fürchten:

> [10,12] Und nun, Israel! Was erbittet JHWH, dein Gott, von dir außer dem einen: dass du JHWH, deinen Gott, fürchtest, indem du auf all seinen Wegen gehst und ihn liebst und JHWH, deinem Gott, mit ganzem Herzen und mit ganzer Seele dienst;
> [13] (und das), indem du die Gebote JHWHs und seine Gesetze bewahrst, auf die ich dich heute eidlich verpflichte zu deinem Besten.[91]

In dieser göttlichen Paränese stehen „fürchten" und „lieben" nicht gegeneinander, sondern „ergänzen einander als zwei Aspekte einer intensiven, positiv emotional zugewandten und zugleich respektvollen Beziehung"[92]. Um dieses Verhältnis, verbunden mit der Befolgung seiner Gesetze, „bittet" Gott sein Volk (vgl. 10,12).

---

90 Braulik, Liebe, 246.
91 Zur Übersetzung s. Braulik – Lohfink, Sprache, 253 und 354.
92 Markl, Gottes Volk, 58.

5.1.2 JHWH-Furcht und Gebotsgehorsam

Mit Gottesfurcht bezeichnet das Deuteronomium zunächst die Reaktion Israels angesichts der Theophanie am Horeb, der Erfahrung JHWHs als eines faszinierend-schauernden Gegenübers.[93] Die am Gottesberg geweckte Angst (5,5) gibt als „Furcht JHWHs" dem allgemein-altorientalischen Wort für „Religion" oder „Glaube" einen spezifischen Sinn. Nur in 25,18 bezeichnet „Gott (!) fürchten" ein allgemein gültiges Menschheitsethos. Das Verb „fürchten" (yr'), verbunden mit dem Gottesnamen, ist im Deuteronomium „zum Evokationswort für die Horeberfahrung und die aus ihr resultierende Gottesbeziehung Israels geworden."[94] Die Furcht vor JHWH soll ja in Israel durch die Generationen fortdauern (4,10; 5,29). Wenn der Zehnte der Jahreserträge am Laubhüttenfest im Heiligtum in einem rauschenden Fest verzehrt wird, soll diese numinose Erfahrung wiederaufleben (14,23). Beim Laubhüttenfest in jedem siebten Jahr, also im Erlassjahr, wenn die Bestimmungen der Tora vor der Versammlung ganz Israels vorgetragen und gelernt werden, soll sie sich mit der sozialen Erfahrung der egalitären Festfreude des schuldenfreien Volks verbinden (31,9–13).[95] Beim König geschieht dies sogar täglich, weil er durch das Königsgesetz an jedem Tag zur Toralesung verpflichtet ist, die in ihm die Furcht JHWHs erwecken soll (17,19). Es sind zugleich jene Gelegenheiten, an denen „JHWH zu fürchten" als unmittelbare Reaktion auf das Hören des Dekalogs oder der Gesetze, aber auch in einer gemeinsamen Feier gelernt werden kann und soll (4,10; 6,2; 14,23; 17,19; 31,12.13). Diese Forderung findet sich nur im Deuteronomium.

Insgesamt ist „JHWH fürchten" 14-mal belegt (4,10; 5,29; 6,2.13.24; 8,6; 10,12.20; 13,5; 14,23; 17,19; 28,58; 31,12.13) und übertrifft zahlenmäßig alle anderen Wendungen mit Verben der JHWH-Zugehörigkeit. Subjekt ist stets Israel, nur einmal der König als Musterisraelit. „Fürchten" kann sich mit anderen Verben des Gottesverhältnisses verbinden (10,12; 13,5). Vor allem aber wird der Ausdruck zusammen mit Verben der allgemeinen Gebotsbeobachtung verwendet. Versteht man das Fürchten JHWHs im Rahmen des „Bundesformulars", dann bildet es eine Form der Grund-

---

93 Zum Folgenden vgl. Braulik – Lohfink, Sprache, 122–126.

94 Lohfink, Deuteronomium 5, 128.

95 „Der ‚Sitz im Leben' der Tora im Land ist so auf eindrückliche Weise schon in Moses Toralehre in Moab vorgezeichnet. Die individuelle Identifikation mit der kollektiven geschichtlichen Identität des Volkes vom Kindes- bis zum Erwachsenenalter ist mit der persönlichen Konsequenz im sozialen Handeln als Grundkriterium des Lebens nach der Tora ebenso unmittelbar verbunden wie die kollektive Erfahrung der Wiederherstellung sozialen Ausgleichs beim religiösen Fest mit der kollektiven Hör- und Lernerfahrung der Tora. Das Deuteronomium bietet somit einen Höhepunkt der Reflexion zur wechselseitigen Bezogenheit von ethischer Pragmatik und Hermeneutik der Tora." (Markl, Israels Moral, 335).

satzerklärung, die das Treueverhältnis zum göttlichen Vertragspartner festlegt. Die Einzelbestimmungen sind dieser Bindung untergeordnet und nur ein Erweis der grundlegenden Treue. Man darf also „JHWH fürchten" nicht nomistisch mit der Gesetzesbeobachtung identifizieren.[96]

5.1.3 Gottesbeziehung und Gesetzesobservanz

Die beiden komplementären Verben der Gottesbeziehung „lieben" und „fürchten" bezeichnen eine bleibende Haltung Israels. Synonym zu ihnen werden auch die weiteren Verben der Gottesbeziehung „festhalten an" (*dbq*), „dienen ('*bd*) und „nachfolgen" (*hlk 'aḥ*ᵃ*rê*) gebraucht, obwohl sie keine Zustandsverben sind. Sie alle werden durch Verben der Gebotsbeobachtung, die Tätigkeiten benennen, konkretisiert. Oder diese Tätigkeiten werden umgekehrt durch Verben des Gottesverhältnisses zusammengefasst. Die beiden Verbgruppen werden in gemischten Reihen von Infinitivsätzen auf unterschiedliche Weise miteinander verbunden. Ihre Syntax ist für das theologische Verhältnis von Gesetzesobservanz und Gottesbeziehung relevant.[97] Denn die Syndese („und") zwischen ihnen lässt das Verhältnis offen; dagegen verknüpft die Asyndese die Infinitivsätze epexegetisch („indem", „wodurch") miteinander. Als Beispiel können die oben zitierten Verse 10,12–13 dienen: Sie stellen von der deutschen Syntax her „explizite" Verknüpfungen („*indem* du auf allen seinen Wegen gehst [*lālækæt*]", „*indem* du die Gebote JHWHs und seine Satzungen bewahrst [*lišmor*]") und „implizite" Verknüpfungen („*und* ihn liebst [*ûlᵉ'ahᵃbāh*] *und* JHWH, deinem Gott, mit ganzem Herzen und mit ganzer Seele dienst [*wᵉlaᵃbod*]") gegeneinander und zeigen den Wechsel zwischen Infinitivsätzen der Gottesbeziehung und der Gebotsbeobachtung. Die satzsemantische Deutung der Infinitivsätze besagt dann: „Die Gottesbeziehung besteht nicht einfach im Gebotsgehorsam und darf nicht mit ihm gleichgesetzt werden. Umgekehrt ist die Zugehörigkeit zu JHWH weder die Folge (‚so dass') noch der Zweck (‚um zu') der Beobachtung der Gebote. Denn sie lässt sich von Seiten Israels gar nicht herstellen, sondern ist Israel immer schon allen Verpflichtungen vorausgehend geschenkt. Doch finden JHWH-Liebe und JHWH-Furcht sowie die übrigen Bezeichnungen des Gottesverhältnisses in der Gesetzesobservanz ihren authentischen gottgewollten Ausdruck – ‚indem' im Sinn von ‚wodurch', ‚aus Ausdruck dessen, dass'. Gott lieben bzw. ihn fürchten verwirklichen sich also im Gebotsgehorsam. Weil die Infinitiv-

---

96 Vgl. die Überlegungen zu „Gottesfurcht als Gottesverehrung" in Becker, Gottesfurcht, 87–91.
97 Vgl. Braulik – Lohfink, Sprache, 248–255.

sätze außerdem nur ‚Exemplifizierungen' von Haltungen und Handlungen bilden, gehen Gottesbeziehung und Gebotsgehorsam auch nicht ineinander auf."[98]

5.2 Die allgemeine Gesetzesparänese und das „paränetische Schema"

Deuteronomischer Paränese[99] geht es nicht wie antiken Literaturen um zwischenmenschliche Belehrung, Ermahnung oder Warnung in unterschiedlichen Situationen und mit verschiedenen Inhalten. Sie betrifft vielmehr das Gottesverhältnis Israels und „das ganze Gebot" (*kål hammiṣwāh* 5,31) (Kap. 6–26), darin (6,1) die Einzelgesetzsammlung, „die Gesetze und Rechtsentscheide" (*haḥuqqîm wᵉhammišpāṭîm*) (Kap. 12–26). Sie motiviert und argumentiert, um für eine gemeinsame Überzeugung zu gewinnen und eine nicht erzwingbare Gesetzesbeobachtung dem Adressaten nahezubringen.[100] Paränese kann allgemein sein oder sich auf konkrete Gesetze bzw. Gesetzesgruppen beziehen. Weil das Deuteronomium weitgehend vom Bucherzähler zitierte Moserede ist, ergeht die Paränese in Anredeform. Der sprachlich explizite Vollzug der direkten allgemeinen Gesetzesparänese ist auf Kap. 4–11 (ohne 5 und 9–10) beschränkt, fehlt also im Rechtskodex (Kap. 12–26) und in den Ritualtexten des Moabbundesschlusses (Kap. 29–30).[101] Das Grundgerüst bilden Verben für Gesetzesbeobachtung in einer voluntativen Form, an die sich ein oder mehrere Ausdrücke für „Gesetz" im Sinn einer umfassenden Größe anschließen. Ergänzend kann Mose noch die Verpflichtungsformel – „worauf

---

98 Braulik – Lohfink, Sprache, 254 f.

99 Vgl. Braulik, Gesetzesparänese.

100 Wie altorientalische Gesetzessammlungen, etwa der Kodex Hammurabi, „the biblical law collections were (each in their own way) similarly meant to inculcate community beliefs and values, rather than dictate what to do and what not to do or to serve as the basis of adjudication. This type of authority is epistemic rather than practical." (Vroom, Authority, 211). Der Tora-Gehorsam ändert sich erst in den Esra-Nehemia-Erzählungen, wo qualifizierte Gesetzeslehrer erklären, was verpflichtendes Gesetz der Tora ist (ebd.). Vgl. Schmid, Gott als Gesetzgeber, 293: „Die Tora tritt an die Stelle der traditionellen, als ‚Gerechtigkeit' beschriebenen Weltordnungsvorstellung, löst sie aber nicht einfach ab. Vielmehr übernimmt sie deren orientierende und ordnende Funktion, gewissermaßen als rechtsförmiges geistiges Universum, das über der Erfahrungsrealität steht und als deren Maßstab und Idealbild gilt. Entsprechend besteht die erste Funktion der Tora – zumindest in ihrem historischen Entstehungskontext – nicht darin, in ihren Einzelbestimmungen justiziabel zu sein und jeweils durchgesetzt zu werden, sondern vielmehr darin, als intellektueller Kosmos in seinem Gesamtzusammenhang bedacht und lebensleitend wahrgenommen zu werden." Es bestehe eine gewisse Analogie zu den großen altorientalischen Rechtssammlungen. Ihr Gesetz diene wie etwa der Kodex Hammurabi der Verherrlichung des Königsgottes JHWH, wie sie Dtn 4,5–8 festhalte (292).

101 Zu den Belegen im Deuteronomium s. Braulik, Gesetzesparänese, 276–279.

ich dich heute eidlich verpflichte" – verwenden. Sie richtet sich auf den Moabbund und zeigt, dass Paränese nicht nur appelliert und motiviert, sondern auch rechtsverbindlich argumentiert. Schließlich kann die allgemeine Paränese auch Teil eines größeren Formzusammenhangs sein, am häufigsten des sogenannten „paränetischen Schemas". Diese Kleinform fordert zum Gesetzesgehorsam auf (I) und verspricht dafür den Segen Gottes (II). Sie dient in der Darstellung als Rahmungs- und Gliederungselement. Ihre zweiteilige Gliederung und typischen Merkmale lassen sich zum Beispiel an 8,1 ablesen:

> [8,1a] Das ganze Gebot, auf das ich dich heute eidlich verpflichte, sollt ihr bewahren, um es zu halten (I),
> [8,1b] damit ihr am Leben bleibt und zahlreich werdet und in das Land, das JHWH euren Vätern mit einem Schwur versprochen hat, hineinziehen und es in Besitz nehmen könnt (II).

Altorientalischen Lern- und Bildungsgepflogenheiten entsprechend bezieht sich „bewahren" (*šmr*) auf das gedächtnismäßige Behalten der auswendig gelernten Gesetze, während „halten" (*ʿśh*) ihre Verwirklichung meint. Diese beiden Kernverben der Paränese beweisen: Kenntnis und Halten des „ganzen Gebots" lassen sich nicht trennen. Darüber hinaus erfüllen Gesetzesparänese und paränetisches Schema aber noch „eine tiefere Funktion: sie dienen der ‚inneren Einheit'. Immer wieder lenken sie die Rede ‚auf das Ganze und Eigentliche hin' und schärfen ‚die eine, jede Einzelhandlung transzendierende und durchwebende Grundhaltung ein, um die es letztlich geht'. Darüber hinaus stellt das paränetische Schema ‚das hörende Volk in die Spannung zwischen das geforderte Tun des Jetzt und den daraus erfließenden Segen des Morgen.' Dieses Phänomen kennt nur das Buch Deuteronomium."[102]

6 Beispiele deuteronomischer Ethik aus der Einzelgebotssammlung

6.1 „Opfermahl halten" und „sich freuen" – die Kultgesetze

Die Rechtssammlung des Deuteronomiums macht Opfer und Wallfahrtsfeste zu den vorrangigen Orten der Weltdeutung und Sozialisation Israels. Das Mahl hatte zwar

---

102 Braulik, Gesetzesparänese, 296 f; die Zitate innerhalb des Textes stammen aus Lohfink, Hauptgebot, 96 f.

auch vor und nach der Landnahme kultischen Charakter.[103] Aber das Deuteronomium berücksichtigt ihn nicht, weil es alle Opfer und Feste an einem einzigen legitimen Heiligtum konzentriert, „der Ruhe" (Dtn 12,9), dem Tempel von Jerusalem (1 Kön 8,56).[104] Es entwirft dazu ein eigenes Wallfahrtsschema und Ritualgerüst, das sich an der Abfolge der Vorgänge orientiert, die Tätigkeiten an der „Stätte (māqôm), die JHWH auswählen wird," ordnet und die verschiedenen teilnehmenden Personengruppen auflistet. Die gemeinsame Botschaft der Kultbestimmungen lautet: „Israel soll an seinem Zentralheiligtum als Ganzes bei festlichem Opfermahl zur reinen Freude vor seinem Gott gelangen."[105] Dabei gewinnt es seine Identität als Volk JHWHs.

Die deuteronomische Festtheorie schreibt die erwählte Stätte als den Ort aller tierischen wie vegetabilen Opfer vor, verbunden mit der besonderen Behandlung des Blutes, ferner die Zeit der drei „für JHWH" zu feiernden Wallfahrtsfeste Pessach, Wochen- und Laubhüttenfest. Außerdem nennt sie jeweils die Teilnehmer. Denn die Verehrung JHWHs soll in Gemeinschaft geschehen und ist von sozialer Verantwortung geprägt. Das Herzstück aller Kultbestimmungen bilden „essen" ('kl) und „fröhlich sein" (śmḥ) „vor JHWH" (lipnê JHWH). Die beiden Handlungen lassen sich nicht austauschen. Denn „essen" hat die Konnotation von „Opfermahl", das aber bei den fröhlichen Erntefesten nicht im Mittelpunkt ihrer ideellen Sinnstruktur steht. Das Deuteronomium kennt keine andere Freude als die bei Opfer und Fest, sie ist die liturgische Grundhaltung schlechthin. „Sich freuen" ist zutiefst Dankbarkeit „für alles, was eure Hände geschaffen haben, weil JHWH, dein Gott, dich gesegnet hat" (12,8) bzw. „für alles Gute, das JHWH, dein Gott, dir und deiner Familie gegeben hat" (26,11). Mit diesen Segensgütern wird auch das gemeinsame Festmahl bestritten. Von den sieben Kultgesetzen verbinden sechs „sich freuen" mit einem kürzeren oder längeren Verzeichnis der Teilnehmer (12,7.12; 14,26; 16,11.14; 26,11); in einem findet sich das Verb im Gefolge des Opfermahls (12,18).

Im Mittelpunkt des fröhlichen Miteinander-Essens steht die Familie (12,7; 14,26; 15,20). Wo die Mitglieder des Hauses detailliert aufgezählt werden, erhält die Teilnehmerliste gesellschaftliche Brisanz. Denn das vor den „Söhnen und Töchtern, Sklaven und Sklavinnen" eigens hervorgehobene „Du" bezeichnet den freien israelitischen Mann und seine Frau (12,12.18; 16,11.14). Der Frau wird also implizit das

---

103 Zum Folgenden s. Braulik, Ernährung.
104 Braulik, Konzeption, 220–224. Gegen Pyschny, Centralization, 304–307 und 310. Die Mose-Moab-Fiktion des Deuteronomiums erlaubt keine ausdrückliche Erwähnung Jerusalems im Gesetzeskorpus.
105 Lohfink, Opferzentralisation, 239.

Recht eingeräumt, das Opferritual zu leiten.[106] Dem Familienverband folgen außerhalb Stehende, die keinen Bodenbesitz und somit keine Ernteerträge haben. Bei den Opfern gilt die Aufmerksamkeit den „Leviten in deinen Stadtbereichen" (12,12.18; 14,27), bei der Ernte auch den „Fremden, Waisen und Witwen in deinen Stadtbereichen" (14,29; 16,11.14). Hier greifen Festordnung und Sozialgesetzgebung des Versorgungssystems (s. dazu unten) ineinander. Bei Wochen- und Laubhüttenfest (16,11.14) sind es alle, nämlich sieben Feiergruppen, mit denen entsprechend der Zahlensymbolik die volle Zahl der Teilnehmenden erreicht ist. Wenn von ihnen gefordert wird, zum Zentralheiligtum zu ziehen, geht es nicht um die Feiergestalt, die praktisch Unmögliches verlangen würde, sondern um die formale Sinngestalt, also um das theologisch Beabsichtigte:[107] Alle Glieder der ‚Familie JHWHs' (ʿam JHWH) sollen trotz ihrer gesellschaftlichen Standesunterschiede gleichberechtigt die Höhepunkte des Bauernjahres feiern. „Das freudige Miteinander-Mahlhalten im Zentralheiligtum wird zum Realsymbol des geeinten Gottesvolkes."[108] Dass alles „vor JHWH" geschieht, unterstreicht nicht nur die Gegenwart Gottes im Tempel, sondern verweist in mystische Tiefen. Denn sie wird in ihrer Dichte jetzt nicht mehr bei den Opferriten am Altar erfahren, sondern in der Freude des anschließenden gemeinsamen Festmahls.

Deuteronomium 12 behandelt die Opfer. Das Gesetz über die Vernichtung fremder Kultstätten samt ihren Kultsymbolen (V. 2–3) und das Verbot ihrer Kultbräuche (V. 29–31) verdeutlichen das Unterscheidend-Israelitische im Kult des JHWH-Glaubens.[109] Sie rahmen die vier Paragraphen, die regeln, wo, wann, was und wie jeder, jede Anteil am gemeinsamen Opfer erhält. Mit juristischer Logik entfalten sie jeweils eines der Mahlelemente als ihr besonderes Thema: die Opfergaben, die nur zu der erwählten Kultstätte gebracht werden dürfen (V. 4–7), den

---

106 Zur ausführlichen Begründung s. Braulik, Frauen, 85–87; vgl. z.B. Ebach, Fremde, 133–135. Diese Differenzierung des „Du" ist nicht „leicht widerständig zu den sozialintegrativen Funktion des Kultes" – gegen Pyschny, Partizipation, 310; vgl. dazu 311 Anm. 22. Die von Pyschny (309–312) beschriebenen beiden alternativen Verstehensmöglichkeiten können hier nicht diskutiert werden. Nach Jacobs, Women, „a wife's participation in the sacrificial meal was as much to ensure that she was available to prepare, cook, and clean up, i. e. to provide the practical assistance required by her husband for his sacrificial meal, and would not automatically confer the identical social or cultic benefits upon her." Davon ist aber nirgendwo die Rede.
107 Deshalb werden bei den Opfern ausdrücklich (nur) die Leviten angeführt, bei den Erntefesten auch die Fremden, Waisen und Witwen (vgl. 14,29; 24,19.20.21) und bei der Darbringung der Erstlingsfrüchte nur die Leviten sowie die Fremden, die an die Fremdlingschaft Israels in Ägypten (26,5) erinnern (26,11). Das wird z.B. von Pyschny, Partizipation, 308–318, nicht berücksichtigt.
108 Braulik, Ernährung 134.
109 Diese kollektive Identität wird anschließend im Bekenntnis ausdrücklich gemacht, wie es die drei sogenannten Apostasie-Gesetze in Deuteronomium 13 fordern (s. Campi, Belief).

Zeitpunkt des Inkrafttretens der Kultbestimmungen (V. 8–12), den Unterschied zwischen Opfer und Schlachtung bzw. Schlachtung am Heiligtum und Schlachtung in den Ortschaften samt ihren Essensverboten, die sich aus der Kultzentralisation ergeben (V. 13–19), und die Behandlung von Blut, das „Lebenskraft" ist (V. 20–28).[110] Wird es bei der Schlachtung an den Wohnorten auf die Erde geschüttet, so gießt man es bei Brand- und Schlachtopfertieren auf den Altar. Diese beiden Opferarten entsprechen den zwei Formen von Gastfreundschaft, die Gott angeboten wird: Das Brandopfer entspricht einem Mahl, das den Gast, nämlich Gott, besonders ehrt, weil das vorgesetzte Tier ihm allein vorbehalten ist. Dagegen praktizieren Schlacht- bzw. Gemeinschaftsopfer eine eher allgemeine Art von Gastfreundschaft, bei der sich der Gastgeber samt seiner Familie und Gott als Gast zu einem gemeinsamen Mahl versammeln und miteinander Tischgemeinschaft halten. Bei den Opfern aus Produkten der Landwirtschaft nimmt Gott dieses Mahl aus der Nahrung Israels an und bezeugt damit seine besondere Bindung an das Volk und sein Land.[111]

Der Wallfahrtskalender 16,1–15.16–17 fixiert neben dem Ort auch die Zeiten, wann sich ganz Israel zu Feier und Fest „für JHWH" versammeln soll, bestimmt also trotz sachbedingter Flexibilität Tag und Nacht, Frühling und Herbst, Arbeit und Ernte. Er knüpft an Erfahrungen an, die sich aus der Volksgeschichte bzw. aus dem Rhythmus der Natur ergeben. Pessach (V. 1–8) ist das einzige Schlachtopfer, das einen Namen trägt und dessen Vollzug eigens festgelegt wird. Weil es alle Familien und sozialen Schichten zur Einheit des gesamten Volkes versammelt, fehlt jede Form von Teilnehmerliste. Es wird im Frühling, im „Monat" bzw. am „Neumond" des „Abib", begangen. An diesem Datum dürfte auch das ältere siebentägige Fest der ungesäuerten Brote begonnen haben (vgl. V. 16), das im Deuteronomium ohne Kalenderänderung mit dem Pessach verschmolzen wird. Die Feier vergegenwärtigt durch Zeitpunkt und Nahrung kultsymbolisch die nächtlichen Herausführung aus Ägypten, das Urdatum der eigenen Geschichte und die Erinnerungsfigur der Identität Israels: „Denn im Monat Abib hat JHWH, dein Gott, dich nachts aus Ägypten geführt" (V. 1). Das Paschatier muss an der erwählten Stätte (V. 2) und am Abend des ersten Tages geschlachtet werden (V. 4), „zu der Stunde, als du aus Ägypten gezogen bist" (V. 6). Dazu „sollst du nichts Gesäuertes essen. Sieben Tage lang sollst du ungesäuertes Brot essen, die Speise der Bedrängnis, denn in Hast bist du aus Ägypten gezogen" (V. 3). Mazzen sind das Brot für unterwegs, wenn kein vorbereiteter und

---

110 Dabei fällt in 12,15 und 22 das Wort „unrein", das in 14,3–21 zum Leitwort der Speiseverbote wird. Das Deuteronomium kennt nur diese Regelungen für das Volk, enthält aber keine Reinheitsvorschriften für Priester. „Die ‚Reinheit' ist Darstellung der ‚Heiligkeit', und diese zieht nicht eine Grenzmauer innerhalb Israels, sondern scheidet zwischen Israel und dem Rest der Völker." (Lohfink, Opferzentralisation, 245).
111 Vgl. Marx, Opferlogik, 136.

somit gesäuerter Teig verfügbar ist. Als „Speise der Bedrängnis" sind sie Sinnbild des eiligen Aufbruchs und stehen eine Woche lang im Mittelpunkt der Leidensgedächtnisfeier des Pessach. Diese Feierwelt des Pessach möchte durch das alltägliche Gedächtnis des Exodus (V. 3) das soziale Bewusstsein Israels verändern (vgl. 5,15; 15,15; 16,12; 24,18.22). Ethisch geht es dabei nicht um Dankbarkeit für die eigene Befreiung durch JHWH, sondern um ein durch das Geschenk der Freiheit ermöglichtes eigenes befreiendes Handeln.[112] „Die biblische Ethik ist daher keine Sklavenmoral, sondern eine Moral der Befreiten."[113] Dagegen ist das sieben Wochen nach Beginn der Getreideernte gefeierte Wochenfest ein freudiges Erntefest (V. 9–12). Die freiwillig dargebrachte Gabe veranschaulicht den erhaltenen Segen Gottes. Im Herbst schließlich, am Ende des bäuerlichen Jahres nach Kornernte und Weinlese, wird sieben Tage lang das Laubhüttenfest begangen (V. 13–15). Nach den Mühen der Landwirtschaft ist es „dein Fest" (V. 14): „Wenn JHWH, dein Gott, dich in allem gesegnet hat, in deiner Ernte und in der Arbeit deiner Hände, dann sollst du wirklich fröhlich sein." (V. 15). Bei dieser „Lust vor JHWH" wird erfahrbar, was Israel von seinem Gesellschaftsentwurf her ist. Denn die Liturgiereform bildet Keimzelle wie Gipfelpunkt einer umfassenden Gesellschaftsreform.

6.2 Eine Gesellschaft ohne Arme – das Armen- und das Versorgungsrecht

Die altorientalische Kultur kennt ein hohes Ethos der Zuwendung zu den Armen, zu dem vor allem die Führungseliten erzogen wurden. Israel teilt diese ethischen Überzeugungen.[114] Doch begnügte sich sein Gott nicht wie die Götter der Umwelt mit einer „Option für die Armen", die das Elend zu mildern sucht. JHWH griff in das System ein, das ökonomische Ausbeutung und soziale Deklassierung produzierte. Er entriss die Hebräer, das heißt die gesamte Unterschicht, dem Sklavenstaat Ägypten und gab ihnen als seinem Volk am Sinai / Horeb eine neue Rechtsordnung, durch die sein Leben im eigenen Land gelingen konnte. Allerdings konstruiert erst die deuteronomische Tora im Sinn der Exoduserzählung eine gerechte und deshalb gesegnete Gesellschaft, in der es keine Armen zu geben braucht.

Dass dieses Thema im Deuteronomium reflektiert formuliert wird, zeigt erstens eine Sprachregelung: Aus dem breiten Wortfeld für materiell Hilfsbedürftige wer-

---

112 Vgl. die Diskussion der Bedeutung biblischer Paränese bei Noichl, Ethische Schriftauslegung, 98.
113 Markl, Israels Moral, 338.
114 Zum Folgenden vgl. Lohfink, Option; Lohfink, Entwurf; Braulik, Gesellschaft; Steymans, Historische Ort, 362 f, 395–404, 410–413.

den nur mehr die beiden Bezeichnungen „Armer" ('æbjôn) und „Elender" (ʿānî) verwendet, und zwar nur dort, wo in einem Prozess zunehmender Verschuldung eines Mannes oder einer Frau immer wieder Armut entstehen kann. Weil es sich dabei um Unglücksfälle handelt, die dem Kleinbauern Palästinas jederzeit drohten, bemüht sich das Armenrecht in fünf Gesetzen (15,1–6.7–11.12–18; 24,10–13.14.15), den Betroffenen möglich wieder aus dieser Welt herauszubringen.

Benötigt er zum Beispiel wegen Missernte ein Darlehen, wird der Mitisraelit ermahnt, dem Verarmten Geld zu leihen (15,7–11). Dieses Ethos ist mit einem Vermögensrisiko verbunden. Denn der gewährte Kredit darf im folgenden gemeinsamen Brach-/Erlassjahr nicht mehr eingefordert, sondern muss erlassen werden (15,1–3). Je näher dieses siebte Jahr rückt, desto unsicherer wird deshalb angesichts des Verzichts auf Zwangsvollzug die Rückgabe des Kredits (vgl. V. 9). Weil man zwar einen Schuldenerlass erzwingen kann, nicht aber die Vergabe eines Kredits, wird das Recht hier zur Paränese,[115] die auch knapp vor dem Erlassjahr zur Vergabe eines Darlehens mahnt. Aus diesem Grund spricht das Erlassjahresgesetz beim Armen vom „Bruder", verweist also auf eine geschwisterliche Solidarität im Volk Gottes. Außerdem erklärt es für den Reichen zur „Sünde", wenn der Arme gegen ihn zu Gott ruft. Doch wird Gott den Reichen segnen und ihm dadurch Wohlstand ermöglichen, wenn er gibt, woran der Arme jetzt Mangel hat. Ich komme auf dieses Solidaritätsethos noch ausführlicher zurück.

Nimmt der Gläubiger ein Pfand, darf er das nicht in entehrender Weise tun (24,12 f). Um das Darlehen zurückzahlen zu können, muss sich der Verarmte vielleicht als Tagelöhner verdingen. Einem Tagelöhnen muss sein Arbeitgeber täglich seinen Lohn auszahlen (24,14 f).

Bleibt als Ausweg nur mehr ein Schuldsklavenverhältnis, muss es im siebten Jahr beendet und der Freigelassene mit allem ausgestattet werden, was zum Aufbau einer neuen Existenz notwendig ist (15,12–18).

Zweitens werden die „Fremden, Waisen und Witwen"[116] in einer festen Wortreihe zusammengefasst. Sie können zwar stellvertretend alle Armen bezeichnen, werden aber jetzt aus allen Formen von Armut herausgehalten. Denn für diese Bevölkerungsgruppen, die über keinen eigenen Grundbesitz verfügen, schafft das Deuteronomium ein Wirtschaftssystem, das ihnen zusammen mit den ebenfalls landlosen Leviten einen Rechtsanspruch auf volle Versorgung gibt. Es verändert das Gesellschaftsgefüge und lässt sie als normale Glieder des Gottesvolkes am vollen

---

115 Lohfink, Deuteronomische Gesetz, 215. Für Kessler, Recht, 92–98, zeigt das Erlassjahresgesetz (Dtn 15,1–11), „wie in ihm ‚Recht' in einem engen präskriptiven Sinn und Mahnung mit argumentierenden Zügen in einer einzigen Bestimmung zusammenkommen." (92).
116 Bei den im Hebräischen singularischen Formulierungen handelt es sich um Kollektivausdrücke. Zu dieser Trias s. z. B. Glanville, Stranger.

Leben Israels, insbesondere am Glück seiner Feste, teilnehmen. Zwar werden auch die Fremden, Waisen und Witwen noch am Rande des Problemfelds „gerechtes Gericht" genannt – der „Fremde, weil er trotz seiner eventuell ethnischen und religiösen Fremdheit voll rechtsfähig ist (1,16 f); Waisen und Witwen (24,17 f; 27,19), weil sie nicht selbst vor Gericht auftreten können und deshalb geschützt werden müssen. Doch hat auch das nichts mit Armut zu tun. Letztlich ist alles ethische Verhalten gegenüber den gesellschaftlichen Randgruppen in Israel sogar Nachahmung des Wirkens Gottes. Denn er verhilft ihnen unbestechlich zu ihrem Recht bzw. versorgt sie mit den zum Leben notwendigen Gütern: „Er [JHWH, euer Gott,] verschafft Waisen und Witwen Recht und liebt den Fremden, sodass er ihm Nahrung und Kleidung gibt." (10,18). Aus diesem Handeln Gottes ergibt sich als assoziativ angeschlossene Verpflichtung der Israeliten, die an keine bestimmten Umstände gebunden ist und mit der eigenen, positiven Geschichtserfahrung motiviert wird: „Auch ihr sollt den Fremden lieben, denn ihr (selbst) seid Fremde im Land Ägypten gewesen." (10,19).[117]

Zwischen die Vorschriften des Brach- und Erlassjahres mit der Forderung, auf Ansprüche in jedem siebten Jahr zu verzichten (15,1–3), und der Paränese über eine Kredithilfe für verarmte Israeliten (15,7–11) ist die Vision einer Gesellschaft ohne marginale Gruppen eingeschoben (15,4–6):

> [15,4] Eigentlich sollte es bei dir gar keine Armen geben; denn JHWH wird dich reich segnen in dem Land, das JHWH, dein Gott, dir als Erbbesitz gibt und das du in Besitz nimmst,
> [5] wenn du auf die Stimme JHWHs, deines Gottes, hörst, auf dieses Gebot, auf das ich dich heute eidlich verpflichte, achtest und es hältst.
> [6] Wenn JHWH, dein Gott, dich segnet, wie es dir zugesagt hat, kannst du vielen Völkern gegen Pfand leihen, du selbst aber brauchst nichts zu verpfänden ...

Die Grundlage dafür, dass sich in Israel keine Armenschicht etablieren muss, bildet der Segen Gottes in dem Land, das er seinem Volk zum Erbbesitz gegeben hat – einem Land, „wo du prächtige Häuser gebaut hast und sie bewohnst, wo deine Rinder, Schafe und Ziegen sich vermehren und Silber und Gold sich bei dir häuft und dein gesamter Besitz sich vermehrt" (8,12 f). Dieser materielle Reichtum und das Wirtschaften aus der Fülle des Segens hängen allerdings am Gehorsam des ganzen Volkes. Denn nur wenn alle die deuteronomische Sozialordnung verwirklichen, kann die Welt einer gesellschaftlichen Gerechtigkeit auch Wirklichkeit werden. In ihr kann man sogar individuelle Darlehensgeschäfte mit Nicht-Israeliten machen, selbst aber wirtschaftlich unabhängig bleiben. Im vorliegenden Zusam-

---

[117] Braulik, Der blinde Fleck, 43 f. Zum „Fremden" im Deuteronomium zuletzt Glanville, *Gēr*, und insbesondere Friedl, Volk, 246–261.

menhang steht diese Zusage allerdings in Spannung zur realistischen Feststellung: „Die Armen werden niemals ganz aus deinem Land verschwinden. Deshalb mache ich es dir zur Pflicht: Du sollst deinem notleidenden und armen Bruder, der in deinem Land lebt, deine Hand öffnen" (15,11). Das heißt: Angesichts der immer wieder aufkommenden Armut müssen Mitisraeliten auf die bedrückende Not jederzeit mit einem zum Überleben notwendigen Darlehen reagieren. Es gibt dafür aber keine Kontrollinstanzen. Denn das „Bruder-Ethos', das hier verlangt wird, lässt sich eigentlich nicht juristisch fassen. Doch muss Geschwistern, wie es in einer Familie selbstverständlich ist, sobald sie in Armut verstrickt sind, geholfen werden, aus ihrer Notlage herauszukommen, und sei es auch durch erheblich finanzielle Opfer".[118] Dadurch wird verhindert, dass sich Armut in einer Klasse verfestigen kann.

6.3 Ein „brüderliches" Volk – die Sozial- und Ämtergesetze

Das Wort „Bruder" ('aḥ) dient im Deuteronomium vor allem als Leitmotiv einer israelspezifischen Ethik und ist eingebettet in die Theologie des Volkes.[119] Es bezeichnet über die Familienbande hinaus vor allem den Volksgenossen, und zwar im Kontrast zum „Ausländer" (nåkrî), und kann geschlechtsinklusiv gebraucht werden (vgl. 15,12). Die Belege finden sich gehäuft in den Sozialgesetzen und den Ämtergesetzen, werden aber grammatikalisch wie semantisch unterschiedlich eingesetzt. Sie bilden eine ideelle Brücke zwischen dem agrarischen und dem eher kulturell-städtischen Hintergrund der beiden Textgruppen. Dagegen sprechen Kultbestimmungen niemals vom „Bruder", er ist kein liturgischer Titel. Offenbar ist bei Opfer und Fest für Personen ohne finanzielle oder auch machtpolitische Grundlage gesorgt und gilt die brüderlich-geschwisterliche Gesellschaft als hier bereits real-symbolisch verwirklicht.

Die deuteronomische Sozialgesetzgebung findet sich in 15,1–6.7–11.12–18 und 22,1–4; 23,20f; 24,7; 24,10–15; 25,5–10. Ihre Humanitätsbestimmungen verweisen ausdrücklich auf das Bruderverhältnis. Den Schlüsseltext in der Auseinandersetzung mit Armut und Gerechtigkeit bilden die drei Rechtstexte des Kap. 15 über den Verzicht auf Forderungen im Brachjahr, die Kredithilfe knapp vor dem Erlassjahr

.

---

118 Braulik, Gesellschaft, 26. Vgl. ferner Kessler, Wirtschaftsethik.
119 Zum Folgenden vgl. Friedl, Volk. Zum Vergleich der sozialethischen „Bruder-Nächster-Gesetze" im Deuteronomium mit dem Bundesbuch und Heiligkeitsgesetz s. zuletzt Steymans, Historische Ort, 395–413.

und die Aufhebung der Selbstverknechtung im siebten Jahr.[120] Sie konkretisieren die Geschwisterlichkeit als Befreiung von der Hartherzigkeit eines bloßen Rentabilitätsdenkens, indem sie das alte apodiktische Gebot auslegen: „Am Ende jedes siebten Jahres sollst du die Ackerbrache durchführen." (15,1). Bereits Ex 23,10f ordnet für dieses Jahr an, Felder, Weinberge und Ölbäume brach liegen zu lassen (*šmṭ*), damit ihre Erträge den „Armen deines Volks" (*ʾœbjôn ʿammœkā*) zugutekommen. Diese Ackerbrache wandelt sich in der Legalinterpretation von Dtn 15,2 von einem agrarischen zu einem sozialrechtlichen „Erlass" (*šᵉmiṭṭāh*). Denn der Schuldherr, der unter Personalhaftung ein Konsumptionsdarlehen gewährt hat, wird in diesem Jahr verpflichtet, „das zu erlassen, was er seinem Nächsten (*bᵉrēʿēhû*) als Darlehen gegeben hat. Gegen seinen Nächsten (*ʾœt rēʿēhû*), insofern er sein Bruder (*wᵉʾœt ʾāḥîw*) ist, soll er nicht mit Zwang vorgehen; denn er hat einen Erlass (*šᵉmiṭṭāh*) für JHWH verkündet." An die Stelle des „Armen" tritt somit „dein Bruder", der zugleich „eine religiös und durchaus emotional gefärbte Näherbestimmung des Traditionsausdrucks ‚dein Nachbar / Nächster'" bildet. Die zwischenmenschlichen Beziehungen werden also auf die egalitäre Gemeinschaft derer hin geöffnet, „die allesamt von der befreienden Liebe Gottes leben; darum steht Dtn 15 geradezu programmatisch am Anfang dieses Stromes. [...] Als Bruder verlangt der Israelit vom Mitisraeliten höhere, ja höchste Aufmerksamkeit."[121] Der „Ausländer" (*nåkrî*), hier ein fremder Kaufmann, ist davon ausgeschlossen (V. 3). Denn bei den Krediten, die ihm gewährt werden, handelt es sich nicht wie beim Nachbarn und Bruder um Notdarlehen, sondern um Handelskredite, um Gewinn zu erzielen (vgl. 23,21 die Aufhebung des Zinsverbots, sodass die internationalen Regeln von Darlehensgeschäften mit dem Ausländer gültig bleiben).[122] Dem Gläubiger droht zwar keine Strafe, wenn er auf der Rückzahlung des Kredits besteht. Doch zielt der Schuldenerlass letztlich auf die Befreiung des Gottesvolks von jeglicher Armut: „Denn JHWH wird dich reich segnen, ...wenn du auf dieses Gebot achtest und es hältst" (15,4f). Dabei bezieht sich das angesprochene „Du" nicht mehr bloß auf den Schuldherrn, sondern gleichzeitig auf die Wohlhabenden als „das potenti-

---

120 Zum rechthistorischen Vergleich des Erlassjahrprogramms mit den altbabylonischen *mīšarum*-Akten des Schuldenerlasses und der neuassyrischen (*an-*)*durāru*-Institution sozialen Ausgleichs s. Otto, Programme.

121 Perlitt, Volk, 64. Zur Anwendung des Volksbegriffs in diesem Zusammenhang s. Friedl, Volk, 88. Zur Exegese von 15,1–3 s. ebd., 79–90.

122 Die Unterscheidung zwischen den beiden Kreditarten kennt bereits die altorientalische Rechtspraxis. Dem Vorwurf Max Webers eines „urwüchsigen Dualismus der Binnen- und Außenmoral" und ihrem Verhältnis zur deuteronomischen Geschwister-Ethik in einer rechts- und theologiegeschichtlichen Einordnung von Deuteronomium 15 und 23,20f entgegnet Fabry, Geschwister-Solidarität.

elle Handlungssubjekt" und „damit zugleich [auf] ganz Israel als Gesellschaft [...]
Denn als relationaler Begriff zeigt die jeweilige Situation und Aufgabe an das ‚Du'
und Israel an, wer in den Blick genommen wird."[123] Den Besitzenden steht der
„Bruder" als Hilfsbedürftiger gegenüber. Er appelliert an ihre soziale Verantwortung und wirbt für eine Gesinnungsreform, nämlich die Rückkehr zum ursprünglichen Gleichheitsideal: „Eigentlich sollte es bei dir gar keine Armen geben" (15,4). In
weiteren wirtschaftlichen Regelungen, die alle den Verschuldungsvorgang betreffen
und auf Menschenwürde wie Solidarität zielen, wird der „Bruder" ausdrücklich mit
den „Armen" ('æbjôn) und „Elenden" (ʿānî) (15,7.9.11; 24,12.14.15) verbunden. Niemals
aber tritt er gemeinsam mit den durchaus schutz- und unterstützungswürdigen
Personengruppen der „Fremden, Waisen und Witwen" auf.[124] Denn sie gehören im
Deuteronomium nicht mehr zu den klassischen Armen am Rande der Gesellschaft,
sondern sind vom Recht ins Zentrum wirtschaftlicher Versorgung gerückt.

Sprechen die Versorgungsgesetze vom Bruder, der in Armut geraten ist, so
begegnet er in den Gesetzen über die leitenden Organe des Gemeinwesens
(16,18 – 18,22) als handlungsfähiger Vollbürger, der gleichberechtigt am gesellschaftlichen Leben Israels teilnimmt. Denn während der Adressat der Sozialgesetze
dem „Bruder" gegenübersteht, integrieren ihn die Ämtergesetze im angesprochenen kollektiven „Du".[125] Beide Gesetzesgruppen erwähnen jeweils sieben Mal den
„Bruder" (15,2.3.7.7.9.11.12 bzw. 17,15.20; 18,2.7.15.18; 20,8), die Ämtergesetze allerdings
überwiegend im Plural. Die Bruder-Beziehung hebt die Distanz zwischen oben und
unten auf und beseitigt den Skandal einer Klassenbildung. Im Einzelnen wird
festgelegt: Bei einer Einführung des Königtums darf Israel nur einen Bruder, den
Gott erwählt hat, als König einsetzen, keinen Ausländer (17,15). Doch gilt: der König
darf „sein Herz nicht über seine Brüder erheben" (17,20). Einen Propheten lässt Gott
je neu mitten unter seinen Brüdern erstehen (18,15.18). Der Stamm Levi soll „inmitten seiner Brüder leben" (18,2) und jeder Levit kann „wie alle seine levitischen
Brüder" am Zentralheiligtum Dienst tun (18,7) und dort „die gleiche Zuteilung erhalten" (18,8). Das Gesetz schließlich, wie bei Krieg zu verfahren ist (20,1 – 9), „ver-

---

123 Ebach, Fremde, 135.
124 Zum Verhältnis Israels zu den Fremden s. Friedl, Volk, 246 – 261.
125 Vgl. Friedl, Volk, 233 – 236. „Neben der Vorstellung, dass alle Israelitinnen und Israeliten von der
Sklavin bis zum König ‚Geschwister', also in gewisser Hinsicht gleich sind, gibt es in der Tora aber
auch die Linie, die Rechte vom Anderen her zu definieren. Beide Ansätze, der bei der Gleichheit und
der beim Anderssein, sind aufs Engste miteinander verknüpft." (Kessler, Menschenrechte, 282 f.).
Beide Ansätze sind für die Begründung der Menschenrechte konstitutiv: „Die Gleichheit ist die
Bedingung der Möglichkeit der Menschenrechte. [...] Das Anderssein ist die Bedingung der Notwendigkeit der Menschenrechte." (Ebd., 281 f.).

körpert die Bruderethik auf besondere Weise"[126]. Über den Krieg entscheidet das Volk. Neben dem Priester werden nur die vom Volk eingesetzten (16,18) listenführenden Beamten, die die Musterung durchführen und die Heerführer ernennen, nicht aber der König genannt. Zu denen, die nicht zu kämpfen brauchen, gehört auch „wer sich fürchtet und verzagten Herzens ist". Er darf vom Aufgebot des Volksheeres heimkehren, „damit er nicht seinen Brüdern das Herz zerschmilzt" (20,8). „An dieser Stelle ist, wie auch sonst im Ämtergesetz, die Brüderlichkeit reziprok: der Mutlose und die Tapferen gelten gleichrangig als ‚Brüder'."[127]

Die Leitidee des „Verfassungsentwurfs" (16,18 – 18,22), dieser staatskritischen utopischen Theorie mit der Tora als Regulativ, ist die Gewaltenteilung.[128] „Dabei wird die früher vorhandene Machtkonzentration bei König und Priestern zugunsten der Richter und des Propheten abgebaut. Das Gleichgewicht der Kräfte zwischen Rechtsprechung, königlicher Regierung, Tempelpriestertum und freiem Charisma garantiert, dass diese Gewalten zusammen nur *einem* dienen – der Wirksamkeit des Gotteswortes, oder genauer: der Herrschaft Jahwes durch die schriftliche Tora und den Mund seines Propheten. Denn die Tora, die Gott dem Mose am Horeb gegeben hat, ist den Priestern zur Aufbewahrung und lehrenden Überlieferung anvertraut, sie wird vom Propheten der Situation entsprechend weitergeführt, die Richter müssen nach ihr Recht sprechen und der König soll aus ihr wie jeder Israelit leben."[129]

6.4 Die Metaphorisierung des Krieges und die Völker

Die Theorie der vollständigen Eroberung des Verheißungslandes und der Ausrottung seiner Bevölkerung, die das Deuteronomium entwirft, und deren Durchführung das Josuabuch erzählt, ist ein ideelles Konstrukt.[130] Das Bild vom sakralen Vernichtungskrieg gegen die Bewohner des Landes, den es historisch nicht gegeben hat, stammt frühestens aus der Zeit König Joschijas im 7. Jhdt. v. Chr. Damals existierten die Völker, die ausgetilgt werden sollten, nicht mehr, und hatte Israel selbst bereits den Großteil seines Landes wieder verloren.[131] Die Vorstellung von der

---

126 Friedl, Volk, 137.
127 Friedl, Volk, 138.
128 Lohfink, Gewaltenteilung, 69 – 73; Schäfer-Lichtenberger, Verfassungsentwurf.
129 Braulik, Deuteronomium II, 121; vgl. Lohfink, Gewaltenteilung 73 – 75.
130 Zum Folgenden s. Braulik, Völkervernichtung, 115 – 118, zu den Texten 124 Anm. 35; Braulik, Erwählung, 113 – 122.
131 „Die archaisch-sakrale Vorstellung des *ḥēræm* lebt in der literarischen Fiktion des Deuteronomiums nur in der erzählten Landeroberungszeit. Einerseits ist die Vernichtung der Vorbe-

Landnahme systematisiert und verallgemeinert bewusst ältere Traditionselemente – Nachrichten über Siege mit Beuteverzicht und Vernichtungsweihe von Mensch, Vieh und Sachgütern an die Gottheit, den sogenannten Kriegs-ḥēræm; Listen von bereits untergegangenen, teilweise sagenhaften Völkern; Verheißungen des Landes mit Vertreibung seiner Völkerschaften. Einzelne Motive wie eine kriegerische Terrorandrohung dürften von der Sprach- und Bildwelt neuassyrischer Kriegspropaganda angeregt worden sein. Denn angesichts der bluttriefenden Kriegserzählungen der assyrischen Propaganda will der ḥēræm einem religiös-nationalen Plausibilitätsschwund in Israel entgegenwirken und sein Selbstbewusstsein stärken.[132] Das Gebot von 7,2, bei der Inbesitznahme des Landes seine sieben mächtigen Völker, „wenn JHWH, dein Gott, sie dir ausliefert und du sie schlägst, der Vernichtung zu weihen" (haḥᵃrēm taḥᵃrîm 'otām), war schriftstellerisch von Anfang an parabolisch-spirituell gemeint. Es wird für die Kriege nach der Landnahme wie für die Rückkehr Israels aus einem künftigen Exil ausdrücklich ausgeschlossen. Das Kriegsgesetz unterscheidet nämlich zwischen dem einmaligen Eroberungskrieg unter Josua (20,16 – 18) und späteren Kriegen (20,10 – 15). Es zählt die Vorbewohner Israels namentlich auf (20,17, vgl. 7,1) und lehnt eine spätere Vernichtungsstrategie gegen andere Völker ausdrücklich ab. Wäre die Beseitigung der Kanaaniter realistisch gemeint gewesen, hätte das Gesetz eine gegenstandslose Forderung erhoben. Es muss seine Adressaten also zu anderem als zu einem Vernichtungskrieg verpflichtet haben.

Das harte Vorgehen JHWHs gegen die Landesbewohner und die ḥēræm-Forderung (7,1 – 2a) können deshalb auch mit Verboten zusammenstehen, die ein Nebeneinander der kanaanäischen Völker und der Israeliten voraussetzen. Sie verlangen eine gesellschaftliche Distanz zu ihnen und wollen eine religiöse Koexistenz verhindern (7,2b-5). In 7,1 – 5 kann somit „die Vernichtung der Vorbewohner und die Zerstörung ihrer Kultstätten […], d.h. die Ausschaltung von allem, was zur kultischen Verführung und zum Abfall von JHWH führen könnte, nur als fiktional er-

---

wohner – wie die gelehrten Reflexionen über den Bevölkerungsaustausch verdeutlichen (2,10 – 12.20 – 23) – Israel bereits als ein profangeschichtlich ‚normales' Phänomen vorgegeben. Anderseits werden die Aussagen über den grausamen Völker-ḥēræm bei der Eroberung des Westjordanlandes (vor allem in Kapitel 7 und 9,1 – 7) theologisch metaphorisiert und pragmatisch umfunktionalisiert. Außerdem unterscheidet das Deuteronomium schon auf der Sprachebene zwischen den auf die ‚Gründerzeit' beschränkten ḥēræm-Kriegen und späteren militärischen Auseinandersetzungen." (Braulik, Völkervernichtung, 149). Dagegen rechnet Versluis, Command, z.B. 320, für die Frühzeit Israels am Ende des zweiten Jahrtausends mit der zumindest teilweisen Erfüllung der Anordnung Gottes, die kanaanäischen Landesbewohner auszutilgen. Eine spätere Datierung und eine Interpretation als metaphorische Rede würden deshalb dem Verdacht einer unhistorischen Apologie unterliegen.

132 Lohfink, ḥāram, 211.

zählter Ausdruck der Forderung zu ganz ungeteilter Alleinverehrung des einzig zu liebenden Gottes begriffen werden."[133] Die ḥēræm-Texte betreffen dann vor allem die Identität Israels als Volk JHWHs und schließen alle aus, die den Bund bedrohen, ob sie innerhalb oder außerhalb Israels stehen.[134] Deshalb richtet sich die Vernichtungsweihe zwar gegen eine von JHWH abgefallene Stadt Israels (13,13–19). Aber die Sippe Rahabs und die Gibeoniter verfallen dem ḥēræm nicht, weil sie ein Bekenntnis zu JHWH abgelegt haben (Jos 2,8–11; 9,9–10.24). Letztere nehmen als „die Fremden in deinem Lager, vom Holzarbeiter bis zum Wasserträger" sogar am Bundesschluss in Moab teil (vgl. Dtn 29,10 mit Jos 9,27). Allgemein aber gilt für die Kanaaniter angesichts der intoleranten Bestimmungen von Deuteronomium 7: Sie „geraten nicht aus der Perspektive ,JHWH – Völker' in den Blick, sondern ausschließlich unter dem Aspekt: ,Noch-Besitzer des Israel verheißenen Landes' und ,Potentielle Verführer zur Verehrung anderer Götter'. Ihnen gegenüber steht Israel als künftiger Besitzer des Landes und ,Verehrer JHWHs'."[135]

Wie 7,1 entwirft auch 9,1–7 die Eroberung des Westjordanlandes als einen Gotteskrieg. In ihm zieht JHWH wie ein verzehrendes Feuer über den Jordan und vernichtet die großen Völker Kanaans vor Israel, damit es sie austilgen kann. Doch dient diese Darstellung nur als streng theologische Argumentation über Gnade und Verdienst. Denn die Völker haben wegen des begangenen Unrechts und Israel wegen seiner Halsstarrigkeit keinen Rechtsanspruch auf das Land. Dass Israel es dennoch trotz seines ständigen Versagens erhält, verdankt es ausschließlich der Treue JHWHs zu seinem Eid gegenüber den Patriarchen, empfängt das Land somit als ein Geschenk reiner Gnade.

Im Exil, auf das Dtn 29,21–27 vorausblickt, schwindet schließlich jeder Gegensatz zu anderen Völkern. Wenn sie dann nach dem Grund dieser Katastrophen fragen, legen sie nämlich in ihrer Antwort gemeinsam mit den Israeliten ein Bekenntnis zu JHWH ab, der sein Recht in der Geschichte durchgesetzt hat. Führt er aber die Verbannten wieder aus den Völkern heraus und nehmen sie das Land neuerlich in Besitz, fehlen Krieg und Vernichtung (30,1–10). Denn die Sammlung Israels und seine Heimkehr dürfen grundsätzlich mit keiner Gewalttätigkeit mehr verbunden sein.

Die Radikalität, mit der das Land unter Josua erobert werden soll, dient somit als ein narratives Symbol für die Radikalität des von Israel erwarteten Vertrauens, Gott sein Werk tun zu lassen.[136] Die Glaubensunmittelbarkeit zu Gott aus der An-

---

133 Irsigler, Gottesbilder, 810.
134 Glanville, Israelite Identity, 568.
135 Schäfer-Lichtenberger, JHWH, 195.
136 Zum metaphorischen Verständnis des ḥēræm vgl. z. B. MacDonald, Monotheism, 113–122, obwohl ihm Lohr, Chosen, 167–172, widersprochen hat.

fangsperiode bildet das leuchtende Gegenbild zu der nach Jahrhunderten staatlicher Existenz gescheiterten Geschichte. Wenn Israel danach seinem Gott wieder radikal vertraut, wird er ihm das verlorene Land erneut verschaffen. Denn er ist siegreich über alle, die sich ihm entgegenstellen, zugunsten von allen, die ihm glauben und gehorchen.

Den künftigen Höhepunkt in der Beziehung zwischen Israel und den Völkern formuliert bereits die einleitende Gebotsparänese 4,5 – 8.[137] Sie motiviert nämlich das Bewahren und Halten der Gesetze mit dem bewundernden Urteil fremder Völker und dem Kommentar Moses zu ihrer Anerkennung Israels:

> 4,6 Denn darin besteht eure Weisheit und Bildung in den Augen der Völker (hāʿammîm). Wenn sie alle diese Gesetze hören, werden sie sagen: In der Tat, diese große Nation ist ein weises und gebildetes Volk.
> 7 Denn welch große Nation hätte einen Gott, der ihr so nah ist, wie JHWH, unser Gott, wo / wann immer wir ihn anrufen (beḵål qår'ēnû 'ēlâw)?
> 8 Oder welch große Nation hätte Gesetze und Rechtsentscheide (ḥuqqîm ûmišpāṭîm ṣaddîqim), die so gerecht sind wie alles in dieser Weisung (beḵål hattôrāh hazzo't), die ich heute vor euch hinlege?

Die Sonderstellung Israels unter den Völkern ergibt sich aus seiner religiös-ethischen Größe – der einzigartigen Nähe seines Gottes und der unvergleichlichen Gerechtigkeit seiner Tora. Der deuteronomische Sprachgebrauch von „zu JHWH rufen" (qr' 'æl JHWH) zeigt, dass hinter dem zeit- und ortsungebundenen Ruf-Hör-Kontakt die Geschwisterethik steht. Die Wendung findet sich nämlich in zwei Bestimmungen, die den „Bruder" betreffen. In 15,9 schreit ein Armer zu JHWH, weil ihm sein Mitisraelit knapp vor dem Erlassjahr aller Schulden kein Darlehen zur Sicherung seiner Existenz geben will. Nach 24,15 aber braucht der Tagelöhner, ein „Bruder" oder Fremder, nicht zu Gott zu rufen, weil ihm sein Lohn nicht vorenthalten, sondern vor Sonnenuntergang ausbezahlt wurde.[138] Die Sozialordnung des Deuteronomiums bildet deshalb „ein Distinktivum gegenüber allen Gesellschaften. Und zwar, indem es die von ihm gezogene ,Welt'-Grenze diesseits der möglichen Armut zum speziellen Ort Gottes deklariert. [...] Hier, an der Grenze der Welt, wo

---

137 Braulik, Religionen der Völker, 192 – 201.
138 Der wirtschaftlich und sozial Schwache erhält dabei „eine konstitutive Rolle für die Frage nach der Sünde (15,9; 24,15) bzw. Gerechtigkeit (24,13) des im Gesetz direkt angesprochenen freien Israeliten. Es ist diese theologische Dignität des Armen, die das Deuteronomium in den Dienst seiner an den freien Israeliten gerichteten Gesetzesparänese stellt. Dass dies keine Marginalie ist, mag dabei die Tatsache unterstreichen, dass im gesamten deuteronomischen Gesetz nur in 24,13 von ṣedāqāh überhaupt die Rede ist, und dass nur in 15,9; 24,15 das Motiv des Rufens zu JHWH erscheint, und da eben im Zusammenhang mit der Sünde des Reichen, die solches Rufen bewirkt." (Kessler, Rolle, 265).

die Armut beginnt, ist Jahwes, des Nahgottes, Ort."[139] Seine immer und überall helfende Nähe ist in den gerechten Geboten der Tora verbürgt. Die nur in 4,8 belegte Wendung „gerechte Gesetze und Rechtsentscheide" (*ḥuqqîm ûmišpāṭîm ṣaddîqim*) dürfte auf den Ausdruck *dînat mišārim*, „gerechte Rechtssprüche", im Epilog der Gesetzessammlung König Hammurabis anspielen. Allerdings erfüllen ihre Paragraphen trotz aller juristischen Gelehrsamkeit kaum den erhobenen Anspruch, die „Schwachen, Waisen und Witwen" zu schützen. Denn soziale Reformen wie moralische Appelle fehlen im rein rational säkularen Recht der Stele dieses „Königs der Gerechtigkeit" (XXIVb 79).[140] „Israel war sich – im Dt – der Einzigartigkeit dieses ihm geoffenbarten Rechtswillens sehr bewußt; durch ihn war es vor allen Völkern bevorzugt, und die Völker mußten in Israels Recht den Erweis einer besonderen Nähe und Unmittelbarkeit zu Gott sehen."[141]

Am Schluss seines Tempelweihgebets bittet Salomo, Gott möge das Flehen seines Volkes Israel hören, „wo / wann immer sie zu dir rufen" (1 Kön 8,52; vgl. Dtn 4,7). Im anschließenden Segen verlangt er, seine zuvor gesprochenen Worte mögen „JHWH, unserem Gott, Tag und Nacht nahe sein" (1 Kön 8,59; vgl. Dtn 4,7). „Euer [Israels] Herz aber bleibe ungeteilt bei JHWH, unserem Gott, sodass ihr seinen Gesetzen folgt und seine Rechtsentscheide bewahrt" (1 Kön 8,61). Mose wie Salomo schließen sich also im Bekenntnis zu „JHWH, unserem Gott" mit dem Volk zusammen (Dtn 4,7; 1 Kön 8,59) und verbinden den Gebotsgehorsam mit seiner Nähe zu Israel. Bei dieser Ethik haben sie die Völkerwelt im Blick und zugleich die weltweite Anerkennung, „dass niemand Gott ist als JHWH allein" (1 Kön 8,60; vgl., Dtn 4,35).[142]

Verzeichnis der zitierten Literatur

Der im Artikel zitierte Kurztitel ist *kursiv* gesetzt. Abkürzungen nach Siegfried M. Schwertner, IATG[3].

Assmann, Jan, *Exodus*. Die Revolution der Alten Welt, München [3]2015.
Barbiero, Gianni, „*Höre Israel*" (Dtn 6,4 – 25), in: Studien zu alttestamentlichen Texten (SBAB 34), Stuttgart 2002, 93 – 167.

---

139 Lohfink, Entwurf, 217.
140 Zur Verwurzelung von Modellfällen aus Deuteronomium 19 – 25 im Genre altorientalischen Rechts, speziell des Kodex Hammurabi, s. Milstein, Origins. „Although the Israelites were not inclined to produce their own native law collection in the Near Eastern sense of the term, these standalone cases demonstrate that they *were* inclined to contemplate ethical dilemmas." (Ebd., 249). Zu Gemeinsamkeiten altorientalischer Gesetzeskodizes und dem Deuteronomium s. z.B. Russell, Law.
141 Von Rad, Theologie I, 108.
142 Braulik, Religionen der Völker, 196.

Barton, John, *Ethics* in Ancient Israel, Oxford 2014.

Becker, Joachim, *Gottesfurcht* im Alten Testament (AnBib 25), Rom 1965.

Braulik, Georg, Zur deuteronomistischen *Konzeption* von Freiheit und Frieden, in: Studien zur Theologie des Deuteronomiums (SBAB 2), Stuttgart 1988, 219 – 230.

Braulik, Georg, *Die deuteronomischen Gesetze* und der Dekalog. Studien zum Aufbau von Deuteronomium 12 – 26 (SBS 145), Stuttgart 1991.

Braulik, Georg, *Deuteronomium II*, 16,18 – 34,12 (NEB 28), Würzburg 1992 [= ²2003].

Braulik, Georg, Die Entstehung der *Rechtfertigungslehre* in den Bearbeitungsschichten des Buches Deuteronomium. Ein Beitrag zur Klärung der Voraussetzungen paulinischer Theologie, in: Studien zum Buch Deuteronomium (SBAB 24), Stuttgart 1997, 11 – 27.

Braulik, Georg, „*Konservative Reform*". Das Deuteronomium in wissenssoziologischer Sicht, in: Studien zum Deuteronomium und seiner Nachgeschichte (SBAB 33), Stuttgart 2001, 39 – 55.

Braulik, Georg, Durften auch *Frauen* in Israel opfern? Beobachtungen zur Sinn- und Feiergestalt des Opfers im Deuteronomium, in: Studien zum Deuteronomium und seiner Nachgeschichte (SBAB 33), Stuttgart 2001, 59 – 89.

Braulik, Georg, Die *Völkervernichtung* und die Rückkehr Israels ins Verheißungsland. Hermeneutische Bemerkungen zum Buch Deuteronomium, in: Studien zum Deuteronomium und seiner Nachgeschichte (SBAB 33), Stuttgart 2001, 113 – 150.

Braulik, Georg, *Geschichtserinnerung* und Gotteserkenntnis. Zu zwei Kleinformen im Buch Deuteronomium, in: Studien zu den Methoden der Deuteronomiumsexegese (SBAB 42), Stuttgart 2006, 165 – 183.

Braulik, Georg, Das *Buch* Deuteronomium, in: Studien zu Buch und Sprache des Deuteronomiums (SBAB 63), Stuttgart 2017, 11 – 50.

Braulik, Georg, Der unterbrochene *Dekalog.* Zu Deuteronomium 5,12 und 16 und ihrer Bedeutung für den deuteronomischen Gesetzeskodex, in: Studien zu Buch und Sprache des Deuteronomiums (SBAB 63), Stuttgart 2017, 61 – 74.

Braulik, Georg, „Die *Worte*" (*haddᵉbārîm*) in Deuteronomium 1 – 11, in: Studien zu Buch und Sprache des Deuteronomiums (SBAB 63), Stuttgart 2017, 89 – 107.

Braulik, Georg, Die „*Glaubensgerechtigkeit*" im Buch Deuteronomium. Ein Beitrag zu den alttestamentlichen Wurzeln der paulinischen Rechtfertigungslehre, in: Studien zu Buch und Sprache des Deuteronomiums (SBAB 63), Stuttgart 2017, 213 – 239.

Braulik, Georg, Die *Liebe* zwischen Gott und Israel. Zur theologischen Mitte des Buches Deuteronomium, in: Studien zu Buch und Sprache des Deuteronomiums (SBAB 63), Stuttgart 2017, 241 – 259.

Braulik, Georg, Die allgemeine *Gesetzesparänese* und das „paränetische Schema" im Buch Deuteronomium, in: Studien zu Buch und Sprache des Deuteronomiums (SBAB 63), Stuttgart 2017, 271 – 299.

Braulik, Georg, Eine *Gesellschaft* ohne Arme. Das altorientalische Armenethos und die biblische Vision, in: Tora und Fest. Aufsätze zum Deuteronomium und zur Liturgie (SBAB 69), Stuttgart 2019, 13 – 30.

Braulik, Georg, Das *Ende einer Karriere.* Zum Dekalog in Deuteronomium 5 nach der revidierten Einheitsübersetzung, in: Tora und Fest. Aufsätze zum Deuteronomium und zur Liturgie (SBAB 69), Stuttgart 2019, 82 – 99.

Braulik, Georg, Alltägliche *Ernährung* und festliches Mahl im Buch Deuteronomium. Vom Essen Israels in der Wüste, im Verheißungsland und im Tempel, in: Tora und Fest. Aufsätze zum Deuteronomium und zur Liturgie (SBAB 69), Stuttgart 2019, 100 – 141.

Braulik, Georg, Hat Gott die *Religionen der Völker* gestiftet? Deuteronomium 4,19 im Kontext von Kultbilderverbot und Monotheismus, in: Tora und Fest. Aufsätze zum Deuteronomium und zur Liturgie (SBAB 69), Stuttgart 2019, 142–251.

Braulik, Georg, *Der blinde Fleck* – das Gebot, den Fremden zu lieben. Zur sozialethischen Forderung von Deuteronomium 10,19, in: Irene Klissenbauer u. a. (Hg.), Menschenrechte und Gerechtigkeit als bleibende Aufgaben. Beiträge aus Religion, Theologie, Ethik, Recht und Wirtschaft. Festschrift für Ingeborg G. Gabriel, Göttingen 2020, 41–63.

Braulik, Georg, Die *Beschneidung* an Vorhaut und Herz. Zu Gebot und Gnade des Bundeszeichens im Alten Testament, in: Jan-Heiner Tück (Hg.), Die Beschneidung Jesu. Was sie Juden und Christen heute bedeutet, Freiburg im Breisgau 2020, 63–95.

Braulik, Georg, *Horebbund* und Moabbund. Ihre Einheit und Verschiedenheit nach Dtn 5,1–5 und 29,1–8, in: Bib 102 (2021) 1–29.

Braulik, Georg, *Kollektive Schuld* und gerechte Vergeltung. Zur „Ursünde" des Gottesvolks im Buch Deuteronomium, in: MThZ 72 (2021) 171–195.

Braulik, Georg, Die *Erwählung* Israels im Buch Deuteronomium, in: Georg Braulik – Agnethe Siquans – Jan-Heiner Tück (Hg.), Dein Wort ist meinem Fuß eine Leuchte. Festschrift für Ludger Schwienhorst-Schönberger, Freiburg im Breisgau 2022, 99–141.

Braulik, Georg, *Gottesbund* und Gnade im Deuteronomium, in: BZ 67 (2023) 1–42.

Braulik, Georg, „*Sich auflehnen*" (mrh Qal / Hifil) gegen Gott und ihn „auf die Probe stellen" (nsh Piel). Zu einer Geschichtstheologie kollektiven Unglaubens, in: Hans Ulrich Steymans (Hg.), Das Deuteronomium. Beiträge zu seiner Theologie, Literar- und Wirkungsgeschichte (AThANT 112), Zürich 2024, 11–39.

Braulik, Georg, *Deuteronomy's Ethics*, in: Diana V. Edelman – Philipp Guillaume (Ed.), Deuteronomy – Outside the Box (Themes and Issues in Biblical Studies 1), Sheffield 2023 (Chapter 17 online).

Braulik, Georg – Norbert Lohfink, *Sprache* und literarische Gestalt des Buches Deuteronomium. Beobachtungen und Studien (ÖBS 53), Berlin 2021.

Brumlik, Micha, Advokatorische *Ethik*. Zur Legitimation pädagogischer Eingriffe, Berlin-Wien ²2004.

Campi, Giorgio Paolo, *Belief* in YHWH as Identity Marker in Pre-Exilic Israel: An Identity-Oriented Reading of Deuteronomy 13, in: OTE 35 (2022) 51–67.

Crüsemann, Frank, *Bewahrung* der Freiheit. Das Thema des Dekalogs in sozialgeschichtlicher Perspektive, München 1983.

Crüsemann, Frank, Die *Tora*. Theologie und Sozialgeschichte des alttestamentlichen Gesetzes, München ³2005.

Daube, David, Studies in *Biblical Law*, Cambridge 1947.

Dohmen, Christoph, *Freiheit* für Israel oder Gesetz für alle Völker? Die Geltungsfrage des Dekalogs im Horizont des jüdisch-christlichen Verhältnisses, in: Ferdinand Hahn u. a. (Hg.), Zion – Ort der Begegnung. Festschrift für Laurentius Klein zur Vollendung des 65. Lebensjahres (BBB 90), Bodenheim 1993, 187–201.

Ebach, Ruth, Das *Fremde* und das Eigene. Die Fremddendarstellungen des Deuteronomiums im Kontext israelitischer Identitätskonstruktionen (BZAW 471), Berlin – Boston 2014.

Ehrenreich, Ernst, *Wähle das Leben!* Deuteronomium 30 als hermeneutischer Schlüssel zur Tora (BZABR 14), Wiesbaden 2010.

Erbele-Küster, Dorothea, Art. *Ethik* (AT), in: Das Wissenschaftliche Bibellexikon im Internet (www.wibilex.de), 2013.

Erbele-Küster, Dorothea, Eine *Orientierung* im Feld der ethischen Diskurse *in* und *mit* dem Alten Testament. Eine Response auf Christian Frevel, in: Christian Frevel (Hg.), Mehr als Zehn Worte?, in: ZAR 22 (2016) 287–293.

Erbele-Küster, Dorothea, Zur *Anthropologie* der Ethik der (Liebes)Gebote, in: Andreas Wagner – Jürgen van Oorschot (Hg.), Individualität und Selbstreflexion in den Literaturen des Alten Testaments (VWGTh 48), Leipzig 2017, 341–354.

Erbele-Küster, Dorothea, The *Concept of Love* as „Ethical Emotion" in Deuteronomy, in: Markus Zehnder – Peter Wick (Ed.), Biblical Ethics. Tensions Between Justice and Mercy, Law and Love (Gorgias Biblical Studies 70), Piscataway / NJ 2019, 105–120.

Erbele-Küster, Dorothea, *Gebotene Liebe.* Zur Ethik einer Handlungsemotion im Deuteronomium, in: Manfred Oeming (Hg.), Ahavah. Die Liebe Gottes im Alten Testament (ABIG 55), Leipzig 2018, 143–156.

Fabry, Heinz-Josef, Von der *Geschwister-Solidarität* zur Völker-Solidarität. Deuteronomium 15 als sozialethisches Regelwerk, in: Ursula Nothelle-Wildfeuer – Norbert Glazel (Hg.), Christliche Sozialethik im Dialog. Zur Zukunftsfähigkeit von Wirtschaft, Politik und Gesellschaft. Festschrift für Lothar Roos zum 65. Geburtstag, Grafschaft 2000, 23–44.

Frettlöh, Magdalene L., *Theologie des Segens.* Biblische und dogmatische Wahrnehmungen, Gütersloh [5]2005.

Frevel, Christian, *Orientierung!* Grundfragen einer Ethik des Alten Testaments, in: Ders. (Hg.), Mehr als Zehn Worte? Zur Bedeutung des Alten Testaments in ethischen Fragen (QD 272), Freiburg im Breisgau 2015, 9–57.

Friedl, Johanna, Ein brüderliches *Volk.* Das „Bruder"-Konzept im Heiligkeitsgesetz und deuteronomischen Gesetz (ÖBS 52), Berlin 2021.

Geiger, Michaela, *Gottesräume.* Die literarische und theologische Konzeption von Raum im Deuteronomium (BWANT 183), Stuttgart 2010.

Glanville, Mark R., The *Stranger,* Fatherless and Widow in Deuteronomy, in: Don C. Benjamin (Ed.), The Oxford Handbook of Deuteronmy, Oxford 2020.

Glanville, Mark R., The *Gēr* (Stranger) in Deuteronomy: Family for the Displaced, in: JBL 137 (2018) 599–623.

Glanville, Mark R., ḥrm (ḥēræm) as *Israelite Identity* Formation: Canaanite Destruction and the Stranger (gr, gēr), in: CBQ 83 (2021) 547–570.

Gomes de Araújo, Reginaldo, *Theologie der Wüste* im Deuteronomium (ÖBS 17), Frankfurt am Main 1999.

Holloway, Steven W., *Review* J. Gary Millar, Now Choose Life. Theology and Ethics in Deuteronomy, in: JNAS 66 (2007) 306 f.

Irsigler, Hubert, *Gottesbilder* des Alten Testaments. Von Israels Anfängen bis zum Ende der exilischen Epoche. Teilband II, Freiburg im Breisgau 2021.

Jacobs, Sandra, *Women* in Deuteronomy, in: Don C. Benjamin (Ed.), The Oxford Handbook of Deuteronomy, Oxford 2020.

James, Joshua T., Research Trends in the Study of the *Ethics of the Psalms*, in: CBR 18 (2020) 118–141.

Joas, Hans, Im *Bannkreis* der Freiheit. Religionstheorie nach Hegel und Nietzsche, Berlin 2020.

Kessler, Rainer, Die *Rolle* des Armen für Gerechtigkeit und Sünde des Reichen, in: Studien zur Sozialgeschichte Israels (SBAB 46), Stuttgart 2009, 256–266.

Kessler, Rainer, Der Weg zum Leben. *Ethik* des Alten Testaments, Gütersloh 2017.

Kessler, Rainer, *Was ist* und wozu brauchen wir eine Ethik des Alten Testaments?, in: Leben und Handeln in der Gesellschaft. Studien zur Sozialgeschichte Israels und Ethik des Alten Testaments (SBAB 73), Stuttgart 2021, 203–226.

Kessler, Rainer, „A *Strange Land*". Alttestamentliche Ethik beiderseits von Ärmelkanal und Atlantik, in: Leben und Handeln in der Gesellschaft. Studien zur Sozialgeschichte Israels und Ethik des Alten Testaments (SBAB 73), Stuttgart 2021, 227–253.

Kessler, Rainer, Altes Testament und gegenwärtige ethische Herausforderungen. Das Beispiel der *Wirtschaftsethik*, in: Leben und Handeln in der Gesellschaft. Studien zur Sozialgeschichte Israels und Ethik des Alten Testaments (SBAB 73), Stuttgart 2021, 254–273.

Kessler, Rainer, Tora und *Menschenrechte*, in: Leben und Handeln in der Gesellschaft. Studien zur Sozialgeschichte Israels und Ethik des Alten Testaments (SBAB 73), Stuttgart 2021, 274–286.

Kessler, Rainer, „*Recht* tun und Güte lieben ..." (Micha 6,8). Ethos und Recht im Alten Testament, in: Konrad Schmid – Michael Welker (Hg.), Recht und Religion (JBTh 37), Göttingen 2023, 81–104.

Kilchör, Benjamin, *Mosetora* und Jahwetora. Das Verhältnis von Deuteronomium 12–26 zu Exodus, Levitikus und Numeri (BZAR 21), Wiesbaden 2015.

Koch, Christoph, *Vertrag*, Treueid und Bund. Studien zur Rezeption des altorientalischen Vertragsrechts im Deuteronomium und zur Ausbildung der Bundestheologie im Alten Testament (BZAW 383), Berlin – New York 2008.

Krüger, Thomas, „*Wer weiß* denn, was gut ist für den Menschen?" Zur Bedeutung des Alten Testaments für die evangelische Ethik, in: ZEE 55 (2011) 248–261.

L'Hour, Jean, Die Ethik der *Bundestradition* im Alten Testament (SBS 14), Stuttgart 1967.

Lohfink, Norbert, Das *Hauptgebot*. Eine Untersuchung literarischer Einleitungsfragen zu Dtn 5–11 (AnBib 20), Rom 1963.

Lohfink, Norbert, *Gewaltenteilung*, in: Unsere großen Wörter. Das Alte Testament zu Themen dieser Jahre, Freiburg im Breisgau 1977 [= ³1985], 57–75.

Lohfink, Norbert, *ḥāram ḥēræm*, in: ThWAT III, Stuttgart 1982, 192–213.

Lohfink, Norbert, Gott auf der Seite der Armen. Zur „*Option* für die Armen" im Alten Orient und in der Bibel, in: Das Jüdische am Christentum. Die verlorene Dimension, Freiburg im Breisgau ²1989, 122–143.

Lohfink, Norbert, Zur *Dekalogfassung* von Dt 5, in: Studien zum Deuteronomium und zur deuteronomistischen Literatur I (SBAB 8), Stuttgart 1990, 193–209.

Lohfink, Norbert, Dt 26,17–19 und die „*Bundesformel*", in: Studien zum Deuteronomium und zur deuteronomistischen Literatur I (SBAB 8), Stuttgart 1990, 211–261.

Lohfink, Norbert, Die *Väter Israels* im Deuteronomium. Mit einer Stellungnahme von Thomas Römer (OBO 111), Freiburg / Schweiz – Göttingen 1991.

Lohfink, Norbert, Kennt das Alte Testament einen *Unterschied* von „Gebot" und „Gesetz"? Zur bibeltheologischen Einstufung des Dekalogs, in: Studien zur biblischen Theologie (SBAB 16), Stuttgart 1993, 206–238.

Lohfink, Norbert, Das deuteronomische Gesetz in der Endgestalt – *Entwurf* einer Gesellschaft ohne marginale Gruppen, in: Studien zum Deuteronomium und zur deuteronomistischen Literatur III (SBAB 20), Stuttgart 1995, 205–218.

Lohfink, Norbert, *Opferzentralisation*, Säkularisierungsthese und mimetische Theorie, in: Studien zum Deuteronomium und zur deuteronomistischen Literatur III (SBAB 20), Stuttgart 1995, 219–260.

Lohfink, Norbert, *Deuteronomium 6,24: lᵉḥayyotenû* „für unseren Unterhalt aufkommen", in: Studien zum Deuteronomium und zur deuteronomistischen Literatur III (SBAB 20), Stuttgart 1995, 269–278.

Lohfink, Norbert, *Deuteronomium 5* als Erzählung, in: Studien zum Deuteronomium und zur deuteronomistischen Literatur V (SBAB 38), Stuttgart 2005, 111 – 130.

Lohfink, Norbert, *Deuteronomium 9,1 – 10,11* und Exodus 32 – 34. Zu Endtextstruktur, Intertextualität, Schichtung und Abhängigkeiten, in: Studien zum Deuteronomium und zur deuteronomistischen Literatur V (SBAB 38), Stuttgart 2005, 131 – 180.

Lohr, Joel N., *Chosen* and Unchosen. Conceptions of Election in the Pentateuch and Jewish-Christian Interpretation (Siphrut 2), Winona Lake / IN 2009.

MacDonald, Nathan, Deuteronomy and the Making of *„Monotheism"* (FAT 2,1), Tübingen 2003.

Markl, Dominik, Der *Dekalog* als Verfassung des Gottesvolkes. Die Brennpunkte einer Rechtshermeneutik des Pentateuch in Ex 19 – 24 und Dtn 5 (HBS 49), Freiburg im Breisgau 2007.

Markl, Dominik, *Gottes Volk* im Deuteronomium (BZAR 18), Wiesbaden 2012.

Markl, Dominik, *This Word* is Your Life. The Theology of „Life" in Deuteronomy, in: Dominik Markl – Claudia Paganini – Simone Paganini (Hg.), Gottes Wort im Menschenwort. Festschrift für Georg Fischer SJ zum 60. Geburtstag (ÖBS 43), Frankfurt am Main 2014, 71 – 96.

Markl, Dominik, *Israels Moral* der Befreiten. Zur Begründung der „Option für die Armen" in der geschichtlichen Identität Israels, in: Christian Frevel (Hg.), Mehr als Zehn Worte? Zur Bedeutung des Alten Testaments in ethischen Fragen (QD 273), Freiburg im Breisgau 2015, 324 – 344.

McCarthy, Dennis J., *Treaty* and Covenant. A Study in Form in the Ancient Oriental Document and in the Old Testament. New Edition completely rewritten (AnBib 21 A), Rom 1978.

Marx, Alfred, *Opferlogik* im alten Israel, in: Bernd Janowski – Michael Welker (Hg.), Opfer. Theologische und kulturelle Kontexte (stw 1454), Frankfurt am Main 2000, 129 – 149.

Millar, J. Gary, Now Choose Life. Theology and Ethics in Deuteronomy (NSBT), Leister 1998.

Milstein, Sara, The *Origins* of Deuteronomic „Law", in: Grant Macaskill – Christl M. Maier – Joachim Schaper (Ed.), Congress Volume Aberdeen 2019 (SVT 192), Leiden – Boston 2022, 237 – 250.

Noichl, Franz, *Ethische Schriftauslegung.* Biblische Weisung und moraltheologische Argumentation (FThSt 165), Freiburg im Breisgau 2002.

Otto, Eckart, Die *Tora* in Israels Rechtsgeschichte, in: ThLZ 118 (1993) 903 – 910.

Otto, Eckart, Theologische *Ethik* des Alten Testaments (ThW 3,2), Stuttgart 1994.

Otto, Eckart, *Programme* der sozialen Gerechtigkeit. Die neuassyrische (an-)*durāru*-Institution sozialen Ausgleichs und das deuteronomische Erlaßjahr in Dtn 15*, in: ZAR 3 (1997) 26 – 63.

Otto, Eckart, The Study of *Law and Ethics* in the Hebrew Bible / Old Testament, in: Magne Saebø (Ed.), Hebrew Bible/ Old Testament. The History of Its Interpretation Vol. III: From Modernism to Postmodernism (The Nineteenth and Twentieth Centuries) Part 2: The Twentieth Century – From Modernism to Postmodernism, Göttingen 2014, 594 – 621.

Perlitt, Lothar, „Ein einzig *Volk* von Brüdern". Zur deuteronomischen Herkunft der biblischen Bezeichnung „Bruder", in: Deuteronomium-Studien (FAT 8), Tübingen 1994, 50 – 73.

Perlitt, Lothar, *Deuteronomium 6,20 – 25:* eine Ermutigung zu Bekenntnis und Lehre, in: Deuteronomium-Studien (FAT 8), Tübingen 1994, 144 – 156.

Pyschny, Katharina, From Core to Centre: Issues of *Centralization* in Numbers and Deuteronomy, in: HeBAI 8 (2019) 287 – 312.

Pyschny, Katharina, Formen der *Partizipation* in der Kultgemeinde. Zu den sogenannten Kultteilnehmerlisten im Deuteronomium, in: Lars Maskow – Jonathan Robker (Hg.), Kritische Schriftgelehrsamkeit in priesterlichen und prophetischen Diskursen. Festschrift für Reinhard Achenbach zum 65. Geburtstag (BZAR 27), Wiesbaden 2022, 305 – 320.

Rad, Gerhard von, *Theologie* des Alten Testaments. Band 1: Die Theologie der geschichtlichen Überlieferungen Israels, München [8]1982.

Reuter, Hans-Richard, Das ethische Stichwort: *Verantwortung*, in: ZEE 55 (2011) 301–304.

Russell, Stephen C., Near Eastern Practice of *Law* in Deuteronomy, in: Don C. Benjamin (Ed.), The Oxford Handbook of Deuteronomy, Oxford 2020.

Schäfer-Lichtenberger, Christa, Der deuteronomische *Verfassungsentwurf*. Theologische Vorgaben als Gestaltungsprinzipien sozialer Realität, in: Georg Braulik (Hg.), Bundesdokument und Gesetz. Studien zum Deuteronomium (HBS 4), Freiburg im Breisgau 1995, 105–118.

Schäfer-Lichtenberger, Christa, *JHWH*, Israel und die Völker aus der Perspektive von Dtn 7, in: BZ 40 (1996) 194–218.

Schmid, Konrad, Monotheismus und *politische Ethik*. Die politische Determination biblischer Gottesvorstellungen und ihre ethischen Implikationen, in: Philipp Aerni – Klaus Jürgen Grün (Hg.), Moral und Angst. Erkenntnisse aus Moralpsychologie und politischer Theologie, Göttingen 2011, 157–170.

Schockenhoff, Eberhard, *Grundlegung* der Ethik. Ein theologischer Entwurf (GrTh), Freiburg im Breisgau, ²2014.

Schüller, Bruno, Die *Begründung* sittlicher Urteile. Typen ethischer Argumentation in der Moraltheologie, Düsseldorf ²1980.

Schulmeister, Irene, *Israels Befreiung* aus Ägypten. Eine Formeluntersuchung zur Theologie des Deuteronomiums (ÖBS 36), Frankfurt am Main 2010.

Schwienhorst-Schönberger, Ludger, *Recht* und Ethik im Alten Testament, in: Christian Frevel (Hg.), Mehr als Zehn Worte? Zur Bedeutung des Alten Testaments in ethischen Fragen (QD 272), Freiburg im Breisgau 2015, 60–91.

Segbers, Franz, Die *Hausordnung* der Tora. Biblische Impulse für eine theologische Wirtschaftsethik, Luzern ³2002.

Soete, Annette, *Ethos* der Rettung – Ethos der Gerechtigkeit. Studien zur Struktur von Normbegründung und Urteilsfindung im Alten Testament und ihrer Relevanz für die ethische Diskussion der Gegenwart, Würzburg 1987.

Steymans, Hans Ulrich, Die neuassyrische *Vertragsrhetorik* der „Vassal Treaties of Esarhaddon" und das Deuteronomium, in: Georg Braulik (Hg.), Das Deuteronomium (ÖBS 23), Frankfurt am Main 2003, 89–152.

Steymans, Hans Ulrich, Deuteronomy 28 and *Tell Tayinat*, in: VeEc 34/2 (2013) 1–13.

Steymans, Hans Ulrich, *Rezension* von C. L. Crouch, Israel and the Assyrian. Deuteronomy, the Succession Treaty of Esarhaddon, and the Nature of Subversion (ANEM 8; Atlanta 2014), in: RBL 2/2016.

Steymans, Hans Ulrich, *Deuteronomy 13* in Comparison with Hittite, Aramaic and Assyrian Treaties, in: HeBAI 8 (2022) 101–132.

Steymans, Hans Ulrich, Der *historische Ort* der Sozialgesetze des Deuteronomiums, in: Grant Macaskill – Christl M. Maier – Joachim Schaper (Ed.), Congress Volume Aberdeen 2019 (SVT 192), Leiden – Boston 2022, 358–415.

Testa, Emmanuele, La *morale* dell' Antico Testamento, Brescia 1981.

Van Oyen, Hendrik, *Ethik* des Alten Testaments, Gütersloh 1967.

Versluis, Arie, The *Command* to Exterminate the Canaanites: Deuteronomy 7 (OTS 71), Leiden – Boston 2017.

Versluis, Arie, *Covenant* in Deuteronomy: The Relationship between the Moab, Horeb, and Patriarchal Covenant, in: Hans Burger – Gert Kwakkel – Michael Mulder (Ed.), Covenant: A Vital Element of Reformed Theology. Biblical, Historical, and Systematic-Theological Perspectives (SRTh 42), Leiden – Boston 2022, 79–100.

Vroom, Jonathan, The *Authority* of Law in the Hebrew Bible and Early Judaism. Tracing the Origins of Legal Obligation from Ezra to Qumran (SJSJ 187), Leiden – Boston 2018.

Wolbert, Werner, *Ethische Argumentation* und Paränese in 1 Kor 7, Düsseldorf 1981.

Würthwein, Ernst, *Verantwortung* im Alten Testament, in: Würthwein, Ernst – Otto Merk, Verantwortung (BiKon 1009), Stuttgart 1982, 9 – 116.s

„Sich auflehnen" (*mrh* Qal / Hifil) gegen Gott und ihn „auf die Probe stellen" (*nsh* Piel)

Zu einer Geschichtstheologie kollektiven Unglaubens

Der vorliegende Artikel schließt an meinen Aufsatz „Glauben und vertrauen in der Gründungsgeschichte Israels. Zum theologischen Gebrauch von *'āman* Hifil in der Tora" an, der in den beiden Heften der „Freiburger Zeitschrift für Philosophie und Theologie" 2021 erschienen ist. In ihm habe ich in kritischer Auseinandersetzung mit Susanne Rudnig-Zelts begriffsgeschichtlicher Untersuchung „Glaube im Alten Testament" (BZAW 452; Berlin / Boston 2017) die theologischen Belege des Verbs im Pentateuch und in einigen wenigen Vergleichstexten auf der synchronen Ebene untersucht. Dabei beschreibt *'āman* Hifil in vier sprachlich unterschiedlichen Konstruktionen einen Kommunikationsvorgang. Die erste Auslegung ist dem Gott-vertrauen Abrahams in Gen 15,6 gewidmet, das ihn zu einem Modell für Israel macht. Es folgen die Stellen von der Berufung Moses über das Meerwunder bis zu seiner Mittlerschaft in der Sinaioffenbarung. Die Glaubwürdigkeit Moses dient der Erfüllung seines Auftrags (Ex 4,1–9) und seiner Funktion als Offenbarungsmittler (19,9). Durch seine Tätigkeit öffnet sich Israel dem Plan Gottes (4,31) und vertraut im Rückblick auf das Meerwunder auf JHWH und Mose (14,31). Die weiteren Belege des Verbs auf dem Wüstenzug sprechen von der Weigerung der politischen wie reli-giösen Führer (Num 14,11; 20,12) und des Volkes (Dtn 1,32; 9,23), JHWH zu vertrauen. Nur die Niniviten des Jonabuchs erscheinen aufgrund ihres radikalen Gottver-trauens als Gegenbild zu Israel.

Ich möchte diese theologische Begriffsstudie im Folgenden um die beiden Le-xeme *mrh* Qal / Hifil, „sich auflehnen", und *nsh* Piel, „auf die Probe stellen", er-weitern. Auch für sie bildet der Erzählzusammenhang des Pentateuchs die ent-scheidende Bezugsgröße. Ich behandle zwar nicht nur Stellen des Deuteronomiums. Doch geht es weithin um einen deuteronomisch-deuteronomistischen Sprachge-brauch und um Rückblicke auf die „kanonische" Geschichte Israels im Pentateuch. Zunächst zeigt schon die Verteilung der beiden Verben, mit denen ich mich be-schäftigen möchte, dass sie innerhalb der Hebräischen Bibel – abgesehen vom Psalmenbuch – im Deuteronomium am häufigsten belegt sind. Das gilt sowohl für ihre relative Häufigkeit innerhalb von zehntausend Wörtern als auch gemessen an absoluten Zahlen. Dabei nehme ich *mrh* im Qal und im Hifil zusammen, weil sie sich

Für Agnethe Siquans.

https://doi.org/10.1515/9783111484754-014

in ihrer Bedeutung praktisch nicht unterscheiden (vgl. 1 Sam 12,14 Hifil parallel zu 12,15 Qal). Zur Quantität der Belege kommt ferner, dass die mit *mrh* am häufigsten formulierte Wendung *mrh 'æt pî JHWH*, „sich gegen den Mund JHWHs auflehnen", wahrscheinlich vom Deuteronomium gebildet wurde. Nicht zuletzt hat das Deuteronomium mit den beiden Verben *mrh* Qal wie Hifil und *nsh* Piel offenbar in andere alttestamentliche Texte ausgestrahlt, insbesondere in die Geschichtspsalmen 78 und 106, wo sie gemeinsam verwendet werden, aber auch in die geschichtstheologische Scheltrede in Ezechiel 20, wo das Nomen *me rî*, „Auflehnung" (das einmal auch im Deuteronomium belegt ist) ein Leitwort bildet, und schließlich auch in das Bußgebet Nehemia 9. Diese Andeutungen müssen genügen. Denn ich möchte in meiner Untersuchung weder die gegenwärtige literarhistorische Einordnung der Texte noch ihre traditionsgeschichtliche Abhängigkeit diskutieren. Vielmehr möchte ich die semantischen Fragen auf der Ebene des synchron gelesenen Masoretentexts der Hebräischen Bibel beantworten.

Im Übrigen untersuche ich (wie in meinem erwähnten Artikel) nur die theologische Verwendung von *mrh* Qal wie Hifil und *nsh* Piel, also die Syntagmen „sich auflehnen" gegen JHWH und „auf die Probe stellen" mit JHWH als dem Objekt der Prüfung. Der Widerpart Gottes bzw. das Subjekt der Verben ist an allen Stellen, die ich behandle, das Volk Israel.[1] Außerdem beschränke ich mich bei der Auswahl der Texte auf den Pentateuch und die Geschichtspsalmen 78 und 106, wo sich die meisten Belege finden. Die Prophetenbücher klammere ich aus.

1 „Sich auflehnen" (*mrh* Qal / Hifil) gegen Gott

Zunächst eine kurze Einführung in die vermutliche Herkunft, die Übersetzung und den Gebrauch des Verbs in der wichtigsten theologischen Formel. Der ursprüngliche Haftpunkt von *mrh* dürfte ein Verhalten innerhalb der Familie sein. Das Gesetz Dtn 21,18–21, das möglicherweise zu den ältesten Belegen des Verb gehört,[2] regelt den Konflikt zwischen den Eltern und ihrem „störrischen und sich auflehnenden" (*sôrēr ûmôræh*) Sohn, „der nicht auf die Stimme seines Vaters und seiner Mutter

---

1 *mrh* Qal bzw. Hifil bezeichnet das Sichauflehnen Israels in Num 20,10; Dtn 1,26.43; 9,7.23.24; 31,27; 1 Sam 12,14.15; Neh 9,26; Ps 78,8.17.40.56; 106,7.33.43; 107,11; Jes 1,20; 3,8; 63,10; Jer 4,17; 5,23; Klgl 1,18.20; 3,42; Ez 5,6; 20,8.13.21. Hos 14,1. *nsh* Piel mit Gott als Objekt steht in Ex 17,2.7; Num 14,22; Dtn 6,16; Ps 78,18.41.56; 95,9; 106,14; Jes 7,12. Das Toponym *massāh* findet sich in Dtn 6,16; 9,22, verbunden mit *me rîbāh* in Ex 17,7; Dtn 33,8; Ps 95,8. *me rîbāh* allein wird in Num 20,13.24; 27,14; Ps 81,8; 106,32 erwähnt, wobei es (mit Ausnahme von Ps 81,8) immer um ein Auflehnen von Mose und Aaron im Zusammenhang eines Aufruhrs des Volks wegen Wassermangels geht.
2 Vgl. R. Knierim, „*mrh*", 7.

hört" (*lo' šm' bᵉqôl*). Die Bestimmung ordnet unabhängig von ihrer Vorgeschichte und Praktikabilität die israelitische Familie, auch die Disziplinierung der Kinder durch ihre Eltern, dem deuteronomischen Gesetz unter.[3] Sie ist sachlich und sprachlich gut in die Gesetze mit Gehorsamsforderungen gegenüber dem Magistrat, Priestern und Ältesten eingebunden.[4] Die Bestimmung lässt bei „störrisch und auflehnend" (21,18.20) auf eine geprägte Wortverbindung mit rechtlicher Relevanz schließen. Die Sanktion für die Auflehnung ist Steinigung, wie sie auch für Anstiftung zum Abfall bzw. Abfall zu anderen Göttern vorgesehen ist (13,11; 17,5). Typisch deuteronomisch ist schließlich die „Ausrotte-Formel", die mit Kapitalverbrechen verbunden ist. Theologisch wichtig erscheint die Wendung „auf die Stimme hören".[5] Das Subjekt des Hörens ist im Deuteronomium mit Ausnahme des Konfliktes zwischen Eltern und Sohn (21,18.20, wo beide in V. 18 sogar 2-mal vorkommen) und des Gebets nach der Ablieferung des Zehnten (26,14) immer das ganze Volk. Gehört werden soll auf die Stimme JHWHs, was durch angefügte Verben als Gebotsbeobachtung erklärt bzw. spezifiziert wird. Ihren eigentlichen Ort hat die Wendung in Segenszusagen und Fluchandrohungen. Doch parallelisiert 9,23 im Rückblick auf die Sünde in Kadesch-Barnea „ihr habt nicht auf die Stimme JHWHs gehört" mit „ihr habt ihm nicht geglaubt". Dementsprechend hat dort JHWH auch nicht mehr auf die Stimme der Israeliten gehört (1,45). Ich komme später noch auf diese Begebenheit zurück. Vermutlich wurde also im Deuteronomium aufgrund des Gesetzes 21,18 – 21 bei der Beziehung zwischen Gott und Volk das Gehorsamsverhältnis zwischen Eltern und Sohn bzw. Vater und Sohn mitassoziiert.[6] Diese deuteronomische Theologie steht auch hinter Ps 78,8, wo der vorsätzliche und andauernde Ungehorsam des Sohnes ausdrücklich auf das Gottesverhältnis der „Väter" Israels übertragen wird, auf „ein Geschlecht, dessen Herz nicht fest war". Ich werde auf diesen Psalm noch ausführlich eingehen. Auch Jer 5,23 dürfte vom Deuteronomium beeinflusst sein, wenn der Prophet dem Volk „ein störrisches und sich auflehnendes Herz" vorwirft, das Gott nicht fürchtet.[7] Gemeint ist ein „völlig irrationales und nicht zu erwartendes Nein gegenüber einer etablierten und auch sinnvoll fordernden, ja für-

---

3 S. L. Boyd, „Prodigal Son", 17.
4 „[...] concerning obedience to authorities in Deut. 13, 15, 17, and 18, as well as the similar language regarding purging evil, listening, and fearing God in Deut. 17 and 19, it can be argued that, at least as it pertains to language and style, Deut. 21:18 – 21 can be read within the D source given the coherence of themes and language therein." (S. L. Boyd, „Prodigal Son", 24f).
5 Weitere Belege im Deuteronomium stehen in 4,30; 8,20; 9,23; 13,5.19; 15,5; 26,14.17; 27,10; 28,1.2.15.45.62; 30,2.8.10.20. Zum Gebrauch im Deuteronomium s. G. Braulik – N. Lohfink, *Sprache*, 179 – 183.
6 Vgl. R. D. Nelson, *Deuteronomy*, 267: „The theologically sensitized reader will draw a parallel to Israel as Yahweh's rebellious son (Dtn 8:5; 9:23 – 24; 32:19; cf. Isa 1:2)."
7 Vgl. S. L. Boyd, „Prodigal Son", 31f.

sorglichen Autorität"[8]. Von der Wendung „störrisch und sich auflehnend" abgesehen wird die Familienvorstellung insbesondere von den Propheten Hosea (14,1),
Jesaja (1,20; 3,8; vgl. 30,9) und Jeremia (4,17; 5,23) auf das Gottesverhältnis Israels
übertragen. Der Geschichtsrückblick in Ezechiel 20 schließlich beklagt die Auflehnung der jeweiligen Generation in Ägypten und in der Wüste. Überhaupt begehrt in
den meisten Fällen eine kollektive Größe, vor allem das Volk, gegen Gott auf.

Weil die „grundsätzliche, trotzige Opposition"[9] von *mrh* ein festes gesellschaftliches Verhältnis in Frage stellt, was öfters mit dem Tod geahndet wird, dürfte
die Übersetzung des Verbs durch „sich widersetzen, widerspenstig sein" oder „nicht
gehorchen" zu schwach sein. Auch die Wiedergabe durch „rebellieren, revoltieren",
die einen politischen oder militärischen Aufruhr assoziieren lässt, passt nicht so
recht, denn das Verb wird nicht für einen staatlichen Umsturz verwendet. Ich
übersetze *mrh* deshalb mit „sich auflehnen".

Formelhaft wird *mrh*, wie gesagt, am häufigsten in der Wendung „sich gegen
den Mund (*'æt pî*) JHWHs auflehnen" gebraucht. Sie ist 11-mal belegt, davon 8-mal
im sogenannten deuteronomistischen Geschichtswerk. Mit *mrh* Qal findet sie sich
insgesamt 6-mal, nämlich Num 20,24; 27,14; 1 Sam 12,15; 1 Kön 13,21.26; Klgl 1,18; mit
mrh Hifil 5-mal, nämlich Dtn 1,26.43; 9,23; Jos 1,18; 1 Sam 12,14. An 5 Stellen von *mrh 'æt
pî JHWH* sind die Israeliten Subjekt (*mrh* Qal in 1 Sam 12,15; Hifil in Dtn 1,26.43; 9,23; 1
Sam 12,14). Die Formel dürfte im Hifil vom Deuteronomium gebildet, eingeführt
oder zumindest bevorzugt worden sein. Nur in diesem Buch verbindet sie sich noch
mit anderen Sündenverben: „nicht gewillt sein" (*'bh* 1,26), „nicht hören" (*šm'* 1,43)
bzw. „nicht hören auf die Stimme JHWHs; (*šm' b'qôl* 9,23); „sich an JHWH versün-
digen" (*ḥṭ'* 1,41; vgl. 9,16); „die Ungnade JHWHs provozieren" (*qṣp* Hifil 9,7); „JHWH
nicht vertrauen" (*'mn* Hifil 9,23; vgl. 1,32); „vermessen handeln" (*zîd* Hifil 1,43). An
fast allen Stellen der Wendung wird auf eine Auflehnung gegen einen konkreten
Befehl Gottes zurückgeblickt. Nur in 1 Sam 12,14 und 15 verweist Samuel angesichts
von Israels Königbegehren darauf, dass sich das Volk und sein Herrscher künftig an
JHWH halten müssen, nämlich an Bedingungen, die das Deuteronomium für das
Gottesverhältnis Israels vorgibt: „JHWH fürchten und ihm dienen und auf seine
Stimme hören und sich nicht gegen den Mund JHWHs auflehnen". Andernfalls wäre
„die Hand JHWHs gegen sie wie gegen ihre Väter".

---

8 R. Gomes de Araújo, *Wüste*, 194 f.
9 R. Knierim, „*mrh*", 928.

2 *mrh* Hifil im Deuteronomium

An allen sechs Stellen des Deuteronomiums (1,26.43; 9,7.23.24; 31,27), also einschließlich der drei Belege der eben erwähnten Formel „sich gegen den Mund JHWHs auflehnen", spricht Mose über die Auflehnungen der Israeliten gegen JHWH. Dabei wird *mrh* Hifil allerdings niemals im Zusammenhang mit Gesetzesbeobachtung verwendet. Im Brennpunkt seines Rückblicks stehen das Gießen des Kalbes durch Israel am Gottesberg Horeb und seine „Ursünde" in der Oase Kadesch-Barnea an der Grenze des Verheißungslandes. Anhand dieser beiden großen Erzählungen entwirft Mose eine Geschichtstheologie kollektiven Unglaubens, die auch die Zeit nach seinem Tod kennzeichnen wird. Im Gegensatz zu den Traditionen, die das Deuteronomium dazu aus Exodus und Numeri aufgenommen hat, gehört das Verb *mrh* zu seinem eigenen theologischen Vokabular. Die beiden Erzählungen über eine kollektive Schuld Israels sind außerdem durch die Reaktion Gottes auf die Sünden in der Wüste und am Horeb aufeinander bezogen. Ihr Schlüsselverb ist *qṣp* Qal (1,34; 9,19), „ungnädig werden", und *qṣp* Hifil (9,7.8.22), „die Ungnade provozieren". Es ist „mit dem Gedanken königlicher Ungnade, herrscherlichen Gunstentzugs" verbunden.[10] Ich komme später darauf zurück.

2.1 Der Aufenthalt in Kadesch-Barnea und die paradigmatische Kundschaftererzählung (Dtn 1,19 – 46)

Dreimal spricht das Deuteronomium über die Auflehnung des Volkes in Kadesch-Barnea[11] und nur hier verwendet es die Formel *mrh* Hifil *ʾæt pî JHWH*. In 1,26, wo die Wendung im Textablauf des Pentateuchs erstmals gebraucht wird, betrachtet Mose die Weigerung des Volks, ins Bergland der Amoriter hinaufzuziehen, als das Urereignis der „Auflehnung Israels gegen den Mund JHWHs". Es handelt sich um eine bewusste und freie Entscheidung gegen den Befehl Gottes (vgl. V. 21). Sie gehört eng mit der folgenden Begebenheit zusammen, die ebenfalls hier zum ersten Mal im Pentateuch und in einer Sündengeschichte begegnet: „Ihr habt in euren Zelten JHWH verleumdet (*wattērāgnû*) und gesagt: Weil er uns hasst, hat er uns aus dem Land Ägypten geführt, um uns in die Gewalt der Amoriter zu geben und uns zu vernichten." (V. 27). „Die eigentliche Ungeheuerlichkeit der Auflehnung, die weit über bloßen Ungehorsam hinausgeht, liegt also in der Verleumdung Gottes: das Volk diffamiert seine Absicht und begründet das eigene destruktive Verhalten mit einer

---

10 R. Gomes de Araújo, *Wüste*, 192 f, Zitat ebd., 193.
11 S. dazu G. Braulik, „Kollektive Schuld".

Art Anti-Credo. Denn das Meerwunder bei der Herausführung aus der Knechtschaft Ägyptens bildet die Mitte des israelitischen Glaubensbekenntnisses."[12] Mose deutet die Auflehnung deshalb als Ausdruck fehlenden Vertrauens auf JHWH (*'mn* Hifil 1,32)[13]. Gott aber antwortet auf den Beschluss des Volkes mit einem Strafschwur: „Er wurde ungnädig (*wayyiqṣop*) und schwor: Kein Einziger von diesen Männern, von dieser verdorbenen Generation, soll das prächtige Land sehen." (V. 34b-35). Ihren Höhepunkt erreicht die Auflehnung in V. 43, wo Israel gegen das Verbot Gottes ins Amoriterland hinaufzieht und kämpft. Die Verse 26 und 43 charakterisieren die paradigmatische Kundschaftererzählung. Die beiden Sündenphasen in Kadesch-Barnea führen noch vor dem Weiterzug ins Ostjordanland zum Tod der waffenfähigen Männer (2,14 – 16). Wenn Mose später im Zusammenhang mit dem Anfertigen des Kalbes am Horeb auf die Sünden der Wüstenzeit zu sprechen kommt, resümiert er in 9,23 mit der gleichen Verbalphrase das Vergehen von Kadesch-Barnea.

Auch Numeri 14 erzählt die Kundschaftergeschichte und spricht vom Unglauben. Doch fehlt hier *mrh*. Statt dessen findet sich *nsh* Piel, das aber in Deuteronomium 1 nicht gebraucht wird. Auf den Bericht der Kundschafter hin hatte nach Numeri das Volk „gemurrt" (*lwn* Nifal / Hifil Num 14,2.27.29.36), Gott „verachtet" (*n'ṣ* V. 11, vgl. V. 23) und „ihm nicht vertraut" (*lo' ya'mînû bî* V. 11), und zwar trotz all der Zeichen, die Gott „in seiner Mitte getan" hatte. Zwar verzeiht Gott dem Volk aufgrund der Fürbitte Moses. Doch werden „alle Männer, die meine Herrlichkeit und meine Zeichen gesehen haben, die ich in Ägypten und in der Wüste getan habe, und die mich jetzt schon zehn Mal auf die Probe gestellt (*nsh* Piel) und nicht auf meine Stimme gehört haben (*lo' šām'û b'qôlî*), das Land nicht sehen, das ich ihren Vätern zugeschworen habe." (V. 22 – 23). In der Numeri-Fassung der Kundschaftergeschichte findet also die ständige Erprobung Gottes auf dem Wüstenzug ihren Höhepunkt. In ihr äußern sich trotz der vielen Wunder die Verachtung Gottes und ein vielfach mangelndes Vertrauen auf ihn.

2.2 Der Zug durch die Wüste und die Erzählung vom Abfall am Horeb (Dtn 9,7.8 – 21.22 – 24)

Wie die Kundschaftergeschichte wird auch der Sündenfall am Horeb durch *mrh* Hifil charakterisiert. Dabei erscheint das Gießen des Kalbes jedoch vor einem viel weiteren Horizont – nämlich einer ständigen Auflehnung gegen JHWH. Im Unterschied zu der für Kadesch-Barnea charakteristischen Formel *mrh* Hifil *'æt pî JHWH*

---

12 G. Braulik, „Kollektive Schuld", 179.
13 Zu den Belegen des Verbs im Pentateuch und den Psalmen s. G. Braulik, „Glauben", 127.

richtet sich die Auflehnung nicht mehr gegen „den Mund" JHWHs, also einen bestimmten Befehl, sondern überhaupt gegen Gott. Dabei verweist das Partizip *mrh* Hifil + *hyh ʿim JHWH*, „in Auflehnung gegen JHWH sein", auf die Dauer des Verhaltens Israels während der gesamten Wüstenwanderung. Diese partizipiale Formulierung beschließt in 9,7b den Diskurs über den fehlenden Rechtsanspruch Israels auf das Land (9,4–7)[14] und in V. 24 die Rückblende auf die Verfehlungen der Wüste (V. 22–24). In beiden Texten ist *mrh* Hifil + *hyh ʿim JHWH* mit der Wendung *qṣp* Hifil *ʾæt JHWH*, „die Ungnade JHWHs provozieren", verbunden. Sie charakterisiert in 9,7a die Sünden Israels in der Wüste und sie eröffnet in 9,22 den Abschnitt über seine Verfehlungen auf der Wüstenwanderung (V. 22–24). Deshalb zunächst ein paar Bemerkungen zu dieser Wendung.

Das Verb *qṣp* gehört im Deuteronomium zu den Zornesausdrücken.[15] *qṣp* Qal, „ungnädig werden / sein", bezeichnet in 1,34 den Unwillen JHWHs in Kadesch-Barnea und steht in 9,19 im Zusammenhang mit der Fürbitte Moses für das sündige Volk am Horeb. Das Hifil, „die Ungnade provozieren", nämlich JHWHs, findet sich in 9,7.8.22, also an den Rändern der Erzählung über das Gussbild am Horeb, und dürfte eine sprachliche Neuprägung des Deuteronomiums sein. Bei *qṣp* stehen

> weder die Leidenschaftlichkeit des Zorns noch der Aspekt Gerechtigkeit, die der Herrscher mit Zornesleidenschaft durchsetzt, im Vordergrund, sondern der atmosphärische Wandel im Verhältnis, das ihn mit den Seinen verbindet, wenn eine Störung der rechten Beziehung ein-

---

14 Die Verse ahmen das dreiteilige Schema „Faktum – Erkenntnis – Appell" in umgekehrter Abfolge nach – s. Braulik, „Geschichtserinnerung", 180–182. Man kann deshalb nicht von einem „Rahmen 9,7 und 9,24" sprechen – z. B. gegen Stoppel, *Angesicht*, 164–169, und S. Weyringer, *Schwelle*, 87 f (obwohl Dtn 9,7 in ebd., 78 f. zum „Schema der Beweisführung" dazu genommen und ebd., 89–91 isoliert betrachtet wird). N. Lohfink, *Hauptgebot*, 200 f, meint zwar, dass das „Schema der Beweisführung" auch schon in 9,1–3 „irgendwie anklingt". „Doch ist 9,8 so an 9,7 angeschlossen, dass 9,7 praktisch eine Überschrift zur ganzen folgenden Erzählung von Bundesbruch und Bundeserneuerung am Horeb wird. Damit wird diese Erzählung zu einem Glied der vorangestellten Beweisführung. 9,6 gibt die Konsequenz an, die aus der langen Erzählung hervorgehen soll." (Ebd., 200).

15 Zum Gebrauch von *qṣp* für „Gottes (ständigen) Zorn zur Zeit des Mose" s. J. Jeremias, „Konzeptionen", 142–147. Daneben verwendet die Horeberzählung auch andere Begriffe für den „Zorn Gottes", die ihn mit der Schuld Israels während der staatlichen Zeit verbinden: *ʾnp* Hitpael, „grollen", Dtn 9,8 und 2 Kön 17,18 (Begründung der Zerstörung Samarias) – ein Verb, „das üblicherweise für den Zorn Gottes gegen Individuen gebraucht wird" und nur an diesen beiden Stellen „für den Zorn gegen Israel als Ganzes Verwendung findet" (ebd., 146); *kʿs* Hifil, „erzürnen" – „das ‚Leitwort' für Gottes Zorn während der Zeit des geteilten Reiches" (ebd., 146), in Dtn 9,18, sonst Leitwort in den Königsbüchern und Jeremia (vgl. ebd., 146). Dtn 9,7 hat eine Parallele in der durch Propheten vorgetragenen Gottesrede in 2 Kön 21,15, die die Schuld des Gottes zusammenfasst: „Denn sie haben getan, was in meinen Augen böse ist, und mich erzürnt (*kʿs* Hifil) seit dem Tag, da seine Väter aus Ägypten zogen, bis zum heutigen Tag".

tritt. Kontrahenten sind im Deuteronomium immer JHWH und Israel. Wichtig ist die Ortsbestimmung, mit der sich die Provokation der göttlichen Ungnade verbindet.[16]

Eigentlich hat die Horeberzählung „nur ein einziges Thema, das sie von Anfang bis Ende bestimmt: den Zorn Gottes, der Israel rechtens schon zur Zeit des Mose hätte ‚vernichten' müssen, den Mose aber mit seiner Fürbitte am Aufflammen gehindert hat."[17] Die anschließende Tabelle gibt einen Überblick über den Gebrauch von *qṣp* und *mrh* in Kap. 9:

9,1 – 3.4 – 7			
V. 7	*qṣp* Hifil *'æt JHWH*	*mrh* Hifil + *hyh 'im JHWH*	
9,8 – 21			
V. 8	*qṣp* Hifil *'æt JHWH*		
V. 19	*qṣp* Qal JHWH *'al*		
9,22 – 24			
V. 22	*qṣp* Hifil + *hyh 'æt JHWH*		
V. 23	(vgl. *qṣp* Qal in 1,34)		
V. 24		*mrh* Hifil + *hyh 'im JHWH*	*mrh* Hifil *'æt pî JHWH*

Im Folgenden gehe ich die in der Tabelle angeführten Texte kurz durch. In 9,7 fordert Mose Israel auf,[18] sich zu erinnern, dass es in der Wüste den Unwillen Gottes erregt hat: „Denk daran (*zᵉkor*) und vergiss nicht (*'al tiškaḥ*), dass du in der Wüste die Ungnade JHWHs, deines Gottes, provoziert hast (*hiqṣaptā*)." (V. 7a). Was dabei in der Dimension des Raumes ausgesagt wird, wird im nächsten Satz in der Dimension der Zeit mit einem weitgespannten geschichtlichen Horizont und *mrh* Hifil weitergeführt: „Von dem Tag an, als du aus Ägypten auszogst, bis zur Ankunft an diesem Ort wart ihr in Auflehnung (*mamrîm hᵉyîtœm*) gegen JHWH." (V. 7b). In den V. 22 und V. 24 rahmen *qṣp* Hifil und *mrh* Hifil die Sünden der Wüstenzeit.

Mit *qṣp* Hifil setzt in V. 8 die Erzählung über die Bundesverzögerung am Gottesberg (V. 9 – 21) als Objekt der Aufforderung von V. 7a, sich zu erinnern, ein: „Vor allem am Horeb habt ihr die Ungnade JHWHs provoziert (*hiqṣaptœm*), [...] sodass er

---

16 G. Braulik – N. Lohfink, *Sprache*, 40.

17 J. Jeremias, „Konzeptionen", 142. Gegenüber Ex 32 ist die Horeberzählung „die logische Fortsetzung von Israels Haltung während der Wüstenwanderung" (143) und lässt Israel jederzeit als vernichtungsreif erscheinen. Zweitens bereut Gott nach Ex 32 zwar das angedrohte Unheil (V. 14), bestraft aber die Sünde des goldenen Kalbes (V. 34). Dagegen schweigt Deuteronomium 9 – 10 von der Reue Gottes und einer Strafe für die Schuld Israels. Gott weigert sich, es dem Verderben preiszugeben (10,10), was grundsätzlich gemeint sein dürfte (ebd., 142 – 146).

18 Zum Folgenden vgl. N. Lohfink, „Deuteronomium 9,1 – 10,11", 133 – 135.

euch vernichten wollte". Sie fügt zum Verhalten Israels in der Wüste, wie es V. 7 bereits resümiert hat, nichts Neues hinzu, sondern expliziert es am Beispiel „der Sünde" (9,21), nämlich des „Stierkalbes" am Horeb.[19] Letztlich „steht also nicht nur die Herstellung des Kalbes als Einzelereignis unter dem tödlichen Zorn Jahwes, sondern die ganze ‚ideale' Mosezeit."[20] Im größeren Zusammenhang des deuteronomistischen Geschichtswerks aber trägt die Horebsünde zugleich Modellcharakter. Sie steht typologisch für alle Sünden Israels in der Wüste.[21]

Die Schilderung der Geschehnisse am Gottesberg (9,8 – 10,11) wird in den V. 22 – 23 von weiteren Sündenfakten auf der Wüstenwanderung unterbrochen. V. 22 nennt drei Stationen, an denen die Israeliten wiederholt „die Ungnade JHWHs provozierten" (*maqṣipîm hᵉyîtœm*). Schon ihre sprechenden Namen lassen die Vielfalt der Vergehen erkennen: Tabera („Feuerbrand" [des Gotteszorns]), Massa („Erprobung" [Gottes]) und Kibrot-Taawa („Giergräber" [Israels]).[22] Die knappe Erzählung in V. 23 resümiert das Vergehen von Kadesch-Barnea. Auf diesen vierten Ort verweisen die „Auflehnung gegen den Mund JHWHs" (*mrh* Hifil *ʾœt pî JHWH*) zusammen mit ihrer Ursache, dem fehlenden Vertrauen (*loʾ ʾmn* Hifil), das für die kollektive Schuld Israels in Kadesch-Barnea reserviert ist – vgl. Ps 106,24. Dazu tritt noch – analog zu Dtn 1,43 – die Wendung „nicht auf die Stimme JHWHs hören (*šmˁ bᵉqôl JHWH*)", die in ihrer positiven Form für die Horeboffenbarung kennzeichnend ist. Zusammen genommen reichen die Anspielungen von Dtn 9,22 – 23 auf Brüskierungen Gottes von unbestimmten Vorwürfen (Num 11,1 – 3) über das Murren wegen Wassernot (Ex 17,1 – 7; vgl. Dtn 6,16) und das Weinen um Fleisch (Num 11,4 – 23.31 – 34) bis zur Verzweiflung am Verheißungsland (Dtn 1,19 – 46). 9,24 kann abschließend alles zusammenfassen: „Ihr wart in Auflehnung (*mamrîm hᵉyîtœm*) gegen JHWH seit ich euch kenne." An den Höhepunkt des Unglaubens in Kadesch-Barnea hatte bereits 1,34 die Ungnade Gottes (*qṣp* Qal) erwähnt. Sie wollte sich schon früher am Horeb in der völligen „Vernichtung" (*šmd* Hifil) Israels entladen. Nirgendwo sonst wird von dieser Konsequenz des göttlichen Zorns häufiger als im Zusammenhang mit dem Stierkalb gesprochen (*šmd* Hifil in 9,8.14.19.25; ferner V. 20). Dennoch ver-

---

19 Weil es „ein Bild für JHWH ist und nicht für eine andere Gottheit", ist seine Anfertigung „eine Verfehlung innerhalb der JHWH-Beziehung, eine ‚Beziehungstat' – das zeigt die Verbindung mit den Murrgeschichten" (H. Stoppel, *Angesicht*, 218).

20 J. Jeremias, „Konzeptionen", 144.

21 N. Lohfink, „Deuteronomium 9,1 – 10,11", 152 – 157. Zu ihrer „generalisierenden Deutung" vgl. H. Stoppel, *Angesicht*, 211 – 213, wobei allerdings nicht mehr die Sünde Jerobeams, sondern eine allgemeine Verfehlung Israels und Judas im Fokus stehe (ebd., 213). Analoges gilt dann auch vom Zerbrechen der Tafeln (9,17) und der „Übertötung' des Gussbildes" (9,21), die zu einer Präfiguration aller Reformen zur Wiederherstellung des angemessenen JHWH-Kultes" wird (ebd., 227).

22 Zu Einzelheiten vgl. z. B. H. Stoppel, *Angesicht*, 213 – 216.

zichtete Gott aufgrund der Fürbitte Moses (9,25 – 29) darauf, das Volk zu „verderben" (*šḥt* Hifil 9,26; 10,10). „Gottes Zorn im Sinne der Wurzel *qṣp* in Deuteronomium 9 – 10 hat Israel nie erfahren, so schuldig es auch immer neu vor Gott geworden ist."[23] Der Bund wurde trotz der Krise des Gottesverhältnisses endgültig geschlossen und Israel konnte vom Horeb zur Inbesitznahme des den Vätern zugeschworenen Landes aufbrechen (10,11; 1,7 – 8).

Angesichts dieser vom Auszug aus Ägypten bis zur Ankunft am gegenwärtigen Ort im Land Moab reichenden Sündengeschichte stellt Mose gegen Ende des Buches im Blick auf die Zukunft des Volkes die bange Frage: „Schon jetzt, wo ich noch unter euch lebe, wart ihr (stets) in Auflehnung (*mamrîm hᵉyîtæm*) gegen JHWH. Was wird erst nach meinem Tod geschehen?" (31,27). Für das Deuteronomium profiliert also *mrh* Hifil narratologisch die Gesamtgestalt der Sünden Israels in der Wüste, von denen die Auflehnung in Kadesch-Barnea modellartig breit und mit der Formel *mrh* Hifil *'æt pî JHWH* dargestellt wird.

Diese Wüstenzeit bleibt auch in den beiden Geschichtspsalmen 78 und 106 paradigmatisch. Denn *mrh* Hifil ist *terminus technicus* für die Auflehnung Israels in der Wüste.[24] Doch ist der Zeitraum der Auflehnung in beiden Psalmen noch weiter in die Vergangenheit und die Zukunft ausgedehnt. Formal wird *mrh* Hifil auch in diesen Texten an strukturellen Schlüsselstellen eingesetzt. Auch ein gemeinsames Sündenvokabular verbindet das Deuteronomium mit diesen Psalmen.[25] Dazu gehört auch die Prüfung Gottes (*nsh* Piel) durch die Israeliten.

3 Gott „auf die Probe stellen" (*nsh* Piel)

Israel stellt seinen Gott erstmals auf die Probe, als es auf der Wüstenwanderung wegen des fehlenden Trinkwassers mit Mose in Streit gerät. Die Erzählung Ex 17,1 – 7, in der sich die älteste Tradition dieser Begebenheit erhalten hat,[26] endet damit, dass der Auslöser der Bedrängnis und die dahinterstehende Haltung des Volkes sich in den Namen Massa, „Probe", und Meriba, „Streit", niederschlagen.[27] Die Paränese

---

23 J. Jeremias, „Konzeptionen", 147.

24 Vgl. Num 20,10.24; 27,14; Dtn 1,26.43; 9,7.23.24; Jes 63,10; Ez 20,8.13.21; Neh 9,26.

25 *lo' 'mn* Hifil Dtn 1,32; 9,23, Ps 78,22.32; 106,12.24; *ḥṭ'* Dtn 1,41; 9,16.18; Ps 78,17.32; 106,6; *k's* Hifil Dtn 9,18; Ps 78,58; 106,29; *škḥ* Dtn 9,7; Ps 78,7.11; 106,13.21.

26 Zur literarhistorischen Entwicklung der vorpriesterschriftlichen Erzählung Ex 17,1 – 7 im Blick auf das Deuteronomium vgl. z. B. R. E. Garton, *Mirages*, 197 – 201.

27 Num 20,1 – 13 lokalisiert die analoge Erzählung über das aus dem Felsen geschlagene Wasser in Kadesch (V. 1) und bietet eine Ätiologie für Meriba (V. 13, vgl. V. 3). In der Auseinandersetzung fehlt jedoch *nsh* Piel. Die Auflehnung des Volkes wird durch *mrh* Hifil beschrieben (V. 10). Sie richtet sich

Dtn 6,16 knüpft daran an. Sie versteht, was in Massa geschehen ist, als Sünde – wenn die Erzählung nicht als Sündengeschichte frei im Umlauf war[28] – und warnt mit diesem Beispiel vor einer Erprobung Gottes. Ein Streiten des Volks und dementsprechend der Name Meriba sind dem Deuteronomium fremd. Es erwähnt Massa nochmals in 9,22 zusammen mit zwei weiteren Orten in der Wüste, an denen die Israeliten „die Ungnade JHWHs provozierten". Dabei fehlt jedoch *nsh*.[29]

3.1 Der Zweifel an Gottes Gegenwart (Ex 17,1–7)

Das Wunder in Massa und Meriba beschließt die in Ex 15,22–17,7 geschilderten Ereignisse auf dem Wüstenzug, bei denen Israel angesichts des Mangels an Wasser und Brot bzw. Fleisch „murrt" (*lûn*). Die drei Episoden werden durch Itinerarnotizen (15,22; 16,1; 17,1) eingeleitet und sind inhaltlich wie formal eng aufeinander bezogen. Dabei rahmen die beiden Erzählungen über die Wassernot in Mara (15,22–27) und in Massa-Meriba (17,1–7) die Manna-Wachtelgeschichte (16,1–36).[30] In diesen Situationen erprobt JHWH das Volk (15,25; 16,4)[31] und umgekehrt stellt auch Israel seinen Gott (17,2.7) auf die Probe (*nsh* Piel). Das heißt in Massa-Meriba: Es bezweifelt die durch Mose bisher vermittelte wirkmächtige Präsenz JHWHs und fordert ihn heraus, seine Anwesenheit durch ein Wunder zu beweisen. Hier liegt der eigentliche Konfliktpunkt (V. 7), der in den vorgehenden Erzählungen kein Gegenstück hat.

Das wiederholte Murren des Volks (15,24; 16,2.7.8) führt angesichts des zweiten Wassermangels zum „Streit", also einer auch rechtlich relevanten Auseinandersetzung, mit Mose (17,2 und 7). Die Forderung: „Gebt uns Wasser, damit wir trinken

---

allerdings gegen Mose und Aaron und wird deshalb nicht weiter behandelt. Die Psalmen 78 und 106 nennen als markantestes Beispiel dafür, wie Israel auf der Wüstenwanderung Gott „auf die Probe gestellt" hat, nicht das Wasserwunder in Massa und Meriba, sondern die Gier des Volks nach Speise (78,18; 106,14). Die „Erprobung" Gottes wiederholt sich auf dem Zug durch die Wüste und nach der Inbesitznahme des Landes (78,41.56). Zu diesen Texten s. unten. Ps 98,8–9 schließlich verweist bei der Mahnung vor einer Herzensverhärtung auf Meriba und Massa, deutet aber nur Massa durch die Erprobung Gottes und seine „Prüfung" (*bḥn*) weiter aus.

28 R. Gomes de Araújo, *Wüste*, 180.

29 Dtn 8,15 erinnert daran, dass JHWH bei seiner Führung Israels durch die Wüste „für dich Wasser aus dem Felsen der Steilwand hervorsprudeln ließ", nennt aber weder Ort noch Erprobung Gottes. „Erprobt, geprüft" wird in der Wüste vielmehr Israel (8,2.16). Im Mosesegen Dtn 33,8 ist es ebenfalls JHWH, der den Stamm Levi „in Massa auf die Probe stellte, mit dem er stritt am Wasser von Meriba". Die Texte bleiben daher unberücksichtigt.

30 Vgl. Chr. Dohmen, *Exodus 1–18*, 376 f.

31 S. dazu G. Braulik, „Wenn Gott versucht", 29–31.

können!" (17,2a) beansprucht ein Recht und lässt trotz der vorausgegangenen Erlebnisse „kein Vertrauen oder irgendeine Bezugnahme auf Jahwe" erkennen.[32] Mose deutet dieses „Streiten" (*rîb*) gegen ihn als ein „Erproben JHWHs" (*nsh* Piel *'æt JHWH* V. 2b). Hatte in 15,25 und 16,4 Gott die Gesetzes- bzw. Tora-Treue Israels auf die Probe gestellt, so kehrt sich nun die Konfrontation um: Jetzt prüft das Volk seinerseits Gott. Das heißt konkret: Israel macht Mose, der immer wieder JHWHs Fürsorge vermittelte, für diese Krisensituation verantwortlich. Es hinterfragt seine Autorität und provoziert seinen Auftrag: Sollte seine Heraufführung aus Ägypten jetzt mit dem Verdursten von Mensch und Vieh enden? (17,3; vgl. 16,3). Wenn Israel seinen Gott so auf die Probe stellt, dann beansprucht es von Mose die Vermittlung der unmittelbar und nachweislich helfenden Gegenwart Gottes. Als Mose deshalb zu Gott schreit, befiehlt ihn Gott zusammen mit den Ältesten als Zeugen zu sich (17,5–6a). Diese Gottesrede „bildet das strukturelle Zentrum der Erzählung. Die Anweisungen an Mose und die Ankündigung des Wasserwunders sind ihr Höhepunkt, nicht das Wunder selbst, das in V. 6b gar nicht erzählt wird."[33] „Dort drüben auf dem Felsen am Horeb werde ich vor dir stehen" (*'ōmēd l*ᵉ*pānǽkā*)" (V. 6aα) spricht über die Gegenwartsweise JHWHs und kündigt „eine wahrnehmbare Epiphanie [...] als sinnlich wahrnehmbare Erscheinung" Gottes an.[34] Dann soll Mose mit dem Stab gegen den Felsen schlagen, woraufhin aus ihm Wasser kommen und das Volk trinken wird. Wie das geschieht und wie sich die Israeliten daraufhin verhalten, braucht nicht mehr erzählt zu werden. Die Ältesten bezeugen die am Felsen wahrgenommene Gegenwart Gottes und das Eintreten des Wunders (V. 6b). Entscheidend ist der deutliche und tiefgründige Bezug zu den kommenden Ereignissen am Gottesberg Horeb.[35] Wie die ätiologischen Bemerkungen am Ende erläutern (V. 7), erinnern die beiden Namen Massa und Meriba nicht an den „Ort", an dem der Durst des Volkes gestillt wurde, sondern schreiben sein Fehlverhalten fest. Denn die abschließend zitierte Doppelfrage der Israeliten: „Ist JHWH in unserer Mitte oder nicht?" (V. 7) liefert rückschauend „einen Schlüssel zum Verständnis der drei Krisen, in denen Israel im Gegensatz zu Jahwe die Probezeit der Wüste nicht bestanden hat."[36] Zugleich bildet sie den programmatischen Höhepunkt der Peri

---

[32] Chr. Kupfer, *Weg*, 79. Vgl. zum Folgenden ebd., 78–83.

[33] M. Winkler, „Epiphanie", 161.

[34] M. Winkler, „Epiphanie", 162. Zu verschiedenen Auffassungen über die Präsenz JHWHs, zur Syntax von 17,6, der Diskussion über die Bedeutung von *'md lipnê* und die Rolle der Ältesten s. ebd., 163–171.

[35] Chr. Dohmen, *Exodus 1–18*, 402 f. Vgl. N. MacDonald, „Anticipations", 10–14.

[36] Chr. Kupfer, *Israel*, 83. Nach Zenger, *Israel*, 67, ist „die Frage ‚Ist Jahwe nun in unserer Mitte oder ist er es nicht' das große Thema der Pentateuchredaktion überhaupt (vgl. Lev 16 als das theologische Zentrum des Pentateuch)."

kope im Vorblick auf das Geschehen am Horeb. Denn dort entsteht jenes Heiligtum, dem Gott seine bleibende personale Gegenwart zusagt: „Dann werde ich in ihrer Mitte wohnen." (25,8).[37]

3.2 Die Übertretung des Ausschließlichkeitsanspruchs als Erprobung JHWHs (Dtn 6,14 – 16)

Dtn 6,12 – 15 kommentiert den Dekaloganfang.[38] Im Rahmen dieser Paraphrase fordert V. 14, „nicht andern Göttern nachzufolgen von den Göttern der Völker rings um euch." Anschließend begründet V. 15 dieses Hauptgebot: „Denn JHWH, dein Gott, ist als eifersüchtiger Gott in deiner Mitte (*b^eqirbækā*). Der Zorn JHWHs deines Gottes, könnte gegen dich entbrennen, er könnte dich im ganzen Land vernichten (*w^ehišmîd^ekā*)." Hier wird die traditionelle Formel „JHWH ist ein eifersüchtiger Gott", die sonst das Fremdgötterverbot motiviert (im Dekalog Dtn 5,9; vgl. Ex 34,14), durch den Präpositionalausdruck „in deiner Mitte" verschärft. Er gehört also noch zur Dekalogskommentierung, löst aber die Anspielung auf den Vorfall von Massa (Ex 17,7) aus. Denn an „die innige personale und folglich ausschließliche Beziehung" Gottes „in deiner Mitte"[39] schließt in Dtn 6,16 assoziativ die unerwartete Mahnung[40] an, Gott nicht zu versuchen: „Ihr sollt JHWH, euren Gott, nicht auf die Probe stellen (*lo' t^enassû*), wie ihr ihn bei Massa auf die Probe gestellt habt (*nissatæm bammassāh*)." Allerdings wird durch den Hinweis auf Massa nicht „die Drohung mit

---

37 In Exodus 32 – 34 profilieren der Beziehungsbegriff *b^eqæræb* (33,3.5; 34,9.10) und der Begriff *pānîm*, „Angesicht", für JHWH wie für Mose „das Konzept einer personalen, anikonischen, transzendenten und quasi-sichtbaren Gegenwärtigkeit JHWHs" (M. Mark, *Angesicht*, 292).

38 N. Lohfink, *Hauptgebot*, 154 – 157.

39 M. Mark, *Angesicht*, 283. Zur Vorstellung von der Gegenwart JHWHs „in der Mitte" Israels im Pentateuch und insbesondere im Deuteronomium s. M. Geiger, *Gottesräume*, 185 – 189. An die Stelle der wechselnden Gestalten von JHWHs Gegenwart inmitten Israels im Tetrateuch tritt im Deuteronomium „ein einheitliches Konzept der Gottesgegenwart ‚in der Mitte' Israels. Deren unterschiedliche Wirkungen werden den Situationen außerhalb und innerhalb des Landes zugeordnet. Ob die schützende oder vernichtende Qualität der Gottesgegenwart aktualisiert wird, hängt von Israels Verhalten ab." (Ebd., 188).

40 Die im Deuteronomium ungewöhnliche Formulierung leitet zum Thema „Wüste" in Kap. 8 und 9 über. Das Verb *nsh* Piel, das in 6,16 mit Israel, in 8,2.16 mit JHWH als Subjekt verwendet wird, ist „als assoziative Vorbereitung auf das Kapitel 8" eingesetzt, wo es „fast zum Leitmotiv der Wüstenpassagen" avanciert (R. Gomes de Araújo, *Wüste*, 183 f.). Zur Erprobung Israels durch Gott in Dtn 8,2.16 s. G. Braulik, „Wenn Gott versucht", 32 – 34. Ein ähnlicher Subjektwechsel von *nsh* Piel findet sich, wie schon erwähnt, auch in den Ex 15,22 – 17,7 geschilderten Vorkommnisse der Wassernot in Mara wie der Speisung mit Manna und Wachteln einerseits und des in Massa-Meriba aus dem Felsen geschlagenen Wassers andererseits.

dem göttlichen Zornesgericht [V. 15] durch ein konkretes Beispiel illustriert"[41]. Denn in Exodus 17 reagiert Gott weder zürnend noch strafend auf die Provokation des Volkes, sondern beseitigt die Not. Erst Dtn 6,16 interpretiert die Massaepisode als „a paradigmatic warning with grave consequences should its lesson go unlearned"[42]. Über V. 15 hinaus ist V. 16 auch eng mit V. 14 verbunden. Beide Verbote – in V. 14 mit Blick auf das Land, in V. 16 mit Blick auf die Wüste – sind syntaktisch gleich formuliert. Und an beiden Versanfängen springt auch die Singularanrede Israels in den Plural um, was zumindest Aufmerksamkeit erregt.[43] „Stilistisch ist ein Gegensatz zwischen den Göttern der Völker ‚rings um euch her' und JHWH ‚in deiner Mitte' herausgearbeitet."[44] Außerdem ist in beiden Versen, „wenn auch kontrastiv, die gleiche Thematik vorhanden"[45]: Israel darf nicht durch eine Gefolgschaftstreue gegenüber rivalisierenden Göttern JHWH, seinen Gott, versuchen. Denn als ein auf sein Volk eifersüchtiger Gott verlangt er exklusive Zugehörigkeit, weshalb an der Treue zu „JHWH in deiner Mitte" Existenz und Zukunft im Land hängen (V. 15).[46]

> Liest man im Deuteronomium V. 16 nach V. 15, dann besteht die ‚Versuchung' darin, dass man die Verpflichtungen des Bundes übertritt, um zu sehen, ob Gott Israel wirklich straft (das ist der Sinn des Ausdrucks ‚in der Mitte sein' in V. 15). Der Akzent liegt also darauf, dass man

---

41 Gegen T. Veijola, *Deuteronomium*, 190. vgl. Zur Kritik vgl. R. E. Garton, *Mirages*, 59 Anm. 22.
42 R. E. Garton, *Mirages*, 64.
43 R. Gomes de Araújo, *Wüste*, 181.
44 N. Lohfink, *Hauptgebot*, 157.
45 R. Gomes de Araújo, *Wüste*, 181. Die Beziehung zwischen 6,14 und 16 wird noch verstärkt, wenn der Zwischenvers 15 das Zentrum einer lockeren palindromischen Struktur von 6,12–19 bildet und der Rücklauf von Entsprechungen in V. 16 beginnt (ebd.). G. Barbiero, „Höre Israel", 106–108 und 143–145, arbeitet die Palindromie sogar als stringente Gliederung von 6,10–19 heraus. Dabei müssten die V. 12–14 (Hauptgebot) und 16–18a (Einzelbestimmungen) jeweils „zusammen gelesen und als streng verbunden betrachtet werden" (106). innerhalb des vor allem an dem von G. Seitz, *Redaktionsgeschichtliche Studien*, 72 f, entwickelten „mehrfach chiastischen Aufbau" der V. 10–18 kritisiert R. E. Garton, *Mirages*, 54–58, dass die V. 14 und 16–17 die schwächsten Entsprechungen bieten (57). Im Übrigen verkennt Garton dabei, dass das Motiv vom „eifersüchtigen Gott" in Dtn 5,9 wie Ex 20,5 nicht an das zweite, das Bilderverbot (Dtn 5,8; Ex 20,4), anschließt, sondern über die Pluralsuffixe in „dich nicht vor ihnen niederwerfen und ihnen nicht dienen" an das Fremdgötterverbot in Dtn 5,7 bzw. Ex 20,3. Die Begründung von Dtn 6,15 ergibt sich also auch hier aus dem Fremdgötterverbot in 6,14, der deshalb auch nicht eliminiert zu werden braucht (gegen ebd., 58).
46 Verlangt 6,16 ein angemessenes Verhalten Israels angesichts der Gegenwart JHWHs in seiner Mitte, so kündigte Gott nach 1,42 in Kadesch-Barnea seine Gegenwart „in Israels Mitte" auf, falls Israel ins Bergland ziehen und kämpfen würde. Weil es sich gegen sein Verbot auflehnte, wurde es von den Feinden geschlagen (V. 43). Gottes Abwesenheit und damit das Ausbleiben seines Beistands waren die konsequente Strafe für Ungehorsam und Auflehnung. Umgekehrt braucht Israel bei der Landnahme nicht vor den anderen Völkern zu erschrecken und bei ihrem Angriff nicht zurückzuweichen, weil „JHWH, dein Gott, als großer und furchterregender Gott in deiner Mitte ist" (7,21).

dadurch die Geduld Gottes missbraucht, dass man seine Geduld als Abwesenheit in der Geschichte interpretiert. Die Frage in Ex 17 hat einen anderen Sinn. ‚In der Mitte seines Volkes sein' wird dort in einem positiven Sinn, als Beistand und Hilfe verstanden. [...] Beide Stellen stimmen aber darin überein, dass man von Gott ein weiteres ‚Zeichen' seiner ‚Gegenwart' fordert, nach all denen, die er schon gegeben hat. Es handelt sich im Endeffekt um einen Mangel an Vertrauen.[47]

4 *mrh* Hifil und *nsh* Piel in den Geschichtspsalmen 78 und 106

Die beiden Verben werden in der Hebräischen Bibel nur in diesen zwei Psalmen – wenn auch auf durchaus unterschiedliche Weise – gemeinsam verwendet. Deshalb empfiehlt es sich,

> to consider the possible *ratio* of the association between the lexemes *mrh* and *nsh:* the first indicates rebellion, obstinate opposition with regard to an external injunction, a refusal of a decidedly negative character because, essentially, directed unjustly against a legitimate authority. By contrast, the second indicates the putting to the test, the not trusting of someone without first assessing their reliability. The root of both is unbelief, expressed in two different ways: in the first case, it acts against an external initiative; in the second case, it employs a process of questioning an external reality in which it is asked to trust. However, it is always the personal judgement of the rebel or the tester which has the last word, in an active or passive way. The entire spectrum of actions expressing the unbelief of the fathers – disobeying and tempting, not trusting – is summarized by these two terms.[48]

In der Tat ist die Vater-Sohn-Beziehung in beiden Psalmen bestimmend[49] und verbindet sie – wenn auch durchaus unterschiedlich – mit der Auflehnung des Sohnes gegen seine Eltern im deuteronomischen Gesetz. Nach Psalm 78 soll die

---

47 G. Barbiero, „Höre Israel", 145 f. Das Verbot von Dtn 6,16, „Gott auf die Probe stellen", ist nicht der Mahnung zum Gebotsgehorsam in V. 17 zugeordnet, sodass „not keeping God's commandments means to test God" und „the concept of ‚testing' has thus broadened to connote disobedience in general caused by temptations of all sort" – gegen M. Weinfeld, *Deuteronomy*, 355. K. Finsterbusch, „Bezüge", 433–437, interpretiert „6,12–25 als Vertiefung, Konkretisierung oder Verstärkung der entsprechenden Aussagen in 6,4b–7" (ebd., 436). Dabei sieht sie eine thematische Übereinstimmung zwischen 6,5 und 6,16, „denn unbedingte Liebe zu Jhwh schließt den Zweifel an seiner fürsorglichen Gegenwart aus. Das Verbot, Jhwh auf die Probe zu stellen, ist auch eine Konkretisierung des Liebesgebotes: Die Forderung nach unbedingter Liebe wird so zu einer Aufforderung zu absolutem und unbedingtem Vertrauen." (Ebd., 435).
48 M. Pavan, *Memory*, 298 f.
49 A. Klein, „Fathers", 321–324 und 326–329.

Weitergabe der Geschichtsüberlieferung durch die „Väter" an die „Söhne" die nachfolgenden Generationen davor bewahren, „wie ihre Väter ein Geschlecht voll Trotz und Empörung" (V. 8; vgl. Dtn 21,18.20) zu werden. Mit den „Vätern" ist hier das Israel gemeint, das die Wunder Gottes in Ägypten erlebt hatte (Ps 78,12), aber in der Wüste von ihm treulos abfiel wie später die im Land lebende Generation der Söhne (V. 57). Nach Psalm 106 begriffen die „Väter" schon die Wunder in Ägypten nicht (V. 7). Obwohl sie nach dem Zug durch das Rote Meer das Lob Gottes sangen (V. 12), verschmähten sie letztlich das Land – gemeint ist die in Deuteronomium 1 breit erzählte Ursünde in Kadesch-Barnea. Dieser Unglaube (Ps 78,24) brachte nicht nur den Vätern den Tod in der Wüste (V. 26), sondern hatte auch die Zerstreuung ihrer Nachkommen unter die Völker zur Folge (V. 27). Allerdings gibt es zwischen beiden Psalmen einen entscheidenden Unterschied: „Whereas in Psalm 78, sin dissociates the present Israel from the forefathers, in Psalm 106 it is the iniquity of the fathers with which the present people ought to identify. The author in Psalm 106 thus systematizes the family argument".[50]

4.1 Die Reflexion der Sündengeschichte in Psalm 78

Psalm 78 bildet psalterkompositorisch die intendierte Mitte der Asaf-Psalmen. Als Schlüsseltext bündelt er vor allem ihre Geschichtstheologie(n), die auch seine Reflexion über „die fundierende Heilsgeschichte Israels als Gottesvolk"[51] bestimmen. Genau genommen ist es allerdings „keineswegs eine ‚Heilsgeschichte', sondern vielmehr eine ununterbrochene ‚chronique scandaleuse'"[52]. Der Psalm ist mit Ausnahme der einleitenden „Lehreröffnungsformel"[53] nur „Rede und damit ein Musterbeispiel narrativer Theologie". Aufgrund seiner Reflexionen über die Geschichte bildet er „gattungsmäßig ein Stück didaktisch-paränetischer Weisheitsdichtung".[54] Ihr „lobendes Weitererzählen" (V. 3.4.6) soll die „Wundertaten JHWHs in der Geschichte Israels" vergegenwärtigen (V. 4.11),[55] damit man sie nicht „vergisst"

---

50 A. Klein, „Fathers", 329.

51 J. Gärtner, *Geschichtspsalmen*, 103; ferner 102 f und 127–129.

52 N. Füglister, „Rätsel", 266.

53 Nach A. Klein, *Geschichte*, 111 f, lasse sie aufgrund ihrer Parallele in Dtn 31,30; 32,1 „den unbekannten Sprecher von Ps 78* im mosaischen Gewand auftreten". Er erhalte eine „zusätzliche Legitimation, indem er als Prophet im Bild und in der Nachfolge des Mose präsentiert wird".

54 N. Füglister, „Rätsel", 266 f. Psalm 78,2 bezeichnet seine Rede als „Maschal" und meint damit nach B. Weber, „Psalm 78", 193 und 199, eine Geschichtsparabel, die auf die Gegenwart der Angesprochenen zielt.

55 J. Gärtner, „Tora", 88 f.

(V. 7.11).[56] Sie dienen der „Weitergabe des Glaubens"[57] an die nächsten Generationen durch das „Zeugnis" (ʿēdût) der Wundertaten Gottes und die „Weisung" (tôrāh) als „Gesamtheit der göttlichen Willenskundgabe" (V. 5).[58] „Eigentliches Ziel der Geschichtserinnerung ist die Stiftung von Gottvertrauen (V. 7aα; V. 8b)."[59] Gewöhnlich wird angenommen, dass der Psalm „den Erzählzusammenhang des Pentateuch als normativen Bezugspunkt der eigenen Schriftauslegung" zitiert und „ihn als umfassende heilsgeschichtliche Orientierungsgröße" voraussetzt, aber nicht als bloße Nacherzählung, sondern als „eine relecture der narrativen Überlieferung in poetischer Form."[60] Doch ist „der Einfluss der sogenannten Erinnerungskultur deuteronomisch-deuteronomistischer Kreise"[61] keineswegs selbstverständlich.[62]

Während manche Autoren für einen konzentrischen Aufbau des Psalms plädieren,[63] gliedern ihn andere nach einer programmatischen Einführung in zwei parallele Blöcke.[64] Entscheidend ist, dass in beiden Fällen das „Auflehnen" (*mrh*

---

56 M. Pavan, *Memory*, 270 – 285.

57 Vgl. Th. Hieke, „Weitergabe", 59.

58 J. Gärtner, „Tora", 90.

59 M. Witte, *Ewigkeit*, 127. Denn „das eigentliche Rätsel der Geschichte, das der Psalmist in V. 2 verkünden will, ist das Rätsel der Barmherzigkeit Gottes, dessen Bereitschaft, Schuld zu vergeben, stärker ist als sein Zorn (V. 38). Es wird begleitet von dem Rätsel des regelmäßigen Abfalls Israels von seinem Gott" (ebd., 134).

60 J. Gärtner, „Tora", 84. Vgl. aber zur Datierung des Psalms N. Füglister, „Rätsel", 294 – 297.

61 Z. B. vertreten von F.–L. Hossfeld – E. Zenger, *Psalmen 51 – 100*, 433.

62 N. Füglister, „Rätsel", 285. Er kritisiert überzeugend die wichtigsten Argumente dieses „angeblichen ‚Deuteronomismus'" von Psalm 78 (ebd., 286 – 292). Der Psalm „kennt das typisch dtr Viertakt-Schema, das exemplarisch Jdc. ii 11 – 19 dokumentiert ist: Abfall von Gott – Bestrafung durch Gott – Hinwendung zu Gott – Rettung durch Gott, worauf der Kreislauf von neuem beginnt. [...] Doch das für das Schema konstitutive Element der Umkehr scheint bemerkenswerterweise nur in der allgemein gehaltenen ‚theologischen' Mittelstrophe auf (V. 34 – 35). Und auch hier sind die Akzente anders gesetzt: Gott lässt ab von seinem Zorn aufgrund seiner ihm wesensgemäßen ‚Barmherzigkeit' (V. 38) und angesichts der ebenfalls konstitutionellen Hinfälligkeit des Menschen" (ebd., 286). Der „Leitbegriff *mrh* hi." fehlt allerdings nicht – wie ebd., 291 behauptet – in der dtn-dtr Literatur. Die weithin übliche literatur- und theologiegeschichtliche Gegenposition einer Abhängigkeit von spätdeuteronomistischer Paränese und Geschichtstheologie vertritt z. B. M. Witte, *Ewigkeit*, 140 – 144. Um wirklich beweiskräftig zu sein, müsste der Sprachgebrauch viel detaillierter untersucht werden. Zur Kritik vgl. z. B. auch J. Gärtner, „Tora", 88 Anm. 14.

63 Z. B. N. Füglister, „Rätsel", 273 – 276. Der Psalm wird durch die „Betonung des beständigen Rebellierens der ‚Väter'" gegliedert. Mit Ausnahme der ersten und letzten Strophe beginnt jeder Neueinsatz mit der Konstatierung der Auflehnung gegen Gott (ebd., 273). So besteht der Psalm nach der formal und sachlich eigenständigen Lehreröffnung (V. 1 – 2) aus sieben Strophen: A V. 3 – 7 – B V. 8.10 – 16 – C V. 17 – 31 – D [Zentrum] V. 32 – 39 – E V. 40 – 55 – F V. 56 – 64 – G V. 65 – 72.

64 Z. B. J. Gärtner, *Geschichtspsalmen*, 46 – 49, 94 und das Fazit 99 – 102. Demnach gehört es zur Besonderheit des Psalms, dass er dem Handeln Gottes in Schöpfung und Geschichte ein Proömium

Hifil) und das „Erproben Gottes" (*nsh* Piel) ein Struktursignal des Psalms bilden. In der konzentrisch-spiegelbildlichen Anordnung markieren die beiden Verben als Leitwörter[65] jeweils den Anfang der dritten, fünften und sechsten Strophe. Rechnet man mit zwei Durchgängen durch die Geschichte, dann sind sie durch die „Scharnierverse" V. 17–18a.32.40–42.56 gegliedert[66]. In all diesen Versen werden „die für den Psalm entscheidenden geschichtstheologischen Deutekategorien, ‚sündigen' (*ḥṭ'*), ‚sich auflehnen/widerspenstig sein' (*mrh*), ‚versuchen' (*nsh*), am Anfang der einzelnen Abschnitte wieder aufgenommen". Inhaltlich heben sie hervor, „dass die Wüstengeneration sowie die Generation der staatlichen Zeit in einer Schuldkontinuität mit der im Proömium in V. 8 als ‚widerspenstige Väter' charakterisierten Wüstengeneration stehen, so dass die Dimension der Schuld in den Anfängen der Geschichte als Gottesvolk verankert ist."[67] Die beiden Verben *mrh* Hifil (V. 17.40.56) und *nsh* Piel (V. 18.41.56) prägen also drei der sieben Strophen bzw. drei der fünf Scharnierverse.[68] Sie sind in der Hebräischen Bibel nur in Psalm 78 unmittelbar miteinander verwoben und finden sich im ganzen dritten Psalmenbuch bloß an

---

(V. 1–8 [9–11]) voranstellt, in dem er seine geschichtstheologische Hermeneutik entwirft. Nach ihrem Konzept sollen die Söhne „ihre Zuversicht auf Gott setzen" (*śîm kæsæl bē'lōhîm*) und „den Geboten Gottes gehorchen" (*nṣr*; V. 7), um nicht wie ihre „Väter" zu einem „störrischen und sich auflehnenden Geschlecht" zu werden (V. 8; vgl. Dtn 21,18.20). Im Anschluss an diesen Prolog entfaltet Psalm 78 die Geschichte in zwei Reflexionsgängen. Sie handeln in V. 12–39 vom „Schöpfer und seinen Geschöpfe" und in V. 40–72 vom „Weltenherrscher und seinem Volk". In beiden Teilen folgen dann auf die Taten Gottes, nämlich der Fürsorge des Schöpfers in der Wüste (V. 12–16) und der bewahrenden Führung des Weltenherrschers (V. 43–55), stets die Ablehnung durch die „Väter" (V. 17–20 und 56–58) und der Zorn Gottes (V. 21–31 und 59–64). Doch werden die Verfehlungen der Geschöpfe und des Volkes von der Barmherzigkeit bzw. vom Erwählungshandeln Gottes begrenzt (V. 32–39 und 65–72).

65 Die „Aussagen über Israels Rebellion" verwenden einen Leitwortstil, der prägende Begriffe immer wieder aufgreift und sie fortlaufend durch affirmierte Negativverba – zum Beispiel „störrisch sein", „vergessen" – als auch negierte Positivverba – z.B. „nicht fest sein", „nicht achten" – erweitert (N. Füglister, „Rätsel", 274). Zur Übersicht dieses „Rebellionsvokabulars" s. ebd., 276. Das Verb *mrh* wird aus Strophe B „zum Leitwort erkoren, das als solches auch den Anfang der Strophen C, E und F (d.h. sämtlicher berichtenden Strophen des Korpus) markiert" (ebd., 275).

66 Mit ihnen werden „einerseits jeweils neue Abschnitte eingeleitet und andererseits zugleich Bezüge zu den vorherigen Abschnitten hergestellt, so dass das schuldige Verhalten der Väter gegenüber Jhwh hervorgehoben wird und sich als Leitmotiv durch den gesamten Psalm zieht." (J. Gärtner, *Geschichtspsalmen*, 48). Das heißt: Die V. 17–18 unterbrechen innerhalb des ersten Erzählbogens die Wundertaten Gottes beim Auszug aus Ägypten und der Führung durch die Wüste; V. 32 eröffnet einen meditativen Abschnitt; die V. 40–41 leiten einen zweiten Erzählbogen ein und mit V. 56 beginnt der Schlussteil des Psalms.

67 J. Gärtner, *Geschichtspsalmen*, 101.

68 Weil *mrh* und *nsh* in Ps 78,32 fehlen, wird dieser Vers im Folgenden nicht berücksichtigt. Er bleibt aber wichtig, weil er *ḥṭ' 'ôd* (V. 17) und *lō' 'mn* Hifil (V. 22) aufnimmt.

diesen Stellen.[69] Sie schaffen auf verschiedene Weise einen sich steigernden Kontrast zum Gnadenwirken Gottes.[70] In der folgenden Tabelle über das Sünden-/Unglaubensvokabular sind die V. 22 und 37, die nicht als Scharnierverse funktionieren, eingerückt und kursiv geschrieben.

V. 17 +	*ḥṭ'*		*mrh* Hifil
V. 18			*nsh* Piel
V. 22		*lo' 'mn* Hifil *b^e*	
V. 32	*ḥṭ'*	*lo' 'mn* Hifil *b^e*	
V. 37		*lo' 'mn* Hifil *b^e*	
V. 40 +			*mrh* Hifil
V. 41			*nsh* Piel
V. 56			*nsh* Piel + *mrh* Hifil

Im Folgenden gehe ich die einzelnen Abschnitte mit Blick auf diese Terminologie durch. Bereits die V. 17–18 illustrieren, wovor V. 8 die künftigen Generationen warnt: „wie ihre Väter ein störriges und sich auflehnendes Geschlecht" zu werden. Obwohl Gott in der Wüste reichlich Wasser aus dem Felsen hatte strömen lassen – im Hintergrund der V. 15–16 steht die Episode von Massa und Meriba in Ex 17,1–7 über „Streit" und „Auflehnung" angesichts des fehlenden Wassers[71] –, „fuhren sie weiter fort, gegen ihn zu sündigen, sich aufzulehnen (*lamrôt*) gegen den Höchsten im dürren Land. Und sie stellten Gott in ihrem Herzen auf die Probe (*way^enassû*), indem sie Speise für ihre Gier verlangten." (V. 17–18). Diese Herausforderung Gottes knüpft an Ex 16,3 an und steigert das Wasserwunder durch das anmaßende Verlangen eines in der Wüste mit Manna und Wachteln gedeckten Tisches.[72] Weil die Israeliten die Fähigkeit Gottes in Frage stellen, sie auch mit Brot und Fleisch versorgen zu können (Ps 78,19–20), erhebt sich der Zorn Gottes (V. 21). V. 22 kommentiert das Verhalten der Israeliten als Unglaube (*lō' hæ^æmînû*) gegenüber Gott und mangelndes Vertrauen (*lō' bāṭ^eḥû*) auf seine Hilfe. Als sich nach der wunder-

---

69 M. Pavan, *Memory*, 49, 295 und 98 Anm. 197. Das zuletzt Gesagte gilt auch für *ḥṭ'*, „sündigen", das in Ps 78,17 parallel zu *mrh* verwendet wird. Das „Sündigen" wird in V. 32 als *lō' 'mn* Hifil, „nicht glauben, vertrauen", bestimmt. Dieses weitere Schlüsselverb steht noch in V. 22 – hier im Parallelismus mit *lō' bṭḥ*, „nicht vertrauen" – und in V. 37. *'mn* Nifal findet sich in V. 8.

70 Zur bisher ausführlichsten Untersuchung dieser „Kehrverse" s. M. Pavan, *Memory*, 293–313.

71 Vermutlich wurde aus Ex 17,2.7 auch das Leitwort *nsh* entlehnt, das die folgende Speisung durch Manna und Wachteln charakterisiert – vgl. A. Klein, *Geschichte*, 115.

72 F.-L. Hossfeld – E. Zenger, *Psalmen 51–100*, 435.

baren Speisung mit Manna und Wachteln wiederum Gottes Zorn gegen die Israeliten erhebt (V. 31), „sündigten sie (*ḥāṭᵉʾû*) weiter und glaubten nicht (*lōʾ hæᵉᵉmînû*) seinen Wundern." (V. 32). Fehlender Gottesglauben und mangelndes Vertrauen begleiten also in Psalm 78 die Speisungswunder und erregen Gottes Zorn. Im Übrigen wird wie „sich auflehnen" (*mrh* Qal und Hifil) auch *ʾmn* (Qal und Hifil) „in V. 12–72 als strukturgebendes Leitwort immer wieder aufgenommen (*mrh* V. 8.17.40.56 ∥ *ʾmn* V. 8.22.32.37), um das schuldige Verhalten der Väter zu benennen und dieses damit auf das Proömium zurückzubeziehen".[73]

Zu Beginn des zweiten Reflexionsganges betonen die V. 40–41 die wiederholte Auflehnung der Israeliten in der Wüste, die zur Erprobung Gottes führte. Beides wird möglich, weil man sich (im Gegensatz zu V. 35) nicht an den Exodus erinnert (*lōʾ zākᵉrû*) – an die „Hand Gottes" und „den Tag der Befreiung" durch „Zeichen und Wunder", das heißt vor allem durch die Plagen in Ägypten (V. 42–43).

Mit der Erprobung Gottes und der Auflehnung gegen den Höchsten, die in V. 56a unmittelbar aufeinander folgen, setzt auch die nächste, die Landnahmegeneration, die Sünde der Väter fort (V. 57; vgl. V. 17–18). Sie besteht im „Nicht-Bewahren" der „Zeugnisse Gottes" (*wᵉʾēdôtâw lōʾ šāmārû* V. 56b) – konkret im Höhenkult und Götterbilderdienst des Nordreiches Israel (V. 58).

Die weitere Unheilsgeschichte braucht hier nicht untersucht zu werden. In ihr folgt auf die Verwerfung (V. 67) schließlich die Erwählung Judas und des Zions samt dem Tempelbau, ferner die Erwählung des Hirten David (V. 68–72). „Gottes Taten aus gründender Urzeit sind zum Vorbild seines zukünftig zu erwartenden Handelns und damit zum Hoffnungsgut geworden. Der ‚Triumph der Gnade' ist durch keine noch so große Schuldenlast zunichte zu machen."[74]

4.2 Die ins Gebet genommene Schuldgeschichte in Psalm 106

Psalm 106 beginnt mit einem Dankhymnus (V. 1–5) und dem Eingeständnis der Verstrickung in die Schuld der Väter, mit der sich der Verfasser in Wir-Rede solidarisiert (V. 6). Danach blickt das Bußgebet der Gemeinde auf den Weg Israels vom Exodus bis zum Exil als Geschichte eines immer wiederkehrenden Abfalls von seinem Gott (V. 7–46) zurück. Die relativ eigenständig referierten sieben Sündengeschichten auf dem Weg Israels aus Ägypten bis zum Land (V. 7–33) setzen den

---

73 J. Gärtner, *Geschichtspsalmen*, 58. Nach M. Witte, *Ewigkeit*, 131 f, erweist das Gegenüber von V. 17 und V. 32 – beide werden durch „weiter sündigen" eingeleitet – die Wendung *lamrôt ʿæljôn*, „sich gegen den Höchsten auflehnen", als synonym zu *lōʾ hæᵉᵉmînû bᵉniplᵉʾôt*, „sie vertrauten seinen Wundern nicht".

74 H. Spieckermann, *Heilsgegenwart*, 150.

Pentateuch, insbesondere priesterschriftliche Traditionen, bereits literarisch vor-aus.[75] Der anschließende Abschnitt reflektiert summarisch über die Verfehlungen im Land und die Versklavung durch die Völker (V. 34–42), aber auch über die Schicksalswende (V. 43–46), weil Gott seines Bundes und der Fülle seiner Huld ge-denkt (V. 45; vgl. V. 1). Die Bitte um „Rettung" aus der Zerstreuung unter die Völker in V. 47 knüpft an die Bitten von V. 4–5 an und rahmt mit ihnen die Geschichtsrefle-xion[76] dieser „Generalbeichte Israels"[77].

Im Unterschied zur distanzierten Belehrung des Psalms 78 über die Sünden der „Väter" identifiziert sich das „Wir" des Psalms 106 mit der Schuldgeschichte der Vorfahren, es weiß sich als „Volk" und „Erbe" JHWHs (V. 5) mit ihnen in Schick-salsgemeinschaft: „Wir haben mit unseren Vätern gesündigt (*ḥāṭānû*)" (V. 6). Die beiden Verben *mrh* Hifil und *nsh* Piel werden nicht wie in Psalm 78 zusammen verwendet; von der Speisung in der Wüste abgesehen (78,17–18 und 106,14) sind sie auch bei unterschiedlichen Ereignissen eingesetzt. Gemeinsam ist beiden Psalmen aber grundsätzlich die „Verknüpfung von heilsgeschichtlicher Darstellung und harmartologischer Interpretation".[78]

Wie in den Scharnierversen von Psalm 78 werden auch in Psalm 106 die Sün-denverben im Aufbau besonders hervorgehoben: Die fünf den beiden Psalmen gemeinsamen Verben, die die Vergehen der Väter bezeichnen, formen „in der pa-radigmatischen Geschichte der Wüstenzeit"[79] der V. 7–33 eine siebengliedrige konzentrische Struktur. Nur der Wandel der Auflehnung zu Glauben und Lobpreis nach der Rettung am Meer (V. 12) bildet eine positive Ausnahme. Vom Sündenre-gister offenbar bewusst nicht erfasst sind die Verben *kʿs* Hifil, „kränken, erbittern", beim Abfall zum Baal-Peor in V. 29, ferner *qṣp* Hifil, „erzürnen", bei den Wassern von Meriba. Der Grund dafür könnte sein, dass in beiden Fällen Gott nicht als Objekt genannt wird, obwohl er natürlich gemeint ist.[80] Dagegen wird das theologische

75 Vgl. V. Pröbstl, *Nehemia 9*, z. B. 218.
76 „Rettung" (*yešûʿāh*, V. 4.13) ist „die entscheidende Deutekategorie für das Verständnis der Heils-geschichte in Ps 106". Über das „Retten" (*yšʿ* Hifil) am Roten Meer (V. 8.10), das die Israeliten am Horeb vergessen haben (V. 21), „werden nicht nur die die Geschichtsdarstellung rahmenden Bitten verbunden (V. 4 f., 47), sondern auch die entscheidenden heilsgeschichtlichen Ereignisse am Schilf-meer und am Horeb aufeinander bezogen." (J. Gärtner, *Geschichtspsalmen*, 195 f.).
77 W. Zimmerli, „Zwillingspsalmen", 269.
78 M. Witte, *Ewigkeit*, 129.
79 J. Gärtner, *Geschichtspsalmen*, 225.
80 Zu Ps 106,29 vgl. Ps 78,58 *wayyakʾîsûhû*, „und sie erbitterten ihn" durch den Höhenkult; zu Ps 106,32 vgl. die übrigen vier Belege von *qṣp* Hifil, die alle JHWH als Objekt nennen, insbesondere Dtn 9,7.8.22. Die anderen Sündenverben richten sich ausdrücklich direkt (Ps 106,14.21) oder indirekt (106,7a.13.24.33; vgl. V. 12) gegen Gott.

Gewicht von *'mn* Hifil in V. 12 durch die Äußerung des Glaubens in *šîr t*e*hillah*, „Lob singen", rhetorisch unterstrichen. Und Gleiches gilt von *lo' 'mn* Hifil, das in V. 24 sogar durch zwei weitere Ausdrücke, nämlich *rgn*, „lästern", und *lo' šm*ʿ*b*e*qôl JHWH*, „nicht auf die Stimme JHWHs hören", profiliert wird.[81] Ähnlich verfährt schließlich auch der Rahmen um die gesamte Sündengeschichte (V. 7–42): *ḥṭ'* im einleitenden Bekenntnis wird durch *'wh* Hifil, „sich vergehen", und *rš*ʿ Hifil, „freveln", verstärkt (V. 6); *mrh* Hifil in der Zusammenfassung abschließend durch *mkk b*e*āwôn*, „im Vergehen versinken", gesteigert (V. 43).

V. 6	Schuldbekenntnis	*ḥṭ'*	
V. 7	Auflehnung vor dem Meerwunder	*mrh* Hifil	A
V. 12	Glauben nach der Rettung durch das Meerwunder	*'mn* Hifil	B
V. 13	Vergessen der göttlichen Taten	*škḥ*	C
V. 14	Provokation zum Speisenwunder	*nsh* Piel	D
V. 21	Vergessen der Rettungstaten Gottes in Ägypten	*škḥ*	Cʿ
V. 24	Unglauben gegenüber der göttlichen Verheißung	*lo' 'mn* Hifil	Bʿ
V. 33	Auflehnung an den Wassern von Meriba	*mrh* Hifil	Aʿ
V. 43	Auflehnung als Resümee der Sündengeschichte	*mrh* Hifil	

Alle sieben Episoden, die durch ihren Ort auf dem Zug aus Ägypten bis zum Betreten des Landes voneinander abgegrenzt werden, sind von einer dieser Verfehlungen A bis Aʿ betroffen. Ausgenommen ist nur der Aufruhr, der nicht vom Volk, sondern von Datan und der Rotte Abirams gegen Mose und Aaron angezettelt wird (V. 17). Psalm 106 gebraucht also die fünf Sündenverben nur als Bezeichnungen einer kollektiven Schuld ganz Israels. Sie werden eigenständig mit den ausgewählten Ereignissen verbunden. Dazu im Einzelnen: V. 7–12 die Wunder in Ägypten und die Rettung am Roten Meer: *mrh* Hifil; V. 13–15 die Gier in der Wüste: *škḥ* + *nsh* Piel; V. 16–18 der Aufstand im Lager (s. o.); V. 19–23 das Gussbild am Horeb und Vergessen des Rettergottes und seiner Wundertaten: *škḥ*; V. 24–27 Verweigerung der Landnahme in Kadesch-Barnea: *lo' 'mn* Hifil; V. 28–31 das Eingreifen des Pinchas in Baal-Peor: *k's* Hifil (s. o.); V. 32–33 die Schuld Moses in Meriba: *qṣp* Hifil V. 32, *mrh* Hifil V. 33. Dieser

---

81 Dagegen leitet das Nichtbeachten des göttlichen Planes (*lo' ḥkh* ʿ*ēṣāh*) in Ps 106,13b bereits zur Eigenmächtigkeit der unbotmäßigen Gier in V. 14 über. Diese „Ungeduld" verstärkt also nicht das Vergessen der Gottestaten (vgl. V. 21–22).

reflektierte Einsatz von Sündenverben unterstreicht ihre Wichtigkeit. Im Folgenden skizziere ich ihren Gebrauch.

Der Widerstand gegen Gott beginnt bereits in der Ursprungsgeschichte. Schon in Ägypten begreifen die Väter die Wundertaten Gottes, nämlich die Plagen, nicht (V. 7a*). Zu dieser Verständnislosigkeit kommt noch die fehlende Erinnerung an die Erfahrungen göttlicher Güte: „Sie gedachten nicht (*lō' zāk°rû*) der Fülle deiner Gnadenerweise (*rob ḥᵃsādœkā*, V. 7a*; vgl. den Rahmen in V. 1 und 45)". Die Folge: „Sie lehnten sich auf (*wayyamᵉrû*) am Meer, am Roten Meer." (V. 7b). Im Hintergrund steht die in Ex 14,11 – 12 geschilderte Panikreaktion der Israeliten. Erst Psalm 106 qualifiziert sie theologisch als Auflehnung, gebraucht also bereits vor dem Meerwunder das Verb, mit dem er später das schuldhafte Verhalten beim Wasserwunder in Meriba (V. 33) beschreibt. Zwar führt die „Rettung" aus den Fluten und der Gewalt der Feinde (V. 8 – 11) in Anlehnung an Ex 14,31 und 15,1 dazu, dass die Israeliten Gottes „Worten glaubten (*wayyaᵃmînû*) und seinen Lobpreis sangen." (Ps 106,12). Doch prägt dieses Gründungsereignis der „Erlösung" (V. 10) die weitere Geschichte nicht dauerhaft und wird schließlich zurückgenommen (V. 41 – 42).[82]

Schon der folgende Abschnitt über die Wüstenwanderung setzt analog zum Nichtgedenken in V. 7 mit dem Vergessen (*škḥ*) der Taten Gottes in V. 13 die Undankbarkeit trotz aller Wundererfahrungen fort. Das führt wie in Num 11,4 und Ps 78,18 zu Gier und Erprobung Gottes. Doch liegt der Nachdruck in Psalm 106 auf der Schuld, während das konkrete Verlangen nicht erwähnt wird: „Sie gierten voll Begierde in der Wüste, sie stellten Gott im Ödland auf die Probe (*wayᵉnassû*)." (V. 14). Gott reagiert zwar mit dem Speisungswunder, bestraft aber dieses Begehren (V. 15). Wie V. 13 werden später auch die V. 21 – 22 auf die Gottvergessenheit (*škḥ*), insbesondere seiner Rettung am Roten Meer, verweisen, um den Abfall zum Gussbild am Horeb (V. 19 – 20) zu begründen. Wie in Ps 78,7.11 bildet somit auch in 106,(7).13.21 das „Vergessen" (*škḥ*) der Taten und Wunder Gottes, seiner paradigmatischen Rettung am Meer, und letztlich auch das Vergessen Gottes selbst die eigentliche Ursache eines Sündenfalls Israels. Von der „Erprobung Gottes" (*nsh* Piel) wird im Zusammenhang mit der Manna- und Wachtelerzählung in Num 11,4 – 35 bzw. Ex 16,1 – 35, der Vorlage von Ps 106,14 – 15, nicht gesprochen, sondern erst in Verbindung mit dem Wasser aus dem Felsen in Ex 17,2.7.

An dieses Wasserwunder von Meriba von Ex 17,1 – 7 schließt die letzte Episode im Gefolge des Pentateuchs in Ps 106,32 – 33 an, die wieder in die Wüste zurückkehrt. Dort „erregten" die Väter „den Unwillen" (*wayaqṣîpû*) und „lehnten sich auf" (*himᵉrû*) gegen den Geist Moses, sodass er „unbedacht redete" und auch selbst sündigte.

---

[82] Vgl. J. Gärtner, „Torah", 479 – 488.

mrh Hifil richtet sich sonst gegen Gott, nur hier gegen seinen Mittler.[83] Im Unterschied zu Num 20,10 – 12.24 übergeht Ps 106 nicht nur (wie am Horeb) die Mitschuld Aarons, sondern bewertet auch das Versagen Moses nicht als „Unglauben" und verschweigt, dass er das Land nicht betreten durfte. Wahrscheinlich soll er trotz seines Versagens nicht auf die gleiche Ebene mit dem Volk gestellt werden.[84] Denn das fehlende Vertrauen (*'mn* Hifil) kennzeichnet nach Psalm 106,24 – 27 wie in Dtn 1,32 die Sünde der Israeliten, die das begehrenswerte Land ablehnen. Ich gehe wegen der Glaubensthematik auf diese Verse ein, obwohl sie im Gegensatz zu Dtn 1,26; 9,23 nicht von Auflehnung (*mrh*) sprechen.

Die Darstellung der Kundschaftergeschichte in Ps 106,24 – 27 verschränkt die Schilderungen der Ereignisse in Numeri 14 und Deuteronomium 1. Die Verse bilden wahrscheinlich die literarische Mitte des Psalms:[85] Wiederum geht es weniger um ein originelles Nacherzählen der Ereignisse als um ihre theologische Deutung: „Und sie verschmähten das köstliche Land, sie vertrauten nicht (*lo' hæ*ᵉ*mînû*) seinem Wort (*lidbārô*) und sie lästerten (*wayyērāgnû*) in ihren Zelten, sie hörten nicht auf die Stimme JHWHs." (Ps 106,24 – 25). Der Unglaube gilt hier der göttlichen Zusicherung des Landes, die Mose in Dtn 1,21 dem Volk in Erinnerung ruft. Dagegen betrifft er nach Num 14,11 wie Dtn 1,32; 9,23 Gott selbst. Wenn die Israeliten nach Ps 106,25 wegen des Berichts der Kundschafter „in ihren Zelten lästerten", dann bezeichnet *rgn* Nifal in Dtn 1,27 (dem einzigen weiteren Beleg des Verbs in der Hebräischen Bibel) die „Verleumdung" Gottes, die im Wortlaut zitiert wird. Ps 106,25 erläutert das fehlende Vertrauen angesichts der erforderlichen Landnahme mit der Formulierung von Dtn 9,23 durch das Nicht-Hören auf die Stimme Gottes. Aus dieser kollektiven Schuld nehmen Num 14,31 und Dtn 1,39 die Kinder bzw. den ganzen Tross aus. Dagegen besiegelt der generationenübergreifende Strafschwur Gottes in Ps 106,26 – 27 die Zukunft aller Generationen gleichermaßen: die Väter müssen in der Wüste sterben und die Söhne, die ins Land kommen, werden im Exil unter die Völker verstreut. Das fehlende Vertrauen auf die göttliche Verheißung der Landnahme begründet also bereits in der Wüste den späteren Verlust des Landes, die Verbannung und Diaspora. Insgesamt bietet Psalm 106 „eine Glaubensgeschichte unter negativem Vorzeichen". Doch dient sie „nicht nur als Sündenaufweis". Wer den Psalm betet, kann vielmehr auch „an die Gnade Gottes appellieren, die allein

---

83 Vermutlich lesen deshalb Septuaginta, Peschitta und einige hebräische Handschriften *hēmērû* von *mrr* Hifil, „verbittern", und deuten dadurch den Widerstand des Volkes gegen den Geist Moses.
84 A. Klein, *Geschichte*, 261.
85 L. R. Martin, „Chiastic Structure". Doch schließt der chiastische Aufbau des ganzen Psalms in einer der bei Martin referierten Formen nicht andere, darin eingeschriebene Strukturen wie jene der Sündenverben aus. Martin selbst verweist z. B. auf eine chiastische Struktur in den V. 34 – 40 für die Zeit im Land (ebd., 513).

dem seit der Väterzeit anhaltenden Unglauben entgegengesetzt werden kann." Die Bedeutung, die dem Glauben (*'mn* Hifil) „als Deutungskategorie in Ps 106 zukommt, zeigt sich daran, dass der Psalm sämtliche Belege des Pentateuchs aufnimmt, wo der Glaube auf Gott als Objekt gerichtet ist."[86] Im Gegensatz zu Psalm 78 systematisiert also Psalm 106 durch das Glaubensmotiv seinen Geschichtsabriss.[87]

Auflehnung ist in Psalm 106 nicht nur die letzte Sünde vor dem Betreten des Landes (V. 33). Sie fasst nach V. 43 vielmehr die Wirkungsgeschichte der vergangenen Schuld zusammen – vom Meerwunder angefangen und durch die Wüstenzeit bis zu den fortwährenden Verstößen gegen die Gesetzesbestimmungen des Pentateuchs im Land (V. 34 – 39),[88] weshalb sich Gott nicht mehr mit der Ahndung der jeweiligen Vergehen begnügt und sein Zorn nicht mehr wie am Horeb (V. 23) durch Mose abgewendet werden kann (V. 40 – 42): „Viele Male hat er sie befreit, sie aber lehnten sich auf (*yamᵉrû*) in ihrem Entschluss und versanken in ihrer Schuld." (V. 43). Mit dieser Geschichtsreflexion über das wiederholte Rettungshandeln Gottes und den beständigen Widerstand Israels ist zugleich der Tiefpunkt seiner langen Sündenverstrickung erreicht. Doch verbindet Psalm 106 das Strafgericht über das kollektive Versagen mit der Hoffnung auf die Rettung Gottes (V. 44 – 46). „Anders als in Ps 78, wo die Sünde die Väter von Gott trennt und den Psalmbetern als zu vermeidendes Fehlverhalten vor Augen geführt wird, ist die Sünde in Ps 106 das identitätsstiftende Moment, das das Israel der Gegenwart mit seinen Vorvätern zusammenschließt und in dem Gottes Gnade wirksam wird."[89]

---

86 A. Klein, *Geschichte*, 266 f. „Dabei wird der anfängliche Glauben des Volkes nach dem Meerwunder (vgl. Ex 14,31) zum positiven Gegenstück für die folgende Geschichte des Unglaubens, deren negativer Tiefpunkt mit der Verweigerung der Landnahme erreicht wird (vgl. Num 14,11; Dtn 1,32; 9,23). Neben diesen Eckpunkten der biblischen Geschichte [...] steht hinter dem Eintreten des Pinchas am Baal-Peor das Ideal des gläubigen Abraham, dessen Glaube ihm zur Gerechtigkeit angerechnet wird (vgl. Gen 15,6), während mit der Meribaepisode in Num 20 auf die Erzählung angespielt wird, in der Mose den Eintritt in das Land aufgrund seines Unglaubens verwirkt. [...] Schließlich steht Ps 106 in der Bewertung des Verhaltens der Väter in Israels Frühzeit auf einer theologischen Reflexionsstufe mit dem Urteil in 2 Kön 17,14, demzufolge die Kinder im Land die Sünde der Väter wiederholen, die ihrem Gott nicht geglaubt haben" (ebd., 267).
87 A. Klein, *Geschichte*, 268.
88 V. Pröbstl, *Rezeption*, 160.
89 A. Klein, *Geschichte*, 366.

5 Israels Geschichte als Zeugnis kollektiven Unglaubens

Der Pentateucherzähler bzw. Mose, den er im Deuteronomium zitiert, und die Sprecher der Psalmen 78 und 106 beschreiben nicht bloß den Verlauf der Geschichte Israels, sondern hinterfragen die Vergangenheit ausdrücklich auf den Glauben Israels. In ihrer Geschichtstheologie vermitteln sie fast durchgehend ein Bild seines gemeinsamen Sündigens, und zwar trotz göttlicher Verheißung und Fürsorge. Davon zeugen insbesondere die Ereignisse in Kadesch-Barnea und am Gottesberg, aber auch andere Stationen der Wüstenwanderung. Sobald Brot, Fleisch und Wasser fehlen oder existentielle Ängste um sich greifen, ist das erfahrene Rettungshandeln Gottes vergessen und äußert sich ein stets unterschwellig vorhandenes Misstrauen: Es lässt an der Gegenwart Gottes zweifeln, Gott auf die Probe stellen, führt zu Auflehnung und Ungehorsam und provoziert die Ungnade Gottes.

Dieser kollektive Unglaube Israels wird in den genannten Schriften in gewisser Weise, wenn auch durchaus unterschiedlich, systematisiert. Das Deuteronomium konzentriert zu dieser geschichtstheologischen Reflexion die Verben, die das Versagen des Vertrauens des ganzen Volks ausdrücken, in seinen beiden längsten Geschichtsrückblicken auf die Vorgänge in Kadesch-Barnea (Kap. 1) und das Geschehen am Gottesberg (Kap. 9). Wie sich Israel dort verhalten hat, wird außerdem zum Paradigma künftiger kollektiver Schuld. Niemals richten sich Auflehnung und Unglauben gegen Gesetze. Wenn sich das Volk nach der Botschaft der Kundschafter dem Auftrag Gott widersetzt, das zugesagte Land in Besitz zu nehmen, bzw. wenn es später gegen das Verbot Gottes das Land eigenmächtig erobern will, dann bilden diese Auflehnung gegen die Befehle Gottes und das Misstrauen, das sich darin ausdrückt, die Ursünde Israels. Die Wendung *mrh* Hifil *æt pî JHWH* (1,26.43; 9.23) und *lo' 'mn* Hifil *b/lJHWH* (1,32; 9,23) sind im Deuteronomium für diese einmalige Schuld in Kadesch-Barnea reserviert. Dagegen verweist die Wendung *mrh* Hifil + *hyh 'im JHWH* (9,7.24) auf die Auflehnung des Volkes während der gesamten Wüstenwanderung. Wenn Israel am Gottesberg ein Stierkalb anfertigt, dann bildet dieses Ereignis also das prominenteste Beispiel einer in der Wüste ständig wiederholten Auflehnung gegen JHWH selbst. In den beiden Erzählungen finden sich auch die meisten Belege des Deuteronomiums für das Sündigen des Volkes (*ht'* 1,41; 9,16.18; vgl. *hattā'āh* 9,18.27) und seine Provokation göttlicher Ungnade (*qsp* Qal 1,34; 9,19; Hifil 9,7.8.22). Alle genannten Verben deuten sich im Zusammenhang jeweils gegenseitig.

Nach Num 14,11 hat das Volk nach der Verleumdung des Landes durch die Kundschafter Gott „verachtet" und „trotz aller in seiner Mitte gewirkten Zeichen nicht vertraut" (*'mn* Hifil). Während das Deuteronomium die Kundschafter in die

Auflehnung (*mrh* Hifil) der Israeliten einbezieht, haben sie nach Num 14,22 Gott auf der Wüstenwanderung bereits zum „zehnten Mal auf die Probe gestellt (*nsh* Piel)". Psalm 78 gebraucht in seinem Geschichtsrückblick *mrh* und *nsh* als Synonyme eines sündigen, ungläubigen Verhaltens gegenüber Gott.

Die beiden Geschichtspsalmen 78 und 106 profilieren ihre Darstellung vom Auszug aus Ägypten bis zum Leben in Kanaan bzw. bis zur Gefangenschaft im Exil als Ereignisfolge beständigen Unglaubens. Sie verwenden zwar die aus dem Deuteronomium bekannten Verben, allerdings nicht mit den für *mrh* Hifil charakteristischen Formeln. Dazu kommt als weiteres Verb *nsh* Piel. Psalm 78 verteilt beide Verben auf synonyme Parallelismen oder fasst sie als Art Doppelausdruck zusammen. Doch beschränken beide Psalmen die Ausdrücke nicht auf die von der Tradition vorgegebenen Anlässe des Protestes, sondern verallgemeinern sie zu Leitwörtern des Affronts gegen Gott und gliedern mit ihnen den Ablauf der gesamten Volksgeschichte. Wie ein *cantus firmus* beschreiben *mrh* Hifil und *nsh* Piel in Ps 78,17 – 18.40 – 41.56 also gemeinsam die negativen Reaktionen Israels auf das Rettungshandeln Gottes. Die kontinuierliche Auflehnung und Erprobung Gottes werden im Kontext durch *ḥṭ'* (78,32) und *lo' 'mn* Hifil *bᵉ* (78,22.32.37) als Sündigen und mangelndes Vertrauen auf Gott bzw. auf seine Wunder und seinen Bund ausgelegt. Psalm 106 hebt ebenfalls das Vokabular des Unglaubens und der Schuld im Aufbau hervor und interpretiert mit ihm in regelmäßigem Wechsel von *mrh* Hifil (106,7.33), *'mn* Hifil (106,12.24), *škḥ* (106,13.21) und *nsh* Piel (14) die sieben Episoden der Wüstenzeit. Weitere Ausdrücke für sündigen treten noch hinzu. Schließlich rahmen *ḥṭ'* im einleitenden Schuldbekenntnis (106,6) und *mrh* Hifil in der abschließenden Zusammenfassung (106,43) den ganzen Geschichtsaufriss. Nur ein einziges Mal reagierten die Israeliten auf das Wirken Gottes mit Glauben, wobei Ps 106,12 allerdings das Zeugnis der Tradition, nämlich Ex 14,31 und 15,1, modifiziert übernimmt: Nach dem Rettungswunder am Roten Meer vertrauten sie auf die Worte Gottes und sangen sein Lob.

Das Verb *nsh* Piel verbindet in Ex 15,22 – 17,7 drei Episoden, in denen Israel wegen des fehlenden Wassers und Brotes murrt. In dieser Not wird es durch Gott erprobt (15,25; 16,4) bzw. stellt es seinerseits Gott auf die Probe (17,2.7). Wenn das Volk JHWH versucht, dann liegt sein eigentliches Versagen im Zweifel an dessen wirkmächtiger Gegenwart in seiner Mitte (17,7), während das frühere Wirken Gottes ausgeblendet bleibt. An diese Beziehungskrise schließt die Warnung von Dtn 6,16 an. Ihr geht es allerdings nicht um ein Verhalten in einer existentiellen Notlage, sondern um die Provokation JHWHs durch eine Nachfolge anderer Götter, weil man an seine Anwesenheit in der eigenen Mitte nicht glaubt. Dass er seinerseits Israel in der Wüste auf die Probe gestellt und dann mit Manna gespeist hat, folgt erst in Dtn 8,2.16. Die genannten Stellen sind also durch *nsh* Piel mit den beiden Subjekten durch ein kleinräumiges System verbunden, das auf die Präsenz Gottes abhebt und letztlich auf den Horeb und seine Gebote zuläuft.

Welche semantischen Konnotationen bekommen *mrh* Hifil und *nsh* Piel, wenn sie im Kontext dieser Geschichtserzählungen kollektiver Schuld und in den beiden Psalmen verwendet werden? Die Auflehnung gegen Gott erscheint zwar niemals als gerechtfertigt, aber sie ist nicht voraussetzungslos und bricht nicht ohne Anlass aus. Sie ist stets Reaktion, und zwar des gesamten Volkes, auf etwas, was Gott zu Recht verlangt oder was man von ihm unberechtigt erwartet. Beide Verben stehen für ein breites Spektrum ungläubigen Verhaltens. Nach dem Deuteronomium verdeckte in Kadesch-Barnea die Kundschafteraussendung das bereits fehlende Vertrauen auf die erfahrene Fürsorge Gottes. Aufgrund der Botschaft der Kundschafter wurde es zur offenen Auflehnung. Sie weigerte sich, Gottes Zusage des Landes anzunehmen, und rechtfertigte sich mit der Verleumdung seiner Absicht. Trotz des Strafurteils Gottes und eines Sündenbekenntnisses des Volkes schlug der Widerstand sogar in vermessenes Handeln um und führte somit nochmals zur Auflehnung gegen einen Auftrag Gottes. Am Horeb lehnte sich Israel gegen die im Bund übernommene Bindung an JHWH auf, die kein Gussbild erlaubte, und erregte dadurch die Ungnade Gottes. Doch bildete diese Provokation nur den Höhepunkt durchgehender Auflehnungen, die sich an verschiedenen Situationen und Bedürfnisse des täglichen Lebens entzündeten. So steht „sich gegen Gott auflehnen" letztlich für die Gesamtgestalt der Sünden Israels auf der Wüstenwanderung. Die Psalmen verdeutlichen über die Wüstenzeit hinaus, dass die Israeliten wie auch zuvor und danach sündigten, wenn sie sich angesichts der Wunder Gottes und seiner Fürsorge gegen ihn auflehnten und ihn auf die Probe stellten. Wiederum kam es dazu, weil sie Gott nicht glaubten, aber auch, weil sie ihn als ihren Retter und ebenso seine Taten vergaßen. Darin, dass Israel Gott auf die Probe stellte, äußerte sich schließlich, wie die Ereignisse in Massa zeigten, dass es an seiner Gegenwart inmitten des Volkes zweifelte. Das konnte beispielhaft in der Wüste geschehen, weil das Volk wegen akuter Wassernot seine Hilfe vermisste. Das fehlende Vertrauen, das auch hier diese Reaktion auslöste, kann aber auch im Land zur Erprobung der Anwesenheit des eifersüchtigen Gottes werden, wenn Israel anderen Göttern nachläuft.

Obwohl Gott die Schuld bestrafte, vergalt er in der langen Unheilsgeschichte nicht nur gerecht, sondern vergab immer wieder, wenn sich das gesamte Volk gegen ihn versündigte. In Kadesch-Barnea wurde nur „den Männern dieser verdorbenen Generation" das Betreten des Verheißungslandes verwehrt. Am Horeb wurde Gottes Strafgericht aufgrund der Fürbitte Moses zur Gänze aufgehoben. Psalm 78 betont trotz des fortgesetzten Sündenverhaltens Israels von Gott: „Doch er ist barmherzig, vergibt die Schuld und vernichtet nicht. Oftmals hielt er seinen Zorn zurück und entfachte nicht seinen ganzen Grimm."(V. 38). Und wenn Psalm 106 auf die ganze sündige Geschichte vom Auszug aus Ägypten bis zum Exil zurückschaut, hält er am Ende trotz des göttlichen Strafgerichts an der Barmherzigkeit fest: „Er gedachte ihnen zuliebe seines Bundes und ließ es sich gereuen nach der Fülle seiner Gnade." (V. 45). Es besteht deshalb die begründete Hoffnung, dass auch künftig weder Auflehnung und Erprobung Gottes durch sein Volk noch die Vergeltung Gottes das letzte Wort behalten werden, sondern seine Begnadigung der schuldig Gewordenen.

Literaturverzeichnis

Barbiero, Gianni. „,Höre Israel': Dtn 6,4–25." In *Studien zu alttestamentlichen Texten*, 93–167. SBAB 34. Stuttgart: Kath. Bibelwerk, 2002.

Boyd, Samuel L. „Deuteronomy's Prodigal Son: Deut. 21:18–21 and the Agenda of the D Source." *BI* 28 (2020): 15–33.

Braulik, Georg. „Geschichtserinnerung und Gotteserkenntnis: Zwei Kleinformen im Buch Deuteronomium." *Studien zu den Methoden der Deuteronomiumsexegese*, 165–183. SBAB 42. Stuttgart: Kath. Bibelwerk, 2006.

Braulik, Georg. „Wenn Gott versucht: Zur,Theodizee der Erprobung' im Alten Testament." *ZkTh* 141 (2019): 22–43.

Braulik, Georg. „Glauben und vertrauen in der Gründungsgeschichte Israels: Zum theologischen Gebrauch von *'āman* Hifil in der Tora." *FZPhTh* 68 (2021): 117–132.

Braulik, Georg. „Kollektive Schuld und gerechte Vergeltung: Zur,Ursünde' des Gottesvolks im Buch Deuteronomium." *MThZ* 72 (2021): 171–195.

Braulik, Georg und Norbert Lohfink. *Sprache und literarische Gestalt des Buches Deuteronomium: Beobachtungen und Studien.* ÖBS 53. Berlin: Peter Lang, 2021.

Dohmen, Christoph. *Exodus* 1–18. HThKAT. Freiburg i. Br.: Herder, 2015.

Finsterbusch, Karin. „Bezüge zwischen Aussagen von Dtn 6,4–9 und 6,10–25." *ZAW* 114 (2002): 433–437.

Füglister, Notker. „Psalm LXXVIII: Der Rätsel Lösung?" In *Congress Volume Leuven 1989*, hrsg. v. J. A. Emerton, 264–297. VT.S XLIII. Leiden: Brill, 1991.

Gärtner, Judith. *Die Geschichtspsalmen: Eine Studie zu den Psalmen 78, 105, 106, 135 und 136 als hermeneutische Schlüsseltexte im Psalter.* FAT 84. Tübingen: Mohr Siebeck, 2012.

Gärtner, Judith. „The Torah in Psalm 106: Interpretations of JHWH's Saving Act at the Red Sea." In *The Composition of the Book of Psalms*, hrsg. v. Erich Zenger, 479–488. BEThL CCXXXVIII. Leuven: Peeters, 2010.

Gärtner, Judith. „Tora als Geschichte: Zur hermeneutischen Funktion der Pentateuchtexte im Psalter und in Neh 9." In *Ist die Tora Gesetz?: Zum Gesetzesverständnis im Alten Testament, Frühjudentum und Neuen Testament*, hrsg. v. Udo Rüterswörden, 83–117. BThSt 167. Göttingen: Vandenhoeck & Ruprecht, 2017.

Garton, Roy E. *Mirages in the Desert: The Tradition-historical Developments of the Story of Massah-Meribah.* BZAW 492. Berlin und New York: Walter de Gruyter, 2017.

Geiger, Michaela. *Gottesräume: Die literarische und theologische Konzeption von Raum im Deuteronomium.* BWANT 183. Stuttgart: Kohlhammer, 2010.

Gomes de Araújo, Reginaldo. *Theologie der Wüste im Deuteronomium.* ÖBS 17. Frankfurt a. M.: Peter Lang, 1999.

Hieke, Thomas. „,Weitergabe des Glaubens' (Ps 78,1–8): Versuch zu Syntax und Struktur von Ps 78."
  BN 78 (1995): 49–62.
Hossfeld Frank-Lothar und Erich Zenger. *Psalmen 51–100.* HThK.AT. Freiburg i. Br.: Herder, 2000.
Jeremias, Jörg. „Konzeptionen des göttlichen Zorns im DtrG." In *Geschichte Israels und
  deuteronomistisches Geschichtsdenken: Festschrift W. Thiel,* hrsg. v. Peter Mommer und Andreas
  Scherer, 135–151. AOAT 380. Münster: Ugarit, 2011.
Klein, Anja. *Geschichte und Gebet: Die Rezeption der biblischen Geschichte in den Psalmen des Alten
  Testaments.* FAT 94. Tübingen: Mohr Siebeck, 2014.
Klein, Anja. „Fathers and Sons: Family Ties in the Historical Psalms." In *Functions of Psalms and Prayers
  in the Late Second Temple Period,* hrsg. v. Mika S. Pajunen und Jeremy Penner, 320–338. BZAW
  486. Berlin – New York: Walter de Gruyter, 2017.
Knierim Rolf. „*mrh* widerspenstig sein." In *THAT* I (1971): 928–930.
Kupfer, Christian. *Mit Israel auf dem Weg durch die Wüste: Eine leserorientierte Exegese der
  Rebellionstexte in Exodus 15,22–17,7 und Numeri 11,1–20,13.* OTS 61. Leiden: Brill, 2012.
Lohfink, Norbert. *Das Hauptgebot: Eine Untersuchung literarischer Einleitungsfragen zu Dtn 5–11.* AnBib
  20. Rom: Pontificio Istituto Biblico, 1963.
Lohfink, Norbert. „Deuteronomium 9,1–10,11 und Exodus 32–34: Zu Endtextstruktur,
  Intertextualität, Schichtung und Abhängigkeiten." In *Studien zum Deuteronomium und zur
  deuteronomistischen Literatur V,* 131–180. SBAB 38. Stuttgart: Kath. Bibelwerk, 2005.
MacDonald, Nathan. „Anticipations of Horeb: Exodus 17 as Inner-biblical Commentary." In *Studies on
  the Text and Versions of the Hebrew Bible in Honour of Robert Gordon,* hrsg. v. G. Khan und D.
  Lipton, 7–19. VTS 149. Leiden: Brill, 2011.
Mark, Martin. *„Mein Angesicht geht"* (Ex 33,14): *Gottes Zusage personaler Führung.* HBS 66. Freiburg i.
  B.: Herder, 2011.
Martin, Lee Roy. „The Chiastic Structure of Psalm 106." *OTE* 31 (2018): 506–521.
Nelson, Richard D. *Deuteronomy: A Commentary.* OTL. Louisville – London: Westminster John Knox,
  2002.
Pavan, Marco. *„He remembered that they were but flesh, a breath that passes and does not turn"* (Ps
  78,39): *The Theme of Memory and Forgetting in the Third Book of the Psalter (Pss 73–89).* ÖBS 44.
  Frankfurt a. M.: Peter Lang, 2014.
Pröbstl, Volker. *Nehemia 9, Psalm 106 und Psalm 136 und die Rezeption des Pentateuchs.* Göttingen:
  Cuvillier, 1997.
Schwienhorst, Ludger. „*mārāh*." In *ThWAT* V (1986): 6–11.
Seitz, Gottfried. *Redaktionsgeschichtliche Studien zum Deuteronomium.* BWANT 93. Stuttgart:
  Kohlhammer, 1971.
Spieckermann, Hermann. *Heilsgegenwart: Eine Theologie der Psalmen.* FRLANT 148. Göttingen:
  Vandenhoeck & Ruprecht, 1989.
Stoppel, Hendrik. *Von Angesicht zu Angesicht: Ouvertüre am Horeb. Deuteronomium 5 und 9–10 und die
  Textgestalt ihrer Folie.* AThANT 109. Zürich: Theologischer Verlag, 2018.
Veijola, Timo. *Das fünfte Buch Mose Deuteronomium: Kapitel 1,1–16,17. Übersetzt und erklärt.* ATD 8/1.
  Göttingen: Vandenhoeck & Ruprecht, 2004.
Weber, Beat. „Psalm 78: Geschichte mit Geschichte deuten." *ThZ* 56 (2000): 193–214.
Weinfeld, Moshe. *Deuteronomy 1–11: A New Translation with Introduction and Commentary.* AB 5. New
  York: Doubleday, 1991.
Weyringer, Simon. *An der Schwelle zum Land der Verheißung: Rhetorik und Pragmatik in Dtn 9,1–10,11.*
  BZAR 26. Wiesbaden: Harrassowitz, 2021.

Winkler, Mathias. „Eine Epiphanie ‚zwischen den Zeilen' in Ex 17,6?" *Bib* 100 (2019): 161–172.

Witte, Markus. *Von Ewigkeit zu Ewigkeit: Weisheit und Geschichte in den Psalmen.* BThSt 146. Neukirchen-Vluyn: Neukirchener, 2014.

Zenger, Erich. *Israel am Sinai: Analysen und Interpretationen zu Exodus 17–34.* Altenberge: CIS-Verlag, ²1985.

Zimmerli, Walter. „Zwillingspsalmen." In *Studien zur alttestamentlichen Theologie und Prophetie: Gesammelte Aufsätze II*, 261–271. ThB 51. München: Chr. Kaiser, 1974.

Moabbund und Neuer Bund

Ihr theologisches Verhältnis

An seinem Todestag schließt Mose im Land Moab einen Bund zwischen JHWH und
Israel. In der erzählten Welt von Deuteronomium 30 durchbricht er diese fiktionale
Situation und prophezeit dem in einer entfernten Zeit bundesbrüchig gewordenen
und aus seinem Land vertriebenen Volk eine Zeit göttlichen Erbarmens und der
Umkehr, eines Gebotsgehorsams und alles Frühere überbietenden Segens. Diese
Wende wird möglich werden, weil Gott das Herz der Verbannten und ihrer Nachkommen beschneiden wird. In der Bibelwissenschaft wird kontrovers diskutiert,[1]
ob damit ein neuer und definitiver Bund zu erwarten ist, und zwar strukturanalog
zu dem von Jeremia angekündigten „neuen Bund".[2] Genauer: Bildet dann der
Moabbund einen neuen Bund[3] oder erneuert er den Horebbund[4]? Wird der gebrochene Horeb- bzw. Moabbund aufgrund des Abrahambundes (Genesis 17) gnadenhaft erneuert[5]? Literarkritisch umstritten ist, ob Dtn 30,1–14 und Jer 31,31–34

Für Martin Stowasser.

1 S. z.B. die zusammenfassende Darstellung durch Ehrenreich, *Wähle das Leben!* Für die verschiedenen im Folgenden genannten Auffassungen kann ich immer nur eine exemplarische Auswahl von Belegen zitieren.
2 Schenker, „Unwiderrufliche Umkehr": 94, betont „die große Differenz des Denkens in Dt 4,25–31;
30,1–14 einerseits und Jer 31,31–34 andererseits. So empfiehlt es sich nicht, die beiden Textgruppen
miteinander zu identifizieren. Sie haben einen verschiedenen Klang." Dagegen meint Cholewinski,
„Deutung": 103, „dass der dtr Moabbund als eine konkrete und fertige Gestalt eben dieses ‚neuen
Bundes' erfunden und eingeführt wurde".
3 Dazu nochmals Cholewinski, „Deutung": 110, demzufolge der Moabbund „ein von den Redaktoren
von Dtn 29–32 eingeführtes Theologumenon [ist], das den exilischen ‚neuen Bund' präfigurieren
soll."
4 Ehrenreich, *Wähle das Leben*, 25 Anm. 119, versteht „30,1–10 als Bundeserneuerung des Moabbundes und schon diesen […] als Erneuerung des in Num 25 verletzten Sinaibundes."
5 Nach Krüger, „Herz": 85, wird der Abrahamsbund (Genesis 17) durch die „Beschneidung des
Herzens' zugleich aufgenommen und überboten. Kündigt Jer 31,31–34 einen neuen (und nicht nur
‚erneuerten') Exodusbund an, faßt Dtn 30,6 sozusagen in ähnlicher Weise einen neuen (nicht nur
‚erneuerten') Abrahamsbund ins Auge." Vgl. ferner Lohfink, „Neue Bund": 28; Barker, *Triumph*, 168–
175. Für Otto, *Deuteronomium 23,16–34,12*, 2070, ist „Gen 17 für Dtn 30,6 der Referenztext, um die
Bundestheologie mit dem Gnadenaspekt zu verbinden. […] Damit wird Dtn 30,6 zum Höhe- und
Angelpunkt der Bundestheologie des Pentateuch und die in Gen 17,11 verheißene *bᵉrît ᶜôlām* eingelöst, da das beschnittene Herz den Bund nicht mehr verlassen wird und die Ohren des Herzens auf
die Gebote hören werden." Nach Ehrenreich, *Wähle das Leben*, 185, wird durch „das innere Bundeszeichen der Beschneidung des Herzens […] in der Erneuerung des Moabbundes die Sinai-Tra-

https://doi.org/10.1515/9783111484754-015

wie ihr Kontext mehrschichtig sind.[6] Traditionsgeschichtlich wird eine gegenseitige Abhängigkeit der beiden Perikopen sowohl vom Deuteronomium zu Jeremia[7] als auch von Jeremia zum Deuteronomium[8] verlaufend bestimmt. Manche Autoren/ Autorinnen schließlich wollen nicht von einer literarischen Abhängigkeit sprechen, sondern von gemeinsamen theologischen Vorstellungen und Denkmustern im Erwartungshorizont der Exils- und Nachexilszeit, die sich vor allem im Jeremia- und Ezechielbuch niedergeschlagen haben.[9]

Im Folgenden möchte ich unabhängig von diachronen Hypothesen die motivisch-thematischen Gemeinsamkeiten und Unterschiede von Dtn 30,1–14 und Jer 31,31–34 in ihrem Textzusammenhang untersuchen.[10] Mit dieser deskriptiven,

---

dition auf geniale Weise mit dem Abrahamsbund (Gen 17) verknüpft." Gegen eine Anspielung auf den Abrahamsbund s. Braulik, „Beschneidung": 90.

6 Dazu bietet Otto, *Deuteronomium 23,16–34,12*, 2044–2052, einen forschungsgeschichtlichen Überblick, verbunden mit seiner eigenen Hypothese zur Moabredaktion und ihren Fortschreibungen.

7 Potter, „New Covenant", fasst ältere Auffassungen über Entstehung und Abhängigkeitsverhältnisse für diese Verse kurz zusammen und stellt fest, „that they are a deliberate contrast to Deuteronomy, not a complement to it, or a restatement of it" (350). Schmid, *Buchgestalten*, 72 f, versteht Jer 31,31–34 (bzw. Kap. 30–31) als kritische Auseinandersetzung mit Dtn 30,1–14. Er datiert die Perikope ins 4. Jahrhundert (302–304). Groß, *Zukunft*, 146, führt Jer 31,31–34 auf einen Autor zurück, „der zwar dtr Theologumena und Formeln kennt, aber damit eine in ihrer Tendenz nicht dtr Aussage gestaltet." Nach Otto, „Jeremia und die Tora": 175, wird Dtn 30,1–5.[6–8].9–10 in Jer 30,1–3; 31,27–34 rezipiert. Für Ehrenreich, „Neuer Bund": 147, ist ein intertextuelles Gefälle Dtn – Jer wahrscheinlich. Aus der Perspektive der Endtexte stelle sich Jer mit der Fokussierung auf das Motiv „Herz" eindeutig in die Tradition des Dtn / Pentateuch (151). Nach Min, „Die neue Tora": 67, wurde Jer 31,31–34 „höchstwahrscheinlich vor dem Hintergrund von Dtn 30,1–10 verfasst". Für Mtshiselwa, „Reading Jeremiah 31:31–34": 411, „Jer 31:31–34 is set against Deut 29:21–30:10." Stipp, *Jeremia*, 284, sieht in der Perikope vom Neuen Bund „die Weiterarbeit an dtr Traditionen unter gewandelten Umständen mit Resultaten, die die Grenzen des Deuteronomistischen (in einem auf Unterscheidung bedachten Sinne) überschreiten."

8 Holladay, *Jeremiah 2*, 163–165, hält Jer 31,31–34 für authentisch jeremianisch und „not typical of anything else in the exilic or postexilic period" (164). Nach Brettler, „Predestination": 187, „Deuteronomy has been influenced by Jeremiah rather than vice versa". Seine These wurde von Mastnjak, *Deuteronomy*, 204–206, aufgegriffen und um die Beziehung zwischen Dtn 30,1–10 und Jer 32,36–42 erweitert. Gegen Brettler argumentiert Rossi, „Conflicting Patterns": 224 Anm. 97.

9 Böhmer, *Heimkehr*, 77, nennt für diese Erwartung der Exilszeit noch Ez 11,19; 36,16; Jer 24,7; 32,39, (ferner negativ) Dtn 29,3. Nach Rossi, „Conflicting Patterns": 223 f, „the promise of a new covenant goes beyond discussing just Deuteronomy or dtr issues. Rather, it engages in a critical debate with one of the major issues of the post-exilic Pentateuch redaction, i. e. the discourse around the medium and mediator of revelation after Moses' death."

10 Zurecht betont Papola, *L'alleanza*, 52, dass über die beiden Einzelperikopen Dtn 30,1–14 und Jer 31,31–34 hinaus der Kontext Deuteronomium 29–30 bzw. Jeremia 30–31 berücksichtigt werden muss. Außerdem solle man den „neuen Bund" nicht auf ein Lexem oder Schema fixieren, sondern

kontextuellen und komparativen Darstellung der beiden Perikopen möchte ich ihr theologisches Verhältnis erschließen.[11]

1 Tora und „Bundesworte" im Deuteronomium

Der Erzähler des Deuteronomiums[12] referiert im ersten Buchteil die Eröffnungs-rede Moses, die er bei der Versammlung von ganz Israel in Moab gehalten hat (1,6–4,40). In ihr blickt Mose vor allem auf die Wanderung vom Horeb ins Ostjor-danland zurück. Er selbst darf das verheißene Land, das Bergland der Amoriter westlich des Jordan, nicht betreten. Deshalb muss er „heute", an seinem Todestag, Josua für die beiden von ihm selbst noch unerledigten Aufgaben, nämlich die Er-oberung und die Verteilung dieses Landes, einsetzen.[13] Dieser Führungswechsel erfordert, dass das Gottesverhältnis und die gesellschaftlichen Grundlagen Israels beschworen werden. Das soll in Moab in einer Art Neuvollzug des Gründungsaktes, nämlich des Gottesbundes vom Horeb, geschehen. Im zweiten Buchteil, der Tora (4,44–28,68), berichtet Mose allerdings nicht über den Ablauf dieses Bundes-schlussrituals. Vielmehr trägt er die Niederschrift der Tora vor, wie sie in der Ze-remonie verlesen und mit einem Eid angenommen werden muss. Diese Urkunde des Moabbundes steht in der Tradition altorientalischer Staatsverträge. Sie enthält Rechtsbestimmungen, aber auch juristisch entscheidende Erklärungen der Partner sowie Segens- und Fluchtexte als Sanktionen. Von diesem Vertragsdokument hatte Gott „das Gebot, die Gesetze und Rechtsentscheide" (Kap. 6–26) nur Mose am Horeb bekannt gemacht (5,31; vgl. 4,45). Dem ganzen Volk offenbart hatte Gott dagegen den Dekalog als die Urkunde des Horebbundes (5,6–21). Weil er auch im Moabbund seine Gültigkeit behält (vgl. 5,2–3), zitiert ihn Mose am Anfang der deuteronomi-schen Tora. Erst am Ende ihres Rechtskodex finden sich die performativen Voll-zugstexte der Vertragsschließung (26,17–19; 27,1.9–10), die in einer derartigen Ur-kunde ebenfalls zu nennen waren. Sie werden durch den Bucherzähler mittels

---

„fare riferimento a un insieme di immagini e motivi che mettono in rilievo un intervento inatteso e nuovo del Signore a favore del suo popolo." (Ebd.). Auch Schmid, *Buchgestalten*, 73 f, betont für den Leseablauf die „Staffelung der Verheißungen von Heimkehr, Vermehrung und neuem Bund: Die Prophezeiung 31,31–34 steht nicht auf sich selbst, sondern ist in einen Ablauf eingebettet, dessen sachlichen Höhepunkt sie bildet."

11 Mit dieser Untersuchung setze ich meine beiden Artikel über die Bundestheologie des Deute-ronomiums „Horebbund" und „Gottesbund" fort.

12 Zur Fabel des Deuteronomiums s. Braulik und Lohfink, *Sprache*, 391–456.

13 Den institutionellen Zusammenhang von Amtseinsetzung und Bundesbestätigung hat erstmals Baltzer, *Bundesformular*, 71–90, herausgestellt.

eingeschobener Redeeinleitungen angezeigt und sind von 4,46–49 und 28,69 her in Moab lokalisiert.

Die dritte Buchteilüberschrift 28,69[14] differenziert zwischen dem Horebbund und den „Worten, mit denen Mose im Auftrag JHWHs den Bund mit den Israeliten in Moab schloss".[15] Außerdem betreffen die von der „Tora" (4,44) abgegrenzten „Bundesworte" (*dibrê habberît* 28,69) zwar dieselbe offizielle Großversammlung von ganz Israel (vgl. die identischen Redeeinleitungen von 5,1–28,68 und 29,1–31,8) und konzipieren den gleichen Bund von der zweigliedrigen sogenannten „Bundesformel" aus (26,17–19; 29,12). Doch passen sie gattungsmäßig nicht mehr in den paränetischen Anredezusammenhang des zweiten Buchteils. Deshalb werden sie als Ergänzung der Bundesurkunde (Kap. 5–28) in lockerer Anordnung in der ersten Hälfte des dritten Buchteils (Kap. 29–30) untergebracht. Die zweite Hälfte (Kap. 31–32) behandelt thematisch unabhängig davon noch weitere Ereignisse, zum Beispiel die Bestellung Josuas zum Nachfolger Moses und im Präludium des Moseliedes den späteren Bundesbruch samt Folgen. Sie runden den Moabbund ab.[16] Die Überschriften machen keine Angaben über den zeitlichen Hergang der anschließend erzählten Handlungen. Man darf also nicht von der referierten Reihenfolge „Verlesung der Bundesurkunde" und „bei der Bundeszeremonie erstmals geäußerte Worte und mit ihnen verbundene Aktionen" auf den Ablauf ihrer faktischen Durchführung schließen. Auch altorientalische Vertragsurkunden hielten sich in ihrem Aufbau, selbst wenn sie die wesentlichen Vorgänge der Zeremonie erwähnten oder auf sie anspielten, keineswegs stets genau an die Abfolge der Ereignisse beim Vertragsabschluss. Der Verlauf der feierlichen Eideszeremonie in Moab ist aus dem Deuteronomium nicht ersichtlich.

---

14 S. dazu Braulik und Lohfink, *Sprache*, 372–374.

15 In „seiner gesamten Inszenierung" wird „deutlich, dass der Moabbund den Horebbund nicht einfach aktualisiert. Vielmehr ist der Moabbund ein eigenständiger Bundesschluss, der den Horebbund inkorporiert, weiterentwickelt und unter mehrfacher Rücksicht überbietet. Der Moabbund inkorporiert den Horebbund, insofern der Dekalog wie auch die Einzelbestimmungen der Moabtora im Horebbund schon begründet sind (Dtn 5). Er aktualisiert den Horebbund, insofern Moses Tora-Lehre des Dtn über die Inhalte der Sinaitora hinausgeht. Und er überbietet den Horebbund hinsichtlich der Bundesverheißung und seiner Zukunftsdimension." (Markl, *Gottes Volk*, 125).

16 Nach Papola, *L'alleanza*, 29–33, überschreibe 28,69 nur die Kap. 29–30. Dagegen hätten die Rahmenkapitel 1–4 und 31–34 die Funktion, das Deuteronomium mit Numeri bzw. Josua zu verbinden. Weil dadurch der Leitungswechsel zwischen Mose und Josua (Kap. 31) im Kontext des Moabbundes fehlt, kann Papola nicht verstehen, dass die Bundesbestätigung wegen der Amtsübergabe erfolgen muss (51). Dagegen argumentiert z. B. Ehrenreich, *Wähle das Leben!*, 28–31, aufgrund des Überschriftensystems, aber auch wegen der Verbindung von Bundesschluss und Leitungsübergabe in der Dynamik der „Bundesworte" für die größere Einheit von Kap. 29–32. Die Kommunikationsstruktur zeige aber, dass die zwischen den Erzählerbemerkungen (29,1 und 31,1) liegenden Kap. 29 und 30 als Moserede enger zusammengehören.

2 Die Ritualtexte des Moabbundes (Deuteronomium 29 – 30)

Zwar ist in den Kap. 29 – 30 mit einer komplizierten literarischen Wachstumsgeschichte zu rechnen, doch wurden Erweiterungen des Grundbestandes sachgemäß eingeordnet.[17] Ich beschreibe den Gesamttext des Moabbundes und charakterisiere seine Untereinheiten auf der synchronen Ebene.[18] Denn Kap. 29 – 30 bildet den entscheidenden Zusammenhang für den Vergleich des Moabbundes bzw. der künftigen Begnadigung nach seinem Bruch (30,1 – 10) mit der Ankündigung eines neuen Bundes in Jer 31,31 – 34. Deuteronomium 29 – 30 nimmt zwar teilweise Elemente des hethitischen Vasallenvertragsschemas auf, entwickelt sie aber weiter. Sein juristisches Kernstück, die Einzelbestimmungen, kann hier fehlen, weil es Teil der verschrifteten Bundesurkunde, der Tora (Kap. 5 – 28), ist, auf die immer wieder zurückverwiesen wird.[19]

Zu Beginn skizziert ein knapper geschichtlicher Rückblick in 29,1b – 7 das bisherige Verhältnis zwischen den beiden Bundespartnern JHWH und Israel.[20] Er wird durch eine schlichte Paränese abgeschlossen, die zum Gehorsam gegenüber den „Worten dieses Bundesschlusses" (*dibrê habberît hazzoʾ* V. 8; vgl. *berît* in V. 11.13), der „heute" geschlossen werden soll (29,9 – 14; 30,15 – 20), ermahnt. Wenn Mose von den Großtaten Gottes in Ägypten und der vierzigjährigen Wanderung erzählt, übergeht er dabei schweigend den Abfall am Horeb und die vielen Vergehen der Israeliten, die den ganzen Wüstenzug zu einer Zeit kontinuierlicher Sünde machten

---

17 29,21 – 27.28 und 30,1 – 10.(11 – 14) gelten als verschiedenen Händen zuzuteilende spät-dtr Einfügungen. 30,1 – 10, insbesondere seine eventuell erst redaktionelle Verbindung mit 30,11 – 14, könnte aus frühnachexilischer Zeit stammen. Die Perikope setzt bereits 4,1 – 40 voraus – zur Abfassungszeit dieses Textes s. Braulik, „Religionen": 147 – 149 und 182 f. Zur folgenden Zusammenfassung vgl. Braulik und Lohfink, *Sprache*, 427 – 431.

18 Zu Struktur und Kohärenz der Kap. 29 – 30 vgl. z. B. Markl, *Gottes Volk*, 91 – 95.

19 Weil Einzelbestimmungen des Bundesformulars im Moabbund fehlen, versteht Papola, *L'alleanza*, 48, Dtn 29,15 – 17 mit dem Hauptgebot „keine Nachfolge der Völkergötter" (V. 17) als „Gesetz" und verweist auf die Erwähnung der nicht abrogierten Gesetze vom Horeb (30,8.10.11.16). Die in 29,21 – 30,14 zusammengefassten Texte entsprächen zwar nicht dem klassischen Bundesformular und könnten auch nicht als juridische Alternativen interpretiert werden. Sie seien aber „una riflessione teologica sulla storia, sul modo di agire di Dio, sulla possibiltà di obbedire alla legge stessa" (49). Die Probleme entstehen, weil „Dtn 29 f weitgehend isoliert vom übrigen Dtn betrachtet und aus diesem Grund wesentliche Aspekte des Moabbundes fehlinterpretiert werden. Die Einzelbestimmungen des Moabbundes sind vielmehr im dtn Gesetz zu sehen, Segen und Fluch liegen in Dtn 28 vor (explizite Rückverweise bes. in Dtn 29,8; 30,1)." (Markl, „Rezension": 304).

20 Zur Exegese der Perikope s. Braulik, „Horebbund": 19 – 28.

(vgl. 9,22 – 24). Er betont vielmehr: „Aber JHWH hat euch (noch) kein Herz gegeben, das (wirklich) erkennt (*wᵉlo' nātan YHWH lākœm lēb lāda⁽t⁾*), keine Augen, die wirklich sehen, und keine Ohren, die wirklich hören, bis zum heutigen Tag." (29,3). Dieser „Tag" ist mit dem „Heute" des Moabbundes gegeben. Die wunderbare Führung durch die Wüste wollte erkennen lassen, „dass ich JHWH, (trotz allem) euer Gott, bin" (V. 5). Und auch diese unverändert gültige Zusage wird das folgende Bundesschließungsritual bekräftigen (vgl. V. 12). Alles bisher Erlebte (V. 1b-6a) zeigt sich somit als „gottgelenkte und gottgetragene Vorgeschichte, noch ohne eigentliche Begegnung mit Gott, hin auf diesen Augenblick, wo Israel seinen Gott Jahwe erkennen wird."[21] Die Siege über die beiden ostjordanischen Amoriterkönige und die Verteilung ihres Landes werden anschließend nur mehr als profanhistorische Geschehnisse berichtet (V. 6b-7). Mit ihnen und der abschließenden Gebotsparänese (V. 8) ist die Redesituation Moses erreicht. Die Rückschau beweist:

> Allein die einseitig durchgehaltene Treue YHWHs zu seinem Volk macht es möglich, den am Horeb geschlossenen Bund ‚heute' im Moabbund aufzunehmen. Deshalb kann der Zeitabstand zwischen beiden als aufgehoben gelten. Die rituellen Akte der beiden Bundesschlüsse bleiben zwar nach 28,69 deutlich voneinander unterschieden. Doch ist das Bundesverhältnis zwischen JHWH und Israel ein und dasselbe. [...] Deshalb kann auch die Exodus-Horeb- mit der Moabgeneration identifiziert werden. Ebenso bilden Horeb- und Moabbund, obwohl sie auf verschiedene Bundesschlussakte und in Moab auch auf eine erweiterte Horeb-Bundesurkunde zurückgehen, in ihren Verpflichtungen eine vollkommene Einheit.[22]

Der Moabbund erscheint also weder als eine durch Bundesbruch in der Wüste erzwungene Erneuerung noch als eine Verwandlung des Horebbundes, sondern als seine Bestätigung.[23]

Im nächsten, literarisch ebenfalls geschlossenen Absatz 29,9 – 14 konstituiert Mose die Versammlung Israels als ein zum Bundesschluss juristisch legitimiertes Gremium. Er definiert die menschlichen Bundespartner, die alle sozialen Schichten und Altersstufen umfassen (V. 9 – 10), und bestimmt den Zweck der Zusammenkunft als ein Selbstverfluchungsritual. Die Leistung JHWHs wird mit der zweiteiligen Bundesformel charakterisiert, „dich heute für ihn zum Volk einzusetzen (*hāqîm*) und dir zum Gott zu werden" (V. 12). Allerdings wird damit nicht gesagt, Israel sei

---

21 Gomes de Araújo, *Theologie der Wüste*, 328.
22 Braulik, „Horebbund": 28.
23 „Wichtig ist, daß die Amtsübergabe als Anlaß für die Bundeszeremonie genügt. Die Fabel des Buches kennt zwar zwischen Horebbund und Moabbund durchaus auch Israels Sünde. [...] Doch diese Sünde Israels ist nicht der Anlaß für den Moabbund. Dann wäre er eine Bundeserneuerung des Horebbundes." (Lohfink, „Neue Bund": 19; vgl. ferner 20 – 23 und 30).

noch nicht *'am JHWH* gewesen.[24] Die Voraussetzung der Bundesschlussszeremonie bilden Gottes Zusage an Israel und sein Eid an die Patriarchen (V. 12). Entscheidend ist, dass die Geltung des Rechtsakts für die „heute" anwesenden wie für abwesende Israeliten als Bundespartner erklärt wird und damit auch spätere Generationen einbezieht (V. 13–14). Der Bundesschluss ist also auch für wahrscheinlich real angesprochenen exilischen Adressaten relevant. Das alles klingt wie die Ankündigung eines sofort anschließenden formellen Bundesschlussritus.

Was folgt, entfaltet jedoch die Konsequenzen daraus, dass die Israeliten auch später noch in den Moabbund eingeschlossen sein werden. Bei den Folgen ihres Verhaltens ist allerdings der alte Ablauf von Kap. 28, nämlich zuerst Segen und dann Fluch, umgedreht; außerdem sind ihre Aussagen nicht bedingt, sondern in Form einer Prophezeiung historisiert. In 29,15–27 sind es zuerst Unheilsankündigungen, die das Hauptgebot „keinen anderen Göttern dienen" (V. 17 und 25) sanktionieren. 29,26 bezieht sich ausdrücklich auf den geschriebenen Fluch (*qᵉlālāh*) zurück, doch werden aus seinen Drohungen nun künftige Fakten. Sie betreffen zunächst einzelne Anwesende, Sippe oder Stamm (29,15–20), die „das Herz von JHWH, unserem Gott, abwenden" (V. 17) und den Bundesschwur mit dem geheimen Vorbehalt verbinden, den Göttern der Völker, die man seit dem Auszug aus Ägypten kennengelernt hat, zu dienen.[25] Sie werden von den „Verwünschungen, die beim Abschluss dieses Bundes gesprochen werden und in dieser Tora-Urkunde einzeln aufgezeichnet sind", getroffen werden (V. 20). Das sind zwar warnende Ankündigungen Moses, aber die individuelle Vergeltung wird von Gott als Vertragspartner verhängt. Auch ganze Generationen im Land werden später zum Dienst anderer Götter abfallen und damit das Fremdgötterverbot des Dekalogs übertreten. Dass die Israeliten den Bund vom Auszug aus Ägypten verlassen haben (29,24), zwingt nicht dazu, allein mit dem Bruch des Horebbundes zu rechnen. In der Überschrift der Tora in 4,45 besagt die Wendung „als sie aus Ägypten zogen" einfach „in den Anfängen der Volksgeschichte". Dieses Ereignis wird in der Verlängerung durch 4,45f als „jenseits des Jordan, in der Talschlucht gegenüber Bet Peor" interpretiert, also auf den Ort des Moabbundes bezogen. Es ist Teil des Horeb- wie des Moabbundes, die auf der Ebene

---

24 Lohfink, „Beobachtungen zur Geschichte": 130. „Der ,Deuteronomist' wollte offenbar die Jerusalemer Gesetzes- und *bᵉrît*-Texte der ausgehenden Königszeit ätiologisch-historisierend an geeigneter Stelle im Leben Moses unterbringen. Wurden diese Texte in Jerusalem normalerweise bei der Einführung eines neuen Königs in sein Amt gebraucht, dann war es sinnvoll, sie innerhalb des Geschichtswerks im Augenblick des Übergangs der Führung Israels von Mose auf Josua unterzubringen. [...] Mit den Jerusalemer *bᵉrît*-Texten kam auch die ,Bundesformel' in die Moabsituation, ohne dass damit gemeint war, vorher sei Israel noch nicht der *'m JHWH* gewesen." (Ebd., 131). 25 Papola, *L'alleanza*, 44f, grenzt 29,15–17 von den V. 18–27 ab, weil sie wie 30,1 mit *wᵉhāyāh* beginnen und im Gegensatz zum „Heute" in 29,17 von Künftigem sprechen.

der Bundesverpflichtungen und Bundessanktionen als eine Einheit gesehen werden.[26] Deshalb wird Gott auch „den ganzen Fluch, der in dieser Urkunde aufgezeichnet ist", über das Land bringen, wird die Israeliten herausreißen und in ein
anderes Land werfen (V. 26–27). Mit der Wendung „den Fluch über jemanden
bringen" (*bw'* Hifil *ʿal 'œt haqᵉlālāh*) bezieht sich 29,26 ausdrücklich auf 28,15.45.
Trotzdem wird Gottes Zorn das Volk nicht ausrotten (gegen *šmd* Hifil in
28,20.24.45.48.51.61.63), sodass die Geschichte Israels weitergehen kann. Zwar ist der
Fluch aufgrund der eigenen Schuld eingetroffen und ist nach der Zwischenbemerkung 29,28 das Künftige noch bei „JHWH, unserem Gott" (vgl. noch V. 14 und 17)
verborgen. Dennoch gilt, was geoffenbart wurde, für immer, sodass „alle Worte
dieser Tora" Gehorsam beanspruchen (V. 28).[27] „Die offenbare Tora und ein Aus-
blick auf ihre Umsetzung, der Generationen übergreift, deutet eine Fortsetzung der
Bundesbeziehungen" an.[28]

Erst nachdem sich der „Fluch" zur Gänze entladen hat (30,1 knüpft an 29,26 an),
wird sich das Geschick der unter die Völker Versprengten wenden. Im Gegensatz
zum vorausgesagten Eintreffen der Sanktionen des Bundesbruchs (29,21–27), die
aufgrund der Tora zum Moabbund gehören (Rückverweise auf Kap. 28), übertrifft
die von Mose in 30,1–10 vorausgesagte, neue Heilszeit Israels alle von der Urkunde
des Moabbundes erwartbaren Zukunftsaussichten.[29] Diese literarische Einheit[30] ist
durch die Partikel „denn" (V. 11) und eine übergreifende palindromische Stichwortstruktur[31] in die größere, zumindest redaktionell hergestellte Einheit 30,1–14

---

26 Lohfink, „Dt 26,17–19": 212 f; ebenso Gomes de Araújo, *Theologie der Wüste*, 313 f – gegen Cholewinski, „Deutung": 105 f; Otto, *Deuteronomium 23,16–34,12*, 2064; Markl, *Gottes Volk*, 101. Für
Cholewinski, „Deutung": 106, gehört der Horebbund aufgrund von 29,21–27 (vgl. 28,58–68) „der
irreparablen Vergangenheit an und ist mit ihr eine tote Sache." Zwar könne auch der Moabbund
gebrochen werden, weil ja der Abfall Israels zu anderen Göttern in seiner Logik vorgesehen sei
(31,16–21.29). Aber er werde „Israel immer wieder von neuem zur Umkehr rufen und diese Umkehr
in den ‚künftigen Tagen' auch herbeiführen (4,30; 30,1–2.6)." (108). Jedenfalls ist ein von einem
Partner einseitig verlassener Vertrag nicht einfach annulliert, sondern funktioniert nicht mehr so,
wie er sollte (z.B. Gomes de Araújo, *Theologie der Wüste*, 314).
27 Braulik und Lohfink, *Sprache*, 429 Anm. 68.
28 Ehrenreich, *Wähle das Leben*, 101.
29 Vgl. zum Folgenden Braulik, „Gottesbund": 26–32.
30 Zu Abgrenzung, Textkritik, literarischer Einheitlichkeit und syntaktisch-stilistischer Beschreibung s. Vanoni, „Geist": 70–90; zur weiteren Auslegung vor allem Ehrenreich, *Wähle das Leben*, 71–
210.
31 „Diese Worte dir zu Herzen nimmst" (A/V. 1) – „mit ganzem Herzen und mit ganzer Seele zurückkehren" (B/V. 2) – „mit ganzem Herzen und mit ganzer Seele lieben" (C/V. 6) – „mit ganzem
Herzen und mit ganzer Seele zurückkehren" (B'/V. 10) – „das Wort in deinem Herzen" (A'/V. 14) –
Braulik, *Deuteronomium II*, 217 f. Außerdem sind auch die V. 1–10 und die V. 11–14 selbst palindromisch angeordnet (vgl. Lenchak, *„Choose Life!"*, 177–179).

eingefügt. Sie hat in der Aussage über die von Gott vorgenommene „Beschneidung des Herzens Israels" (V. 6) ihr Zentrum.[32] Ihre Leitwörter sind *šwb* Qal / Hifil und *lēbāb*, die wie sonst nirgends im Deuteronomium gehäuft, nämlich sieben Mal, gebraucht werden.[33] 30,1–10 ist der einzige Text im Deuteronomium, der ausdrücklich über die „Rückkehr" Israels aus der Verbannung in sein Land spricht. Dabei ist die Umkehr JHWHs „Geschenk seiner freien Zuwendung" (V. 3b) und ist Israels Umkehr (V. 2) „erst nach JHWHs Zuwendung möglich".[34] Im Übrigen verschiebt sich in 30,1–10 gegenüber 29,21–27 die Perspektive vom Land auf das Volk. Außerdem ist es JHWH, der Israel aus Gnade ins Land bringen (*bw'* Hifil) und dieses in Besitz nehmen (*yrš* Hifil) lassen wird (30,5). Den Horizont der Verheißung von 30,1–10 bildet 4,29–31.[35] Zugleich verwandelt 30,3b-5.9b-10a die Flüche von 28,62b-64a in Segen.[36] Diese Wende ist „nicht von einer vorausgehenden Umkehr Israels und seiner Bereitschaft zum Gebotsgehorsam abhängig, sondern Ergebnis der nicht erwarteten, zuvorkommenden und bedingungslosen Gnade Gottes. Sie bewirkt zunächst und vor allem die Rückkehr zum Gott Israels."[37] Zunächst heißt es einleitend (30,1–3):

---

32 Z.B. Vanoni, „Geist": 76; Barker, *Triumph*, 165 f. Nach McConville, *Deuteronomy*, 424 f, liegt der Schwerpunkt dagegen auf 30,8.

33 *šwb* Hifil „sich zu Herzen nehmen" (V. 1) bzw. *šwb* Qal „zurück-, umkehren, wenden" (V. 2.3a.b.8.9.10) mit Israel oder JHWH als Subjekt; *lēbāb* (V. 1.2.6[3-mal].10.14).

34 Vanoni, „Geist": 90.

35 Dabei ist vor allem das Nacheinander von Israels Gottsuche und seiner Befähigung durch JHWH, ihn zu finden, entscheidend: Die Unheilswende geht letztlich nicht von Israel selbst aus und wird auch nicht durch die Intensität seines Einsatzes getragen. Denn was in 4,29 zunächst als Aktivität des Volkes aussieht – „ihr werdet JHWH, deinen Gott, suchen, und du wirst ihn finden" – geht in V. 30 auf eine andere, letztlich von Gott herkommende Aktivität zurück. Dieser Vers präzisiert nämlich V. 29 und klärt die Reihenfolge des Findens: Wenn die Worte JHWHs, die bereits die eingetretene Not voraussetzen, Israel gefunden haben, wird es umkehren und seinen Gott finden können. Das führt dann zu einer gnadentheologischen Deutung (Braulik, „Gottesbund": 9 f). Zwischen 4,29–30 und 30,1–10 besteht also keine theologische Spannung, wie sie Groß, *Zukunft*, 40, beschreibt. Zur Widerlegung seiner gnadentheologischen Fehlinterpretation von 4,29–30 s. auch Norbert Lohfink, „Neue Bund": 24 f. Der Rückgriff von 4,31 auf den Väterbund fehlt in Kap. 30 – z.B. gegen Ehrenreich, *Wähle das Leben*, 184 f.

36 Braulik, „Völkervernichtung": 144–147.

37 Braulik, „Gottesbund": 27. „Thus we suggest again that 30:1, 2, 10 rests ultimately on Yahweh's words and not on Israels's ability and volition." (Barker, *Triumpf*, 160; vgl. 162 f). Gegen Otto, „Old and New Covenant": 944: „Deuteronomy 30:3 connects YHWH's *šwb š°bût* with the demand of Israel's return to YHWH as a condition, whereas in Jeremiah 30–31 this promise of YHWH's *šwb š°bût* is given unconditionally."

³⁰,¹ᵃ Und wenn alle diese Worte über dich gekommen sind, der Segen und der Fluch, die ich dir vorgelegt habe,
¹ᵇ dann[38] wirst du sie dir zu Herzen nehmen mitten unter den Nationen, unter die JHWH, dein Gott, dich versprengt hat, ² und zu JHWH, deinem Gott zurückkehren und auf seine Stimme hören, in allem, wozu ich dich heute verpflichte, du und deine Kinder, mit ganzem Herzen und mit ganzer Seele, ³ und JHWH, dein Gott, wird dein Schicksal wenden, sich deiner erbarmen, sich dir zukehren und dich aus allen Völkern zusammenführen, unter die JHWH, dein Gott, dich verstreut hat.

Schon nach Dtn 4,30 sind „alle diese Worte", hinter denen letztlich die Aktivität Gottes steht und die Israel in der Verbannung „finden werden", der Auslöser der Bekehrung Israels. Auf ähnliche Weise werden nach 30,1 „alle diese Worte, der Segen und der Fluch", die über Israel „kommen werden", diesen Prozess anstoßen (V. 1a). Die Exilierten reagieren auf das Eintreffen der Sanktionen, die JHWH entsprechend der Logik des Bundesbruchs verfügt hat. Sie verinnerlichen diese Erfahrungen im Rückblick auf ihre Verstoßung (*ndḥ* Hifil) durch Gott und bekehren sich wieder zu ihm (V. 1b-2). Dass er ihr Schicksal wendet (*šwb šᵉbût*), gründet dennoch ausschließlich in seinem ungeschuldeten Erbarmen (*rḥm* Piel) (V. 3a). Der Ausdruck „das Geschick wenden" wird hier zum einzigen Mal im Pentateuch gebraucht und beinhaltet eine Rücknahme der in Kap. 28 angedrohten Flüche, ja angesichts der folgenden Herzensbeschneidung vielleicht sogar samt einer Veränderung ihrer eigentlichen Ursache, nämlich des Herzens, sowie die Wiederherstellung vergangenen Glücks.[39] JHWH wird sich Israel wieder zuwenden, es aus allen Nationen sammeln, ins Land der Väter bringen[40] und es mehren (V. 3b-5). Vor allem anderen aber:

---

38 Zum Beginn der Apodosis des einleitenden Temporalsatzgefüges in 30,1b s. Lohfink, „Neue Bund": 31; Papola, *L'aleanza*, 186 f; gegen Ehrenreich, *Wähle das Leben*, 44–46. Auch die Zürcher Bibel (2007) und die revidierte Einheitsübersetzung (2016) lassen die Apodosis mit 30,1b beginnen. Brettler, „Predestination": 179, verweist auf biblische und nachbiblische Texte, insbesondere auch auf Nachmanides, die „Deut. 30.1b-2 as a prediction of YHWH's beneficence rather than as a precondition for YHWH's restoration" auffassen, „with only Deut. 30.1a comprising the protasis of the promise."
39 Papola, *L'aleanza*, 203–207. „Le minacciose sanzioni di Dt 28 non prevedono ripensamenti da parte di Dio, la punizione, comminata nel cap. 29, ha dei tratti di definitività [...], perciò, se il giudizio viene ora revocato, ciò non risulta determinate da qualcosa che è iscritto nella norma, ma nasce da una decisione libera e gratuita da parte di Dio." (205). Dagegen interpretiert Otto, *Deuteronomium 23,16–34,12*, 2068, die Wendung *šāb ʾæt šᵉbûtᵉkā* (30,3) wie den verwandten Ausdruck *rpʾ mᵉšûbāh* „als Heilung der Abkehr durch JHWH". Mit dieser „Heilung des Herzens" beginne „ein Prozess, dessen Ziel in Dtn 30,6 die Beschneidung des Herzens ist."
40 Mit der Wendung *bwʾ* Hifil *ʿæl hāʾāræṣ* formuliert 30,5 „einen für das Dtn singulären positiven Hauptsatz. Dadurch ist die Landgabe nicht mehr primär und ausschließlich Verpflichtung der Gebotseinhaltung." (Vanoni, „Geist": 91).

^{6a} JHWH, dein Gott, wird dein Herz und das Herz deiner Nachkommen beschneiden,
^{6b} so dass[41] du JHWH, deinen Gott, mit ganzem Herzen und ganzer Seele liebst, um deines Lebens willen.

Angesichts des Versagens Israels vollzieht Gott selbst die Operation am Herzen, dem Sitz von Verstand und Freiheit, der Heimkehrergeneration und allen künftigen Generationen. Er schafft damit nicht bloß einen Zugang zum Herzen, sondern beseitigt die Untauglichkeit des Organs selbst. Das lässt sich an der Wirkung ablesen, an der Befähigung, das Hauptgebot der Gottesliebe (6,5) in seinem vollen Umfang zu erfüllen. Das heißt in der Folge auch, die deuteronomische Sozial- und Gesellschaftsordnung zu halten.[42] Daher fasst 30,8–9 zusammen:

^{30,8} Und du wirst umkehren, auf die Stimme JHWHs hören und alle seine Gebote, auf die ich dich heute verpflichte, halten
⁹ und JHWH, dein Gott, wird dir wieder (*yāšûb*) Gutes (*lᵉṭôbāh*) schenken [...]. Denn JHWH wird sich über dich freuen (*lāśûś*), (dir) Gutes tun (*lᵉṭôb*) ...

Die Zusage überbietet den früheren Segen (vgl. 30,9 mit 28,11). Am Ende wird das Verhalten Israels gegenüber 30,2 und 8 nochmals präzisiert:

¹⁰ Denn[43] du bewahrst seine Gebote und Satzungen, die in dieser Urkunde der Weisung (*bᵉsēpær hattôrāh hazzæh*) aufgezeichnet sind.

Israel kann diese Bestimmungen der Tora Moses erfüllen, „denn dieses Gebot" übersteigt weder seine Kräfte (V. 11) noch bedarf es einer übermenschlichen Suchaktion (V. 12–13). „Denn das Wort ist in deinem Mund und in deinem Herzen" – durch ständige Rezitation ist es im Gedächtnis zugänglich – und kann gehalten werden (V. 14). Später wird vor allem diese Perikope mit Jer 31,31–34, dem Text über den Neuen Bund, verglichen werden.

Nach den beiden prophetischen „Digressionen" in die ferne Zukunft endet die Moserede mit den feierlichen Aufforderungen von Dtn 30,15–20, den Moabbundesschluss „heute" (V. 15.19) zu vollziehen.[44] Sie stellen als rituell-performativer Akt

---

41 Übersetzung der Zürcher Bibel. Vgl. Vanoni, „Geist": 93.
42 Braulik, „Beschneidung": 86–91.
43 Zu Übersetzung und Deutung des einleitenden *kî* mit „denn" in 30,10a.b und 11 s. Lohfink, „Neue Bund": 31 f; Papola, *L'aleanza*, 189 f.
44 Innerhalb der Moabfiktion steht die Entscheidung unter dem Vorzeichen eines künftigen Scheiterns und seiner Bewältigung. Für die Nachexilsgenerationen und damit die impliziten Bundespartner verwandelt die Herzensbeschneidung die Erfolgsaussichten der richtigen Wahl. „Aus ihrer Perspektive erschließt sich die Positionierung der einzelnen Abschnitte im Kapitel. Auf Gottes erbarmendem Handeln (V. 1–10) und seiner Nähe im Wort (V. 11–14) darf alles in der Entscheidung

Israel mit höchster Dringlichkeit vor die definitive Wahl „zwischen dem Leben und dem Glück, dem Tod und dem Unglück" (V. 15). Neben bedingtem kurzem Fluch erinnert auch die Anrufung von Himmel und Erde als Zeugen (V. 19) an Elemente des Vasallenvertrags. Auffallend ist, dass dieser Abschnitt nicht unmittelbar an 29,9 – 14 anschließt. Außerdem lässt er offen, ob die Angesprochenen der Empfehlung, sich zu entscheiden, auch Folge leisten. Deshalb fehlt in der abschließenden Mahnung nicht zufällig auch das mosaische „Heute". Geht es doch nach dem Bucherzähler an diesem Höhepunkt – wie schon zuvor beim weissagenden Zukunftsblick der Rede – um die künftigen Leser und ihre Möglichkeit, zwischen den Verhaltensweisen zu wählen. Dennoch wurde der Bund in Moab in der Textwelt des Deuteronomiums vollzogen.[45] Denn in 31,16 und ähnlich in V. 20, die das Moselied in der Szenerie des Moabbundes verankern, sagt JHWH nämlich Mose voraus, dass das Volk „fremden Göttern des Landes, in das es jetzt hineinzieht, nachfolgen, mich verlassen und meinen Bund brechen wird, den ich mit ihm geschlossen habe (*wᵉhēpēr 'æt bᵉrîtî ᵃšœr kāratî 'ittô*; ebenso V. 20 *wᵉhēpēr 'æt bᵉrîtî*)."[46]

3 Das „Trostbuch" Jeremias (Jeremia 30 – 31)

In die Unheilsprophetie des Jeremiabuches ist mit Kap. 30 – 33MT (= 37– 40G) ein Block von Heilsprophetie eingefügt. Er beginnt mit einer poetischen Komposition (*30,4 – 31,22.26), die von einem Prosa-Vorspann (30,1 – 3) und überwiegend prosa-ischen Anhängen (31,23 – 25.27– 37.38 – 40) gerahmt wird – dem sogenannten „Trostbuch" der Kap. 30 – 31 (= 37– 38G).[47]

---

für JHWH verdichtete aktive Mühen der Gemeinschaft (V. 15 – 20) aufruhen. Diese Verhältnisbe-stimmung ist der wichtigste Beitrag von Dtn 30 zur Hermeneutik der Tora." (Ehrenreich, *Wähle das Leben*, 270).

45 Lohfink, „Bund als Vertrag": 298. Dass die Israeliten nach Moses Tod auf Josua hörten „und taten, was JHWH dem Mose aufgetragen hatte" (34,9) „löst auf narrativer Ebene ein, was in der Darstellung des Moabbundes offen geblieben war. Im Handeln antwortet Israel positiv auf Moses Aufforderung zum Bundesgehorsam (30,15 – 20), auf welche die Rededynamik von Dtn 1 – 30 zugelaufen war." (Markl, *Gottes Volk*, 289).

46 Zur Wendung „den Bund brechen" vgl. Gen 17,14; Lev 26,15.44; Jes 24,5; Jer 11,10; Ez 16,59, ferner ausführlich unten bei Jer 31,32. Doch besagt diese Metapher nicht, der Bund sei annulliert, existiere also nicht mehr – zur Semantik der Wendung s. Lohfink, „Kinder Abrahams": 33 f (in Analogie zu einem Ehebruch, durch den eine Ehe nicht aufgelöst wird).

47 Zu den Einleitungsfragen s. zuletzt Stipp, *Jeremia*, 205 – 214. Schenker, „Nie aufgehobene Bund", bietet eine Übersicht über das Trostbuch nach *JerG* (89 – 93) und einen Vergleich mit *MT* (97–106). Die Akzente werden anders gesetzt: „In MT tritt die anthropologische Seite der Verheißung des neuen Bundes von der Tora im Herzen zugunsten der nationalen Verheißungen JHWHs zurück. [...] Der Kontext der Kapitel 30 – 31 nach LXX haftet der Verheißung des neuen Bundes besser an." (108).

Die Heilszusagen des poetischen Kerns sind von unverbrauchter Zuversicht auf Heimkehr und Wiederaufbau getragen, während die überwiegend prosaischen Anhänge auf die Ängste von Judäern antworten, die zwar auf heimischer Scholle wohnen und nicht mehr unter Exil und Repressionen stöhnen, aber ihre Existenz angesichts der trägen Entwicklung ihres Gemeinwesens gefährdet sehen und um ihren Fortbestand bangen.[48]

Die älteren Heilsankündigungen innerhalb des Prosarahmens werden durch seine Texte interpretiert und gelten für „mein Volk Israel und Juda" (30,2 f).[49] Die einzelnen Elemente des JHWH-Handelns bilden sogar ein erweiterbares Schema.[50] Entscheidend ist dabei, dass alle Geschehnisse unter dem Vorzeichen der Verzeihung der Schuld bzw. des Nichtgedenkens der Sünden durch Gott stehen. Die Vergebung bildet zwar den Abschlusssatz (31,34bβγ), umgreift aber die Aussagen über den neuen Bund und geht letztlich hinter das „nach jenen Tagen" (31,33aα), ja alles vorher Gesagte zurück.[51] Das Verb *slḥ*, das in der Hebräischen Bibel seinen

---

48 Stipp, *Jeremia*, 207 f. Die prosaischen Rahmenstücke sind demnach jünger als die Poesie und dürften in mehreren Schüben in der Reihenfolge ergänzt worden sein, in der sie heute im Text stehen (ebd. 209). Der poetische Kern zeige Merkmale des jeremianischen Idiolekts (209). „Anzeichen jeremianischer Verfasserschaft begegnen namentlich in 30,5b–7.12–14.16–17.18–21; 31,2–6.7–9.10–14.15–22." Stipp bezeichnet deshalb *30,4–31,22.26 als „originale", 30–31 als „gerahmte" und 30–33 als „erweiterte Trostschrift" (212). Schmid, *Buchgestalten*, 73, sieht in den formalen und inhaltlichen Übereinstimmungen von 30,1–3; 31,27–30 und 31–34 „die elementarste, leseleitende Strukturierung in Jer 30 f", die in klimaktischer Anordnung die Verheißungen von Heimkehr, Vermehrung und Neuem Bund einbringe. Er hat auch eine „kleinräumige Literarkritik" (194) dieser Verse diskutiert und mit guten Gründen zurückgewiesen (69–71 und 193–196). Fischer, *Trostbüchlein*, 270, hält die Trostschrift für eine sprachliche und thematische Synthese aus Jeremia-Traditionen mit vorwiegend deuteronomistischen und jesajanischen Formulierungen aus nachexilischer Zeit. Zur Kritik s. Schmid, *Buchgestalten*, 191 f.
49 Zur Begründung im Einzelnen s. Lohfink, „Gotteswortverschachtelung": 115–119.
50 „1. Göttliche Verzeihung – 2. Sammlung und Heimführung – 3. Neuer Segen im Land – 4. Neue Gottesbeziehung im Innern des Menschen". Zu den Belegen dieses Aussagensyntagmas von Heilsankündigungen im Jeremiabuch s. z.B. Lohfink, „Gotteswortverschachtelung": 114 Anm. 24. Zugrunde liegt Buis, „Nouvelle alliance,", der jedoch nicht das ganze Trostbuch berücksichtigt.
51 Lohfink, „Gotteswortverschachtelung": 113 f und 114 Anm. 21. Gleiches gilt für die eindeutigen Abschlusssätze in Jer 24,7 und 32,44, die hinter das zuvor Gesagte sachlich zurückgreifen (114 Anm. 21). Leene, *Newness*, 207, hält einen solchen Rückgriff bei 31,34 für syntaktisch und exegetisch unwahrscheinlich. Im Jeremiabuch werde in 6,12–13; 30,17; 42,11 und 50,10–11 wie in 31,34 ein *yiqtol*-Satz durch die Gottesspruchformel vom folgenden *kî*-Satz getrennt. Von der konzessiven Verwendung in 50,11 abgesehen begründe er an den drei anderen Stellen den vorausgegangenen *yiqtol*-Satz. Diese Verbindung bestimme auch die Satzhierarchie in 31,34. „‚Their iniquity and their sin', then, does not recollect the iniquity and sin of the fathers, but the iniquity and sin of the great and small just mentioned", also des Rests, der das Gericht überlebte (208). Dagegen kann sich nach Lohfink, „Gotteswortverschachtelung": 114 Anm. 21, 31,34 „auf keinen Fall nur auf die unmittelbar vorangehenden Aussagen beziehen., die sagen, worin das Neue der neuen *bᵉrît* bestehen werde. Denn

Schwerpunkt im Jeremiabuch hat, fasst zusammen, was zuvor für die in der Heimat Verbliebenen angedeutet (31,2–3) und für die Deportierten des Nordreichs im Bußgebet Ephraims und der Antwort JHWHs berichtet wird (31,18–20). Die Verzeihung stellt also sachlich die Voraussetzung der Schicksalswende von Israel und Juda dar und ermöglich dann als Höhepunkt der Heilshandlungen Gottes die Stiftung eines neuen Bundes. Dass aber „die Menschen des neuen Bundes nicht mehr in Sünde fallen können […] liegt außerhalb des Gesichtskreises des Spruches".[52] Wird doch „der Wille Gottes zur Vergebung der Sünde", der erst im Anschluss an das neu geschenkte Bundesverhältnis zugesichert wird, „nicht nur die Grundlage für den neuen Bund bilden (kî), sondern in ihm die tragende Kraft und Gewähr seines Bestandes sein."[53] Das gerahmte Gedicht beschreibt nach einer Zeit der Not den Aufbau des zerstörten Landes und Gemeinwesens aufgrund des Erbarmen Gottes (30,5–7.12–15.18–21). Aus seinen weiteren Rettungshandlungen entwickelt sich ein Geschehen: Die Daheimgebliebenen wallfahren zur JHWH-Wohnung auf dem Zion (31,2–6). Sie werden sich aber in Rama beim Grab der klagenden Stammmutter Rachel der Deportierten bewusst. Da verheißt Gott die Heimkehr der Verschleppten des Nordreichs (31,15–22). Schlüsselverb dieser neuen Heilszuwendung ist šwb. Es leitet bereits die Ankündigung einer Epochenwende Jakobs in der Heimat ein (hinnᵉnî šāb šᵉbût 30,18, vgl. 30,3). In den folgenden 7 Belegen der letzten poetischen Komposition der originalen Trostschrift (31,16.17.18[2-mal].19.21[2-mal]) erhält šwb neben der theologischen Dimension der Umkehr auch den konkreten Sinn der

---

dann wäre ja impliziert, dass für die bᵉrît bei der Herausführung aus Ägypten die Nichtvergebung der Sünden typisch war." Nach Groß, „Bundestheologie im Wandel,": 60, werde die Schuld erst als Voraussetzung des „nach jenen Tagen (V. 33b), das heißt in unbestimmter Zukunft" geschlossenen Bundes vergeben. Für Rossi, „Conflicting Patterns": 219, „pardon is one of the features of the new covenant and not its implied prerequisite". Jer 31,34bβγ beziehe sich auf die Fürbitterrolle Moses bei der Vergebung und die Erneuerung des gebrochenen Sinaibundes in Ex 34,9f zurück, drehe aber deren Abfolge um (217–220). Für Groß, Zukunft, 132f, ist eine Beziehung zwischen Ex 34,9–10 und Jer 31,31–34 allerdings nicht nachweisbar und handelt es sich bei Ex 34,10(-27) „um die ‚Erneuerung' der Berit von Ex 24" (133). Jedenfalls sind in Ex 34 die Verzeihung der Schuld, der sofort geschlossene Bund und die von neuem beschriebenen Tafeln „die Basis für die Erneuerung des Bundes und damit die Basis des Bundes, mit dem Israel seither lebt."(Rendtorff, „Was ist neu", 187).

52 Weiser, Jeremia, 288. Ferner Goswell, „Forgiveness", 375: „… what is promised is taken to mean that there will be a greater level of obedience, though not sinlessness, or that the nation generally will be faithful, not just a remnant, with the added promise of ongoing forgiveness as needed." Vgl. Leene, Newness, 209 Anm. 134: „Nowhere else in the OT does carrying the torah on the heart (cf. Isa. 51:7) and knowledge of Yhwh evoke the idea of total sinlessness. Israel's future existence is not made dependent on a sinless life in the book of Jeremiah, but on a relation with Yhwh in which both obedience to the law and forgiveness of sins play a role."

53 Weiser, Jeremia, 288.

Rückkehr aus der Verbannung.[54] Mehr noch: „Die Umkehr kommt erst ganz in ihre Wirklichkeit durch die Heimkehr."[55] Am Ende der heilstheologischen Poesie heißt es: „Denn JHWH hat Neues im Land erschaffen (*bārā' JHWH ḥᵃdāšāh*) ..." (31,22b). In den folgenden Heilsverheißungen[56] wandeln sich zunächst die Lebensumstände – in 31,27–28 materiell durch die Mehrung von Menschen und Viehbestand, in 31,29–30 religiös mit der Ablösung der Kollektivhaftung durch individuelle Vergeltung.[57] Die Verheißung eines neuen Bundes (V. 31–34), einer künftig funktionierenden Gottesbeziehung, bildet den abschließenden Höhepunkt des Trostbuchs.

Der Abschnitt 31,31–34[58] ist durch die Datierungsformel „Siehe, Tage kommen – Spruch JHWHs" in V. 31 von den identisch eingeführten V. 27–30 und durch die prophetische Botenformel, die in V. 35 einen Neueinsatz poetischer Gottesrede markiert, abgegrenzt. Wie in V. 27 folgt auch in V. 31 auf die Datierung die zentrale Verheißung, nämlich des Neuen Bundes. Seine Ankündigung in V. 31b bildet mit der Vergebung der Schuld in V. 34bßγ einen Rahmen. Gliedert man anhand der Opposition „nicht" (*lo'*) („wie" bzw. „mehr") – „sondern" (*kî*), ergeben sich „zwei gegensätzlich geartete Epochen im Gottesbezug Israels, verteilt jeweils auf die Vergangenheit samt Gegenwart sowie die Zukunft". Das geschieht im ersten Argumentationsgang mit Blick auf die „Besonderheit des Neuen Bundes gegenüber dem Exodusbund" und dem „Gewinn des Neuen Bundes für das Gottesverhältnis Israels" (V. 32–33a und b), im zweiten dann bezüglich „einer hervorstechenden

---

54 „Through the device of ambiguity both the physical/geographical (return to the land) and the spiritual/intellectual content (turn away from Yhwh, return to Yhwh) of *šwb* are brought together in the same expression. The return to the land is continually linked to the return to Yhwh." (Bozak, *Life anew,* 105).

55 Lohfink, „Jeremia als Propagandist": 95. Zum thematischen Zusammenhang des rekonstruierten Grundtextes von Jer 30–31 ebd.: 94–104.

56 Sie werden innerhalb der Prophetenschrift in Kap. 7 und 11 vorbereitet (Schmid, *Buchgestalten,* 295–300). Zur traditionsgeschichtlichen Untersuchung von 31,31–34 s. Maier, *Jeremia,* 341–351.

57 Stipp, *Jeremia,* 276.

58 Zu Abgrenzung und Struktur s. den Überblick Schmid, *Buchgestalten,* 110–113, und Groß, *Zukunft,* 139–141. Angesichts der in 31,31–34 reflektierten Problemlage, einem „Krisenbewusstsein, das dringend nach Ankern der Heilszuversicht sucht", sollten nach Stipp, *Jeremia,* 285, die „Datierungsversuche" dieses Textes „jedenfalls einen frühnachexilischen Ursprung einschließen". Trotz der „erhöhte[n] neue[n] Unübersichtlichkeit" (Groß, *Zukunft,* 138) gilt die Perikope weithin als literarisch einheitlich (Maier, *Jeremia,* 339 f). Auch 31,34bβ wurde nicht erst redaktionell nachgetragen – gegen Vermeylen, „L'alliance renouvellée": 63 f und 82. Vgl. Rossi, „Conflicting Patterns": 207 f, und Rudolph, *Jeremia,* 171: „Dieses Wort steht am Schluß nicht als eine zufällige Hinzufügung, sondern als der tragende Grund der ganzen Verheißung." Doch ist die Vergebung des Bundesbruchs nicht erst „nach jenen Tagen" (31,33) anzusetzen, sondern ermöglicht bereits die Umkehr und Rückkehrwanderung (vgl. auch 31,18), sodass diese also in 31,31–34 nicht erwähnt zu werden brauchen – gegen Groß, *Zukunft* 145 Anm. 44.

Konsequenz für die religiöse Unterweisung in Israel" (V. 34a).[59] Eine etwas abweichende Textstruktur ergibt sich aufgrund der Zitationsformel „Spruch JHWHs": Die beiden ersten Formelbelege umschließen die Ansage des Neuen Bundes samt Bestimmungen, die er nicht mehr haben wird (V. 31–32), das zweite Paar umschließt die Kennzeichen des Neuen Bundes (V. 33–34a). Dabei folgt die jeweils erste Gottespruchformel unmittelbar auf eine überschriftartige Aussage (V. 31a und 33aα), während die zweite den Abschluss des Teiles anzeigt (V. 32b und 34bα).[60]

Zwar unterscheidet sich im Jeremiabuch die generell ältere griechische Übersetzung Jer*G* vom kanonischen masoretischen bzw. tiberischen Text Jer*MT*.[61] Die folgende Übersetzung berücksichtigt aber den in Alexandrien entstandenen griechischen Text (deshalb als *AlT* bezeichnet) nur dort, wo er vom Masoretentext abweicht[62]:

---

59 Stipp, *Jeremia*, 276 f. Vgl. Groß, *Zukunft*, 139 f. Weil der Abfolge *lo' – kî* in 32a.33a das *'ôd* von V. 34a fehlt, markiere nach Rossi, „Conflicting Patterns": 207, das *kî* in V. 33a makrosyntaktisch den Wechsel „from a predictive discourse around the covenant (V. 31) to an assertive one (*zo't habbᵉrît*)". Dabei beziehe sich *zo't* auf die folgenden Details des Bundes. Auch trenne die Gottesspruchformel nicht syntaktisch den innerhalb einer chiastischen Struktur angelegten Parallelismus der V. 34bβγ (*kî* ...) von V. 34a.bα. Deshalb begründe „Ich werde ihre Schuld vergeben und ihrer Sünde nicht mehr gedenken" (V. 34bβγ) nicht die Verheißung des Neuen Bundes, sondern ließe sich als eines seiner unterscheidenden Merkmale begreifen (207 f). Während also die V. 31–32 den Neuen Bund ankündigten, beschrieben die V. 33–34 als zweite Untereinheit seinen Inhalt (208). Dagegen spricht: Würde sich der mit *kî* eingeleitete Schlusssatz V. 34b auf die vorausgehenden Aussagen über das Neue des Neuen Bundes beziehen, wäre damit impliziert, „daß für die *bᵉrît* bei der Herausführung aus Ägypten die Nichtvergebung der Sünden typisch war." (Lohfink, „Gotteswortverschachtelung": 114 Anm. 21). Gegen die Gliederung Rossis spricht ferner, dass das zweite *kî*, „denn", in V. 34bβ sachlich hinter das *kî* in V. 34bα zurückgreift und auf die ganze Aussagenreihe von 30,3 und 31,27–34 bezogen werden muss (ebd., 113 f und 114 Anm. 21 mit Verweis auf die gleiche Funktion der Abschlusssätze in Jer 24,7 und 32,44). Analoges gilt auch gegen Groß, *Zukunft:* 140, der Satz in V. 34bβγ „wäre sinngemäß weiterzuführen durch ‚sondern ich werde mit ihnen eine neue *Berit* schneiden'". Dass „ältere *Berit*-Konzepte auch für den zukünftigen Neubeginn ohne das Motiv der Vergebung ausgekommen sind", beweist noch nicht, dass deshalb die Neuerung des Neuen Bundes in der Verzeihung der Schuld bestünde. Ferner lassen sich weder Dtn 4,29–31 noch 30,1–10 dafür anführen, dass „in Jer 31,31–34 die Sündenvergebung für den letzten Akt aufgespart" wird – gegen Groß, *Zukunft*, 141; zu den beiden Dtn-Texten s. Braulik, „Ezechiel": 178 Anm. 35, und oben zu den Stellen.

60 Groß, *Zukunft*, 141 Anm. 31. Er betont aber, dass auch diese Gliederung den gleichen Akzent wie die andere Strukturierung setzt.

61 Stipp, *Jeremia*, 3–6. Dieser in der Forschung überwiegend vertretenen Auffassung widerspricht Fischer, *Jeremiah Studies*, 5 und in den einleitenden fünf Aufsätzen, kann aber das Zustandekommen des MT letztlich nicht erklären (95).

62 Vgl. dazu Stipp, „Perikope". Die älteste aufgrund von Übersetzungs- und Textkritik erreichbare Fassung bietet Finsterbusch, „Auszugs-Bund": 103.

[31,31] Siehe, Tage kommen – Spruch JHWHs –, da werde ich mit dem Haus Israel und mit dem Haus Juda einen neuen Bund schließen (*wᵉkāratî bᵉrît ḥᵃdāšāh*).

[32] Nicht (*loʾ*) wie der Bund, den ich mit ihren Vätern schloss am Tag, als ich ihre Hand ergriff, um sie aus dem Land Ägypten herauszuführen, den[63] sie gebrochen haben[64], meinen Bund (*ᵃšœr hēmmāh hēpērû ʾœt bᵉrîtî*), obwohl ich über sie Herr war / bin[65] – Spruch JHWHs –; [33] sondern (*kî*) dies ist der Bund, den ich mit dem Haus Israel schließen werde nach jenen Tagen (*ʾaḥᵃrê hayyāmîm hāhēm*) – Spruch JHWHs: Habe ich meine Weisung (*ʾœt tôrātî*)[66] in ihr Inneres gegeben (*nātatî*)[67], so werde ich sie auf ihr Herz schreiben (*wᵉʿal libbām ʾœktᵃbbœnnāh*),[68]

---

63 Zu den unterschiedlichen Auffassungen des Relativsatzes s. Groß, *Zukunft*, 135 f. Wegen des Abstands zu „Bund" in V. 32, worauf sich der Relativsatz bezieht, steht „Bund" zur Verdeutlichung der syntaktischen Bezüge nochmals im Relativsatz (136). Um dieser Schwierigkeit zu entgehen, deutet Jer*G* die Relativpartikel kausal: „weil (ὅτι) sie meinen Bund gebrochen haben" (so z. B. Stipp, *Jeremia*, 271 f.).

64 Jer*G** (die ursprüngliche Form der LXX) sagt „sie verharrten nicht darin" (οὐκ ἐμμένειν ἐν), d. h. „sie haben (meinen Bund) nicht eingehalten" (Stipp, *Jeremia*, 271). *MT* hat seine hebräische Vorlage (*loʾ hēqîmû ʾœt bᵉrîtî* vgl. 34,18b) in Angleichung an 11,10 verschärft (Stipp, *Jeremia*, 278).

65 Jer*G** liest „ich vernachlässigte sie" (ἡμέλησα αὐτῶν), was auf einen Schreibfehler der hebräischen Vorlage von *bāʿaltî* zu *gāʿaltî* zurückzuführen ist (Stipp, „Perikope": 7–10). Demnach lautet Jer*G** 38,31: „denn sie, sie sind nicht in meinem Bund geblieben, und ich, ich habe mich nicht um sie gekümmert – sagt der Herr." (Finsterbusch, „Auszugs-Bund": 101). Schreiner, *Jeremia II*, 187, notiert als andere Übersetzungsmöglichkeit: „und ich, ich musste mich an ihnen als Herr erweisen". Dieser Selbsterweis JHWHs geschah „in seinem Strafgericht" (188).

66 Jer*G** bietet νόμους μου für den Singular *tôrāh*. Der Plural ist mit hoher Sicherheit der Übersetzungstechnik von Jer*G** zuzuschreiben, die ab der Mitte des Buches überwiegend flexibel und überwiegend pluralisch übersetzt (Stipp, „Perikope": 14–17). Wahrscheinlich wollte der sekundäre griechische Kollektivsingular die Vielheit der Tora-Gebote betonen (Finsterbusch, „Auszugs-Bund": 102).

67 Jer*G** bietet διδοὺς δώσω, eine Zukunftsansage, die auch rund zwanzig hebräische Manuskripte mit *wᵉnātatî* vertreten. Sie entspricht einer Lesererwartung, die gegen eine erstklassige Handschriftentradition von *nātatî* eine Verheißung verlangt, „um dabei bloß eine sachliche Schwierigkeit gegen eine sprachliche auszutauschen" (Stipp, „Perikope": 11). Stipp, *Jeremia*, 279–281, versteht den Satz performativ: „Ich gebe (hiermit)", wobei es um ein einheitliches, aber gestaffelten Gotteshandeln geht. Irsigler, *Gottesbilder II*, 989 Anm. 175, hält diese Wiedergabe für möglich, rechnet bei den beiden Sätzen aber mit konsequent zukünftigen Aussagen. Dagegen plädiert Finsterbusch, „Tora", für einen „zeitlichen Rückgriff": „Ich habe meine Tora in ihre Mitte gegeben, doch auf ihr Herz werde ich sie (dann) schreiben". Er liefere „den Schlüssel zum eigentlichen Verständnis des veränderten Handelns JHWHs in Bezug auf den verheißenen neuen Bundesschluss: JHWH wird aus eigener Einsicht sein früheres Handeln korrigieren." (91). Für Stipp, „Perikope": 11 Anm. 26, bleibt damit allerdings die Frage, warum dieser Gedanke nicht innerhalb des retrospektiven V. 32 vorgetragen wurde. Groß, „Bundestheologie": 59 und Anm. 51, deutet das syntaktisch schwierige *qatal-x* und seine syndetische Weiterführung futurisch: „Ich werde meine Tora in ihre Mitte geben und sie so in ihr Herz geschrieben haben."

68 Isigler, *Gottesbilder II*, 989, der andere Übersetzungen in Anm. 175 diskutiert. Zur Erklärung: Das Gotteshandeln wird trotz des Parallelismus konkretisiert und gesteigert, der Wechsel der Verbal-

und ich werde ihnen Gott werden und sie werden mir Volk werden.[69]

[34a] Und nicht (*wᵉlo'*) mehr (*'ôd*) werden sie einer den anderen und einer seinen Bruder belehren: Erkennt JHWH (*dᵉ'û 'æt YHWH*)!,

sondern (*kî*) sie alle werden mich erkennen, von ihrem Kleinsten bis zu ihrem Größten, – Spruch JHWHs.

[34b] Denn (*kî*)[70] ich werde ihre Schuld vergeben, und ihrer Sünde werde ich nicht mehr gedenken.

Die Verheißung eines Handelns JHWHs für das „Haus Israel" und das „Haus Juda" begann schon im vorderen Teil des Prosarahmen: Gott wird das Geschick des Volkes wenden (*šwb šᵉbût*) und es ins Land der Väter zurückführen, sodass es dieses in Besitz nehmen kann (30,3b). Die einleitende Zukunftsformel „Tage sind am Kommen" (30,3a) wird im hinteren Rahmenteil wieder aufgenommen (31,27 und 31). Er kündigt eine Mehrung von Mensch und Vieh an und sagt den Aufbau der Gesellschaft zu (31,27–28). Der von ihm zitierte künftige Volksmund – „Die Väter haben saure Trauben gegessen und den Söhnen werden die Zähne stumpf" (31,29) –

> setzt nur voraus, dass eingetroffen ist, was Gott schon zuvor versprochen hat: dass die ‚Söhne Jakobs' als Gemeinde bestehen (30,20) bzw. die ‚Söhne' Rachels in ihre Heimat zurückkehren werden (31,17). Im Gegensatz zu seiner früheren Praxis (vgl. 32,18 in Anlehnung an den Dekalog) wird Gott den verheißenen Segen im Land durch keine Deportation mehr abbrechen. Darum werden nach den Versen 29–30 die neuen Erfahrungen mit den gegenwärtigen Erfahrungen kontrastieren. Gott wird den als absurd empfundenen ‚kollektiven' Schuldzusammenhang in einen ebenfalls ‚kollektiven' Gnadenzusammenhang verwandeln. In ihm kann deshalb nur mehr dem einzelnen, der sündigt, vergolten werden. (31,30).[71]

Das widerspricht nicht der erst „nach jenen Tagen", also einer späteren Epoche der Heilsgeschichte,[72] aufs Herz geschriebenen Tora samt der allgemeinen Erkenntnis

---

formen zeigt eine Zuordnung, die sich als Voraussetzungsbeziehung deuten lässt. Die Satzstellung hebt also die Wendung „auf ihr Herz" hervor. Wie „schreiben" das allgemeinere Verb „geben" präzisiert, so das „Herz" als Zentrum von Erkennen, Denken und Wollen das „Innere" (ebd., 993). Zum Motiv des Herzens (*lēb, lēbāb*) im Jeremiabuch und seiner Schlüsselrolle und in der Bundestheologie s. z. B. Ehrenreich, „Neuer Bund".

69 Zur ingressiv-fientischen Übersetzung der Bundesformel mit *hyh* s. Lohfink, „Beobachtungen": 123 Anm. 79.

70 Zu dieser Wiedergabe s. zuletzt Goswell, „Forgiveness": 371–373.

71 Braulik, „Ezechiel": 180 f.

72 Vgl. Dtn 4,30 von der Rückkehr Israels zu JHWH „in den späteren Tagen" (*bᵉ'aḥᵃrît hayyāmîm*), womit aber die Zeit des Exils gemeint ist. Nach Leene, *Newness*, 207 Anm. 129, „31:30 and 34 are divided over two phases. Fittingly ‚after those days' answer how 31:30 and 34 are compatible by spreading them out over time. First limiting the debt to *personal* debt, thereafter *pardoning* this debt in a personal relationship with God."

JHWHs und auch nicht der Sündenvergebung (31,33 f.).[73] Die Verzeihung der Sünden ist ja weder Element noch Ergebnis des neuen Bundes,[74] vielmehr setzen alle Tätigkeiten JHWHs, die in abgestufter Ereignisfolge das Exil überwinden, sie bereits voraus.

JHWH kündigt für eine bald anbrechende Epoche (vgl. 30,3)[75] einen „neuen Bund" an, den er „schließen", wörtlich „schneiden" (krt), werde (31,31). b^erît, hier traditionell mit „Bund" wiedergegeben, hat metonymischen Charakter, benennt also einen umfassenden Sachverhalt durch ein charakteristisches Teilelement. Das heißt: Was immer b^erît beim Akt des „Schneidens" ursprünglich bezeichnete (vgl. 34,18) – sei es einen rituellen Vollzug oder eine performative Erklärung,–, diese Bundessetzung, etwa ein Eidesritual, umfasst schon das Endresultat, nämlich ein Rechtsverhältnis zwischen Gott und Israel. Der Nachdruck kann je nach Zusammenhang auf dem stiftenden Akt oder auf dem entstandenen Vertrag als juristischer Größe liegen, bisweilen geht es um beides. Es muss nicht jeder Bundesstiftungsakt auch eine neue, andere Bundesbeziehung produzieren. Das gilt zum Beispiel für die beiden als rituelle Akte voneinander abgehobenen Bundesschlüsse vom Horeb und in Moab (Dtn 28,69), bei denen es sich aber um ein und dasselbe Bundesverhältnis zwischen JHWH und Israel handelt.[76] Angesichts dieses lockeren Sprachgebrauchs wird man genau darauf achten müssen, wodurch der neue Bund vom früheren, gebrochenen Bund abweicht, was also an Neuem verheißen wird, und was bei der Neukonstituierung des Volkes unverändert bleibt.

Als Empfänger des neuen Bundes von Jer 31,31 werden die Königsstaaten „Haus Israel" und „Haus Juda" genannt. Sie wurden in 11,10 des Bundesbruchs angeklagt

---

73 Braulik, „Ezechiel": 181.

74 Z. B. gegen Lundbom, *Jeremiah 21–36*, 470: „The most important feature of this new covenant is saved for last: Yahweh will forgive the people's iniquity and forget their sin." Vgl. Feldmeier und Spieckermann, *Gott*, 456: „Die Tora im Herzen, wo sonst Gottes Wille und des Menschen Sinnen und Trachten miteinander im Streit liegen, befreit von Schuld und schafft Gottes menschenfreundlichem Willen einen Freiraum. [...] Der Gott der Güte und Liebe [...] vergibt einzig und allein, weil Tora im Herzen, Gotteserkenntnis und Vergebung untrennbar sind (Jer 31,33 f.)."

75 Stipp, *Jeremia*, 217 (nach 30,3 soll „das baldige Eintreffen der Gottesworte" die Niederschrift des Buchs begründen) und 277 (die Datierungsformel in 31,31 verknüpft den Neuen Bund mit der „Heilszeit, die bald anbrechen soll"). Nach JerG* 37,3 richtet sich der Blick auf die Zukunft im Land nach der Rückführung Judas und Israels durch Gott. Für sie ergeht die Verheißung des neuen Bundes.

76 Lohfink, „Ein Bund": 280 f; zu Bedeutung und Übersetzung von b^erît Braulik und Lohfink, *Sprache*, 46–48.

und sollen in der „kontrastive[n] positive[n] Antwort JHWHs"[77] im neuen Bund zu ihrer Einheit im JHWH-Volk „Haus Israel" (31,33) zurückfinden.[78]

Der verheißene Bund wird zunächst negativ abgegrenzt (31,32): Er unterscheidet sich vom „Bund, den ich mit ihren Vätern schloss am Tag, als ich ihre Hand ergriff, um sie aus dem Land Ägypten herauszuführen, den sie gebrochen haben" (31,32). „Der Bund mit den Vätern war demnach ein *Bund der Befreiung und Führung* – und zwar in der betont liebevollen und herzlichen, von JHWH ausgehenden Verbundenheit und Bindung, die ,mit Händen zu greifen' war."[79] Die Wendung vom Tag (*b^{e}yôm*) der Herausführung ist an ihren weiteren Belegen im Jeremiabuch (7,22; 11,4.7; 34,13) stets mit einer allgemeinen Gehorsamsforderung oder bestimmten Vorschriften verknüpft, 34,13 zitiert für diesen Exodusbund sogar Dtn 15,12–17.[80] Diese jeremianische Konstruktion einer Verpflichtung Israels am Abend vor seiner Befreiung aus Ägypten rechnet mit einem weiten und dynamischen Bundes- und Tora-Begriff des Pentateuch.[81] Nach diesem Konzept wurde das Bundesdokument „erst sukzessive im Lauf der gesamten Auszugs-Epoche offenbart". Das belegt auch Dtn 4,45–46. Ebenso kennt Dtn 29,24 (ohne *b^{e}yôm*) einen Bundesschluss, der beim Auszug erfolgte, der „formal aber erst mit Niederschrift und Deponierung des Bundesdokuments (der Tora) [endete], und dies geschah letztlich und umfassend in Moab unmittelbar vor dem Tod des Mose". Somit sind „die einzelnen Bundesschlüsse mit dem Volk in der Auszugs-Epoche, nämlich am Sinai und in Moab, gut als Teile des umfassenden Auszugs-Bundesschlusses verstehbar."[82] Wie der Sinai/Horebbund und der Moabbund (vgl. Dtn 5,2–3; 29,14) gilt auch der Auszugsbund für künftige Generationen.[83]

---

77 Irsigler, *Gottesbilder II*, 991, im Anschluss an Groß, *Zukunft*, 141 Anm. 34 („Jer 31 unübersehbar ein positives Gegenbild zu Jer 11") und 141–144. Zur Vorbereitung des neuen Bundes in Jeremia 11 s. Schmid, *Buchgestalten*, 295–298. Auch nach Stipp, *Jeremia*, 283, ist Jer 31,31–34 „in erheblichem Maß als Gegentext zu Jer 11 angelegt".

78 Schmid, *Buchgestalten*, 298.

79 Kraus, „Neue Bund": 64. „Gottes Stiftung umschloss ja damals auch nicht nur das Gesetz selbst. Es war die Gabe des Landes, Volkswerdung und materieller Segen und dann für das Leben im Land die Tora: eine glückgefüllte Sozialordnung." (Lohfink, *Niemals gekündigte Bund*, 67).

80 Rom-Shiloni, „On the Day": 636 f.

81 S. Finsterbusch, „Auszugs-Bund": 93.

82 Finsterbusch, „Auszugs-Bund": 93 f. Zum ergänzten Hinweis auf Dtn 29,24 s. Stipp, *Jeremia*, 278. Nach Crüsemann, *Tora*, 74, ist die Tora „die andere Seite des Exodus, die Bedingung der Bewahrung von Freiheit und Landbesitz. Für die erzählerische Realisation und historische Verortung der theologischen Verbindung steht dabei ein erstaunlich großer Raum zur Verfügung: Vom ,Tag' der Herausführung [...] bis zum Abschluss der Landnahme."

83 Die Bundesverpflichtungen des Ägypten-Exodus-Bundes, deren Gehorsamsforderung bis zur Zeit des neuen Bundes aufrechtbleibt, betreffen nach Jer 11,1–14 „wesentlich die Tora / die Weisung in der Gestalt des Deuteronomiums" – Irsigler, *Gottesbilder II*, 991 mit Anm. 177 und 992.

Dieser Bund aus der Exoduszeit wurde vom „Haus Israel" und vom „Haus Juda gebrochen" – vgl. die betonte Gegenüberstellung von „sie" (*hēmmāh*) mit „mein Bund" (*bᵉrîtî*) und „und ich" (*wᵉʾānokî*) (vgl. 11,4 und 10 in der vorexilischen Welt des Buches). Der Bruch des Bundes bestand in der Nichtbeobachtung der Tora und betraf die Volk-Gott-Beziehung, wie sie die Kurzformel „Ich werde ihnen Gott und sie werden mir Volk werden" ausdrückt. Beides ist für das Jeremiabuch selbstverständlich. Der Ungehorsam wird den Generationen von Vätern bis zu den Israeliten der fiktiven Sprechergegenwart wie den künftigen Adressaten angelastet und ist „ein kontinuierlicher und dynamischer Vorgang"[84]. Die Wendung *prr* Hifil *bᵉrît* ist „Fachausdruck für die einseitige Aufkündigung eines Bündnisses".[85] „Die bildhafte Rede vom ‚Bruch' des Bundes durch Israel meint, dass das Volk seinem Gott beziehungsweise der ihm von diesem im Rahmen der Bundesbeziehung auferlegten Verpflichtung untreu geworden ist, nicht hingegen, dass der Bund durch solchen Ungehorsam tatsächlich zerbrochen, dass die Beziehung beendet wäre. Es steht gerade nicht in Israels Macht, den Bund Jhwhs zu annullieren."[86] Und es gibt auch von Gott her keinen „bundeslosen Zustand".[87] Obwohl das Volk JHWH verkannt, ihn nicht als seinen Herrn anerkannt hat, bleibt der Auszugsbund mit seiner Verpflichtung, den „Worten des Bundes" (11,6, vgl. V. 4.10), gültig[88] und besteht auch das Verhältnis Gottes zu seinem Volk weiter. Das zeigt sich bereits zu Beginn des Trostbuchs, wenn „JHWH, der Gott Israels" verheißt, in den kommenden Tagen „das Geschick meines Volkes Israel und Juda" zu wenden (30,2–3). „Die Heimführung aus dem Exil ist schon Jahwes Rettungstat an seinem *ʿam* [Volk], und wenn sie dann heimgekehrt sind, werden sie neu Jahwes *ʿam*."[89] Am Ende dieser Schicksalswende bringt JHWH dem bundesbrüchigen Israel dann „einen neuen Bund" (31,31). Aber er steht nicht im Gegensatz zum schlechthin überholten, völlig anderen früheren, und wird nicht deshalb notwendig, weil der Auszugsbund zu existieren aufgehört hätte.[90]

---

84 Groß, *Zukunft*, 143.
85 Stipp, *Jeremia*, 278.
86 Krause, *Bedingungen des Bundes*, 179 f. Ebenso z.B. Groß, *Zukunft*, 120–125; Finsterbusch, „Auszugs-Bund": 89 Anm. 10 und 94 (zu 11,10). Dagegen ist nach von Rad, *Theologie II*, 221, Israel wegen des gebrochenen alten Bundes „in den Augen Jeremias zur Zeit überhaupt ohne Bund."
87 Für Schenker, *Das Neue*, 24, vertritt die Septuaginta von Jer 31,32 diese Auffassung.
88 Nach Finsterbusch, „Auszugs-Bund": 111, „steht die Gegenwart der angesprochenen Adressatenschaft im Zeichen der Gültigkeit des Auszugs-Bundes." Ebenso Irsigler, *Gottesbilder II*, 991 f. Vgl. Schenker, „Nie aufgehobene Bund": 110: „... der Bund in seinem verpflichtenden Teil, in seiner Tora bleibt weiter bestehen."
89 Lohfink, „Beobachtungen zur Geschichte": 129.
90 Vgl. Krause, *Bedingungen*, 180.

Jer 31,33 entfaltet Zustandekommen und Inhalt dieser „ganz und gar gnadenhaften heilvollen Initiative Gottes"[91]. JHWH verpflichtet sich gegenüber dem „Haus
Israel", das nun das ganze Volk in sich vereint, „nach jenen Tagen" zu drei eng
miteinander verwobenen Heilsgütern, die Israel aufgrund seiner Schuldgeschichte
noch abgehen.

> Warum es eines neuen Bundes bedarf, wo doch der von ihm abzulösende noch in Geltung
> steht, [...] ergibt sich erst im Blick auf seinen Inhalt: auf die durch die Bundesformel angezeigte
> Zuordnung Jhwhs zu Israel und Israels zu Jhwh, auf die Tora als Mittel und Maß dieser Ge-
> meinschaft, und vor allem – denn hier erst tritt tatsächlich etwas Neues auf den Plan – auf den
> Modus ihrer Vermittlung.[92]

Altorientalische Staatsverträge unterscheiden zwischen den Klauseln, die das Zustandekommen des Vertrags und sein Fortbestehen regeln, und anderen Klauseln,
die das Verhältnis der Partner bestimmen. Das gilt auch für den Gottesbund Israels,
obwohl er dieses Rechtsmodell nur analog gebraucht und der neue Bund aufgrund
des Zugriffs Gottes auf das Herz Israels diesen analogen Charakter juristisch sogar
sprengt. Denn auf diese Weise stiftet man kein Rechtsverhältnis. Trotzdem bleibt
das Denkmodell „Bund" in seiner Differenziertheit mit einer Vertragsbeziehung
zwischen den Vertragspartnern maßgeblich. Für den neuen Bund wird weder ein
anderer Inhalt, also keine neue Tora und damit verbundene Gesetzesbeobachtung
(vgl. 9,12;16,11), noch ein anderes Bundesverhältnis, also „ich ihr Gott, sie mein Volk"
(vgl. schon 30,22*MT* und 31,1) verheißen, sondern „ein neues und anderes *Zustandekommen* und *Weiterleben* des auch vorher schon im Bund implizierten Gottesverhältnisses".[93] Denn im neuen Bund „geht es einzig um das gelungene Gottesverhältnis in JHWH-Erkenntnis und Toragehorsam."[94] Obwohl es also berechtigt ist,
im Gegensatz zum gebrochenen – nicht „veralteten"! – Bund von einem „neuen"
Bund zu sprechen und „Jer 31,31 – 34 „ja darauf zugespitzt [ist], dass ‚Neues' verheißen wird"[95], geht es sachlich doch um einen „erneuerten" Bund, weil Tora und
Bundesformel nach wie vor im Mittelpunkt stehen.[96] „En bref, ce qui caractérise

---

91 Irsigler, *Gottesbilder II*, 989.
92 Krause, *Bedingungen*, 181.
93 Vgl. Lohfink, „Ein Bund": 282.
94 Groß, „Bundestheologie": 61. Ebenso schon Bozak, *Life anew*, 121.
95 Lohfink, „Ein Bund": 282.
96 Levin, *Verheißung*, 140 f; Schmid, *Buchgestalten*, 66 Anm. 70. Vgl. Lohfink, „Kinder Abrahams":
34 f. „Es handelt sich also um eine erneute und neuartige Stiftung des alten Verhältnisses." (41 f).
Wahrnehmbare Signale der Erneuerung des früheren Bundes bilden alle Ereignisse, die innerhalb
des Gesamttextes vom neuen Bund genannt werden (Lohfink, *Niemals gekündigte Bund*: 63 – 67).
Gegen Fischer, *Trostbüchlein*, 261 f samt Anm. 69 bis 72, und Groß, *Zukunft*, 149 Anm. 61; differenziert
Krause, *Bedingungen*, 181.

notre passage, ce n'est pas le don d'un cœur renouvelé, voire nouveau, mais le don de la loi divine au cœur de l'homme."[97]

Dass JHWH die Tora aufs Herz schreibt, wird häufig als Kontrastaussage zu 17,1[98] über die mit diamantenem Stift auf die Tafel des Herzens eingravierte Sünde Judas, also die „Unaustilgbarkeit der Verfehlung"[99], verstanden. „Now they will have on their hearts the law of Yhwh which is understood both as the teaching given in his name which includes a knowledge of his action in history and as a rule of life, or as a totality of divine revelation."[100] Dieser Fokussierung auf die Tora widerspricht allerdings eine andere Auslegung. Ihr zufolge stünde trotz des syntaktischen Chiasmus und semantischen Parallelismus von 31,33aβ nicht die Tora in Opposition zur eingegrabenen Verfehlung im Brennpunkt, sondern die vor das Verb gestellte Umstandsangabe „auf ihr Herz" – und dann sei „wohl zu ergänzen: ‚nicht auf eine Buchrolle'."[101] Die Verheißung gebe damit „zugleich das dtn-dtr Prinzip der schriftlichen Tora zugunsten der ins Herz, d.h. in das Personzentrum, eingeschriebenen Tora auf"; 31,34 „verneint die lehrmäßige Vermittlung der Tora."[102] „Während Dtn 6,4 – 9 par. 11,18 – 21 dazu auffordern, sich die Gebote täglich neu ins Gedächtnis und Bewusstsein zu bringen, geschieht dies nach Jer 31,33 jedoch einmalig und dauerhaft durch einen Akt JHWHs. Zwischen den Deuteronomium-Stellen und Jer 31,33 steht die Dtn 30,14 widersprechende Erfahrung, dass die Fähigkeit

---

97 Coppens, „Nouvelle Alliance": 17. Dagegen verfüge Gott z. B. nach Schenker, „Tafeln": 68 – 81, in Jer 31,33 eine „Umprägung und Determination des Herzens" (70). Im verheißenen Bund werde „die Fassungskraft der Menschen das absolute Maximum erreichen, so dass sie den Inhalt des Bundes, die Tora, völlig kongenial erfassen und ohne Verlustkoeffizienten bewahren werden." Ehrenreich, „Neuer Bund": 144, spricht vom „erneuerten Herz als Basis für den Neuen Bund".

98 Jer 17,1–5aα fehlt in der Urseptuaginta. Doch ist in 17,1 innerhalb der Septuaginta oder ihrer hebräischen Vorlage mit einem Homoioteleuton zu rechnen. Der Zusammenhang zwischen Jer 17,1 und 31,33 dürfte schon in einem allen Buchredaktionen vorausliegenden Buchstadium vorhanden gewesen sein (Lohfink, „Neue Bund": 27 Anm. 59).

99 Weippert, „Wort": 345; zu den Gemeinsamkeiten von Jer 17,1 und 31,33 ebd., 346.

100 Bozak, Life anew, 121. Auch nach Maier, Jeremia, 351, erscheint die Tora in Jer 31,33 wie an den übrigen Belegen des Buches „als ein Gesamtausdruck für den in einer fixierten Gesetzessammlung zum Ausdruck kommenden Gotteswillen".

101 Groß, Zukunft, 145, gegen Bozak, Life anew, 121. Im Anschluss an Groß ebenso Schmid, Buchgestalten, 68.

102 Groß, Zukunft, 146. Ähnlich Schmid, Buchgestalten, 81 f, der Dtn 6,4 – 9 und Jer 31,31 – 34 mit dem Ergebnis gegenüberstellt: „Der neue Bund ersetzt also nachgerade die ‚alte' pädagogische Einleitung des Gesetzes, das Sch^ema Israel." (82). Anders Bozak, Life anew, 122: „There is no indication that all human teaching will cease, but the promised knowledge of the Lord guarantees both the possibility and the certainty of adherence to the Torah."

des Menschen, Gottes Willen zu tun, zutiefst fragwürdig geworden ist."[103] Schließlich erweise die Jer 31,34 beschriebene Erkenntnis JHWHs ohne gegenseitige Belehrung die „Weitergabe der Tora von Generation zu Generation als für die nicht näher bestimmte Heilszeit überflüssig."[104] „Alles Lernen und Lehren der Tora (vgl. Dtn 31,12–13), alle ‚Religionspädagogik‘, hat ihr Ende gefunden. Vielmehr werden sie alle ‚ganz von innen her‘ JHWH erkennen und das heißt, aus innerstem Antrieb seiner Weisung folgen, die ja ihr Herz, ihr gesamtes Denken und Wollen erfüllt und prägt."[105] Mit der Abwertung der Tora und ihrer Vermittlung durch häusliche Katechese und öffentliche Verlesung vertrete Jer 31,34 also „ein dem Deuteronomium, speziell seinen dtr. Rahmenkapiteln, entgegengesetztes Anliegen."[106] Dennoch lässt sich heute sein didaktisches Programm angesichts der Erkenntnisse über die damals übliche Praxis mündlich-schriftlicher Textüberlieferung auch für den Neuen Bund nicht mehr in Abrede stellen. Inzwischen wurden nämlich sowohl das hinter der Verheißung stehende Bildungsideal als auch die dabei vorausgesetzte konkrete Ausbildung geklärt. Dadurch erübrigen sich die spekulativen Folgerungen, die aufgrund des Neuen Bundes gezogen werden, sich aber aus der Verinnerlichung der Tora, um die es ihm geht, nicht ableiten lassen: ein qualitativer Umschwung, ein Schöpfungshandeln Gottes, eine Art Geschichtsenthobenheit Israels, die Beseitigung aller Gefährdungen menschlicher Freiheit.[107]

---

103 Maier, *Jeremia*, 346, mit Zitat von Böhmer, *Heimkehr*, 76. Vgl. Schmid, *Buchgestalten*, 68, für den „die Tora als geschriebene und von außen an den Menschen herangetragene ein zum Scheitern verurteiltes Unterfangen" ist. Groß, *Zukunft*, 151, spricht von einem „Konstruktionsfehler" der Ägypten-*Berit*. Nach Stipp, *Jeremia*, 283, fußt das Theologumenon des neuen Bundes „auf einer pessimistischen Anthropologie, der zufolge Menschen niemals den Ansprüchen Gottes genügen können." Dagegen hat Krause, *Bedingungen*, 193–205, umfassend und überzeugend nachgewiesen, dass der neue Bund kein „Ausdruck endgültiger Resignation über den alten Menschen" ist.
104 Maier, *Jeremia*, 350. Rossi, „Conflicting Patterns": 216 f, verweist bei der Wendung „erkennt JHWH" (Jer 31,34) auf ihre Ähnlichkeit mit der mosaischen Paränese, die in Dtn 4,39; 7,9; 8,5; 9,3 ermahne, JHWH und seine Taten zu erkennen. Verstehe man die Tora-Belehrung durch Mose in Moab als Vorbild für die in Dtn 31,9–13 vorgesehene nachmosaische Tora-Belehrung, könne sie als „an invitation to know YHWH, an emblematic summary of Moses' exhortation in Moab" verstanden werden (217). Dann werde diese Art von Erziehung durch den neuen Bund ein Ende finden. Dagegen spricht zum Beispiel, dass sich die „Furcht JHWHs", die bei dieser Volksversammlung im Jerusalemer Tempel gelernt und erfahren werden soll (Dtn 31,12–13), nicht einfach als Überwindung mangelnder Kenntnis JHWHs charakterisieren lässt, deren Vermittlung sich aufgrund von Jer 31,33–34 außerdem erübrige (gegen 217).
105 Irsigler, *Gottesbilder II*, 994.
106 Maier, *Jeremia*, 350. Ferner Rossi, „Conflicting Patterns": 214–217.
107 Dazu einige Beispiele. Nach Rudolph, *Jeremia*, 203, stehen wir mit dem neuen Bund „im Gebiete der Eschatologie". Für Levin, *Verheißung*, 260, „hebt" das Tora-Logion in 31,33a „die Bedingungen der Geschichte auf". Caroll, *Jeremiah*, 612, hält den neuen Bund für eine utopische Zukunftsvision: „This

Der wichtigste Grund für die Aufwertung der Tora-Rezitation und des Auswendiglernens bzw. -wissens (Dtn 6,6 – 7; 11,18 – 19; 30,14)[108] ist die Erkenntnis, dass die lebensweltlichen Voraussetzungen der Verheißung des neuen Bundes aus der im Alten Orient und in der Antike gebräuchlichen Praxis der Schreiberausbildung stammen.[109] Man lernte Texte aller Sorten auswendig und schrieb sie dadurch auf das Herz, um sich ihren Inhalt „persönlich anzuverwandeln" und sie je nach Bedarf und Anlass mündlich wie schriftlich wiedergeben zu können.[110]

> Vor diesem Hintergrund zeigt sich, dass Jer 31,33 mit der Rede vom Schreiben der Tora auf das Herz eine idiomatische Wendung einsetzt, die metaphorisch das Auswendiglernen von Texten bezeichnet. Derartige ‚Beherzigung' des jeweiligen Lernstoffes war das konkrete Ausbildungsziel des altisraelitischen Schulbetriebs und, davon abgeleitet, auch das regulative Ideal des – unbestritten programmatische Züge tragenden – volkspädagogischen Ansatzes, wie er in der deuteronomisch-deuteronomistischen Überlieferung vertreten wird.

---

future $b^e r\bar{\imath}t$ is not an obligation between two parties with national and moral regulations which may be kept or broken, but a metaphor of an arrangement with an imaginary community [...] which rescues a resonant word ($b^e r\bar{\imath}t$) from oblivion. The utopian society characterized by this metaphor $b^e r\bar{\imath}t$ does not and cannot exist, yet like all the additions to the cycle vv. 31 – 34 utilize motifs and sayings from the past to construct an idyll of the future." (614). Die „Souveränität des göttlichen Heilswillens" habe „sich auf Kosten des Menschen durchgesetzt. [...] Jer 31 rückt die entscheidende Berit in eine ungewiss entfernte Zukunft, in der Israel ganz anders sein wird als das innergeschichtlich vorfindbare Israel." (Groß, *Zukunft*, 152). Die Israeliten würden „dadurch, dass sie die Tora im Herzen haben, sodass sie diese nicht mehr übertreten wollen noch können, der bis dahin bekannten Geschichte enthoben sein." (Groß, „Bundestheologie": 61). Die Vergebung der Schuld mache „eine Wiederholung des Bundesbruchs unmöglich. [...] Da die Verheißung ein unmittelbares und nicht mehr aufhebbares Gottesverhältnis im Blick hat, ist die angekündigte, zeitlich nicht näher bestimmte Zukunft unüberholbar, eschatologisch-endgültig." (Schmidt, *Jeremia 21 – 52*, 146). Der neue Bund, der aus JHWHs ein für alle Mal gewährten Verzeihung erwachse, sei der „Schnitt zwischen den innergeschichtlichen Bedingungen des Gottesverhältnisses Israels und Israels völlig neuem eschatologischen Gottesverhältnis, in dem es keiner göttlichen Vergebung mehr bedarf." (Irsigler, *Gottesbilder II*, 994). Das Gottesvolk werde „das Ergebnis einer Neuschöpfung Gottes sein" (Jeremias, *Theologie*, 409).

108 Fischer und Lohfink, „Diese Worte": 187–191. „Herz" steht in Dtn 6,6 und 11,18 als Metapher für das Gedächtnis (188 Anm. 18 und 19).

109 Zum Folgenden s. Krause, *Bedingungen*, 184 – 188, mit Verweis auf Carr, *Writing*, und van der Toorn, *Scribal Culture*.

110 Krause, *Bedingungen*, 185. So betont Carr, *Writing*, 6: „Thus, *the mind* stood at the center of the often discussed oral-written interface. The focus was on inscribing a culture's most precious traditions on the insides of people. Within this context, copies of texts served as solidified reference point for recitation and memorization of the tradition".

Grundlegend dafür ist „das Zusammenspiel von mündlicher und schriftlicher Textüberlieferung, das schon in der Metapher vom Schreiben auf das Herz aufscheint.[111]

Auf Jer 31,33–34 angewendet heißt das: „Die Tora im Buch zielt auf die Tora im Herzen, umgekehrt hat die Tora im Herzen jene im Buch zur Voraussetzung.“[112] Man kann also keinen Gegensatz zwischen der „äußerlichen Tora und ihrer Verinnerlichung“ konstruieren. Die Verheißung lebt „von der Vorstellungswelt des altorientalischen Schulwesens“, sie wertet die schriftliche Tora und ihre Vermittlung durch Lehren und Lernen nicht ab, sondern stellt vielmehr ihre „vollkommene Aneignung“ in Aussicht. Die Frage, ob das alles vor einem göttlichen Eingriff überhaupt möglich ist, wird von Jer 31,31–34 weder gestellt noch beantwortet. Jedenfalls lässt sich die Perikope nicht „als anti-deuteronomistisches Programm“ profilieren.[113] Außerdem erübrigt sich mit der verheißenen Intervention nicht die an das Volk gerichtete Gehorsamsforderung gegenüber dem in der Tora kodifizierten Gotteswillen, sondern „ermöglicht ihre ultimative Erfüllung“.[114] Die allen Israeliten, „vom Kleinsten bis zum Größten“ (Jer 31,34), gewährte „Erkenntnis JHWHs reicht nach atl. Vorstellungen über die intellektuelle Einsicht hinaus und schließt deren praktische Konsequenzen ein, meint also die Einheit aus Wissen um JHWHs Taten für Israel und Erkenntnis seines Willens *samt* dessen Befolgung.“[115] Dabei wird auch „die konditionale Grundstruktur des Bundes nicht aufgegeben“.[116] Dass Gott selbst „den Ungehorsam unmöglich macht“,[117] wie man oft behauptet,[118] wird nicht zugesagt.

---

111 Krause, *Bedingungen*, 185. Carr, *Writing*, 7, spricht von einem „intricate interplay of orality and textuality, where written texts are intensely oral, while even exclusively oral texts are deeply affected by written culture.“
112 Krause, *Bedingungen*, 186.
113 Krause, *Bedingungen*, 187.
114 Krause, *Bedingungen*, 190. Er verweist auf Duhm, *Jeremia*, 254. Ihm zufolge werde der neue Bund „die Vorbedingung dazu liefern, dass künftig ‚ein jeder nur durch seine Schuld stirbt‘“ (vgl. Jer 31,30).
115 Stipp, *Jeremia*, 282. Die Wendung „vom Kleinsten bis zum Größten“ ist für Jeremia typisch, wo sich von den 9 Belegen der Wendung 6 Stellen finden (6,13; 8,10; 31,34; 42,1.8; 44,12).
116 Krause, *Bedingungen*, 190. Doch geschehe das „in einer geradezu paradoxen Ausprägung, nach der Jhwh selbst für Israels Korrespondenzverhalten sorgt.“ (191).
117 Krause, *Bedingungen*, 190. Doch verheiße der neue Bund ein Handeln Gottes „(nur) in Form einer eschatologischen Schauung der vollendeten Geschichte“ (191). Er biete eine Vision der Gottesbeziehung, „nach der diese schließlich einmal so vollkommen sein wird, wie sie seitens des Schöpfers immer schon gemeint war […]. Das Wort verheißt also für die eschatologische Zukunft, dass es nicht mehr möglich sein wird, den Willen Gottes nicht zu tun. Damit sagt es über Geschichte und Gegenwart aus […]: dass es möglich ist, an ihm zu scheitern. Es sagt nicht, es sei unmöglich, ihn zu tun.“ (206).

4 Zum Vorstellungshorizont des Neuen Bundes (Jer 24,5 – 7 und 32,37 – 41; Ez 11,17 – 20 und 36,24 – 28) und zur Auslegung von Jer 31,31 – 34

Das Profil des Neuen Bundes lässt sich vielleicht am besten vor dem Horizont konzeptionell verwandter Stellen schärfen. Es sind Heilsankündigungen, die (mit Unterschieden) vom bereits erwähnten Aussagensyntagma „Sammlung und Heim-kehr ins Land – gesellschaftliche Wiederherstellung – Herzensgabe – neues Got-tesverhältnis" geprägt sind, das auch 30,3; 31,27 – 34 aufweist.[119]. Die zweifellos wichtigste anthropologische Größe, mit der in diesem geprägten Kontext die Be-ziehung Israels zu JHWH ausgedrückt wird, ist das „Herz" (*lēb/lēbāb*). Im Jeremia-buch steht es sogar „im theologischen Zentrum der ‚spiritual metamorphosis'"[120]. Stillschweigend vorausgesetzt ist sein Versagen, weshalb JHWH an ihm handeln muss, soll die Beziehung wieder gelingen.[121] Ein Vergleich der Motive und Lexeme, die das Innere des Volkes und seine Gottesbeziehung betreffen, zeigt, wie unter-schiedlich Jer 31,31 – 34 gegenüber ähnlichen Stellen die Vorstellungen ausdrückt, vor allem, welche Formulierungen der Vergleichstexte in dieser Perikope nicht vorkommen. Natürlich bildet eine Fehlanzeige kein unwiderlegbares Argument gegen implizierte Aussagen. Wenn aber literarisch verwandte Texte darüber aus-drücklich sprechen, wird dieses Schweigen im Zusammenhang des neuen Bundes doch beredt. Es könnte eine „exegetische Kreativität" bei der aufs Herz geschrie-benen Tora hinterfragen und die Auslegung an den realen Wortlaut zurückbinden. Die Abfassung der im Folgenden miteinander verglichenen Texte wird meistens in

---

118 Z.B. Schmid, *Buchgestalten*, 84. Stipp, *Jeremia*, 283: „Die Unfähigkeit Israels, die Tora zu be-folgen, vertauscht Gott durch die Unfähigkeit, ihr zuwiderzuhandeln." Nach Groß, *Zukunft*, 150, sei der neue Bund nicht nur unkonditioniert, sondern enthalte nicht einmal mehr Forderungen an Israel, denn: „Die *Berit* ist so vollständig Gnaden-*Berit*, daß sie sich gegen alle denkbaren Wider-stände durchsetzt."

119 Lohfink, „Gotteswortverschachtelung": 114 und Anm. 24. Das in den Vergleichstexten vorlie-gende Schema bestätigt, dass die Verheißung des neuen Bundes im Zusammenhang mit Jer 30,1 – 3; 31,27 – 30, ja sogar im Kontext des ganzen Trostbuchs (Kap. 30 – 31) ausgelegt werden muss. Gegen Groß, *Zukunft*, 138 – 141, insbesondere 139, der Jer 31,31 – 34 als späteren Zusatz ansieht und ihn ohne Berücksichtigung der Kontextaussagen interpretiert. Vgl. die Kritik von Lohfink, „Kinder Abra-hams": 39 f und 40 Anm. 60.

120 Ehrenreich, „Neuer Bund": 151, Zitat aus Weinfeld, „Jeremiah".

121 Die Herzensbeschneidung von Dtn 30,6 „wird in fast allen Kommentaren mit Jer 31,33; 32,39; Ez 11,19; 36,24 – 27 zusammengebracht." (Vanoni, „Geist": 92).

die späte Exils- oder frühe Nachexilszeit datiert, ihr literarhistorisches Verhältnis wird widersprüchlich diskutiert.[122] Wir bleiben auf der synchronen Ebene.

Innerhalb des Jeremiabuches stehen 24,5–7 und 32,37–41 an Schaltstellen des Buches. In 24,5–7 liegt das Restitutionsprogramm in vereinfachter Form vor. Das Gotteswort richtet sich hier an die 597 v.Chr. Verschleppten Judas, die JHWH „zum Guten" (lᵉṭôbāh) anblicken, denen er also verzeihen wird (V. 5). Die Heimkehr und der neue Segen im Land (V. 6) gipfeln in V. 7 in einer inneren Erneuerung und Beziehung zu Gott, die er schenken wird:

> Jer 24,7 Und ich werde ihnen ein Herz geben (wᵉnātattî lāhœm lēb),
> um mich zu erkennen (lāda'at 'otî), dass ich JHWH bin,
> dann werden sie mir Volk werden und ich werde ihnen Gott werden,
> denn sie werden zu mir mit ihrem ganzen Herzen zurückkehren (kî jāšûbû bᵉkål libbām).

Die Herzensgabe ist nicht nur die Voraussetzung der Gotteserkenntnis aller und des Bundesverhältnisses, sondern auch der Bekehrung des Volkes.[123] An ihr lässt sich deshalb ablesen, dass JHWH eingegriffen und dem Volk zunächst ein erkenntnisfähiges wie umkehrbereites Herz gegeben hat. Wie Gott aber das Herz des Volkes dazu befähigte und welche Rolle der Gebotsgehorsam in der Zukunftserwartung spielt, bleibt ungesagt.[124]

Ähnliche Formulierungen gebraucht auch die für die nahe Zukunft[125] verheißene Heilshoffnung in 32,37–41[126]:

> Jer 32,37 Sieh, ich sammle sie (mᵉqabbᵉṣām) aus allen Ländern, in die ich sie versprengt habe (hiddaḥtîm) [...], und ich werde sie an diesen Ort zurückbringen und sie in Sicherheit wohnen lassen.

---

122 Eine ganz kurze Zusammenfassung der wichtigsten, auch literarhistorischen Beobachtungen zu diesen Texten und insbesondere der Querverbindungen des Jeremia- zum Ezechielbuch s. Klein, *Schriftauslegung*, 99–106. Ferner Vermeylen, „L'alliance renouvellée": 75–79.
123 Gegen Leene, „Ezekiel": 161, der die gegenseitige Beziehung, die in der Bundesformel ausgedrückt wird, als Folge der Umkehr der Verbannten ansieht. Ähnlich Scheuer, *Return*, 115: „According to Jer 24:4–7, the repentance of the people, together with the act of restoration and transformation by YHWH, forms the prerequisites for the commencement of the relationship." Dagegen stellt McKane, *Jeremiah*, 609 zu Recht fest: „The meaning [...] is not that Yahweh's work of rehabilitation is conditional on the wholehearted repentance of his people, but rather that this wholehearted repentance is part and parcel of his work of restoration."
124 Nach Unterman, *Repentance*, 80, ist die Kenntnis JHWHs aber „not a passive recognition but, rather, a concrete activity, the people's obedience to YHWH's commandments."
125 Stipp, *Jeremia*, 347.
126 S. dazu Rom-Shiloni, „Prophecy": 218–221, zu den Unterschieden zwischen Jer 31,31–34 und 32,37–41. Schmid, *Buchgestalten*, 100 Anm. 230, beschreibt den konzentrischen Aufbau von 32,37–41, dessen Mitte der Bundesschluss (V. 40aα) bildet.

[38] Dann werden sie mir Volk werden und ich werde ihnen Gott werden.

[39] Und ich werde ihnen ein (einziges) Herz (*lēb*) und einen (einzigen) Weg[127] geben (*wᵉnātattî*), sodass sie mich alle Tage fürchten, zum Guten (*lᵉṭôb*) für sie und ihre Kinder nach ihnen.

[40] Und ich werde mit ihnen einen ewigen Bund schließen (*wᵉkāratî lāhæm bᵉrît ʿôlām*) (des Inhalts), dass ich mich nicht von ihnen abwenden werde (*ʾāšûb*), sondern ihnen Gutes tue (*lᵉhêṭîbî*)[128].

Und die Furcht vor mir gebe ich ihnen in ihr Herz (*ʾættēn bilbābām*), damit sie nicht von mir weichen.

[41] Und ich werde mich über sie freuen (*wᵉśaśtî*),[129] indem ich ihnen Gutes tue (*lᵉhêṭîb*)

Die Beendigung der Diasporaexistenz durch Sammlung und Rückführung in ein künftig gesichertes Leben im Land bewirkt Gott selbst. Der äußere Wandel mündet in die traditionelle beidseitige Bundesformel (V. 38). Sie geht hier dem weiteren Gnadenhandeln Gottes voraus, das der Abfolge ihrer Glieder entsprechend zunächst die innere Umgestaltung der Israeliten (V. 39) und dann die Auswirkung des wieder hergestellten Verhältnisses für Gott selbst betrifft (V. 40). Um die Beziehung zu erreichen, will Gott seinem Volk eine Gesinnung („Herz") und Handlungsweise („Weg") schenken, geht dabei aber nach Septuaginta und Masoretentext unterschiedlich vor. Jer*G* kündigt in 32,39 einen Austausch des Personzentrums („Herz") an. *MT* setzt „als zu behebendes Problem nicht unbedingt einen generellen Defekt des ‚Herzens' voraus, sondern in erster Linie eine mangelnde Übereinstimmung unter den Israeliten bezüglich der Orientierung ihres Denkens und Handelns. Mit seinem Eingriff wird Jahwe dafür sorgen, dass ganz Israel ihn fürchtet." Damit erfüllt Gott selbst seinen Wunsch von Dtn 5,29: „Möge doch ihr Herz so bleiben (*mî yittēn wᵉhāyāh lᵉbābām zæh lāhæm*), dass sie mich allezeit fürchten und meine Gebote bewahren". Durch diese Grundhaltung „wird dann wohl auch die Rezeptionsbarriere gegenüber der ‚Belehrung' (*lmd* pi.) beseitigt, von der [Jer 32] V. 33 im Rückblick spricht"[130] – zum Besten der gegenwärtigen und der späteren Generationen. Aber auch Gott will seinen Umgang mit den Israeliten ändern: Er wird einen Bund schließen – von einem früheren bzw. gebrochenen Bund ist dabei nicht die Rede. Der nun „ewige" Bund betont vor allem die unbegrenzte Dauer. Sachlich gilt sie allerdings für jedes Bundesverhältnis. Auch lässt ein Ewigkeitsbund trotz der Selbstverpflichtung JHWHs nicht unbedingt auf einen unkonditionierten Bund schließen, der Gehorsamsforderungen ausschalten würde.[131] „Unverbrüchlichkeit"

---

127 Im *MT* im Sinn von „ungeteiltes Herz" und „einmütiges Verhalten". Jer*G* liest „einen anderen Weg und ein anderes Herz".

128 Ergänzung des *MT* aus 32,41.

129 Jer*G* „Ich werde mich ihrer annehmen."

130 Krüger, „Herz": 82 f.

131 Vgl. Krause, *Bedingungen*, 79, insbesondere Anm. 213, und 80.

gewinnt dieser versprochene Bund nur insofern, als Gott hier von vornherein zusichert, auf die Durchsetzung von Sanktionen, wie sie in Verträgen vorgesehen sind, zu verzichten, und die Israeliten nur mehr glücklich zu machen (V. 40a). Vor allem aber soll die Furcht vor Gott, die er ihnen „ins Herz geben" will (V. 40bα, vgl. V. 39aβ), eine Abkehr verhindern (V. 40bβ).[132] Dann wird sich Gott über die Israeliten, die er an sich binden und denen er dadurch Heil erweisen möchte (*ṭôb* und *yṭb* Hifil), auch voll Begeisterung freuen (V. 41).

Die Verheißung von Ez 11,17–20 gründet in der Gegenwart Gottes unter den Exilanten (V. 16). Die von ihm bedingungslos aus den Ländern gesammelten und ins Land zurückgekehrten Israeliten werden dort alles, was zu einem Abfall von JHWH führen könnte, beseitigen (V. 17–18). Im Folgenden zeigt sich eine besondere Nähe der Formulierungen zu Jer 32,37–41:

> [Ez 11,19] Und ich werde ihnen ein (einziges) Herz geben (*wenātattî lāhæm lēb 'æḥad*[133]), und in ihr Inneres werde ich einen neuen Geist (*rûaḥ ḥ^adāšāh*) geben. Und ich werde das Herz aus Stein (*lēb hā'æbæn*) aus ihrem Leib [Fleisch] entfernen und ihnen ein Herz aus Fleisch geben (*w^enātattî lāhæm lēb bāśār*),
> [20] damit sie in meinen Satzungen wandeln und meine Rechtsentscheide bewahren und sie halten.
> Dann werden sie mir Volk werden und ich werde ihnen Gott werden.

Die innere Umgestaltung der Heimkehrer zielt darauf, „dass Jahwe seinem Volk dann wieder voll zu seinem Gott und das Volk für Jahwe wieder voll zu seinem Volk werden" wird,[134] wie das die abschließende Bundesformel ausdrückt. Dazu müssen Herz und Geist ausgewechselt werden: das Herz wird „einmütig" werden, es wird zur „Übereinstimmung der einzelnen ‚Herzen' in der Gemeinschaft"[135] kommen, der Geist wird „neu" werden. An die Stelle von Verhärtung, einem „steinernen Herzen", will Gott Lebendigkeit, ein „fleischernes Herz", schenken, damit die Israeliten seine Gebote in die Tat umsetzen.

Mit dem Verkündigungswort von 11,19 – 20 ist die Botschaft JHWHs in 36,24 – 28 durch die Formulierungen des Neuwerdens, des Gehorsams und des Gottesverhältnisses verbunden. Gott will jetzt „um seines Namen willen" (V. 22) handeln. Es geht um seine (An-)Erkenntnis durch die Völker (V. 23). Wiederum beginnt die Wende mit der Sammlung der Israeliten aus allen Völkern und ihrer Rückführung

---

132 Die Formulierung widerspricht einer „irreversible[n] Verwandlung der anthropologischen Konstitution der Israeliten" und damit einer „Form auf Israel bezogener Eschatologie" (gegen Stipp, *Jeremia*, 349).
133 *G* „ein anderes Herz" – vgl. Jer 32,39.
134 Zimmerli, *Ezechiel I*, 251.
135 Krüger, „Herz": 82.

ins Land (V. 24) und erreicht in der Bundesformel ihr Ziel (V. 28). Der Begriff „Bund"
findet sich allerdings auch hier nicht.[136] Das Neuwerden des Volkes vollzieht sich in
drei Akten:

> Ez 36,25 Und ich werde euch mit reinem Wasser besprengen und ihr werdet rein werden;
> von all eurer Unreinheit und von allen euren Götzen werde ich euch reinigen.
> [26] Und ich werde euch ein neues Herz (*lēb ḥādāš*) geben und einen neuen Geist (*rûaḥ ḥᵃdāšāh*)
> in euer Inneres geben. Und ich werde das Herz aus Stein (*lēb hāʿœbœn*) aus eurem Leib [Fleisch]
> entfernen und euch ein Herz aus Fleisch geben (*wᵉnātattî lāhœm lēb bāśār*).
> [27] Und meinen Geist werde ich in euer Inneres (*bᵉqirbᵉkœm*) geben und ich werde bewirken,
> dass ihr nach meinen Gesetzen wandelt und meine Rechtsentscheide bewahrt und haltet.
> [28] Und ihr werdet in dem Land wohnen, das ich euren Väter gegeben habe,
> und ihr werdet mir Volk werden und ich, ich werde euch Gott werden.

Zunächst muss Gott die Israeliten wie in einem rituellen Akt durch Besprengen von
ihrem früheren Fehlverhalten, vom Abfall zu den Göttern, reinigen. Nach dieser
Vergebung wird er selbst – im Gegensatz zur Aufforderung von 18,31, sich selbst ein
neues Herz und einen neuen Geist zu schaffen – eine umfassende Erneuerung
vornehmen. Die Veränderung geschieht

> durch einen ‚Austausch' ihres Person- und Lebenszentrums (‚Herz' und ‚Geist') und dadurch,
> dass Jahwe seinen eigenen ‚Geist' in ihr Inneres legt. Trotz des Interesses an einer effektiven
> Durchsetzung der Tora-Befolgung in Israel bleibt hier die Differenz zwischen dem Herzen und
> der Tora gewahrt, und damit auch der Freiraum für eine selbsttätig-vernünftige Zustimmung
> Israels zu Jahwes Ordnungen und Rechtsbestimmungen. Dieser Freiraum muss freilich [...]
> allererst von Gott geschaffen werden (anders Ez 18,31).[137]

Der Eingriff Gottes, den auch 11,19 kennt, wird in 36,27 noch durch die Gabe seines
Geistes überboten, „die die Dynamik und Dauerhaftigkeit der inneren Wandlung
absichern soll"[138]. Das hat nicht nur zur Folge, dass seine Gebote gehalten werden
können. Vielmehr ist Gott nun ausdrücklich „ganz unmittelbar am neuen Gehorsam
des Menschen beteiligt".[139] Das Befolgen der Gebote bildet außerdem die Voraussetzung dafür, dass Israel im Land der Väter bleiben und bewerkstelligen kann, was
Gott mit ihm als seinem Volk von Anfang an gemeint hat.

---

136 Zur Integration der Neuschöpfung Israels in den „Bund des Friedens" und den „ewigen Bund"
(Ez 37,26) s. Konkel, „Bund": 131 f.
137 Krüger, „Herz": 83.
138 Ohnesorge, *Jahwe gestaltet*, 270.
139 Zimmerli, *Ezechiel 2*, 879.

Im Anschluss an die sachlichen und sprachlichen Beobachtungen können nun die Vorstellungen der besprochenen, mit Jer 31,31–34 verwandten Heilsankündigungen mit der Verheißung des Neuen Bundes verglichen werden. Ihre Aussage verliert dadurch die ihr zugeschriebene „utopische Perspektive"[140] und den „mit Rücksicht auf die Ansagen eines grundstürzenden Wandels" behaupteten „eschatologischen Charakter"[141]. Gott wird zwar den neuen Bund in den bereits im Kommen befindlichen Tagen schließen (V. 31), zugleich wird dieser jedoch in eine Zeit „nach jenen Tagen" (V. 33) gerückt. Weil das Prophetenwort aber „auf ein Krisenbewusstsein" antwortet, „das dringlich nach Ankern der Heilszuversicht sucht"[142], darf die Erfüllung des Orakels nicht in die Endzeit aufgeschoben werden.[143] Prophetenworte sind immer situativ verortet, auch wenn ihr Sinnpotential über die aktuelle Lage hinausgeht. Nach Jer 32,37–40 will Gott den dort angekündigten „ewigen Bund" jedenfalls schon bald[144] den aus allen Ländern Gesammelten Israels (V. 37) gewähren.

Zunächst eine Übersicht über die gemeinsamen Ausdrücke und Auffassungen der vier Heilsprophetien sowie von Jer 31,31–34 und vorausgreifend auch Dtn 30,1–10, soweit sie das „Herz" des Volkes und sein Gottesverhältnis, insbesondere in der Form der Bundes, betreffen:

---

140 Z.B. gegen Goswell, „Forgiveness": 375 f.

141 Gegen Stipp, *Jeremia*, 279.

142 Stipp, *Jeremia*, 285. Der „Tradentenprophet" habe es deshalb vorgezogen, „sich bedeckt zu halten, indem er Signale der Naherwartung (31a) und der Hoffnung für die ferne Zukunft (33b) nebeneinanderstellte." (Ebd.).

143 Es sind „sehr aktuelle, in die Gegenwart schon hineinragende Ereignisse, die angekündigt werden. Man wird auch den Begriff ,Eschatologie' nicht einführen sollen, weil er dieses wirksame Herankommen und Andringen der zukünftigen Taten des Gottes Israels zu stark in ein Ultimum verdrängt." (Kraus, „Neue Bund": 63). Als „eschatologisch" bezeichnen den neuen Bund z.B. Rudolph, *Jeremia*, 203; McKane, *Jeremiah*, 821; Stipp, *Jeremia*, 279; Irsigler, *Gottesbilder II*, 994; Krause, *Bedingungen*, 191; ähnlich Groß, *Zukunft*, 152. Potter, „New Covenant": 355, betont, dass sich die Wendung *'aḥ°rê hayyāmîm hāhēm* keineswegs mit Sicherheit auf das Eschaton beziehe. Nach Schmid, *Buchgestalten*, 84, adressiert Jes 51,7 – „Hört auf mich, die ihr Gerechtigkeit kennt, du Volk, das meine Weisung im Herzen trägt" – „das von ihm angeredete Volk als eines, für das die heilszeitliche Wandlung gemäß Jer 31 bereits Wirklichkeit geworden sein wird." Allerdings hat Vanoni, „Tora im Herzen": 370 f, eine solche Anspielung auf Jer 31 bestritten.

144 Stipp, *Jeremia*, 347, verweist auf die Sammlung der weltweiten Diaspora in Jerusalem, die „per *Futurum instans* (*hinnēh siehe* mit enklitischem Personalpronomen und Partizip) bereits für die nahe Zukunft verheißen (V. 37a)" wird.

	Jer 24,7	Jer 32,37 – 41	Ez 11,19 – 20	Ez 36,24 – 28	Jer 31,31 – 34	Dtn 30,1 – 10
Herz	Vers 7	Vers 39, 40	Vers 19		Vers 33	Vers 1, 6
neues Herz				Vers 26		
Herz aus Stein und Herz aus Fleisch			Vers 19	Vers 26		
Rückkehr zu JHWH mit ganzem Herzen	Vers 7					Vers 10
neuer Geist			Vers 19	Vers 26		
JHWH erkennen	Vers 7				Vers 34	(vgl. 29,5)
JHWH fürchten/ Furcht vor JHWH		Vers 39, 40				(vgl. 30,6 lieben)
Bund schließen		Vers 40			Vers 31, 33	(vgl. 29,12)
Bundesformel	Vers 7	Vers 40	Vers 20	Vers 28	Vers 33	
Gebote/Tora			Vers 20	Vers 27	Vers 33	Vers 8, 10
Gebotsgehorsam			Vers 20	Vers 27		Vers 8, 10
JHWHs Freude		Vers 41				Vers 9
Besondere Themen		Weg; keine Abwendung von JHWH		Reinigung; JHWHs Geist	Schreiben der Tora; Vergebung	Beschneidung

Im folgenden Textvergleich gehe ich stets von Jer 31,33 – 34 aus. Grundlage des Hoffnungswortes vom neuen Bund ist die unbedingte Vergebung der Schuld (Jer 31,34). Die Sünden der Israeliten, die Gott verzeihen will, bestehen in ihrem wiederholten Ungehorsam gegenüber der übernommenen Verpflichtung, durch den sie den Bundesbruch verursacht haben. Ez 36,25 verwendet für eine solche Absolution, und zwar ebenfalls als Voraussetzung für die künftige Heilstätigkeit Gottes, die kultische Metapher des Besprengens mit reinem Wasser. Es wird die Israeliten „von all eurer Unreinheit und von allen euren Götzen" reinigen, betrifft also die einzelnen Verfehlungen und das Fremdgötterverbot. Doch beabsichtigt weder der neue

(Jer 31,31) noch der ewige Bund (Jer 32,40) sie, „die unfähig waren, nicht zu sündigen, in solche zu verwandeln, die außerstande sind zu sündigen"[145].

Der singuläre Inhalt des neuen Bundes besteht nach Jer 31,33 in der durch Gott selbst vermittelten Verinnerlichung der Tora.[146] Dabei geht es um die alte Tora „in ihrer konkreten Funktion". Denn: Ebenso wenig wie die Tora selbst wird ihr Gehorsam abrogiert.[147] Mit der Tora ist ja keineswegs „der Gehorsam gegenüber Gottes Willen schon eingestiftet", sondern nur eine entscheidende Voraussetzung dafür gegeben, auf sein Wort zu hören und seinen Willen zu tun.[148]

Auch wenn „die vollkommene Aneignung der Tora in Aussicht" gestellt wird, ist die Frage, ob nach dieser göttlichen Intervention der Gotteswille vom ganzen Volk beherzigt werden wird, weder gestellt noch beantwortet.[149] Dagegen nennt Jer 32,40 ausdrücklich als Absicht Gottes mit dem ewigen Bund: „damit sie nicht mehr von mir weichen", und Ez 11,20: „damit sie in meinen Satzungen wandeln und meine Rechtsentscheide bewahren und sie halten". Ez 36,27 sagt Gott sogar als Wirkung seines Geistes im Inneren Israels voraus: „Ich werde bewirken, dass ihr nach meinen Gesetzen wandelt und meine Rechtsentscheide bewahrt und haltet." Derartige Zusagen fehlen im Zusammenhang der aufs Herz geschriebenen Tora und lassen sich nicht aus der gottgeschenkten Vertrautheit mit ihren Geboten erschließen. Obwohl das bereits geschaffene „Neue" von 31,22 durch den „neuen Bund" reinterpretiert wird, sollte man bei ihm nicht von einer „Neuschöpfung Gottes" sprechen[150]. Das Verb *bārā'*, „erschaffen", wird nicht aufgegriffen. Gott

---

145 Gegen Stipp, *Jeremia*, 349. Zur umfassenden Auseinandersetzung mit der exegetisch weitgehend vertretenen Ansicht, „der neue Bund" sei „Ausdruck einer grundsätzlichen Resignation über den ‚alten Menschen'" s. Krause, *Bedingungen*, 193–205, Zitat 194. „Dass im neuen Bund ein *non posse peccare* gelten wird", also „Jhwh zukünftig selbst dafür sorgen wird, dass Israel den von ihm geforderten Gehorsam leistet" (ebd.), muss allerdings ebenso revidiert werden. Das gilt z. B. auch gegen Fischer, *Trostbüchlein*, 263.

146 Zu Hinweisen auf Schreibprozesse im Jeremiabuch und das Schreiben des Dekalogs durch JHWH im Deuteronomium sowie auf die „Tora im Herzen" ohne Schreibprozess s. Maier, *Jeremia*, 345.

147 Krause, *Bedingungen*, 188.

148 Gegen Jeremias, *Theologie*, 410, ebenso gegen Fischer, *Trostbüchlein*, 262f („Übereinstimmung von göttlichem und menschlichem Wollen"), in Anm. 77 und 78 mit Hinweisen auf weitere Autoren. Maier, *Jeremia*, 348, zitiert zustimmend Fischer.

149 Gegen Krause, *Bedingungen*, 187. Doch lehnt Krause für die Zeit vor dem neuen Bund einen „grundsätzlichen Zweifel an der [...] ‚Rezipierbarkeit der äußerlich vorgegebenen Tora' [Groß, *Zukunft*, 145]" als Auffassung von Jer 31,31–34 ab, weshalb „das Israel der Gegenwart mithin nicht fähig" wäre, „seinem Gott Gehorsam zu leisten". (183 und 184). Vgl. ebd., 188.

150 Z. B. gegen Weippert, „Wort": 347, und Jeremias, *Theologie*, 409: „Das umstürzend Neue" des neuen Bundes ist „Gottes Weg zu diesem Ziel: Er schafft sich einen neuen Bundespartner. Anders kann nicht gesichert werden, dass Gottes Bund nicht erneut am Ungehorsam Israels scheitern wird."

„schafft" nicht „seine Tora ins Herz hinein"[151], sondern schreibt sie aufs Herz und schließt damit den Bund. Doch gibt Gott kein (anderes) Herz (wie Jer 24,7), auch kein „einziges" oder „neues Herz" (Jer 32,39 bzw. Ez 36,26). Ebenso fehlt eine Umgestaltung, bei der Gott „das Herz aus Stein" entfernt und stattdessen „ein Herz aus Fleisch" (Ez 11,19; 36,26) einsetzt. Die Gabe eines „neuen Geistes" oder des Geistes Gottes ist überhaupt auf Ezechiel 11,19 und 36,26.27 beschränkt. Weil die Tora, die aufgrund des neuen Bundes alle Israeliten „auf dem Herzen geschrieben" tragen, voll der „Erkenntnis JHWHs"[152] ist, braucht man einander nicht mehr darüber zu belehren.[153] Dazu bedarf es aber nach Jer 31,33–34 weder der „Gabe" eines (anderen) Herzens noch der Änderung des vorhandenen.

Jer 31,33–34 erwähnt weder die von der Tora verlangte Grundhaltung der JHWH-Furcht noch die Forderung, ihre Vorschriften zu beobachten. Wie sich das Volk diesbezüglich in Zukunft verhalten wird, bleibt offenbar bewusst offen. Erst nach Jer 32,39*MT* wird Gott den Israeliten „ein ungeteiltes Herz und einmütiges Verhalten" geben, damit sie ihn „alle Tage fürchten", zum Segen für die gegenwärtige wie künftigen Generationen. Mehr noch: In Jer 32,40 verspricht er ihnen, die „Furcht vor ihm" ins Herz zu geben und durch diese Gesinnung zu verhindern, dass sie sich von ihm „abwenden".[154] Zwar wird die Tora analog zum „neuen Geist" (Ez 11,19) und zum „Geist Gottes" (Ez 36,27) den Israeliten „ins Innere gegeben". Doch zieht Jer 31,33 daraus nicht die Konsequenz der beiden Stellen: „damit sie in seinen Satzungen / Gesetzen wandeln und seine Rechtsentscheide bewahren und halten". Nach den Vergleichstexten schafft also der verheißene Eingriff Gottes die Verpflichtung zur Gesetzesobservanz nicht ab. Wenn sie aber in Jer 31,33 fehlt, heißt das nicht, „die entscheidende Innovation" liege darin, „dass Jhwh nun selbst si-

---

Jer 31,31–34 [...] zeichnet das Bild eines neuen Gottesvolkes, wie es das Ergebnis einer Neuschöpfung Gottes sein wird." Ähnlich auch 410 und 411.

151 Gegen Lohfink, „Ein Bund": 282. Maier, *Jeremia*, 348, hält den Begriff „Neuschöpfung" in 31,31–34 für problematisch, weil „kein expliziter Bezug zu Schöpfungsaussagen vorliegt und Schöpfungsterminologie fehlt". Doch liege die „Vorstellung eines neuen Menschen [...] bei einer systematisierenden Auswertung von Jer 31,33 nahe". Für Leene, *Newness*, 315, „Jer. 31:31–34 is in no way a reworking of Jer. 31:22!" Im Hintergrund des neuen Bundes stehe vielmehr Deuterojesaja (314–322).

152 Diese Wendung ist für Holladay, *Jeremiah 2*, 198, „a summary of covenant obligation". Zur „Kenntnis JHWHs" in Jeremia vgl. Jer 2,8; 4,22; 5,4–5; 9,2.5.23; 22,16 und 24,7.

153 „There is no indication that all human teaching will cease, but the promised knowledge of the Lord guarantees both the possibility and the certainty of adherence to the Torah." (Bozak, *Life anew*, 122).

154 Nach Klein, *Schriftauslegung*, 101, wird „in Jer 32,40 mit der Gottesfurcht die Voraussetzung für den Gehorsam eingesenkt", dagegen „in Jer 31,33 in Form der Tora der Gotteswille selbst inkorporiert".

cherstellt, dass der geforderte Gehorsam auch tatsächlich geleistet wird" und dass er in der als Bund verfassten Gottesbeziehung „für Israels Korrespondenzverhalten" sorgt.[155] Eine solche Selbstverpflichtung über die Konzeption von „Jhwh als Lehrer" (vgl. Jer 31,18; 32,33)[156] hinaus fehlt im neuen Bund und darf nicht aus ihm extrapoliert werden.[157] „Begründet das [ins] Innere geschriebene Gebot Gottes Autonomie? Gewiss nicht im idealistischen Sinne, wohl aber als Akt der Befreiung von allen fremden Bindungen und Gebundenheiten zu einem freien, gehorsamen Tun, zu einem Selbst-Werden des Gottesvolkes und seiner Menschen, erlöst von allen ins Scheitern führenden Heteronomien und Gefangenschaften. Aber der neue Akt der Befreiung ist auch ein neues Ereignis der Führung und Weisung durch die im Innersten waltenden Gebote Gottes. So erst kommt der Bund mit den Vätern zu vollkommener Gestalt und Wirklichkeit, zur endgültigen Erfüllung."[158] Gottes Wirken, durch das er den neuen und naturgemäß auf Dauer angelegten (vgl. Jer 32,40) Bund schließt, mündet deshalb in die zweigliedrige Bundesformel (Jer 31,33, vgl. 30,22*MT*; ebenso 24,7; 32,38; Ez 11,20; 36,28), in der allerdings im Unterschied zu den vier Vergleichstexten das Gottsein JHWHs für Israel an die erste Stelle gerückt ist. Diese „Zugehörigkeit(sformel)" ist „für das Alte Testament ein inhaltlich nicht zu überbietendes Ziel allen Gotteshandelns"[159].

5 Moabbund und Neuer Bund – ein Vergleich von Dtn 30,1 – 14 und Jer 31,31 – 34

Zu Beginn des Trostbuchs begründet die Überschrift Jer 30,1 – 3 die Niederschrift „aller Worte, die ich dir gesagt habe" (V. 1), also des älteren Prophetentextes (30,5 – 31,26), in einem Buch. Auch diese Sammlung von Gottesworten ist mit einer Überschrift (30,4) versehen. Ihre Voraussage „geht jetzt bald in Erfüllung". Wird sie im Sinn des rahmenden Prosatextes verstanden, ist sie kein „inzwischen überholtes,

---

155 Gegen Krause, *Bedingungen*, 190 und 190 f, ebenso gegen Stipp, *Jeremia*, 349, der betont, dass das Orakel, das in 32,39 – 40 „eine endgültige Heilswende ansagt, gegründet auf eine irreversible Verwandlung der anthropologischen Konstitution der Israeliten, [...] eine Form auf Israel bezogener Eschatologie" propagiere.

156 Krause, *Bedingungen*, 187.

157 Das gilt unabhängig davon, ob man mit Schmid, *Buchgestalten*, 83, „Jer 31,33 als eine antischwärmerische Reaktion auf Ez 36,27" ansieht, weil „wer die Tora im Herzen hat, nicht den Geist Jhwhs" benötige, um „dessen Gesetze zu erfüllen", oder ob man eine solche Charakterisierung schon wegen der vorausgesetzten literaturgeschichtlichen Einordnung von Jer 31,31 – 34 ablehnt.

158 Kraus, „Neue Bund": 67.

159 Jeremias, *Theologie*, 409.

sondern noch ein höchst aktuelles Wort".[160] Am Ende nimmt 31,27 die stereotype Zukunftsformel „Tage sind am Kommen" von 30,3 wieder auf und interpretiert das umschlossene Buch im Folgenden im Blick auf den neuen Bund. Diese vom Trostbuch „entwickelte Buchtheorie [...] lässt sich geradezu als Gegenstück des Dtn, das vor der ersten Landnahme Israels erging, die im Landverlust endete (Dtn 28,21.63), für die zukünftige Landnahme sehen, die Israel den Wiederbesitz des Landes eröffnet (Jer 30,3)."[161] Auch Deuteronomium 5–28, die Tora vom Horeb, wird von Kap. 4 und 29–30 gerahmt. Die sehr locker eingetragene Grundfigur jedes der drei Texte bildet das alte Vasallenvertragsschema.[162] Es prägt vor allem das Mittelstück, die Bundesurkunde vom Horeb, die aufgrund der Überschrift in 4,44–46 auch die Urkunde des Moabbundes ist. Sie endet mit bedingtem Segen und Fluch (Kap. 28). In den um den älteren Kern gelegten, ähnlich strukturierten Rahmentexten Deuteronomium 4 und 29–30 treten an die Stelle der beiden konditionalen Abschlusselemente aber Prophezeiungen über die kommende Entwicklung: Nach anfänglicher Bundestreue wird der Bund mit Sicherheit gebrochen werden. Doch wird Gottes Erbarmen eine weiterlaufende Bundesgeschichte ermöglichen (4,25–31 und 29,15–30,14). „Diese Gestalt des Gesamtschemas ist außerbiblisch anscheinend nicht nachweisbar. Die zukunftsoffene Tora vom Horeb wird in Moab also durch die sie umgebenden Textstücke in einer mosaischen Voraussage der Zukunft verpackt." Wie wichtig dieses Neuverständnis ist, zeigt der dritte Buchteil (Kap. 29–32). Er enthält nach der Überschrift in 28,69 die „Bundesworte" des Moabbundes und kommt in 29,15–30,14 ausführlich auf den Zukunftsausblick zurück. Diese Tora-Interpretationen gehören nicht zur Bundesurkunde Kap. 5–28, kommentieren aber ihr Gotteswort von den Chancen des Gottesbundes im Israel der Zukunft her – in 30,1–14 insbesondere „im Blick auf ihre sachliche Kommunizierbarkeit und Annehmbarkeit (so in 30,11–14)."[163] Trostbuch und Deuteronomium sind also schon formal durch eine hochentwickelte Theologie des Gotteswortes miteinander verbunden.

Die Prophezeiung Jer 31,31–34 bildet in der Staffelung der Verheißungen des Prosarahmens von Heimkehr, Vermehrung und neuem Bund mit der aufs Herz geschriebenen Tora (Jer 30,1–3; 31,27–34) den „sachlichen Höhepunkt".[164] Analoges gilt im Leseablauf von Deuteronomium 29–30 von der palindromisch angelegten

---

160 Lohfink, „Gotteswortverschachtelung": 119 f, Zitate 119. Lohfink verweist ebd., 121 Anm. 37, auf vergleichbare Überschriftensysteme im deuteronomistischen und priesterschriftlichen Literaturbereich.

161 Schmid, *Buchgestalten*, 82. Diese Beobachtung wird allerdings nicht weitergeführt.

162 Zum Folgenden vgl. Braulik und Lohfink, *Sprache*, 431–433, Zitat 432.

163 Braulik und Lohfink, *Sprache*, 433.

164 Schmid, *Buchgestalten*, 73 f.

Heilsankündigung in 30,1–10/14, in deren Mitte die göttliche Herzensbeschneidung (30,6) zugesagt wird. Zu dieser linear gesteigerten bzw. palindromisch zentrierten Anordnung der beiden Verheißungen kommen sachliche Gemeinsamkeiten.

Die deuteronomische Prophetie Moses enthält in Dtn 30,1–10 die Elemente des viergliedrigen Schemas künftiger Heilshandlungen Gottes, das hinter dem Trostbuch Jeremias und den besprochenen Vergleichstexten zum neuen Bund steht.[165] Doch fehlt in Dtn 30,1–10 im Unterschied zu Jer 31,34 ein Ausdruck für „Vergebung". Aber Gott handelt nicht wegen der Bekehrung Israels.[166] Ihr geht eine Geschichte des Scheiterns und der von Gott verfügten Sanktionen der Tora voraus (Dtn 30,1a).[167] Die von JHWH „unter die Völker Versprengten" (*ndḥ* Hifil) „nehmen sich" dann diese Erfahrung „zu Herzen" (*waḥᵃšebotā ʾæl lᵉbābœkā*)[168] – eine Wendung, die programmatisch die beiden theologischen Leitwörter der Perikope *šûb* Qal / Hifil und *lebāb* vereint (V. 1a). Die anschließende „komplexe Wirklichkeit eines Versöhnungsprozesses"[169] spiegelt sich in ihrem „Wechselspiel" von Volk und JHWH als Subjekten von *šûb*. Kehrt Israel wieder zu JHWH zurück (V. 2), wird Gott sein „Schicksal wenden" (*šwb šᵉbût*),[170] sich seiner „erbarmen" (*rḥm* Piel), sich ihm „zukehren" (*šûb*), es aus allen Völkern „sammeln" (*qbṣ* Piel), unter die er es „zer-

---

165 Vgl. Buis, „Nouvelle Aliance". Doch erwähnt er nicht die auch für Dtn 30,1–10 grundlegende Vergebung und die Einbettung der Perikope in den angekündigten Moabbundesschluss. S. auch Schenker, „Unwiderrufliche Umkehr"; ferner Schmid, *Buchgestalten*, 72 f, der trotz der „Berührungen im Ablauf von Jer 30,1–3; 31,27–30 und 31,31–34 mit demjenigen von Dtn 30,1–14" auch „charakteristische Unterschiede in der sachlichen Kontur der einzelnen Schritte" feststellt, „die auf unterschiedliche Konzeptionen hinweisen" (72). Der folgende Textvergleich berücksichtigt über den Prosarahmen hinaus den umfangreicheren Kontext des ganzen Trostbuchs Jeremia 30–31.

166 „[…] la riconciliazione offerta dal Signore passa attraverso il ritorno del popolo a Lui. Dio, cioè, non perdona perché Israele torna a Lui, ma perdona perché il popolo possa ritornare e, contemporaneamente, YHWH non può donare efficacemente il perdono se non ci sono il desiderio e l'accolienza da parte del popolo." (Papola, *L'aleanza*, 187).

167 „The priority of Yahweh's action is reflected in the movement of his words to come over Israel, prompting and inviting repentance and obedience. Israel's return is a response to Yahweh's word and not a free act of its own independent volition." (Barker, *Triumpf*, 151).

168 „Come negli altri passi, ‚far tornare al cuore' è l'inizio di una guarigione interiore, di una trasformazione, l'esercizio della memoria dischiude la possibilità di una nova condizione. Tale azione, inoltre, fa sì che anche la sofferenza dell'esilio acquisti valore e divenga un paradigma interpretativo di quanto è accaduto, permettendo il ritorno." (Papola, *L'aleanza*, 197).

169 Ehrenreich, *Wähle das Leben*, 107. Vgl. McConville, *Deuteronomy*, 425: „The effect of the structure, in any case, is a formal balance between the idea of the people's obedience to the covenant, and Yahweh's action to restore them. It remains to ask how these two poles are related to each other theologically."

170 Dtn 30,3 stellt also nicht „im klassischen Sinn ‚deuteronomistisch'" der Ankündigung der entscheidenden Wende für Israel „dieser Ankündigung als Bedingung eine breite Umkehrforderung" voran (30,2), während sich in Jer 30,3 nichts dergleichen finde – gegen Schmid, *Buchgestalten*, 72).

streut hat" (*pwṣ* Hifil) (V. 3), und auch weit „Versprengte" (*ndḥ* Hifil) des Volkes ins Land der Väter zurückbringen (V. 4–5). Die literarisch erst jetzt, in der Mitte der palindromischen Struktur angeführte göttliche Beschneidung des Herzens (V. 6) bildet dann die theologische Voraussetzung für die geschilderte Bekehrung und den Umbruch der Lebensumstände. Diese Spannung zwischen der zentralen Stellung der Vergebungsaussage in der Aussagenabfolge des Textes und ihrem sachlich Vorrang in Dtn 30,1–10/14 entspricht Jer 31,34.

Denn gnadentheologisch begründet Jer 31,34 mit der Vergebung der Schuld bereits das erste Element der Heilsankündigungen im Prosarahmen des jeremianischen Trostbuchs, bezogen auf alle Exilierten: „Denn siehe, Tage sind am Kommen, da wende ich das Geschick (*wᵉšābtî ᵓæt šᵉbût*) meines Volkes Israel und Juda" (Jer 30,3). Der Ausdruck *šûb* Hifil *šᵉbût* hat innerhalb der Hebräischen Bibel seinen Schwerpunkt im Jeremiabuch. Im anschließenden Gedicht (Jer 30,5–31,22) findet sich dasselbe Restaurationsprogramm wie in Dtn 30,1–5 – die Bekehrung der Deportierten, das göttliche Erbarmen, die Wendung des Geschicks, die Sammlung der Versprengten, ihre Heimführung und der neue Segen im Land. *šûb*, das in Dtn 30,1–10 sieben Mal strukturbildend als Leitverb gebraucht wird, dient im Trostbuch Jeremias als Schlüsselverb bei der Rückkehr der Verbannten des Nordreichs.[171] Gott leitet damit schon in Jer 30,18a eine umfassende Wiederherstellung ein: „Siehe, ich wende das Geschick (*šāb šᵉbût*) der Zelte Jakobs, und seiner Wohnstätten werde ich mich erbarmen (*ᵃraḥem*)".[172] Im Anschluss daran „wird eine Schicksalswende aus Gottes Erbarmen beschrieben: Wiederaufbau, Freude, Volksvermehrung, Ehre, neues Gemeinwesen, eigener Herrscher",[173] vollendet durch die Bundesformel (Jer 30,18–22). Danach ist *šûb* in Jer 31,15–22 – wie in Dtn 30,1–10 – sieben Mal belegt. In dieser Dichtung verkündet Jeremia angesichts der Bußfertigkeit der Nordstämme (Jer 31,18–19) das Erbarmen Gottes (*raḥem ᵃraḥᵃmænnû* V. 20), der mit ihrer Rückkehr (V. 21) das Heil wiederherstellt (V. 22). Im Schuldbekenntnis der Verschleppten bezeichnet die Wurzel *šûb* sowohl die Heimkehr (V. 16) als auch die innere Bekehrung, bei der göttliches und menschliches Wirken ineinandergreifen: „Lass mich umkehren, damit ich heimkehren kann (*hᵃšîbenî wᵉᵓašûbāh*), denn du bist JHWH, mein Gott! Denn nach meiner Abkehr (*šûbiy*) bereute ich ..." (V. 18b-19a*). „So ergibt sich die doppelte Aussage: Wenn JHWH, wie erfleht, die innere Umkehr und die äußere Heimkehr ermöglicht, werde

---

171 Vgl. Bozak, *Life anew*, 138 f.
172 Im Kontext des Exils werden *šwb šᵉbût* und *rḥm* Piel nur in Dtn 30,3; Jer 30,18; 33,26 und Ez 39,25 verbunden. Die Wiederherstellung der Zelte und Wohnstätten erfolgt in Jer 30,18 nur im *MT*, während *JerG* die ursprüngliche Lesart *laós* bietet.
173 Lohfink, „Jeremia als Propagandist": 97.

Efraim seinerseits die doppelte Chance nutzen."[174] Auch die in Dtn 30,1 und 3 verwendeten Verben „versprengen", „zerstreuen" und „sammeln" finden sich im größeren jeremianischen Zusammenhang: Hat JHWH die Israeliten „in die Länder versprengt" – *ndḥ* Hifil wird übrigens in der Hebräischen Bibel am häufigsten im Jeremiabuch gebraucht –, so wird er sie „zurückführen" (*waḥᵃšibotîm* Jer 32,37); hat er sie „unter die Nationen zerstreut" (*hᵃpiṣôtîkā* Hifil), wird er sie retten (30,11). Er wird Jakob „von den Enden der Erde" (31,8.10) bzw. die Deportierten „aus allen Ländern sammeln (*qbṣ* Piel)" (32,37)[175] – von *qbṣ* Piel spricht häufig auch das Ezechielbuch, zum Bespiel in Ez 36,24. Jedenfalls brauchte der Abschnitt über den neuen Bund das Thema „Umkehr, Rückkehr" nicht eigens aufgreifen, ganz abgesehen davon, dass ihr die in Jer 31,34 zugesprochene Vergebung bereits vorausging.[176]

Aus der Perspektive von Dtn 30,1–10 wurde der Moabbund und damit der Auszugsbund wie in Jer 31,32 bereits in der Vergangenheit „gebrochen" (*prr Hifil bᵉrît*), weil Israel „fremden Göttern nachhurte" (Dtn 31,16) bzw. „sich anderen Götter zuwandte und ihnen diente" (31,20). Der Ablauf von Heimkehr wie Vermehrung im Land geht jedoch nur in Jeremia 31 (wie in Ezechiel 11 und 36) der „geistigen Transformation Israels – insbesondere bezüglich des Herzens (Dtn 30,6.10.14 / Jer 31,33)" – voraus. Denn „die grundlegende Wandlung hat in Dtn 30 bereits *im Exil vor* und als Bedingung *der Heimkehr* (30,2; vgl. Dtn 4,29; 1 Kön 8,47f) stattgefunden"[177]. Vor allem wird Gott das Herz Israels noch vor der exilischen Wende beschneiden (Dtn 30,6).[178] Diese Herzensbeschneidung ist ist wie der verheißene neue Bund erst für die Zukunft prophezeit.[179]

---

174 Stipp, *Jeremia*, 255. Die Übersetzung (251) versucht in V. 18b den zweifachen Doppelsinn von *šûb* anzudeuten, das sich jedoch in beiden Hälften sowohl als „umkehren" wie als „heimkehren" verstehen lässt und in V. 19a die Abkehr von Gott bezeichnet (255). Außerdem kann *wᵉʾašûbāh* V. 18b syntaktisch Finalsatz („damit …") oder Willenserklärung („dann will ich …") sein (ebd.). Vom Zusammenhang auszuschließen ist die finale Auffassung: „Lass mich heimkehren, dass ich mich bekehre." (Lohfink, „Jeremia als Propagandist": 95 Anm. 27).

175 Mastnjak, *Deuteronomy*, 205, verweist auf den Zusammenhang von „versprengen" (*ndḥ* Hifil) und „sammeln" (*qbṣ* Piel) in Dtn 30,1 und 3 sowie in Jer 32,37 als einzigen Stellen, die beide Verben verbinden, und plädiert deshalb für ein Abhängigkeitsgefälle von Jer 32,36–42 zu Dtn 30,1–10. Die Beziehung wird durch die Wortgruppe „sich freuen über dich zum Guten" (Jer 32,41 und Dtn 30,9) verstärkt (ebd., 204f). Außerdem könnte man noch auf *šwb* mit JHWH als Subjekt in Jer 32,37.40 und Dtn 30,3.9 verweisen. Die umgekehrte Richtung der Abhängigkeit, nämlich vom Deuteronomium zu Jeremia vertritt Ehrenreich, *Wähle das Leben*, 201–205, insbesondere 203–205.

176 Gegen Groß, *Zukunft*, 145 Anm. 44.

177 Schmid, *Buchgestalten*, 72f. Mit der „Wandlung" bezieht sich Schmid allerdings auf die Umkehr Israels (30,2), nicht auf „alle diese Worte, die dich finden werden" (4,30) bzw. die Herzensbeschneidung (30,6).

178 Lohfink, „Neue Bund": 27 Anm. 62, verweist darauf, dass Dtn 29,3.5.12; 30,2.10 in der Textabfolge genau Jer 24,7 entsprechen, sodass „die beiden Deuteronomiumskapitel also fast zu so etwas wie

Damit zu den Spitzenaussagen in Dtn 30,6 und Jer 31,33. Sie werden zwar samt dem Kontext jeweils im Rückgriff auf ihre buchspezifische Sprachwelt formuliert, bleiben aber zugleich in ihrer Redeweise und Theologie eigenständig.[180] Dtn 30,6 nimmt mit der Metapher der Beschneidung des Herzens die erste Mahnung von Dtn 10,16 auf,[181] die Israeliten sollen „die Vorhaut ihres Herzens beschneiden und nicht länger halsstarrig sein". Die Forderung gilt dem ganzen Volk, obwohl sie nur die einzelnen erfüllen können. Die Vorhaut beschneiden heißt ohne Bild: Denken und Wollen, das seinen Sitz im Herzen hat, von Hindernissen befreien und im Gehorsam Gott öffnen. Vorstellung und Terminologie von Dtn 10,16 haben in Jer 4,4 (vgl. 9,25) eine Parallele.[182] Die danach eingemahnte Halsstarrigkeit charakterisiert die Haltung Israels während der sündenerfüllten Wüstenzeit (Dtn 9,6.13.27). Angesichts des Scheiterns Israels in der späteren Geschichte erwartet Dtn 30,6a aber etwas Einzigartiges: Was das Volk aus eigener Anstrengung bisher nicht geleistet hat, wird ein kardiologischer Eingriff Gottes ermöglichen. Er wird die Untauglichkeit des Organs beseitigen bzw. das Unvermögen, den Geboten zu gehorchen, überwinden. Denn der Zweck der Herzensbeschneidung besteht nach dem anschließenden Konsekutivsatz ausdrücklich darin, die Verbannten wie die künftigen Generationen zu befähigen, Gott „mit ganzem Herzen und ganzer Seele zu lieben"

---

einem riesenhaften Kommentar zu Jer 24,7" werden. Dagegen bestehe nach Schmid, *Buchgestalten*, 264, der wichtigste Unterschied zwischen Jer 24 und Dtn 30 darin, dass 30,2 zuallererst die Umkehr im Exil voraussetze, ehe die nachfolgenden Vorgänge einsetzen könnten. Die Gegenargumente brauchen hier nicht mehr wiederholt zu werden.

179 Gegen Schmid, *Buchgestalten*, 73, Deuteronomium 30 unterscheide sich „dadurch *wesensmäßig* von Jer 31, daß Dtn 30 als Forderung an die Jetztzeit des Lesers hineinspricht, während Jer 31 den Leser auf seine – nicht in seinem Handlungsbereich liegende – Zukunft aufmerksam macht." Er übersieht dabei die „Wendung der Moserede aus der fordernden Anrede der Mosegeneration (und durch sie hindurch der Leserschaft des Deuteronomiums) in prophetische Vorausschau" (Lohfink, „Neue Bund": 23 Anm. 48).

180 Schenker, „Nie aufgehobene Bund": 87, bemerkt dazu, „daß Jer 31.31 – 34, abgesehen von der sog. Bundesformel in V. 33, keine einzige spezifisch deuteronomische oder deuteronomistische Formulierung aufweist, während viele Elemente dieses Textes mit jeremianischen Bildern und Wendungen verwandt sind". Zu diesem sprachlich-stilistischen Befund, wonach die V. 33–34 „den kräftigen Stempel des jeremianischen Genius" tragen, s. Schenker, „Tafeln": 77–80, Zitat 80. Nach Maier, *Jeremia*, 340 Anm. 36, unterstreiche dieser „Nachweis" jedoch, „daß der Text auf Vorstellungen der dtr. Rahmenkapitel von Dtn basiere und daher nicht jeremianisch sein kann". Zur terminologischen Verwandtschaft mit deuteronomistischen Passagen des Jeremiabuches s. Böhmer, *Heimkehr*, 75–79; zu Motiven und Wendungen, die singulär sind bzw. aus deuteronomistischen Texten bekannte Motive transformieren, s. Maier, *Jeremia*, 344–348. Dass Jer 31,31–34 letztlich keine exakte Parallele im Alten Testament besitzt, wobei 24,7 und 32,39–40 der Perikope am nächsten kommen, hat Coppens, „Nouvelle Alliance", nachgewiesen.

181 Zum Folgenden vgl. Braulik, „Beschneidung": 83–91.

182 Nach Mastnjak, *Deuteronomy*, 189–192, spielt Jer 4,4 auf Dtn 10,16 an.

(30,6b *lᵉʼahᵃbāh*)[183], also das alte Hauptgebot der Gottesliebe (6,5) in seinem vollen Umfang zu verwirklichen. Letztlich heißt das: Das Liebesgebot samt der verinnerlichten Sozial- und Gesellschaftsordnung der deuteronomischen Tora, der Urkunde des Moabbundes, bzw. durch sie halten. Die folgende Paränese verweist ausdrücklich darauf: „du wirst auf die Stimme JHWHs hören" und „seine Gebote beobachten" (30,8) bzw. „seine Gebote und Satzungen, die in dieser Urkunde der Tora einzeln aufgezeichnet sind, bewahren" (V. 10). Deshalb wird Israel auch im Gefolge seiner „Liebe zu Gott mit ganzem Herzen und ganzer Seele" die Fülle des Lebens finden (V. 6b) – Sammlung des Volkes und gelingende Gesellschaft im Land der Väter, und zwar ohne Feindbedrängnis, Gutes bei der Arbeit, in Vieh- und Landwirtschaft und durch Mehrung der Nachkommen (V. 3–5 und 7–10). Israels Hartnäckigkeit aber, die zum Typus seines Verhaltens vom Gottesberg Horeb bis zum Exil geworden ist, wird neben der Herzensbeschneidung nicht mehr erwähnt. Sie erscheint durch diese Leerstelle in 30,6 als annulliert. Im Übrigen ergibt sich aus dem Gebot, Gott mit ganzem Herzen, ganzer Seele und ganzer Kraft zu lieben (6,5), indirekt, was in 6,6–9 als „Keimzelle der dtn Systematik des Lehrens und Lernens" syntaktisch mit ihm verbunden ist: „So sollen diese Worte, auf die ich [Mose] dich [Israel] heute eidlich verpflichte, auf deinem Herzen (*ʻal lᵉbābœkā*) sein" (6,6). Dieses Auswendigwissen „der Hauptgebotsparänese samt der Einzelgesetze" (Kap. 6–26), die mit „diesen Worten" bezeichnet wird,[184] erscheint „einerseits als erste Erfüllung des Liebesgebots und andererseits als Vorbereitung allen Gebotsgehorsams."[185]

Die einzigartige Nähe und damit Erfüllbarkeit der Tora, die sich aus der göttlichen Zuwendung ergibt, beschreibt Dtn 30,11–14. Als Art Coda sind die Verse mit „denn" (*kî*) begründend an die vorausgehende Verheißungsrede angebunden. Sie erklären, wie es möglich ist, dass man „das Gebot (*hammiṣwāh*)", nämlich die Hauptgebotsparänese samt der Sammlung der Einzelgesetze in Deuteronomium 6–26,[186] auf die Mose das Volk im Moabbund „heute eidlich verpflichtet" (30,11a), beobachten kann.[187] Zugleich ist diese Reflexion über die göttliche Willensoffenbarung aufgrund von Stichwortbezügen auch Teil der palindromischen Struktur, in

---

183 Im Unterschied zum üblichen Sprachgebrauch des Deuteronomiums von *ʼbh*, „lieben", hat die Infinitivkonstruktion in 30,6 konsekutive Funktion. „Die Herzensbeschneidung bildet also den „Deutungsschlüssel für alle Aufforderungen zu Gottesliebe und Gesetzespraxis" (Braulik, „Liebe": 247).

184 Braulik und Lohfink, *Sprache*, 64.

185 Braulik, „Gedächtniskultur": 126.

186 Braulik und Lohfink, *Sprache*, 140 f.

187 Ebenso zuletzt Ehrenreich, *Wähle das Leben*, 212 und Anm. 6. Natürlich wird damit nicht „begründet, dass die Rückkehr Israels mit Sicherheit erfolgen wird, da ja die Beobachtung der Gottesgebote gar nicht schwer ist" – gegen Hoffmann, *Deuteronomium*, 147.

deren Mitte Gott das Herz des Volks beschneiden wird.[188] Damit „ist 30,11–14 in ähnlicher Weise auf das Liebesgebot in 30,6 bezogen, wie 6,6 f an das Liebesgebot in 6,5 anschließt."[189]. Seine syntaktische Struktur ist auch für die Bekehrungssituation im Exil offen.[190] Auch dann gilt: Das Gesamt des JHWH-Willens, wie es in der Tora vorliegt, „ist nicht zu außergewöhnlich / zu schwer [‚zu wunderbar'] für dich und nicht zu fern [...] Sondern ganz nah ist dir das Wort, in deinem Mund und in deinem Herzen, so dass du es halten kannst." (30,11b.14). Was in 6,6–7 gefordert wird, ist 30,14 als Inbegriff des „meditativen Prozesses" und als „fundamentaler Ermöglichungsgrund alles Vorhergehenden" beschrieben.[191] Deshalb erscheint das Befolgen „kaum als eine Forderung, eher als die selbstverständliche Folge dessen, daß das Wort in Mund und Herzen ist".[192] Das Volk, dem Gott das Herz beschnitten hat und das die in der „Urkunde der Tora" verschrifteten Einzelbestimmungen verinnerlicht hat, wird dadurch in einem Zustand leben, der jenem gleicht, den Jer 31,33 ankündigt. Während ihre Worte nach Dtn 6,6–9 und 11,18–21 täglich neu ins Gedächtnis gerufen und zu Bewusstsein gebracht werden sollen, wird dies nach Jer 31,33 gewissermaßen einmalig und dauerhaft geschehen.[193]

Denn Jer 31,33 verheißt als Inhalt des Bundes, dass Gott seine Tora ins Innere Israels geben und sie auf sein Herz schreiben werde (31,33a). Dieser Gedanke ist wie jener der göttlichen Herzensbeschneidung in der Hebräischen Bibel singulär.[194] Erschließt der Eingriff in Dtn 30,6a das Herz der Israeliten für ihre Liebesbeziehung zu Gott und damit auch für den Gehorsam gegenüber den Geboten der Tora, so prägt das Schreiben Gottes nach Jer 31,33a die Tora dem Herzen als dem Sitz des Gedächtnisses ein. Das „verbessert die Erkenntnisfähigkeit des Menschen", bedeutet aber keine „grundlegende Veränderung". Das Herz selbst erfährt keine „Neuorientierung, die es ganz auf Jahwes Weisungen festlegt", sodass es „nicht vom Entscheidungswillen im Sinne einer Wahl zwischen verschiedenen Möglichkeiten abhängig und auch von äußeren Entwicklungen nicht beeinflussbar"[195] wäre. Noch

---

188 Vgl. Braulik, *Deuteronomium II*, 218; Ehrenreich, *Wähle das Leben*, 211 f.

189 Braulik, *Deuteronomium II*, 220. Es geht um Worte „als Ausdruck erwiderter Liebe. Deshalb sollen die Worte, nämlich die folgenden Gebote und Verbote, ‚auf deinem Herzen sein' (6,7) [...] Gottes Worte sind ‚Herzenssache', Sache der Einsicht und der Liebe und folglich des leichten Gehorsams. [...] Die Omnipräsenz der Worte in Dtn 6,7–9 dient vor aller Gebotsmitteilung der Erinnerung an die vorauseilende Liebe Gottes" (Spieckermann, „Liebe": 193 f).

190 Vgl. Lohfink, „Neue Bund": 31 f.

191 Vgl. Ehrenreich, *Wähle das Leben*, 220 und 211.

192 Aurelius, „Heilsgegenwart": 22.

193 Maier, *Jeremia*, 346.

194 Maier, *Jeremia*, 345.

195 Gegen Weippert, „Wort": 339. Dieses Menschenbild lässt sich nicht mit der Gedanken- und Sprachwelt des Jeremiabuches, der häufigen „Verstocktheit des Herzens" (šᵉrirût lēb), rechtfertigen, weniger lässt sich aus dem Schweigen von einer „Zustimmung des ‚Herzens' zur Tora (vgl. Dtn 6,5 ff; 11,18 ff)" folgern, sie werde hier „ersetzt durch eine Manipulation des ‚Herzens' durch Gott, welche die Rezeption der Tora erzwingt bzw. gar keinen Freiraum zur Rezeption mehr lässt", oder überhaupt eine „‚Umprogrammierung' des menschlichen Personzentrums durch Gott".[196] Schon eher wird „die Forderung Gottes zu einer Gabe", mit der er „sein Gesetz den Menschen ins Herz gibt und ihnen damit die Freiwilligkeit und Kraft eines freudigen Gehorsams schenkt".[197] Die Wendung „auf das Herz schreiben" findet sich – abgesehen von Jer 17,1 – noch in Spr 3,3 und 7,3. An diesen beiden Stellen bezieht sie sich auf die *tôrāh* und die *miṣwôt* des Weisheitslehrers, die der Schüler auf „die Tafel des Herzens schreiben soll" (*ktb ʿal lûaḥ lēb*). Im Gegensatz zu allen drei Belegen der Wendung fehlt jedoch in Jer 31,33 die „Tafel".[198]. Außerdem schreibt JHWH trotz zahlreicher Hinweise auf Schreibprozesse im Jeremiabuch nur in 31,33 selbst. Dagegen schreibt er im Deuteronomium den Dekalog auf zwei Tafeln (Dtn 4,13; 5,22; 9,10; 10,2.4). Eine literarisch enge Parallele zu Jer 31,33 bietet allerdings Ex 24,12 mit der Übergabe der Steintafeln durch JHWH an Mose, die er selbst beschriftet hat[199]: „Ich will dir die Steintafeln geben [] die Weisung (*hattôrāh*) und das Gebot (*wᵉhammiṣwāh*), die ich beschrieben habe, damit man sie weist."[200] Die Wendung ist Teil einer den Enneateuch kommentierend überspannenden redaktionellen Bearbeitung. Sie verweist mit *hattôrāh* auf Deuteronomium 5–28 (vgl. die Überschrift in 4,44) und – verbunden durch explikatives *waw* – mit *hammiṣwāh* auf die Kap. 6–26 voraus. Diese Konkretisierung passt sachlich zur „Tora" in Jer 31,33, die „als ein Gesamtausdruck für den in einer fixierten Gesetzessammlung zum Ausdruck kommenden Gotteswillen verwendet" wird.[201] Sie ist im Jeremiabuch häufig durch JHWH oder ein auf ihn

---

weil „erst ein aus diesen Verstrickungen befreiter Mensch in Übereinstimmung mit Gott und seinen Weisungen leben" könne (ebd.). Eine „Festlegung des menschlichen Herzens auf Jahwes Gesetz hin" ergibt sich auch nicht als „Antwort auf das in Jer 5,20–25 entworfene negative Menschenbild" und seine Verwurzelung im menschlichen Herzen (gegen 344). Auch lässt sich aus der „Einpflanzung der Tora in das Herz" nicht ableiten, „dass die Israeliten von klein auf gar nicht mehr anders können, als gemäß JHWHs Weisung zu leben" – gegen Stipp, *Jeremia*, 282.

196 Gegen Krüger, „Herz": 83.

197 Weiser, *Jeremia*, 287.

198 Man wird hier das Herz als Metapher für das Gedächtnis auffassen. Die Formulierung „auf dem Herzen" könnte aber auch nur die Vorstellung „im Herzen sein" (z. B. Dtn 30,14) variieren. Die „Tafel des Herzens" erklärt Couroyer, „Tablette", entgegen dem traditionellen Verständnis als Notiztäfelchen, das der Schüler um den Hals hängen hatte.

199 Maier, *Jeremia*, 345.

200 S. dazu Braulik und Lohfink, *Sprache*, 218–225, Übersetzung samt textkritischem Kommentar 219.

201 Maier, *Jeremia*, 351. Dagegen gebrauche Jeremia nach Schenker, „Tafeln": 79, „Tora in umfassenden, kollektiven Sinn als Gesamtbezeichnung der ganzen Offenbarung JHWHs".

bezogenes enklitisches Personalpronomen determiniert.[202] Datiert man die Stelle von neuen Bund nicht erst ins 4. Jahrhundert, dann bezieht sich „Tora" in Jer 31,33 noch nicht auf den Pentateuch, sondern am ehesten auf Deuteronomium 5–28.[203]

Betont Dtn 30,6b als Folge der Beschneidung die Befähigung des Herzens, Gott zu lieben, also das Hauptgebot der Bundesurkunde zu erfüllen, so zitiert Jer 31,33b die Bundesformel als Ausdruck wiedergewonnener Gottesbeziehung. Doch ist sie auch Inbegriff des Moabbundes (Dtn 29,12). Herzensbeschneidung wie Tora-Schrift aufs Herz ermöglichen dem Volk, wieder in das Verhältnis mit JHWH zu treten, das durch den rituell-juristischen Vorgang des Bundes zustande kommt. Die unmittelbare Folge dieser Beziehung ist die Erkenntnis Gottes. Jer 31,34 spricht ausdrücklich davon, die Zusage gilt aber auch für den Bundesschluss in Moab. Denn die in Dtn 29,1b-5a skizzierte Geschichte Israels, in der Gott angesichts seiner Großtaten in Ägypten „kein Herz gegeben hat, das erkennt" (lēb lādaʿat), läuft am Ende des Wüstenzugs auf das Begreifen der Gottesbeziehung hinaus, die der folgende Moabbund bestätigen wird: „Ihr solltet erkennen (lᵉmaʿan tēdᵉʿû): Ich bin JHWH, euer Gott." (29,5b, vgl. V. 12).[204]

Dieses Zukunftsbild lässt sich mit der Heilserwartung von Jer 24,7 vergleichen, die in 31,33–34ba für das ganze Haus Israel und Juda erweitert wird: „Und ich werde ihnen ein Herz geben (wᵉnātattî lāhœm lēb), um mich zu erkennen (lādaʿat ʾōtî), dass ich JHWH bin, und sie werden mir Volk sein und ich werde ihnen Gott sein; denn sie werden mit ganzem Herzen zu mir umkehren." (24,7). Nur diese Stelle vereint im Jeremiabuch wie der Text vom neuen Bund Gotteserkenntnis und Bundesverhältnis[205]. 31,33 präzisiert ihr Zustandekommen durch die von Gott aufs Herz geschriebene Tora. Außerdem ist 24,7 über die im Moabbund geschenkte Gotteserkenntnis und Bundesbeziehung hinaus (Dtn 29,5 und 12) auch durch die „Rückkehr zu JHWH mit ganzem Herzen" mit Dtn 30,1–10, nämlich den V. 2 und 10, verbunden.

---

202 Jer 8,8 („Tora JHWHs"); 6,19; 9,12; 16,11; 26,4; 44,10 (wie in 31,33 „meine Tora"), 32,23 („deine Tora"); 44,23 („seine Tora").

203 So z. B. Coppens, „Nouvelle alliance": 16; Schreiner, *Jeremia II*, 187 f; Cholewinski, „Deutung": 110; Irsigler, *Gottesbilder II*, 993. Leene, *Newness*, 251 Anm. 234, sieht innerhalb des Jeremiabuchs keine Argumente, die für eine Identifizierung der Tora mit dem Pentateuch sprechen.

204 Damit relativiert sich, womit Weiser, *Jeremia*, 287, den neuen Bund vom alten abhebt: „Die Größe und die Wucht der Ideologie des neuen Bundes liegen aber in ihrer theozentrischen Fassung: Gott steht hier am Anfang, Mitte und Ende des Bundes. Er gründet ihn, er schafft die Möglichkeiten seiner Durchführung bei den Menschen; und Gott zu ‚erkennen' ist das Ziel, auf das der Bund zusteuert." Vgl. auch das für das Deuteronomium typische „Schema der Gotteserkenntnis", das auch 29,1–8 vorliegt – Braulik, „Geschichtserinnerung".

205 Coppens, „Nouvelle Alliance": 19.

Nach Jer 31,31 schließt Gott einen „neuen" Bund, nach Jer 32,40 sogar einen „ewigen". Deuteronomium 30 spricht dagegen überhaupt nicht vom „Bund" und enthält auch nicht die allen untersuchten Vergleichstexten gemeinsame Bundesformel. Dennoch prophezeit Mose die Herzensbeschneidung mit all ihren Folgen im Rahmen eines Bundes, den er im Begriff ist, in Moab mit Israel zu schließen. Den Übergang von den noch ausstehenden Verheißungen in Dtn 30,1–10 zur fiktiven mosaischen Situation schafft V. 11–14 über die Nähe des „Gebots" der Tora. Sie lässt sich syntaktisch sowohl auf die vorausgesagte Zukunft wie auf die mosaische Gegenwart beziehen. Darüber hinaus ist 30,1–10 aber durch reflektiert eingesetzten Wortgebrauch mit 30,15–20 verklammert, dem letzten Teiltext des Bundesschlussrituals, in dem Mose die Entscheidung Israels verlangt.[206] Diese Verbindung besagt: Auch nach der Herzensbeschneidung bleibt Israel aufgefordert, jetzt den Bundesschluss zu vollziehen. Es soll aus dem vorgelegten „Leben und Tod, Segen und Fluch" das „Leben" wählen (V. 19), indem es „Gott liebt und auf seine Stimme hört", denn „er ist dein Leben." (V. 20). Das ist es ja, was die Herzensbeschneidung ermöglichen wird – „JHWH, deinen Gott, mit ganzem Herzen und mit ganzer Seele lieben zu können, damit du Leben hast" (V. 6). Allerdings bleibt trotz des „ganz nahen Wortes" auch die Möglichkeit eines erneuten Scheiterns, „wenn dein Herz und du nicht gehorchst, sondern du dich verführen lässt, dass du andere Götter anbetest und ihnen dienst" (V. 17). Ganz bewusst fehlt am Ende dieses letzten Teilstücks des Ritualtexts die Feststellung, dass Israel in Moab den Bundesschluss vollzogen hat wie es sein Protokoll 26,17–19 bereits im Rahmen der Tora festgestellt hat. Mose bricht vielmehr mit offenem Ende ab, damit die späteren Leser sich in ihrer Situation richtig entscheiden. Für die künftigen Adressaten von Dtn 30,1–14 wird sich der Moabbundesschluss dann als ein „erneuerter Bund" erweisen, der die Einverständniserklärung der kommenden Israeliten verlangt. Grundsätzlich hat Mose ja schon bei dem von ihm in Moab geschlossenen Bund abwesende, nämlich spätere Generationen einbezogen (29,14). So bindet jetzt die Begnadigung Israels ausdrücklich in die durch Gott vom „Ägyptenbund" an durchgehaltene Bundeswirklichkeit ein. Zwar schweigt der Text des neuen Bundes Jeremias über eine derartige Perspektive, wie die Prophetie Moses sie innerhalb der Bundesschlusszeremonie in

---

206 „Segen und Fluch" (*habbᵉrākāh ûhaqqᵉlālāh* 30,1 und 19); „Herz" (*lēbāb* [ohne Verbindung mit *nœpœš*] 30,1.6[2-mal].14 und 17 [verbunden mit *pnh* wie 29,17]); „auf die Stimme JHWHs hören" (*šmʿ bᵉqôl JHWH* 30,2.8.10 und 19); „zahlreich machen, mehren" (*rbh* Hifil 30,5 und *rbh* Qal 30,16); „das Land in Besitz nehmen" (*yrš ʿærœṣ* / *ᵃdāmāh* 30,5 und 16.18); „lieben" (*ʾhb* 30,6 und 16.20); „Leben" (*ḥayyîm* 30,6 und 15.19.20, vgl. *ḥyh* 30,16.19); „Gebote JHWHs" (*miṣwôt JHWH* 30,8), „Gebote und Satzungen JHWHs" (*miṣwôt wᵉḥuqqôt JHWH* 30,10) und „Gebote, Satzungen und Rechtsentscheide JHWHs" (*miṣwôt wᵉḥuqqôt ûmišpāṭîm JHWH* 30,16); „bewahren" (*šmr* 30,10 und 16).

Moab entfaltet. Sachlich aber impliziert die aufs Herz geschriebene Tora durchaus Analoges.

Worin unterscheiden sich dann die Verheißungen des erneuerten Moabbundes (Dtn 30,1–14) und des neuen Bundes (Jer 31,31–34)?[207] Beide Bundesschlüsse zielen ja auf die Verwirklichung des Gottesverhältnisses Israels mit Hilfe der (deuteronomischen) Tora. Doch bereitet das Handeln JHWHs das „Herz" Israels darauf jeweils anders vor. Im neuen Bund Jeremias prägt Gott selbst dem „Gedächtnis" des Volkes die Tora ein. Dagegen befähigt er im Deuteronomium durch die Beschneidung, also Veränderung des Herzens als des Personzentrums, das Volk vor allem anderen, zu ihm zurückzukehren, und in der Folge dann ihn zu lieben, auf seine Stimme zu hören und seinen Geboten zu gehorchen. Diese Gebote sind den Israeliten wie die aufs Herz geschriebene Tora „ganz nahe", weil sie durch ständige Rezitation „im Mund" und dann ebenfalls „in seinem Herzen", das heißt seinem Gedächtnis, sind. Konzentriert der neue Bund den Inhalt der Tora in der Kenntnis JHWHs, so greift der Moabbund auf das Hauptgebot der Gottesliebe zurück. Enthält die Tora im neuen Bund aufgrund ihres Inhalts indirekt auch den Gebotsgehorsam, so wird er im erneuerten Moabbund dem kommenden Israel ausdrücklich zugesprochen. Begnadigung wie Tora-Verpflichtung gelten im neuen Bund „vom Kleinsten bis zum Größten", somit allen Lebensaltern; sie betreffen im Moabbund „dich und deine Nachkommen", das heißt alle, auch die künftigen Generationen. Jedenfalls ist die göttliche Intervention in beiden Bundesschlüssen grundsätzlich auf Dauer angelegt, obwohl es dafür keine göttliche Zusicherung gibt. Die in Jeremia 30–31 und Dtn 30,1–10 erwähnten Heilsankündigungen des mehrgliedrigen Aussagensyntagmas werden sich zwar erfüllen. Während sie aber aufgrund der Vergebung Gottes dem neuen Bund Jeremias bereits vorausgehen, sind sie im erneuerten Moabbund erst Folge der Herzensbeschneidung, die „das Leben" und „das Gute" im Verheißungsland ermöglichen wird, das heißt alles, was Gott dem Volk schenken will. Von diesen divergierenden Einzelheiten abgesehen lässt sich (auf synchroner Ebene) abschließend feststellen: Wie die mit dem Deuteronomium verbundene Heilserwartung Jer 24,7 durch Jer 31,33–34 sachlich weiterentwickelt

---

207 Potter, „New Covenant": 350, fasst Exegetenmeinungen über die Unterschiede wie folgt zusammen: „a) the basis of the New Covenant is divine pardon, while the Deuteronomists demand repentance; b) Jer. xxxi looks to the future while the Deuteronomists meditate on the past; c) it renders obedience to the Torah possible; d) it says more than that Israel must love Yahweh: it reveals how God will impart knowledge of himself to the people. Jeremiah composed the passage, probably after 587, and addressed it to both North and South. It is not eschatological since it is addressed to an immediate need." Diese Sicht wird von Lundbom, *Jeremiah 21–36*, 466, verteidigt und auch von Potter selbst vertreten. Von Punkt „c" abgesehen, der aber für beide Bundesschlüsse gilt, wird sie durch die Argumentation dieses Artikels widerlegt.

wurde, so entfaltet und konkretisiert der erneuerte Moabbund theologisch das Bundesverhältnis und den impliziten Tora-Gehorsam des jeremianischen neuen Bundes.

Verzeichnis der zitierten Literatur

Aurelius, Erik, „Heilsgegenwart im Wort Dtn 30,11–14," in *Liebe und Gebot. Studien zum Deuteronomium. [Festschrift zum 70. Geburtstag von Lothar Perlitt]*. Hg. Reinhard G. Kratz und Hermann Spieckermann (Göttingen: Vandenhoeck & Ruprecht, 2000) 13–29.

Baltzer, Klaus, *Das Bundesformular*, WMANT 4 (Neukirchen-Vluyn: Neukirchener, ²1964).

Barker, Paul A., *The Triumph of Grace in Deuteronomy. Faithless Israel, Faithful Yahweh in Deuteronomy*, PBM (Carlisle Cumbria: Paternoster Press, 2004).

Böhmer, Siegmund, *Heimkehr und Neuer Bund. Studien zu Jeremia 30–31*, GTA 5 (Göttingen: Vandenhoeck & Ruprecht, 1976).

Bozak, Barbara A., *Life „Anew". A Literary-theological Study of Jer. 30–31*, AnBib 122 (Rom: Editrice Pontificio Istituto Biblico, 1991).

Braulik, Georg, *Deuteronomium II: 16,18–34,12*, NEB 28 (Würzburg: Echter, 1992).

Braulik, Georg, „Das Deuteronomium und die Gedächtniskultur Israels. Redaktionsgeschichtliche Beobachtungen zur Verwendung von *lmd*," in *Studien zum Buch Deuteronomium*, SBAB 24 (Stuttgart: Kath. Bibelwerk, 1997) 119–146.

Braulik, Georg, „Die Völkervernichtung und die Rückkehr Israels ins Verheißungsland. Hermeneutische Bemerkungen zum Buch Deuteronomium," in *Studien zum Deuteronomium und seiner Nachgeschichte*, SBAB 33 (Stuttgart: Kath. Bibelwerk, 2001) 113–150.

Braulik, Georg, „Ezechiel und Deuteronomium: Die ‚Sippenhaftung' in Ezechiel 18,20 und Deuteronomium 24,16, unter Berücksichtigung von Jeremia 31,29–30 und 2 Kön 14,6," in *Studien zum Deuteronomium und seiner Nachgeschichte*, SBAB 33 (Stuttgart: Kath. Bibelwerk, 2001), 171–201.

Braulik, Georg, „Geschichtserinnerung und Gotteserkenntnis. Zu zwei Kleinformen im Buch Deuteronomium," in *Studien zu den Methoden der Deuteronomiumsexegese*, SBAB 42 (Stuttgart: Kath. Bibelwerk, 2006) 165–183.

Braulik, Georg, „Die Liebe zwischen Gott und Israel. Zur theologischen Mitte des Buches Deuteronomium," in *Studien zu Buch und Sprache des Deuteronomiums*, SBAB 63 (Stuttgart: Kath. Bibelwerk, 2017) 241–259.

Braulik, Georg, „Hat Gott die Religionen der Völker gestiftet? Dtn 4,19 im Kontext von Kultbilderverbot und Monotheismus," in *Tora und Fest. Aufsätze zum Deuteronomium und zur Liturgie*, SBAB 69 (Stuttgart: Kath. Bibelwerk, 2019) 142–251.

Braulik, Georg, „Die Beschneidung an Vorhaut und Herz. Zu Gebot und Gnade des Bundeszeichens im Alten Testament," in *Die Beschneidung Jesu. Was sie Juden und Christen heute bedeutet*. Hg. Jan-Heiner Tück (Freiburg im Breisgau: Herder, 2020) 63–95.

Braulik, Georg, „Horebbund und Moabbund. Ihre Einheit und Verschiedenheit in Dtn 5,1–5 und 29,1–8," *Bib* 102/1 (2021) 1–29.

Braulik, Georg, „Gottesbund und Gnade im Deuteronomium," *BZ* 67/1 (2023) 1–42.

Braulik Georg und Norbert Lohfink, *Sprache und literarische Gestalt des Buches Deuteronomium. Beobachtungen und Studien*, ÖBS 53 (Berlin: Peter Lang, 2021).

Brettler, Marc Zvi, „Predestination in Deuteronomy 30.1–10," in *Those Elusive Deuteronomists. The Phenomenon of Pan-Deuteronomism*. Ed. Linda S. Schearing and Steven L. McKenzie, JSOT.SS 268 (Sheffield: Academic Press, 1999) 171–188.

Buis, Pierre, „La nouvelle alliance," *VT* 18/1 (1968) 1–15.

Caroll, Robert P., *Jeremiah. A Commentary* (London: SCM Press, 1986).

Carr, David M., *Writing on the Tablet of the Heart. Origins of Scripture and Literature* (University Press: Oxford, 2005).

Cholewinski, Alfred, „Zur theologischen Deutung des Moabbundes," *Bib* 66/1 (1985) 96–111.

Coppens, J., „La Nouvelle Alliance en Jer 31,31–34," *CBQ* 25/1 (1963) 12–21.

Couroyer, Bernard, „La tablette du coeur," *RB* 90 (1983) 416–434.

Crüsemann, Frank, *Die Tora. Theologie und Sozialgeschichte des alttestamentlichen Gesetzes* (München: Kaiser, ³2005).

Duhm, Bernhard, *Das Buch Jeremia*, KHC 11 (Tübingen/Leipzig: Mohr Siebeck, 1901).

Ehrenreich, Ernst, *Wähle das Leben! Deuteronomium 30 als hermeneutischer Schlüssel zur Tora*, BZAR 14 (Wiesbaden: Harrassowitz, 2010).

Ehrenreich, Ernst, „Neuer Bund in der Trostrolle," in *Gottes Wort im Menschenwort. Festschrift für Georg Fischer SJ zum 60. Geburtstag*. Hg. Dominik Markl – Claudia Paganini – Simone Paganini, ÖBS 43 (Frankfurt am Main: Peter Lang, 2014) 141–152.

Feldmeier Reinhard und Hermann Spieckermann, *Der Gott der Lebendigen. Eine biblische Gotteslehre*, Topoi Biblischer Theologie 1 (Tübingen: Mohr Siebeck, 2011).

Finsterbusch, Karin, „‚Ich habe meine Tora in ihre Mitte gegeben'. Bemerkungen zu Jer 31,33," *BZ* 49/1 (2005) 86–92.

Finsterbusch, Karin, „Auszugs-Bund, neuer Bund und weitere Bünde. ‚Berit' im älteren (hebr. Vorlage von JerG*) und im jüngeren Jeremiabuch (MT-Jer)," in *Covenant and Election in Exilic and Post-Exilic Judaism*. Hg. Nathan MacDonald – Matthew J. Lynch, FAT 2,79 (Tübingen: Mohr Siebeck, 2014) 87–121.

Fischer, Georg, *Das Trostbüchlein. Text, Komposition und Theologie von Jer 30–31*, SBB 26 (Stuttgart: Kath. Bibelwerk, 1993).

Fischer, Georg, *Jeremiah Studies. From Text and Contexts to Theology*, FAT 139 (Tübingen: Mohr Siebeck, 2020).

Fischer Georg und Norbert Lohfink, „‚Diese Worte sollst du summen'. Dtn 6,7 wedibbartā bām – ein verlorener Schlüssel zur meditativen Kultur in Israel," in Norbert Lohfink, *Studien zum Deuteronomium und zur deuteronomistischen Literatur III*, SBAB 20 (Stuttgart: Kath. Bibelwerk, 1995) 181–203.

Gomes de Araújo, Reginaldo, *Theologie der Wüste im Deuteronomium*, ÖBS 17 (Frankfurt am Main: Peter Lang, 1999).

Goswell, Gregory, „Forgiveness and the New Covenant of Jeremiah 31," *ZAW* 134/3 (2022) 370–377.

Groß, Walter, *Zukunft für Israel. Alttestamentliche Bundeskonzepte und die aktuelle Debatte um den Neuen Bund*, SBS 176 (Stuttgart: Kath. Bibelwerk, 1998).

Groß, Walter, „Bundestheologie im Wandel," in *Wandel als Thema religiöser Selbstdeutung. Perspektiven aus Judentum, Christentum und Islam*. Hg. Judith Könemann – Michael Seewald, QD 310 (Freiburg im Breisgau: Herder, 2021) 39–63.

Hoffmann, David, *Das Buch Deuteronomium übersetzt und erklärt. Zweiter Halbband Deut. XXI,16-XXXIV* (Berlin: M. Poppelauer, 1922).

Holladay, William L., *Jeremiah 2. A Commentary on the Book of the Prophet Jeremiah Chapters 26–52*, Hermeneia (Minneapolis: Fortress Press, 1989).

Irsigler, Hubert, *Gottesbilder des Alten Testaments. Von Israels Anfängen bis zum Ende der exilischen Epoche. Teilband II* (Freiburg im Breisgau: Herder, 2021).

Jeremias, Jörg, *Theologie des Alten Testaments*, Grundrisse zum Alten Testament, ATD.Erg 6 (Vandenhoeck & Ruprecht: Göttingen, 2015).

Klein, Anja, *Schriftauslegung im Ezechielbuch. Redaktionsgeschichtliche Untersuchungen zu Ez 34–39*, BZAW 391 (Berlin/New York: W. de Gruyter, 2008).

Konkel, Michael, „Bund und Neuschöpfung. Anmerkungen zur Komposition von Ez 36–37," in *Für immer verbündet. Studien zur Bundestheologie der Bibel. Festgabe für Frank-Lothar Hossfeld zum 65. Geburtstag.* Hg. Christoph Dohmen – Christian Frevel, SBS 211 (Stuttgart: Kath. Bibelwerk, 2007) 123–132.

Kraus, Hans-Joachim, „Der Erste und der Neue Bund. Biblisch-theologische Studie zu Jer 31,31–34. Manfred Josuttis zum 60. Geburtstag," in *Eine Bibel – zwei Testamente. Positionen Biblischer Theologie.* Hg. Christoph Dohmen – Thomas Söding, UTB für Wissenschaft 1893 (Paderborn: Schöningh, 1995) 59–69.

Krause, Joachim J., *Die Bedingungen des Bundes. Studien zur konditionalen Struktur alttestamentlicher Bundeskonzeptionen*, FAT 140 (Tübingen: Mohr Siebeck, 2020).

Krüger, Thomas, „Das menschliche Herz und die Weisung Gottes. Elemente einer Diskussion über Möglichkeit und Grenzen der Tora-Rezeption im Alten Testament," in *Rezeption und Auslegung im Alten Testament und in seinem Umfeld: Ein Symposion aus Anlass des 60. Geburtstags von Odil Hannes Steck.* Hg. Reinhard Gregor Kratz und Thomas Krüger, OBO 153 (Freiburg/Schweiz / Göttingen: Universitätsverlag – Vandenhoeck & Ruprecht, 1997) 71–85.

Leene, Hendrik, „Ezekiel and Jeremiah. Promises of Inner Renewal in Diachronic Perspective," in *Past, Present Future. The Deuteronomistic History and the Prophets.* Ed. Johannes C. De Moor and Harry F. van Rooy, OTS XLIV (Leiden/Boston/Köln: Brill, 2000) 150–175.

Leene, Henk, *Newness in Old Testament Prophecy. An Intertextual Study*, OTS 64 (Leiden: Brill, 2013).

Lenchak, Timothy A., *„Choose Life!" A Rhetorical-Critical Investigation of Deuteronomy 28,69–30,20*, AnBib 129 (Rom: Editrice Pontificio Istituto Biblico, 1993).

Levin, Christoph, *Die Verheißung des neuen Bundes in ihrem theologiegeschichtlichen Zusammenhang ausgelegt*, FRLANT 137 (Göttingen: Vandenhoeck & Ruprecht, 1985).

Lohfink, Norbert, *Der niemals gekündigte Bund. Exegetische Gedanken zum christlich-jüdischen Dialog* (Freiburg im Breisgau: Herder, 1989).

Lohfink, Norbert, „Dt 26,17–19 und die ‚Bundesformel'," in *Studien zum Deuteronomium und zur deuteronomistischen Literatur I*, SBAB 8 (Stuttgart: Kath. Bibelwerk, 1990) 211–261.

Lohfink, Norbert, „Der junge Jeremia als Propagandist und Poet. Zum Grundstock von Jer 30–31," in *Studien zum Deuteronomium und zur deuteronomistischen Literatur II*, SBAB 12 (Stuttgart: Kath. Bibelwerk, 1991) 87–106.

Lohfink, Norbert, „Die Gotteswortverschachtelung in Jer 30–31," in *Studien zum Buch Deuteronomium und zum deuteronomischen Geschichtswerk II*, SBAB 12 (Stuttgart: Kath. Bibelwerk, 1991) 107–123.

Lohfink, Norbert, „Beobachtungen zur Geschichte des Ausdrucks *'m JHWH*," in *Studien zur biblischen Theologie*, SBAB 16 (Stuttgart: Kath. Bibelwerk, 1993) 99–132.

Lohfink, Norbert, „Kinder Abrahams aus Steinen. Wird nach dem Alten Testament Israel einst der Bund genommen werden?," in *Der ungekündigte Bund? Antworten des Neuen Testaments.* Hg. Hubert Frankemölle, QD 172 (Freiburg im Breisgau: Herder, 1998) 17–43.

Lohfink, Norbert, „Bund als Vertrag im Deuteronomium," in *Studien zum Deuteronomium und zur deuteronomistischen Literatur IV*, SBAB 31 (Stuttgart: Kath. Bibelwerk, 2000).

Lohfink, Norbert, „Ein Bund oder zwei Bünde in der Heiligen Schrift," in *L'interpretazione della Bibbia nella Chiesa*, Collana atti e documenti 11 (Città del Vaticano: Libreria Editrice Vaticana, 2001) 273–297.

Lohfink, Norbert, „Der Neue Bund im Buch Deuteronomium?," in *Studien zum Buch Deuteronomium und zur deuteronomistischen Literatur V*, SBAB 38 (Stuttgart: Kath. Bibelwerk, 2005) 9–36.

Lundbom, Jack R., *Jeremiah 21–36. A New Translation with Introduction and Commentary*, AB 21B (New York: Doubleday, 2004).

Maier, Christl, *Jeremia als Lehrer der Tora. Soziale Gebote des Deuteronomiums in Fortschreibungen des Jeremiabuches*, FRLANT 196 (Göttingen: Vandenhoeck & Ruprecht, 2002).

Markl, Dominik, „Rezension von Papola, *L'aleanza*," in *ZABR* 16 (2010) 303 f.

Markl, Dominik, *Gottes Volk im Deuteronomium*, BZAR 18 (Wiesbaden: Harrassowitz, 2012).

Mastnjak, Nathan, *Deuteronomy and the Emergence of Textual Authority in Jeremiah*, FAT 2,87, (Tübingen: Mohr Siebeck, 2016).

McConville, J. G., *Deuteronomy*, AOTC 5 (Leicester: Apollos/Downers Grove: InterVarsity Press, 2002).

McKane, William, *Jeremiah. Volume 1: Introduction and Commentary on Jeremiah I-XXV*, ICC (Edinburgh: T. & T. Clark, 1986).

Min, Kyunggoo, „Die neue Tora als der neue Bund in Jer 31,31–34," *BN* 165 (2015) 63–82.

Mtshiselwa, Ndikho, „Reading Jeremiah 31:31–34 in Light of Deuteronomy 29:21–30:10 and the *Inqolobane Yesizwe*: Some Remarks on Prophecy and the Tora," *OTE* 30/2 (2017) 403–420.

Ohnesorge, Stefan, *Jahwe gestaltet sein Volk neu. Zur Sicht der Zukunft Israels nach Ez 11,14–21; 20,1–44; 36,16–38; 37,1–14.15–28*, FzB 64 (Würzburg: Echter, 1991).

Otto, Eckart, „Old and New Covenant. A Post-exilic Discourse between the Pentateuch and the Book of Jeremiah. Also a Study of Quotations and Allusions in the Hebrew Bible," *OTE* 19/3 (2006) 939–949.

Otto, Eckart, „Jeremia und die Tora. Ein nachexilischer Diskurs," in: *Tora in der Hebräischen Bibel. Studien zur Redaktionsgeschichte und synchronen Logik diachroner Transformationen*. Hg. Reinhard Achenbach, Martin Arneth und Eckart Otto, BZAR 7 (Wiesbaden: Harrassowitz, 2007) 134–182.

Otto, Eckart, *Deuteronomium 12–34. Zweiter Teilband: 23,16–34,12*, HThK.AT (Freiburg i. B.: Herder, 2017).

Papola, Grazia, *L'alleanza di Moab. Studio esegetico teologico di Dt 28,69–30,20*, AnBib 174 (Rom: Editrice Pontificio Istituto Biblico, 2008).

Potter, H. D., „The New Covenant in Jeremiah XXXI 31–34," *VT* 33/3 (1983) 347–357.

Rendtorff, Rolf, „Was ist neu am ‚Neuen Bund'?," in *Kanon und Theologie. Vorarbeiten zu einer Theologie des Alten Testaments* (Neukirchen-Vluyn: Neukirchener, 1991) 185–195.

Rom-Shiloni, Dalit, „The Prophecy for ‚Everlasting Covenant' (Jeremiah XXXII 36–41): An Exilic Addition or a Deuteronomistic Redaction?," *VT* 53/2 (2003) 210–223.

Rom-Shiloni, Dalit, „‚On the Day I Took Them out of the Land of Egypt': A Non-Deuteronomistic Phrase within Jeremiah's Conception of Covenant," *VT* 65/4 (2015) 621–647.

Rossi, Benedetta, „Conflicting Patterns of Revelation: Jer 31,33–34 and its Challenge to the post-mosaic Revelation Program," *Bib* 98/1 (2017) 202–225.

Rudolph, Wilhelm, *Jeremia*, HAT 1,12 (Tübingen: J. C. B. Mohr, 1947).

Schenker, Adrian, „Die Tafeln des Herzens," in *Text und Sinn im Alten Testament. Textgeschichtliche und bibeltheologische Studien*, OBO 103 (Freiburg Schweiz – Göttingen: Universitätsverlag – Vandenhoeck & Ruprecht, 1991) 68–81.

Schenker, Adrian, „Unwiderrufliche Umkehr und neuer Bund. Vergleich zwischen der Wiederherstellung Israels in Dt 4,25–31; 30,1–14 und dem neuen Bund in Jer 31,31–34," in *Text* und Sinn im Alten Testament. Textgeschichtliche und bibeltheologische Studien, OBO 103 (Freiburg Schweiz – Göttingen: Universitätsverlag – Vandenhoeck & Ruprecht, 1991) 83–96.

Schenker, Adrian, „Der nie aufgehobene Bund. Exegetische Beobachtungen zu Jer 31,31–34," in Der neue Bund im alten. Studien zur Bundestheologie der beiden Testamente. Hg. Erich Zenger, QD 146 (Freiburg im Breisgau: Herder, 1993) 85–112.

Schenker, Adrian, Das Neue am neuen Bund und das Alte am alten. Jer 31 in der hebräischen und griechischen Bibel, von der Textgeschichte zu Theologie, Synagoge und Kirche, FRLANT 212 (Göttingen: Vandenhoeck & Ruprecht, 2006).

Scheuer, Blaženka, The Return of YHWH. The Tension between Deliverance and Repentance in Isaiah 40–55, BZAW 377 (Berlin/Boston: W. de Gruyter, 2008).

Schmid, Konrad, Buchgestalten des Jeremiabuches. Untersuchungen zur Redaktions- und Rezeptionsgeschichte von Jer 30–33 im Kontext des Buches, WMANT 72 (Neukirchen-Vluyn: Neukirchener, 1996).

Schmidt, Werner H., Das Buch Jeremia. Kapitel 21–52. Übersetzt und erklärt, ATD 21 (Göttingen: Vandenhoeck & Ruprecht, 2013).

Schreiner, Josef, Jeremia II 25,15–52,34, NEB 9 (Würzburg: Echter, 1984).

Spieckermann, Hermann, „Mit der Liebe im Wort. Ein Beitrag zur Theologie des Deuteronomiums," in Liebe und Gebot. Studien zum Deuteronomium. [Festschrift zum 70. Geburtstag von Lothar Perlitt]. Hg. Reinhard G. Kratz und Hermann Spieckermann (Göttingen: Vandenhoeck & Ruprecht, 2000) 190–205

Stipp, Hermann-Josef, „Die Perikope vom ‚Neuen Bund' (Jer 31:31–34) im masoretischen und alexandrinischen Jeremiabuch. Zu Adrian Schenkers These von der ‚Theologie der drei Bundesschlüsse'," JNSL 35/1 (2009) 1–25.

Stipp, Hermann-Josef, Jeremia 25–52, HAT I/12,2 (Tübingen: Mohr Siebeck, 2019).

Unterman, Jeremiah, From Repentance to Redemption. Jeremiah's Thought in Transition, JSOT.S 54 (Sheffield: JSOT Press, 1987).

Van der Toorn, Karel, Scribal Culture and the Making of the Hebrew Bible (Cambridge/MA – London: Harvard University Press, 2007).

Vanoni, Gottfried, „Der Geist und der Buchstabe. Überlegungen zum Verhältnis der Testamente und Beobachtungen zu Dtn 30,1–10," BN 14 (1981) 65–98.

Vanoni, Gottfried, „„Die Tora im Herzen' (Jes 51,7)," in: Ein Gott – eine Offenbarung. Beiträge zur biblischen Exegese, Theologie und Spiritualität. Festschrift für Notker Füglister OSB zum 60. Geburtstag. Hg. F. V. Reiterer (Würzburg: Echter, 1991) 357–371.

Vermeylen, Jaques, „L'alliance renouvellée (Jr 31,31–34). L'histoire littéraire d'un texte célèbre," in Lectures et relectures de la Bible. Festschrift P.-M. Bogaert. Ed. J.-M. Auwers and A. Wénin, BEThL 144 (Leuven: Peeters, 1999) 57–83.

Von Rad, Gerhard, Theologie des Alten Testaments. Band II: Die Theologie der prophetischen Überlieferungen Israels (München: Chr. Kaiser, 8th1984).

Weinfeld, Moshe, Jeremiah and the Spiritual Metamorphosis of Israel," ZAW 88/1 (1976) 15–56.

Weippert, Helga, „Das Wort vom Neuen Bund in Jeremia XXXI 31–34," VT 29/3 (1979) 336–351.

Weiser, Artur, Das Buch des Propheten Jeremia. Übersetzt und erklärt, ATD 20/21 (Göttingen: Vandenhoeck & Ruprecht, 7th1977).

Zimmerli, Walter, Ezechiel. I. Teilband Ezechiel 1–24, BKAT XIII/1 (Neukirchen-Vluyn: Neukirchener, 1969).

Zimmerli, Walter, Ezechiel. 2. Teilband Ezechiel 25–48, BKAT XIII/2 (Neukirchen-Vluyn: Neukirchener, 1969).

Nachweis der Erstveröffentlichung

Wenn Gott versucht
Zur „Theodizee der Erprobung" im Alten Testament
Erschienen in: Zeitschrift für katholische Theologie 141 (2019), 22–43.

Der blinde Fleck – das Gebot, den Fremden zu lieben
Zur sozialethischen Forderung von Deuteronomium 10,19
Erschienen in: Irene Klissenbauer u. a. (Hg.), Menschenrechte und Gerechtigkeit als bleibende
    Aufgaben. Beiträge aus Religion, Theologie, Ethik, Recht und Wirtschaft. Festschrift für Ingeborg
    G. Gabriel, Göttingen 2020, 41–63.

Die ekklesiologischen Begriffe des Deuteronomiums
Ein Beitrag zur Theologie des Gottesvolks
Erschienen in: Theologie und Philosophie 95 (2020), 161–183.

Die Beschneidung an Vorhaut und Herz
Zu Gebot und Gnade des Bundeszeichens im Alten Testament
Erschienen in: Jan-Heiner Tück (Hg.), Die Beschneidung Jesu. Was sie Juden und Christen heute
    bedeutet, Freiburg im Breisgau 2020, 63–95.

Horebbund und Moabbund
Ihre Einheit und Verschiedenheit nach Dtn 5,1–5 und 29,1–8
Erschienen in: Biblica 102 (2021), 1–29.

Glauben und vertrauen in der Gründungsgeschichte Israels
Zum theologischen Gebrauch von *ʾāman* Hifil in der Tora (Teil 1)
Erschienen in: Freiburger Zeitschrift für Philosophie und Theologie 68 (2021), 117–132.

Glauben und vertrauen in der Gründungsgeschichte Israels
Zum theologischen Gebrauch von *ʾāman* Hifil in der Tora (Teil 2)
Erschienen in: Freiburger Zeitschrift für Philosophie und Theologie 68 (2021), 537–561.

Kollektive Schuld und gerechte Vergeltung
Zur „Ursünde" des Gottesvolks im Buch Deuteronomium
Erschienen in: Münchener Theologische Zeitschrift 72 (2021), 171–195.

Die Erwählung Israels im Buch Deuteronomium
Erschienen in: Georg Braulik – Agnethe Siquans – Jan-Heiner Tück (Hg.), „Dein Wort ist ein Licht für
    meine Pfade". Festschrift für Ludger Schwienhorst-Schönberger, Freiburg im Breisgau 2022,
    99–141.

Vom einzigartigen zum einzigen Gott
Vorlage der verkürzten Fassung, *erschienen in:* Bibel und Kirche 77 (2022), 171–179.

https://doi.org/10.1515/9783111484754-016

Gottesbund und Gnade im Deuteronomium
Erschienen in: Biblische Zeitschrift 67 (2023), 1 – 42.

Die Ethik des Deuteronomiums
Vorlage der zum Teil veränderten und verkürzten Übersetzung „Deuteronomy's Ethics"
Erschienen in: Diana V. Edelman – Philippe Guillaume (Ed.), Deuteronomy. Outside the Box (Themes and Issues in Biblical Studies 1), Sheffield 2023 (virtuell).

„Sich auflehnen" (*mrh* Qal / Hifil) gegen Gott und ihn „auf die Probe stellen" (*nsh* Piel)
Zu einer Geschichtstheologie kollektiven Unglaubens
Erschienen in: Hans Ulrich Steymans (Hg.), Das Deuteronomium. Beiträge zu seiner Theologie, Literar- und Wirkungsgeschichte (Abhandlungen zur Theologie des Alten und Neuen Testaments 112), Zürich 2024, 11 – 39.

Moabbund und Neuer Bund
Ihr theologisches Verhältnis
Unveröffentlicht.

Autorenverzeichnis

Achenbach, R.   89, 93, 128, 274, 351, 437
Achenbach R. / R. Albertz / J. Wöhrle   93
Ackerman, S.   34
Akiyama, K.   39, 41, 42
Albertz, R.   93
Aletti, J.-N. / J. L. Ska   159, 200
Altmann, P.   244
Arnold, B. T.   26, 108, 109, 114, 261
Arnold, J.   51
Artus, O.   161, 165,
Assmann, J.   247, 310, 346
Aurelius, E.   161, 295, 429, 434
Awabdi, M. A.   28, 31

Bächli, O.   64, 234
Baden, J. S.   184
Ballhorn, E.   115, 125, 251, 252
Baltzer, K.   389, 434
Baraúna, G.   49
Barbiero, G.   42, 44, 58, 160, 317, 319, 346, 368, 369, 383
Barker, P. A.   132, 285, 287, 291, 297, 387, 395, 424, 434
Barr, J.   143
Bautch, R. J. / G. N. Knoppers   94
Becht, M.   180
Becker, J.   8, 319, 330, 347
Beckman, G.   266
Begg, Chr.   130
Beinert, W.   179
Berger, K.   76
Bergner, G.   49, 51, 52
Bernat, D. A.   89, 95
Berner, Chr.   157
Bertram, D.   28
Blaschke, A.   79, 90, 97, 100, 101
Block, D. I. / R. Schulz   39, 216
Blum, E.   9, 84, 89, 150, 193
Boecker, H. J.   265
Böhler, D.   51
Böhmer, S.   388, 410, 427, 434
Boorer, S.   83, 165, 186, 193, 196
Bosman, H. L.   39

Botterweck, G. J.   204
Bovati, P.   229
Bowen, N. R.   80
Boyd, S. L.   357, 383
Brakke, D. / M. L. Satlow / St. Weizmann   34
Brandscheidt, R.   7
Brandt, S.   8
Braulik, G.   13, 32, 33, 35, 38, 55, 57, 60, 61, 63, 64, 68, 69, 71, 74, 91, 92, 93, 97, 98, 99, 100, 101, 102, 110, 113, 118, 119, 123, 128, 131, 133, 135, 167, 174, 177, 181, 182, 184, 190, 199, 201, 208, 209, 212, 215, 216, 217, 218, 219, 220, 222, 223, 226, 228, 229, 230, 231, 232, 233, 234, 235, 237, 240, 241, 242, 243, 245, 247, 254, 256, 258, 262, 263, 264, 265, 266, 268, 271, 272, 276, 277, 278, 280, 281, 282, 283, 287, 290, 292, 301, 304, 308, 312, 314, 315, 317, 318, 319, 320, 321, 322, 323, 326, 327, 328, 331, 332, 333, 334, 336, 338, 339, 342, 343, 345, 346, 347, 352, 359, 360, 361, 364, 367, 383, 388, 391, 392, 394, 395, 397, 402, 404, 405, 427, 428, 429, 431, 434
Braulik, G. / N. Lohfink   1, 20, 108, 109, 110, 112, 183, 188, 195, 213, 214, 215, 223, 227, 228, 238, 244, 263, 264, 266, 277, 279, 282, 285, 290, 291, 295, 307, 308, 310, 324, 328, 329, 330, 331, 348, 357, 362, 383, 389, 390, 391, 394, 405, 423, 428, 430, 434
Braulik, G. / A. Siquans / J.-H. Tück   63, 264, 348, 439
Brenner, M. L.   252
Brett, M. G.   104
Brettler, M. Z.   111, 285, 388, 396, 435
Breytenbach, C.   170
Brook, G. J. / H. Najman / L. T. Stuckenbruck   111
Brumlik, M.   309, 348
Buber, M.   46, 137
Buis, P.   399, 424, 435
Bultmann, Chr.   29, 70
Bultmann, Chr. / W. Dietrich / Chr. Levin   8
Burger, H. / G. Kwakkel / M. Mulder   290, 352
Burnside, J. P.   165
Busse, U. / M. Reichart / M. Theobald   12

https://doi.org/10.1515/9783111484754-017